KB271590

정선방언의 성조체계와 그 역사적 변천

정선방언의 성조체계와 그 역사적 변천

최영미 지음

역락

▌저자의 말

국어음운사를 기술할 때, 성조는 빼어놓을 수 없는 분야 중의 하나이다. 약 150년 동안 정연하게 찍히던 방점이 왜 임진왜란 이후에 없어졌는가?, 방점이 찍히지 않은 것이 성조 소멸을 의미하는가? 아니면, 방점만 찍히지 않았을 뿐이지 성조가 국어에 그대로 계승되어졌는가? 등과 같은 의문에서 출발한 궁금증과 필자의 고향이 속해 있는 강원방언은 음장지역, 준성조지역, 성조지역으로 구분되어 성조현상의 전이가 일어나는 지역을 포함하고 있다는 점이 필자로 하여금 "국어 성조체계의 변천 과정"에 관심을 갖게 했다.

"국어 성조체계의 변천 과정"을 살피기 위해, 방점법과 실증적 비교방언학을 이론적 배경으로 하여 중세국어와 정선방언의 성조체계를 비교하고, 정선방언의 성조체계의 그 역사적인 변천을 기술하였다. 제2장에서는 방점법 이론을 개관하고, 현대 성조방언과 중세국어의 성조체계를 비교하여, 성조체계와 성조현상을 기술할 수 있는 이론적 기반을 마련했다. 제3장은 정선방언의 성조체계를 구성하는 평일형, 평복형, 상성형의 음조형을 사분음척도로 분석하여 각 음조형의 특징을 기술하였다. 제4장에서는 정선방언의 성조체계와 성조현상을 공시적으로 기술하였다. 즉, 정선방언의 토씨, 이름씨, 풀이씨의 방점형을 분석해서, 성조변동현상을 기술하고 있다. 제5장은 정선방언의 성조체계와 성조현상을 통시적으로 기술하였다. 양방향 단일성의 원칙을 적용하여, 중세국어와 정선방언에서 공존하는 토씨, 이름씨, 1음절 풀이씨 등의 방점형의 대응관계를 살폈다.

학위논문을 쓰면서, 선생님께 계속해서 학문에 정진하겠다는 약속을 드렸다. 약속은 필자가 앞으로 남은 문제를 해결하는 것이다. 첫째, 합성어와 다음절 풀이씨에 대한 중세국어와 정선방언의 대응관계를 살피지 못한 것을 정리해서 통시적인 기술을 마무리해야 하는 것이다. 둘째, 중세 문헌어와 중세 경상도 방언이 가지는 방언차가 존재하는지를 살피는 것이다. 선생님께 말씀드렸던 약속을 마음 속 깊이 새기며, 이곳에 밝혀두어서 잊지 않을 것을 다짐한다.

이 책은 2009년 건국대학교 대학원에 제출한 필자의 박사학위논문에서 잘못된 것을 바로 잡고, 어색하고 거친 표현을 다듬어서 새롭게 엮은 것이다. 특히, 중세국어와 정선방언의 성조 자료를 제시하는 것에 중점을 두고 엮어서, 성조에 대해 관심을 가진 연구자들에게 도움이 되고자 했다.

필자가 학위논문을 쓰고, 그 논문을 책으로 출판하기까지에는 많은 분들의 은혜를 입어

가능했던 일이었다.

먼저, 현대국어 방언 자료를 구축할 때, 정선지역의 성조 자료를 제공해 주신 제보자님께 감사드립니다. 제보자님들은 하루 8시간 이상을 길게는 4일, 짧게는 2일 동안 필자의 많은 질문에 답변하는 수고로움을 감수해 주신 고마운 분이시다.

필자가 공부를 이제까지 할 수 있었던 것은 김차균 선생님과 조오현 선생님 두 분을 스승님으로 모실 수 있었던 행운이 있었기 때문이다. 미혹하여 어리석은 질문을 할 때도 언제나 명쾌한 답변으로 감동을 주시고, 선생님 옆에서 공부할 수 있는 행운을 주셨으며, 학문적인 지식뿐만 아니라 올바르게 학문하는 자세나 태도를 일일이 알려주신 김차균 선생님께 감사드립니다. 또한, 학부 과정부터 대학원 과정에 이르기까지 삶을 살아가는 목표를 올바르게 잡을 수 있도록 늘 자상하게 지도해 주시고 때로는 호된 꾸지람으로 정신이 번쩍 들게 해주신 조오현 선생님께 감사드립니다.

박사학위논문을 지도해 주신 권재일 선생님, 전정예 선생님, 강흥구 선생님께도 감사드립니다. 학자로서의 전범을 보여 주신 권재일 선생님, 따뜻한 말씀으로 필자를 격려해 주신 전정예 선생님과 강흥구 선생님의 은혜를 잊지 못할 것입니다.

필자에게 관심을 가져 주시고, 문제 해결을 도와주신 이근영 선생님, 고창운 선생님, 허원욱 선생님, 김용경 선생님, 이만식 선생님께 감사드리고, 음성학에 대한 많은 지식을 자상하게 알려주신 한정임 선생님께 감사드립니다. 뿐만 아니라, 같은 길을 걸으면서 학문적인 자극을 주신 여러 선배님과 동학 그리고 후배들에게 고마움을 전합니다.

또한 낳아서 길러 주시고, 필자가 타향에서 늦게 공부하는 것을 몹시 걱정하시며 멀리서 지켜봐주신 어머니와 가족들에게도 감사드립니다. 특히, 경제적인 뒷받침을 해주신 작은 언니와 형부에게 감사드립니다.

상업성이 거의 없는 이 책의 출판을 맡아 주신 역락 출판사 이대현 사장님, 그리고 특수문자와 기호가 많아 까다로운 편집을 맡아 예쁜 책을 만들어 주신 박선주 님께 고마움을 전하면서 역락 출판사의 발전을 기원합니다.

2010년 8월
최영미 씀

3. 정선방언의 성조체계 | 61

4. 정선방언의 성조의 공시론 | 89

5. 정선방언 성조의 통시론 | 233

1. 머리말

1.1. 연구 목적

이 연구의 목적은 방점법 이론[1]을 바탕으로 하여 공시적으로는 정선방언의 성조체계와 음조형의 실현을 살피고, 통시적으로는 중세국어 성조체계와 현대국어 정선방언 성조체계의 대응관계를 살펴서 정선방언 성조체계의 역사적 변천을 설명하는 것이다.

언어는 시간의 흐름에 따라 변화한다. 이 점은 현대 성조방언이 그 이전 시기의 언어로부터 변화한 것임을 묵시적으로 예측할 수 있게 해 준다. 15·16세기 중세문헌에 약 150년간 찍힌 방점은 우리에게 중세국어 당시의 성조에 대한 많은 정보를 주지만, 이후 방점이 찍히지 않던 공백기가 있었으므로 성조의 변화에 대한 연구는 문제점을 안고 연구를 시작해야만 했다. 이러한 문제가 있음에도 불구하고, 국어 성조사는 현대 방언의 성조와 중세국어 성조의 대응관계를 살펴, 현대 성조방언의 성조체계의 역사적 변천을 밝힘으로써 기술이 가능하다고 생각된다.

따라서 본 연구는 정선방언의 성조체계를 기술하고, 정선방언의 성조체계의 변천을 설명하기로 한다. 이를 위해, 정선방언과 중세국어의 성조를 동일하게 할 수 있는 표시방법과 그것을 비교하여 음운론적으로 설명할 수 있는 이론이 필요하다. 이에 이 연구는 김차균(1999, 2006ㄴ)에서 제시한 방점법 이론과 동적 운율이론을 활용하여, 정선방언 성조체계의 공시적인 특징을 기술하고 정선방언과 중세국어의 성조체계의 대응관계를 살펴, 정선방언의 성조의 역사적 변천을 설명할 것이다.

이 연구의 내용을 기술 순서에 따라 소개하면 다음과 같다.

제2장에서는 방점법 이론을 개관하여, 성조체계와 성조현상의 기술방법을 제시하고, 현

---

1) 이 연구에서 사용할 방점법 이론은 15·16세기 훈민정음에서부터 150여 년 동안 국어의 성조를 표기한 고전적인 방점법을 토대로, 김차균(1993) 이후에 확립한 새로운 방점법이다. 이 방점법은 성조의 조치를 평성과 측성으로 나눈 2분법과 유표성 이론을 바탕으로 하여 음절마다 방점을 표시한 것은 고전적인 방점법과 유사하지만, 방점으로 대립과 중화의 기능을 표시한 점과 방점기호, 첨자 등을 사용해서 어절을 구성하는 음절에 없힌 성조를 표시한다는 점은 새롭게 고안된 것이다. 이 방점법은 둘 이상의 방언의 성조체계나 성조현상을 비교하거나 중세국어 성조와 현대방언의 성조를 비교하는 데에 큰 장점이 있다.

대 성조방언의 방점형과 성조형 그리고 음조형의 실현을 살펴서,[2] 중세국어의 방점형과 정선방언의 방점형을 비교하여 정선방언의 성조체계의 변천을 설명할 이론적 기반을 마련할 것이다.

제3장에서는 Qt척도[3]를 이용하여 정선방언의 성조체계를 구성하는 방점형(/성조형)[4] 곧 평일형, 평복형, 상성형의 음조형을 과학적인 방법으로 설명할 것이다.

제4장에서는 정선방언의 토씨, 이름씨, 씨끝, 풀이씨의 성조를 분석하여, 각 성조형에 따라 어휘 자료를 제시하면서, 성조의 변동을 기술할 것이다.

제5장에서는 정선방언과 중세국어의 대응관계를 기술하는 방법을 제시하고, 중세국어의 토씨, 이름씨, 씨끝, 풀이씨의 성조를 분석하면서, 동시에 정선방언과 대응관계를 살펴 정선방언 성조체계의 역사적 변천을 설명할 것이다.

1.2. 연구 대상

이 연구의 대상은 중세국어 시기에 방점이 표기된 문헌의 성조와 정선지역의 60세 이상의 토박이들이 사용하는 정선방언의 성조이다.

국어의 운율사를 연구하는 일은 분절음의 변천사를 연구하는 것보다 더 어려운 것으로 생각된다. 왜냐하면, 15·16세기 문헌에는 150년간 국어의 성조가 방점을 사용하여 비교적 충실하게 표기되었으나, 그 후 400년 이상 국어의 성조를 표기한 자료가 없기 때문이다.[5]

---

2) 이 연구에서는 현대국어 성조방언 중에 창원방언, 삼척방언, 정선방언의 방점형, /성조형/, [음조형]을 비교하여, 정선방언 성조체계의 공시적 기술을 할 수 있는 기반을 마련하고자 한다.

3) Qt척도(Quarter tone scale)는 사분음척도를 지칭하는 것으로 충남대학교 김차균 교수, 성철재 교수와 충북대학교 권오욱 교수가 공동 연구로 개발한 컴퓨터 프로그램인 K_Phonetica에서 가장 중심적인 기능을 하는 자(척도)이다. 이 자는 높낮이에 대한 청취 등급을 측정하는 데 사용될 뿐만 아니라 음향물리학적인 고저 단위인 Hz 수치를 지각 등분(perceptual degree)인 Qt단위로 전환하는 기능도 가지고 있다(김차균 외 2008:p1 참조).

4) 이 연구는 성조의 음운과정을 3단계로 설정한다. 방점형이 우리의 귀에 들리는 고저로 실현되려면, 방점형 → /성조형/ → [음조형]의 음운과정을 거쳐야 한다. 여기서 방점형은 기저 층위에서 나타날 수 있는 방점의 연결 형태를 말하고 성조형은 방점형에 성조규칙이 적용되어 나타난 표면층위에 나타나는 성조의 연결 상태이며, 음조형은 성조형에 음조실현규칙이 적용되어 표면음조층위에 나타나는 것이다. 방점형과 성조형이 음운론적 측면에서 높낮이의 실현이라고 한다면 음조형은 음성학적 측면에서 높낮이의 실현이라 할 수 있다. 따라서 이 논문에서 기술할 때, 방점과 성조, 방점형과 성조형은 꼭 구분이 필요한 경우 구분하여 사용하고, 그렇지 않을 때는 성조 또는 성조형으로 사용하고자 한다.

5) 1902년부터 1904년에 걸쳐 Kazan의 러시아 교정선교협회(敎正宣敎協會)에 의해 출판된 문헌의 내용에 함경북도 육진방언 자료가 포함되어 있다. 그 중에 「敎科書」, 「사전」에서는 한국어가 악센트를 가진 언어이고, 이 악센트가 어사의 의미 변별에 관여하는 시차적 기능을 가진 점을 밝히고 있다. 이들 문헌에 나타난 함경북도 육진방언을 대상으로 연구된 바가 있다(곽충구 1994 :102-105 참조).

그럼에도 불구하고, 국어의 성조사 연구를 포기할 수 없는 이유는 현대방언은 역사적인 변천의 결과라는 사실 때문이다. 즉, 중세국어 성조의 변천 또는 변화의 모습이 현대방언 속에 반영되어 있기 때문이다. 따라서 중세국어와 현대방언의 성조를 실증적 비교방언학[6] 의 방법으로 연구함으로써, 정선방언 성조의 정확한 변천 시기는 밝힐 수 없지만, 어떤 변천·변화 과정을 겪었는지를 기술할 수 있다.

이 연구는 정선방언의 성조체계를 기술하고, 그 역사적인 변천을 기술하는 것이 목적이다. 이를 위해서는 중세국어와 정선방언의 대응관계를 기술하는 것이 필요하다. 이 연구에서는 15·16세기 방점이 표시된 문헌과 정선지역에서 사용하는 말을 연구대상으로 삼았다.

1.2.1. 중세국어의 문헌 자료

〈표-1〉 문헌자료의 목록

시기		자 료	간행 년	판본	줄임
중세국어	15세기	ㄱ. 석보상절	1449	대제각 영인본	〈석보〉
		ㄴ. 월인천강지곡	1449	대제각 영인본	〈월인〉
		ㄷ. 두시언해(초간)	1481	홍문각 영인본	〈두시〉
	16세기	ㄱ. 번역박통사	1510(?)	대제각 영인본	〈번박〉
		ㄴ. 번역노걸대	1510(?)	대제각 영인본	〈번노〉
		ㄷ. 번역소학	1518	홍문각 영인본	〈번소〉
		ㄹ. 소학언해	1587	대제각 영인본	〈소언〉

이 연구는 중세국어의 자료로 시기별 대표성을 갖는 문헌을 선정했다. 〈표-1〉에서 중세국어의 문헌자료를 15세기 문헌자료와 16세기 문헌자료로 두 가지로 분류하였다. 그 이유는 15세기 문헌의 방점 표기와 16세기 문헌의 방점표기를 비교하여, 그 변화를 파악하기 위한 것이다.

---

6) 실증적 비교방언학은 가설을 통해서 재구된 어형이나 어휘 자료를 언어연구의 자료에서 제외하고, 방언조사를 통해서 얻은 자료만을 방언연구 자료로 사용하면서, 역사적으로 앞선 단계의 언어 상태에서 뒤따르는 상태로 어떠한 과정을 거쳐서 변화되었는가를 통일성 있게 설명하는 언어연구 방법론이다. 실증적 비교방언학은 역사비교언어학과 방언지리학과 차별적인 언어연구 방법론이다. 즉, 역사비교언어학은 계통적으로 하나의 어족에 속해 있는 여러 언어를 가능한 많은 자료 수집을 통해서 비교하고, 역사적으로 앞선 단계의 언어 상태에서 뒤따르는 상태로 어떠한 과정을 거쳐서 변화되었는가를 통일성 있게 설명하는 언어연구 방법론이라면 방언언어학은 방언의 지리적인 분포를 조사하고 연구함으로써 음운, 어휘, 의미 등의 생성, 경쟁, 소멸, 전파를 연구하는 학문이다. 실증적인 방언학은 지리학적인 방법을 사용하지 않는 것은 방언지리학과 다르고, 역사비교언어학과 닮았지만, 차용어나 외래어를 배제하지 않는다는 점에서 역사비교언어학과 다르다(김차균 2006: 27-28 참조).

성조사 연구에서 아직 합일되지 않는 쟁점 중의 하나가 방점의 소실을 바라보는 견해이다. 방점 표기의 전폐에 대한 학자들의 견해를 보면 두 가지로 정리된다. 하나는 방점 표기의 전폐는 곧 성조의 소멸이라고 보는 견해이고, 다른 하나는 방점 표기의 전폐는 성조를 표기하지 않았을 뿐이지 중세국어의 성조가 현대방언에 유지되고 있다는 견해이다. 전자의 견해는 16세기 초에 방점표기가 문란해지면서 성조의 규칙성을 볼 수 없다는 근거를 제시하고, 후자의 견해는 16세기 중엽(명종)에 방점 표기가 해이해지기 시작하여 임란 전까지 혼란을 겪다가 임란 이후에 방점표기가 없어졌다고 본다.7) 이 연구는 후자의 입장을 수용하여 기저성조 층위의 방점형이 표면성조 층위의 최종방점표상으로 도출되는 음운과정에서도 방점표기의 차이가 있는지를 살펴보기 위해서 15세기 문헌과 16세기 문헌으로 분류하여 자료를 정리할 것이다.

1.2.2. 현대국어의 방언 자료

현대국어의 방언자료는 강원도 정선지역에서 60세 이상의 토박이 화자가 사용하는 정선방언을 선정했다.

강원도 정선방언은 대방언권에서 중부방언에 속하며, 준성조지역으로 기술하고 있다. 즉, 운소체계에 따라 강원방언을 구획할 때, 성조방언(강릉, 삼척, 영월), 준성조방언(정선, 평창, 양양, 고성), 음장방언(그 외 지역)으로 구분하고 있다(방언학회 2001).

이러한 방언구획의 결과와 허웅(1963)에서 제시한 중부방언이 비성조언어가 된 원인은 거성의 평성화에 있다는 사실을 견주어 보면, 음장방언은 중세국어 성조체계 내에서 거성의 평성화가 완성된 상태이고, 준성조방언은 거성의 평성화가 진행 중인 언어상태이며, 성조언어는 거성의 평성화가 실현되지 않는 상태일 가능성이 있다.

이에, 현대국어의 방언자료에서 정선방언을 선정한 이유는 다음과 같다.

첫째, 중세국어 성조체계와 영남방언 성조체계의 비교는 이미 많은 선행연구가 있으나, 중세국어 성조체계와 중부방언 성조체계의 비교는 연구되지 않았기 때문이다.

둘째, 성조언어 > 준성조방언 > 음장방언의 운소에 따른 방언의 구분에서 과도기적 성격을 가진 정선방언을 연구하면 성조의 변화과정의 면모를 파악할 수 있기 때문이다.

이승재(2004)는 음운론적 방언연구에서 중세 중앙어의 문헌자료와 현대 방언을 직접적

---

7) 방점 전폐가 곧 성조의 소실로 보는 견해는 김완진(1973), 이기문(1972), 박병채(1989) 등의 견해이고, 방점 표기가 없어졌더라도 성조는 현대방언에 유지되고 있다는 견해는 허웅(1963), 문효근(1974), 김차균(1977ㄱ), Ramsey(1978), 김영만(1987), 곽충구(1991), 김주원(1994) 등의 견해이다.

으로 비교·대조하는 방법은 중세 중앙어와 방언 사이에 중세어부터 있었을 방언 차의 존재 가능성을 언급하면서 재고해야 할 방법론으로 언급하고 있다. 물론 강원도에서 간행되고, 방점이 표기된 15세기와 16세기 문헌이 존재한다면 비교의 대상을 중세 중앙어로 표기된 문헌을 연구대상으로 하는 것은 무리가 따를 것이다. 그러나 강원도에서 간행된 방점이 표기된 문헌은 필자가 아는 범위에서 없는 것으로 파악된다. 따라서, 차선의 방법으로 실증적 비교방언학의 연구방법을 통해서 영남방언의 성조체계와 삼척방언의 성조체계가 다르지 않다는 연구결과가 있는 바, 삼척방언 성조체계와 비교를 통해서 정선방언의 성조체계를 기술하고, 중세국어 성조체계와 창원방언, 삼척방언, 정선방언의 성조체계의 대응관계를 살펴서 정선방언의 성조체계의 변천을 살필 것이다.

1.3. 연구 방법

1.3.1. 문헌 성조를 파악하는 관점

국어에 대한 사적 연구는 문자로 표기된 문헌자료를 연구대상으로 하므로 문자 표기가 갖는 체계성과 그것의 역사적인 변화에 대한 이해가 필요하다. 15·16세기에는 문헌에 방점을 찍어 성조를 표시했다. 이 방점 표기 방법은 시대에 따라, 문헌 기록자에 따라 차이가 있다.[8]

그럼에도 불구하고, 각 문헌에 나타나는 방점 표기를 살피면, 방점 표기에 고정적인 위치와 가변적인 위치가 있다. 즉, 어절의 첫 거성과 상성의 위치는 고정적인 방점으로 표시되고, 그에 뒤따르는 음절의 방점은 가변적인 것이다.

(1) 문헌의 방점 표기

15세기 방점	성조형	16세기 방점	성조형
ㄱ. 집<석보24:14b>	/L/	집<번노상48b-49a>	/L/

---

8) 방점 표기에 따라 중세문헌을 네 가지로 분류한다. 제1류는 훈민정음언해(1446)이고, 제2류는 1440년대~1460년대에 간행된 문헌으로 「용비어천가」, 「월인천강지곡」, 「석보상절」, 「월인석보」, 「능엄경언해」, 「법화경언해」 등이 속한다. 제3류는 1480년 전후로 간행된 「두시언해」, 「금강경삼가해」, 「구급간이방(언해)」이고, 제4류 문헌은 16세기 문헌으로 「훈몽자회」, 「박통사」, 「노걸대 언해」, 「소학언해」, 「사서언해」 등이다. 성조 연구에서 주로 이용되는 문헌은 세종·세조 대에 간행한 문헌으로 인쇄가 선명하고 오기가 적은 2류 문헌이다. 이에 반해 제3-4류 문헌은 인쇄가 조잡하고, 오기가 많아 믿을 수 없는 것이라고 생각하여 상대적으로 적게 연구 자료로 사용되었다(김영만 1990:27-30 참조). 이러한 문헌에 대한 인식은 재고할 필요가 있다. 오기가 많으면 많은 대로 그 나름의 언어사실을 반영하고 있다고 보아야 한다. 뿐만 아니라 문헌 사이의 표기 차이를 오기로만 보아서는 안 될 것이다.

	지·비<두시6:42b>	/LH/	지·비<번소8:18>	/LH/
	지·블<두시6:45b>	/LH/	지·블<번소7:29>	/LH/
ㄴ.	·몸<두시17:9a>	/H/	·몸<소학6:64>	/H/
	·모·미<두시20:34b>	/H²/	·모·미<번노상2a>	/H²/
	·모미<두시6:28a>	/H²/	·모미<번소10:23>	/H²/
	·모몰<두시6:45b>	/H²/	·모몰<소학5:53>	/H²/
	·모몰<두시6:45b>	/H²/	·모·몰<번소10:26>	/H²/
ㄷ.	:일<두시8:4a>	/R/	:일<번노상49a–b>	/R/
	:이리<두시24:44b>	/R²/	:일·이<소학5:35>	/R²/
	:이·롤<두시6:53a>	/R²/	:이·를<번소7:27>	/R²/
	:이롤<두시6:16a>	/R²/	:일·올<소학5:5>	/R²/

(1)은 15세기와 16세기 문헌의 방점표기를 비교할 수 있는 보기이다. (1)ㄱ의 {집}은 평성으로 점을 찍지 않고 (1)ㄴ의 {·몸}은 거성으로 한 점을 찍으며, (1)ㄷ의 {:일}은 상성으로 두 점을 찍는다. 그러나 어휘형태소 {집, ·몸, :일}이 토씨와 결합하여 하나의 어절을 이룰 때, 방점 표기가 달라진다. 어휘형태소는 본래 기저성조 층위의 방점형이 방점으로 표시되어, 고정적이고 일정하게 가점이 된 사실을 알 수 있다. 그러나 어휘형태소에 뒤따르는 문법형태소인 토씨의 방점은 가변적이고 불규칙적으로 찍힌 사실을 발견할 수 있다. (1)ㄱ의 {집} 뒤에서는 모두 1점이 가점되고 있지만, (2)ㄴ-ㄷ의 {·몸, :일} 뒤에서는 가점이 되기도 하고 가점이 되지 않은 것도 있다.

이러한 방점표기의 차이는 단순히 오기로 파악하지 않고, "중화와 대립"의 개념으로 파악하여 성조현상으로 설명한다. 즉, 국어의 성조는 어절 단위로 실현되는데, 한 어절에서 첫 거성과 상성의 위치가 결정되면 뒤따르는 성조는 측성으로 중화된다. 그 결과, 뒤따르는 음절의 성조는 자동적으로 음조실현규칙에 의해 할당되는 것으로 파악한다.

1.3.2. 성조 음운과정의 연구범위

이 연구는 기저성조가 표면성조로 도출되는 음운과정을 3단계로 설정한다. 기저성조 층위의 방점형은 표면성조 층위의 /성조형/으로 도출되고, 다시 표면음조층위의 [음조형]으로 도출되어야 비로소 [음조형]이 결정되어 성조의 음성실현이 가능하다. 이 음운과정에서 기저성조 층위의 방점형이 표면성조 층위의 /성조형/으로 도출될 때는 성조규칙이 적용되고, 표면성조 층위의 /성조형/에 음조실현규칙이 적용되어서 [음조형]을 도출하게 된다. 전자는 음운론적 음운과정으로 방점의 변화를 보이지 않으나, 후자는 음성학적 음운과정으로 음조의 변화가 있다. 이러한 음운과정을 도식적으로 제시하면 (2)와 같다.

(2) 성조 음운과정의 연구 범위

층위 \ 단계 \ 성조		집·이(家)	·몸·이(身)	:일·이(家)	연구범위
기저성조	기저방점표상 방점형	□ +·□ /L/+/H/	·□ +·□ /H/+/H/	:□ +·□ /R/+/H/	
	↓←성조규칙	당연규칙	중화규칙	중화규칙	포함
표면성조	최종방점표상 /성조형/	□·□	·□·□	:□·□	
	↓←음조실현규칙	당연규칙	음조실현규칙	음조실현규칙	제외
표면음조	[음조형]	[LH]	[HH]/[HL]	[RH]/[RL]	

이 음운과정에서 음성학적 음운과정은 문헌자료를 연구대상으로 쓰는 한계로 말미암아 비교의 범위에서 제외하고자 한다.9) 따라서 이 연구에서 문헌성조를 이용할 때, 연구대상의 범위는 기저성조 층위의 방점형이 성조규칙을 적용받아 표면성조 층위의 최종방점표상을 도출하는 음운론적 음운과정으로 한정한다. 다만, 제4장에서 정선방언의 성조체계를 기술할 때에는 [음조형]도 함께 기술하여 현대국어 성조방언의 차이점을 비교할 것이다.

1.3.3. 문헌자료의 구축 방법

이 연구의 목적은 앞에서 말한 바와 같이 정선방언의 성조체계를 기술하고 역사적 변천을 설명하는 것이다. 이에, 이 연구는 중세국어와 정선방언의 대응관계를 살펴야 한다. 대응관계는 두 대상의 비교를 전제로 한다. 즉, 비교는 둘 이상의 사물을 견주어 서로 간의 동질성, 이질성, 일반 법칙을 고찰하는 연구방법이다. 따라서 중세국어와 정선방언을 비교하기 위해서, 하나의 운율적 낱말 안에서 실현되는 성조를 동일한 방식으로 표시하지 않으면 안 된다.

이 연구에서는 자료를 구축할 때, 방점법 이론에 따라 성조를 표시하고자 한다. 방점을 이용해서 어절의 성조를 표시하는 방법에는 두 가지가 있다. 하나는 평측법이고 다른 하나는 측성법이다. 평측법은 어절 안의 평성과 측성을 모두 표시하는 것이고, 측성법은 한 어절 안에서 최초의 방점인 특성만 표시하는 것으로, 예측되는 부분을 표시하지 않아 잉

---

9) 연구대상의 범위에서 음성학적 음운과정을 제외하는 이유는 두 가지가 있다. 첫째, 중세국어 성조의 음성적 실체를 확인할 수 있는 방법이 없기 때문이다. 둘째, 김완진(1977), 이상억(1987) 등에 기술된 율동규칙이 갖는 예외도 무시할 수 없다. 이러한 이유로, 중세국어 성조와 정선방언 성조를 비교함에 있어서 음조형을 비교하는 것은 추후의 과제로 미룬다.

여성을 제거할 수 있는 방법이다. 따라서 이 연구는 중세국어와 정선방언의 성조를 표시할 때, 측성법을 사용하여 자료를 구축하기로 한다. 먼저, 중세국어의 성조는 다음과 같은 방법으로 자료를 구축한다.

첫째, 선정한 문헌 전체를 전산화하여 어절별로 분류한다.
둘째, 분류한 어절은 성조(평성, 거성, 상성)별로 정렬하여 분류·정리한다.
셋째, 이름씨, 풀이씨별로 어절을 분류한다.
넷째, 어휘형태소에 따라 토씨와 씨끝을 결합하여 준굴곡 또는 굴곡하는 형태별로 정리하여 기저성조를 설정할 수 있도록 한다.

위와 같은 방법을 사용해서 (3)과 같이 중세국어의 성조자료를 구축하여, 15세기와 16세기의 최종방점표상과 (3)ㄱ-ㄴ에서처럼 자음으로 시작하는 토씨와 모음으로 시작하는 토씨를 구별하여 기저성조를 확인할 수 있도록 했다.

(3) 중세국어 자료 구축 방법

	15세기 방점	성조형	16세기 방점	성조형
ㄱ.	:사·룸<두시17:26b>	/R²/	:사·룸<번소8:15>	/R²/
	:사·ᄅᆞ미<석보19:6ㄱ>	/R³/	:사·룸이<소학4:18>	/R³/
	:사·ᄅᆞ미<석보19:6ㄱ>	/R³/	:사·룸이<소학4:18>	/R³/
	:사·ᄅᆞ·몰<두시21:15ㄱ>	/R³/	:사·ᄅᆞ·몰<번노상5a>	/R³/
	:사·ᄅᆞ·믄<두시6:11ㄱ>	/R³/	:사·ᄅᆞ·믄<번소10:11>	/R³/
	:사ᄅᆞ·믄<석보13:17ㄱ>	/R³/	:사ᄅᆞ·믄<소학제사2>	/R³/
	:사·ᄅᆞ·매<두시25:46ㄱ>	/R³/	:사·ᄅᆞ·미<번노상20b>	/R³/
	:사ᄅᆞ·매<두시22:2ㄱ>	/R³/	:사ᄅᆞ·미<번소6:14>	/R³/
	:사·ᄅᆞ미·니<석보6:2ㄱ>	/R⁴/	:사·ᄅᆞ·미·니<번소7:39>	/R⁴/
	:사·ᄅᆞ미·니<석보6:2ㄱ>	/R⁴/	:사·ᄅᆞ미·니<번소6:11-12>	/R⁴/
	:사·ᄅᆞ미·라<석보13:3ㄱ>	/R⁴/	:사·ᄅᆞ·미·라<번노상21a>	/R⁴/
	:사·ᄅᆞ미·라<석보13:3ㄱ>	/R⁴/	:사·ᄅᆞ·미·라<번소6:11-12>	/R⁴/
	:사·ᄅᆞ미·며<석보23:25ㄴ>	/R⁴/	:사·ᄅᆞ·미·며<번소8:14>	/R⁴/
	:사·ᄅᆞ미·며<석보23:25ㄴ>	/R⁴/	:사·ᄅᆞ미·며<번소6:11-12>	/R⁴/
	:사·ᄅᆞ·미게<석보23:10ㄱ>	/R⁴/	:사·ᄅᆞ·미게<번소7:8>	/R⁴/
	:사·ᄅᆞ·ᄆᆞ로<두시16:12ㄴ>	/R⁴/	:사·ᄅᆞ모·로<번소6:7>	/R⁴/
ㄴ.	:사ᄅᆞ·과<두시8:2ㄱ>	/R³/	:사ᄅᆞ·과<번소9:88>	/R³/
	:사룸·도<두시14:24ㄴ>	/R³/		
	:사ᄅᆞ·둘히<두시15:5ㄱ>	/R⁴/	:사룸·둘히<번소9:51-52>	/R⁴/
	:사룸다·려<석보9:30ㄴ>	/R⁴/	:사룸다·려<소학6:122>	/R⁴/

1.3.4. 방언자료의 구축 방법

정선방언의 자료는 방언조사를 통해서 구축했다. 방언조사에 대한 정보는 아래와 같다.

(4) 제보자와 조사지점
    ㄱ. 제보자10):
        최승준(76), 남, 국졸, 농업, 3대 이상 거주(출생지 : 동면 석곡리)
        유춘옥(78), 여, 국졸, 농업, 3대 이상 거주(출생지 : 남면 광덕리)
    ㄴ. 조사지점 : 강원도 정선군 동면 석곡리

〈그림-1〉 조사지점

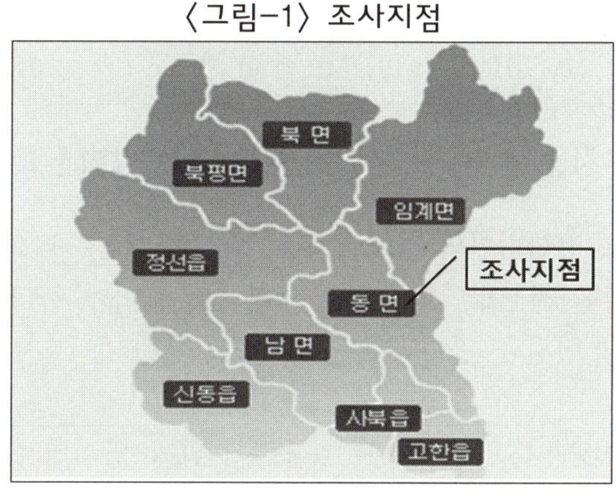

    ㄷ. 조사장소 : 제보자 집
    ㄹ. 조사일정 : 4차 조사까지 실시함.
      1차: 2008. 2. 16~2008. 2. 19(4일간) : 이름씨 준굴곡형 조사
      2차: 2008. 3. 22~2008. 3. 25(4일간) : 풀이씨 굴곡형 조사
      3차: 2008. 8. 25~2008. 8. 26(2일간) : 복합이름씨 준굴곡형 조사
      4차: 2009. 1. 5~2008. 1. 7(3일간)11) : 변동평성풀이씨, 음성자료 조사

    (4)와 같이 방언조사를 실시하여 얻은 자료를 방점법을 사용하여 성조표시를 했다. 자료를 구축할 때, 성조언어인 삼척방언과 정선방언의 성조형을 함께 제시하여, 삼척방언과 정

---

10) 제보자는 이익섭(1981)에서 제시한 기준을 최대한 수용하고자 했다. 이익섭(1981)은 제보자 선정 기준으로 다섯 가지를 제시했다. 첫째, 그 지역의 토박이어야 한다. 적어도 3대 이상이 그 지역에서 거주한 사람이어야 한다. 둘째, 나이는 60세 이상이어야 한다. 셋째, 제보자는 청력이 좋고 치아의 상태가 좋아 발음의 장애가 없어야 한다. 넷째, 제보자는 농업에 종사하는 사람으로 해야 한다. 다섯째, 제보자는 무학으로 한다.

11) 4차 조사 때에는 김차균 교수님께서 동행해 주셨다. 뿐만 아니라 자료 정리와 집필 과정에서도 필자의 부족한 지식을 깨우쳐 주셨고, 성조를 연구하는 방법과 학문을 하는 자세도 자세하게 알려 주셨다. 이 면을 통해 부족하지만 감사함을 전합니다.

선방언의 성조실현을 비교하고자 했다. 정선방언의 자료는 다음 (5)와 같이 구축했다.

(5) 정선방언 자료 구축 보기

정선방언	/성조형/[음조형]	삼척방언	/성조형/[음조형]
:헐·다(毁)$\breve{M}_H \cdot M$		:헐·다(毁)$\ddot{H}_H \cdot M$	
:헐·지	/$\breve{M}^2$/[$\breve{M}H$]	:헐·지	/$\ddot{H}^2$/[$\ddot{H}M$]
:헐·고	/$\breve{M}^2$/[$\breve{M}H$]	:헐·구	/$\ddot{H}^2$/[$\ddot{H}M$]
:헐·나	/$\breve{M}^2$/[$\breve{M}H$]	:헐·나	/$\ddot{H}^2$/[$\ddot{H}M$]
:헐·라·믄	/$\breve{M}^2$/[$\breve{M}H$]	:헐·라·믄	/$\ddot{H}^2$/[$\ddot{H}M$]
:헐·거·든	/$\breve{M}^3$/[$\breve{M}HM$]	:헐·거·든	/$\ddot{H}^3$/[$\ddot{H}M^2$]
:헐·더·라	/$\breve{M}^3$/[$\breve{M}HM$]	:헐·더·라	/$\ddot{H}^3$/[$\ddot{H}M^2$]
:헐·도·록	/$\breve{M}^3$/[$\breve{M}HM$]	:헐·도·록	/$\ddot{H}^3$/[$\ddot{H}M^2$]
헐·어·서	/HM^2/[HM^2]	헐·어·서	/HM^2/[$\ddot{H}M^2$]

1.3.5. 성조체계의 기술과 그 변화의 기술에 대한 방법론

이 연구는 공시적으로 정선방언의 성조체계를 기술하고, 통시적으로 중세국어의 성조체계를 분석하면서 동시에 정선방언과 대응관계를 살펴보아야 한다.

성조체계의 기술과 그 변천을 기술하기 위해, 이 연구는 두 가지 방법론을 취한다.

첫째, 정선방언의 성조체계를 공시적으로 기술하기 위해, 방점법 이론을 사용할 것이다. 이 방점법 이론은 2장에서 개관할 것이므로, 구체적인 기술은 2장에서 할 것이다.
둘째, 성조체계의 변천을 기술하기 위한 이론적 바탕은 비교방언학에 둔다. 실증적 비교방언학을 토대로 중세국어와 정선방언의 성조의 대응관계를 살펴 정선방언 성조체계에 대한 역사적인 변천을 기술할 것이다.

실증적 비교 방언학은 가설을 통해서 재구된 어형이나 어휘 자료를 언어연구의 자료에서 제외하고, 방언조사를 통해서 얻은 자료만을 방언연구 자료로 사용하면서, 역사적으로 앞선 단계의 언어 상태에서 뒤따르는 상태로 어떠한 과정을 거쳐서 변화되었는가를 통일성 있게 설명하는 언어연구 방법론이다(김차균 2006ㄴ: 27).

1.4. 선행연구

허웅(1954)은 경상도 방언(김해방언)을 대상으로, 국어의 성조가 단어의 의미를 분화하는 기능을 수행하고, 하나의 어절 안에서 성조의 결합을 나타내는 성조형을 이루며, 그 성조형에 따라 정확한 자료를 제시하였다. 또한 허웅(1955)은 경상도 방언의 성조가 중세국어의 방점과 밀접한 대응관계가 있음을 밝히고, 방점이 고저를 표시함을 주장했다. 河野六郎(1945, 1951)과 허웅(1954, 1955, 1963)의 연구 이후로 국어 성조에 대한 많은 연구가 진행되어 왔다. 특히, 동해안을 접해 있는 강원방언의 성조에 대한 연구도 지속적으로 연구되어 왔다.

강원방언을 대상으로 한 성조연구는 연구방법론에 따라 두 가지로 구분할 수 있다.

첫째, 성조체계를 성조소 단위로 기술하는 방법론이다. Pike(1948)의 언어유형론이 소개되면서, 국어는 진정한 성조언어(true tone language)가 아니라 하나의 어절 안에서 어느 한 음절에 악센트가 놓이는 단어음조체계(word pitch system)를 가진 언어라는 사실에 성조연구자들은 주목하였다. 이에, 국어의 성조연구는 단어의 음조체계를 기술하기 위해, 성조를 상대적인 높낮이로 파악하고, 한 어절을 구성하는 각각의 음절에 저, 고 또는 저, 중, 고의 성조소를 사용하여 음절마다 성조를 표시하여, 성조배열제약을 기술하는 방법론을 사용한다. 이러한 방법론을 사용한 연구는 문효근(1974ㄱ), 이익섭(1972ㄱ, 1972ㄴ, 1981), 윤종남(1986), 이상녀(1991), 최명옥(1998), 김봉국(1998, 2002) 등이 있다. 또한 이러한 관점에 입각하여 실험음성학적 방법을 통해서 성조체계를 이루는 성조소의 특성을 살피려는 연구도 있는데, 문효근(1974ㄴ), 김봉국(1999), 최영미(2001, 2003) 등이 그것이다.

이들 연구는 운소체계를 기술하는 관점에 따라 다시 일원론과 이원론으로 나뉘는데, 일원론은 운소로서 성조만을 인정하는 견해이고, 이원론은 운소로서 성조와 음장 둘 모두를 인정하는 견해이다. 이원론은 이익섭(1972ㄱ, 1972ㄴ, 1981)에서 저단 : 저장, 고단 : 고장을 설정하여 제시되었고, 이후 윤종남(1987)과 이상녀(1991)에서 수용되었다. 일원론은 문효근(1974ㄱ), 최명옥(1998), 김봉국(1998, 1999, 2002), 최영미(2001, 2003)이다.

둘째, 성조체계를 성조형 단위로 기술하는 방법론이다. McCawley(1968)의 일본어 성조 연구에 사용된 악센트론[12]이 국내에 소개되면서, 성조체계의 기술을 성조소 단위로 기술한 것이 아니라 성조형을 단위로 기술하게 된다. 초분절운율론과 방점법 이론에 의한 성조 연구로, 김주원(2003)과 김차균(1999, 2006ㄴ)이 여기에 속한다.

김주원(2003)은 동해안 성조방언(고성, 속초, 양양, 강릉, 동해, 삼척…)의 성조형을 0형(어느 한 음절이 높은 형), 1형(첫 두 음절이 높은 형), 2형(첫 음절이 상승조로 실현되고, 제2 음절이 방언에 따라 제1 음절 2모라와 같은 높이로 또는 낮은 음으로 실현되는 형)으로 기술하고, 중세국어의 거성형의 반사형에 대해 /LHL 또는 MHM/도 실현되지만, /HHM₀/도 실현된다고 보았다.

현대 성조방언 및 준성조방언을 같은 표기를 사용해서 기술해야 한다고 본 김차균(1999,

---

12) 한국어의 성조방언이 음절의 성조가 연결되어 성조형이 실현되는 것이 아니라, 성조의 기술 단위인 어절(운율적 낱말) 단위로 성조형이 실현되어, 어절 안의 한 음절에 악센트가 없으면 나머지 음절에는 자동적으로 성조가 배당되어 전체 어절의 음조형이 결정된다는 방법론이다.

2006ㄴ)은 강릉방언과 삼척방언을 연구대상으로 방점법을 사용하여 강릉방언과 삼척방언의 최종방점표상에서 실현되는 방점형을 평측형과 측성형으로 구분하여 제시했다. 삼척방언에서 5음절의 경우, 평측형은 평일형(□·□⁴), 평2형(□²·□³), 평3형(□³·□²), 평4형(□⁴·□), 평5형(□⁵)이 있고, 측성형은 거성형과 상성형으로 나뉘는데, 거성형은 양거성(·□⁵)과 음거성(·▣⁵)이 있고, 상성형도 양상성(:□⁵)과 음상성(:▣⁵)이 있다. 강릉방언의 5음절 최종방점표상은 삼척방언과 같으나 음상성이 강릉방언에서 실현되지 않는다고 기술하고 있다. 또한, 방점형 층위에서 각 성조방언들의 차이를 설명할 수 없음을 언급하고, 음조실현규칙을 설정하여 음조형을 기술하고, 하위방언들 간의 차이를 기술하고 있다.

1.5. 자료 표기의 방법

이 연구에서 정선방언 자료를 전사할 때는 특별한 경우가 아니면 한글을 사용해서 전사를 했다. 또한 자료를 전사할 때 사용한 약호와 기호를 제시하면 아래와 같다.

(6) 약호와 부호

/ /	성조형	[ ]	음조형
:□	상성	·□	거성
□	평성	□ⁿ	ⁿ은 정항(constant)
□₁	₁은 변항(variable)		
H	거성 또는 평성13)	M	거성
Ḧ	삼척방언 상성	M̆	정선방언 상성
L	평성 또는 상성14)	ʜ	H의 변이 음조 의존형태소
→	변동의 방향	>	변화의 방향
⇩	하강부의 첫음절	#	휴지 또는 쉼
~	수의적 교체		
:	장음	]	단어경계
∽	Qt에서 발음의 순서가 그 값에 유의미적 차이를 가지지 않음.		

---

13) 중세국어 자료에서는 거성을 표시하고, 정선방언 자료에서는 평성을 표시한다.
14) 중세국어 자료에서는 평성을 표시하고, 창원방언에서는 상성을 표시한다.

2. 방점법 이론

정선방언 성조의 변천 과정을 연구하기 위해 무엇보다 중요한 것은 정선방언의 성조가 중세국어의 성조를 계승한 것임을 밝혀야 한다. 이를 위해, 낱말이나 어절에 얹히는 성조에 대한 표기의 층위와 방법을 동일하게 해야 비교와 대조 연구를 할 수 있다.

표기의 층위와 표기의 방법이 동일해야 한다는 연구의 제약을 고려하여, 본 연구에서 사용할 이론은 김차균(1993)에서 확립된 방점법을 선택했다. 왜냐하면, 15·16세기 중세 문헌에서 성조를 방점으로 표기했고, 그 방점을 이용하여 현대 방언자료를 구축하면, 중세국어와 정선방언의 성조를 비교하여 그 연관성을 확보하고 성조와 성조 현상의 통시적인 기술을 가능하게 할 이론이라 판단했기 때문이다.

따라서 이 장은 정선방언의 공시태와 통시태를 기술할 이론적 기반이 될 방점법 이론을 개관하는 것을 목표로 한다.

2.1. 방점법 이론의 성립배경

김차균(1993)에서 확립된 방점법 이론은 세종대왕이 훈민정음 창제 당시 「훈민정음」 언해에서 제시한 15·16세기 높낮이를 표시한 가점법과 최세진이 높낮이를 평성과 측성으로 양분한 2분법에 근원을 두고 있다.

「훈민정음」에 나오는 중세국어 높낮이의 조치(調値)에 관한 기술과 그 표시 방법에 대한 기술을 살펴보면 다음과 같다.

(1) 「훈민정음」 언해 사성주

　　平聲은 뭇╲▽가╶▽ 소리라
　　上聲은 처◦미 ◦갑고 乃終이 노╴ 소리라
　　去聲은 뭇노╴ 소리라

(2) 「훈민정음」 언해 합자해

　　左加一點則去聲 二則上聲 無則平聲
　　옮김[1] : ㄱ. 왼쪽에 한 점을 더하면 거성이요
　　　　　　ㄴ. 점이 둘이면 상성이요
　　　　　　ㄷ. 점이 없으면 평성이요

(1)의 「훈민정음」 언해 사성주는 중세국어 당시 성조의 조치(調値)를 높낮이의 개념을 사용하여 과학적으로 설명한 기술이다. 즉, 평성은 가장 낮은 가락이고, 상성은 평성보다는 높은 위치에서 거성보다 낮은 위치로 높아가는 가락이며, 거성은 가장 높은 가락이다. 이러한 사성주의 높낮이를 표시하는 방법인 가점법을 (2)에서처럼 같은 책 합자해에서 기술하고 있다. 거성은 왼쪽에 1점(·□)을 찍고, 상성은 왼쪽에 2점(:□)을 찍으며, 평성은 점을 찍지 않았다. 세종대왕은 중세 당시 높낮이를 인식하고 이것을 점을 찍어 표시했다는 것을 알 수 있다.

　한때, 중세 문헌에 나타난 방점이 음장의 표시라고 파악한 주시경(1908)[2], 홍기문(1947)[3]의 음장설과 음장과 고저 둘 모두를 표시하고 있다고 본 최현배(1942)[4]도 있었지만, 허웅(1954, 1955, 1963)은 방점이 높낮이를 표시한 것이라고 파악하여 고저설을 주장했다. 그 후로부터 성조 연구자들은 방점이 높낮이를 표시한다는 것을 의심하지 않는다.[5]

　중세국어의 높낮이를 방점으로 표시한 것은 현대 언어학 이론인 유표성 이론을 바탕으

---

1) 한글학회(1997), 「훈민정음 해례」, 한글학회.
2) 주시경(1908)에 다음과 같이 언급이 있다. "龍歌에도 朝鮮語 入聲字를 左加一點 二點 無點으로 標하였는데……入聲도 母音의 長短을 依하여 去上平으로 구별함이 명확하니라. 洪태운 眞言集에 漢文韻 平聲은 哀而安하고 上聲은 厲而擧하고 去聲은 淸而遠하고 入聲은 直而促이라 하였고, 康熙字典에 平聲은 平道莫低昻하고 上聲은 高呼猛烈强하고 去聲은 分明哀遠道하고 入聲은 短促急收藏이라 하였으나, 正音에 去上平入의 別은 如此하지도 않고 母音의 廣狹 高低 淸濁의 別도 勿論하고 <u>長短만 分別하여 最長同하니라.</u>"(허웅1963:256 재인용, 밑줄은 필자).
3) 홍기문(1946:138-139)에 다음과 같은 언급이 있다. "우리말의 꼭 한자와 같은 平上去가 있었는지 모르거니와 상기의 설명(훈민정음언해의 사성주)에 依한 그 區別에 적어도 對比될 만한 무엇이 있을까 의심한다. …… 上聲字의 大部分은 장음이다. 그런데 발(簾), 골(郡)과 같은 길게 내는 소리는 前後 兩段으로 나누어져서 前段에서는 보통의 음과 같다가 後段에서는 혀를 다시 끌어들이면서 길게 하는 것이 그 特徵이다. 그런데 <u>우리말은 한갓 長短이다. 漢字의 高低와는 결코 같지 않다</u>(허웅1963:257 재인용, 밑줄은 필자).
4) 최현배(1942)에는 訓民正音의 四聲點 치기에 대해 다음과 같은 언급이 있다. "이것은 한자의 平上去入의 四聲을 模倣하여 우리말의 소리를 구별한 것이다"(최현배 1942:460). "<u>四聲은 高低와 長短의 두 要素를 包含한 區別</u>이라 하겠다. 平聲은 높낮이의 變化가 없이 평평하게 나가는 소리, 上聲은 높아가는 소리, 去聲 은 낮아가는 소리, 入聲은 평평하고 짧은 소리라 할 만하다"(허웅 1963:257 재인용, 밑줄은 필자).
5) 허웅(1945, 1955, 1963)은 방점이 높낮이를 표시한 것을 입증하기 위해서 중세 당시 어학 문헌의 설명, 중국 소리와의 비교, 방점의 변동, 방점의 변화를 살펴서 중세국어의 성조의 음조적 특징을 설명하고 성조체계를 재구했다.

로 하고 있다고 볼 수 있다. 유표성 이론의 중심개념인 유표성은 대립관계에 긍정(positive)과 부정(negative)의 두 가지 다른 가치를 부여한 것으로 일반적으로 간단하고 일반적인 것은 무표적으로 간주하고, 복잡하고 특수한 것은 유표적인 것으로 간주한다. 이 유표성 이론을 중세국어 높낮이의 조가(調値)와 가점법에 적용하면, 평성은 무표적인 높낮이여서 무점으로 표시하고, 거성과 상성은 유표적인 높낮이라서 점을 각각 1점과 2점을 찍었다고 파악할 수 있다.

「훈민정음」 이후 중세국어 높낮이의 조치(調値)와 가점법에 대한 기술은 최세진의 「훈몽자회」 범례와 「번역 노걸대 박통사」 범례에서 보인다.

(3) 「훈몽자회」 범례6) (밑줄과 번호는 필자가 가함.)

    凡字音高底 皆以字傍點之有無多少 爲準 平聲無點 上聲二點 去聲入聲 皆一點 平聲哀而安 上聲廣而擧 去聲淸而遠 入聲直而促 諺解亦同

    믈윗 ·근字·즈픔음·의 노·프·며 늦가·오·미 :다 字·즈ㅅ겨:틔 點·뎜·이 이시·며 :엽·스·며 하·며 :뎌·금·으·로 ·보·라믈ᄊᆞ믈거·시·니 ㄱ.늦가·온 소·리옛 字·즈·는 平평聲셩·이·니 點·뎜·이 :업·고 ㄴ.기리혀 나종 들티는 소리옛 字·즈는 上:샹聲셩·이·니 點·뎜이 :둘·히·오 ㄷ.곧·고 바ᄅᆞ 노·픈 소:리·옛 字즈는 去·거聲셩·이·니 點·뎜·이 ᄒᆞ나·히·오 곧·고 ᄲᆞ른 소·리·옛 字·즈·는 入·입聲셩·이·니 點·뎜·이 ᄒᆞ나·히·라 諺:언文문·으·로 사·김훈·뎌 ᄒᆞ가·지·라.

(4) 「번역 노걸대 박통사」 범례7)

    凡本國語音 有平有仄 平音哀而安 仄音有二焉……厲而擧者爲上聲 直而高者爲去聲爲入聲 故國俗言語 平聲無點 上聲二點 去聲入聲一點…….

    옮김8) : 무릇 우리나라의 어음은 평음과 측음이 있으니 평음은 슬픈 듯 편안하고, 측음은 둘이 있는데……거세게 들리는 것은 상성이며, 곧고 높은 것은 거성과 입성이 된 것은 그러므로 우리나라의 속된 언어가 평성은 점이 없고, 상성은 점이 둘이며 거성과 입성은 점이 하나이다…….

(3)의 「훈몽자회」 범례에서 높낮이의 조치에 대한 기술을 보면, 평성은 낮은 소리이고, 상성은 길게 끌어 뒤끝을 올리는 소리이며, 거성은 곧고 바로 높은 소리이다. 또한, 가점법에 대한 기술을 보면, 평성은 점을 찍지 않고, 거성은 1점을 찍고 상성은 2점을 찍는다.

(4)의 「번역 노걸대 박통사」 범례는 국어의 성조를 평성과 측성으로 나누고 다시 측성은 상성과 거성으로 구분하고 있다. 뿐만 아니라, 높낮이의 조치에 대한 기술과 가점법에 대한 기술도 있다. 먼저 높낮이 조치에 대한 기술을 보면, 평성은 슬픈 듯 편안한 소리로 기술하고, 상성은 거세게 들리는 소리로 기술했으며, 거성은 곧고 높은 소리로 기술하고

---

6) 최세진(1572),「훈몽자회」, 대제각.
7) 출전은 <四聲通解> 下卷 卷末 附錄 國音 條이다.
8) 이돈주(2003:332-336) 참조.

있다. 또한, 가점법에 대한 기술을 보면, (3)의 가점법에 대한 기술과 다르지 않다. 이러한 높낮이 조치에 대한 기술은 「훈민정음」 언해의 기술과 일치하지는 않지만, 가점법에 대한 기술은 한결 같음을 알 수 있다. 뿐만 아니라 유표성 이론을 적용해도, 「훈민정음」 언해 사성주와 합자해의 기술이 별반 다르지 않다.

「훈민정음」 언해의 사성주와 합자해, 그리고 「훈몽자회」 범례와 「번역 노걸대 박통사」 범례의 높낮이의 조치와 가점법에 대한 기술을 정리하고, 국어의 성조를 평성과 측성으로 구분한 2분법과 유표성 이론을 적용하여, 각 음절마다 가점을 하여 성조를 표기한 점은 김차균(1993)에서 제시한 방점법과 꼭 닮아 있다.

그러나 김차균(1993)은 중세국어 성조의 표시법에 머무르지 않고, 프라하 학파를 대표하는 Trubetzkoy(1939/1971)가 사용한 개념인 대립과 중화의 기능을 방점과 함께 표시할 수 있게 고안하여 중세국어의 성조와 현대방언의 성조를 동일하게 표기할 수 있게 만들었다. 따라서 새로 고안된 방점법은 둘 이상의 방언 성조체계와 성조현상을 비교하거나 중세국어 성조와 현대 성조방언의 성조체계와 성조현상을 설명하는데 분석력과 설명력을 갖는다.

2.2. 성조와 성조현상의 기술 방법

새로운 방점법의 성조 기술 방법은 성조의 대립과 중화의 기능에 바탕을 두고 있다. 분절음운론에 대비시켜 말하면, /ㄷ, ㅌ, ㄸ/은 그 음성학적인 특성을 정확하게 모르는 일반 토박이라도 이들이 세 개의 별개 음소라는 것을 안다. 그것은 /달/, /탈/, /딸/과 같은 대립이 존재하기 때문이다. 이들의 첫소리 /ㄷ, ㅌ, ㄸ/이 각각 여린소리와 센소리에 따라 먼저 /ㄷ/과 /ㅌ, ㄸ/으로 나누어지고 /ㅌ/과 /ㄸ/은 기의 유무에 따라 구분된다는 음성학적인 설명은 음성학자나 음운학자에 의해서 이차적으로 밝혀지는 것이다.

같은 방법으로 성조가 뒤따르는 위치에 대립을 허용하는가 그렇지 않은가에 따라 토박이들은 단순한 것과 복잡한 것이 있으며, 복잡한 것도 다시 두 가지가 있음을 직관적으로 안다. 다음의 표 (5)를 보면 그런 것을 인정할 수 있다(김차균, 2006ㄱ:159).

아래의 표에서 화살표의 왼쪽을 보면, □(0점), ·□(1점), :□(2점)이 있음을 알 수 있다. 그러나 그것들의 짝이 되는 오른쪽의 자료들을 대조해 보면, 어절의 첫 음절 위치에서는 (5)ㄱ처럼 □(0점), (5)ㄴ처럼 ·□(1점), (5)ㄷ처럼 :□(2점)이 각각 대립하고 있음을 볼 수 있다. 다시 왼쪽과 오른쪽을 대조하면, 둘째 음절 위치에서는 기저방점표상에 □, ·□, :□ 이 있더라도 오른쪽 최종방점표상에서는 ≪#□ —≫의 환경에 □와 ·□ 두 가지만 나타남을 본다. 이것은 ≪#□ —≫의 환경에서 ·□과 :□이 대립을 이루지 못하고 ·□으로 중화된다는 사실을 확인하게 된다. 이것은 /ㄱ, ㅋ, ㄲ/이 음절의 첫소리에서 대립을 하지만 음절의 끝소리에서는 내파음 [k⁻]으로 중화되는 것과 같은 현상이다.

(5) 창원방언 성조의 대립 및 중화 자료

기저방점 표상		최종 방점 표상, /성조/[음조]표상
ㄱ. /밭·골 HL, 밭·풀 HM/	→	밭·골, 밭·풀/HM/[HM]
/천:세·손, 산·새·알, 밭·일꾼/	→	천·세·손, 산·새·알, 밭·일·꾼 /HM²/[HM²]
/노·랫:말, 삼·십·일, 삼·십년/	→	노·랫·말, 삼·십·일, 삼·십·년 /HM²/[HM²]
/삼천:만, 삼천·석/	→	삼천·만, 삼천·석 /H²M/[MHM]
/꽃밭/	→	꽃밭 /H²/[MH]
/삼천년/	→	삼천년 /H³/[MHH/MMH]
ㄴ. /·물:새, ·쌀·밥, ·쌀술/	→	·물·새, ·쌀·밥, ·쌀·술 /M²/[HH/MM]
/·십:세:손, ·물·새·알, ·십:만년/	→	·십·세·손, ·물·새·알, ·십·만·년 /M³/[HHM]
/·해·찬:들, ·코·뿔·소 ·십·일년/	→	·해·찬·들, ·코·뿔·소, ·십·일·년 /M³/[HHM]
/·일년:산, ·백년·객, ·일천년/	→	·일·년·산, ·백·년·객, ·일·천·년 /M³/[HHM]
ㄷ. /:들·일, :들·소, :들꽃/	→	:들·일, :들·소, :들·꽃 /L²/[LM]
/:돈:계:산, :일·벌·떼, :계:산전/	→	:돈·계·산, :일·벌·떼, :계·산·전 /L³/[LM²]
/:오·백:만, :일·솜·씨, :돈·욕심/	→	:오·백·만, :일·솜·씨, :돈·욕·심 /L³/[LM²]
/:벨똥:벨, :개꼬·리, :개똥밭/	→	:벨·똥·벨, :개·꼬·리, :개·똥·밭 /L³/[LM²]

「훈민정음」 해례와 「훈민정음」 언해의 사성주에서 우리말의 성조에 평성(□), 거성(·□), 상성(:□)이 있음을 설명하고 있는데, 현대 경남방언과 경북 내륙방언, 대구방언을 보면 중세국어의 평성에 대응하는 형태소가 어두에 오면 바로 뒤따르는 음절의 위치에 두 가지 성조의 대립을 허용하고, 중세국어의 거성 또는 상성에 대응하는 형태소가 어두에 오면 토박이들은 그 음조적인 특성을 설명하지 못하더라도 뒤따르는 위치에 성조의 대립을 허용하지 않는다는 것을 직관으로 알게 된다. 이리하여 토박이들은 중화시키는 힘이 약한 평성에 대응하는 토박이말의 성조를 무표적인 것으로 인식하게 되고, 중화시키는 힘이 강해서 대립을 허용하지 않는 성조를 어떤 힘을 가진 유표적인 존재로 인식하게 된다. 그래서 무표적인 것은 평성(plain tone, unmarked tone)이라 부를 수 있고, 대립을 허용하지 않는 강력한 중화력을 가진 성조를 유표성조(departing tone · raising tone, marked tone)라 할 수 있다.[9]

그런데, 어두 위치에서는 강력한 중화력을 가진 성조가 두 가지 있음을 알게 되고, 주의 깊은 토박이나 성조를 연구하는 사람은 마치 15·16세기 음운학자들이 그랬던 것처럼 그

---

9) 유표성이란 대립관계에 긍정(positive)와 부정(negative)의 두 가지 다른 가치를 부여한 것으로 일반적으로 간단하고 일반적인 것은 무표적으로 간주하고, 복잡하고 특수한 것은 유표적인 것으로 간주한다. 이 유표성은 유표성 이론(Markedness theory)의 중심 개념이 된다. 유표성 이론은 구조주의 언어학의 대립을 핵심 개념으로 하는데, 대립은 음운, 문법, 어휘 등 모든 언어체계에 적용된다.

두 가지의 음조적 차이(조치, 조가)에 주목하게 된다. 그 두 가지는 단순 수평조와 그렇지 않고 더 복잡한 조치를 가지고 있음을 확인하고서 그것들을 15·16세기의 자료들과 대조함으로써 단순한 것은 1점, 복잡한 것은 2점과 일치한다는 것을 알게 된다. 이것이 바로 방점법 이론의 핵심적인 특성이다.

(5)ㄱ의 /꽃밭, 삼천년/은 중화가 일어나지 않은 보기이나 이 두 개 어휘를 제외하면 모두 중화가 일어나는 보기이다. (5)ㄱ의 기저방점표상 /꽃밭, 삼천년/을 최종방점표상과 대조하면, 방점 층위에서 아무런 변화가 없고, 이것을 성조표시로 바꾸면 각각 /H²/와 /H³/이 된다. 그러나 (5)ㄱ의 /꽃밭, 삼천년/을 제외하면, 둘째 음절 이하에서 기저에 ·□이던 것은 그대로 ·□으로 나타나고 :□이던 것은 모두 ·□으로 변동한다. 이것은 둘째 음절 이하에서는 ·□과 :□이 변별적인 대립을 이루지 못하고 모두 ·□으로 중화된다는 것을 의미한다. 또, 화살표의 왼쪽에 최초의 방점 뒤에서는 □과 :□이 모두 화살표 오른쪽에서는 모두 ·□으로 변하며, 본래 ·□이었던 것도 ·□으로 변한다. 이러한 1점은 평성이라고도, 상성이라고도, 거성이라고도 할 수 없는 중화성조 곧 측성(·□)이라고 볼 수 있다.

그러나 최종방점표상은 중화를 통해서만 나오는 것은 아니라, 첫성분 평성화를 통해서도 최종방점표상이 도출된다. 예를 들면, /·손+바·닥/ → /손빠·닥/은 첫성분 평성화를 통해서 최종성조형이 평2형(□²·□)이 되는 것이다. 결국 최종방점형은 L, M, H, R, M̄ 등을 이용해서 성조형으로 바꾸기 직전의 방점표상으로 보면 된다.

둘 이상의 이름씨가 결합한 합성어가 하나의 어절을 이룰 때뿐만 아니라, 이름씨에 토씨가 결합하여 어절을 이룰 때, 풀이씨에 씨끝이 결합하여 어절을 이룰 때도 중화현상이 일어난다. 중화의 의미를 확실히 하기 위하여, 김차균(2006ㄴ:32-35)에서 제시한 창원방언의 보기를 살펴보자.

(6) 창원방언

#·물#		/M/[M̄]		
#마·신·다#	/HM²/[HM²]	·물+마·신·다 → ·물·마·신·다	/M⁴/[HHM²]
#먹는·다#	/H²M/[MHM]	·물+먹는다 → ·물·먹·는·다	/M⁴/[HHM²]
#·팔·더·리#	/M³/[HHM]	·물+·팔·더·라 → ·물·팔·더·라	/M⁴/[HHM²]
#:사·마·구#	/L³/[LM²]	·물+:사·마·구 → ·물·사·마·구	/M⁴/[HHM²]

(6)에서 가장 왼쪽에 있는 4개의 3음절 어절의 방점형이 다르며, 성조형과 음조형이 모두 다르게 나타나고 있다. 그러나 거성 이름씨 /·물/과 결합하여 하나의 어절을 이루게 되면, 모두 다 4음절로 된 거성형으로 나타난다. 이것은 ·□(거성) 뒤에서는 모든 방점이 ·□으로 중화됨을 나타낸다.

(6)에서 화살표 오른쪽의 최종방점표상에서 첫째 음절의 ·□과 둘째 음절 ·□은 표시는 같으나 분포와 기능이 차이를 가진다. 즉, 첫째 음절에 오는 ·□은 둘째 음절의 ·□과 상보적 분포를 이루고, 뒤따르는 음절의 모든 성조를 중화시키며, 음성학적인 그 조치가 1mora 수평음조이다. 그러나 둘째 음절 이하의 ·□은 ·□, :□과 대립이 불가능하다. 또한 평성 뒤에서 ·□과 :□의 중화성조이지만, 거성이나 상성 뒤에 나타나는 ·□은 □, ·□, :□의 중화성조일 수도 있다. 따라서 첫째 음절의 ·□은 거성이라 부르고, 둘째 음절 이하에서 나타나는 ·□은 중화성조(archi-toneme)이므로 거성과 구분하여 측성이라 부른다. 이는 15·16세기의 방점 표시 체계를 그대로 따른 것이다.

(7) 창원방언(상성과 거성이 평성 뒤에서 중화된다.)

/가실H^2#·구·름M^2/	→	/가실·구·름/	/H^{2}M^2[MHM^2]
/소굼H^2#·장·사M^2/	→	/소굼·장·사/	/H^{2}M^2[MHM^2]
/가을H^2#:채·소L^2/	→	/가을·채·소/	/H^{2}M^2[MHM^2]
/삼한H^2#:사·온L^2/	→	/삼한·사·온/	/H^{2}M^2[MHM^2]

위의 (7)은 평성(□) 뒤에서 평성 이외의 모든 성조가 측성으로 중화되는 예시이고, 아래의 (8)은 평성 뒤에서 평성이 중화되지 않고 그대로 나타나는 예시이다.

(8) 창원방언(평성 뒤에서 평측형은 방점의 변동이 없다.)

/나무H^2#숭군·다H^{2}M/	→	/나무숭군·다/	/H^{4}M/[MH^{3}M]
/나물H^2#먹는·다H^{2}M/	→	/나물먹는·다/	/H^{4}M/[MH^{3}M]
/술H#먹는·다H^{2}M/	→	/술먹는·다/	/H^{3}M/[MH^{2}M]
/술H#마·신·다H^{2}M/	→	/술마·신·다/	/H^{2}M^2/[MHM^2]
/팔H#다리H^2/	→	/팔다리/	/H^3/[MH^2]

(5), (6), (7), (8)에서 보는 바와 같이 성조의 중화현상은 창원방언을 비롯해서 현대의 모든 성조방언에서도 볼 수 있다. 그러므로 다음과 같은 중화규칙을 설정할 수 있다.

(9) 성조의 중화 규칙 (모든 성조 방언에서)
ㄱ. ≪□ —≫의 환경에서 □(평성) 이외의 모든 성조는 ·□(측성)으로 바뀐다.
ㄴ. ≪{·□, :□, ·回, :回} —≫의 환경에서 모든 성조는 ·□(측성)으로 바뀐다.

평성은 평성을 제외한 모든 종류의 뒤따르는 성조들을 ·□(측성)으로 중화시키고, 상성과 거성(방언에 따라서는 상성, 거성, 음상성, 음거성)은 모든 종류의 뒤따르는 성조를 ·□(측성)으로 중화시킨다. 따라서 평성은 약한 중화 기능을 가지고 있고, 상성과 거성은 강한 중화 기능을 가진다고 할 수 있다.[10)]

(9)의 중화규칙은 현대 우리말의 모든 성조 방언의 다수 자료에 필수적으로 적용되며, 중세국어에도 이 규칙은 다수의 자료에 적용되었기 때문에, 중세국어와 현대국어 성조방언들에서 음운론적인 낱말 또는 어절 안에서 둘째 음절 이하에 나타나는 측성은 그 위치가 다를 수도 있지만, 첫째 음절에 나타나는 방점의 종류와 위치는 대다수의 자료에 일치한다.

새로운 방점법은 대립과 중화의 기능을 바탕으로 국어의 성조를 평성과 측성으로 나누고, 음성학적인 설명은 가능한 한 제한하여, 측성이 둘 이상일 때만 고려하였고, 거성과 상성이 둘 이상일 때에는 기능부담량과 분포를 고려하였다. 김차균(2006ㄴ:50)에서 제시한 방점의 음운론적 기능과 그 표기 방법을 인용하면 아래 (10)과 같다.

(10) 2분법에 따른 성조의 분류

    ㄱ. 성조가 둘인 방언에서는 중화력이 없는 성조를 평성, 중화력이 있는 성조를 측성이라 부른다. 평성은 □으로, 측성은 ·□으로 표시한다.

    ㄴ. 성조가 셋인 방언에서는 중화력이 약한 성조를 평성, 중화력이 강한 성조를 측성으로 부르되, 조치가 단순 수평인 것을 거성, 조치가 복잡한 것(곧 길거나, 뒤끝이 올라가거나, 길고 뒤끝이 올라가는 것)은 상성이라 부른다. 평성은 □으로, 거성은 ·□으로, 상성은 :□으로 표시한다.

    ㄷ. 성조가 넷인 방언에서는 중화력이 약한 성조를 평성, 중화력이 강한 성조를 측성이라고 부르되, 조치가 단순 수평인 것을 거성, 조치가 복잡한 것(곧 길거나, 뒤끝이 올라가거나, 길고 뒤끝이 올라가는 것)은 상성이라 부른다. 또 거성이 둘일 때는 그 빈도나 분포로 보아 일반적인 것은 거성(양거성) 빈도가 낮고 분포가 제한된 것은 음거성이라 부른다. 상성이 둘일 때는 그 빈도나 분포로 보아 일반적인 것을 상성(양상성), 빈도가 낮고 분포가 제한된 것은 음상성이라 부른다. 평성은 □으로, 거성은 ·□으로, 상성은 :□으로 표시한다. 그리고 음거성과 음상성은 각각 ·◌과 :◌으로 표기한다.

(10)에 제시한 방점의 기능과 표시법은 성조를 단순히 상대적인 높낮이로 파악하여 성조체계를 기술하는 것이 아니고, 국어의 각 성조방언의 체계에 작용하고 있는 보편적인 원리로, 각 방언의 기저성조표상 층위의 공통성을 내포하고 있는 원리이다. 이러한 원리가 중세 문헌에서 150년간 방점 표기가 일관되게 사용할 수 있게 한 것이다.

---

10) 2성조 방언에서는 성조는 중화 기능이 없느냐 있느냐로 구분되는데, 평성(□)은 중화 기능이 없고, 측성(·□)은 중화 기능이 있다.

2.3. 창원방언과 정선방언의 방점형 대조

경남방언에 비하면 강원방언은 비성조방언으로의 변천이 더 심화된 상태이다. 그러한 성조체계의 변천이 방점법에서는 최종방점표상(방점형)에 반영되지 않으면 안 된다.

우리말의 성조는 평성의 약한 중화 기능과 측성의 강한 중화 기능으로 말미암아 최종방점표상의 층위에서 나타날 수 있는 방점 연결의 방법은 극히 제한되어 있다. 즉, 방점형은 n+2개(단, n=음절수)로 실현 가능한 개수를 예측할 수 있다. 아래 (11)은 창원방언의 5음절어에 한하여 방점형을 제시한 것이다.

(11) 창원방언 5음절 어절의 방점 표상(김차균 2006ㄴ:35)

방점형		보통의 표시법	간략 표시법
ㄱ. 평측형		① □·□·□·□·□	□·□⁴
		② □□·□·□·□	□²·□³
		③ □□□·□·□	□³·□²
		④ □□□□·□	□⁴·□
		⑤ □□□□□[11]	□⁵
ㄴ. 거성형		·□·□·□·□·□	·□⁵
ㄷ. 상성형		:□·□·□·□·□	:□⁵

(11)에서 알 수 있는 것은 창원방언 5음절어의 경우 평측형은 다섯 가지, 거성형과 상성형은 각각 한 가지이라는 것이다. 즉, 실현 가능한 방점형은 7개인 것을 알 수 있다. 이런 방법으로 4음절어의 실현 가능한 방점형은 6개이고, 6음절어의 실현 가능한 방점형은 8개인 것을 쉽게 예측할 수 있다.

또한, (11)의 방점형 표시를 보면, 방점형을 보통표시법과 간략표시법으로 구분하여 제시하고 있다. 간략 표시법은 평성의 수와 측성의 수를 첨자를 사용하여 표기하고 있다. 따라서, 평측형은 방점의 어깨에 평성의 수와 측성의 수를 첨자로 적어서 표기하고, 측성형인 거성형과 상성형은 측성의 수를 첨자로 적어서 표기하고 있다. 즉, 평측형 보통표시법 □□·□·□·□은 간략표기법으로 바꾸면, 평성이 2개이고, 측성이 3개이므로 □²·□³으로 표기할 수 있고, 거성형 보통표시법 ·□·□·□·□·□은 거성으로 시작되는 5음절의 측성

---

11) □□□□□는 평성만 5개이므로 □⁵로 간략표기할 수 있고, 평성형으로 부를 수 있다. 그러나 이를 평측형에 넣는 이유는 □⁵□⁰로 볼 수 있고, 성조변동 현상 측면에서 평측형의 하위 구성원에 속하기 때문이다(김차균 2006ㄴ:35 참조).

형이므로 ·□^{5}로 표기되며, 상성형 보통표시법 :□·□·□·□·□은 상성으로 시작되는 5음절의 측성형이므로 :□^{5}로 표기할 수 있다. 이러한 표기법에서 거성형(음거성)과 상성형(음상형)은 합쳐서 측성형이라 분류한 점은 16세기 최세진의 2분법과 관련이 되지만, 첨자를 사용해서 방점형을 표기하여, 기저방점표상을 통일되게 표기하여 두 방언 또는 중세국어와 현대 성조방언의 비교를 가능하게 하고, 국어의 성조를 하나의 체계로 기술할 수 있게 하여 통시적 기술을 가능하게 한 것은 새로운 방점법의 매우 큰 장점이 된다.

(12) 창원·정선·삼척방언 5음절 어절의 방점 표상

방점형		보통의 표시법	간략 표기법		
			창원방언	삼척방언	정선방언
평측형	평일형	□·□·□·□·□	□·□^{4}	□·□^{4}	□·□^{4}
	평2형	□□·□·□·□	□^{2}·□^{3}	□^{2}·□^{3}	□$_2$·□^{n}
	평3형	□□□·□·□	□^{3}·□^{2}	□^{3}·□^{2}	
	평4형	□□□□·□	□^{4}·□	□^{4}·□	
	평5형	□□□□□	□^{5}	□^{5}	
측성형	거성형	·□·□·□·□·□	·□^{5}	(·□^{5}→)□^{2}·□^{3}	(·□^{5}→)□$_2$·□^{n}
	상성형	:□·□·□·□·□	:□^{5}	:□^{5}	:□^{5}
	음거형	·▣·□·□·□·□	○12)	○	○
	음상형	:▣·□·□·□·□	○	:▣^{5}	○

위의 표 (12)는 창원방언, 정선방언, 삼척방언에서 어절이 5음절인 경우 방점표상을 제시하고 있다. (12)의 왼쪽에 있는 방점형은 세 방언에서 동일하게 표시된다. 즉, 평측형을 보면 방점형은 세 방언에서 모두 5개가 존재하나, 창원방언에서는 다섯 가지 평측형이 음운론적으로 변별적이어서 각각의 운율적 낱말은 그것에 표시되는 방점형이 고정되어 있지만, 정선방언에서 평복형(평성이 둘 이상인 방점형)은 방점이 고정되어 있지 않고, 그 하위 방점형끼리 자유변동한다.13) 간단한 예를 들면, 창원방언에서는 /깨구·리·새·끼/가 평2형으로 고정되어 있지만, 정선방언에서는 평2형의 /깨구·리·새·끼/가 /깨구리·새·끼/, /깨구리새·끼/, /깨구리새끼/와 임의 변동한다. 물론 평복형 가운데에서 가장 즐겨 쓰는 것은 맨 끝 음절만 □$_2$·□이지만 다른 것들도 다 쓰이고 있다.

그리고 정선방언에서 거성형이 2음절 이상일 경우 필수적으로 평2형에 합류되고, 또 평2형은 평복형의 하나이기 때문에 평복형의 자유변동을 받는다.14) 참고로 삼척방언에서는

---

12) ○는 해당 성조형이 존재하지 않음을 표시한다.
13) (16)의 평복형(□$_2$·□^{n})의 자유변동규칙 참조.

거성형은 2음절 이상일 경우 필수적으로 평2형에 합류한다. 이리하여 강원방언인 정선방언과 삼척방언은 영남방언인 창원방언에 비하면 거성형의 존재 바탕이 매우 약화되어서 사실상 1음절 이름씨와 줄기가 1음절인 풀이씨에만 거성의 흔적을 유지할 뿐이며, 2음절 이상에서는 거성형이 전부 평복형화되었다고 할 수 있다. 이러한 사실을 고려하여, 5음절 어절의 최종방점표상을 표로 나타낸 것이 (12)이다. (12)를 보면, 창원방언과 정선방언은 음거성과 음상성이 존재하지 않는데, 삼척방언에서는 음상성이 존재한다.

2.4. 방점형 · 성조형 · 음조형의 관계

2.3절에서 창원방언, 정선방언, 삼척방언의 방점형을 5음절어의 방점형에 대한 대조를 간략하게 설명하고, 그 결과를 표로 제시했다. 방점형은 단순히 대립과 중화라는 기능을 추상적으로 나타낸 것일 뿐 고저에 대한 표상을 어떤 방법으로도 나타내지 않고 있다. 그러나 성조 연구의 목적은 표면적인 음조표상을 정확하게 도출하지 않고는 그 목적을 반도 이루지 못한 것이라 할 수 있다.

「훈민정음」 언해의 사성주나 최세진의 「번역 박통사 노걸대」 범례에서 표기법인 방점과 그것이 나타내는 높낮이의 관계가 잘 설명되어 있다. 이와 마찬가지로 각 방언의 방점형은 높낮이를 성조표상으로 바꾸어 놓음으로서 비로소 표면적인 음조적 표상에 접근할 수 있는 발판이 된다. 방점형을 성조형으로 표시하는 법은 방점과 성조의 관계를 나타내는 대응관계 표가 주어지면 매우 단순한 작업에 지나지 않는다.

아래의 (13)은 중세국어, 정선, 창원, 삼척방언의 방점과 성조의 대응관계를 나타내는 표이다. (13)에 따라 각 방언의 방점형은 성조표시인 성조형으로 바꿀 수 있다.

(13) 성조 대응관계

성조 분류		중세 국어	창원방언	삼척방언	정선방언
평성		가장 낮은 음조 /L/ □	고 /H/ □	고 /H/ □	고 /H/ □
측성	거성	가장 높은 음조 /H/ ·□	중 /M/·□	저 /M/ ·□	저 /M/ ·□
	상성	높아 가는 음조 /R/ :□	저 /L/ :□	고: /Ḧ/ :□	저:/M̈/ :□

기저성조가 음성학적 높낮이로 실현되기까지의 음운과정은 방점형→/성조형/→[음조형]의 3단계로 설정한다.[15] 아래의 (14)는 5음절 어절을 가지고 음운과정의 각 단계를 나

---

14) (15)의 거성형의 평2형화규칙 참조.
15) 이 음운과정을 방점형에서 성조형을 거치지 않고 곧 바로 음조형을 도출하는 것으로 설정할 수

타낸 것으로 방점형, /성조형/, [음조형]을 나타내고 있다.

(14) 창원 · 정선 · 삼척방언 5음절 어절의 성조형과 음조형

방점형		방점형 /성조형/ [음조형]		
		창원방언	삼척방언	정선방언
평측형	평일형	$\square\cdot\square^4/\acute{H}M^4/[HM^4]$	$\square\cdot\square^4/\acute{H}M^4/[HM^4]$	$\square\cdot\square^4/\acute{H}M^4/[HM^4]$
	평2형	$\square^2\cdot\square^3/H^2M^3/[MHM^3]$	$\square^2\cdot\square^3/H^2M^3/[MHM^3]$	$\square_2\cdot\square^n/H_2M^n/$ $[M_{H1}HM^n]$
	평3형	$\square^3\cdot\square^2/H^3M^2/[M_HHM^2]$	$\square^3\cdot\square^2/H^3M^2/[M_HHM^2]$	
	평4형	$\square^4\cdot\square/H^4M/[M_H{}^2HM]$	$\square^4\cdot\square/H^4M/[M_H{}^2HM]$	
	평5형	$\square^5/H^5/[M_H{}^3H]$	$\square^5/H^5/[M_H{}^3H]$	
측성형	거성형	$\cdot\square^5/M^5/[HHM^3]$	$\cdot\square^5/M^5/[MHM^3]$	$\cdot\square/M/[\breve{M}]$
	상성형	$:\square^5/L^5/[LMM_M{}^2]$	$:\square^5/\ddot{H}^5/[\ddot{H}M^4]$	$:\square^5/\breve{M}^5/[\breve{M}_{H0}HM^n]$
	음거형	○	○	○
	음상형	○	$:\square^5$	○

　표 (14)에서 정선방언의 거성형을 보면, 거성형은 1음절만 존재하게 되고, 2음절 이상은 표에서 빠져 있는데, 이것은 2음절 이상 거성이 평2형화하여 표면적으로는 평복형으로 나타나기 때문이다. 거성형의 평2형화에 대해서는 다음과 같은 성조규칙을 설정할 수 있다.

(15) 거성형의 평2형화

$\quad\cdot\square_2\ \rightarrow\ \square^2\cdot\square_0$ (단, 이 규칙은 공시규칙인 동시에 통시규칙이기도 함.)

　또한, (14)에서 정선방언의 평복형은 하나로 통합되어 있는데, 이것을 규칙으로 제시하면 (16)과 같다.

(16) 평복형($\square_2\cdot\square^n$)의 자유변동규칙[16]

$\quad$n음절(단 n≧2)로 이루어진 평복형의 각 하위 방점형들은 서로 자유로 변동한다.

있다. 그러나 이러한 음운과정은 같은 대방언권에 속하는 하위방언의 성조 차이를 설명할 수 없는 경우가 발생한다. 예를 들면, 강원 영동방언 가운데 정선방언은 거성의 평2형화가 일어나고, 다시 평복형의 자유변동이 일어나서 평측형에는 평일형과 평복형 두 가지가 있다. 반면에 삼척방언은 거성의 평2형화가 일어나나, 평복형의 자유변동은 일어나지 않는다, 이에 삼척방언의 평측형은 어절의 음절수와 같은 개수를 가지게 된다. 이러한 하위방언 차이를 설명하기 위해 음운과정을 3단계로 설정한다.

16) 예를 들어, 5음절 어절 □□·□·□·□, □□□·□·□, □□□□·□, □□□□□은 서로 변동되더라도 의미의 차이는 없다.

전술했듯이 음운과정에서 성조형은 방점형을 성조표시로 바꾼 것이다. 방점형을 성조형으로 바꾸는 과정은 (13)에 따라 창원, 삼척, 정선방언의 경우 평성은 /H/로 바꾸고, 거성은 /M/으로 바꾼다. 또, 상성은 창원방언의 경우 /L/으로 바꾸고, 삼척방언의 경우 /Ḧ/로 바꾸며, 정선방언의 경우 /M̈/으로 바꾸면 된다. 이 방점형이 성조형으로 도출되는 단계에서 중화규칙, 거성의 평2형화규칙, 평복형의 자유변동규칙, 첫성분평성화규칙 등의 성조규칙이 적용된다. 예를 들면, (14)에서 평측형의 평일형은 방점형이 □·□^{4}이니, 평성은 /H/로 거성은 /M/으로 바꾸면 그 성조형은 /HM^4/가 된다.

성조형이 우리가 귀를 통해 들을 수 있는 음조형이 되기 위해서는 0개 이상의 음조실현규칙이 적용되어야 한다. 이를 분절음운론에 비유하면, /밟는/이 겹받침 줄이기 규칙이 적용되어 [밥는]이 되고, [밥는]은 열림도 높이기규칙[17]이 적용되어 최종 음성형인 [밤는]이 되는 것과 마찬가지이다. 이처럼 분절음이 기저형에서 표면의 음성형으로 도출될 때, 변동규칙이 적용되듯, 성조형을 음조형으로 바꾸는 음운과정에는 음조실현규칙이 적용된다.

먼저, 창원, 삼척, 정선방언의 다음절 음조실현규칙을 살펴보면 다음과 같다.

(17) 창원방언의 다음절 음조실현규칙(김차균(2006ㄴ:45))

　　ㄱ. 평측형　　/H$_2$M^n/ → [M$_{H0}$HM^n]/#—#
　　ㄴ. 거성형　　/M$_2$/ → [HHM$_0$]/#—# (단, 정보초점이 아니면 /MM/은 [M^2])
　　ㄷ. 상성형　　/L$_3$/ → [LMM$_{M0}$]/#—#(단, /L^2/→[LM])

(17)의 창원방언의 평측형 가운데서 평성이 1개인 평일형(□·□^{4}, HM^4)은 (17)ㄱ 적용의 구조적인 요건을 만족시키지 못하므로 규칙 적용 없이 그대로 음조형은 [HM^4]로 나타난다. 마치 /노래, noɾɛ/가 [noɾɛ]로 발음되는 것과 같다. 그러나 □□□·□·□(=□^{3}·□^{2}, H^{3}M^2)는 평측형 규칙의 적용조건 (17)ㄱ을 만족시키므로, 이 규칙을 적용하면, [M$_H$HM^2]가 된다. 창원방언의 거성형과 상성형의 음조형 도출은 각각 규칙 (17)ㄴ, ㄷ에 의해서 [HHM^3]과 [LMM$_M$^{2}]이 된다.[18]

(18) 삼척방언의 다음절 음조실현규칙(김차균(2006ㄴ:45))

　　ㄱ. 평측형　　H$_2$M^n → [M$_{H0}$HM^n]/#—#
　　ㄴ. 상성형　　Ḧ$_2$ → {[ḦM$_1$], [RM$_1$]}/#—#

삼척방언에서 1음절 거성 이름씨와 토씨의 결합에 의해서 2음절 이상의 운율적 낱말이

---

17) 김차균(1998:73-80) 참조.
18) [HHM^3]을 [H^{2}M^3]으로 표기하지 않는 것은 [HH-]의 부분이 정수이기 때문이다. 또한, [LMM$_M$^{2}]의 [LMM-] 부분도 정수이다.

되거나 1음절 거성 풀이씨 줄기에 씨끝이 붙어서 2음절 이상의 운율적 낱말이 되면 그것은 필수적으로 평2형으로 바뀌기 때문에 그렇게 해서 만들어진 평2형은 평측형 (18)ㄱ 규칙을 적용받는다. 그러므로 삼척방언에는 거성 음조실현규칙이 따로 필요하지 않다. 이러한 현상은 삼척방언이 창원방언보다 비성조방언으로 더 가까이 변화된 것이라 할 수 있다.

정선방언에서 2음절 이상의 거성형이 평2형화한다는 점에서는 삼척방언과 다를 바가 없다. 그런데 상성의 조치(調值, pitch value)는 삼척방언의 그것($/\ddot{H}/$)과는 달리 중조의 음역에서 오름조의 특징을 가진 $/\check{M}/$이다. 또한, 상성 $/\check{M}/$으로 시작되는 2음절 이상의 음조형은 둘째 음절 이하가 0개 이상 [ʜ]로 나타나다가 어느 한 음절이 [H]로 나타나고, 그 아래 계속되는 음절은 $[M^n]$로 나타난다. 정선방언의 평측형과 상성형 규칙을 적으면 다음과 같다.

(19) 정선방언의 다음절 음조실현규칙

    ㄱ. 평일형　　$/HM_1/ \rightarrow \{[HM_1], [HʜM_0]\}$ / #＿＿＿#

    ㄴ. 평복형　　$/H_2M^n/ \rightarrow [Mʜ_0HM^n]$ / #＿＿＿#[19]

    ㄷ. 상성형　　$/\check{M}_2/ \rightarrow [\check{M}ʜ_0HM^n]$ / #＿＿＿#

(19)ㄱ의 평일형은 김세진(2006:80-81)에서 기술하고 있는 경남 남해방언의 거성형의 변이음조형 중의 하나인 [HʜM₀]과 같은데, 첫째 음절과 둘째 음절의 차이가 근소하지만, 첫 음절이 둘째 음절보다는 조금 높고, 둘째 음절은 셋째 음절보다는 높다.

(19)ㄷ에서 [ʜ₀]은 0개 이상의 [ʜ]를 나타내지만, [ʜ]가 1개 나타나면 그 [ʜ]는 앞서는 [M]보다는 높고, 뒤따르는 [H]보다는 낮다. [ʜ]가 2개 이상 나타나면, [M]보다는 높은 위치에서 시작해서 [H]보다는 높지 않은 위치까지 오름사슬(rising chain)을 이룬다.[20] 상성형 5음절 어절로 된 운율적 낱말 /:그·마·리·라·도/을 보기로 하여, 설명하면 다음과 같이 네 가지 음조형이 존재한다.

(20) 정선방언 /:그·마·리·라·도/$[\check{M}ʜ_0HM^n]$의 음조형

    ㄱ. $[\check{M}HM^3]$

    ㄴ. $[\check{M}ʜHM^2]$

    ㄷ. $[\check{M}ʜ^2HM]$

    ㄹ. $[\check{M}ʜ^3H]$

---

19) 《$/HM_1/ \rightarrow \{/HM_1/, [HʜM_0]\}$ / #＿＿＿#》은 당연규칙(default rule)인 《$/HM_1/ \rightarrow [HM_1]$ / #＿＿＿#》과 임의적인 변동규칙인 《$/HM_1/ \rightarrow [HʜM_0]$ / #＿＿＿#》을 합친 것이다. 임의적인 변동규칙은 다소 드물게 적용된다.

20) 이에 대해서는 성철재 외(2008:16)을 참조.

(20)의 상성 음조형들 가운데서 [Ɦ]가 없는 (20)ㄱ의 [M̈HM³]이 으뜸음조형이고, 가장 즐겨쓰는 음조형은 (20)ㄷ의 [M̈Ɦ²HM]이다. 이 둘은 쓰이는 빈도수는 거의 같지만 (20)ㄱ의 [M̈HM³]을 으뜸음조형으로 삼는 것은 강원 동해안방언의 상성형 [M̈HM³]과 표기상의 균형을 위한 것이다.

단음절로 구성된 어절의 성조형이 음조형으로 실현될 때, 적용되는 음조실현규칙도 있다. 창원, 삼척, 정선방언의 단음절 음조실현규칙을 보이면 다음 (21), (22), (23)과 같다.[21]

(21) 창원방언의 단음절 성조의 중복 규칙
    ㄱ. 평성   /H/   →   H²   /#—#
    ㄴ. 거성   /M/   →   M²   /#—#
    ㄷ. 상성   /L/   →   L²   /#—#

창원방언에서 성조가 중복되어 이루어진 H², M², L²의 단음절 음조형은 음조실현규칙 (17)의 적용으로 말미암아 각각 [MH], [M²], [LM]이 되지만 [M] 정도로 발음된다.

(22) 삼척방언의 단음절 음조실현규칙
    ㄱ. 평성   /H/   →   [H˺]   /#—#
    ㄴ. 거성   /M/   →   {[M, M̈]}   /#—#
    ㄷ. 상성   /Ḧ/   →   [M̈]   /#—#

(22) 삼척방언의 단음절 음조실현규칙을 보면, 평성은 고립된 환경에서 1mora 길이인 [H]로 발음되다가 뒤끝이 촉급하게 내려가는 [H˺]로 실현된다. 거성과 상성은 자연스러운 발음에서는 1.6mora 정도로 길게 상승조 [M̈]로 발음되지만 /·말/(斗)과 /말/(馬)처럼 성조에 의해서만 다른 준대립어를 제시하고 토씨를 붙이지 않고 발음하게 하면 거성(·□)은 [M](수평조의 장음)으로, 상성(:□)은 [M̈](상승조)로 발음한다.

(23) 정선방언의 단음절 음조실현규칙
    ㄱ. 평성   /H/   →   [H˺]   /#—#
    ㄴ. 거성   /M/   →   [M]   /#—#
    (ㄷ. 상성   /M̈/   →   [M̈]   /#—#)

정선방언에서는 단음절 평성은 삼척방언의 그것과 같고, 단음절 거성과 단음절 상성은 둘 다 [M̈]은 [M]과 같은 높이로 시작되지만 뒤끝이 [H]의 음역에 못 미치고, [M]의 음역

---

21) 창원방언과 삼척방언의 단음절 음조실현규칙은 김차균(1999:60-61)을 참조.

안에서 발음되는 상승조이다. (23)ㄷ을 괄호에 넣어 놓은 것은 상성의 단음절 음조실현규칙은 당연규칙(default rule, 불명기규칙)이라는 뜻이다.

2.5. 중세국어의 방점형

현대국어의 성조방언에서 평성의 약한 중화력과 측성(거성, 상성)의 강한 중화력으로 말미암아 최종방점표상에서 극히 제한된 성조연결방법 곧 방점형의 수가 극히 제한된다는 것을 2.4.절에서 보았다. 중세국어에서도 이러한 연결의 제약이 있는가를 검토한 후에 방점형의 존재 여부를 결정할 수가 있다.

다음은 선조조의 교정청에서 간행한 「소학언해」 범례이다.

(24)「소학언해」 범례(선조판 1586)

凡字音高低　皆以傍點爲準　無點平而低　二點厲而擧　一點直而高　訓蒙字會　平聲無占　上聲二點　去聲一點　而近世時俗之音　上去相混　難而卒變　若盡用本音　有駭俗廳　故戊寅本上去二聲　從俗爲點　今依此例　以便讀者.

(믈읫 字·ᄌᆞᆺ 쁨음·의 놉ᄂᆞᆺ가·이·를 :다 겨·틧 點:뎜·으·로·뻐 ·법·을 삼·을·디니 點:뎜 :업·슨이·ᄂᆞᆫ 편히 ᄂᆞᆺ가 ·ᄒᆞ·고 :두 點:뎜은 기·리·혀 들·고 ᄒᆞᆫ 點:뎜·은 바ᄅᆞ 노·피 홀 거·시니·라 訓·훈蒙몽字·ᄌᆞ會:회·예 平평聲셩·은 點:뎜이 :업·고 上:샹聲셩·은 :두 點:뎜이·오, 去:거聲셩入·입聲셩·은 ·ᄒᆞᆫ 點:뎜이로·디 ·요ᄉᆞ이 時시俗·쇽애 쁨음·이 上:샹去:거聲셩·이 서르 섯기·여·뻐 과글·리 고티·기 어·려온·디·라 :만·일 :다 本·본쁨음·을 ·쓰·면 시·쇽 듣기·예 :희:괴:홈·이 이실故·고로 戊:무寅인년 칙·에 上:샹去:거 :두 聲셩·을 시·쇽·을 조·차 點:뎜·을 ·ᄒᆞ·야실·ᄉᆡ ·이·제 ·이 ·법·녜·롤의:지·ᄒᆞ야·뻐 닐·그리·롤 便편·케 ᄒᆞ·니·라.)

(24)는 최세진(1527)을 인용한 것으로, 방점의 표기법에 대한 내용이 더욱 분명하게 잘 정리되어 있다. 이 내용을 보면, 「소학언해」의 방점 표시가 당시의 현실음에 기반을 두고 있다는 것을 알 수 있다. 특히, ":샹去:거聲셩·이 서르 섯기·여·뻐 과글·리 고티·기 어·려온·디·라 :만·일 :다 本·본쁨음·을 ·쓰·면 시·쇽 듣기·예 :희:괴:홈·이 이실 故·고로"를 보면 성조표기의 정확성을 보장하고 있다고도 볼 수 있다.

또한, 한자음에 대한 "上去相混"은 신숙주의 「동국정운」 서의 "上去無別"에 해당하는 말로 김세진(2008:209-210)의 조사결과에 따르면, 이 말은 15·16세기 우리 현실한자음에서 중고한음의 거성의 대부분이 상성으로 반영됨으로써 극소수의 거성을 제외하고서는 상성으로 바뀐 사실을 말하는 것으로 보인다. 去는 15세기의 「훈민정음」 언해에서는 거성(·□)으로 나타나는 데 대하여, (24)의 언해 부분에서 모두 상성(:□)으로 나타나는 것은 上去無別의 한 보기로 볼 수 있다.

김차균(1998:289-296)은 현대 성조방언의 성조를 대립과 중화의 기능에 따른 방점체계
로 확립했다. 이 절에서는 중세국어에서도 이와 유사한 또는 같은 성조의 대립과 중화현
상이 나타나는가를 조사함으로써 현대국어의 성조방언과 중세국어의 대응관계를 정연하
게 분석하고 설명할 수 있는가를 검토하기로 한다.

2.5.1. 중세국어와 현대국어의 평측형의 방점실현

아래 (25)는 모두 평성 이름씨에 1음절 토씨가 붙어 하나의 어절을 형성한 것이다. 이
토씨들은 중세국어와 창원방언에서 모두 □(평성) 뒤에 나타났으며, 그 방점이 ·□으로
고정되어 있다.

(25) 15세기 중세국어와 현대국어의 평측형의 준굴곡 자료

15세기 낱말	/성조형/	창원방언	/성조형/[음조형]
고·지<월인기14>	/LH/	꽃·이	/HM/[HM]
고·준<두시7:11b>	/LH/	꽃·은	/HM/[HM]
고·줄<두시11:21b>	/LH/	꽃·을	/HM/[HM]
고·지<두시10:2b>	/LH/	꽅·에	/HM/[HM]

창원방언에서는 (11)에 의해서 평성 뒤에서 □와 ·□가 대립을 이루므로, 1점(·□)을 가
진 토씨들의 성조는 그 기저방점이 측성임을 인정할 수가 있다. 그런데 중세국어에서도
토씨의 기저방점이 창원방언과 일치하는 것을 보면, 토씨 {·이, ·은, ·을, ·익}의 기저방점
은 ·□라고 가정할 수 있다.

다음 (26)의 자료는 15세기 중세국어와 창원방언의 2음절 이상의 어절로 된 평측형 이
름씨의 성조실현을 보여주는 예이다.

(26) 15세기 중세국어와 현대국어의 평측형의 준굴곡 자료

	15세기 낱말	/성조형/	창원방언	/성조형/[음조형]
ㄱ.	가·스·매<두시6:41b>	/LH²/	가·슴·에	/HM²/[HM²]
	가·스매<두시25:45a>	/LH²/	가·슴·에	/HM²/[HM²]
ㄴ.	고·기·와<두시20:37b>	/LH²/	게·기·와	/HM²/[HM²]
	고·기와<두시10:14b>	/LH²/	게·기·와	/HM²/[HM²]
ㄷ.	고·기·논<두시22:47a>	/LH²/	게·기·는	/HM²/[HM²]
	고·기논<두시10:19a>	/LH²/	게·기·는	/HM²/[HM²]
ㄹ.	고·기·롤<석보9:12a>	/LH²/	게·기·를	/HM²/[HM²]
	고·기롤<두시20:41b>	/LH²/	게·기·를	/HM²/[HM²]
ㅁ.	가마·괴·와<두시8:39b>	/L²H²/	까마·구·와	/H²M²/[MHM²]
	가마·괴와<두시14:29a>[22]	/L²H²/	까마·구·와	/H²M²/[MHM²]

(26)ㄱ-ㅁ의 중세국어와 창원방언의 이름씨들의 방점형은 일치한다. (26)ㄱ-ㄹ은 이름씨의 방점형이 □·□이고, (26)ㅁ은 이름씨의 방점형이 □□·□인 것을 볼 수 있다. 이것은 평측형 이름씨의 방점이 중세국어와 창원방언에서 동일하다는 것을 알 수 있다. 그러나 토씨의 방점은 중세국어에서는 ·□으로도 나타나고 □으로도 나타난다. 이것은 중세국어에서도 토씨의 방점이 고정되어 있는 것처럼 보이는 (25)와 대조하면, 토씨의 방점의 변동이 항상 자유로운 것이 아니라 어떤 조건이 주어졌을 때 변동이 허용되는 것으로 생각된다.

정연찬(1976)과 김완진(1977)에서는 거불연삼이라 하고 이상억(1978)에서는 이 견해를 받아들여 운율규칙이라 했다. 그런데 이러한 현상은 율동규칙이라고 할 만큼 일정한 운율적인 규칙성을 보이는 것이라고는 생각되지 않고, 다만 운율적 낱말 안에서 첫 방점을 제외하고 그것을 뒤따르는 어느 음절이라도 ·□은 □으로 임의로 바꿀 수 있는 것으로 보인다. 이러한 의미에서 거불연삼도 적절한 용어라고 보기 어렵고 율동규칙이라 하는 것도 적절한 용어로 보이지는 않는다. 이에 대한 규칙을 적으면 다음과 같다.

(27) 둘째 이하의 　·□(1점)을 □으로 바꾸기
　　　　하나의 어휘형태소 또는 어휘형태소+문법형태소로 이루어진 운율적 낱말 안에서 둘째 이하의 방점 ·□은 □으로 바뀐다.

규칙 (27)의 존재를 생각해 볼 때, 방점형 □·□·□과 □·□□은 그 자체를 음운론적 층위에서의 다른 최종방점표시로 볼 수는 없고, 마찬가지로 방점형 □□·□·□과 □□·□□은 그 자체를 음운론적 층위에서 다른 최종방점표시로 볼 수는 없다. 우리가 주목해야 할 점은 운율적 낱말 안에서 첫 방점은 고정되어 있다는 점이다. 이렇게 ·□을 □으로 바꾸는 것은 토씨나 씨끝과 같은 문법형태소는 물론이고, 어휘형태소에도 적용될 수가 있는데 그것은 2장의 마지막 부분에서 볼 것이다.

(28) 15세기 국어의 방점의 임의변동 자료
　　　그·르·시＜월인기87＞　　　　　/LH²/
　　　그·르시＜두시15:37b＞　　　　/LH²/
　　　그려·기·와＜두시8:40a＞　　　/L²H²/
　　　그려·기와＜두시17:9a＞　　　　/L²H²/
　　　그르·메롤＜두시17:28a＞　　　/L²H²/
　　　그르·메·롤＜두시6:20a＞　　　/L²H²/
　　　나·그·내＜두시14:19a＞　　　　/LH²/

---

22) /가마·괴/는 /가마괴/로도 나타나는데(가마괴·와＜두시16:37a＞), 이와 같이 운율적 낱말 안에서 첫 방점이 지워지는 것은 방점 표시가 잘못된 것이 아닐까 할 정도로 예외적인 보기이다.

나·그내<두시6:51b>   /LH²/
나·라·해<석보24:13b>   /LH²/
나·라해<두시6:39a>   /LH²/
나·라·히<월인기34>   /LH²/
나·라히<두시23:12b>   /LH²/
나·라·홀<석보24:11b>   /LH²/
나·라홀<두시25:43a>   /LH²/

(26)과 (28)에서 보는 것과 같은 중세국어 방점의 임의변동은 방점이 찍힌 모든 문헌에서 매우 빈번하게 나타난다. 그러나 이러한 현상은 창원방언에서는 결코 일어나지 않는다.

삼척방언과 정선방언에서는 (25) 및 (26)ㄱ-ㄹ과 같은 평일형에서는 창원방언과 같은 모양으로 □·□ⁿ/ HMⁿ/[HMⁿ]형으로 나타나지만, (26)ㅁ과 같은 평복형에서 삼척방언의 방점자료는 창원방언과 대부분 동일하지만, 정선방언에서는 (16)의 평복형의 자유변동규칙을 받는다. (26)ㅁ만 창원방언, 삼척방언, 정선방언을 대조하면 다음과 같이 나타난다.

(29) 정선방언 평복형의 자유변동(표 (14)를 참조)

창원방언		삼척방언		정선방언	
까마·구	/H²M/[MHM]	까마·구	/H²M/[MHM]	까마·구	/H²M/[MHM]
까마·구·와	/H²M²/[MHM²]	까마·구·와	/H²M²/[MHM²]	까마·구·와	/H²M²/[MHM²]
까마·구·와	/H²M²/[MHM²]	까마·구·와	/H²M²/[MHM²]	까마구·와	/H³M/[MʜHM]
까마·구·와	/H²M²/[MHM²]	까마·구·와	/H²M²/[MHM²]	까마구와	/H⁴/[Mʜ²H]

(25), (26), (28)은 15세기 국어의 자료를 대상으로 둘째 이하의 운율적 낱말에서 방점의 임의변동을 살펴보았는데, 이러한 현상은 16세기 국어 자료에서도 많이 나타난다.

(30) 16세기 국어의 방점의 임의변동 자료

나·그·내·네<번노상41a>   /LH³/
나·그내·네<번노상25b>   /LH³/
니·블·을<소학6:128>   /LH²/
니·블을<번소9:28>   /LH²/
마·올·이·라<소학6:118>   /LH³/
마·올·이라<소학6:45>   /LH³/
며·느·리·의<번소7:32>   /LH³/
며·느·리의<번소9:55>   /LH³/
벼·슬·에<소학4:56>   /LH²/
벼·슬에<소학6:113>   /LH²/
벼·슬·이<번소7:47>   /LH²/
벼·슬이<소학5:78>   /LH²/
벼·슬·을<번소9:35>   /LH²/

벼·슬을<번소5:60>	/LH²/
벼·슬·이·니<소학4:24>	/LH³/
벼·슬·이니<소학5:112>	/LH³/
벼·슬이니<소학4:27>	/LH³/
벼·슬·이·라<소학6:3>	/LH³/
벼·슬·이라<소학6:48>	/LH³/
벼·슬이라<소학6:34>	/LH³/
시·절·의<소학6:91>	/LH²/
시·절의<번소6:23>	/LH²/
남진·이·라<소학5:68>	/L²H²/
남진·이라<소학5:68>	/L²H²/
스나·히·와<소학4:39>	/L²H²/
스나·히와<소학6:71>	/L²H²/

15세기 문헌에 비하면 16세기 문헌에서 둘째 이하에 나타나는 ·□은 □으로 변동하는 빈도가 낮아서 기저방점 ·□이 그대로 자주 나타난다. 이것은 16세기 국어에서는 창원방언처럼 첫 방점 이하에서 모든 방점이 ·□으로 고정되어 가는 추세를 보이는 것이라 생각된다.

2.5.2. 중세국어와 현대국어의 거성형의 방점실현

아래 (31)은 15세기 중세국어와 창원방언의 거성형 이름씨의 방점실현을 비교할 수 있는 자료이다.

(31) 15세기 중세국어와 현대국어 거성형의 준굴곡 자료

15세기 낱말	/성조형/	창원방언	/성조형/[음조형]
·갈·콰<두시16:16a>	/H²/	·칼·과	/M²/[HH/MM]
·갈콰<두시6:5b>	/H²/	·칼·과	/M²/[HH/MM]
·갈·흘<두시24:7b>	/H²/	·칼·을	/M²/[HH/MM]
·갈흘<두시11:43a>	/H²/	·칼·을	/M²/[HH/MM]
·귀·룰<월인기106>	/H²/	·귀·를	/M²/[HH/MM]
·귀룰<두시16:49b>	/H²/	·귀·를	/M²/[HH/MM]
·그·를<두시16:14a>	/H²/	·글·을	/M²/[HH/MM]
·그를<두시21:18a>	/H²/	·글·을	/M²/[HH/MM]
·그·릭<두시11:6a>	/H²/	·글·의	/M²/[HH/MM]
·그릭<두시16:4a>	/H²/	·글·의	/M²/[HH/MM]
·글·와<두시11:4b>	/H²/	·글·과	/M²/[HH/MM]
·글와<두시24:37b>	/H²/	·글·과	/M²/[HH/MM]
·길·흔<두시10:32b>	/H²/	·길·은	/M²/[HH/MM]
·길흔<두시8:12a>	/H²/	·길·은	/M²/[HH/MM]
·길·흘<두시21:38b>	/H²/	·길·을	/M²/[HH/MM]

·길홀<두시8:12a>	/H²/	·길·을	/M²/[HH/MM]
·길 홀<두시11:35a>	/H²/	·길·을	/M²/[HH/MM]
·길·희<두시11:8b>	/H²/	·길·에	/M²/[HH/MM]
·길희<두시7:9a>	/H²/	·길·에	/M²/[HH/MM]
·가지·예<두시6:16a>	/H³/	·가·지·에	/M³/[HHM]
·가지예<두시17:5b>	/H³/	·가·지·에	/M³/[HHM]
·갈·히라<두시23:35a>	/H³/	·칼·이·라	/M³/[HHM]
·갈히·라<석보23:49b>	/H³/	·칼·이·라	/M³/[HHM]
·구·루·미<두시6:10a>	/H³/	·구·름·이	/M³/[HHM]
·구루미<두시14:3a>	/H³/	·구·름·이	/M³/[HHM]

(31)에서 보는 바와 같이, 15세기 중세국어의 방점형 ·□·□과 ·□□은 창원방언에서는 구별 없이 방점형 ·□·□으로 나타난다. 이것은 중세국어에는 (27)의 둘째 이하의 ·□(1점)을 □으로 바꾸기 규칙에 따라 첫 방점은 고정되어 있지만, 첫 방점이 아닌 둘째 음절의 ·□은 □으로 임의변동함을 보여준다. 마찬가지로 15세기 국어에서 ·□·□·□은 ·□□·□과 ·□·□□으로 자유변동하며, ·□·□·□·□은 ·□·□□·□, ·□·□·□□, ·□·□□□, ·□□·□·□, ·□□·□□…… 등으로 변동이 가능한 데 대하여 창원방언에서는 그러한 변동이 허용되지 않음을 나타낸다.

(32) 16세기 중세국어와 현대국어의 거성형의 준굴곡 자료

16세기 낱말	/성조형/	창원방언	/성조형/[음조형]
ㄱ. ·길·히<번노상59b>	/H²/	·길·이	/M²/[HH/MM]
·길히<번소9:16>	/H²/	·길·이	/M²/[HH/MM]
·날·로<소학5:7>	/H²/	·날·로	/M²/[HH/MM]
·날로<소학5:73>	/H²/	·날·로	/M²/[HH/MM]
·모·미<번노상2a>	/H²/	·몸·이	/M²/[HH/MM]
·모미<번소10:23>	/H²/	·몸·이	/M²/[HH/MM]
·모몰<소학5:53>	/H²/	·몸·을	/M²/[HH/MM]
·모·몰<번소10:26>	/H²/	·몸·을	/M²/[HH/MM]
·물·이<소학5:11>	/H²/	·물·이	/M²/[HH/MM]
·물이<소학6:9>	/H²/	·물·이	/M²/[HH/MM]
·비·츨<소학6:15>	/H²/	·빛·을	/M²/[HH/MM]
·비출<번소6:30>	/H²/	·빛·을	/M²/[HH/MM]
·어미<번소9:70>	/H²/	·에·미	/M²/[HH/MM]
·어·미<번소9:36>	/H²/	·에·미	/M²/[HH/MM]
·어미·를<소학6:52>	/H³/	·에·미·를	/M³/[HHM]
·어·미·롤<번소10:6>	/H³/	·에·미·를	/M³/[HHM]
·어·미·논<번노상16b>	/H³/	·에·미·는	/M³/[HHM]
·어미·논<소학4:6>	/H³/	·에·미·는	/M³/[HHM]
·날·마·다<번소9:9-10>	/H³/	·날·마·다	/M³/[HHM]
·날마·다<번소6:5>	/H³/	·날·마·다	/M³/[HHM]

·날마다<소학6:5>	/H³/	·날·마·다	/M³/[HHM]
·손·으로<번소9:56–57>	/H³/	·손·으·로	/M³/[HHM]
·손ᄋ로<소학2:49>	/H³/	·손·으·로	/M³/[HHM]
ㄴ. ·그·레<번소8:9>	/H²/	·글·에	/M²/[HH/MM]
·그레<번소6:16>	/H²/	·글·에	/M²/[HH/MM]
·모·미<번소10:26>	/H²/	·몸·에	/M²/[HH/MM]
모·매<번소7:1>	/LH/	몸·에	/HM/[HM]
·눈에<소학5:28>	/H²/	·눈·에	/M²/[HH/MM]
눈·에<소학6:25>	/LH/	눈·에	/HM/[HM]
ㄷ. ·어믜<번소9:21>	/H²/	·에·미·의[·에·미·에]	/M³/[HHM]
·어·믜<소학1:7>	/H²/	·에·미·의 [·에·미·에]	/M³/[HHM]

(32)ㄱ에서 보는 바와 같이 15세기 국어 자료 (31)과 마찬가지로 16세기 중세국어의 방점형 ·□·□과 ·□□은 창원방언에서는 구별 없이 방점형 ·□·□으로 나타난다. 이것은 중세국어에는 (27)의 둘째 이하의 ·□(1점)을 □으로 바꾸기 규칙에 따라 첫 방점은 고정되어 있지만, 첫 방점이 아닌 둘째 음절의 ·□은 □으로 임의변동함을 보여주는 것이다. 마찬가지로 방점형 ·□·□·□은 방점형 ·□□·□과 ·□·□□으로 임의변동한다. (32)ㄴ은 중세국어에서 다음과 같은 변동규칙에 의해서 방점표시가 두 가지로 나타나는 것이다.

(33) {·에X} 앞에서 거성의 평성화

　　·□₁이름씨 → □ /—·에X (거성이름씨는 ·에X 앞에서 평성으로 바뀐다.)

규칙 (33)은 이상억(1976:132-133)에 따르면, 1음절 거성 이름씨의 종류에 따라 평성화하는 것도 있고, 평성화하지 않는 것도 있으며, 두 가지 다 가능한 경우도 있다. 이러한 평성화는 현대 성조방언에서는 그 범위가 확대되어 다수의 거성 이름씨는 평성화하는 데 대하여 소수의 거성 이름씨는 평성화하지 않는다. 평성화하는 거성 이름씨라도 특별히 거성이라는 정보를 들을 이에게 알리기 위해서는 거성 그대로 나타난다(창원방언의 예: /밥·에/(보통의 발음에서, /·밥·상/에서 /·밥/의 기저가 거성이라는 것을 강조한 것)). 또한, (32)ㄷ의 창원방언 /·에·미·의/는 2음절로 축약되지 않는다.

2.5.3. 중세국어와 현대국어의 상성형의 방점실현

아래 (34)는 15세기 중세국어와 창원방언의 상성형 이름씨에서 방점실현을 비교할 수 있는 자료이다.

(34) 15세기 중세국어와 현대국어의 상성형의 준굴곡 자료

15세기 낱말	/성조형/	창원방언	/성조형/[음조형]
:돌해<두시10:4b>	$/R^2/$	:돌·에	$/L^2/$[LM]
:돌히<두시14:35a>	$/R^2/$	:돌·에	$/L^2/$[LM]
:돌·히<두시25:7b>	$/R^2/$	:돌·이	$/L^2/$[LM]
:돌히<두시6:2a>	$/R^2/$	:돌·이	$/L^2/$[LM]
:돌·홀<월인기105>	$/R^2/$	:돌·을	$/L^2/$[LM]
:돌홀<두시10:15>	$/R^2/$	:돌·을	$/L^2/$[LM]
:매·의<두시16:35ㄴ>	$/R^2/$	:매·에	$/L^2/$[LM]
:매의<두시17:10a>	$/R^2/$	:매·에	$/L^2/$[LM]
:뫼·콰<두시22:18a>	$/R^2/$	산·과	/HM/[HM]
:뫼콰<두시15:3a>	$/R^2/$	산·과	/HM/[HM]
:뫼·히<석보24:25ㄴ>	$/R^2/$	산·이	/HM/[HM]
:뫼히<두시6:2a>	$/R^2/$	산·이	/HM/[HM]
:버·디<두시20:43a>	$/R^2/$	:벗·이	$/L^2/$[LM]
:버디<두시16:23b>	$/R^2/$	:벗·이	$/L^2/$[LM]
:범·과<석보9:24ㄱ>	$/R^2/$	:범·과	$/L^2/$[LM]
:범과<석보17:10a>	$/R^2/$	:범·과	$/L^2/$[LM]
:되·둘히<두시20:38b>	$/R^3/$	:뗏·넘·들·이	$/L^4/$[LMMм]
:되둘히<두시23:55b>	$/R^3/$	:뗏·넘·들·이	$/L^4/$[LMMм]

(34)에서 보는 바와 같이 15세기 중세국어의 방점형 :□·□과 :□□은 창원방언에서는
구별 없이 방점형 :□·□으로 나타난다. 이것은 중세국어에는 (27)의 둘째 이하의 ·□(1점)
을 □으로 바꾸기 규칙에 따라 첫 방점은 고정되어 있지만, 첫 방점이 아닌 둘째 음절의
·□은 □으로 임의변동함을 보여주는 것이다. 마찬가지로 방점형 :□·□·□은 방점형 :□
□·□과 :□·□□으로 변동이 가능한 데 대하여 창원방언에서는 이러한 변동을 허용하지
않는 것을 알 수 있다.

아래 (35)는 16세기 국어와 창원방언의 상성형의 방점을 비교할 수 있는 자료이다.

(35) 16세기 중세국어와 현대국어 상성형 준굴곡 자료

16세기 낱말	/성조형/	창원방언	/성조형/[음조형]
:개·와<소학4:21>	$/R^2/$	:개·와	$/L^2/$[LM]
:개와<소학5:75>	$/R^2/$	:개·와	$/L^2/$[LM]
:거·즛<번소8:10-11>	$/R^2/$	:거·짓	$/L^2/$[LM]
:거즛<소학6:42>	$/R^2/$	:거·짓	$/L^2/$[LM]
:겨·집<번소7:35>	$/R^2/$	:지·집	$/L^2/$[LM]
:겨집<번소9:64>	$/R^2/$	:지·집	$/L^2/$[LM]
:님·금<소학3:15>	$/R^2/$	:임·금	$/L^2/$[LM]
:님금<번소9:43>	$/R^2/$	:임·금	$/L^2/$[LM]
:아·래<번노상60a-b>	$/R^2/$	:아·리	$/L^2/$[LM]
:아리<번소6:22>	$/R^2/$	:아·리	$/L^2/$[LM]

:님·금·이<소학3:27>	/R³/	:임·금·이	/L³/[LMM]
:님금·이<번소99:44>	/R³/	:임·금·이	/L³/[LMM]
:님·금·과<소학3:9>	/R³/	:임·금·과	/L³/[LMM]
:님금·과<번소7:45>	/R³/	:임·금·과	/L³/[LMM]
:님·금과<소학5:76>	/R³/	:임·금과	/L³/[LMM]
:님·금·끠<소학2:41>	/R³/	:임·금·께	/L³/[LMM]
:님굼·끠<번소9:38>	/R³/	:임·굼·께	/L³/[LMM]
:님금·끠<번소10:15>	/R³/	:임·금·께	/L³/[LMM]
:말·숨·과<소학3:6>	/R³/	:말·씀·과	/L³/[LMM]
:말숨과<소학6:18>	/R³/	:말·씀·과	/L³/[LMM]
:사·름·믄<번소10:11>	/R³/	:사·람·은	/L³/[LMM]
:사름·믄<소학제사2>	/R³/	:사·람·은	/L³/[LMM]
:사·름·미<번노상20b>	/R³/	:사·람·에	/L³/[LMM]
:사름·미<번소6:14>	/R³/	:사·람·에	/L³/[LMM]
:님·금·이·라<소학4:34>	/R⁴/	:임·금·이·라	/L⁴/[LMMм]
:님·금이·라<소학5:14>	/R⁴/	:임·금·이·라	/L⁴/[LMMм]
:사·름·미·니<번소7:39>	/R⁴/	:사·람·이·니	/L⁴/[LMMм]
:사·름미·니<번소6:11-12>	/R⁴/	:사·람·이·니	/L⁴/[LMMм]
:사·름·미·라<번노상21a>	/R⁴/	:사·람·이·라	/L⁴/[LMMм]
:사·름·미·라<번소6:11-12>	/R⁴/	:사·람·이·라	/L⁴/[LMMм]
:사·름·미·며<번소8:14>	/R⁴/	:사·람·이·며	/L⁴/[LMMм]
:사·름미·며<번소6:11-12>	/R⁴/	:사·람·이·며	/L⁴/[LMMм]

(35)는 (34)의 15세기 중세국어의 상성형 자료에서 보는 것과 방점의 변동이 같으므로 설명을 줄인다.

2.5.4. 중세국어 평상형의 방점실현

중세국어의 방점형이 현대 성조방언의 방점형과 다른 점은 평측형이 평거형(하나 이상의 평성이 나타나고 첫 방점이 거성인 경우)과 평상형(하나 이상의 평성이 나타나고 첫 방점이 상성인 경우) 둘로 나누어질 수 있다는 점이다. 평상형은 평거형에 비하면 매우 자료가 적다. 그 자료를 열거하면 다음과 같다.

(36) 15세기 국어의 평상형 준굴곡 자료

막:대<두시7:12a>	/LR/
부:톄·라<석보19:25b>	/LR²/
부:톄·아<석보13:29a>	/LR²/
부텨:마·다<두시23:23a>	/L²R²/
마술:마·다<두시10:13a>	/L²R²/

(37) 16세기 국어의 평상형 준굴곡 자료
　　　막:대<번소9:64>　　　　　　　/LR/
　　　문:마·다<소학2:68>　　　　　　/LR²/

　　원칙적으로 15·16세기에 한 형태소로 된 평측형에는 평거형이 정상적인 형태이지만, 평상형은 둘째 음절과 셋째 음절의 축약에 의해서 이루어진 것이다. (36)과 (37)의 /막:대/는 /막다·히/ > /막다·이/ > /막:대/와 같은 과정을 거친 것이다. 또한 (36)의 /부:톄·라/는 /부텨·이·라/ > /부텨·ㅣ·라/ > /부:톄·라/와 같은 과정을 거친 것이다. (36)과 (37)에 나타나는 /:마·다/는 15세기에는 이미 하나의 형태소로 이루어진 토씨이지만 이것도 일단은 본래 :□·□으로 된 어휘형태소의 문법화를 통해서 생겨났을 것으로 추정해 본다.

　　(38) 15세기 국어의 평상형 굴곡 자료
　　　　ㄱ. 갓:갑도·다<두시7:33b>　　　/LR³/
　　　　　　갓:갑더·니<두시16:52a>　　/LR³/
　　　　　　갓:갑거·나<석보19:17b>　　/LR³/
　　　　　　갓:갑거·든<두시25:17a>　　/LR³/
　　　　　　갓:갑거·눌<두시15:42a>　　/LR³/
　　　　　　갓:갑거·늘ㅿ<두시25:17a>　/LR³/
　　　　ㄴ. 갓가·온<두시11:22a>　　　/L²H/
　　　　　　갓가·와<두시16:26a>　　　/L²H/
　　　　　　갓가·이<두시8:33b>　　　/L²H/
　　　　　　갓가·비<석보6:10a>　　　/L²H/
　　　　　　갓가·볒·면<석보6:5a>　　/L²H/
　　　　　　갓가·오니<두시10:1b>　　/L²H²/
　　　　　　갓가·오몰<두시7:9a>　　 /L²H²/

　　(38)에서 첫 음절이 없다고 가정하면, 둘째 음절 이하의 :□～□의 변동은 중세국어의 1음절 변동상성 풀이씨와 같은 성조변동을 한다.

　　(39) 중세국어 1음절 변동 상성 풀이씨의 굴곡 자료
　　　　ㄱ. :덥게<두시6:4a>
　　　　　　:덥고<두시7:18a>
　　　　　　:덥거·ㅿ<두시22:8a>
　　　　　　:덥거·든<두시21:20b>
　　　　　　:덥도·다<두시7:11b>
　　　　　　:덥·게<번소9:28>
　　　　　　:덥·고<소학6:118>
　　　　　　:덥·거·든<번노상21b-22a>
　　　　　　:덥·다라<소학4:9-10>

ㄴ. 더·운<두시6:51b>
　　더·본<석보13:8a>
　　더·워<두시11:53b>
　　더·오몰<두시23:23a>
　　더·운<번소9:2>
　　더·우·니<번노상63b>
　　더·우니<번노상61b-62a>
　　더·우·며<소학6:2>
　　더·워·도<소학3:10>

(39)의 변동상성 줄기 /:덥-/은 (39)ㄴ에서는 {-·ᄋX~·으X}, {-·아X~·어X}형의 씨끝 앞에서 □(평성)으로 바뀌었다. 이와 꼭 같은 방법으로 (38)의 /갓:갑-/은 {-·ᄋX~·으X}, {-·아X~·어X}형의 씨끝 앞에서 □(평성)으로 바뀐 것이다. 15세기에는 이것이 공시적으로 한 음소로 보이지만 통시적으로는 두 개의 어휘형태소의 결합으로 생성되었을 가능성이 있다.

(40) 15세기 중세국어의 평상형 풀이씨의 굴곡 자료

ㄱ. 놋:갑고<두시10:7b>　　　　　　/LR²/
　　놋:갑도·다<두시6:28a>　　　　　/LR³/
　　놋:갑거·니<두시16:47b>　　　　　/LR³/
　　놋가·온<두시22:42b>　　　　　　/L²H/
　　놋가·와<두시11:40b>　　　　　　/L²H/
　　놋가·볼<석보9:16a>　　　　　　　/L²H/
　　놋가·볼<석보9:16a>　　　　　　　/L²H/
　　놋가·오니<두시8:28b>　　　　　　/L²H²/
　　놋가·오닌<두시6:42b>　　　　　　/L²H²/
　　놋가·오몰<두시21:31a>　　　　　　/L²H²/
ㄴ. 두:텁·디<석보19:9a>　　　　　　/LR²/
ㄷ. 맛:나니<두시11:32b>　　　　　　/LR²/
　　맛:나라<두시8:13b>　　　　　　　/LR²/
　　맛:나매<두시14:33a>　　　　　　/LR²/
　　맛:나·미<석보23,11b>　　　　　　/LR²/
　　맛:나믄<두시21:16b>　　　　　　/LR²/
　　맛:나몰<두시22:1b>　　　　　　　/LR²/
ㄹ. 맛:보라<두시15:27b>　　　　　　/LR²/
　　맛:보니<두시22:22b>　　　　　　/LR²/

(40)ㄱ-ㄴ은 (39)와 같은 방식으로 이루어진 낱말인 듯하며, (40)ㄷ은 /맞+나-(변동평성 풀이씨)/ (40)ㄹ은 /맞+보-(변동평성 풀이씨)/에서 온 것으로 보이며, 삽입모음 {-·오/·우}의 개입이 있는 듯하다.

(38)ㄱ에 대응하는 정선방언의 풀이씨는 고정 평성줄기를 가진 /가깝·다/이고, (40)ㄴ에

대응하는 정선방언의 풀이씨는 고정 평성줄기를 가진 /두텁·다/이며, (40)ㄷ에 대응하는
정선방언의 풀이씨는 평일형 줄기를 가진 /만·나·다/이다.

  (41) 16세기 중세국어의 평상형 굴곡 자료
      ㄱ. 갓:갑·디<소학5:36>   /LR^2/
          갓가·온<번소8:40>   /L^{2}H/
          갓가·와<소학5:119>   /L^{2}H/
          갓가·이<소학6:11>   /L^{2}H/
          갓가·오·며<소학5:118>   /L^{2}H^2/
      ㄴ. 늣가·온<번소10:17>   /L^{2}H/
          늣가·이<소학5:21>   /L^{2}H/
          늣가·오·믈<번소9:16>   /L^{2}H^2/
          늣가·오·며<번소7:1>   /L^{2}H^2/
      ㄷ. 두·텁·이<소학2:45>   /LH^2/(←LR^2)
          두·터·이<소학5:40>   /LH^2/(←LR^2)
          두·텹·게<번소7:45>   /LH^2/(←LR^2)
          둗·터·운<소학5:22>   /LH^2/(←LR^2)
          둗·터·워<번소7:10>   /LH^2/(←LR^2)
      ㄹ. 맛·나<소학2:58>   /LH/(←LR)
          맛·나·매<소학6:97>   /LH^2/(←LR^2)
          맛·나·셔<소학2:63>   /LH^2/(←LR^2)
          맛나·면<소학6:95>   /L^{2}H/(←LR^2)
      ㅁ. 맛·보·아<번소9:105>   /LH^2/(←LR^2)
          맛보·면<번소9:11>   /L^{2}H/(←LR^2)

  (41)에서 보는 바와 같이 16세기에는 하나의 형태소로 된 평상형은 (40)에 대응하는 풀
이씨들인데, 극히 드물게 /갓:갑·다/와 같은 것이 있음에도 불구하고 평일형과 평2형으로
나타나서 평상형은 거의 소멸하였다.
  위에서 하나의 어휘형태소에 문법형태소가 결합되어 이루어지는 운율적 낱말에서는 둘
째 음절 이하에서 상성이 15세기 문헌에서는 매우 제한된 범주에만 나타나다가 16세기에
는 둘째 음절 이하의 상성이 대부분 평성화하거나 거성으로 변하였다. 그리하여 방점형의
첫 음절에서만 평성, 거성, 상성이 대립을 이루는 상태가 됨으로써 현대의 영남방언과 비
슷한 모양이 되었다.

2.5.5. 중세국어와 현대국어의 복합어의 방점실현

어휘형태소가 둘 이상 결합될 때, 성조의 변동 여부를 검토해 보자.

(42) 15세기 중세국어와 현대국어의 복합이름씨의 준굴곡 자료

	15세기 낱말	창원방언
ㄱ.	:거·즛:말<석보13:62b>	:거·짓·말
	:거즛:말<석보13:62b>	:거·짓·말
	:거·즛:마·롤<석보6:24b>	:거·짓·말·을
ㄴ.	:녯·이리<두시25:14a>	:옛·일·이
ㄷ.	·믌ᄀ<두시6:29a>	·물·까
	·믌ᄀ·이<두시6:18b>	·물·까·가
	·믌ᄀ술<두시6:35a>	·물·까·를
	·믌ᄀ쉬<두시7:34b>	·물·까·에
	·믓ᄀᄉᆞ·로<두시15:10a>	·물·까·로
	·믓ᄀ쉬·셔<두시20:29b>	·물·까·에·서
	·믌ᄀ쉬<두시15:4a>	·물·까·에
	·믌ᄀ<두시10:34a>	·물·까
	·믌ᄀ쉬<두시21:39a>	·물·까·에
ㄹ.	목:숨<월인기142>	목·숨
	목·수·미<석보19:32a>	목·숨·이
	목:수미<두시8:36b>	목·숨·이
	목:수믜<두시17:2a>	목·숨·에
	목·수·믈<석보6:11b>	목·숨·을
	목·숨·을<월인기93>	목·숨·을
	목·수믈<두시17:39b>	목·숨·을
	목·수·미<두시8:36b>	목·숨·이
	목·수믈<두시25:39b>	목·숨·을
ㅁ.	:새집<두시16:24a>	:새·집
	:새지·븐<두시20:9a>	:새·집·은
	:새지·블<두시10:41b>	:새·집·을
	:새지·븨<두시11:43b>	:새·집·의
	:새지·비<두시10:7b>	:새·집·이
	:새집·과<두시25:23a>	:새·집·과
	:새지·브란<두시15:5a>	:새·집·을·랑
	:새지·브로·셔<두시11:24a>	:새·집·으·로·서
	:새지·비·로소·니<두시7:22b>	:새·집·으·로·서·니
ㅂ.	:두:ᅀᅥ<석보6:6b>	두어
	:두ᅀᅥ<석보6:6b>	두어
	두ᅀᅥ<두시10:19bb>	두어

(42)ㄱ의 어기는 그 기저방점표상이 :□·□#:□인데, 휴지(#)가 중화기능을 방해하고 있어서 둘째 성분 {:말}의 기저방점이 그대로 :□(상성)으로 유지되고 있다. 그러나 창원방언에서는 중화규칙 (9)에 의해서 ≪:거짓#:말 → :거·짓·말≫로 하나의 상성형으로 나타난다. 그러나 15세기 국어에서도 이와 같은 중화가 전혀 일어나지 않는 것은 아니다. (42)ㄴ에서는 ≪:녯#·일 → :녯·일≫로 중화에 의해서 :□이 ·□으로 변했다. (42)ㄷ의 {·믈:ᄀ}도 그 기저방점이 그대로

나타나기도 하지만 중화에 의해서 ≪·믈:곯 → ·믈·곯≫으로 나타나며, 또 한 운율적 낱말의 첫 방점을 제외하고는 (27)에 의해서 둘째 이하의 방점은 □으로 조정되기도 한다. ≪(·믈:곯 → ·믈·곯 →) ·믈곯≫의 과정을 거쳐 도출된 /·믈곯/이다.

(42)ㄹ에서는 15세기 국어에서는 ≪□ⁿ—≫의 환경에서는 중화규칙이 적용되지 않는 것이 원칙임에도 불구하고 ≪목#:숨 → 목:숨 → 목·숨≫과 같은 현상이 비교적 드물지 않게 나타나는데 이것은 현대 성조방언에서 볼 수 있는 것과 같은 중화현상이 필수적인 것은 아니지만 15세기부터 중화현상이 나타나기 시작한 것이라고 볼 수 있다. 창원방언에 서는 중화규칙 (9)가 필수적이기 때문에 (42)ㄹ의 창원방언은 ≪목#:숨 → 목:숨 → 목·숨≫ 의 과정을 거쳐서 모두 /목·숨/으로 나타난다.

(42)ㅁ에서 15세기 국어의 ≪:새#집≫은 모두 /:새집/으로 나타난다. 이것은 ≪:새·집 →:새·집 → :새집≫과 같은 과정에 의해서 /:새집/이 도출되었다고 볼 가능성이 전혀 없 는 것은 아니지만, 만약 이런 방법으로 표면형이 도출되었다면, /:새·집/이 /:새집/보다 더 많이 나타나야 할 것인데, 모두가 다 /:새집/으로 나타난 것은 쉼(#)에 의해서 /집/의 기저 방점이 중화를 받지 않고 그대로 남은 것이라고 보는 것이 더 타당성이 있어 보인다. 그러 나 창원방언에서는 중화과정 ≪:새#집→:새·집≫에 의해서 예외 없이 /:새·집/으로 나타난 다.

(42)ㅂ에서 15세 국어의 /:두·서/는 /:두#:서/를 반영하는 것이라고 볼 수 있다. 그러나 /:두 서/는 중화규칙 및 음조실현규칙에 의해서≪:두:서 → :두서 → :두·서≫를 거쳐 /:두서/가 나온 것으로 볼 수 있다. 창원방언의 /두서/는 기저형은 /:두#:서/에서 불규칙적인 현상으 로 두 음절이 다 평성화되어서 /두서/로 된 것인데, 이러한 불규칙적인 평성화는 15세기 국어에서도 나타난다는 것을 (42)ㅂ에서 볼 수 있다.

(43) 16세기 중세국어와 현대국어의 복합이름씨의 준굴곡 자료

	16세기 낱말	창원방언
ㄱ.	:거·즈:말<번박35b>	:거·짓·말
ㄴ.	:녯:일<번소7:10>	:옛·일
	:녯:이·롤<번소6:5>	:옛·일·을
	:녯:일·을<번소9:53>	:옛·일·을
	·녯:일·올<소학5:5>	·옛·일·올
ㄷ.	·믓:ᄀ·ᅀᅢ<번박70a>	·물·까·에
ㄹ.	목:수·몰<번소6:31>	목·숨·을
	목:수·믈<번소8:26>	목·숨·을
ㅁ.	:녯:사·롬<번소8:41>	:옛·사·람
	:녯:사·ᄅ·미<번박58a>	:옛·사·람·이
	:녯:사ᄅ·미<번소7:47>	:옛·사람·이
	:녯:사·ᄅ·믜<번소8:26>	:옛·사·람·의

         :녯·사·롬·의<소학5:105>   :옛·사·람·의
         :녯·사·롬·의<번소9:99>   :옛·사·람·의
         :녯·사·ㄹ·믜·게<번소8:24>   :옛·사·람·에·게
         :녯·사·롬·의·게<소학5:103>   :옛·사·람·에·게
   ㅂ. :두·ㅅㅓ<번소9:70>   두어
      :두·어<소학5:41>   두어
      :두ㅅㅓ<번소9:70>   두어
      :두어<소학6:69>   두어
      두ㅅㅓ<번소10:17>   두어

(43)ㄱ–ㄹ에서 보는 바와 같이 16세기 말에서도 어휘형태소 사이에 쉼(#)이 개입되면, 현대 성조방언과는 달리 기저의 방점이 유지되는 것을 볼 수 있다. (43)ㅁ에서도 휴지(#) 개입에 의해서 둘째 음절이 기저의 :□를 유지하고 있다. 셋째 음절이 ·□으로도 □으로도 나타나는 것은 (27)의 둘째 음절 이하의 ·□(1점)을 □으로 바꾸기 규칙에 따른 것이다.

   (43)ㅂ에서는 기저방점표상에서 중화과정 ≪:□#:□→ :□:□→ :□·□ ≫에 의해 /:□·□/이 나타나고, 다시 (27)의 둘째 음절 이하의 ·□(1점)을 □으로 바꾸기 규칙에 의해 /:□□/도 나타난다. /두ㅅㅓ/는 창원방언에서와 마찬가지로 불규칙적으로 평성형화된 것으로 볼 수 있다.

   이상을 요약하면, 15세기· 16세기 중세국어에서 방점형은 쉼(#)의 개입이 없는 경우에는 다음과 같다. 참조할 때, 편의를 위해 창원방언과 정선방언도 함께 표에 넣었다.

(44) 중세국어 · 창원방언 · 정선방언의 방점 표상

방점형		중세국어 방점	창원방언과 정선방언의 방점	간략 표기법	
				창원방언	정선방언
평측형	평일형	□·□·□·□·□ □:□·□·□·□	□·□·□·□·□	□·□⁴	□·□⁴
	평2형	□□·□·□·□ □□:□·□·□	□□·□·□·□	□²·□³	□₂·□ⁿ
	평3형	□□□·□·□ □□□:□·□	□□□·□·□	□³·□²	
	평4형	□□□□·□ □□□□:□	□□□□·□	□⁴·□	
	평5형	□□□□□	□□□□□	□⁵	
측성형	거성형	·□·□·□·□·□	·□·□·□·□·□	·□⁵	(·□⁵→)□₂·□ⁿ
	상성형	:□·□·□·□·□	:□·□·□·□·□	:□⁵	:□⁵

(44)에서 중세국어의 평상형(□m:□n) 즉 □:□·□·□·□, □□:□·□·□, □□□:□·□,

□□□□:□은 실제로는 그 자료가 매우 드물며, 그것조차도 중화에 의해서 간혹 평거형(□m·□n) □·□·□·□·□, □□·□·□·□, □□□·□·□, □□□□·□으로 바뀌어 나타난다. 물론 이 평상형이나 평거형에서 둘째 이하의 방점은 □으로 조정되는 경우가 많다.

2.5.6. 중세국어와 현대국어의 한자어의 방점실현

한자형태소는 문법형태소는 아니지만 대부분이 단독으로 독립된 낱말을 이루지는 못하기 때문에 음운론적으로 접미사나 접두사에 가까운 특성을 가지면서 다른 한편으로는 어휘적인 형태이기도 하기 때문에 쉼(#)이 지워지는 경우가 고유어의 문법형태소와 어휘형태소의 중간 정도의 가능성을 가진다.

훈민정음 창제 초기의 한자는 동국정운식의 추상적인 음운표기를 했기 때문에 15세기 중세국어의 한자어 자료는 우리의 현실한자음 자료로 사용할 수가 없다. 여기에서는 한자어에서 쉼(#)의 삭제 여부와 중화에 관심이 있기 때문에 현실한자음으로 표기된 문헌인 「소학언해」에서 /ㅂ/이나 /ㅁ/으로 시작되는 한자어를 모두 골라서 전체적인 특징만 고려하기로 한다.[23]

(44) 중세국어와 창원방언의 평측형 한자어 자료[24]

	16세기 낱말	창원방언
ㄱ.	모:양(模樣)<소학3:5b>(외 2번)	모·양
	모·양(模樣)<소학5:96a>	모·양
	분:묘(墳墓)<소학2:28a>	분·묘
	믹:장(埋葬)<소학6:29b>(외 1번)	매·장
	밍:세(盟誓)<소학6:31b>(외 1번)	맹·세
	병·난(兵亂)<소학6:29b>	병·난
ㄴ.	분:변(分辨)<소학5:32b>(외 2번)	분·변
	분·변(分辨)<소학2:50a>	분·변

(45)는 첫 음절이 평성이고, 둘째 음절이 상성(:□)이거나 거성(·□)인 자료인데, 이들은 모두 창원방언에서는 평측형(□·□)으로 나타났다. 그 이유는 둘째 음절에서는 :□과 ·□이 중화에 의해서 ·□으로 변하기 때문이다. 한자형태소는 중세국어와 마찬가지로 창원방

---

23) :방:수(放肆)<소학5:91a>, 방:샤(房舍)<소학6:6b>, 방·소(方所)<소학1:4a>, 방·소(方所) <소학2:11a> (외 2번)과 같이 창원방언에 쓰이지 않는 낱말은 본 자료에서 제외했다.

24) (42)~(45)에서 <소학8:12b>(외 3번)처럼 된 것은 소학언해 8권 12쪽을 나타내고, ab라고 되어 있는 것은 a는 전면을 나타내고, b는 후면을 나타낸다. (외 3번)은 번거로움을 덜기 위해서 출전 장수와 쪽수를 생략하고 더 나타내는 횟수를 기입한 것이다. (외 n번)과 같은 표시가 없는 항은 단 1회만 나타난 자료이다.

언에서도 어휘형태소이긴 하지만 (9)의 중화규칙을 적용받기 때문에 둘째 음절 이하에서
는 ·□으로 나타난 것이다. 그러나 중세국어에서 한자어는 (45)ㄱ처럼 기저의 방점을 유지
하는 경향이 강하지만, 임의적인 중화규칙에 의해서 둘째 음절 이하의 :□이 ·□으로 나타
나기도 한다. (45)에서 중화가 안 된 □:□과 □·□의 비율이 11 대 3으로 나타나는 것은
그만큼 기저방점을 유지하는 경향이 강함을 증명한다.

(46) 중세국어와 창원방언의 거성형 한자어 자료

	16세기 낱말	창원방언
ㄱ.	·목:수(牧師)<소학6:3b>	·목·사
	·법:도(法度)<소학2:30a>	·법·도
	·복:죄(伏罪)<소학6:4a>	·복·죄
	·브:졍(不貞)<소학5:17b>	·부·정
ㄴ.	·별·호(別號)<소서:3a>	·별·호
	·별·호(別號)<소학5:80b>	·별·호
	·부:모(父母)<소학2:2a>(외 6번)	·부·모
	·부·모(父母)<소학1:11a>(외 1번)	·부·모
	·빅·셩(百姓)<소학8:12b>(외 3번)	·백·성
	·빅셩(百姓)<소학5:120b>	·백·성

(46)은 중세국어에서 첫 음절이 거성(·□)이고, 둘째 음절이 상성, 거성, 평성으로 나타
난다. 또 중세국어에서 한자형태소는 어휘형태소이므로 둘째 음절에서 기저방점이 유지될
수가 있다. 그러나 창원방언에서는 첫 음절 거성 아래서 모든 음절의 방점은 1점으로 중화
될 수밖에 없다. 따라서 모두 ·□·□으로 나타남을 볼 수 있다. 중세국어에서는 (46)ㄱ처
럼 둘째 음절이 기저성조로 나타나기도 하고, (46)ㄴ에서처럼 :□가 :호(號)처럼 기저형으
로 나타나기도 하지만, 이것이 (46)ㄴ의 둘째 항처럼 중화되기도 한다. (46)ㄴ의 셋째, 넷
째 항도 그 둘째 음절이 :모(母)처럼 기저방점인 :□과 중화된 방점인 ·□으로 나타나고
있다. 다섯째의 姓은 기저방점이 :□이지만, 중화에 의해서 ·□으로 나타나기도 하고, 다
시 조정규칙에 의해서 □으로 나타나기도 한다. (46)의 둘째 음절의 자료 전체를 보면, 방
점이 기저방점 그대로 나타나는 경우와 변동된 경우의 비율은 12 대 8로 기저방점을 유지
하는 경향이 강하다. 그러나 12 대 8에서 '8'이라는 비율은 무시할 정도의 숫자가 아니다.
이것은 중세국어에서도 중화규칙의 적용이 필수적인 것은 아니지만 상당히 강력한 규칙
으로 적용하고 있음을 증명하는 것이다.

(47) 중세국어와 창원방언의 상성형 한자어 자료

	16세기 낱말	창원방언
ㄱ.	:변:화(變化)<소학5:119b>	:변·화

:보:화(寶貨)<소학2:13a>(외 2번)　　　:보·화
:분:로(忿怒)<소학5:23a>　　　:분·노
:만·일(萬一)<소학범:3a>(외 28번)　　　:만·일
ㄴ. :미:양(每-)<소학5:117b>(외 3번)　　　:매·양
:미·양(每-)<소학6:28b>(외 6번)　　　:매·양
:미양(每-)<소학5:47b>(외 6번)　　　:매·양
:방:탕(放蕩)<소학4:25a>(외 2번)　　　:방·탕
:방탕(放蕩)<소학5:21a>　　　:방·탕
:봉·양(奉養)<소학2:31a>(외 10번)　　　:봉·양
:봉·양(奉養)<소학4:50a>(외 4번)　　　:봉·양

(47)은 첫 음절이 상성(:□)인 자료들이다. 창원방언에서는 둘째 음절은 중화규칙이 필수적이기 때문에 모두 ·□으로 나타난다. 그러나 중세국어에서는 (47)ㄱ처럼 :화(化), :화(貨), :로(怒), ·일(一)로 그 기저방점이 유지되기도 하지만, (47)ㄴ의 :양(樣?)처럼 :□ ~ ·□ ~ □으로 변하기도 하며, :탕(蕩)처럼 :□ ~ □으로 변하기도 하며, :양(養)처럼 :□ ~ ·□으로 바뀌기도 한다. 이것은 운율적 낱말에서 둘째 이하의 방점이 ·□으로 임의로 중화된 다음 그대로 ·□으로 나타나기도 하고, 또 그렇게 이루어진 ·□가 □으로 (27)의 둘째 음절 이하의 ·□(1점)을 □으로 바꾸기 규칙에 의해서 변동되기도 함을 나타내는 것이다. 둘째 음절에서 기저방점이 그대로 유지되는 것과 변동된 것의 비율은 52 대 20이다. 역시 이 비율은 중화규칙이 창원방언에서처럼 필수적인 것은 아니더라도 상당히 강력하게 적용하고 있다는 증거이다.

(48) 중세국어와 창원방언의 한자어 자료
　　　16세기 낱말　　　　　　　창원방언
ㄱ. 만:일(萬一)<소학5:57a>　　　:만·일
만일(萬一)<소학5:56b>　　　:만·일
목스(牧師)<소학6:91b>　　　·목·사
문:젼(門前)<소학2:39a>　　　문전
미:쳔(微賤)<소학6:54a>　　　:미·천
부:모(父母)<소학2:6a>　　　·부·모
명:망(名望)<소학6:109b>　　　·명·망
ㄴ. ·반:권(半卷)<소학5:113b>　　　:반·권
·미·양(每-)<소학6:94b>　　　:매·양
·병:난(兵亂)<소학6:18b>　　　병난
ㄷ. :분·변(分辨)<소학5:119a>　　　분·변
:방:죵(放縱)<소학2:34b>(외 1번)　　　방종

(48)은 중세국어와 창원방언 사이에 대응관계가 정연하지 못한 자료이다. 이 자료에서도 중세국어에는 둘째 음절에 :□, ·□, □이 다 나타나고 있지만, 창원방언에서는 첫 음절

에 ·□나 :□이 있으면 둘째 음절은 중화규칙에 의해 반드시 ·□이 되고, 첫음절이 평성일 때는 둘째 음절이 □와 ·□으로 대립하고 있음을 볼 수 있다.

전체 대응관계로 보면, (45)~(48) 전체 자료를 볼 때, 중세국어와 창원방언 사이에 대응 관계 정연하게 나타나는 것인 (45)~(47)과 대응관계가 어긋나는 것인 (48)의 비율은 106 대 13이다. 대응관계를 보이는 예가 89%이므로, 중세국어와 창원방언의 한자음 성조의 대응관계는 정연하다고 할 수 있다.

2.6. 정리

2장에서는 이 연구의 이론적 기반을 구축하는 장이다. 이에, 방점법 이론의 특징을 설명하고, 창원방언 자료를 사용하여 방점이론의 근간을 이루는 중화규칙을 설정하여 방점법 이론이 둘 이상의 현대국어 성조방언의 성조체계를 비교하거나 중세국어와 현대국어의 성조체계를 비교하여 대응관계를 설명할 수 있는 성조이론임을 밝혔다. 또한, 방점법 이론을 가지고, 중세국어와 현대국어 창원방언, 삼척방언, 정선방언의 성조체계를 비교하여 성조의 변천과정을 설명하기 위한 이론적 축을 제시했다. 그 논의 결과를 정리하면 아래와 같다.

첫째, 방점법 이론은 김차균(1993~2006)에서 제시한 것으로, 「훈민정음」 언해에서 높낮이를 표시한 가점법과 높낮이를 평성과 측성으로 구분한 최세진의 2분법에 바탕을 두고 있고, 성조의 대립과 중화 기능을 방점과 함께 표시할 수 있도록 개발한 성조분석이론이다.

둘째, 창원방언 자료를 활용하여 성조의 중화현상을 살펴 중화규칙을 설정한 김차균(2006ㄴ:32-35)을 인용하여 중화규칙이 현대국어 성조방언의 성조체계에 보편적으로 적용되는 원리임을 밝히고, 방점의 기능과 그 표시법을 다루었다.

셋째, 창원방언, 삼척방언, 정선방언의 5음절 방점형의 실현을 비교하여 정선방언의 성조가 창원방언의 성조보다 더 비성조방언으로 변천한 사실을 기술했다. 이를 뒷받침하는 근거를 정리하면 다음과 같다.

가. 평측형의 방점형의 비교에서 5음절 어절의 평측형은 창원방언과 삼척방언에서는 5개(평일형, 평2형, 평3형, 평4형, 평성형)의 방점형이 존재하나 정선방언은 2개(평일형, 평복형)의 방점형이 존재한다. 왜냐하면, 성조체계 내에서 음운론적으로 변별기능을 수행하는 범위가 다르기 때문이다. 창원방언과 삼척방언의 평측형 5개는 모두 음운론적으로 변별적인 기능을 수행하여 운율적 낱말 안에서 그 방점형이 고정되어 있다. 반면에 정선방언에서는 평일형과 평복형만이 변별적 기능을 수행하는 것을 알 수

있다. 왜냐하면 정선방언에서 평성이 둘 이상 결합된 운율적 낱말에 얹히는 평복형
은 그 방점형이 고정되어 있지 않고 하위 방점형끼리 자유변동을 하기 때문이다.
나. 거성형의 방점형 비교에서 창원방언의 5음절 어절의 거성형은 변별적 기능을 수행
하여 방점이 고정되어 있으나, 삼척방언과 정선방언의 거성형은 2음절 이상에서 평
2형과 합류되어 나타난다. 그런데 정선방언은 평복형의 자유변동으로 말미암아 성
조체계 내에서 거성의 존재 바탕이 더욱 약화되었다고 할 수 있다. 이러한 점은 삼
척방언의 성조체계가 창원방언의 그것보다 비성조방언으로 더 많이 변천한 사실의 근
거가 되고, 정선방언의 성조체계가 삼척방언의 그것보다 비성조방언으로 더 많이
변천한 사실의 근거가 된다.
다. 상성형의 방점형 비교에서 창원방언, 삼척방언, 정선방언의 성조체계 내에서 상성형
의 방점형은 모두 고정적으로 실현된다. 다만, 삼척방언에는 음상성이 존재한다는
점이 특이하다.

넷째, 기저성조가 음성학적 높낮이로 실현되는 음운과정은 방점형→/성조형/→[음조형]
단계로 구성되어 있다. 방점형은 높낮이를 성조표상으로 바꾸어 놓은 것이고, /성조형/은
방점과 성조의 대응관계를 바탕으로 도출할 수 있다. 방점형이 /성조형/으로 도출되는 과
정에서 성조규칙이 적용되고, /성조형/이 [음조형]으로 도출되는 과정에서 음조실현규칙
이 적용된다.

가. 창원방언, 삼척방언, 정선방언의 성조규칙을 비교한 결과를 제시하면 아래와 같다.

(49) 창원방언, 삼척방언, 정선방언의 성조규칙

음운과정	창원방언	삼척방언	정선방언
방점형 ↓ /성조형/	중화규칙(필수적)	중화규칙(필수적)	중화규칙(필수적)
		거성형의 평2형화규칙	거성형의 평2형화규칙
			평복형의 자유변동
	{·에X} 앞에서 거성의 평성화	{·에X} 앞에서 거성의 평성화	{·에X} 앞에서 거성의 평성화

나. 창원방언, 삼척방언, 정선방언의 음조실현규칙을 비교한 결과를 제시하면 아래와
같다.

(50) 창원방언, 삼척방언, 정선방언의 음조실현규칙

음운과정		창원방언	삼척방언	정선방언
/성조형/ ↓ [음조형]	단음절	ㄱ. 평측형	ㄱ. 평측형	ㄱ. 평측형
		ㄴ. 거성형	ㄴ. 거성형	ㄴ. 거성형
		ㄷ. 상성형	ㄷ. 상성형	ㄷ. 상성형
/성조형/ ↓ [음조형]	다음절	ㄱ. 평측형	ㄱ. 평측형	ㄱ. 평일형
		ㄴ. 거성형		ㄴ. 평복형
		ㄷ. 상성형	ㄴ. 상성형	ㄷ. 상성형

다섯째, 중세국어와 현대국어 성조방언의 성조체계의 대응관계를 분석하기 위해, 중세국어의 성조도 대립과 중화의 기능에 따라 설명할 수 있는지를 살폈다. 그 결과, 중세국어도 대립과 중화의 기능에 따라 성조현상을 설명할 수 있다는 점과 중세국어의 성조체계가 현대국어 성조방언의 성조체계보다 더 성조언어에 가깝다는 사실을 알 수 있다. 다만, 현대국어 성조방언과 중세국어의 성조체계는 다음과 같은 차이점이 있다.

가. 방점형이 /성조형/으로 도출할 때, 중화규칙이 적용되어 하나의 운율적 낱말 안에서 (27) 둘째 음절 이하의 ·□을 □으로 바꾸기가 적용된다. 그러나 이 성조규칙은 임의적이어서 모든 운율적 낱말에 적용되는 것이 아니라 적용되지 않는 경우도 있다. 그러나 현대국어 성조방언인 창원방언, 삼척방언, 정선방언에서는 필연적으로 중화규칙이 적용된다.

나. 거성형의 어휘형태소는 토씨 {·에X} 앞에서 평성으로 변동하는 것과 거성으로만 실현되는 것이 있는데, 15·16세기에 고정적 거성으로 실현되던 낱말들이 창원방언, 삼척방언, 정선방언에서 평성으로 변동하는 것이 관찰된다. 주로 현대국어 성조방언에서 /ㄹ/ 말음을 가진 거성형 몇몇을 제외하면 거성이 평성으로 변동한다.

다. 중세국어의 평측형은 현대국어 성조방언의 그것과 매우 다르다. 즉, 중세국어의 평측형은 평거형과 평상형이 존재하며, 상성이 평성 뒤에서 대립의 기능을 수행하고 있는 것을 중세국어 자료를 통해서 확인할 수 있었다. 중세국어의 평측형에서 평거형이 정상적인 형태이고, 평상형은 음절축약과 어휘형태소의 문법화를 통해서 생긴 것으로 파악했다. 뿐만 아니라 15세기 평상형을 가진 풀이씨의 용례들은 16세기의 문헌에서는 둘째 음절 이하의 상성이 대부분 평성이나 거성으로 변하여 평거형으로 변화한다. 이러한 점은 중세국어 시기에 이미 평성 뒤에서 상성의 대립이 없어지는 변화의 일면이다.

라. 방점형이 /성조형/으로 도출할 때, 적용되는 성조규칙을 중세국어, 창원방언, 삼척방

언, 정선방언 순으로 제시하면 아래와 같다.

(51) 중세국어, 창원방언, 삼척방언, 정선방언의 성조규칙의 비교

음운 과정	중세국어	창원방언	삼척방언	정선방언
방점형 ↓ /성조형/	둘째 음절 이하 ·□를 □으로 바꾸기(임의적)	중화규칙 (필수적)	중화규칙 (필수적)	중화규칙 (필수적)
	평상형 > 평거형 합류	평상형의 소실	평상형의 소실	평상형의 소실
			거성의 평2형화규칙	거성의 평2형화규칙
				평복형의 자유변동
	{·에X} 앞에서 거성의 평성화	{·에X} 앞에서 거성의 평성화	{·에X} 앞에서 거성의 평성화	{·에X} 앞에서 거성의 평성화

(51)을 보면, 중세국어의 성조체계는 현대국어 성조방언의 성조체계보다 성조언어에 더 가깝다고 할 수 있다 왜냐하면 방점형이 그대로 /성조형/으로 도출되는 운율적 낱말이 있고, 방점형에 둘째 음절 이하 ·□를 □으로 바꾸기가 적용된 운율적 낱말도 존재하기 때문이다. 그러나 현대국어 성조방언에서는 중화규칙이 필수적으로 적용된다. 또한, 중세국어 성조체계는 현대국어 성조방언에 존재하지 않는 평상형을 가지는데, 이 평상형의 존재는 중세국어에서 평성 뒤에서 거성과 상성이 대립적이어서 변별적 기능을 수행할 수 있다는 것을 알 수 있다.

3. 정선방언의 성조체계

  2장에서는 방점법 이론의 이해에 무게를 두면서 중세국어와 현대 성조방언의 방점형, 성조형, 음조형들에 대해서 살펴보았다. 2장에서 창원방언의 자료를 많이 활용한 것은 창원방언이 방점형에 있어서 빈자리가 없이 음절수에 따라 n+2개(평측형 n개+상성형 1개, 거성형 1개)로 나타나지만, 정선방언에서는 평복형의 자유변동과 거성형의 평2형화로 말미암아 2음절 이상에서 대립하는 방점형은 세 가지(평일형, 평복형, 상성형)로 나타나기 때문이다. 즉, 창원방언의 n+2개의 방점형만 확인되면, 그것에서 다수의 정선방언의 방점형을 예측할 수 있기 때문에 2장에서 정선방언의 자료는 매우 빈약했다.

  이 장에서는 최근에 성철재 외(2008)에 의해 개발된 사분음척도(Quarter tone scale)에 의한 정선방언 음조형의 기술이 주가 된다. 종래의 성조연구는 1940년대의 미국 기술언어학의 방법론에 따라 말소리의 각 음절을 고조(H), 중조(M), 저조(L), 상승조(R) 가운데에서 둘 또는 셋의 성조소를 골라 기술하는 것이 목적이었다. 그러나 이러한 방법은 인간 언어의 지극히 복잡한 음조형을 무리하게 단순화하는 결과가 되어 올바른 음조형의 기술에 도달할 수가 없었다. 가령 동요 "산토끼" 노래를 /L/과 /H/의 둘 또는 /L/, /M/, /H/의 셋, /L/, /H/, /R/을 이용해서 분석하려 하면 그것은 불가능한 것이다. 인간의 말소리는 "산토끼" 노래보다는 훨씬 미세한 것이므로, 그 말소리의 기술을 위해서는 그것을 분석하는 데 적합한 프로그램을 개발하여 활용하지 않으면 안 된다. 이러한 목적을 위해서 사분음척도가 개발된 것이다. 사분음척도의 활용은 김차균(1977)에서 최근의 김차균(2006ㄴ)에 이르기까지 음조형 기술에 이용된 방법(1옥타브를 24등분해서 분석 설명하는 방법)을 컴퓨터 프로그램으로 만든 것이다.

  모든 성조방언에서 음조형은 정밀한 기술이 필요하지만, 음조형을 결정하는 추상적인 요소는 둘 또는 세 가지 요소(방점으로 표시할 수 있음)의 유한한 결합으로 나타나는데, 이 결합방법을 시각화한 것이 방점형이며, 방점형을 /L/, /M/, /H/, /R/들 중에서 각 방언에 필요한 요소만으로 단순한 방법으로 바꾼 것이 성조형이 된다. 성조형은 그대로 발음되는 것이 아니라 음조실현규칙에 의해 몇 가지 음조형이 나타난다. 이 음조형을 사분음척도를 사용하여 Qt(서양 건반악기에서 1도의 음을 4등분한 단위)로 분석하면 각 음조형에 따라 일정한 Qt사슬이 이룬다. 이 사슬을 계량적인 방법으로 체계화한 것이 이 연구에서 행하는 음조형 기술이다.

이 장은 Q-tone을 이용하여, 정선지역 토박이 화자의 음조형을 분석해서 정선방언 음조형의 실현을 확인하고, 정선방언 음조형의 차이를 과학적으로 설명하는 것을 목표로 한다.

3.1. Q-tone 청취등급을 이용한 성조분석 방법

인간이 지각하는 말소리의 높낮이를 종래의 음성학에서는 대부분 Hz 단위로 측정하고 기록하여 기술해 왔으나 지각심리학(perceptual psychology)에서는 인간의 고저에 대한 지각이 단순한 Hz 단위의 등차적인 관계와는 다르고 등비적인 관계에 따라서 결정된다는 것을 발견하여 이러한 관계를 공식화하기 위해서 바크 척도(Bark Scale),[1] 멜 척도(mel Scale),[2] ERB 척도(equivalent rectangular bandwidth)[3] 등을 개발한 바가 있다. 또한, 최근에는 서양 악기의 건반과 같은 12평균율을 이용한 반음(semi-tone) 척도[4]가 개발되었다. 그러나 반음척도(semi-tone)를 제외한 앞의 척도들은 그 눈금이 너무나 성겨서 사람의 말소리를 분석하는 데는 부적합했다. 반음척도는 악기를 이용해서 사람의 고저에 대한 교육을 쉽게 시킬 수 있지만, 인간의 미세한 말소리의 음조분석을 하는 데는 다소 성긴 것이 결점이고, 말소리를 분석하는 데 위의 어떠한 척도도 체계적으로 활용된 일이 없다.

---

1) 츠비커(Zwicker, 1990)에 따르면, 바크 척도는 주어진 하나의 tone 신호를 인지하는 정도는 그 톤 주파수에 해당하는 청각 필터의 임계 대역(critical band) 내의 잡음 신호에 의해서만 영향을 받는다는 실험 결과로부터 주파수 범위 0~15.5KHz의 주파수 범위를 24개의 대역으로 나눈 것이다. 임계 대역폭은 주파수에 비례하여 증가한다.

2) 멜 척도는 스티븐스 외(Stevens Volkman and Newman, 1937)이 제안한 것으로 청자가 거리가 동등하다고 판단하는 음도(pitch)의 지각 척도이다. 멜 척도와 정상적인 진동수 측정치 사이의 참조점(reference point)은 1,000Hz tone과 1,000mel의 음조를 동일시함으로써 정의된다. 500Hz를 넘어서면 청자에게 같은 음조 증분(equal pitch increments)이 산출되기 위해서는 점점 더 큰 Hz 수치의 증가가 요구된다. 결과적으로 500Hz 이상에서는 헤르츠 척도로 4옥타브의 증가는 멜 척도로 2옥타브 증가로 청자에게 판단되는 것이다.

3) 우머와 글래스버그(Moore and Glasberg, 1986)은 츠비커(Zwicker, 1990)의 소리 세기 모델을 개선하면서, 임계 대역을 다른 방법으로 측정하였다. 청각 필터를 사각형의 대역통과 필터로 모델링하고, 그 필터의 ERB를 대역저지 잡음(notched-noise) 방법으로 측정하여 그 측정된 대역폭을 기반으로 ERB 척도를 제안했다. 청각 필터의 임계 대역폭은 중심 주파수의 약 20%로 주어지는 반면에 ERB는 중심 주파수의 11% 정도로 더 좁다.

4) 반음척도는 음악의 음도를 나타내기 위해서 사용되는 방법으로 1옥타브를 12단계로 구분하는 방법이다.

   김차균(1977)에서 김차균(2006ㄴ)에 이르기까지 청취등급이라는 것은 사분음척도에서의 Qt단위와 사실상 일치하는 것이지만 음성학이나 음운론학자들은 그것을 주관적이라 하여 인정하려고 하지 않았다. 그러나 "청취등급"이라는 관념(idea)이 컴퓨터 프로그램으로 개발됨으로써 고저의 측정은 비로소 주관적인 분석을 벗어나서 21세기의 측정과학으로 방향을 전환할 수 있는 계기가 마련되었다.

   실제 대화에서 가장 낮은 음과 가장 높은 음의 차이가 15등급인 경남부 방언의 남성 성인 토박이 화자들의 다수가 가장 낮은 음을 110Hz 전후로 발음하는 빈도가 높아서, 110Hz를 1등급으로 하면 등급조정(조바꿈과 같음)의 번거로움이 줄어진다는 점과 음악에서 연주고도를 à=440Hz로 정한 것을 고려하여,[5] 언어분석의 참조고도를 A_1 =110Hz로 정하는 것이다. 이로써, 참조고도를 110Hz로 하고, 한 옥타브씩 높아질 때마다 A_2, A_3, A_4 …… 로, 참조고도보다 낮아질 때에는 A_0, A_{-1}, A_{-2}, A_{-3} …… 로 하고, 이들을 왼쪽에서 오른쪽으로 배열하면 A_{-1}, A_0, A_1, A_2, A_3, A_4 순서가 되고, 이들이 내는 진동수는 27.5Hz, 55Hz, 110Hz, 220Hz, 440Hz, 880Hz, 1760Hz, 3520Hz와 같은 등비수열로 나타난다. 이것은 1옥타브를 24평균율로 하고, 임의의 등급이 내는 주파수를 xHz라 하면, 그보다 바로 오른쪽의 건이 내는 소리의 주파수는 $\sqrt[24]{2}$ X(Hz), 다시 그보다 바로 오른쪽 건이 내는 소리의 주파수는 $\sqrt[24]{2} \times \sqrt[24]{2}$ X로 계산된다. 예를 들면, A_1 (라)이 내는 주파수는 110Hz이므로 그보다 반의 반음이 내는 소리는 $\sqrt[24]{2} \times$ 110Hz(=113.2Hz)가 된다.

   A_1 =110Hz를 참고고도로 하고 한 옥타브를 24평균율(25등급)로 하는 말소리 분석을 위한 Qt단위와 주파수 사이의 관계를 나타내는 등비수열을 성철재 외(2008ㄴ:9)에서 인용하여 제시하면 다음 (1)과 같다.

---

5) 표준고조(standard pitch)는 1939년 런던에서 열린 국제 규격 협회의 제2회 국제 조율 회의에서 à =440Hz로 결정되었다.

(1) $110'(\sqrt[24]{2})n$

$110'(\sqrt[24]{2})n$을 계산하되 110을 0.0으로 하지 않고 1.0으로 계산함.

-48.027.50000 ◎A_1	11.0 151.13490○
………생략………	12.0 155.56349●$D\#_3$
-28.048.99943◎G_1	13.0 160.12185○
-26.051.91309●$G\#_1$	14.0 164.81378◎E_3
-25.053.43426○	15.0 169.64319○
-24.055.00000◎A_2	16.0 174.61412◎F_3
-23.056.61162○	17.0 179.73070○
-22.058.27047●$A\#_2$	18.0 184.99721●$F\#_3$
-21.059.97793○	19.0 190.41804○
-20.061.73541◎B_2	20.0 195.99772◎G_3
-19.063.54440○	21.0 201.74089○
-18.065.40639◎C_2	22.0 207.65235●$G\#_3$
-17.067.32294○	23.0 213.73703○
-16.069.29566●$C\#_2$	24.0 220.00000◎A_4
-15.071.32618○	25.0 226.44649○
-14.073.41619◎D_2	26.0 233.08188●$A\#_4$
-13.075.56745○	27.0 239.91170○
-12.077.78175●$D\#_2$	28.0 246.94165◎B_4
-11.080.06093○	29.0 254.17759○
-10.082.40689◎E_2	30.0 261.62557◎C_4
-9.084.82160○	31.0 269.29178○
-8.087.30706◎F_2	32.0 277.18263●$C\#_4$
-7.089.86535○	33.0 285.30470○
-6.092.49861●$F\#_2$	34.0 293.66477◎D_4
-5.095.20902○	………생략………
-4.097.99886◎G_2	
-3.0100.87044○	124.03951.06641◎B_8
-2.0103.82617●$G\#_2$	125.04066.84149○
-1.0106.86851○	126.04186.00904◎C_8
0.0110.00000◎A_3 (※0.0→1.0)	
1.0113.22325○	
2.0 116.54094 ●$A\#_3$	하나의 건(key)이 가리키는 Hz 수치에 $^{12}\sqrt{2}$ 를 곱하면 바로 오른쪽 건의 Hz 수치가 된다. 하나의 등급이 가리키는 Hz 수치에 $^{24}\sqrt{2}$ 를 곱하면 바로 오른쪽 등급의 Hz 수치가 된다.
3.0 119.95585○	(참고)
4.0 123.47083◎B_3	$^{12}\sqrt{2} \fallingdotseq 1.059463094$
5.0 127.08880○	$^{24}\sqrt{2} \fallingdotseq 1.029302236$
6.0 130.81278◎C_3	$^{48}\sqrt{2} \fallingdotseq 1.014545334$
7.0 134.64589○	
8.0 138.59132●$C\#_3$	
9.0 142.65235○	
10.0 146.83238◎D_3	

(1)에서 ◎는 건반악기에서 흰 건을 나타내고, ●는 건반악기에서 검은 건을 나타내며, ○는 큰 동그라미의 사이에 가상적인 건을 말한다.

Qt 척도를 사용하여, 음조형을 객관적으로 측정하기 위해서는 음조형[6]과 측정 Qt사슬과 조정 Qt사슬을 이해할 필요가 있다. 왜냐하면, 청자는 음절을 단위로 높낮이를 인식하는 것이 아니라 하나의 운율적 낱말(대부분의 경우 어절)을 하나의 단위로 듣고, 상대적인 Qt 굴곡 곡선이 같은 모양을 하면 같은 운율적인 낱말의 실현으로 인식하기 때문이다.

측정 Qt사슬은 화자가 발화한 운율적 낱말을 구성하는 각 음절의 기본주파수를 Qt척도로 변환한 Qt척도의 연속체이고, 조정 Qt사슬은 음악의 조바꿈의 원리를 이용하여 Qt-사슬의 수치를 조정한 것을 말한다. 즉, 조정 Qt사슬은 청자가 높낮이에 대한 지각을 상대적으로 하기 때문에, 청자는 Qt-사슬이 갖는 상대적인 Q-tone 굴곡 곡선이 같은 모양을 하면 같은 Qt-사슬로 인식하여 같은 음조형으로 인식하게 된다. 이것은 같은 노래를 조바꿈에 의해 낮게도 높게도 부를 수 있는 것과 같이 하나의 음조형이 머릿속에 저장되어 있다면 그 음조형을 낮은 소리로도 낼 수 있고, 높은 소리로도 낼 수 있는 것이다.

동요 "학교 종"을 가지고 조바꿈을 예를 들어 설명하고자 한다. (2)의 Hz 단위의 수치 (196-196-220-220-196-196-165)를 (1)에 따라 Qt단위로 바꾸면 [21-21-25-25-21-21-15]가 된다.

(2) "학교 종"의 Qt단위와 Hz 단위의 관계
    피아노 건 : G_3-G_3-A_4-A_4-G_3-G_3-E_3
    계　　　명 : 솔-솔-라-라-솔-솔-미
            ♩ ♩ ♩ ♩ ♩ ♩ ♩
    Hz 단 위 : 195-195-220-220-195-195-165
    Qt 단 위 : 21-21-25-25-21-21-15

(2)의 Qt수치와 Hz 조정을 조바꿈하여 1옥타브 하향 조정하면 아래의 (3)과 같다. 동요 "학교 종"을 (2)와 (3)으로 불러도 실제로 듣는 사람은 같은 노래로 들을 것이다.

(3) (2)를 1옥타브 내린 조바꿈
    피아노 건 : G_2-G_2-A_3-A_3-G_2-G_2-E
    계　　　명 : 솔-솔-라-라-솔-솔-미
    Hz 단 위 : 98-98-110-110-98-98-82
    Qt 단 위 : (-4)-(-4)-0-0-(-4)-(-4)-(-10)

한편, 측정 Qt사슬을 조정 Qt사슬로 바꿀 때, 조정 수치의 기준이 되는 랑그적인 음조형[7]을 구성하는 음절의 Qt수치를 정하는 것이 필요하다. 조정 Qt수치는 운율적 낱말인 /눈

---

6) 음조형이란 #＿＿# 위치에 나타나면서 내부에 개방연접이 없는 1음절 이상의 모든 어절에 나타나는 일정한 운율형으로 음성학적 층위의 개념이다.
7) 랑그적인 음조형은 성조방언 토박이 화자의 머릿속에 저장되어 있는 음조형을 지칭한다.

물·하·고#:눈·물·하·고#다르·다/와 /:눈·물·하·고#눈물·하·고#다르·다/}를 정선지역 토박이 화자들(할아버지 한 분과 할머니 한 분)에게 각각 12번(최승준님 6번, 유춘옥님 6번)을 발화하게 하고 그것을 녹음하여 음성분석하여, 기본주파수(F0)를 측정했다.[8] 그것을 측정 Qt-사슬로 변환한 후, 운율적 낱말을 구성하는 음절의 측정 Qt수치의 평균을 내어 조정 Qt수치를 정한다. 정선방언의 조정 Qt수치를 살펴보자.

아래의 (4)는 /눈물·하·고 # :눈·물·하·고 (다르·다)/라는 문장을 음성분석하여 얻은 기본주파수를 적은 것이고, (5)는 /:눈·물·하·고 # 눈물·하·고 (다르·다)/라는 문장을 음성분석하여 얻은 기본주파수를 적은 것이다.

(4) /눈물 · 하 · 고 # :눈 · 물 · 하 · 고 (다르 · 다)/

   ㄱ. ① Hz 측정치[174-216-223-179#156-201-211-182-173]
      ② Hz 측정치[168-207-211-207#160-192-199-186-203]
      ③ Hz 측정치[157-197-201-198#150-176-181-172-205]
      ④ Hz 측정치[160-196-202-206#158-187-193-191-207]
      ⑤ Hz 측정치[165-210-207-198#156-193-202-198-207]
      ⑥ Hz 측정치[162-204-205-206#155-189-199-198-215]
   ㄴ. ① Hz 측정치[198-234-218-213#192-214-225-226-240]
      ② Hz 측정치[190-212-230-212#186-216-241-225-198]
      ③ Hz 측정치[180-198-228-235#182-223-239-224-229]
      ④ Hz 측정치[185-238-223-225#185-225-235-227-225]
      ⑤ Hz 측정치[215-236-227-225#176-219-239-224-219]
      ⑥ Hz 측정치[207-241-224-219#189-228-242-224-239]

(5) /:눈 · 물 · 하 · 고 # 눈물 · 하 · 고 (다르 · 다)/

   ㄱ. ① Hz 측정치[155-209-232-225-202#161-196-208-225]
      ② Hz 측정치[152-195-229-219-211#154-190-195-221]
      ③ Hz 측정치[154-195-229-218-212#155-190-201-212]
      ④ Hz 측정치[157-205-228-219-214#157-201-208-229]
      ⑤ Hz 측정치[158-208-218-212-213#155-197-199-221]
      ⑥ Hz 측정치[153-203-223-215-209#155-185-195-225]
   ㄴ. ① Hz 측정치[185-231-238-224-228#188-218-222-203]
      ② Hz 측정치[173-223-230-232-218#189-239-232-232]
      ③ Hz 측정치[176-229-236-232-241#177-209-233-245]
      ④ Hz 측정치[169-238-242-228-234#177-239-235-250]
      ⑤ Hz 측정치[175-216-240-229-239#185-264-239-236]
      ⑥ Hz 측정치[185-206-242-223-239#181-238-232-246]

---

8) 운율적 낱말인 {:눈·물·하·고}를 측정할 때는 첫 음절을 두 곳에서 기본주파수를 검출하였다. 왜냐하면 상성형은 낮았다가 올라가는 특징이 있어서 처음과 끝의 기본주파수가 다르기 때문이다.

논의를 더 계속하기에 앞서 Qt사슬의 분석을 더 효과적으로 이해하기 위해 음조형의 핵심부와 하강부에 대해서 설명해 두기로 한다. 정선방언에는 2장의 (19) 정선방언의 다음절 음조실현 규칙에서 말한 바와 같이 세 가지 특징적인 음조형이 있는데, 그것들은 평일형(HM_1 , H_HM_0), 평복형($M_H{}_0HMn$), 상성형($\check{M}_H{}_0HMn$)이다. 이들은 모두 핵심부와 하강부로 구분할 수 있다.

(6) 정선방언 음조형의 핵심부와 하강부

방점형	성조형	음조형	핵심부	하강부
평일형($\square\cdot\square_1$)	/HM_1 /	[HM_1](으뜸)	[H]	[M_1]
평일형($\square\cdot\square_1$)	/$H_2\,M_0$/	[H_HM_0](버금)	[H_H]	[M_0]
평복형($\square_2\cdot\square^n$)	/$H_2\,M^n$/	[$M_H{}_0HM^n$]	[$M_H{}_0H$]	[M^n]
상성형(:$\square_2$)	/$\check{M}_2$/	[$\check{M}_H{}_0HM^n$]	[$M_H{}_0H$]	[M^n]

하강부는 [M_1], [M_0], [M^n]으로 되어 있어 시각적으로 구분이 된다. 영남방언의 대부분에서 하강부는 그 첫 음절에서부터 끝 음절에 이르기까지 Qt수치가 차차로 내려가는 특징이 있다. 정선방언에서도 영남방언에서와 같이 하강부 전체가 내림사슬을 이룰 수도 있지만 하강부의 끝 음절에 문미억양이 얹힐 때는 하강부의 끝에서 둘째 음절까지가 내림사슬을 이루고, 끝 음절은 끝에서 둘째 음절보다 다소 높게 발음하는 경향이 있다.[9]

(4), (5)의 기본주파수를 가지고, Qt척도를 전환하여 측정 Qt사슬을 만든 것이 각각 (7), (8)이다. 이 측정 Qt사슬의 특징은 첫 음절에서부터 최고 음절까지가 대체로 핵심부를 이루며 최고 음절 다음부터가 하강부의 시작이라는 점이다. 하강부의 첫 음절 앞에는 "⇩"을 두어 표시하였다.

(7) /눈물·하·고 # :눈·물·하·고 (다르·다)/

	/눈물·하·고/	/:눈·물·하·고/
ㄱ. ① 측정 Qt사슬	[16-23-24-⇩17#]	[12·[21]-23-⇩17-16]
② 측정 Qt사슬	[15-22-23-⇩22#]	[13·[19]-21-⇩18-21]
③ 측정 Qt사슬	[12-20-21-⇩20#]	[11·[16]-17-⇩15-22]
④ 측정 Qt사슬	[13-20-21-22#]	[13·[18]-19-⇩19-22]
⑤ 측정 Qt사슬	[14-22-22-⇩20#]	[12·[19]-21-⇩20-22]
⑥ 측정 Qt사슬	[13-21-22-22#]	[12·[19]-21-⇩20-23]
평균 (남자)	[14-21-22-21#]	[12·[19]-20-⇩18-21]
ㄴ. ① 측정 Qt사슬	[20-26-24-⇩23#]	[19·[23]-25-⇩25-27]
② 측정 Qt사슬	[19-23-26-⇩23#]	[18·[23]-27-⇩25-20]
③ 측정 Qt사슬	[17-20-25-26#]	[17·[24]-27-⇩25-25]
④ 측정 Qt사슬	[18-27-⇩24-25#]	[18·[25]-26-⇩25-25]
⑤ 측정 Qt사슬	[23-26-⇩25-25#]	[16·[24]-27-⇩25-24]

---

9) 핵심부와 하강부에 대해서는 김차균(2003:81)을 참조.

　⑥ 측정 Qt사슬 [22-27-⇩25-24#]　　　　[19.²⁵-27-⇩25-27]
　　평균 (여자)　[20-25-25-24#]　　　　[18.²⁴-27-⇩25-25]
　　전체 평균　　[17-23-24-23#]　　　　[15.²²-24-⇩22-23]

(7)의 전반부 /눈물·하·고/는 평복형의 자유변동으로 말미암아 /눈물하·고/, /눈물하고/로 발음되고 있음을 (7)의 전반부 Qt사슬에서 확인할 수 있다. 그리고 상성형은 그 첫 음절이 뚜렷한 오름조(상승조)로 나타나고 있음도 확인할 수 있다. (7)ㄱ은 최승준 님의 발음으로 전체적인 Qt수치가 (7)ㄴ의 유춘옥 님의 Qt수치보다 다소 낮게 나타나고 있다. (7)ㄱ-ㄴ의 후반부는 Qt의 최고 수치가 둘째 음절에 나타나고 끝 음절은 문미억양으로 말미암아 끝에서 둘째 음절보다 다소 높게 나타난다.

(8) /:눈 · 물 · 하 · 고 # 눈물 · 하 · 고 (다르 · 다.)/

　　　　　　　　　　/:눈·물·하·고/　　　　　/눈물·하·고/
ㄱ. ① 측정 Qt사슬 [12.²²-26-⇩25-21#]　　　[13-20-22-25]
　　② 측정 Qt사슬 [11.²⁰-25-⇩24-23#]　　　[12-19-20-24]
　　③ 측정 Qt사슬 [12.²⁰-25-⇩24-23#]　　　[12-19-21-23]
　　④ 측정 Qt사슬 [12.²²-25-⇩24-23#]　　　[12-21-22-25]
　　⑤ 측정 Qt사슬 [13.²²-24-⇩23-23#]　　　[12-20-21-24]
　　⑥ 측정 Qt사슬 [11.²¹-24-⇩23-22#]　　　[12-18-20-25]
ㄴ. ① 측정 Qt사슬 [18.²⁶-27-⇩25-25#]　　　[19-24-24-⇩21]
　　② 측정 Qt사슬 [16.²⁴-26-26-⇩24#]　　　[19-27-⇩26-26]
　　③ 측정 Qt사슬 [16.²⁵-26-26-27#]　　　　[16-22-26-28]
　　④ 측정 Qt사슬 [15.²⁷-27-⇩25-26#]　　　[16-27-⇩26-28]
　　⑤ 측정 Qt사슬 [16.²³-27-⇩25-27#]　　　[18-30-⇩27-26]
　　⑥ 측정 Qt사슬 [18.²²-27-⇩24-27#]　　　[17-27-⇩26-28]

(8)ㄱ은 최승준님의 발음으로 전체적인 Qt수치가 (8)ㄴ의 유춘옥님의 Qt수치보다 다소 낮게 나타나고 있다. (8)ㄱ의 후반부는 음조형 전체가 주로 [MₕH²H]로 나타난다. 이것은 하강부가 없는 평4형이다. (8)ㄴ의 후반부는 평3형[MₕHM]과 평4형[MₕH²H]도 각각 1번씩 나타나지만, 주로 평2형[MHM²]로 나타난다. 전체적으로 평2형, 평3형, 평4형이 다 가능한 것은 정선방언을 비롯한 다수의 강원방언의 특징으로, 평복형의 자유변동이 일어나기 때문이다.

(8)의 전반부는 모두 상성형의 특징을 나타내며, 최고 Qt수치가 셋째 음절 곧 끝에서 둘째 음절에 놓인다. 평복형이건 상성형이건 3음절 이상의 운율적 낱말은 문미억양의 영향이 나타나지 않는 한 끝에서 둘째 음절이 최고 Qt수치로 나타나는 것이 정선방언의 음조형의 특징이다.

(7), (8)의 상성 음조형의 첫 음절의 Qt수치를 합하여 24로 나누면 [15.²²]이고, 평복형의

첫 음절의 Qt수치는 [17]이다. 물론 여기에서는 (7) /눈물·하·고 # :눈·물·하·고 (다르·다)/와 (8) /:눈·물·하·고 # 눈물·하·고 (다르·다)/의 두 예문만 가지고 통계처리 했지만 더 많은 예문을 조사하더라도 비슷한 결과가 나왔을 것이다.[10] 이리하여 평복형의 첫 음절은 김차균(2006ㄴ:1154-1158)에서 삼척방언, 울진방언 등 몇 개 방언과 대조할 때, 정선방언 평복형의 첫 음절의 조정 Qt는 [6]으로 하고 상성형의 첫 음절의 조정 Qt도 [6]으로 한다.

이제 예문 (7)과 (8)을 조정 Qt사슬로 바꾸고, 하강부의 위치에 따라 자료의 배열을 조절하면 (9), (10)과 같다. (9)는 평복형에 초점을 맞추어 하강부의 위치에 따라 자료를 배열한 것이고, (10)은 상성형에 초점을 맞추어서 하강부의 위치에 따라 자료를 배열한 것이다. 따라서 (9)와 (10)에서는 방언조사 때의 배열 순서인 예문 (7)과 (8)을 구분하지 않고, 또 최승준님 제보 자료와 유춘옥님의 제보 자료를 통합하여 평복형은 전반부로 모으고, 상성형은 후반부에 모아 두었다.

(9) 〈전반부 조정치〉/눈물 · 하 · 고 ∽ :눈 · 물 · 하 · 고 (다르 · 다)/→

   ㄱ.   /눈물·하·고   ∽   :눈·물·하·고 (다르·다)/[11]
     ① 조정 Qt사슬   [6-18-⇩15-14#] $[6\cdot^{11}-17-⇩15-17]$[12]
     ② 조정 Qt사슬   [6-12-⇩10- 9#] $[6\cdot^{10}-12-12-⇩14]$
     ③ 조정 Qt사슬   [6- 9-⇩ 8- 8#] $[6\cdot^{14}-17-⇩15-14]$
     ④ 조정 Qt사슬   [6-11-⇩9- 8#] $[6\cdot^{12}-14-⇩12-14]$
     ⑤ 조정 Qt사슬   [6-14-⇩13-13#] $[6\cdot^{14}-16-16-⇩14]$
     ⑥ 조정 Qt사슬   [6-15-⇩14-16#] $[6\cdot^{10}-15-⇩12-15]$
     ⑦ 조정 Qt사슬   [6-15-⇩12-13#] $[6\cdot^{13}-14-⇩13-13]$
     평균 조정 Qt사슬   [6-13-⇩12-12#] $[6\cdot^{14}-14-⇩13-13]$
   ㄴ.   /눈물하·고   ∽   :눈·물·하·고 (다르·다)/
     ① 조정 Qt사슬   [6-13-14-⇩ 7#] $[6\cdot^{15}-17-⇩11-10]$
     ② 조정 Qt사슬   [6-13-14-⇩13#] $[6\cdot^{12}-13-⇩11-14]$
     ③ 조정 Qt사슬   [6-14-15-⇩14#] $[6\cdot^{10}-11-⇩10-17]$
     ④ 조정 Qt사슬   [6-14-14-⇩12#] $[6\cdot^{13}-15-⇩10-16]$
     ⑤ 조정 Qt사슬   [6-14-15-⇩ 7#] $[6\cdot^{13}-15-⇩10-17]$
     ⑥ 조정 Qt사슬   [6-10-13-⇩10#] $[6\cdot^{11}-15-⇩ 9- 8]$

---

10) 3.2절에서 제시할 정선방언의 음조형 분석자료를 참고 바람.

11) /눈물·하·고 ∽ :눈·물·하·고 (다르·다)/에서 /다르·다/를 괄호에 넣어 (다르·다)로 표시한 것은 이 사분음척도에서 측정치 및 조정치를 생략했음을 뜻한다. 또 "∽"은 /눈물·하·고 # :눈·물·하·고 (다르·다)/를 12번 측정 및 조정하고 또 /눈물·하·고 # :눈·물·하·고 (다르·다)/을 12번 측정 및 조정하여 조사한 결과 /눈물·하·고/와 /:눈·물·하·고/의 발음한 순서는 Qt사슬의 수치에 유의미한 결과를 가져오지 않았음을 뜻한다. 그러므로 /눈물·하·고 ∽ :눈·물·하·고 (다르·다)/은 /눈물·하·고 # :눈·물·하·고 (다르·다)/와 /눈물·하·고 # :눈·물·하·고 (다르·다)/가 12번씩 합계 24번 발음되었음을 의미한다.

12) $[6\cdot^{13}]$, $[6\cdot^{10}]$… 등은 음조(pitch)의 Qt수치가 각각 6에서 시작되어 13에서 끝나고, 6에서 시작되어 10에서 끝나는 오름조를 뜻한다. 이 연구의 아래서도 같은 방법으로 오름조를 표기할 것이다.

    ⑦ 조정 Qt사슬　　[6-11-11-⇩ 8#]　　　　　　[6·14 -13-13-13]
    평균 조정 Qt사슬[6-13-14-⇩10#]　　　　　　[6·13 -14-⇩13-13]
ㄷ.　　　　　　　　　/눈물하고　　　∽　　:눈·물·하·고 (다르·다)/
    ① 조정 Qt사슬　　[6-13-14-15#]　　　　　　[6·11 -14-14-17]
    ② 조정 Qt사슬　　[6- 9-14-15#]　　　　　　[6·13 -16-⇩14-14]
    ③ 조정 Qt사슬　　[6-13-15-18#]　　　　　　[6·16 -20-19-⇩15]
    ④ 조정 Qt사슬　　[6-13-14-18#]　　　　　　[6·15 -20-⇩19-18]
    ⑤ 조정 Qt사슬　　[6-13-15-17#]　　　　　　[6·12 -19-⇩18-17]
    ⑥ 조정 Qt사슬　　[6-15-16-19#]　　　　　　[6·16 -19-⇩18-17]
    ⑦ 조정 Qt사슬　　[6-14-15-18#]　　　　　　[6·15 -17-⇩16-16]
    ⑧ 조정 Qt사슬　　[6-12-14-19#]　　　　　　[6·16 -19-⇩18-17]
    ⑨ 조정 Qt사슬　　[6-12-16-18#]　　　　　　[6·15 -16-16-17]
    ⑩ 조정 Qt사슬　　[6-17-16-18#]　　　　　　[6·18 -18-⇩16-17]
    평균 조정 Qt사슬 [6-13-16-18#]　　　　　　[6·13 -14-⇩13-13]

(10) 〈후반부 조정치〉/눈물·하·고 ∽ :눈·물·하·고 (다르·다)/→
    ㄱ.　　　　　　　　/눈물·하·고　　　∽　　:눈·물·하·고 (다르·다)/
    ① 조정 Qt사슬　　[6-18-⇩15-14]　　　　[#6·13 -17-⇩15-17]
    ② 조정 Qt사슬　　[6- 9-⇩ 8- 8]　　　　[#6·14 -17-⇩15-14]
    ③ 조정 Qt사슬　　[6-11-⇩ 9- 8]　　　　[#6·12 -14-⇩12-14]
    ④ 조정 Qt사슬　　[6-15-⇩14-16]　　　　[#6·10 -15-⇩12-15]
    ⑤ 조정 Qt사슬　　[6-15-⇩12-13]　　　　[#6·13 -14-⇩13-13]
    ⑥ 조정 Qt사슬　　[6-13-14-⇩ 7]　　　　[#6·15 -17-⇩11-10]
    ⑦ 조정 Qt사슬　　[6-13-14-⇩13]　　　　[#6·12 -13-⇩11-14]
    ⑧ 조정 Qt사슬　　[6-14-15-⇩14]　　　　[#6·10 -11-⇩10-17]
    ⑨ 조정 Qt사슬　　[6-14-14-⇩12]　　　　[#6·13 -15-⇩14-16]
    ⑩ 조정 Qt사슬　　[6-14-15-⇩ 7]　　　　[#6·13 -15-⇩14-17]
    ⑪ 조정 Qt사슬　　[6-10-13-⇩10]　　　　[#6·10 -15-⇩13-8]
    ⑫ 조정 Qt사슬　　[6- 9-14-15]　　　　[#6·13 -16-⇩14-14]
    ⑬ 조정 Qt사슬　　[6-13-14-18]　　　　[#6·15 -20-⇩19-18]
    ⑭ 조정 Qt사슬　　[6-13-15-17]　　　　[#6·12 -19-⇩18-17]
    ⑮ 조정 Qt사슬　　[6-15-16-19]　　　　[#6·16 -19-⇩18-17]
    ⑯ 조정 Qt사슬　　[6-14-15-18]　　　　[#6·15 -17-⇩16-16]
    ⑰ 조정 Qt사슬　　[6-12-14-19]　　　　[#6·16 -19-⇩18-17]
    ⑱ 조정 Qt사슬　　[6-17-15-18]　　　　[#6·18 -18-⇩16-17]
    ⑲ 조정 Qt사슬　　[6-11-11-⇩ 8]　　　　[#6·14 -15-⇩13-13]
    ⑳ 조정 Qt사슬　　[6-13-14-15]　　　　[#6·11 -14-⇩12-15]
    ㉑ 조정 Qt사슬　　[6-12-16-18]　　　　[#6·15 -18-⇩16-17]
    ㉒ 조정 Qt사슬　　[6-12-⇩10- 9]　　　　[#6·10 -14-⇩12-14]
    ㄴ.　　　　　　　　/눈물·하·고　　　∽　　:눈·물·하·고 (다르·다)/
    ① 조정 Qt사슬　　[6-14-⇩13-13]　　　　[#6·14 -18-16-⇩14]
    ② 조정 Qt사슬　　[6-13-15-18]　　　　[#6·16 -22-19-⇩15]

그런데 정선방언의 조정 Qt사슬을 보면, 정선지역 토박이 화자는 말을 할 때, 끝음절을 높게 발음하는 경향이 매우 강한 것을 알 수 있다. 이는 (5)와 (6)의 측정 Qt사슬과 조정 Qt사슬을 보면, 하강부를 갖은 음조형도 있지만, 하강부를 가지지 않는 음조형을 가진 경우가 많기 때문이다. 뿐만 아니라 음조형 내에 하강부가 있더라도 하강부가 셋째 음절에서 시작될 경우, 넷째 음절의 Qt 값이 셋째 음절보다 작아야 하나 2~3Qt가 높은 사실을 알 수 있다. 이는 강원 영동방언의 특징으로 판단된다.

3.2. 정선방언의 음조형 분석

3.2.1. 실험 목적

이 실험의 목적은 정선방언 토박이 화자의 발화에서 실현되는 정선방언의 음조형을 확인하고, 그 실현의 특징을 밝히는 것이다. 즉, 3음절 운율적 낱말인 [가·물·치](평일형), [너구·리](평복형), [:그·마·리](상성형)의 음조형 실현을 살펴 그 특징을 밝히고자 한다. 이들 낱말들은 음소 차원에서는 최소대립어를 이루지는 못하지만, 운소 차원에서는 최소대립어를 이루기 때문에, 정선방언의 음조형과 음조실현의 특징을 설명할 수 있다.

3.2.2. 실험 방법

이 실험은 다음과 같은 방법으로 진행했다.

(9) 실험 방법
    ㄱ. 제보자 : 2명
        최승준(76), 남, 국졸, 농업, 정선군 동면 석곡리 (출생 : 동면 석곡리)
        유춘옥(78), 여, 국졸, 농업, 정선군 동면 석곡리 (출생 : 남면 광덕리)
    ㄴ. 시료 : 276개
        3음절 고립된 발화와 어휘형태소에 토씨가 결합한 4음절과 5음절 결합된 발화(｛·이/·가, ·을/·를, ·도, ·에. 부·터, 까·지｝)를 함께 이용했다. 이들 어형을 6회씩 발음하게 하여 총 252개의 시료를 얻었다. 또한 2.1에서 기술한 /눈물·하·고/(12)와 /:눈·물·하·고/(12)를 시료에 포함시켜 전체 276개를 시료로 사용하였다.
    ㄷ. 녹음 :
        녹음기는 Sony PRO-Ⅱ DAT(표본추출률 44.1kHz)를 사용하고, 마이크는 GLORIA GSe-800BG를 사용했다.
    ㄹ. 양자화 : 건국대학교 음성과학실험실에 있는 CSL 4300B를 사용했고, 표본추출률은 22050Hz로 하고, 16bit로 했다.
    ㅁ. 분석기 : Praat 5.1을 사용했다.

ㅂ. 검출지점 : [가·물·치]와 [너구·리]는 각 음절마다 모음의 안정구간을 1/4로 나누고, 각 음절의 안정구간의 뒤쪽 1/4 지점에서 기본주파수를 측정했다. 그 이유는 첫소리와 끝소리인 자음의 영향을 최소화하기 위해서이다. 다만, [:그·마·리]는 음절의 안정구간의 앞쪽 1/4 지점과 뒤쪽 1/4 지점 두 지점에서 기본주파수를 측정했다. 왜냐하면, [:그·마·리]는 상성형으로, 기본주파수가 처음이 낮았다가 차차 상승하는 특징을 가지고 있기 때문이다. 아래 <그림 1>의 지점2에서는 모든 시료를 구성하는 음절의 F0를 측정하고, 상성형은 음성적 특성을 고려해서 지점1과 지점2에서 F0를 측정했다.

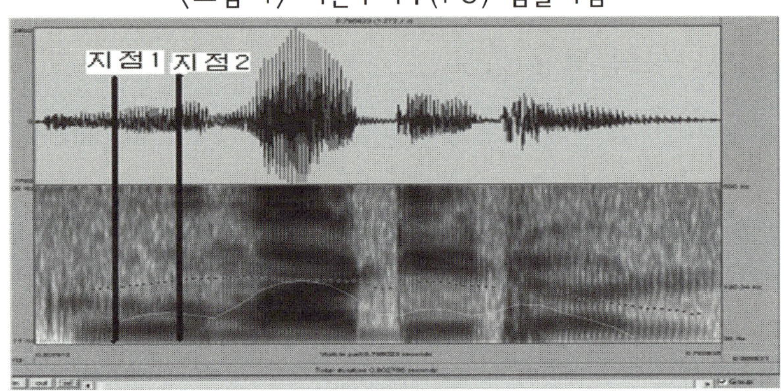

〈그림-1〉 기본주파수(FO) 검출지점

ㅅ. Qt척도 변환 : K_phonetica를 사용했다.

3.2.3. 실험 결과

실험 결과는 평일형인 [가·물·치], 평복형인 [너구·리], 상성형인 [:그·마·리] 순으로 제시하겠다.

(11)~(13)은 각각 평일형 /가·물·치/, /가·물·치·가{·를/·도/·에}/, /가·물·치·버·텀{·까·짐}/에 대한 조정 Qt사슬이다. (11)ㄱ, (12)ㄱ, (13)ㄱ은 최승준님의 제보 자료이고, (11)ㄴ, (12)ㄴ, (13)ㄴ은 유춘옥님의 제보 자료이다. 두 제보자의 음조형은 두드러진 차이가 보이지 않고, 거의 같기 때문에 합쳐서 계량적으로 분석을 하기로 한다.

(11) /가 · 물 · 치, HM²/ [HM²]
    ㄱ. ① 조정 Qt사슬　[13-⇩ 7- 0]
       ② 조정 Qt사슬　[13-⇩10-(-1)]
       ③ 조정 Qt사슬　[13-⇩10- 0]
       ④ 조정 Qt사슬　[13-⇩11-(-4)]
       ⑤ 조정 Qt사슬　[13-⇩10- 1]
       ⑥ 조정 Qt사슬　[13-⇩ 9-(-1)]
    ㄴ. ① 조정 Qt사슬　[13-⇩12-(-1)]
       ② 조정 Qt사슬　[13-⇩12-(-1)]

   ③ 조정 Qt사슬　　[13-⇩12-(-4)]
   ④ 조정 Qt사슬　　[13-⇩12-(-4)]
   ⑤ 조정 Qt사슬　　[13-⇩11-(-5)]
   ⑥ 조정 Qt사슬　　[13-⇩11- 5]
평균 조정 Qt사슬 [13-⇩11-(-1)]

다음의 (11)은 평일형 /가·물·치/를 단독으로 고립된 환경에서 발음한 것에 대한 조정 Qt사슬이다. (11)ㄱ은 최승준님의 제보자료이고, (11)ㄴ은 유춘옥님의 제보자료이다. 김차균(2003)에 따르면 하강부의 Qt사슬은 매우 불안정하여 수치가 고르지 못하게 나타난다고 했다. (11)에서는 하강부의 첫째 음절보다는 하강부의 끝음절은 Qt수치의 차이가 더욱 크다. 이것은 평일형에서 제1 음절과 제2 음절에서 모양이 갖추어지면, 제3 음절에는 주의력이 끝까지 고르게 유지되지 않는 것이 원인인 것 같다. 2.1에서 제시한 /눈물·하·고/와 /:눈·물·하·고/의 핵심부는 첫째 음절과 둘째 음절 또는 첫째, 둘째, 셋째 음절까지이고, 하강부는 "⇩"에 뒤따르는 음절이다. 핵심부 Qt사슬의 수치는 큰 차이가 없이 안정되어 있는 것에 대하여 하강부 Qt사슬의 수치는 내림사슬을 이룬다는 공통성을 제외하면 매우 불규칙적으로 나타난다.

(12) /가·물·치·가{·를/·도/·에} (·크·다)/

  ㄱ. ① 조정 Qt사슬　[13-⇩10- 4-(-1)]
    ② 조정 Qt사슬　[13-⇩11-10- 0]
    ③ 조정 Qt사슬　[13-⇩12- 1-(-2)]
    ④ 조정 Qt사슬　[13-⇩10- 6-(-1)]
    ⑤ 조정 Qt사슬　[13-⇩11- 9- 3]
    ⑥ 조정 Qt사슬　[13-⇩ 9- 6-(-3)]
    ⑦ 조정 Qt사슬　[13-⇩11- 9- 0]
    ⑧ 조정 Qt사슬　[13-⇩11- 9- 0]
    ⑨ 조정 Qt사슬　[13-⇩11-10- 3]
    ⑩ 조정 Qt사슬　[13-⇩12-10- 4]
    ⑪ 조정 Qt사슬　[13-⇩12-10- 3]
    ⑫ 조정 Qt사슬　[13-⇩12- 9- 6]
    ⑬ 조정 Qt사슬　[13-⇩ 9- 7- 0]
    ⑭ 조정 Qt사슬　[13-⇩11- 8-(-2)]
    ⑮ 조정 Qt사슬　[13-⇩12- 7- 3]
    ⑯ 조정 Qt사슬　[13-⇩11- 2- 0]
    ⑰ 조정 Qt사슬　[13-⇩11- 5- 2]
    ⑱ 조정 Qt사슬　[13-⇩10- 0-(-5)]
    ⑲ 조정 Qt사슬　[13-⇩11- 9- 4]
    ⑳ 조정 Qt사슬　[13-⇩12- 9- 5]
    ㉑ 조정 Qt사슬　[13-⇩11-10- 5]
    ㉒ 조정 Qt사슬　[13-⇩11- 9- 5]

      ㉓ 조정 Qt사슬　[13-⇩11-10- 8]
      ㉔ 조정 Qt사슬　[13-⇩11-10- 8]
  ㄴ. ① 조정 Qt사슬　[13-⇩10- 1-(-5)]
      ② 조정 Qt사슬　[13-⇩11- 5-(-1)]
      ③ 조정 Qt사슬　[13-⇩10- 5-(-2)]
      ④ 조정 Qt사슬　[13-⇩ 8- 0-(-7)]
      ⑤ 조정 Qt사슬　[13-⇩ 9- 5-(-6)]
      ⑥ 조정 Qt사슬　[13-⇩10- 7-(-1)]
      ⑦ 조정 Qt사슬　[13-⇩11- 9-(-1)]
      ⑧ 조정 Qt사슬　[13-⇩12- 9- 2]
      ⑨ 조정 Qt사슬　[13-⇩12- 5- 0]
      ⑩ 조정 Qt사슬　[13-⇩12- 7- 0]
      ⑪ 조정 Qt사슬　[13-⇩10- 8- 0]
      ⑫ 조정 Qt사슬　[13-⇩12- 6-(-2)]
      ⑬ 조정 Qt사슬　[13-⇩12- 5-(-3)]
      ⑭ 조정 Qt사슬　[13-⇩11-10-(-3)]
      ⑮ 조정 Qt사슬　[13-⇩13-10-(-4)]
      ⑯ 조정 Qt사슬　[13-⇩11- 5-(-4)]
      ⑰ 조정 Qt사슬　[13-⇩11- 7-(-6)]
      ⑱ 조정 Qt사슬　[13-⇩12- 8- 3]
      ⑲ 조정 Qt사슬　[13-⇩11- 8- 2]
      ⑳ 조정 Qt사슬　[13-⇩11- 7- 1]
      ㉑ 조정 Qt사슬　[13-⇩11- 9- 3]
      ㉒ 조정 Qt사슬　[13-⇩11- 9- 3]
      ㉓ 조정 Qt사슬　[13-⇩11- 8- 3]
      ㉔ 조정 Qt사슬　[13-⇩13- 4- 0]
     평균 조정 Qt사슬 [13-⇩11-7-0]

    위의 (12)의 평일형 /가·물·치·가{·를/·도/·에}/의 첫째 음절은 핵심부이고 둘째, 셋째, 넷째 음절은 하강부이다. 특히 셋째 음절과 넷째 음절의 Qt수치는 매우 불규칙적이다. 여기에서도 하강부의 불안정성이 두드러지게 보인다.

(13) /가 · 물 · 치 · 버 · 텀{ · 까 · 짐} (잡 · 자)/

  ㄱ. ① 조정 Qt사슬　[13-⇩11- 9- 4-3]
      ② 조정 Qt사슬　[13-⇩12- 9- 7-4]
      ③ 조정 Qt사슬　[13-⇩12-10- 6-2]
      ④ 조정 Qt사슬　[13-⇩10- 8- 7-3]
      ⑤ 조정 Qt사슬　[13-⇩11-10- 8-6]
      ⑥ 조정 Qt사슬　[13-⇩12-10- 8-6]
      ⑦ 조정 Qt사슬　[13-⇩11-11- 9-7]
      ⑧ 조정 Qt사슬　[13-⇩12- 9- 5-4]
      ⑨ 조정 Qt사슬　[13-⇩12-12- 9-3]

    ⑩ 조정 Qt사슬   [13-⇩13-11-11-(-1)]
    ⑪ 조정 Qt사슬   [13-⇩13-11- 9-2]
    ⑫ 조정 Qt사슬   [13-⇩13-11- 9-0]
ㄴ. ① 조정 Qt사슬   [13-⇩10- 8- 8- 2]
    ② 조정 Qt사슬   [13-⇩11-10-10- 2]
    ③ 조정 Qt사슬   [13-⇩10- 8- 7-(-2)]
    ④ 조정 Qt사슬   [13-⇩11- 9- 8- 1]
    ⑤ 조정 Qt사슬   [13-⇩11-10- 7- 2]
    ⑥ 조정 Qt사슬   [13-⇩12-11-10- 1]
    ⑦ 조정 Qt사슬   [13-⇩12-10- 8- 5]
    ⑧ 조정 Qt사슬   [13-⇩12-10- 8- 3]
    ⑨ 조정 Qt사슬   [13-⇩10-10- 7- 3]
    ⑩ 조정 Qt사슬   [13-⇩11- 9- 7- 5]
    ⑪ 조정 Qt사슬   [13-⇩11- 9- 5- 2]
    ⑫ 조정 Qt사슬   [13-⇩11- 7- 5- 1]
    평균 조정 Qt사슬 [13-⇩11-10-7-3]

위의 (13)의 평일형 /가·물·치·버·텀{·까·짐}/에서 첫째 음절은 핵심부이고 둘째, 셋째, 넷째, 다섯째 음절은 하강부이다. 여기에서도 셋째, 넷째, 다섯째 음절은 하강부인데, 끝음절로 갈수록 Qt수치가 고르지 못하다.

평일형의 자료 (11)~(13) 전체로 보아 첫째 음절이 둘째 음절보다 1Qt 정도 높은 것이 드물지 않게 나타나 [H$_H$M$_0$]으로 적을 만한 것이 많다. 첫째 음절과 둘째 음절의 차이가 앞뒤 3Qt의 차이를 가지는 다른 방언들(동남부 경남방언, 성철재 외(2008))에 비하면 이것은 정선방언의 평일형의 특징으로 꼽을 수 있다.

평일형의 음절별 평균치를 (11), (12), (13)에서 가져와서 대조하면, 평일형의 공통성을 볼 수 있다.

(14) 평일형 □·□$_1$의 조정 Qt사슬 ((11)~(13)의 결과에 따름)
    ㄱ. □·□² 평균 조정 Qt사슬   [13-⇩11-(-1)]
    ㄴ. □·□³ 평균 조정 Qt사슬   [13-⇩11-7-0]
    ㄷ. □·□⁴ 평균 조정 Qt사슬   [13-⇩11-10-7-3]

다음은 평복형(□$_2$ · □) /너구·리/, /너구·리·가{·를/·도/·에}/, /너구·리·버·텀{·까·짐}/의 조정 Qt사슬이다. 평복형은 그 하위 방점형끼리의 자유변동이 예상됨에도 불구하고 (15)~(17)의 모든 자료가 끝 음절만 측성인 □$_2$·□으로만 나타난 것은 이러한 방점형이 정선방언의 즐김형(선호형)이기 때문이라 생각된다.

(15) /너구·리/

   ㄱ. ① 조정 Qt사슬　　[6-17-⇩7]
     ② 조정 Qt사슬　　[6-15-⇩7]
     ③ 조정 Qt사슬　　[6-18-⇩9]
     ④ 조정 Qt사슬　　[6-18-⇩9]
     ⑤ 조정 Qt사슬　　[6-15-⇩9]
     ⑥ 조정 Qt사슬　　[6-18-⇩8]
   ㄴ. ① 조정 Qt사슬　　[6-10-⇩(-4)]
     ② 조정 Qt사슬　　[6-11-⇩5]
     ③ 조정 Qt사슬　　[6-14-⇩1]
     ④ 조정 Qt사슬　　[6-12-⇩1]
     ⑤ 조정 Qt사슬　　[6-11-⇩0]
     ⑥ 조정 Qt사슬　　[6-11-⇩1]
     평균 조정 Qt사슬　[6-14-⇩4]

(16) /너구리·가{·를/·도/·에}/

   ㄱ. ① 조정 Qt사슬　　[6-15-17-⇩ 11]
     ② 조정 Qt사슬　　[6-11-18-⇩ 9]
     ③ 조정 Qt사슬　　[6-14-18-⇩12]
     ④ 조정 Qt사슬　　[6-14-17-⇩12]
     ⑤ 조정 Qt사슬　　[6-10-17-⇩10]
     ⑥ 조정 Qt사슬　　[6-12-16-⇩11]
     ⑦ 조정 Qt사슬　　[6-10-18-⇩ 7]
     ⑧ 조정 Qt사슬　　[6-12-20-⇩10]
     ⑨ 조정 Qt사슬　　[6-12-19-⇩ 8]
     ⑩ 조정 Qt사슬　　[6-10-18-⇩ 9]
     ⑪ 조정 Qt사슬　　[6-12-20-⇩12]
     ⑫ 조정 Qt사슬　　[6-19-14-⇩ 5]
     ⑬ 조정 Qt사슬　　[6-13-21-⇩ 9]
     ⑭ 조정 Qt사슬　　[6-13-19-⇩ 9]
     ⑮ 조정 Qt사슬　　[6-11-17-⇩ 7]
     ⑯ 조정 Qt사슬　　[6-10-17-⇩10]
     ⑰ 조정 Qt사슬　　[6-13-16-⇩ 7]
     ⑱ 조정 Qt사슬　　[6-13-17-⇩10]
     ⑲ 조정 Qt사슬　　[6-12-22-⇩12]
     ⑳ 조정 Qt사슬　　[6-11-10-⇩ 7]
     ㉑ 조정 Qt사슬　　[6- 9-19-⇩ 9]
     ㉒ 조정 Qt사슬　　[6-11-21-⇩10]
     ㉓ 조정 Qt사슬　　[6-14-21-⇩13]
     ㉔ 조정 Qt사슬　　[6-16-22-⇩11]
   ㄴ. ① 조정 Qt사슬　　[6-11-15-⇩ 4]
     ② 조정 Qt사슬　　[6-14-18-⇩ 8]
     ③ 조정 Qt사슬　　[6-10-19-⇩ 8]

④ 조정 Qt사슬   [6-14-18-⇩ 6]
⑤ 조정 Qt사슬   [6-12-17-⇩ 5]
⑥ 조정 Qt사슬   [6-14-17-⇩ 6]
⑦ 조정 Qt사슬   [6-11-16-⇩ 7]
⑧ 조정 Qt사슬   [6-14-16-⇩ 6]
⑨ 조정 Qt사슬   [6-13-18-⇩ 8]
⑩ 조정 Qt사슬   [6-12-17-⇩ 6]
⑪ 조정 Qt사슬   [6-15-18-⇩ 9]
⑫ 조정 Qt사슬   [6-13-18-⇩ 9]
⑬ 조정 Qt사슬   [6-14-18-⇩ 8]
⑭ 조정 Qt사슬   [6-12-18-⇩ 0]
⑮ 조정 Qt사슬   [6-15-18-⇩ 2]
⑯ 조정 Qt사슬   [6-13-19-⇩ 5]
⑰ 조정 Qt사슬   [6-12-15-⇩(-3)]
⑱ 조정 Qt사슬   [6-12-16-⇩ 1]
⑲ 조정 Qt사슬   [6- 8-13-⇩ 9]
⑳ 조정 Qt사슬   [6- 9-14-⇩ 6]
㉑ 조정 Qt사슬   [6-12-15-⇩ 4]
㉒ 조정 Qt사슬   [6-10-15-⇩ 7]
㉓ 조정 Qt사슬   [6- 8-14-⇩ 5]
㉔ 조정 Qt사슬   [6-11-14-⇩ 5]
평균 조정 Qt사슬   [6-12-17-⇩8]

(17) /너구리버 · 텀{까 · 짐}/

ㄱ. ① 조정 Qt사슬   [6-11-13-19-⇩10]
　　② 조정 Qt사슬   [6-10-12-20-⇩ 7]
　　③ 조정 Qt사슬   [6- 9-13-19-⇩ 9]
　　④ 조정 Qt사슬   [6-10-13-19-⇩ 8]
　　⑤ 조정 Qt사슬   [6-10-14-22-⇩11]
　　⑥ 조정 Qt사슬   [6- 8-12-19-⇩ 8]
　　⑦ 조정 Qt사슬   [6-11-14-20-⇩18]
　　⑧ 조정 Qt사슬   [6- 9-10-19-⇩14]
　　⑨ 조정 Qt사슬   [6-10-12-14-⇩ 7]
　　⑩ 조정 Qt사슬   [6- 8-11-19-⇩11]
　　⑪ 조정 Qt사슬   [6-10-12-19-⇩13]
　　⑫ 조정 Qt사슬   [6-10-12-19-⇩13]
ㄴ. ① 조정 Qt사슬   [6-10-14-16-⇩ 4]
　　② 조정 Qt사슬   [6- 9-14-15-⇩14]
　　③ 조정 Qt사슬   [6- 8-13-15-⇩ 3]
　　④ 조정 Qt사슬   [6- 8-12-14-⇩ 4]
　　⑤ 조정 Qt사슬   [6- 8-10-14-⇩ 2]
　　⑥ 조정 Qt사슬   [6- 7-11-16-⇩ 4]
　　⑦ 조정 Qt사슬   [6- 7-10-13-⇩ 5]
　　⑧ 조정 Qt사슬   [6- 7-11-14-⇩ 9]

⑨ 조정 Qt사슬   [6- 9-15-17-⇩ 8]
⑩ 조정 Qt사슬   [6- 9-16-20-⇩12]
⑪ 조정 Qt사슬   [6-10-12-18-⇩12]
⑫ 조정 Qt사슬   [6- 9-17-19-⇩13]
평균 조정 Qt사슬   [6-9-13-17-⇩9]

(15)~(17)의 모든 자료에서 끝 음절만 하강부이고, 나머지는 모든 핵심부이다. $\square_2 \cdot \square$(/H$_2$M/[MʜₒHM])에서 [MʜₒH]까지는 오름사슬로 나타난다. 자료에서 보는 바와 같이 핵심부는 Qt수치가 매우 고르게 나타나는데, 이것은 핵심부 음조의 안정성을 나타내는 것이다. 앞에서 이미 고려한 /눈물·하·고/와 (15)~(17) 전체의 Qt사슬의 평균치를 함께 써 놓으면 평복형의 음조적인 특징이 한눈에 드러난다. 특히 셋째 음절과 넷째 음절의 Qt수치는 불규칙적이다. 여기에서도 하강부의 불안정성이 두드러지게 보인다.

평복형의 음절별 평균치를 (15), (16), (17)에서 가져와서 대조하면, 평복형의 공통성을 볼 수 있게 된다.

(18) 평복형 $\square_2 \cdot \square^n$의 조정 Qt사슬

ㄱ. $\square^2 \cdot \square$ 평균 조정 Qt사슬[6-14-⇩4]   (/너구·리/)
ㄴ. $\square^2 \cdot \square^2$ 평균 조정 Qt사슬[6-13-⇩12-12]   (/눈물·하·고/)13)
ㄷ. $\square^3 \cdot \square$ 평균 조정 Qt사슬[6-12-17-⇩8]   (/너구리·가/, /눈물하·고/14))
ㄹ. $\square^4$ 평균 조정 Qt사슬[6-13-16-18]   (/눈물하고/)15)
ㅁ. $\square^4 \cdot \square$ 평균 조정 Qt사슬[6-9-13-17-⇩9]   (/너구리버·텀/)

다음의 (19), (20), (21)은 3음절 이상의 상성형(:$\square_3$) /:그·마·리/, /:그·마·리·가{·를/·도/·에}/, /:그·마·리·버·텀{까·짐}/의 조정 Qt사슬이다. (19)ㄱ, (20)ㄱ, (21)ㄱ, (22)ㄱ, (23)ㄱ은 최승준님의 제보 자료이고, (19)ㄴ, (20)ㄴ, (21)ㄴ, (22)ㄴ, (23)ㄴ은 유춘옥님의 제보 자료이다.

(19) /:그 · 마 · 리/

ㄱ. ① 조정 Qt사슬   [6·12-12-⇩ 2]
　　② 조정 Qt사슬   [6·12-13-⇩ 3]
　　③ 조정 Qt사슬   [6·11-13-⇩ 5]
　　④ 조정 Qt사슬   [6·12-12-⇩ 3]
　　⑤ 조정 Qt사슬   [6·10-11-⇩ 3]
　　⑥ 조정 Qt사슬   [6·10-11-⇩ 3]
ㄴ. ① 조정 Qt사슬   [6·10-11-⇩ 2]

---

13) /눈물·하·고/는 7번이다.
14) /너구리·가/는 48번, /눈물하·고/는 7번, 모두 55번이다.
15) 눈물하고/는 10번이다.

② 조정 Qt사슬　　[6·^{9}-11-⇩ 2]
③ 조정 Qt사슬　　[6·^{8}- 8-⇩ 0]
④ 조정 Qt사슬　　[6·^{8}- 9-⇩ 0]
⑤ 조정 Qt사슬　　[6·^{9}- 8-⇩(-4)]
⑥ 조정 Qt사슬　　[6·^{7}- 7-⇩(-5)]
평균 조정 Qt사슬　　[6·^{10}-11-⇩(1)]

(19)는 3음절 /:그·마·리/를 고립된 환경에서 발음할 때, 실현되는 음조형이다. 셋째 음절이 하강부이고, 둘째 음절에 Qt수치의 정점이 놓이며, 첫째, 둘째 음절이 핵심부이다. 또한 하강부인 셋째 음절의 Qt수치를 보면 매우 불안정하다는 것을 알 수 있다.

(20) /:그 · 마 · 리 · 가{ · 를/ · 도/ · 에} (:많 · 다)/
　　ㄱ. ① 조정 Qt사슬　　[6·^{8}-10-⇩ 6- 0]
　　　　② 조정 Qt사슬　　[6·^{10}-11-⇩ 7- 1]
　　　　③ 조정 Qt사슬　　[6·^{10}-11-⇩ 8- 3]
　　　　④ 조정 Qt사슬　　[6·^{9}- 9-⇩ 6- 2]
　　　　⑤ 조정 Qt사슬　　[6·^{10}-10-⇩ 8- 2]
　　　　⑥ 조정 Qt사슬　　[6·^{10}-10-⇩ 6- 1]
　　　　⑦ 조정 Qt사슬　　[6·^{12}-14-⇩11- 7]
　　　　⑧ 조정 Qt사슬　　[6·^{12}-13-⇩ 8- 4]
　　　　⑨ 조정 Qt사슬　　[6·^{12}-14-⇩11- 6]
　　　　⑩ 조정 Qt사슬　　[6·^{10}-11-⇩ 8- 3]
　　　　⑪ 조정 Qt사슬　　[6·^{11}-12-⇩10- 3]
　　　　⑫ 조정 Qt사슬　　[6·^{10}-12-⇩ 8- 5]
　　　　⑬ 조정 Qt사슬　　[6·^{13}-13-⇩11- 5]
　　　　⑭ 조정 Qt사슬　　[6·^{11}-13-⇩11- 3]
　　　　⑮ 조정 Qt사슬　　[6·^{10}-11-⇩ 9- 5]
　　　　⑯ 조정 Qt사슬　　[6·^{10}-14-⇩11- 7]
　　　　⑰ 조정 Qt사슬　　[6·^{9}-11-⇩ 9- 1]
　　　　⑱ 조정 Qt사슬　　[6·^{10}-12-⇩10- 8]
　　　　⑲ 조정 Qt사슬　　[6·^{10}-12-⇩10- 6]
　　　　⑳ 조정 Qt사슬　　[6·^{11}-13-⇩10- 7]
　　　　㉑ 조정 Qt사슬　　[6·^{12}-14-⇩10- 7]
　　　　㉒ 조정 Qt사슬　　[6·^{10}-12-⇩ 8- 6]
　　ㄴ. ① 조정 Qt사슬　　[6·^{9}- 9-⇩ 6-(-2)]
　　　　② 조정 Qt사슬　　[6·^{10}-11-⇩ 9-(-1)]
　　　　③ 조정 Qt사슬　　[6·^{12}-11-⇩ 8-(-1)]
　　　　④ 조정 Qt사슬　　[6·^{11}-10-⇩ 7- 1]
　　　　⑤ 조정 Qt사슬　　[6·^{9}-11-⇩ 9-(-2)]
　　　　⑥ 조정 Qt사슬　　[6·^{12}-12-⇩ 9- 1]
　　　　⑦ 조정 Qt사슬　　[6·^{11}-11-⇩ 8- 0]
　　　　⑧ 조정 Qt사슬　　[6·^{12}-13-⇩ 9- 1]

 ⑨ 조정 Qt사슬   [6·¹⁰-13-⇩10-(-1)]
 ⑩ 조정 Qt사슬   [6·¹²-13-⇩10- 2]
 ⑪ 조정 Qt사슬   [6·¹¹-14-⇩10- 1]
 ⑫ 조정 Qt사슬   [6·⁸- 7-⇩ 3-(-2)]
 ⑬ 조정 Qt사슬   [6·⁸- 9-⇩ 5-(-1)]
 ⑭ 조정 Qt사슬   [6·⁸- 9-⇩ 5-(-2)]
 ⑮ 조정 Qt사슬   [6·¹¹-11-⇩ 8- 3]
 ⑯ 조정 Qt사슬   [6·¹⁰-10-⇩ 6- 2]
 평균 조정 Qt사슬 [6·¹⁰-11-⇩8-2]

마지막 음절이 정점인 (21)에 비하면 끝에서 셋째 음절이 정점인 (20)의 빈도수가 두드러지게 많이 나타난다. 이것은 상성형에서 끝에서 셋째 음절을 정점으로 하는 음조형이 정선방언의 화자들의 즐김형(선호형)인 것을 알 수 있다. 즉, 정선방언 화자들은 4음절 상성형의 음조형을 발음할 때, 끝에서 둘째 음절보다 셋째 음절을 정점으로 하는 음조형을 많이 사용한다.

또한, 상성형에서는 첫째 음절의 끝부분이 둘째 음절보다 높지 않는 것이 대다수이지만 극히 드물게 1Qt 정도 더 높은 것도 나타난다. 따라서 정선방언은 그 상성형의 첫째 음절을 [M̄]으로 할 것이냐 또는 [R]로 할 것이냐의 경계에 있다고 할 수 있다. 그러나 이 연구에서는 상성형 첫음절의 끝부분이 둘째 음절이나 운율적 낱말의 정점보다 낮은 자료가 다소 많기 때문에 [M̄]을 으뜸 음조로 잡고, 그 성조를 /M̄/로 하기로 한다.

(21) /:그·마·리·가{·를/·도/·에} (:많·다)/
  ㄱ. ① 조정 Qt사슬   [6·⁹-11-11-⇩ 5]
     ② 조정 Qt사슬   [6·¹⁰-13-16-⇩ 7]
  ㄴ. ① 조정 Qt사슬   [6·¹¹-10-10-⇩ 2]
     ② 조정 Qt사슬   [6·¹⁰- 9- 9-⇩ 1]
     ③ 조정 Qt사슬   [6·¹⁰-11-13-⇩ 5]
     ④ 조정 Qt사슬   [6·⁹- 9-11-⇩ 3]
     ⑤ 조정 Qt사슬   [6·¹⁰-11-14-⇩ 3]
     ⑥ 조정 Qt사슬   [6·¹¹-11-13-⇩ 3]
     ⑦ 조정 Qt사슬   [6·⁹- 9-12-⇩ 1]
     ⑧ 조정 Qt사슬   [6·⁸- 8-11-⇩ 1]
     평균 조정 Qt사슬 [6·¹⁰-9-11-⇩3]

4음절 상성형 (21)을 보면 끝에서 둘째 음절이 정점인데, 이것은 끝에서 셋째 음절이 정점인 (20)에 비하면 그 비율이 낮다. (21)에서 첫 음절의 끝부분을 정점인 셋째 음절과 비교하면 보통 2Qt 이상 낮아서 상성형 첫 음절을 [R]로 적는 것보다는 [M̄]로 적는 것이 더 타당함을 다시 한번 확인하게 된다.

(22) /:그·마·리·버·텀{·까·짐} (잡·자)/

    ㄱ. ① 조정 Qt사슬   [6·¹⁰-11-⇩ 7- 5-0]
       ② 조정 Qt사슬   [6·¹²-13-⇩11- 7-3]
       ③ 조정 Qt사슬   [6·¹³-15-⇩13- 6-1]
       ④ 조정 Qt사슬   [6·¹³-13-⇩12- 9-6]
       ⑤ 조정 Qt사슬   [6·¹²-14-⇩13- 9-4]
       ⑥ 조정 Qt사슬   [6·¹³-16-⇩13-12-6]
    ㄴ. ① 조정 Qt사슬   [6·¹⁰-11-⇩8- 8-(-4)]
       ② 조정 Qt사슬   [6·¹¹-12-⇩11-11-5]
      평균 조정 Qt사슬   [6·¹²-13-⇩11-8-3]

(23) /:그·마·리·버·텀{·까·짐} (잡·자)/

    ㄱ. ① 조정 Qt사슬   [6·¹³-16-15-⇩12-6]
       ② 조정 Qt사슬   [6·¹³-15-16-⇩13-9]
       ③ 조정 Qt사슬   [6·¹⁰-13-15-⇩11-1]
       ④ 조정 Qt사슬   [6·⁹-13-15-⇩10-4]
       ⑤ 조정 Qt사슬   [6·¹²-14-17-⇩14-6]
       ⑥ 조정 Qt사슬   [6·¹¹-14-17-⇩12-4]
    ㄴ. ① 조정 Qt사슬   [6·¹³-13-16-⇩13-9]
       ② 조정 Qt사슬   [6·¹⁰-11-12-⇩10-0]
       ③ 조정 Qt사슬   [6·¹¹-11-12-⇩10-4]
       ④ 조정 Qt사슬   [6·¹¹-11-12-⇩10-2]
       ⑤ 조정 Qt사슬   [6·⁸-10-12-⇩ 9-1]
       ⑥ 조정 Qt사슬   [6·¹⁰-13-14-⇩10-2]
       ⑦ 조정 Qt사슬   [6·⁹-12-13-⇩10-1]
       ⑧ 조정 Qt사슬   [6·⁸-11-13-⇩10-0]
       ⑨ 조정 Qt사슬   [6·⁸-11-14-⇩10-0]
       ⑩ 조정 Qt사슬   [6·⁸-11-13-⇩ 9-0]
      평균 조정 Qt사슬   [6·¹⁰-12-14-⇩11-3]

    (22)와 (23)은 5음절 /:그·마·리·버·텀{·까·짐}/의 조정 Qt사슬이다. (22)는 셋째 음절에 조정 Qt수치가 가장 높고, 첫째, 둘째 음절이 오름사슬을 이루는 핵심부이며, 하강부는 넷째 음절에서부터 시작된다. (23)은 넷째 음절에서 하강부가 시작되는데, 넷째, 다섯째 음절이 하강부를 이룬다. (22)와 (23)의 다섯째 음절을 보면, 조정 Qt수치가 낮아지는 하강부의 불안정성을 보여준다. 또한, (22)와 (23)의 /:그·마·리·버·텀{·까·짐}/은 음조실현규칙을 적용 받아, 음조형이 (22)의 [M̈ʜHM²]와 (23)의 [M̈ʜ²HM]으로 실현되고 있다. 이 두 변이음조형 중에 (23)형이 정선방언의 즐김형임을 빈도수를 고려하면 알 수 있다. 4음절 상성형의 즐김형 (20)과 5음절 상성형의 즐김형 (23)의 공통성은 셋째 음절이 정점인 점이다.
    상성형의 음절별 평균치를 (19)~(23)에서 가져와서 대조하면, 상성형 음조실현의 공통성을 볼 수 있게 된다.

(24) 상성형 :□ⁿ의 조정 Qt사슬

    ㄱ. :□³   평균 조정 Qt사슬 [6·¹⁰-11-⬇(1)]   (/:그·마·리/)
    ㄴ. :□⁴   평균 조정 Qt사슬 [6·¹¹-13-⬇11-7]   (/:눈·물·하·고/+/:그·마·리·가/)16)
    ㄷ. :□⁴   평균 조정 Qt사슬 [6·¹¹-11-12-⬇5]   (/:눈·물·하·고/+/:그·마·리·가/)17)
    ㄹ. :□⁵   평균 조정 Qt사슬 [6·¹²-13-⬇11-8-3] (/:그·마·리·버·텀/)
    ㅁ. :□⁵   평균 조정 Qt사슬 [6·¹⁰-12-14-⬇11-3] (/:그·마·리·버·텀/)

3.2.4. 실험 결과에 대한 논의

    3.2.3절의 실험 결과에서 평일형 [가·물·치], 평복형 [너구·리], 상성형 [:그·마·리]가 고립된 환경에서 발화될 때와 토씨와 결합하여 하나의 운율적 낱말을 이룰 때, 음조형의 실현을 사분음척도를 사용해서 분석했다. 이를 토대로 정선방언의 음조형과 그 실현의 특징을 설명하고자 한다.

    정선방언의 음조형은 평일형, 평복형, 상성형이 있는데, 각 음조형의 음절별 평균 조정 Qt사슬을 정리하여 제시했다. 이것을 가져와서 그래프로 제시하여 음조실현을 시각적으로 보이고자 한다.

    (25)(=14) 평일형 □·□₁의 조정 Qt사슬

       ㄱ. □·□² 평균 조정 Qt사슬 [13-⬇11-(-1)]
       ㄴ. □·□³ 평균 조정 Qt사슬 [13-⬇11-7-0]
       ㄷ. □·□⁴ 평균 조정 Qt사슬 [13-⬇11-10-7-3]

    (25)ㄱ은 3음절 평일형 /가·물·치/의 평균 조정 Qt사슬이고, (25)ㄴ은 4음절 평일형 /가·물·치·가{·를/·도/·에}/의 평균 조정 Qt사슬이며, (25)ㄷ은 5음절 평일형 /가·물·치·버·텀{·까·짐}/의 평균 조정 Qt사슬이다. 이 평균 조정 Qt사슬을 가지고 그래프로 그리면 다음과 같다.

    다음의 <그림-2>, <그림-3>, <그림-4>를 보면, 정선방언의 평일형은 첫째 음절이 Qt수치의 정점이 되어, 뒤따르는 음절의 Qt수치는 정점의 Qt수치보다 낮아 차차로 내려가는 내림사슬을 이루는 음조형임을 알 수 있다.

---

16) /:눈·물·하·고/는 22번이고, /:그·마·리·가/는 22번이다.
17) /:눈·물·하·고/는 2번이고, /:그마·리·가/는 16번이다.

<그림-2> 평일형 /가·물·치/

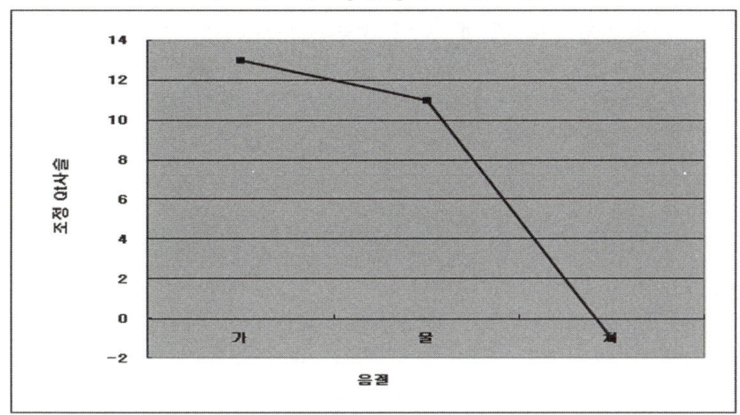

<그림-3> 평일형 /가·물·치·가{·를/·도/·에}/

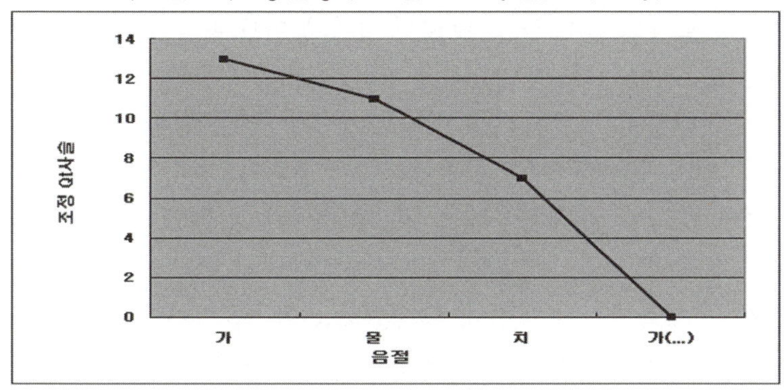

<그림-4> 평일형 /가·물·치·버·텀{·까·짐}/

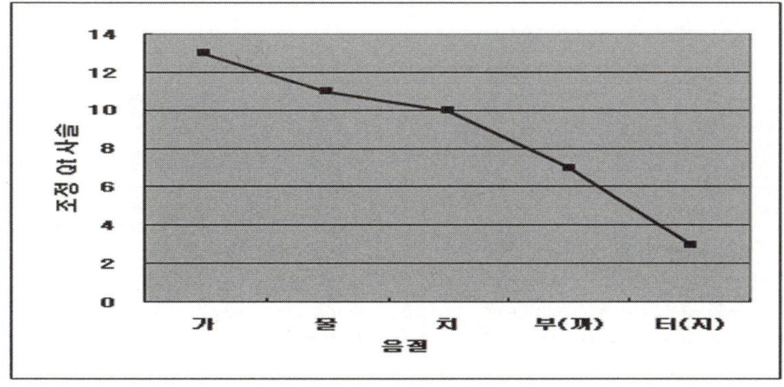

　　다음으로, 정선방언의 평복형의 음조실현을 살펴보자. 하나의 운율적 낱말 안에서 평성
이 둘 이상 연결되어 나타나는 음조형을 평복형이라고 한다. 즉, 평2형, 평3형……평n형은

평복형의 자유변동으로 말미암아 정선지역 토박이 화자의 머릿속에서 변별력을 잃고, 임의적으로 음조형이 자유변동한다. 이에 따라 평복형은 임의변이음조형을 갖는다. 아래의 (26)ㄱ-ㅁ은 평복형의 평균 조정 Qt사슬이다.

(26)(=18) 평복형 $\square_2 \cdot \square^n$의 조정 Qt사슬
  ㄱ. $\square^2 \cdot \square$ 평균 조정 Qt사슬 [6-14-⇩4]   (/너구·리/)
  ㄴ. $\square^2 \cdot \square^2$ 평균 조정 Qt사슬 [6-13-⇩12-12]   (/눈물·하·고/)
  ㄷ. $\square^3 \cdot \square$ 평균 조정 Qt사슬 [6-12-17-⇩8]   (/너구리·가{…}/, /눈물하·고/)
  ㄹ. $\square^4$　　평균 조정 Qt사슬 [6-13-16-18]   (/눈물하고/)
  ㅁ. $\square^4 \cdot \square$ 평균 조정 Qt사슬 [6-9-13-17-⇩9]   (/너구리버·텀{까·짐}/)

(26)ㄱ은 3음절 평복형 /너구·리/의 조정 Qt사슬인데, 하강부가 끝 음절에 놓이고, (26)ㄴ-ㄷ은 4음절 평복형 /눈물·하고/, /너구리·가{·를/·도/·에}/, /눈물하·고/의 조정 Qt사슬로, 하강부의 위치가 둘째나 셋째 또는 넷째 음절에 놓이므로, 음조형이 고정적으로 실현되지 않고 있음을 알 수 있다. 또한 (26)ㄴ의 평균 조정 Qt사슬을 보면, [6-13-⇩12-12]로 셋째, 넷째 음절이 하강부이므로, 넷째 음절의 Qt수치가 낮아져야 하지만, 높게 실현되는 것은 정선방언 토박이가 말의 끝을 올려 발음하는 경향과 문미억양의 영향을 받기 때문이라고 생각된다. (26)은 5음절 평복형 /너구리버·텀{까·짐}/의 평균 조정 Qt사슬인데, 마지막 음절에 하강부가 놓인다.

아래 그림은 (26)의 평복형의 평균 조정 Qt사슬을 그래프로 그린 것이다. <그림-5>에서부터 <그림-8>까지를 보면, 평복형의 음조형은 하강부의 실현이 고정적이지 않고, 자유변동한다는 사실을 시각적으로 확인할 수 있다.

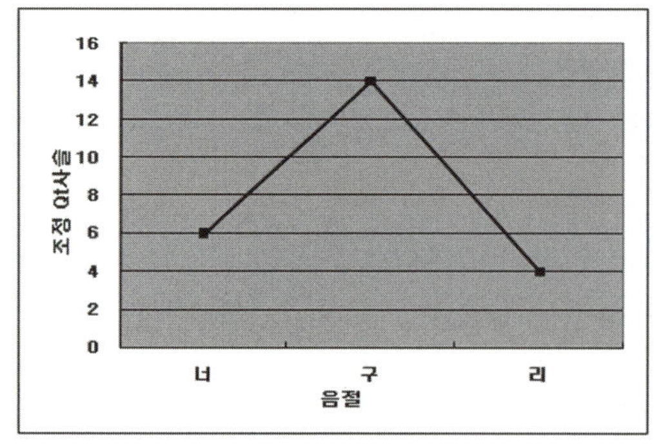

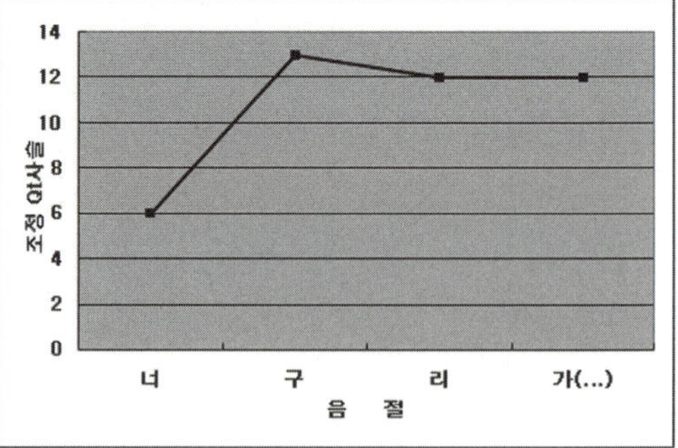

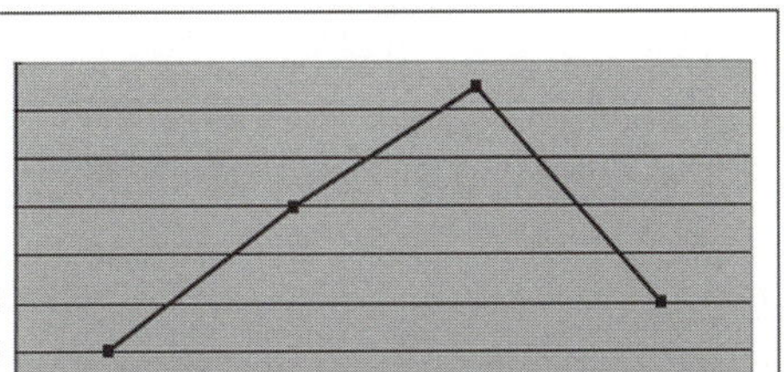

〈그림-7〉 평복형 /너구리·가/

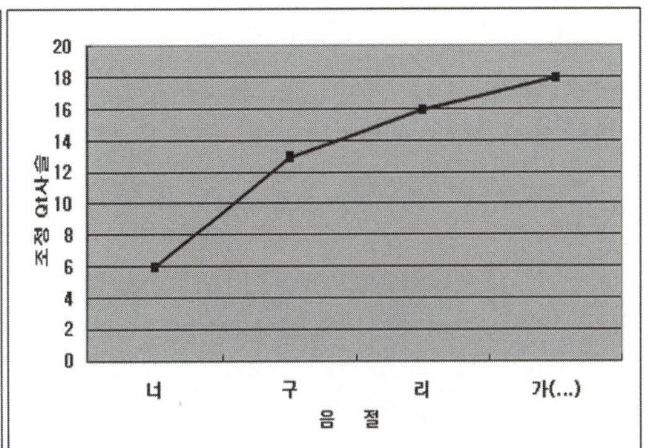

〈그림-8〉 평복형 /너구리가/

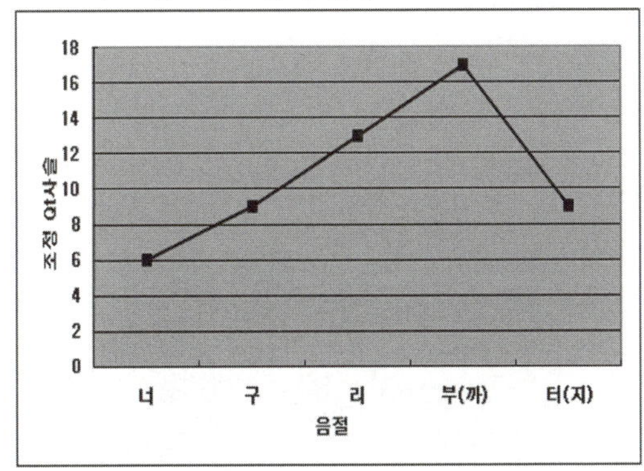

〈그림-9〉 평복형 /너구리버·텀/

정선방언에서 평복형의 음조형은 하나의 운율적 낱말 안에서 Qt수치의 정점이 둘째 음절 이하의 어느 음절에 있고, 첫음절에서부터 정점까지 오름사슬을 보이는 핵심부와 정점 이후에서 끝음절까지 내림사슬을 보이는 하강부를 갖는다.

마지막으로, 상성형의 음조실현을 살펴보자. 아래의 (27)은 상성형 /:그·마·리/, /:그·마·리·가{·를/·도/·에}/, /:그·마·리·버·텀{·까·짐}/의 평균 조정 Qt사슬이다.

(27)(=(24)) 상성형 :□^{n}의 조정 Qt사슬

　ㄱ. :□^{3}　　평균 조정 Qt사슬 [6·^{10}-11-⇩(1)]　　　　(/:그·마·리/)
　ㄴ. :□^{4}　　평균 조정 Qt사슬 [6·^{11}-13-⇩11-7]　　　(/:눈·물·하·고/, /:그·마·리·가/)
　ㄷ. :□^{4}　　평균 조정 Qt사슬 [6·^{11}-11-12-⇩5]　　(/:눈·물·하·고/, /:그·마·리·가/)
　ㄹ. :□^{5}　　평균 조정 Qt사슬 [6·^{12}-13-⇩11-8-3]　　(/:그·마·리·버·텀/)
　ㅁ. :□^{5}　　평균 조정 Qt사슬 [6·^{10}-12-14-⇩11-3]　　(/:그·마·리·버·텀/)

(27)의 /:그·마·리/의 평균 조정 Qt사슬을 이용하여 그래프를 그려 상성형 음조형과 그

음조실현의 특징을 시각적으로 제시하고자 한다. 상성형의 첫 음절은 낮고 높아가는 특징이 있어, 시작부분과 끝 부분 두 지점을 검출지점으로 삼았다. 아래의 그림에서 "그1"은 첫째 음절의 시작부분이고, "2"는 첫째 음절의 끝부분이다.

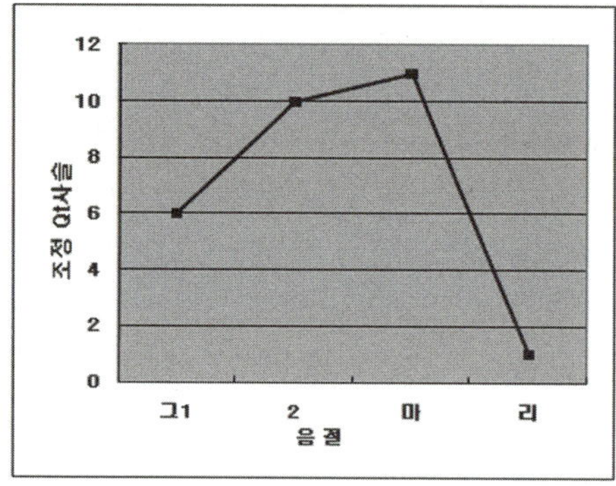

〈그림-10〉 상성형 /ː그·마·리/

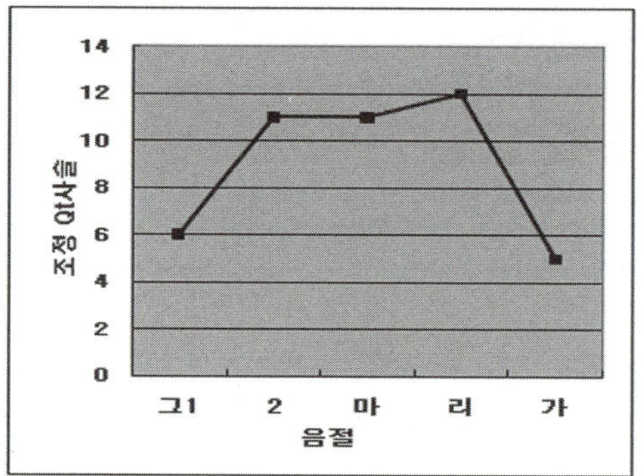

〈그림-11〉 상성형/ː그·마·리·가/

〈그림-12〉 상성형/ː그·마·리·가/

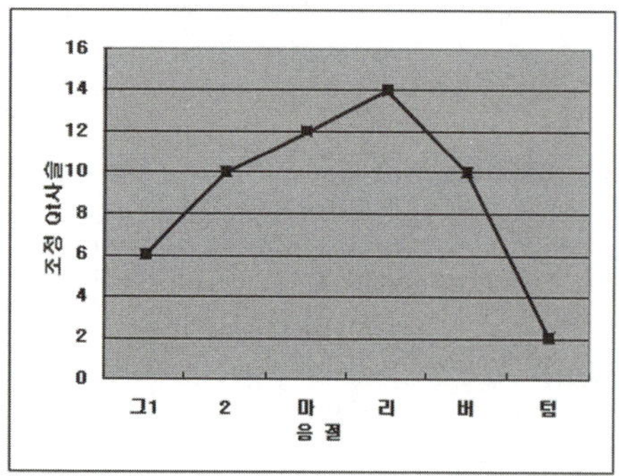

〈그림-13〉상성형/ː그·마·리·버·텀/

〈그림-14〉상성형/ː그·마·리·버·텀/

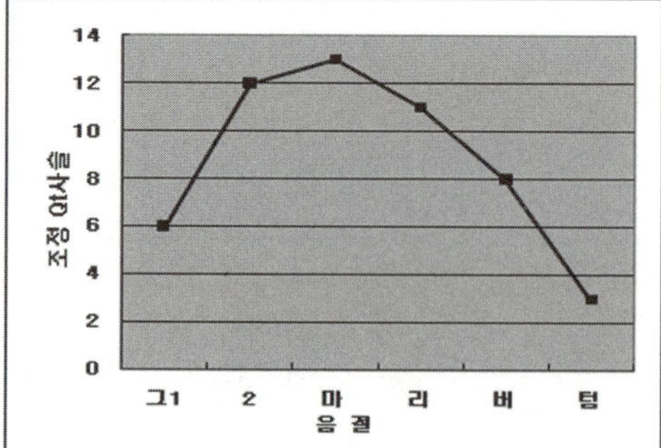

<그림-10>부터 <그림-15>까지를 보면, 정선방언의 상성형은 첫 음절이 장모음 (1.6mora)으로 실현되고, 첫 음절의 조정 Qt수치가 시작부분은 6Qt이고, 끝 부분은 평균 11Qt에서 12Qt를 벗어나지 않게 실현된다.

상성형 음조형은 하나의 운율적 낱말 안에서 어느 한 음절에 Qt수치의 정점이 놓여, 그 정점의 앞에 있는 음절은 핵심부로 오름사슬을 이루고, Qt수치의 정점에 뒤따르는 음절들은 하강부로 내림사슬을 이룬다.

또한, 4음절 상성형의 음조형과 5음절 상성형의 음조형은 Qt수치의 정점이 둘째 음절이나 셋째 및 넷째 음절에 놓여 임의적으로 변이음조형을 갖는다. 4음절 /:그·마·리·가{·를/·도/·에}/는 <그림-11>이 <그림-12>보다 정선방언 토박이 화자가 즐겨 쓰는 음조형이고, 5음절 /:그·마·리·버·텀{·까·짐}/은 <그림-13>이 <그림-14>보다 더 자주 쓰는 음조형이다.

3.3. 정리

이 장에서는 정선방언에서 실현되는 다음절 음조형을 사분음척도를 이용하여 과학적으로 분석하고자 했다. 정선방언의 다음절 음조형은 거성의 평2형화와 평복형의 자유변동 등의 성조규칙으로 말미암아 평일형, 평복형, 상성형이 존재한다. 이들 음조형의 음성분석 결과를 통하여 각 음조형의 특징을 정리하면 다음과 같다.

첫째, 평일형은 첫째 음절이 Qt수치의 정점이 되고 뒤따르는 음절의 Qt수치는 정점보다 낮아 차차 내려가는 내림사슬을 이루는 음조형이다. 또한, 정선방언의 평일형은 첫째 음절이 둘째 음절보다 1Qt 정도 높은 것으로 많이 나타나서 [HʜMo]로 적을 수 있다. 이러한 점은 창원방언을 비롯한 영남방언과 구별되는 정선방언만의 특징으로 보인다. 참고로, 창원방언에서는 첫째 음절이 둘째 음절보다 3Qt 정도 차이가 나서 [HHMo]이 된다.

둘째, 평복형은 하나의 운율적 낱말 안에서 Qt수치의 정점이 둘째 음절 이하의 어느 음절에 놓이고, 첫째 음절에서부터 정점까지가 오름사슬로 나타나는 핵심부와 정점으로부터 끝 음절까지 내림사슬을 보이는 하강부를 갖는다. 한편, 평복형은 변이음조형을 갖는데, 정선방언 화자들이 자주 쓰이는 즐김형은 4음절의 경우 음절을 정점으로 하는 음조형 [MʜHM]이고, 5음절의 경우는 넷째 음절을 정점으로 하는 음조형 [Mʜ²HM]이다.

셋째, 상성형은 첫째 음절의 높이가 6Qt에서 시작하여 11~12Qt로 끝나며, 길이는 1.6mora로 장모음을 갖는 특징이 있으며, 하나의 운율적 낱말 안에서 어느 한 음절에 Qt수치의 정점이 놓이고 첫째 음절에서 정점까지 오름사슬을 보이는 핵심부와 정점에서 끝음절까지 내림사슬을 보이는 하강부를 갖는다. 한편, 상성형도 변이음조형을 갖는데, 정선방언 화자들이 자주 쓰는 즐김형은 4음절일 경우 둘째 음절을 정점으로 하는 음조형 [M̆ʜHM]이고, 5음절일 경우 셋째 음절을 정점으로 하는 음조형 [M̆ʜ²HM]이다.

4. 정선방언의 성조의 공시론

　2장에서는 이 연구의 이론적인 바탕이 되는 방점법을 소개하고, 정선방언의 방점형과 그 방점형과 짝이 되는 성조형 그리고 그 성조형의 음조실현규칙을 적용해서 도출되는 음조형을 검토했다. 정선방언의 2음절 이상의 방점형은 거성형의 평2형화와 평복형의 하위방점형끼리의 자유변동으로 말미암아 2음절 이상의 운율적인 낱말에 얹히는 대립하는 방점형은 평일형, 평복형, 상성형의 세 가지뿐임을 보았다. 또한, 3장에서는 평일형의 음조형과 평복형 및 상성형의 임의 변동하는 음조형들을 청취음성학적인 관점에서 기술하고, 그 특징을 분석하고 설명했다.

　이 장에서는 2음절 이상의 방점형이 사실상 평일형과 평복형 및 상성형의 셋만 있고, 거성형이 존재할 수가 없음에도 불구하고 1음절 이름씨나 풀이씨의 1음절 줄기에는 여전히 영남방언권의 여러 성조방언과 마찬가지로 거성의 존재를 인정할 수밖에 없는 이유를 설명하고, 토씨와 풀이씨 씨끝의 기저방점의 분석은 상성이나 거성 뒤에서는 불가능하고, 오직 1음절 평성 뒤에서만 가능하다는 사실을 밝히고, 토씨와 씨끝의 기저방점표상을 분석할 것이다.

　4.1.절에서는 토씨의 기저방점표상을 분석한 다음에 이름씨들을 방점형과 음절수에 따라서 정리해서 제시하되, 또 하나의 강원방언인 삼척방언 자료[1]를 병기할 것이다. 그렇게 함으로써 정선방언의 운율적인 특징이 뚜렷해지기 때문이다. 또한, 1음절 평성 줄기 뒤에서만 씨끝의 기저방점 분석이 가능하다는 것을 보이고, 그 분석 결과를 정리한 다음 1음절로 된 풀이씨 줄기를 그 방점의 변동하는지 안 하는지에 따라 그리고 변동하는 경우는 그 변동의 특징에 따라 분류하여 자료를 정리해 보일 것이며, 2음절 이상의 풀이씨 줄기는 /모르·다/를 제외하고[2]는 줄기의 방점이 고정되어 있기 때문에 어간의 방점형과 음절수에 따라 자료를 정리할 것이다. 역시 삼척방언의 자료를 병기하여 정선방언 특징의 이해에 도움을

---

1) 삼척방언의 자료는 김차균(1999, 2006ㄴ)을 저자의 양해를 얻어 활용하기로 한다.
2) /모르·다/의 굴곡형은 부록 (186)를 참조.

주고자 한다.

풀이씨의 기본 어휘의 대조가 끝나면 1음절 풀이씨의 굴곡형을 고정평성 줄기, 거성 줄기, 고정상성 줄기, 변동상성 줄기, 그리고 마지막에 성조변동의 양상이 복잡하게 나타나는 변동평성 줄기의 굴곡형들을 열거하고 그 특성을 설명할 것이다. 또한, 1음절 풀이씨의 성조변동에 대한 기술이 끝나면 2음절 이상의 풀이씨의 간이 굴곡형을 제시하기로 한다.

4.1. 정선방언 토씨의 기저성조

2장에서 제시한 중화규칙 (9)로 말미암아 토씨가 ·□, :□ 뒤에 올 때는 그 토씨의 방점은 ·□₁ 으로 바뀌기 때문에 기저방점이 나타날 수가 없다. 따라서 2음절 이상의 평일형, 그리고 1음절 이상의 상성형, 거성형 뒤에서는 토씨 기저방점의 분석은 불가능하다.

먼저 2음절 이상의 평일형은 둘째 음절 이하의 모든 음절이 모두 측성(·□)이므로 아래의 (2)에서처럼 모든 토씨는 ·□, ·□·□, … 등으로 중화되어 나타나므로, 기저방점은 분석할 수 없다.

(2) 평일형에서 토씨의 방점 분석

방점형	/성조형/[음조형]
하·눌(天)	/HM/[HM]
하·눌·이	/HM^2/[HM^2]
하·눌·을	/HM^2/[HM^2]
하·눌·도	/HM^2/[HM^2]
하·눌·두	/HM^2/[HM^2]
하·눌·에	/HM^2/[HM^2]
하·눌·부·터	/HM^3/[HM^3]
하·눌·버·텀	/HM^3/[HM^3]
하·눌·까·지	/HM^3/[HM^3]
하·눌·꺼·짐	/HM^3/[HM^3]
하·눌#부·터[3]	/HM#HM/[HM#HM]
하·눌#버·텀	/HM#HM/[HM#HM]
하·눌#까·지	/HM#HM/[HM#HM]
하·눌#꺼·짐	/HM#HM/[HM#HM]

---

3) 토씨들 중에는 앞서는 이름씨와의 결합이 임의적인 것이 있는데, /하·눌·부·터/는 토씨가 앞서는 이름씨와 결합하여, 하나의 운율적 낱말을 이루는 것이고, /하·눌#부·터/는 쉼(#)이 들어가서 /부·터/가 하나의 독립된 낱말처럼 기저성조를 그대로 유지하는 경우이다. 이에 대해서는 이 장의 (11)을 참조.

(3)의 /나물/은 평복형이다. (3)ㄱ처럼 1음절 토씨가 ·□으로 나타나기도 하고, 평복형의 자유변동에 의해서 같은 토씨가 (3)ㄴ처럼 □으로 나타나기도 하여, 토씨 방점의 분석 및 확정이 불가능하다.

(3) 평복형에서 토씨의 방점 분석

	방점형	/성조형/[음조형]
ㄱ.	나물	/H²/[MH]
	나물·이	/H²M/[MHM]
	나물·을	/H²M/[MHM]
	나물·도	/H²M/[MHM]
	나물·또	/H²M/[MHM]
	나물·에	/H²M/[MHM]
ㄴ.	나물이	/H³/[MʜH]
	나물을	/H³/[MʜH]
	나물도	/H³/[MʜH]
	나물또	/H³/[MʜH]
	나물에	/H³/[MʜH]
ㄷ.	나물부·터	/H³M/[MʜHM]
	나물부·터	/H³M/[MʜHM]
	나물까·지	/H³M/[MʜHM]
	나물꺼·짐	/H³M/[MʜHM]
ㄹ.	나물부터	/H⁴/[Mʜ²H]
	나물버터	/H⁴/[Mʜ²H]
	나물까지	/H⁴/[Mʜ²H]
	나물꺼짐	/H⁴/[Mʜ²H]
ㅁ.	나물·부·터	/H²M²/[MHM²]
	나물·버·터	/H²M²/[MHM²]
	나물·까·지	/H²M²/[MHM²]
	나물·꺼·짐	/H²M²/[MHM²]

또 (3)ㄷ-ㅁ에서처럼 평복형의 자유변동에 의해서 같은 2음절 토씨가 □·□, □□, ·□·□ 처럼 변동하여, 토씨 방점의 분석 및 확정이 불가능하다.

(4)와 (5)에서 보는 것처럼 상성형(:□₁) 뒤에서는 중화규칙 (9)에 의해 토씨의 방점이 모두 ·□, ·□·□, … 등으로 나타나, 토씨 방점의 음운론적으로 대립이 불가능하여 이 경우에도 토씨의 방점분석은 불가능하다.

(4) 상성형에서 토씨의 방점 분석 1

방점형	/성조형/[음조형]
:솔(刷)	/M̌/[M̌]
:솔·이	/M̌²/[M̌H]

:솔·을	/M²/[MH]
:솔·도	/M²/[MH]
:솔·뚜	/M²/[MH]
:솔·에	/M²/[MH]
:솔·부·터	/M³/[MHM]
:솔·버·텀	/M³/[MHM]
:솔·까·지	/M³/[MHM]
:솔·꺼·짐	/M³/[MHM]

(5) 상성형에서 토씨의 방점 분석 2

방점형	/성조형/[음조형]
:안·개(霧)	/M²/[MH]
:안·개·가	/M³/[MHM]
:안·개·를	/M³/[MHM]
:안·개·도	/M³/[MHM]
:안·개·도	/M³/[MHM]
:안·개·에	/M³/[MHM]
:안·개·부·터	/M⁴/[MHM²]
:안·개·버·텀	/M⁴/[MHM²]
:안·개#부·터	/MH#HM/[MH#HM]
:안·개#버·텀	/MH#HM/[MH#HM]
:안·개·까·지	/M⁴/[MHM²]
:안·개·꺼·짐	/M⁴/[MHM²]
:안·개#까·지	/MH#HM/[MH#HM]
:안·개#꺼·짐	/MH#HM/[MH#HM]

(6) 거성형에서 토씨의 방점 분석

방점형	/성조형/[음조형]
·풀(草)	/M/[M̌]
(·풀·이→)풀이	/H²/[MH]
(·풀·을→)풀을	/H²/[MH]
(·풀·도→)풀도	/H²/[MH]
(·풀·또→)풀또	/H²/[MH]
(·풀·뚜→)풀뚜	/H²/[MH]
(·풀·부·터→)풀부·터	/H²M/[MHM]
(·풀·버·텀→)	/H²M/[MHM]
(·풀·까·지→)	/H²M/[MHM]
(·풀·꺼·짐→)	/H²M/[MHM]
(·풀·에)(제2장의 규칙(33))→풀·에	/HM/[HM]

　　마지막으로 (6)에서 보는 바와 같이 ·□(거성) 이름씨에 토씨가 결합한 운율적 낱말은
2음절 이상에서 거성의 평2형화에 의해서 그 어간이 (3)의 /나물(□□)/과 같은 꼴이 되므

로, 역시 토씨 기저방점의 분석 및 확정이 불가능하다. (6)에서 자료는 생략했지만, 거성형에서 온 평2형은 평복형의 하나이기 때문에 (3)에서와 같은 수만큼의 자유변동형을 더 열거할 수도 있다. 다만, (6)의 /·풀+·에/는 제2장의 (33)규칙에 의해 /·풀/이 평성화되기 때문에 그 마지막 꼴은 /풀·에/, /HM/[HM]로 된 것이므로 (6)의 다른 어형들과는 다른 방법으로 도출된 것이다.

그러므로 토씨의 기저방점분석은 오직 1음절 평성 이름씨 뒤에서만 다음 (7)의 원칙에 의해서 가능하다.

(7) 정선방언 토씨 방점표상 분석의 원칙
토씨가 1음절 평성 이름씨 뒤에 올 때, 그 토씨의 방점이 기저방점이다.

정선방언에서 1음절 평성 이름씨 /문/, /말/(馬), /배/(梨)에 토씨가 결합할 때, 토씨의 방점표상은 기저방점표상이라 할 수 있다.

(8) 정선방언의 토씨의 방점 분석

/문/(門)	/말/(馬)	/배/(梨)	기저방점	표준말
문·과	말·과	배·와	·와	<과>
문·도	말·도	배·도	·도	<도>
문·만	말·만	배·만	·만	<만>
문·에	말·에	배·에	·에	<에>
문·을	말·을	배·를	·를	<을>
문·은	말·은	배·는	·는	<은>
문·의[문·에]	말·의	배·의	·의	<의>
문·에	말·에	배·에	·에	<에>
문·이·나	말·이·나	배·나	(·이)·나	<이나>
문·이·면	말·이·면	배·면	(·이)·면	<이면>
문·이·먼	말·이·먼	배·이·먼	·이·먼	<이면>
문·만·도	말·만·도	배·만·도	·만·도	<만도>
문만·또	말만·또	배만·또	만·또	<만도>
문만·뚜	말만·뚜	배만·뚜	만·뚜	<만도>
문·마·도	말·마·도	배·마·도	·마·도	<만도>
문·에·서	말·에·서	배·에·서	·에·서	<에서>
문·으·로	말·으·로	배·로	(·으)·로	<으로>
문같·이	말같·이	배같·이	같·이	<같이>
문겉·이	말겉·이	배겉·이	겉·이	<같이>
문거·치	말거·치	배거·치	거·치	<같이>
문마·다	말마·다	배마·다	마·다	<마다>
문마·둥	말마·둥	배마·둥	마·둥	<마다>
문마·치	말마·치	배마·치	마·치	<마다>

문부·터	말부·터	배부·터	부·터	<부터>
문부·텀	말부·텀	배부·텀	부·텀	<부터>
문버·터	말버·터	배버·터	버·터	<부터>
문버·텀	말버·텀	배버·텀	버·텀	<부터>
문버·틈	말버·틈	배버·틈	버·틈	<부터>
문처·럼	말처·럼	배처·럼	처·럼	<처럼>
문까·지	말까·지	배까·지	까·지	<까지>
문까·짐	말까·짐	배까·짐	까·짐	<까지>
문꺼·짐	말꺼·짐	배꺼·짐	꺼·짐	<까지>
문꺼·점	말꺼·점	배꺼·점	꺼·점	<까지>
문꺼·점	말꺼·점	배꺼·점	꺼·점	<까지>
문조·차	말조·차	배조·차	조·차	<조차>
문조·처	말조·처	배조·처	조·처	<조차>
문하·고	말하·고	배하·고	하·고	<하고>
문한·테	말한·테	배한·테	한·테	<한테>

참고로, 삼척방언 토씨의 기저방점(김차균 2006ㄴ:146-151)을 정선방언의 토씨 옆에 병기하면 다음과 같다.

(9) 정선방언과 삼척방언 토씨 방점의 비교

정선방언	정선토씨	삼척방언	삼척토씨	표준말
문·과	·과	문·과	·과	<과>
문·도	·도	문·도	·도	<도>
문·만	·만	문·만	·만	<만>
문·만	·만	문·마	·마	<만>
문·에	·에	문·에	·에	<에>
문·을	·을	문·을	·을	<을>
문·을	·을	문·으	·으	<을>
문·은	·은	문·은	·은	<은>
문·의[문·에]	·의[·에]	문·의	·의	<의>
문·이·나	·이·나	문·이·나	·이·나	<이나>
문·이·나	·이·나	무·이·나	·이·나	<이나>
문·이·나	·이·나	문·이·랑	·이·랑	<이랑>
문·이·나	·이·나	무·이·랑	·이·랑	<이랑>
문·이·면	·이·면	문·이·면	·이·면	<이면>
문·이·먼	·이·먼	무·이·먼	·이·먼	<이면>
문·만·도	·만·도	문·만·도	·만·도	<만도>
문만·또	만·또	문·만·도	·만·도	<만도>
문만·뚜	만·뚜	문·만·도	·만·도	<만도>
문·마·도	·마·도	문·마·도	·마·도	<만도>
문·에·서	·에·서	문·에·서	·에·서	<에서>
문·으·로	·으·로	문·으·로	·으·로	<으로>
문같·이	같·이	문·같·이	·같·이	<같이>

문겉·이	겉·이	문·같·이	·같·이	<같이>
문거·치	거·치	문·거·치	·거·치	<같이>
문마·다	마·다	문·마·다	·마·다	<마다>
문마·다	마·다	문마·다	마·다	<마다>
문마·둥	마·둥	문마·듬	마·듬	<마다>
문마·치	마·치	문마·치	마·치	<마다>
문부·터	부·터	문·부·터	·부·터	<부터>
문부·텀	부·텀	문·부·텀	·부·텀	<부터>
문버·터	버·터	문·버·터	·버·터	<부터>
문버·텀	버·텀	문·버·텀	·버·텀	<부터>
문버·틈	버·틈	문·버·텀	·버·텀	<부터>
문버·틈	버·틈	문·처·럼	·처·럼	<처럼>
문처·럼	처·럼	문처·럼	처·럼	<처럼>
문까·지	까·지	문까·지	까·지	<까지>
문까·짐	까·짐	문까·짐	까·짐	<까지>
문까·짐	까·짐	문꺼·지	꺼·지	<까지>
문꺼·짐	꺼·짐	문꺼·짐	꺼·짐	<까지>
문꺼·점	꺼·점	문꺼·점	꺼·점	<까지>
문꺼·점	꺼·점	문·까·지	·까·지	<까지>
문꺼·점	꺼·점	문·까·짐	·까·짐	<까지>
문꺼·점	꺼·점	문·꺼·지	·꺼·지	<까지>
문꺼·점	꺼·점	문·꺼·짐	·꺼·짐	<까지>
문꺼·점	꺼·점	문·꺼·점	·꺼·점	<까지>
문조·차	조·차	문조·차	조·차	<조차>
문조·처	조·처	문조·차	조·차	<조차>
문하·고	하·고	문·하·고	·하·고	<하고>
문하·고	하·고	문하·고	하·고	<하고>
문한·테	한·테	문·한·테	·한·테	<한테>
문한·테	한·테	문한·테	한·테	<한테>

(9)에서 정선방언 토씨들의 기저방점표상을 삼척방언의 토씨의 그것과 비교하여 제시했다. (9)에서 제시한 토씨들의 기저방점표시는 아래 (10)과 같이 정리하여 분류할 수 있다.

(10) 정선방언의 토씨의 기저방점표상

　ㄱ. ·□　　　　　　　　·과, ·도, ·만, ·에, ·을, ·은, ·의[·에],
　ㄴ. ·□·□　　　　　　·이·나, ·이·면~·이·면, ·에·서, ·으·로
　ㄷ. ·□·□~□·□　　　·만·도~만·또~만·뚜~마·도
　ㄹ. □·□　　　　　　　같·이~겉·이~거·치, 까·지~까·짐~까·정~꺼·짐~꺼·점~꺼·정,
　　　　　　　　　　　　마·다~마·둥~마·치, 부·터~부·텀~버·터~버·틈, 처·럼,
　　　　　　　　　　　　조·차~조·처, 하·고, 한·테

(10)을 보면, 정선방언의 1음절 토씨들의 기저방점표상은 측성인 ·□이고, 2음절 토씨들은

세 가지로 구분할 수 있다. 첫째, 토씨의 기저방점표상이 측성으로 나타나는 경우(·□·□)이고, 둘째, 측성형과 평측형이 임의적으로 변동하는 경우인 (·□·□∼□·□)이며, 셋째, 토씨의 기저방점 표상이 평측형을 가지는 경우인 (□·□)이 있다.

또한, 정선방언 토씨의 기저방점은 삼척방언의 그것과 비교할 때, 방점의 위치가 상대적으로 안정적임을 알 수 있다. 즉, 정선방언의 2음절 토씨의 기저방점표상이 측성형과 평측형으로 임의적으로 변동하는 토씨가 적다. 삼척방언의 토씨 /·마·다, ·부·터, ·까·지, ·하·고, ·한·테/가 정선방언에서는 평측형 /마·다, 부·터, 까·지, 하·고, 한·테/로 실현된다.

2음절 토씨들 가운데는 2음절 이상의 이름씨 뒤에 나타날 때, 그 이름씨와 하나의 운율적 낱말이 될 수도 있지만, 임의적으로 결합되지 않고, 그 자체의 기저방점을 유지하는 경우가 있다. 다음의 살펴보자.

(11) 이름씨와 결합이 임의적인 토씨

방점형	/성조형/[음조형]
ㄱ. 하·눌·부·터	/HM³/[HM³]
하·눌·버·텀	/HM³/[HM³]
하·눌·까·지	/HM³/[HM³]
하·눌·꺼·짐	/HM³/[HM³]
:안·개·부·터	/M̆⁴/[M̆HM²]
:안·개·버·텀	/M̆⁴/[M̆HM²]
:안·개·까·지	/M̆⁴/[M̆HM²]
:안·개·꺼·짐	/M̆⁴/[M̆HM²]
ㄴ. 하·눌#부·터	/HM#HM/[HM#HM]
하·눌#버·텀	/HM#HM/[HM#HM]
하·눌#까·지	/HM#HM/[HM#HM]
하·눌#꺼·짐	/HM#HM/[HM#HM]
:안·개#부·터	/M̆H#HM/[M̆H#HM]
:안·개#버·텀	/M̆H#HM/[M̆H#HM]
:안·개#까·지	/M̆H#HM/[M̆H#HM]
:안·개#꺼·짐	/M̆H#HM/[M̆H#HM]

(11)ㄱ에서는 이름씨와 토씨가 결합하여 하나의 운율적 낱말은 이루지만, (11)ㄴ에서는 이름씨와 토씨 사이에 쉼(#)이 개입되어 토씨는 기저방점을 그대로 유지하고 있다. 이때 토씨의 방점은 쉼(#) 뒤에 나타났기 때문에, 그 자체를 기저방점으로 간주하는 것이 당연하다.

4.2. 정선방언 이름씨의 성조

4.2.1. 거성형 이름씨와 /·에X/의 결합

이미 우리는 중세국에서 1음절 거성(·□) 이름씨 중에는 /·에X/ 앞에서 평성(□)로 변하는 규칙이 있으며, 현대의 성조방언들에서는 이러한 이름씨가 확산되어 가고 있음을 보았다. 그 규칙을 여기에 가져오기로 한다.

(12)(=2장 (33)) {·에X} 앞에서 거성의 평성화

  ·□]이름씨 → □ /—·에X
  (거성 이름씨는 ·에X 앞에서 평성으로 바뀐다.)

정선방언의 거성 이름씨에는 (12)의 규칙이 적용되는 것도 있고, 적용되지 않는 것도 있다. 그 자료를 제시하면 각각 (13), (14)와 같다.

(13) 토씨 {·에X} 앞에서 성조변동이 있는 어휘 형태소

정선방언	성조형[음조형]	삼척방언
·값	/M$_H$/[M̄]	·값
·글(文)	/M$_H$/[M̄]	·글
·금(線)	/M$_H$/[M̄]	
·꿰(計)	/M$_H$/[M̄]	·꿰
·꿀	/M$_H$/[M̄]	·꿀
·꿈(夢)	/M$_H$/[M̄]	·꿈
·끝(極)	/M$_H$/[M̄]	·끝
·나(나이)	/M$_H$/[M̄]	
·날(日)	/M$_H$/[M̄]	·날
·낮(晝)	/M$_H$/[M̄]	·낮
·담	/M$_H$/[M̄]	·담
·대(竹)	/M$_H$/[M̄]	·대
·되(斗)	/M$_H$/[M̄]	
·딸(女息)	/M$_H$/[M̄]	·딸
·땀	/M$_H$/[M̄]	·땀
·땅	/M$_H$/[M̄]	·땅
·때(垢)	/M$_H$/[M̄]	·때
·때(時)	/M$_H$/[M̄]	·때
·떡	/M$_H$/[M̄]	·떡
·뜻	/M$_H$/[M̄]	·뜻
·맛(味)	/M$_H$/[M̄]	·맛

·매(鞭)	/M_H/[M]	·매
·모(苗)	/M_H/[M]	
·몸	/M_H/[M]	·몸
·못(釘)	/M_H/[M]	·못
·발(足)	/M_H/[M]	·발
·밤(夜)	/M_H/[M]	·밤
·밥(食)	/M_H/[M]	·밥
·배(服)	/M_H/[M]	·배
·배(船)	/M_H/[M]	·배
·법(法)	/M_H/[M]	·법
·베(布)	/M_H/[M]	·베
·볼(顔)	/M_H/[M]	
·비(雨)	/M_H/[M]	·비
·빗(머리빗)	/M_H/[M]	·빗
·뻬(骨)	/M_H/[M]	·뻬
·뿔(角)	/M_H/[M]	·뿔
·살(箭)	/M_H/[M]	
·살(肉)	/M_H/[M]	·살
·섬(石)	/M_H/[M]	·섬
·손(手)	/M_H/[M]	·손
·솔(松)	/M_H/[M]	·솔
·쇠[sö](牛)	/M_H/[M]	·쇠[sö]
·쇠(金)	/M_H/[M]	
·숱	/M_H/[M]	·숱
·심(力)	/M_H/[M]	·힘
·쌀(米)	/M_H/[M]	·쌀
·쑥	/M_H/[M]	·쑥
·안	/M_H/[M]	·안
·알	/M_H/[M]	·알
·엿	/M_H/[M]	·엿
·옷	/M_H/[M]	·옷
·움	/M_H/[M]	
·이	/M_H/[M]	·이
·입	/M_H/[M]	·입
·잔	/M_H/[M]	·잔
·재(灰)	/M_H/[M]	·재
·점	/M_H/[M]	·점
·젖	/M_H/[M]	·젖
·줄(線)	/M_H/[M]	·줄
·쥐	/M_H/[M]	·쥐
·초(燭)	/M_H/[M]	·초
·춤(舞)	/M_H/[M]	·춤
·칼(刀)	/M_H/[M]	·칼
·키	/M_H/[M]	·키
·터(基)	/M_H/[M]	·터

·톱	/M_H/[M̌]	·톱
·팥(赤豆)	/M_H/[M̌]	·팥
·풀(草)	/M_H/[M̌]	·풀
·피(血)	/M_H/[M̌]	·피
·해(年)	/M_H/[M̌]	·해
·해(日)	/M_H/[M̌]	·해
·힘(力)	/M_H/[M̌]	·심

(14) 토씨 {·에X} 앞에서 방점의 변동이 없는 어휘 형태소

정선방언	성조형[음조형]	삼척방언
·귀(耳)	/M/[M̌]	·귀
·달(月)	/M/[M̌]	·달
·돌(周年)	/M/[M̌]	·돌
·딸(女息)	/M/[M̌]	·딸
·벌(罰)	/M/[M̌]	·벌
·말(斗)	/M/[M̌]	·말
·물(水)	/M/[M̌]	·물
·밀(小麥)	/M/[M̌]	·밀
·불(火)	/M/[M̌]	·불
·일(一)	/M/[M̌]	
·코(鼻)	/M/[M̌]	·코
·질(道)	/M/[M̌]	·길
·질(道)	/M/[M̌]	·질

(13)의 1음절 거성 이름씨는 (12)의 규칙을 적용받는 예이고, (14)의 1음절 거성 이름씨는 (12)의 규칙을 적용받지 않는 예이다. 규칙 (12)는 임의적인 변동규칙인 것을 확인할 수 있다. 규칙 (12)를 적용받는 것은 (13)에서처럼 /MH/로 표시하고, 규칙(12)를 적용받지 않는 것은 /M/으로 표시했다. 그러므로 /M_H/에서 H는 단순히 분류를 위한 표시이다. 또한 (14)처럼 1음절 거성 이름씨가 고립된 환경에서 발화될 때, 2장의 (22)ㄴ에 제시한 정선방언 거성형 단음절 음조실현규칙을 적용받아 [M̌]로 실현되어, 상성과 구별이 되지 않는다. 그렇지만 거성과 상성에 토씨가 결합하여 하나의 운율적 낱말을 이룰 때는 음조의 실현이 다르다.

4.2.2. 평측형 이름씨

평측형 이름씨의 한 하위형인 1음절 평성 이름씨와 평일형 이름씨의 자료를 제시하면 다음과 같다.

(15) 평일형(□·□ₒ) 이름씨

정선방언	/성조형/[음조형]	삼척방언
겉	/H/[H˙]	겉
국	/H/[H˙]	국
금(金)	/H/[H˙]	금
꼴(貌)	/H/[H˙]	꼴
꽁(雉)	/H/[H˙]	꽁
꽂	/H/[H˙]	꼳
낱(面)	/H/[H˙]	낯
닭[닥]	/H/[H˙]	닭
덜	/H/[H˙]	
등	/H/[H˙]	등
똥	/H/[H˙]	똥
말(馬)	/H/[H˙]	말
목(頸)	/H/[H˙]	목
묵(墨)	/H/[H˙]	묵
문(門)	/H/[H˙]	문
밑(下)	/H/[H˙]	밑
밖(外)	/H/[H˙]	밖
밭(田)	/H/[H˙]	밭
배(梨)	/H/[H˙]	배
벹(陽)	/H/[H˙]	벹
병(瓶)	/H/[H˙]	벵
북(鼓)	/H/[H˙]	
북(紡錘)	/H/[H˙]	
빚(債)	/H/[H˙]	빚
빚(債)	/H/[H˙]	빈
산(山)	/H/[H˙]	산
손(客)	/H/[H˙]	손
수껑	/H/[H˙]	숱
술(酒)	/H/[H˙]	술
씨	/H/[H˙]	씨
앞	/H/[H˙]	앞
옆	/H/[H˙]	
장	/H/[H˙]	장
종(鐘)	/H/[H˙]	종
집(家)	/H/[H˙]	집
콩(豆)	/H/[H˙]	콩
털(毛)	/H/[H˙]	털
활(弓)	/H/[H˙]	활
흙[흘](土)	/H/[H˙]	흙[흘]
가·락	/HM/[HM]	
가·매(鼎)	/HM/[HM]	가·매
가·지(類)	/HM/[HM]	

각·시	/HM/[HM]	
거·무	/HM/[HM]	거·무
거·우(鵝)	/HM/[HM]	거·우
거·울	/HM/[HM]	거·울
거·품	/HM/[HM]	거·품
겨·울(冬)	/HM/[HM]	겨·울
고·개(嶺)	/HM/[HM]	고·개
괴·기	/HM/[HM]	괴·기
구·리(銅)	/HM/[HM]	구·리
구·슬	/HM/[HM]	구·슬
구·실	/HM/[HM]	구·실
그·릇	/HM/[HM]	그·릇
까·닭[까달]	/HM/[HM]	까·닭[까달]
꺼·플(皮)	/HM/[HM]	꺼·풀
껍·질	/HM/[HM]	
껍·질	/HM/[HM]	껍·질
꿀·밤(도토리)	/HM/[HM]	꿀·밤
나·기(나귀)	/HM/[HM]	
나·기(나귀)	/HM/[HM]	
나·라	/HM/[HM]	나·라
나·부	/HM/[HM]	나·부
노·래	/HM/[HM]	노·래
누·에(蠶)	/HM/[HM]	누·에
눙·에(蠶)	/HM/[HM]	누·에
다·섯	/HM/[HM]	
더·우	/HM/[HM]	
마·늘	/HM/[HM]	마·늘
마·눌	/HM/[HM]	마·눌
목·씨(몫)	/HM/[HM]	목·시
목·젖	/HM/[HM]	
바·우(岩)	/HM/[HM]	바·우
방·우(岩)	/HM/[HM]	방·구
방·아	/HM/[HM]	방·아
방·울	/HM/[HM]	방·울
베·개	/HM/[HM]	베·개
베·루(硯)	/HM/[HM]	베·루
베·실(爵)	/HM/[HM]	베·실
부·채(扇)	/HM/[HM]	
사·슴(鹿)	/HM/[HM]	사·슴
사·심(鹿)	/HM/[HM]	사·슴
사·우(壻)	/HM/[HM]	사·위
새·끼	/HM/[HM]	새·끼
새·애(間)	/HM/[HM]	새·애
서·른	/HM/[HM]	서·른
선·비	/HM/[HM]	선·비

소·리	/HM/[HM]	소·리
수·레	/HM/[HM]	
아·들	/HM/[HM]	아·들
아·아(兒)	/HM/[HM]	아·아
아·홉	/HM/[HM]	
애·비	/HM/[HM]	애·비
어·깨	/HM/[HM]	어·깨
어·제	/HM/[HM]	
여·덟[여덜]	/HM/[HM]	
여·름	/HM/[HM]	여·름
여·슷(六)	/HM/[HM]	
오·늘	/HM/[HM]	
우·에(上)	/HM/[HM]	
이·름	/HM/[HM]	이·름
이·불	/HM/[HM]	이·불
이·실	/HM/[HM]	이·슬
이·실	/HM/[HM]	이·실
일·곱	/HM/[HM]	
저·울(錘)	/HM/[HM]	
조·오(紙)	/HM/[HM]	조·오
줄·기	/HM/[HM]	줄·기
지·름	/HM/[HM]	지·름
지·침	/HM/[HM]	
하·눌(天)	/HM/[HM]	하·눌
허·리	/HM/[HM]	허·리
허·물	/HM/[HM]	허·물
가·마·이	/HM^2/[HM^2]	가·마·이
거·북·이	/HM^2/[HM^2]	
꽹·가·리	/HM^2/[HM^2]	
나·그·네	/HM^2/[HM^2]	나·그·네
나·근·네	/HM^2/[HM^2]	나·그·네
메·누·리	/HM^2/[HM^2]	메·누·리
가·물·치	/HM^2/[HM^2]	가무·치[4]
고·슴·도·치	/HM^4/[HM^4]	고·슴·도·치

(16) 평복형($\square_2 \cdot \square^n$) 이름씨[5]

정선방언	/성조형/[음조형]	삼척방언
가루(粉)	/H^2/[MH]	가루

---

4) 삼척방언에서 {가무·치}는 평2형으로 실현되나, 정선방언에서는 평일형으로 실현된다.

5) 평복형은 하위 방점형끼리의 자유변동하기 때문에 여기서 일일이 열거되지는 않지만, □□·□~□□□, □□·□·□~□□□·□~□□□□, □□·□·□·□~□□□·□·□~□□□□·□~□□□□□와 같은 변동이 있다. 여기서 자료 정리는 되도록 중복을 피하되, 즐김형을 제시하는 것을 원칙으로 한다.

가을(秋)	/H²/[MH]	가실
가읅(秋)	/H²/[MH]	가·알[6]
가지(茄子)	/H²/[MH]	
감재	/H²/[MH]	감재
거름	/H²/[MH]	
고치(蕃椒)	/H²/[MH]	꼬치
구둘	/H²/[MH]	구둘
구렁(畝溝)	/H²/[MH]	
구멍	/H²/[MH]	
기슭	/H²/[MH]	
나무	/H²/[MH]	나무
나물	/H²/[MH]	나물
낭구	/H²/[MH]	
눈썹	/H²/[MH]	
다리(脚)	/H²/[MH]	다리
다리(橋)	/H²/[MH]	다리
도독	/H²/[MH]	도둑
도둑	/H²/[MH]	도둑
도적	/H²/[MH]	
마리(마루)	/H²/[MH]	마리
마음	/H²/[MH]	마암
매두	/H²/[MH]	매두
무꾸	/H²/[MH]	무꾸
문주(塵)	/H²/[MH]	문지
바람	/H²/[MH]	바람
배꼽	/H²/[MH]	
보리	/H²/[MH]	보리
보물(栗皮)	/H²/[MH]	
부체(弗)	/H²/[MH]	
비네(簪)	/H²/[MH]	비네
서울	/H²/[MH]	
소굼(鹽)	/H²/[MH]	소굼
스승(師)	/H²/[MH]	
아우	/H²/[MH]	
아침	/H²/[MH]	아침
얼굴	/H²/[MH]	얼굴
오좀	/H²/[MH]	
오줌	/H²/[MH]	
오짐	/H²/[MH]	
우리(我們)	/H²/[MH]	우리
이막	/H²/[MH]	
자래	/H²/[MH]	자래
풀무	/H²/[MH]	

---

6) 삼척방언에서 {:가·을}은 {:갈}로 실현되는 경우가 있다.

하루	/H²/[MH]	
그림·자n[7]	/H²M/[MHM]	기림·자
구데·이	/H²M/[MHM]	구디·이
구디·이	/H²M/[MHM]	구디·이
까투·리	/H²M/[MHM]	까트·리
꼬래·이	/H²M/[MHM]	
꼬래·이	/H²M/[MHM]	
도라·지	/H²M/[MHM]	
뻼짜·우	/H²M/[MHM]	뻼짜·우
피매·주	/H²M/[MHM]	피마·주
토깨·이	/H²M/[MHM]	토깨·이
가운·데	/H²M/[MHM]	가운·데
까마·구	/H²M/[MHM]	까마·구
까슬·치	/H²M/[MHM]	
깨구·리	/H²M/[MHM]	깨구·리
너구·리	/H²M/[MHM]	너구·리
노리·개	/H²M/[MHM]	
놀개·이	/H²M/[MHM]	놀개·이
도드·미	/H²M/[MHM]	
도도·미	/H²M/[MHM]	
또바·리	/H²M/[MHM]	따바·리
막대·기	/H²M/[MHM]	막대·기
미나·리	/H²M/[MHM]	미나·리
복숭·아	/H²M/[MHM]	복숭·아
뿌리·기	/H²M/[MHM]	
뿌레·기	/H²M/[MHM]	
병아·리	/H²M/[MHM]	뼤아·리
빙아·리	/H²M/[MHM]	뼤아·리
비아·리	/H²M/[MHM]	뼤아·리
벼아·리	/H²M/[MHM]	뼤아·리
새다·리	/H²M/[MHM]	새다·리
어버·이	/H²M/[MHM]	어버·이
얼개·미	/H²M/[MHM]	얼게·미
오수·리	/H²M/[MHM]	오꼬·리
오꼬·리	/H²M/[MHM]	오꼬·리
주머·이	/H²M/[MHM]	주머·이
지패·이	/H²M/[MHM]	지패·이
짝대·기	/H²M/[MHM]	짝대·이
지패·이	/H²M/[MHM]	지패·이
토째·비	/H²M/[MHM]	
할마·이	/H²M/[MHM]	할마·이
고드레·미	/H³M/[MнHM]	고드리·미

7) 이 표지는 평복형의 자유변동으로 말미암아, 자료는 평2형으로 정리를 하지만, 이들 어휘형태소가 평3형, 평4형으로도 실현이 가능함을 표시한 것이다.

고주바·리	/H³M/[MнHM]		
고조바·리	/H³M/[MнHM]		
귀뚜래·미	/H³M/[MнHM]	귀또래·미	
귀머거·리	/H³M/[MнHM]		
두드레·기	/H³M/[MнHM]	두드레·기	
두드레·기	/H³M/[MнHM]	두드리·기	
딱따구·리	/H³M/[MнHM]	딱따구·리	
지르막·지	/H³M/[MнHM]	미꾸라·지	
뿌시레·기	/H³M/[MнHM]	뿌시레·기	
뿌시레·기	/H³M/[MнHM]	부시레·기	
아지래·이	/H³M/[MнHM]	아지래·이	
아지래·이	/H³M/[MнHM]	아지래·이	
해바라·기	/H³M/[MнHM]		

　다른 강원 동해안 방언(강릉방언, 삼척방언)과 마찬가지로, 정선방언의 평복형은 공시적으로 보면, 토박이들이 같은 평복형으로 보이지만, 역사적으로 추적하면 본래부터 평복형이었던 것도 있고 거성형의 평2형화에 의해서 평복형이 된 것도 있다. 즉, 어떤 것이 본래부터 평복형이었고, 또 어떤 것이 거성형에서 온 평2형인지를 예측할 방법은 없지만, 거성형이 온전하게 남아 있는 다른 방언을 통해서 70~80% 정도는 그 두 가지를 구분할 수 있다. (16)은 창원방언에서도 모두 평2형, 평3형, 평4형 등으로 나타나는 데에 대하여 아래의 (17)은 창원방언에서 모두 거성형으로 나타나는 자료들이다.

(17) ·□·□/M²/→/H²/에 속한 어휘형태소

정선방언	/성조형/[음조형]	삼척방언	창원방언
가지(枝)	/H²/[MH]	가지	·가·지
고롬(膿)	/H²/[MH]		·고·름
골미	/H²/[MH]	골미	·골·미
구름	/H²/[MH]	구름	·구·름
그물	/H²/[MH]	그물	·그·물
나이	/H²/[MH]	나이	·나·이
다래	/H²/[MH]	다래	·다·래
단지	/H²/[MH]	단지	·단·지
번개	/H²/[MH]	번개	·번·개
새끼(繩)	/H²/[MH]	새끼	·새·끼
소매	/H²/[MH]	소매	·소·매
수물	/H²/[MH]		·수·물
애기(兒)	/H²/[MH]	애기	·애·기
에미(母)	/H²/[MH]	에미	·에·미
자취	/H²/[MH]		·자·취
잔차	/H²/[MH]	잔치	·잔·치
코끼·리	/H²M/[MHM]	코키·리	·코·키·리

무지·개 /H²M/[MHM] 무지·개 ·무·지·개

4.2.3. 상성형 이름씨

상성형 이름씨에는 과거부터 상성형이었던 것도 있었고, 매우 드물기는 하지만 평복형의 첫 두 음절의 모음이 하나의 모음으로 축약되면서 상성으로 도출되는 경우가 있어서 이에 관해서 먼저 간단하게 검토한 다음에, 일반적인 자료를 정리해 보이도록 하겠다.

(18) 평복형에서 상성형의 도출

정선방언	/성조형/[음조형]	삼척방언
ㄱ. 추우H²		추위H²
추우·가	/H²M/[MHM]	추위·가
추우·를	/H²M/[MHM]	추위·를
추우·도	/H²M/[MHM]	추위·도
추우·도	/H²M/[MHM]	
추우·에	/H²M/[MHM]	추위·에
추우부·터	/H³M/[MнHM]	추위부·터
추우버·텀	/H³M/[MнHM]	
추우까·지	/H³M/[MнHM]	추위까·지
추우꺼·짐	/H³M/[MнHM]	
ㄴ. :추(寒)M̄		추위H²
:추·가	/M̄²/[M̄H]	추위·가
:추·를	/M̄²/[M̄H]	추위·를
:추·도	/M̄²/[M̄H]	추위·도
:추·두	/M̄²/[M̄H]	
:추·에	/M̄²/[M̄H]	추위·에
:추·부·터	/M̄³/[M̄HM]	추위·부·터
:추·부·텀	/M̄³/[M̄HM]	
:추·까·지	/M̄³/[M̄HM]	추위·까·지
:추·꺼·짐	/M̄³/[M̄HM]	

(18)의 정선방언 /추우/는 오른쪽의 삼척방언과 중세국어의 자료들을 대조해 보면 (18) ㄱ에서는 /추우/의 과정을 거치기는 했지만 아직 완전히 축약된 상태는 아니므로 /□□, H²/[MH]로 나타나고 있다. 그런데 이것은 임의적으로 축약에 의해서 (18)ㄴ처럼 1음절 상성 /:□, M̄/[M̄]로 나타나기도 한다. 이리하여, 상성 이름씨 /:추/는 토씨와 결합하면 (18)ㄴ에서 보는 것처럼 상성형이 된다. 이와 같은 자료는 더 추가 할 수 있다.

(19) 평복형에서 상성형의 도출 자료 1

정선방언	/성조형/[음조형]	삼척방언
ㄱ. 마알(村)H²		마을(村)H²
마알·이	/H²M/[MHM]	마을·이
마알·을	/H²M/[MHM]	마을·을
마알·또	/H²M/[MHM]	마을·도
마알·에	/H²M/[MHM]	마을·에
마알·부·터	/H³M²/[MʜHM]	마을부·터
마알·까·지	/H³M²/[MʜHM]	마을까·지
ㄴ. :말(村)M̌		:말(村)Ḧ
:말·이	/M̌²/[M̌H]	:말·이
:말·을	/M̌²/[M̌H]	:말·을
:말·도	/M̌²/[M̌H]	:말·또
:말·에	/M̌²/[M̌H]	:말·에
:말·부·터	/M̌³/[M̌HM]	:말·부·터
:말·버·텀	/M̌³/[M̌HM]	:말·버·텀
:말·까·지	/M̌³/[M̌HM]	:말·까·지
:말·꺼·짐	/M̌³/[M̌HM]	:말·꺼·짐

(20) 평복형에서 상성형의 도출 자료 2

정선방언	/성조형/[음조형]	삼척방언
ㄱ. 마음(心)H²		마암(心)H²
마음·이	/H²M/[MHM]	마암·이
마음·을	/H²M/[MHM]	마암·을
마음·도	/H²M/[MHM]	마암·도
마음·두	/H²M/[MHM]	
마음·에	/H²M/[MHM]	마암·에
마음부·터	/H³M/[MʜHM]	마암부·터
마음버·텀	/H³M/[MʜHM]	
마음까·지	/H³M/[MʜHM]	마암까·지
마음꺼·짐	/H³M/[MʜHM]	
ㄱ. :맘(心)M̌		:맘(心)Ḧ
:맘·이	/M̌²/[M̌H]	:맘·이
:맘·을	/M̌²/[M̌H]	:맘·을
:맘·도	/M̌²/[M̌H]	:맘·도
:맘·두	/M̌²/[M̌H]	
:맘·에	/M̌²/[M̌H]	:맘·에
:맘·부·터	/M̌³/[M̌HM]	:맘·부·터
:맘·부·텀	/M̌³/[M̌HM]	
:맘·까·지	/M̌³/[M̌HM]	:맘·까·지
:맘·꺼·짐	/M̌³/[M̌HM]	

(19)ㄱ의 /마알, H²/[MH]은 삼척방언의 /마을, H²/[MH]과 대조하면, 역사적으로 /마을,

H²/[MH]에서 동화에 의해서 도출된 것으로 볼 수 있다. 또한 (20)ㄱ의 /마암, H²/[MH]도 같은 방법으로 /마음, H²/[MH]에서 도출된 것으로 볼 수 있다. 정선방언에서는 평복형과 상성형 곧 /마알, H²/[MH]과 /:말, M̌/[M̌], /마암, H²/[MH]과 /:맘, M̌/[M̌]이 공존하게 되었다. 이에, 다음과 같은 규칙을 설정할 수 있다.

(21) 2음절 평복형에서 1음절 상성의 도출
　　평2형(□□) 이름씨의 첫 음절이 모음으로 끝나고, 둘째 음절이 첫 음절의 모음과 같은 모음으로 시작되는 경우에 축약에 의해서 상성(:□) 이름씨가 도출된다.

　　뒤에 가서 검토하겠지만, 풀이씨 2음절 평복형 줄기도 축약에 의해서 상성이 도출되기 때문에 규칙 (21)에는 품사에 관한 정보가 명기되어 있지 않다. 그러므로 규칙 (21)은 어떤 특정한 품사에 해당하는 규칙이 아니다. 더 폭넓은 일반적인 규칙이다. 이러한 규칙은 경남방언과 경북방언에서는 볼 수 없는 강원방언 전체의 특징인 것으로 보인다.

(22) 상성형(:□₁)의 자료

정선방언	/성조형/[음조형]	삼척방언
:가(邊)	/M̌/[M̌]	:가
:감	/M̌/[M̌]	:감
:개(犬)	/M̌/[M̌]	:개
:게	/M̌/[M̌]	:게
:골(谷)	/M̌/[M̌]	:골
:곰(熊)	/M̌/[M̌]	:곰
:공(球)	/M̌/[M̌]	:공
:금(線)	/M̌/[M̌]	:눈
:김(海苔)	/M̌/[M̌]	:김
:눈(雪)	/M̌/[M̌]	:눈
:담(膽)	/M̌/[M̌]	:담
:돈	/M̌/[M̌]	:돈
:돌(石)	/M̌/[M̌]	:돌
:둘(二)	/M̌/[M̌]	
:뒤(後)	/M̌/[M̌]	:뒤
:들(野)	/M̌/[M̌]	:들
:딸	/M̌/[M̌]	:딸
:말(言)	/M̌/[M̌]	:말
:말(村)	/M̌/[M̌]	:말
:맘(心)	/M̌/[M̌]	:맘
:매(鷹)	/M̌/[M̌]	:매
:발(簾)	/M̌/[M̌]	:발
:밤(栗)	/M̌/[M̌]	:밤
:배(倍)	/M̌/[M̌]	:배

:뱀(蛇)	/M̆/[M̆]	:뱀
:벌(蜂)	/M̆/[M̆]	:벌
:범(虎)	/M̆/[M̆]	:범
:벵(病)	/M̆/[M̆]	:벵
:병(病)	/M̆/[M̆]	:병
:빌(星)	/M̆/[M̆]	:빌
:새(鳥)	/M̆/[M̆]	
:샘(泉)	/M̆/[M̆]	
:섬(島)	/M̆/[M̆]	:섬
:속(裏)	/M̆/[M̆]	:속
:손(孫)	/M̆/[M̆]	:손
:솔(刷)	/M̆/[M̆]	:솔
:솜	/M̆/[M̆]	:솜
:숨	/M̆/[M̆]	:숨
:실	/M̆/[M̆]	:실
:예(古)	/M̆/[M̆]	
:일(事)	/M̆/[M̆]	:일
:종(僕)	/M̆/[M̆]	:종
:죄(罪)	/M̆/[M̆]	
:줄(연장)	/M̆/[M̆]	:줄
:줌	/M̆/[M̆]	
:중(僧)	/M̆/[M̆]	:중
:가·매(轎)	/M̆²/[M̆H]	:가·매
:개·미	/M̆²/[M̆H]	
:그·짓	/M̆²/[M̆H]	:거·짓
:도·꾸	/M̆²/[M̆H]	:도·꾸
:까·치	/M̆²/[M̆H]	:까·치
:대·추	/M̆²/[M̆H]	:대·추
:도·꾸	/M̆²/[M̆H]	:도·꾸
:매·미	/M̆²/[M̆H]	
:바·랑	/M̆²/[M̆H]	
:배·차	/M̆²/[M̆H]	
:보·물	/M̆²/[M̆H]	
:보·배	/M̆²/[M̆H]	
:사·람	/M̆²/[M̆H]	:사·람
:소·경	/M̆²/[M̆H]	
:수·건	/M̆²/[M̆H]	
:쎄·미(수염)	/M̆²/[M̆H]	:새·미
:아·래(下)	/M̆²/[M̆H]	
:아·래(再昨日)	/M̆²/[M̆H]	
:안·개(霧)	/M̆²/[M̆H]	:안·개
:열·세	/M̆²/[M̆H]	
:우·뢰	/M̆²/[M̆H]	
:임·금	/M̆²/[M̆H]	:잉·금
:그·마·리	/M̆³/[M̆HM]	:거·마·리

:굼·베·이	/M³/[MHM]	
:사·마·구	/M³/[MHM]	:사·마·구
:지·레·이	/M³/[MHM]	:지·레·이
:호·래·이	/M³/[MHM]	

(23) 부분 대응 자료

정선방언	/성조형/[음조형]	삼척방언
모개·이	/H²M/[MHM]	모구
벌거지	/H³/[MHM]	벌거·지
하르·바·이8)	/H²M²/[MHM²]	할아·버·지

(24) 대응관계가 어긋나는 것

정선방언	/성조형/[음조형]	삼척방언
절	/H/[Hˉ]	:절
거·시	/HM/[HM]	:거·시·이
질게이	/H³/[MHM]	:찔·깨·이
:깍·재·이	/M³/[MHM]	깍지·이9)
:가·부·지·이	/M⁴/[M̌HM²]	가부재·기

4.3. 정선방언 이름씨의 간이 준굴곡형

이 절에서는 이름씨에 토씨가 결합하여 운율적 낱말을 이루는 자료를 정리하여 제시한다. 이미 말한 바와 같이 1음절 평성 이름씨 뒤에서만 토씨의 기저방점이 유지되고, 그 이외의 경우는 중화규칙이나 평복형의 자유변동 등에 의하여 토씨의 방점이 예측될 수 있음을 4.2절에서 보았으므로, 여기에서는 설명을 줄이고, 자료만 제시한다. 자료 제시의 순서는 1음절 거성 이름씨에 토씨가 결합하는 것, 평측형에 토씨가 결합하는 것, 상성형에 토씨가 결합하는 것으로 한다.

4.3.1. 거성형 이름씨와 토씨의 결합

(25) 정선방언 /·배/ : 삼척방언 /·배/

정선방언	/성조형/[음조형]	삼척방언	/성조형/[음조형]
·배(服)M_H		·배(服)M_H	
·배(船)M_H		·배(船)M_H	

---

8) 정선방언의 {할아버·이}는 평3형으로 실현되나, 삼척방언에서는 평2형으로 실현된다.
9) 삼척방언에서는 평2형으로 실현되나 정선방언에서는 상성형으로 실현된다.

(·배·가→)배가	/H²/[MH]	(·배·가→)배가	/H²/[MH]
(·배·를→)배를	/H²/[MH]	(·배·를→)배르	/H²/[MH]
(·배·도→)배도	/H²/[MH]	(·배·도→)배도	/H²/[MH]
(·배·두→)배두	/H²/[MH]		
배·에	/HM/[HM]	배·에	/HM/[HM]
(·배·부·터→)배부·터	/H²M/[MHM]	(·배·부·터→)배부·터	/H²M/[MHM]
(·배·버·텀→)배버·텀	/H²M/[MHM]		
(·배·까·지→)배까·지	/H²M/[MHM]	(·배·까·지→)배까·지	/H²M/[MHM]
(·배·꺼·짐→)배꺼·짐	/H²M/[MHM]		

(26) 정선방언 / ·재/ : 삼척방언 / ·재/

정선방언	/성조형/[음조형]	삼척방언	/성조형/[음조형]
·재(灰)M_H		·재(灰)M_H	
(·재·가→)재가	/H²/[MH]	(·재·가→)재가	/H²/[MH]
(·재·를→)재를	/H²/[MH]	(·재·를→)재르	/H²/[MH]
(·재·도→)재도	/H²/[MH]	(·재·도→)재도	/H²/[MH]
(·재·두→)재두	/H²/[MH]		
재·에	/HM/[HM]	재·애	/HM/[HM]
(·재·부·터→)재부·터	/H²M/[MHM]	(·재·부·터→)재부·터	/H²M/[MHM]
(·재·버·텀→)재버·텀	/H²M/[MHM]		
(·재·까·지→)재까·지	/H²M/[MHM]	(·재·까·지→)재까·지	/H²M/[MHM]
(·재·꺼·진→)재꺼·진	/H²M/[MHM]		

(27) 정선방언 / ·질/ : 삼척방언 / ·질/

정선방언	/성조형/[음조형]	삼척방언	/성조형/[음조형]
·질(道)M_H		·질(道)M_H	
(·질·이→)질이	/H²/[MH]	(·질·이→)질이	/H²/[MH]
(·질·을→)질을	/H²/[MH]	(·질·을→)질으	/H²/[MH]
(·질·도→)질도	/H²/[MH]		
(·질·또→)질또	/H²/[MH]	(·질·또→)질또	/H²/[MH]
(·질·뚜→)질뚜	/H²/[MH]	(·질·뚜→)질뚜	/H²/[MH]
질·에	/HM/[HM]	질·에	/HM/[HM]
(·질·부·터→)질부·터	/H²M/[MHM]	(·질·부·터→)질부·터	/H²M/[MHM]
(·질·버·텀→)질버·텀	/H²M/[MHM]		
(·질·까·지→)질까·지	/H²M/[MHM]	(·질·까·지→)질까·지	/H²M/[MHM]
(·질·꺼·진→)질꺼·진	/H²M/[MHM]		

(28) 정선방언 / ·팥/ : 삼척방언 / ·팥/

정선방언	/성조형/[음조형]	삼척방언	/성조형/[음조형]
·팥(赤豆)M_H		·팥(赤豆)M_H	
(·팥·이→)팥이	/H²/[MH]	(·팥·이→)팥이	/H²/[MH]
(·팥·을→)팥을	/H²/[MH]	(·팥·으→)팥으	/H²/[MH]

(·팥·도→)팥도	/H²/[MH]	(·팥·도→)팥도	/H²/[MH]
팥·에	/HM/[HM]	팥·에	/HM/[HM]
(·팥·부·터→)팥부·터	/H²M/[MHM]	(·팥·부·터→)팥부·터	/H²M/[MHM]
(·팥·부·텀→)팥부·텀	/H²M/[MHM]	(·팥·부·텀→)팥부·텀	/H²M/[MHM]
(·팥·까·지→)팥까·지	/H²M/[MHM]	(·팥·까·지→)팥까·지	/H²M/[MHM]
(·팥·꺼·지→)팥꺼·짐	/H²M/[MHM]	(·팥·꺼·지→)팥꺼·짐	/H²M/[MHM]

4.3.2. 평측형 이름씨와 토씨의 결합

(29) 정선방언 /말/ : 삼척방언 /말/

정선방언	/성조형/[음조형]	삼척방언	/성조형/[음조형]
말(馬)H		말(馬)H	
말·이	/HM/[HM]	말·이	/HM/[HM]
말·을	/HM/[HM]	말·으	/HM/[HM]
말·도	/HM/[HM]	말·도	/HM/[HM]
말·에	/HM/[HM]	말·에	/HM/[HM]
말부·터	/H²M/[MHM]	말부·터	/H²M/[MHM]
말부·텀	/H²M/[MHM]	말·버·텀	/HM²/[HM²]
말까·지	/H²M/[MHM]	말까·지	/H²M/[MHM]
말까·짐	/H²M/[MHM]	말·꺼·짐	/HM²/[HM²]

(30) 정선방언 /문/ : 삼척방언 /문/

정선방언	/성조형/[음조형]	삼척방언	/성조형/[음조형]
문(門)H		문(門)H	
문·이	/HM/[HM]	문·이	/HM/[HM]
문·을	/HM/[HM]	문·으	/HM/[HM]
문·도	/HM/[HM]	문·도	/HM/[HM]
문·두	/HM/[HM]		
문·에	/HM/[HM]	문·에	/HM/[HM]
문부·터	/H²M/[MHM]	문·부·터	/HM²/[HM²]
문버·터	/H²M/[MHM]	문버·터	/H²M/[MHM]
문·까·지	/H²M/[MHM]	문·까·지	/HM²/[HM²]
문꺼·짐	/H²M/[MHM]	문꺼·짐	/H²M/[MHM]

(31) 정선방언 /배/ : 삼척방언 /배/

정선방언	/성조형/[음조형]	삼척방언	/성조형/[음조형]
배(梨)H		배(梨)H	
배·가	/HM/[HM]	배·가	/HM/[HM]
배·를	/HM/[HM]	배·르	/HM/[HM]
배·도	/HM/[HM]	배·도	/HM/[HM]
배·두	/HM/[HM]		
배·에	/HM/[HM]	배·에	/HM/[HM]

배부·터	/H²M/[MHM]	배부·터	/H²M/[MHM]
배버·텀	/H²M/[MHM]	배·버·텀	/HM²/[HM²]
배까·지	/H²M/[MHM]	배까·지	/H²M/[MHM]
배까·지	/H²M/[MHM]	배·까·지	/HM²/[HM²]

(32) 정선방언 /보·름/ : 삼척방언 /보·름/

정선방언	/성조형/[음조형]	삼척방언	/성조형/[음조형]
보·름~보·롬HM		보·름HM	
보·름·이	/HM²/[HM²]	보·름·이	/HM²/[HM²]
보·름·을	/HM²/[HM²]	보·름·을	/HM²/[HM²]
보·름·도	/HM²/[HM²]	보·름·도	/HM²/[HM²]
보·름·또	/HM²/[HM²]		
보·름·에	/HM²/[HM²]	보·름·에	/HM²/[HM²]
보·름·부·터	/HM³/[HM³]	보·름·부·터	/HM³/[HM³]
보·름·버·텀	/HM³/[HM³]		
보름부·터	/H³M/[MнHM]		
보름버·텀	/H³M/[MнHM]		
보·름#부·터	/HM#HM/[HM#HM]		
보·름#버·텀	/HM#HM/[HM#HM]		
보·름·까·지	/HM³/[HM³]	보·름·까·지	/HM³/[HM³]
보·름·꺼·진	/HM³/[HM³]		
보름까·지	/H³M/[MнHM]		
보름까·짐	/H³M/[MнHM]		
보·름#까·지	/HM#HM/[HM#HM]		
보·름#꺼·진	/HM#HM/[HM#HM]		

(33) 정선방언 /하·눌/ : 삼척방언 /하·눌/

정선방언	/성조형/[음조형]	삼척방언	/성조형/[음조형]
하·눌(天)HM		하·눌(天)HM	
하·눌·이	/HM²/[HM²]	하·눌·이	/HM²/[HM²]
하·눌·을	/HM²/[HM²]	하·눌·으	/HM²/[HM²]
하·눌·도	/HM²/[HM²]	하·눌·또	/HM²/[HM²]
하·눌·두	/HM²/[HM²]		
하·눌·에	/HM²/[HM²]	하·눌·에	/HM²/[HM²]
하·눌·부·터	/HM³/[HM³]	하·눌·부·터	/HM³/[HM³]
하·눌·버·텀	/HM³/[HM³]		
하·눌#부·터	/HM#HM/[HM#HM]		
하·눌#버·텀	/HM#HM/[HM#HM]		
하·눌·까·지	/HM³/[HM³]	하·눌·까·지	/HM³/[HM³]
하·눌·꺼·짐	/HM³/[HM³]		
하·눌#까·지	/HM#HM/[HM#HM]		
하·눌#꺼·짐	/HM#HM/[HM#HM]		

(34) 정선방언 /고·슴·도·치/ : 삼척방언 /고·슴·도·치/

정선방언	/성조형/[음조형]	삼척방언	/성조형/[음조형]
고·슴·도·치HM³		고·슴·도·치HM³	
고·슴·도·치·가	/HM⁴/[HM⁴]	고·슴·도·치·가	/HM⁴/[HM⁴]
고·슴·도·치·를	/HM⁴/[HM⁴]	고·슴·도·치·를	/HM⁴/[HM⁴]
고·슴·도·치·도	/HM⁴/[HM⁴]	고·슴·도·치·도	/HM⁴/[HM⁴]
고·슴·도·치·에	/HM⁴/[HM⁴]	고·슴·도·치·에	/HM⁴/[HM⁴]
고·슴·도·체	/HM³/[HM³]		
고·슴·도·치·부·터	/HM⁵/[HM⁵]	고·슴·도·치·부·터	/HM⁵/[HM⁵]
고·슴·도·치·버·텀	/HM⁵/[HM⁵]		
고·슴·도·치#부·터	/HM³#HM/[HM³#HM]		
고·슴·도·치#버·텀	/HM³#HM/[HM³#HM]		
고·슴·도·치·까·지	/HM⁵/[HM⁵]	고·슴·도·치·까·지	/HM⁵/[HM⁵]
고·슴·도·치·꺼·짐	/HM⁵/[HM⁵]		
고·슴·도·치#까·지	/HM³#HM/[HMMM#HM]		
고·슴·도·치#꺼·짐	/HM³#HM/[HMMM#HM]		

(35) 정선방언 /단지/ : 삼척방언 /단지/

정선방언	/성조형/[음조형]	삼척방언	/성조형/[음조형]
단지H²		단지H²	
단지·가	/H²M/[MHM]	단지·가	/H²M/[MHM]
단지·를	/H²M/[MHM]	단지·르	/H²M/[MHM]
단지·도	/H²M/[MHM]	단지·도	/H²M/[MHM]
단지·두	/H²M/[MHM]		
단지·에	/H²M/[MHM]	단지·에	/H²M/[MHM]
단지부·터	/H³M/[MʜHM]	단지부·터	/H³M/[MʜHM]
단지버·텀	/H³M/[MʜHM]	단지·버·텀	/H²M²/[MHM²]
단지까·지	/H³M/[MʜHM]	단지까·지	/H³M/[MʜHM]
단지꺼·진	/H³M/[MʜHM]	단지·꺼·진	/H²M²/[MHM²]

(36) 정선방언 /마알/ : 삼척방언 /마알/

정선방언	/성조형/[음조형]	삼척방언	/성조형/[음조형]
마알(村)H²		마알(村)H²	
마알·이	/H²M/[MHM]	마알·이	/H²M/[MHM]
마알·을	/H²M/[MHM]	마알·을	/H²M/[MHM]
마알·또	/H²M/[MHM]	마알·또	/H²M/[MHM]
마알·에	/H²M/[MHM]	마알·에	/H²M/[MHM]
마알·부·터	/H²M²/[MʜHM]	마알·부·터	/H²M²/[MHM²]
마알·까·지	/H²M²/[MʜHM]	마알·까·지	/H²M²/[MHM²]

(37)정선방언 /까마·구/ : 삼척방언 /까마·구/

정선방언	/성조형/[음조형]	삼척방언	/성조형/[음조형]
까마·구H³		까마·구H²M	
까마구·가	/H³M/[MʜHM]	까마·구·가	/H²M²/[MHM²]
까마구·를	/H³M/[MʜHM]		
까마구·도	/H³M/[MʜHM]	까마·구·도	/H²M²/[MHM²]
까마구·두	/H³M/[MʜHM]		
까마구·에	/H³M/[MʜHM]	까마·구·에	/H²M²/[MHM²]
까마구부·터	/H⁴M/[Mʜ²HM]	까마·구·부·터	/H²M³/[MHM³]
까마구버·텀	/H⁴M/[Mʜ²HM]		
까마구까·지	/H⁴M/[Mʜ²HM]	까마·구·까·지	/H²M³/[MHM³]
까마구꺼·짐	/H⁴M/[Mʜ²HM]		

(38) 정선방언 /보리/ : 삼척방언 /보리/

정선방언	/성조형/[음조형]	삼척방언	/성조형/[음조형]
보리H²		보리H²	
보리·가	/H²M/[MHM]	보리·가	/H²M/[MHM]
보리·를	/H²M/[MHM]	보리·르	/H²M/[MHM]
보리·도	/H²M/[MHM]	보리·도	/H²M/[MHM]
보리·에	/H²M/[MHM]	보리·에	/H²M/[MHM]
보리부·터	/H³M/[MʜHM]	보리부·터	/H³M/[MʜHM]
보리버·텀	/H³M/[MʜHM]	보리·버·텀	/H²M²/[MHM²]
보리까·지	/H³M/[MʜHM]	보리까·지	/H³M/[MHM²]
보리꺼·지	/H³M/[MʜHM]	보리·꺼·지	/H²M²/[MHM²]

(39)정선방언 /소굼/ : 삼척방언 /소굼/

정선방언	/성조형/[음조형]	삼척방언	/성조형/[음조형]
소굼(鹽)H²		소굼(鹽)H²	
소굼·이	/H²M/[MHM]	소굼·이	/H²M/[MHM]
소굼·을	/H²M/[MHM]	소굼·으	/H²M/[MHM]
소굼·도	/H²M/[MHM]	소굼·도	/H²M/[MHM]
소굼·또	/H²M/[MHM]	소굼·또	/H²M/[MHM]
소굼·에	/H²M/[MHM]	소굼·에	/H²M/[MHM]
소굼부·터	/H³M/[MʜHM]	소굼부·터	/H³M/[MʜHM]
소굼버·텀	/H³M/[MʜHM]	소굼·버·텀	/H²M²/[MHM²]
소굼까·지	/H³M/[MʜHM]	소굼까·지	/H³M/[MʜHM]
소굼꺼·짐	/H³M/[MʜHM]	소굼·꺼·짐	/H²M²/[MHM²]

(40) 정선방언 /오두/ : 삼척방언 /오두/

정선방언	/성조형/[음조형]	삼척방언	/성조형/[음조형]
오두H²		오두H²	

오두·가	/H²M/[MHM]	오두·가	/H²M/[MHM]
오두·를	/H²M/[MHM]	오두·르	/H²M/[MHM]
오두·도	/H²M/[MHM]	오두·도	/H²M/[MHM]
오두·에	/H²M/[MHM]	오두·에	/H²M/[MHM]
오두부·터	/H³M/[MнHM]	오두부·터	/H³M/[MнHM]
오두까·지	/H³M/[MнHM]	오두까·지	/H³M/[MнHM]

(41) 정선방언 /모개·이/ : 삼척방언 /모구/

정선방언	/성조형/[음조형]	삼척방언	/성조형/[음조형]
모개·이~모갱·이(蚊)H²M		모구(蚊)H²	
모개·이·가	/H²M²/[MHM²]	모구·가	/H²M²/[MHM²]
모개·이·를	/H²M²/[MHM²]	모구·르	/H²M²/[MHM²]
모개·이·도	/H²M²/[MHM²]	모구·도	/H²M²/[MHM²]
모개·이·두	/H²M²/[MHM²]		
모개·이·에	/H²M²/[MHM²]	모구·에	/H²M²/[MHM²]
모개·이·부·터	/H²M³/[MHMM²]	모구부·터	/H³M/[MнHM]
모개·이·버·텀	/H²M³/[MHMM²]	모구·버·텀	/H²M²/[MHM²]
모개·이#부·터	/H²M#HM/[MHM#HM]		
모개·이#버·텀	/H²M#HM/[MHM#HM]		
모개·이·까·지	/H²M³/[MHMM²]	모구까·지	/H³M/[MнHM]
모개·이·꺼·진	/H²M³/[MHMM²]	모구·꺼·진	/H²M²/[MHM²]
모개·이#까·지	/H²M#HM/[MHM#HM]		
모개·이#꺼·짐	/H²M#HM/[MHM#HM]		

(42) 정선방언 /무지·개/ : 삼척방언 /무지·개/

정선방언	/성조형/[음조형]	삼척방언	/성조형/[음조형]
무지·개H²M		무지·개H²M	
무지개·가	/H³M/[MнHM]	무지·개·가	/H²M²/[MHM²]
무지개·를	/H³M/[MнHM]	무지·개·르	/H²M²/[MHM²]
무지개·도	/H³M/[MнHM]	무지·개·도	/H²M²/[MHM²]
무지개·두	/H³M/[MнHM]	무지·개·두	/H²M²/[MHM²]
무지개·에	/H³M/[MнHM]	무지·개·에	/H²M²/[MHM²]
무지개부·터	/H⁴M/[Mн²HM]	무지·개·부·터	/H²M³/[MHM³]
무지개버·텀	/H⁴M/[Mн²HM]	무지·개·버·텀	/H²M³/[MHM³]
무지개까·지	/H⁴M/[Mн²HM]	무지·개·까·지	/H²M³/[MHM³]
무지개꺼·짐	/H⁴M/[Mн²HM]	무지·개·꺼·짐	/H²M³/[MHM³]

(43) 정선방언 /쇠시·랑/ : 삼척방언 /쇠시·랑/

정선방언	/성조형/[음조형]	삼척방언	/성조형/[음조형]
쇠시·랑/소스·랑H²M~H³		쇠시·랑H³	
쇠시랑·이	/H³M/[MнHM]	쇠시랑·이	/H³M/[MнHM]
쇠시랑·을	/H³M/[MнHM]		

쇠시랑·도	/H³M/[MʜHM]	쇠시랑·도	/H³M/[MʜHM]
쇠시랑·또	/H³M/[MʜHM]		
쇠시랑·뚜	/H³M/[MʜHM]		
쇠시랑·에	/H³M/[MʜHM]	쇠시랑·에	/H³M/[MʜHM]
쇠시랑부·터	/H⁴M/[Mʜ²HM]	쇠시랑부·터	/H⁴M/[Mʜ²HM]
쇠시랑버·텀	/H⁴M/[Mʜ²HM]	쇠시랑·부·텀	/H³M²/[MʜHM²]
쇠시랑까·지	/H⁴M/[Mʜ²HM]	쇠시랑까·지	/H⁴M/[Mʜ²HM]
쇠시랑꺼·짐	/H⁴M/[Mʜ²HM]	쇠시랑·꺼·짐	/H³M²/[MʜHM²]

4.3.3. 상성형 이름씨와 토씨의 결합

(44) 정선방언 /:벌/ : 삼척방언 /:벌/

정선방언	/성조형/[음조형]	삼척방언	/성조형/[음조형]
:벌(蜂)M̆		:벌(蜂)Ḧ	
:벌·이10)	/M̆²/[M̆H]	:벌·이	/Ḧ²/[ḦM]
:벌·을	/M̆²/[M̆H]	:벌·으	/Ḧ²/[ḦM]
:벌·또	/M̆²/[M̆H]	:벌·또	/Ḧ²/[ḦM]
:벌·에11)	/M̆²/[M̆H]	:벌·에	/Ḧ²/[ḦM]
:벌·부·터	/M̆³/[M̆HM]	:벌·부·터	/Ḧ³/[ḦM²]
:벌·버·터	/M̆³/[M̆HM]		
:벌·까·지	/M̆³/[M̆HM]	:벌·까·지	/Ḧ³/[ḦM²]
:벌·꺼·짐	/M̆³/[M̆HM]		

(45) 정선방언 /:속/ : 삼척방언 /:속/

정선방언	/성조형/[음조형]	삼척방언	/성조형/[음조형]
:속(裏)M̆		:속(裏)Ḧ	
:속·이	/M̆²/[M̆H]	:속·이	/Ḧ²/[ḦM]
:속·을	/M̆²/[M̆H]	:속·으	/Ḧ²/[ḦM]
:속·도	/M̆²/[M̆H]	:속·도	/Ḧ²/[ḦM]
:속·에	/M̆²/[M̆H]	:속·에	/Ḧ²/[ḦM]
:속·부·터	/M̆³/[M̆HM]	:속·부·터	/Ḧ³/[ḦM²]
:속·버·텀	/M̆³/[M̆HM]		
:속·까·지	/M̆³/[M̆HM]	:속·까·지	/Ḧ³/[ḦM²]
:속·꺼·짐	/M̆³/[M̆HM]		

(46) 정선방언 /:도·꾸/ : 삼척방언 /:도·꾸/

정선방언	/성조형/[음조형]	삼척방언	/성조형/[음조형]
:도·꾸M̆²		:도·꾸Ḧ²	
:도·꾸·가	/M̆³/[M̆HM]	:도·꾸·가	/Ḧ³/[ḦM²]

---

10) :벌·이 ·쏘·았·다.
11) :벌·에 ·쏘·였·다.

:도·꾸·를	/M̌³/[M̌HM]	:도·꾸·르	/Ḧ³/[ḦM²]
:도·꾸·도	/M̌³/[M̌HM]	:도·꾸·도	/Ḧ³/[ḦM²]
:도·꾸·두	/M̌³/[M̌HM]	:도·꾸·두	/Ḧ³/[ḦM²]
:도·꾸·에	/M̌³/[M̌HM]	:도·꾸·에	/Ḧ³/[ḦM²]
:도·꾸·부·터	/M̌⁴/[M̌HM²]	:도·꾸·부·터	/Ḧ⁴/[ḦM³]
:도·꾸·버·텀	/M̌⁴/[M̌HM²]		
:도·꾸#부·터	/M̌H#HM/[M̌ʜ#HM]		
:도·꾸#버·텀	/M̌H#HM/[M̌ʜ#HM]		
:도·꾸·까·지	/M̌⁴/[M̌HM²]	:도·꾸·까·지	/Ḧ⁴/[ḦM³]
:도·꾸·꺼·짐	/M̌⁴/[M̌HM²]		
:도·꾸#까·지	/M̌H#HM/[M̌ʜ#HM]		
:도·꾸#꺼·짐	/M̌H#HM/[M̌ʜ#HM]		

(47) 정선방언 /:사·람/ : 삼척방언 /:사·람/

정선방언	/성조형/[음조형]	삼척방언	/성조형/[음조형]
:사·람M̌²		:사·람Ḧ²	
:사·람·이	/M̌³/[M̌HM]	:사·람·이	/Ḧ³/[ḦM²]
:사·람·을	/M̌³/[M̌HM]		
:사·람·도	/M̌³/[M̌HM]	:사·람·도	/Ḧ³/[ḦM²]
:사·람·에·게	/M̌⁴/[M̌HM²]	:사·람·에·게	/Ḧ⁴/[ḦM³]
:사·람·부·터	/M̌⁴/[M̌HM²]	:사·람·부·터	/Ḧ⁴/[ḦM³]
:사·람·버·텀	/M̌⁴/[M̌HM²]		
:사·람#부·터	/M̌H#HM/[M̌ʜ#HM]		
:사·람#버·텀	/M̌H#HM/[M̌ʜ#HM]		
:사·람·까·지	/M̌⁴/[M̌HM²]	:사·람·까·지	/Ḧ⁴/[ḦM³]
:사·람·꺼·짐	/M̌⁴/[M̌HM²]		
:사·람#까·지	/M̌H#HM/[M̌ʜ#HM]		
:사·람#꺼·짐	/M̌H#HM/[M̌ʜ#HM]		

(48) 정선방언 /:사·마·구/ : 삼척방언 /:사·마·구/

정선방언	/성조형/[음조형]	삼척방언	/성조형/[음조형]
:사·마·구M̌³		:사·마·구Ḧ³	
:사·마·구·가	/M̌⁴/[M̌HM²]	:사·마·구·가	/Ḧ⁴/[ḦM³]
:사·마·구·를	/M̌⁴/[M̌HM²]	:사·마·구·를	/Ḧ⁴/[ḦM³]
:사·마·구·도	/M̌⁴/[M̌HM²]	:사·마·구·도	/Ḧ⁴/[ḦM³]
:사·마·구·두	/M̌⁴/[M̌HM²]	:사·마·구·두	/Ḧ⁴/[ḦM³]
:사·마·구·에	/M̌⁴/[M̌HM²]	:사·마·구·에	/Ḧ⁴/[ḦM³]
:사·마·구·부·터	/M̌⁵/[M̌HM³]	:사·마·구·부·터	/Ḧ⁵/[ḦM⁴]
:사·마·구·버·텀	/M̌⁵/[M̌HM³]		
:사·마·구#부·터	/M̌³#HM/[M̌ʜ²#HM]		
:사·마·구#부·텀	/M̌³#HM/[M̌ʜ²#HM]		
:사·마·구·까·지	/M̌⁵/[M̌HM³]	:사·마·구·까·지	/Ḧ⁵/[ḦM⁴]
:사·마·구·꺼·짐	/M̌⁵/[M̌HM³]		

:사·마·구#까·짐   /M̂³#HM/[M̂ʜ²#HM]
:사·마·구#꺼·짐   /M̂³#HM/[M̂ʜ²#HM]

4.4. 정선방언 풀이씨의 성조

풀이씨의 성조는 줄기가 1음절이냐 2음절 이상이냐에 따라 나누어서 살펴보아야 한다. 그 이유는 다음과 같다.

첫째, 토씨의 기저방점을 분석할 때와 마찬가지로 씨끝도 1음절 평성 뒤에 나타날 때의 방점을 그 기저방점표상으로 처리해야 하기 때문이다. 이에, 1음절 평성 줄기와 그 밖의 평측형 줄기를 구분해야 한다.

둘째, 1음절 평성 줄기 중에는 씨끝과 결합할 때, 복잡한 방점의 변동현상이 보인다. 즉, 2음절 이상의 모든 평측형 줄기는 그 방점이 평일형의 경우와 마찬가지로 고정되어 있거나, 비록 고정은 아니더라도 평복형 줄기처럼 그 방점의 변동이 평복형의 자유변동규칙에 의해서 예측할 수 있기 때문이다.

셋째, 거성형 줄기 풀이씨는 오직 1음절에서만 거성을 인정하지 않으면 안 되고, 2음절 거성형 줄기 풀이씨는 평복형으로 다 합류되었기 때문이다.

넷째, 1음절 상성형 줄기는 모음으로 시작되는 씨끝 앞에서 다수가 평성으로 변화되는 데 대하여 2음절 상성형은 기저방점표상의 변동이 없기 때문이다.

4.4.1. 씨끝의 방점 분석

이 연구에서 씨끝이라는 것은 형태론적으로 분석된 하나하나의 씨끝이 아니라 운율적 낱말(대개의 경우는 어절과 일치) 안에서 씨끝의 연결체를 간단히 줄여서 부르는 말이다. 예를 들면, /잡는/의 씨끝은 /-는/이고, /잡·아/의 씨끝은 /-·아/라는 것은 당연하지만, /잡·았·겠·습·디·다/는 /-·았-, -·겠-, -습-, -디-, -·다/의 연결체이지만 편이상 이들은 분석하지 않고 /-·았·겠·습·디·다/를 씨끝이라 부르기로 한다.

상성이 아닌 1음절 풀이씨 어간 중에는 뒤따르는 씨끝의 기저방점표상이 ·□₁과 □₁·□ⁿ으로 나타나도록 대립을 허용하는 것과 항상 줄기와 씨끝이 결합하여 이루어지는 운율적 낱말을 항상 평복형으로 도출하는 것이 있다.

우리는 정선방언 화자의 말(음조형)을 듣고 그 성조형과 방점형을 추적해 낼 수 있다. 이것은 제2장에서 제시한 정선방언의 다음절 음조실현규칙 (19)를 역으로 이용해서 [음조형]을 통해서 /성조형/을 알아내고, 또 그 /성조형/은 제2장에서 제시한 (14)에 대응시킴으로써 방점형을 파악할 수 있다. 이와 같은 분석법을 역추적법이라 한다(김세진 2006:264 참조).

역추적법에 의한 성조형과 방점형의 분석은 풀이씨의 줄기에 따라 가능한 것이 있고 그렇지 않은 것이 있는데, 뒤에 제시한 (50) 왼쪽의 /잡·다/와 /·숨·다/를 일단 대조하면 그것을 이해할 수 있다. /·숨·다/의 모든 굴곡형들은 모두 평복형(평2형, 평3형, 평4형, … 평n형)으로 나타나기 때문에 모든 씨끝은 다 □₂·□ⁿ으로 되어 씨끝에서 방점의 대립이 나타나지 않는다. 이것은 /·숨·다/의 줄기 /·숨-/이 /M/[M̄]이기 때문에 중화에 의해서 이 줄기와 씨끝이 결합해서 이루지는 운율적 낱말은 모두 ·□₂로 된 후에, 평2형으로 합류된 것이라고 볼 수 있다.

우리는 이미 (7)에서 토씨 방점표상의 분석원칙을 제시했는데, 씨끝 분석도 동질적인 원칙의 적용을 받는 것으로 볼 수 있다. 그러므로 (7)을 더 일반화하여 토씨와 씨끝을 포함할 수 있는 규칙으로 다음과 같이 만들 수가 있다.

(49) 정선방언 문법형태소의 방점표상 분석의 원칙
　　 문법형태소(토씨 및 씨끝)가 1음절 평성 이름씨나 풀이씨 줄기 뒤에 나타날 때, 그 문법형태소의 방점이 기저방점이다.

따라서, 1음절 평성 풀이씨 줄기가 아니면, 그 뒤에 나타나는 씨끝의 방점은 대립을 이룰 수가 없기 때문에, 아래의 /잡-/ 뒤에서 /-·네, -·데, -·두·룩, -·아·서, -거·든, -거·나, -는·데, …/처럼 방점의 대립이 가능하다는 것은 줄기 /잡-/이 평성(□)이라는 것을 알 수 있다. 그러므로 /잡-/ 뒤에 나타나는 모든 씨끝은 그 방점이 기저방점이라고 간주할 수 있다.

(50) 정선 방언 역추적법에 의한 풀이씨 어간과 씨끝의 방점 분석

낱말	[음조]	/성조/	방점형	낱말	[음조]	/성조/	방점형
잡겠다	[HM²]	/HM²/	잡·겠·다	숨겠다	[MHM]	/H²M/	숨겠·다
잡네	[HM]	/HM/	잡·네	숨네	[MH]	/H²/	숨네
잡데	[HM]	/HM/	잡·데	숨데	[MH]	/H²/	숨데
잡두록	[HM²]	/HM²/	잡·두·록	숨두록	[MHM]	/H²M/	숨두·록
잡세	[HM]	/HM/	잡·세	숨세	[MH]	/H²/	숨세
잡소	[HM]	/HM/	잡·소	숨소	[MH]	/H²/	숨소
잡어	[HM]	/HM/	잡·어	숨어	[MH]	/H²/	숨어
잡어두	[HM²]	/HM²/	잡·어·두	숨어두	[MHM]	/H²M/	숨어·두
잡어라	[HM²]	/HM²/	잡·어·라	숨어라	[MHM]	/H²M/	숨어·라
잡어서	[HM²]	/HM²/	잡·어·서	숨어서	[MHM]	/H²M/	숨어·서
잡었다	[HM²]	/HM²/	잡·었·다	숨었다	[MHM]	/H²M/	숨었·다
잡으면	[HM²]	/HM²/	잡·으·면	숨으면	[MHM]	/H²M/	숨으·면
잡은	[HM]	/HM/	잡·은	숨은	[MH]	/H²/	숨은
잡은들	[HM²]	/HM²/	잡·은·들	숨은들	[MHM]	/H²M/	숨은·들
잡을	[HM]	/HM/	잡·을	숨을	[MH]	/H²/	숨을

정선방언				삼척방언			
잡을수록	[HM^3]	/HM^3/	잡·을·수·	숨을수록	[MHM^2]	/H^2M^2/	숨을·수·록
잡자	[HM]	/HM/	잡·자	숨자	[MH]	/H^2/	숨자
잡지	[HM]	/HM/	잡·지	숨지	[MH]	/H^2/	숨지
잡거나	[MHM]	/H^2M/	잡거·나	숨거나	[MHM]	/H^2M/	숨거·나
잡거든	[MHM]	/H^2M/	잡거·든	숨거든	[MHM]	/H^2M/	숨거·든
잡는	[MH]	/H^2/	잡는	숨는	[MH]	/H^2/	숨는
잡는다	[MHM]	/H^2M/	잡는·다	숨는다	[MHM]	/H^2M/	숨는·다
잡는데	[MHM]	/H^2M/	잡는·데	숨는데	[MHM]	/H^2M/	숨는·데
잡는구나	[MʜHM]	/H^3M/	잡는구·나	숨는구나	[MHM]	/H^2M/	숨는구·나
잡더나	[MHM]	/H^2M/	잡더·나	숨더나	[MHM]	/H^2M/	숨더·나
잡더라	[MHM]	/H^2M/	잡더·라	숨더라	[MHM]	/H^2M/	숨더·라
잡더라고	[MHM^2]	/H^2M^2/	잡더·라·고	숨더라고	[MHM]	/H^2M/	숨더·라·고
잡더라도	[MʜHM]	/H^3M/	잡더라·도	숨더라도	[MHM]	/H^2M/	숨더라·도
잡두·록	[MHM]	/H^2M/	잡두·록	숨두록	[MHM]	/H^2M/	숨두·록

그런데, 풀이씨 씨끝 방점 분석에서 한 가지 유의해야 할 것은 모든 씨끝 앞에서 /잡-/은 방점이 변화하지 않고 항상 평성으로만 나타난다. 이와 같은 어간을 고정 평성줄기라 한다. 이제 고정 평성줄기 /잡-/의 굴곡형을 열거한 다음, /잡-/만 제거하면 그 씨끝은 기저방점이 그대로 남게 된다.

다음 (51)의 /잡-/의 굴곡형을 보자. 첫째 열 "정선방언" 아래에 있는 것들은 풀이씨 /잡·다/의 굴곡형들이고, "씨끝" 아래에 있는 것들은 그 왼쪽에서 줄기 /잡-/을 제거한 부분으로 그것들이 바로 정선방언의 씨끝들의 기저방점이다. 즉, /잡·다/와 결합한 씨끝들은 (49) 정선방언 문법형태소의 방점표상 분석의 원칙에 의해서 기저방점표상이 된다. 씨끝 방점표상의 오른쪽에는 "삼척방언"이 있는데, 그 아래 있는 어형들은 모두 삼척방언 /잡·다/의 굴곡형들의 기저방점형이다. 역시 /잡-/을 제거하면 삼척방언의 기저방점표상이 되지만 눈으로 쉽게 확인할 수 있기 때문에 삼척방언의 씨끝들의 기저방점표상은 따로 열거하지는 않았다. 삼척방언 자료를 병기한 것은 같은 강원방언인 정선방언의 씨끝들의 방점표상의 특징을 이해하는 데 도움을 주려는 시도에서이다.

(51) 정선방언 씨끝의 기저방점 표상

정선방언	씨끝	삼척방언	표준말
잡·다	·다	잡·다	<다>
잡거·나	거·나	잡거·나	<거나>
잡거·든	거·든	잡거·든	<거든>
잡거·든	거·든	잡거·드	<거든>
잡·겠·습·니·까	·겠·습·니·까	잡겠·습·니·까	<겠습니까>
잡·겠·습·니·이·까	·겠·습·니·까	잡겠·습·니·까	<겠습니까>
잡·겠·습·니·다	·겠·습·니·다	잡겠·습·니·다	<겠습니다>
잡·겠·습·니·이·다	·겠·습·니·다	잡겠·습·니·다	<겠습니다>

잡·겠·다	·겠·다	잡겠·다	<겠다>
잡·겠·습·디·다	·겠·습·디·다	잡겠·습·디·다	<겠습디다>
잡·겠·습·디·이·다	·겠·습·디·이·다	잡겠·습·디·다	<겠습디다>
잡·길·래	길·래	잡길·래	<길래>
잡는	는	잡는	<는>
잡는·가	는·가	잡는·가	<는가>
잡는것·같·다	는것·같·다	잡는·껬·다	<는가보다>
잡는거·같·다	는거·같·다	잡는·껬·다	<는가보다>
잡는것·겉·다	는것·겉·다	잡는·껬·다	<는가보다>
잡는거·겉·다	는거·겉·다	잡는·껬·다	<는가보다>
잡는거·요	는거·요	잡는·기·요	<는가보다>
잡는구·나	는구·나	잡는·구·나	<는구나>
잡는·다	는·다	잡는·다	<는다>
잡는·데	는·데	잡는·데	<는데>
잡습니·까	습니·까	잡습·니·까	<습니까>
잡십니·까	십니·까	잡습·니·까	<습니까>
잡습니·이·까[12]	습니·이·까	잡습·니·까	<습니까>
잡십니·이·까	십니·이·까	잡습·니·까	<습니까>
잡습니·다	습니·다	잡습·니·다	<습니다>
잡십니·다	십니·다	잡습·니·다	<습니다>
잡더·나	더·나	잡다·나	<더냐>
잡더·나	더·나	잡더·나	<더냐>
잡더나	더나	잡더·나	<더냐>
잡더·라	더·라	잡더·라	<더라>
잡더·라	더·라	잡다·라	<더라>
잡더·라·고	더·라·고	잡더·라·고	<더라고>
잡더·라·고	더·라·고	잡다·라·고	<더라고>
잡더라·도	더라·도	잡더·라·도	<더라도>
잡더래·도	더래·도	잡더·래·도	<더라도>
잡더래·도	더래·도	잡다·래·도	<더라도>
잡더래도	더래도	잡더·래·도	<더라도>
잡더래도	더래도	잡다·래·도	<더라도>
잡던·가	던·가	잡던·가	<던가>
잡던거·같·더·라	던거·같·더·라	잡는·껬·다	<는가보다>
잡던거·것·더·라	던거·것·더·라	잡는·껬·다	<는가보다>
잡·데	·데	잡데·에	<데>
잡도·록	도·록	잡드·로	<도록>
잡두·록	두·록	잡드·로	<도록>
잡·도·록	·도·록	잡드·로	<도록>
잡·두·록	·두·록	잡드·로	<도록>
잡던·가	던·가	잡던·가	<든가>
잡습·디·까	습·디·까	잡습·디·까	<습디까>

12) /잡습니·이·까/ 등에서 옛이응 ㆁ은 [ŋ]을 뜻하는 것이 아니라 앞뒤의 모음이 비음화 되는 것을 표시한다.

잡습·디·이·까	습·디·이·까	잡습·디·까	<습디까>
잡십·디·까	십·디·까	잡습·디·까	<습디까>
잡십·디·이·까	십·디·이·까	잡습·디·까	<습디까>
잡습·디·다	습·디·다	잡습·디·다	<습디다>
잡십·디·다	십·디·다	잡습·디·다	<습디까>
잡습·디·이·다	습·디·이·다	잡습·디·다	<습디다>
잡십·디·이·다	십·디·이·다	잡습·디·다	<습디다>
잡·읍·시·다	·읍·시·다	잡·읍·시·다	<읍시다>
잡·게	·게	잡·게	<게>
잡·고(~#있·다)	·고	잡·고(~#있·다)	<고>
잡·구(~#있·다)	·구	잡·고(~#있·다)	<고>
잡·고(~#싶·다)	·고	잡·고(~#싶·다)	<고>
잡·구·싶·다	·구	잡·고(~#싶·다)	<고>
잡·나	·나	잡·나	<니(물음)>
잡나	나	잡·나	<니(물음)>
잡·네	·네	잡·네	<네(서술)>
잡·데	·데	잡·데	<데>
잡·세	·세	잡·세	<으세>
잡·소	·소	잡·소	<소(물음)>
잡·아	·아	잡·아	<아(서술)>
잡·어	·어	잡·어	<아(서술)>
잡·아	·아	잡·아	<아(어찌)>
잡·어	·어	잡·어	<아(어찌)>
잡·어·도	·어·도	잡·어·도	<아도>
잡·어·두	·어·두	잡·어·도	<아도>
잡·어·라	·어·라	잡·아·라	<아라>
잡·어·라	·어·라	잡·어·라	<아라>
잡·아·서	·아·서	잡·아·서	<아서>
잡·아·서	·아·서	잡·아·사	<아서>
잡·어·서	·어·서	잡·어·서	<아서>
잡·어·서	·어·서	잡·어·사	<아서>
잡·어·야	·아·야	잡·아·야	<아야>
잡·어·야	·어·야	잡·어·야	<아야>
잡·았·습·니·까	·았·습·니·까	잡·았·습·니·까	<았습니까>
잡·았·습·니·이·까	·았·습·니·이·까		<았습니까>
잡·었·습·니·까	·었·습·니·까	잡·었·습·니·까	<았습니까>
잡·었·습·니·이·까	·었·습·니·이·까		<았습니까>
잡·았·습·니·다	·았·습·니·다	잡·았·습·니·다	<았습니다>
잡·았·십·니·다	·았·십·니·다		<았습니다>
잡·었·습·니·다	·었·습·니·다	잡·었·습·니·다	<았습니다>
잡·었·십·니·다	·었·십·니·다		<았습니다>
잡·었·다	·었·다잡·았·다		<았다>
잡·았·던·것·같·다	·았·던·것·같·다	잡·았·던·젔·다	<았던가보다>
잡·았·던·거·같·다	·았·던·거·같·다		<았던가보다>
잡·었·던·것·겉·다	·었·던·것·겉·다	잡·었·던·젔·다	<았던가보다>

잡·었·던·거·겉·다	·었·던·거·겉·다		<았던가보다>
잡·았·습·디·까	·았·습·디·까	잡·았·습·디·까	<았습디까>
잡·았·십·디·까	·았·습·디·까		<았습디까>
잡·었·습·디·이·까	·었·습·디·이·까		<았습디까>
잡·었·십·디·이·까	·었·십·디·이·까		<았습디까>
잡·었·습·디·까	·었·습·디·까	잡·었·습·디·까	<았습디까>
잡·았·십·디·까	·았·십·디·까		<았습디까>
잡·었·습·디·이·까	·었·습·디·이·까		<았습디까>
잡·었·십·디·이·까	·었·십·디·이·까		<았습디까>
잡·았·습·디·다	·았·습·디·다	잡·았·습·디·다	<았습디다>
잡·았·십·디·다	·았·십·디·다		<았습디다>
잡·았·습·디·이·다	·았·습·디·이·다		<았습디다>
잡·었·십·디·이·다	·었·십·디·이·다		<았습디다>
잡·었·습·디·다	·었·습·디·다	잡·었·습·디·다	<았습디다>
잡·었·십·디·다	·었·십·디·다		<았습디다>
잡·았·습·디·이·다	·았·습·디·이·다		<았습디다>
잡·었·십·디·이·다	·었·십·디·이·다		<았습디다>
잡·었·다	·었·다	잡·었·다	<았다>
잡·었·나	·었·나	잡·었·나	<았니>
잡·으·까	·으·까	잡·으·까	<을까>
잡·을·께	·으·께	잡·으·께·이	<으마>
잡·으·나	·으·나	잡·으·나	<으나>
잡·으·니·까	·으·니·까 잡·으·이·까		<으니까>
잡·으·이·께	·으·이·께	잡·으·이·꺼·네	<으니까>
잡·으·라·고	·으·라·고	잡·으·라·고	<으라고(물음)>
잡·으·러	·으·러	잡·으·러	<으러>
잡·으·로	·으·러		<으러>
잡·으·면	·으·면	잡·으·면	<으면>
잡·으·머	·으·머	잡·으·머	<으면>
잡·으·먼	·으·먼	잡·으·먼	<으면>
잡·으·문	·으·문	잡·으·문	<으면>
잡·으·무·는	·으·무·는	잡·으·머·는	<으면>
잡·세	·세	잡·으·세	<으세>
잡·으·시·오	·으·시·오	잡·으·시·오	<으십시오>
잡·으·시·니	·으·시·니	잡·으·시·이	<으시니>
잡·으·시·지	·으·시·지	잡·으·시·지	<으시지요>
잡·으·신·다	·으·신·다	잡·으·신·다	<으신다>
잡·은	·은	잡·은	<은>
잡·은·들	·은·들	잡·은·들	<은들>
잡·을	·을	잡·을	<을>
잡·을·까	·을·까	잡·을·까	<을까>
잡·으·껄	·을·껄	잡·을·껄	<을걸>
잡·을·꺼·얼	·을·꺼·얼	잡·을·꺼·얼	<을걸>
잡·을·라·고	·을·라·꼬	잡·을·라·고	<으려고>
잡·겠·습·디·다	·겠·습·디·다	잡겠·습·디·다	<겠습디다>

잡·겠·십·디·다	·겠·십·디·다		<겠습디다>
잡·을·수·록	·을·수·록	잡·을·수·로	<을수록>
잡·을·테·에·니·까	·을·테·에·니·까	잡·을·테·니·까	<을테니까>
잡·을#테·에·니·까	·을#테·에·니·까		<을테니까>
잡·자	·자	잡·자	<자(이끎)>
잡·지	·지	잡·지	<지(물음)>
잡·지	·지	잡·지	<지(서술)>
잡·지	·지	잡·지	<지(시킴)>
잡·지(#:말·고)	·지	잡·지	<지(이음)>

위에서 번거로움을 피하기 위해서 하나하나 따로 열거하지는 않았지만 평복형($\square_2 \cdot \square^n$)
은 그 하위 방점끼리 자유변동이 있다. 예를 들면, /잡십니·다/는 /잡십·니·다/, /잡십니다/
가 다 가능하다. 특히, 맺음씨끝의 물음을 나타내는 경우에는 압도적인 빈도로 모든 음절
이 평성으로 나타난다. /잡십니·까/는 /잡십니까/로 나타나고, /잡던·가/는 /잡던가/로 나타
나는 빈도가 압도적으로 높다.

정선방언과 삼척방언의 씨끝의 공통된 특징 중의 하나는 줄기의 모음이 양성모음 /아/일
때, /-·아X~·어X/의 두 가지 변이형이 다 결합될 수 있다는 점이다. 예를 들면, /잡·아·서/~
/잡·어·서/가 다 가능하다. 그러나 줄기의 모음이 음성모음 /어/일 때는 정선방언에서는
/-·어X/만 결합되고 /-·아X/는 결합될 수 없지만, 삼척방언에서는 음성모음 뒤에 /-·어X/
는 물론이고, /-·아X/도 결합될 수 있다. 예를 들면, 정선방언에서는 /숨·었·습·니·다/는 가
능하지만, /숨·았·습·니·다/는 나타나지 않는 데 대하여 삼척방언에서는 /숨·었·습·니·다/
와 /숨·았·습·니·다/가 다 가능하다.

경상남북도 대부분의 방언과 삼척방언에서는 평성 /-겠-/으로 나타나는 씨끝이 정선방
언에서는 /-·겠-/으로 나타나는 것을 하나의 특징으로 들 수 있다.

토씨들 중에는 가끔 앞서는 이름씨와 결합되지 않고 독립적으로 그 기저방점을 유지하
여 하나의 운율적 낱말이 되었던 것과 마찬가지로 씨끝들 가운데도 가끔 앞서는 부분과 결
합되지 않고 독립된 방점형으로 이미 변동하는 경우가 있다. 예를 들면, /잡·을·테·에·니·까/
는 /잡·을#테·에·니·까/[#HM³]로 나타나기도 한다. 이와 같이 독립해서 하나의 운율적 낱
말처럼 방점형이 나타나는 것은 /#테·에·니·까/뿐만 아니라 다른 씨끝들도 나타날 것이다.

4.4.2. 풀이씨 줄기의 성조 분류

하나의 형태소로 이루어진 3음절 이상의 풀이씨 줄기 또는 이른 바 '으-벗어난 풀이씨'
나 '르-벗어난 풀이씨'(/XCi-/형이나 /XCi/형 풀이씨) 이외의 2음절 풀이씨 줄기는 그 성조
가 씨끝의 성조에 관계없이 고정되어 있어서 이들은 다음절 고정 성조 줄기로 잡아 성조
변동을 따로 다룰 필요가 없다. 2음절로 된 줄기들 가운데서 /XCi-/나 /XCi/의 모양을 가

진 것은 뒤따르는 {-·아X ~ ·어X}형의 씨끝 앞에서 씨끝의 모음이 삭제되거나 또는 축약에 따라 1음절로 변하는데, 이때 줄기의 성조가 변동되는 경우는 /모르·다/가 있을 뿐이고, 그 밖의 것은 1음절로 변하더라도 줄기의 첫 음절의 표시 방점은 평성(□)으로 고정되어 있다. /모르·다/의 굴곡형들의 성조 변동에 대해서는 뒤에 풀이씨들의 간략 굴곡표를 제시하는 자리에 가서 제시하는 것으로 하고 여기서는 다루지 않는다. 또한, /나가·다, 나오·다, 가보·다, 가서·다, …/ 등의 2음절 줄기의 풀이씨의 굴곡형은 그 방점의 변동이 극히 복잡하여 이들만의 성조현상을 별개의 절에서 다룰 것이다.

정선방언의 풀이씨 줄기의 성조는 방점이 무엇인가에 따라 평성, 거성, 상성으로 구분되고, 또 굴곡형에서 방점교체의 유무에 따라 분류할 수 있다. 정선방언의 풀이씨 줄기의 성조를 음절수, 방점의 변동 모습을 고려하여, 분류하고 제시하면 아래의 (52)와 같다.

(52) 풀이씨 줄기의 음절수와 방점변동에 따른 분류

구분				방점형	성조형	음조형
평측형	1음절	고정		잡·다	$/H\cdot M/(=HM)$	[HM]
		변동		가다	$/H_{M-1}\cdot M/(=HM)$	[HM]
		변동		서·다	$/H_{M-2}\cdot M/(=HM)$	[HM]
		변동		두다	$/H_{\breve{M}-1}\cdot M/(=HM)$	[HM]
	다음절	평일형		근치·다	$/HM\cdot M(=HM^2)$	$[HM^2]$
		평일형		보드·릅다	$/HM^2\cdot M/(=HM^3)$	$[HM^3]$
		평복형	고정	가븐·다	$/H^2\cdot M/(=H^2M)$	[MHM]
			고정	자부·릅·다	$/H^2M\cdot M/(=H^2M^2)$	$[MHM^2]$
			고정	엉클리·다	$/H^3\cdot M/(=H^3M)$	[MʜHM]
			변동	나가다	$/H^2_{M-1}\cdot M/(=H^2M)$	[MHM]
			변동	가보·다	$/H^2_{M-2}\cdot M/(=H^2M)$	[MHM]
			변동	나서·다	$/H^2_{M-1}\cdot M/(=H^2M)$	[MHM]
			변동	모르·다	$/H^2_{\breve{M}-1}\cdot M/(=H^2M)$	[MHM]
거성형				(·숨·다→)숨다	$(/M\cdot M/\rightarrow)/H^2/(=MH)$	[MH]
상성형	1음절	고정		:은·다	$/\breve{M}\cdot M/(=\breve{M}^2)$	[M̆H]
		변동		:울·다	$/\breve{M}\cdot M/(=\breve{M}^2)$	[M̆H]
	다음절			:근·내·다	$/\breve{M}^2\cdot M/(=\breve{M}^2)$	[M̆HM]

(52)의 표를 보면, 평측형은 음절수에 따라 단음절과 다음절로 구분할 수 있다. 다시, 평측형 단음절 풀이씨 줄기의 성조는 고정평성을 가진 줄기와 변동평성을 가진 줄기로 구분할 수 있다. 고정평성 줄기는 /잡(·다)/를 포함하여 대부분 폐음절로 된 풀이씨 줄기가 여

기에 속한다. 반면, 변동평성 줄기는 대개 개음절로 끝나는 줄기로, 그 씨끝과 결합할 때 성조가 거성 또는 상성으로 변동하는 모습에 따라 세 가지(/H$_{M-1}$/, /H$_{M-2}$/, /H$_{M-1}$/)로 구분할 수 있다.

또한 평측형 다음절 풀이씨 줄기도 고정평성 줄기와 변동평성 줄기로 구분할 수 있다. 다음절 풀이씨 줄기의 성조는 그 방점형이 고정적으로 실현되는 것이 일반적이다. 그러나, 1음절 변동평성 풀이씨 줄기가 결합하여, 다음절 변동평성 풀이씨를 이루는 경우가 있다. 정선방언의 다음절 변동평성 풀이씨는 거성의 평2형화로 인하여 모두 평2형과 합류하여 평2형으로 실현된다. 이것은 영남방언의 다음절 변동평성 풀이씨가 결합하는 씨끝에 따라 그 줄기의 성조가 변동하여 매우 복잡한 성조변동을 보여 주는 것과 다르며, 동시에 이것이 정선방언 풀이씨 줄기 성조의 특징이 된다.

정선방언의 고정거성 줄기를 가진 풀이씨는 대부분 폐음절을 가진 거성 줄기(/·찾-, ·팔-/···) 와 후설 비원순 모음으로 끝나는 거성 줄기(/·까-, ·타-/···)들인데, 모음으로 끝나는 소수 거성 줄기들은 {-·아X ~ ·어X}형(삭제되지 않는 {-·으X}형) 앞에서도 성조가 상성으로 변한다.

한편, 정선방언의 거성형은 거성의 평2형화에 의해서 평복형과 합류한다. 그럼에도 불구하고 정선방언에서 1음절에 한하여 거성형을 인정한다. 그 이유는 세 가지로 구분하여 제시할 수 있다.

첫째, 1음절 거성 이름씨와 토씨 {·에}가 결합하여, 하나의 운율적 낱말을 이룰 때, 이들의 성조형과 음조형은 /HM/과 [HM]으로 실현된다. 이것은 1음절 거성 이름씨가 {·에} 앞에서 평성화하는 거성의 특징을 그대로 유지하고 있기 때문이다.

둘째, 1음절 거성 풀이씨 줄기가 씨끝과 결합하여 실현되는 굴곡형의 성조형과 1음절 평일형 풀이씨 줄기가 씨끝과 결합하여 실현되는 굴곡형의 성조형이 다르게 실현되기 때문이다. 즉, 1음절 고정평성 풀이씨 줄기 /들-/(擧)에 씨끝 /-·다, -·고, -·어, -·어·도, -·었·다/가 결합하면, /들·다, 들·고, 들·어, 들·어·도, 들·었·다/로 실현되지만, 1음절 거성 풀이씨 줄기 /·들-/(入)에 씨끝 /-·다, -·고, -·어, -·어·도, -·었·다/가 결합하면, /들다, 들고, 들·어, 들어·도, 들었·다/로 실현된다.

정선방언의 상성형은 단음절의 경우, 고정상성형과 변동상성형으로 나뉘는데, 고정상성 줄기는 소수이고, 변동상성 줄기가 대부분이다. 변동상성 줄기는 {-·아X ~ ·어X}형 씨끝과 결합할 때, 줄기의 성조가 평성으로 변동한다.

이 절에서는 1음절 풀이씨 줄기의 성조변동이 있느냐 없느냐에 따라 1차적으로 자료를 분류하고, 만약 변동이 있다면, 그 변동의 특징에 따라 2차적으로 자료를 분류하여 제시하겠다.

4.4.2.1. 1음절 거성형 풀이씨

다음 (53)은 1음절 거성형 풀이씨의 자료이다.

(53) 거성 풀이씨[13] 자료

정선방언	/성조형/[음조형]	삼척방언
ㄱ.·까·다(孵化)	(/M·M/→)/H²[MH]	·까·다(孵化)
·깔·다	(/M·M/→)/H²[MH]	·깔·다
·깜·다(洗)	(/M·M/→)/H²[MH]	
·꺾·다(折)	(/M·M/→)/H²[MH]	
·꿇·다(跪)	(/M·M/→)/H²[MH]	
·꿈·다(潰)	(/M·M/→)/H²[MH]	
·끄·다(消)	(/M·M/→)/H²[MH]	·끄·다(消)
·늘·다(增)	(/M·M/→)/H²[MH]	·늘·다(增)
·달·다(縣)	(/M·M/→)/H²[MH]	·달·다(縣)
·되·다(斗)	(/M·M/→)/H²[MH]	·디·다(斗)
·따·다	(/M·M/→)/H²[MH]	·따·다
·뜨·다(浮)	(/M·M/→)/H²[MH]	·뜨·다(浮)
·빨·다(洗)	(/M·M/→)/H²[MH]	·빨·다(洗)
·뽑·다(選)	(/M·M/→)/H²[MH]	·뽑·다(選)
·숨·다	(/M·M/→)/H²[MH]	·숨·다
·쉽·다(易)	(/M·M/→)/H²[MH]	
·싫·다(厭)	(/M·M/→)/H²[MH]	·싫·다(厭)
·심·다	(/M·M/→)/H²[MH]	
·싸·다(抱)	(/M·M/→)/H²[MH]	·싸·다(抱)
·싸·다(廉價)	(/M·M/→)/H²[MH]	·싸·다(廉價)
·씨·다(辛)(할매)	(/M·M/→)/H²[MH]	
·씨·다(書)	(/M·M/→)/H²[MH]	·쓰·다(書)
·씰·다(掃)	(/M·M/→)/H²[MH]	·쓸·다(掃)
·옳·다	(/M·M/→)/H²[MH]	·옳·다
·짜·다(織)	(/M·M/→)/H²[MH]	·짜·다(織)
·짜·다(鹽)	(/M·M/→)/H²[MH]	·짜·다(鹽)
·찌·다(蒸)	(/M·M/→)/H²[MH]	·찌·다(蒸)
·차·다(冷)	(/M·M/→)/H²[MH]	·차·다(冷)
·참·다(忍)	(/M·M/→)/H²[MH]	·참·다(忍)
·찾·다	(/M·M/→)/H²[MH]	·찾·다
·추·다(舞)	(/M·M/→)/H²[MH]	·추·다(舞)
·치·다(打)	(/M·M/→)/H²[MH]	·치·다(打)
·크·다	(/M·M/→)/H²[MH]	·크·다
·타·다(乘)	(/M·M/→)/H²[MH]	·타·다(乘)

---

13) 1음절 거성 풀이씨는 모두 그 방점이 고정되어 있으므로 고정과 변동을 구별할 필요가 없다.

·타·다(燒)	(/M·M/→)/H²[MH]	·타·다(燒)
·파·다(掘)	(/M·M/→)/H²[MH]	·파·다(掘)
·팔·다(賣)	(/M·M/→)/H²[MH]	·팔·다(賣)
·푸·다(汲)	(/M·M/→)/H²[MH]	·푸·다(汲)
·품·다(汲)	(/M·M/→)/H²[MH]	
ㄴ.·기·다(匍)	(/M·M/→)/H²[MH]	·기·다(匍)
·깨·다(覺)	(/M·M/→)/H²[MH]	·깨·다(覺)
·꾸·다(夢)	(/M·M/→)/H²[MH]	·꾸·다(夢)
·떼·다	(/M·M/→)/H²[MH]	·떼·다
·매·다(鋤)	(/M·M/→)/H²[MH]	·매·다(鋤)
·새·다	(/M·M/→)/H²[MH]	
·쇠·다	(/M·M/→)/H²[MH]	
·쏘·다(射)	(/M·M/→)/H²[MH]	·쏘·다(射)
·쑤·다(粥)	(/M·M/→)/H²[MH]	·쏘·다(粥)
·쓰·다(冠)	(/M·M/→)/H²[MH]	·쓰·다(冠)
·씨·다(冠)	(/M·M/→)/H²[MH]	·씨·다(冠)
·춤·다	(/M·M/→)/H²[MH]	·춤·다
·캐·다(採)	(/M·M/→)/H²[MH]	·캐·다(採)
·피·다(開花)	(/M·M/→)/H²[MH]	·피·다(開花)
·휘·다(屈)	(/M·M/→)/H²[MH]	

(53)에서 보는 바와 같이 거성형 풀이씨 줄기의 성조에는 첨자로 된 분류기호가 붙어 있지 않다. 이것은 정선방언에는 원칙적으로 변동거성 풀이씨 줄기가 없다는 것을 나타낸다. 그런데도 (53)ㄱ과 (53)ㄴ으로 나눈 것은 (53)ㄱ은 대부분 어간이 폐음절이거나 개음절이라도 [-전설, -원순](=후설, 비원순) 모음인 것인데 대하여, (53)ㄴ은 그 밖의 모음으로 끝나는 풀이씨 줄기들이기 때문이다.

(53)ㄴ에 속한 풀이씨 줄기들은 뒤따르는 모음 씨끝 /-·아X~-·어X/와 결합할 때, 줄기의 모음과 씨끝의 모음이 동화에 의해서 같은 모음으로 될 경우 임의로 그 음조형이 그대로 실현되기도 하고, 축약되기도 하는데, 축약될 경우는 4장에서 본 "2음절 평복형에서 1음절 상성의 도출 (21)"에 의해서 2음절 평복형이 축약되어 1음절 상성형으로 변동된다.

(54) 정선방언 개음절 고정거성 풀이씨

낱말 자료	/성조형/[음조형]
·기·다(匍)	M$_M$·M(=M²)
ㄱ.(·기·지→)기지	/H²[MH]
(·기·고→)기고	/H²[MH]
(·기·먼→)기먼	/H²[MH]
(·기·거·든→)기거·든	/H³[MHM]
(·기·더·라→)기더·라	/H³[MHM]
(·기·도·록→)기도·록	/H³[MHM]

　　ㄴ.(·기·어·서→)기어·서　　　　　/H²M/[MHM]
　　　(·기·었·다→)기었·다　　　　　/H²M/[MHM]
　　ㄷ.(·기·어·서→)게에·서　　　　　/H²M/[MHM]
　　　(·기·었·다→)게엤·다　　　　　/H²M/[MHM]
　　ㄹ.(기어·서→):게·서　　　　　　/M²/[MH]
　　　(기었·다→):겠·다　　　　　　/M²/[MH]

　(54)ㄱ에서는 모음으로 끝나는 줄기에 자음으로 시작되는 씨끝이 붙기 때문에 축약이 일어나지 않고, 거성형의 평2형화만 일어났다. 그러나 (54)ㄴ에서는 /-·아X~·어X/ 씨끝이 붙었지만, 동화가 일어나지 않았기 때문에 역시 거성형의 평2형화에 의해서 방점은 □□·□을 유지하고 있다. 또 (54)ㄷ에서는 모음의 동화가 일어났지만 축약 규칙이 임의적이기 때문에 □□·□이 :□·□으로 상성형의 도출이 일어나지 않은 채로 발음된다. 그러나 (54)ㄹ에서는 □□·□이 :□·□으로 축약되어 나타난다. 동화가 된 경우에 방점 유지형은 드물게 쓰이고, 상성화된 것이 더 자주 쓰인다.

　(55) 삼척방언 개음절 고정거성 풀이씨

　　　　낱말 자료　　　　　　　　/성조형[음조형]
　　　　·기·다(箚)　　　　　　　　M̈·M(=M²)
　　ㄱ.(·기·지→)기지　　　　　　/H²/[MH]
　　　(·기·고→)기고　　　　　　/H²/[MH]
　　　(·기·먼→)기먼　　　　　　/H²/[MH]
　　　(·기·거·든→)기거·든　　　　/H³/[MHM]
　　　(·기·더·라→)기더·라　　　　/H³/[MHM]
　　　(·기·도·록→)기도·록　　　　/H³/[MHM]
　　ㄴ.(·기·어·서→)기어·서　　　　/H²M/[MHM]
　　　(·기·었·다→)기었·다　　　　/H²M/[MHM]
　　ㄷ.(·기·어·서→)게에·서　　　　/H²M/[MHM]
　　　(·기·었·다→)게엤·다　　　　/H²M/[MHM]
　　ㄹ.(기어·서→):게·서　　　　　/Ḧ²/[ḦM]
　　　(기었·다→):겠·다　　　　　/Ḧ²/[ḦM]

　삼척방언 (55)에서도 (54)와 같은 현상이 일어나지만, 삼척방언의 상성형은 /Ḧ₁ [ḦM₀] 인 점에서만 정선방언과 차이가 있다.[14] 정선방언의 더 많은 거성형(평2형화규칙)→평2형(상성형화규칙)→상성형에 대해서는 풀이씨 간이 굴곡표를 참조하기 바라고, 여기서는 이것으로 줄인다.

───────────────

14) 김차균(2006ㄴ:431)에 따르면 삼척방언에 변동거성 줄기가 세 가지가 있어서, 그것들은 /MH/, /MḦ/, /MM̲/로 나누어진다고 말하고 있다. 그러나 여기에서는 삼척방언에 대한 자세한 음조형에는 관심을 두지 않기로 한다.

　한편, 정선방언과 삼척방언에서 줄기 끝소리 /ㅁ/이나 /ㄴ/ 뒤에서 씨끝의 첫소리 /ㄱ, ㄷ, ㅂ, ㅅ, ㅈ/은 각각 표준말에서와 마찬가지로 /ㄲ, ㄸ, ㅃ, ㅆ, ㅉ/으로 변한다. 예를 들면, /·숨·고, ·숨·드·라, ·숨·소, ·숨·자/는 각각 /숨꼬, 숨뜨·라, 숨쏘, 숨짜/로 발음된다.

(56) 1음절 고정거성형 풀이씨 자료

정선방언	삼척방언	표준말
(·숨·게→)숨게	(·숨·게→)숨게	<게>
(·숨·고→)숨고(~#싶·다)	(·숨·고→)숨고(~#싶·다)	<고>
(·숨·고→)숨고(~#있·다)	(·숨·고→)숨고(~#있·다)	<고>
(·숨·나→)숨나	(·숨·나→)숨나	<니(물음)>
(·숨·네→)숨네	(·숨·네→)숨네	<네(서술)>
(·숨·는→)숨는	(·숨·는→)숨는	<는>
(·숨·다→)숨다	(·숨·다→)숨다	<다>
(·숨·세→)숨세	(·숨·세→)숨세	<으세>
(·숨·데→)숨데	(·숨·데→)숨데	<데>
(·숨·소→)숨소	(·숨·소→)숨소	<소(물음)>
(·숨·어→)숨어	(·숨·어→)숨어	<아(서술)>
(·숨·어→)숨어	(·숨·어→)숨어	<아(어찌)>
(·숨·은→)숨은	(·숨·은→)숨은	<은>
(·숨·을→)숨을	(·숨·을→)숨을	<을>
(·숨·자→)숨자	(·숨·자→)숨자	<자(이끎)>
(·숨·지→)숨지	(·숨·지→)숨지	<지(물음)>
(·숨·지→)숨지	(·숨·지→)숨지	<지(서술)>
(·숨·지→)숨지	(·숨·지→)숨지	<지(시킴)>
(·숨·지→)숨지	(·숨·지→)숨지	<지(이음)>
(·숨·은·들→)숨은·들	(·숨·은·들→)숨은·들	<은들>
(·숨·을·까→)숨을·까	(·숨·으·까→)숨으·까	<을까>
(·숨·을·까→)숨을·까	(·숨·을·까→)숨을·까	<을까>
(·숨·을·껄→)숨을·껄	(·숨·을·껄→)숨을·껄	<을걸>
(·숨·어·도→)숨어·도	(·숨·어·도→)숨어·도	<아도>
(·숨·어·라→)숨어·라	(·숨·어·라→)숨어·라	<아라>
(·숨·어·서→)숨어·서	(·숨·어·서→)숨어·서	<아서>
(·숨·어·야→)숨어·야	(·숨·어·야→)숨어·야	<아야>
(·숨·었·나→)숨었·나	(·숨·었·나→)숨었·나	<았니>
(·숨·었·다→)숨었·다	(·숨·었·다→)숨었·다	<았다>
(·숨·데·에→)숨데·에	(·숨·데·에→)숨데·에	<데>
(·숨·또·록→)숨또·록	(·숨·드·로→)숨드·로	<도록>
(·숨·뚜·록→)숨뚜·록	(·숨·드·로→)숨드·로	<도록>
(·숨·세·에→)숨세·에		<으세>
(·숨·길·래→)숨길·래	(·숨·길·래→)숨길·래	<길래>
(·숨·는·가→)숨는·가	(·숨·는·가→)숨는·가	<는가>
(·숨·는·다→)숨는·다	(·숨·는·다→)숨는·다	<는다>
(·숨·는·데→)숨는·데	(·숨·는·데→)숨는·데	<는데>
(·숨·더·나→)숨더·나	(·숨·더·나→)숨더·나	<더냐>
(·숨·더·라→)숨더·라	(·숨·더·라→)숨더·라	<더라>

(·숨·던·가→)숨던·가	(·숨·던·가→)숨던·가	<던가>
(·숨·던·가→)숨던·가	(·숨·던·가→)숨던·가	<든가>
(·숨·으·러→)숨으·러	(·숨·으·러→)숨으·러	<으러>
(·숨·으·나→)숨으·나	(·숨·으·나→)숨으·나	<으나>
(·숨·으·면→)숨으·면	(·숨·으·면→)숨으·면	<으면>
(·숨·으·면→)숨으·면	(·숨·으·면→)숨으·면	<으면>
(·숨·으·문→)숨으·문	(·숨·으·문→)숨으·문	<으면>
(·숨·으·소→)숨으·소	(·숨·으·소→)숨으·소	<으소(시킴)>
(·숨·으·시·이→)숨으·시·이	(·숨·으·시·이→)숨으·시·이	<으시니>
(·숨·으·시·소→)숨으·시·소	(·숨·으·시·소→)숨으·시·소	<으소(시킴)>
(·숨·으·시·오→)숨으·시·오	(·숨·으·시·오→)숨으·시·오	<으십시오>
(·숨·으·시·지→)숨으·시·지	(·숨·으·시·지→)숨으·시·지	<으시지요>
(·숨·으·신·다→)숨으·신·다	(·숨·으·신·다→)숨으·신·다	<으신다>
(·숨·으·라·고→)숨으·라·고	(·숨·으·라·고→)숨으·라·고	<으라고(물음)>
(·숨·으·니·까→)숨으·니·까	(·숨·으·이·까·아→)숨으·이·까·아	<으니까>
(·숨·으·니·까→)숨으·니·까	(·숨·으·이·까→)숨으·이·까	<으니까>
(·숨·으·머·는→)숨으·머·는	(·숨·으·머·는→)숨으·머·는	<으면>
(·숨·으·세·요→)숨으·시·오		<으십시오>
(·숨·는·구·나→)숨는·구·나	(·숨·는·구·나→)숨는·구·나	<는구나>
(·숨·더·라·고→)숨더·라·고	(·숨·더·라·고→)숨더·라·고	<더라고>
(·숨·더·라·도→)숨더·라·도	(·숨·더·라·도→)숨더·라·도	<더라도>
(·숨·더·래·도→)숨더·래·도	(·숨·더·래·도→)숨더·래·도	<더라도>
(·숨·습·니·까→) 숨습·니·까	(·숨·습·니·까 →)숨습·니·까	<습니까>
(·숨·습·니·다→) 숨습·니·다	(·숨·습·니·다 →)숨습·니·다	<습니다>
(·숨·습·디·까→)숨습·디·까	(·숨·습·디·까→)숨습·디·까	<습디까>
(·숨·습·디·다→)숨습·디·다	(·숨·습·디·다→)숨습·디·다	<습디다>
(·숨·십·니·까→) 숨십·니·까		<습니까>
(·숨·십·니·다→) 숨십·니·다		<습니다>
(·숨·십·디·까→)숨십·디·까		<습디까>
(·숨·십·디·다→)숨십·디·다		<습디다>
(·숨·을·꺼·얼→)숨을·꺼·얼	(·숨·을·꺼·얼→)숨을·꺼·얼	<을걸>
(·숨·을·께·에→)숨을·께·에	(·숨·으·께·이→)숨으·께·이	<으마>
(·숨·을·라·고→)숨을·라·고	(·숨·을·라·고→)숨을·라·고	<으려고>
(·숨·을·수·록→)숨을·수·록	(·숨·을·수·로→)숨을·수·로	<을수록>
(·숨·읍·시·다→)숨읍·시·다	(·숨·읍·시·다→)숨읍·시·다	<읍시다>
(·숨·을·수·룩→)숨을·수·룩		<을수록>
(·숨·으·니·이·까→)숨으·니·이·까		<으니까>
(·숨·으·이·까·네→)숨으·이·까·네	(·□⁵→)숨으·이·까·네	<으니까>
(·숨·을·테·니·까→)숨을·테·니·까	(·□⁵→)숨을·테·니·까	<을테니까>
(·숨·십·디·이·까→)숨십·디·이·까		<습디까>
(·숨·았·습·디·다→)숨았·습·디·다	(·□⁵→)숨았·습·디·다	<았습디다>
(·숨·았·십·디·다→)숨았·십·디·다		<았습디다>
(·숨·십·니·이·까→)숨십·니·이·까		<습니까>
(·숨·습·디·이·까→)숨습·디·이·까		<습디까>
(·숨·는·거·같·다→)숨는·거·같·다		<는가보다>
(·숨·는·거·겉·다→)숨는·거·겉·다		<는가보다>
(·숨·는·것·같·다→)숨는·것·같·다	(·□⁴→)숨는·겄·다	<는가보다>

(·숨·는·것·겉·다→)숨는·것·겉·다		<는가보다>
(·숨·던·거·같·다→)숨던·거·같·다		<던 것 같다>
(·숨·던·거·겉·다→)숨던·거·겉·다		<던 것 같다>
(·숨·던·것·같·다→)숨던·것·같·다	(·□⁴ →)숨던·겄·다	<던 것 같다>
(·숨·던·것·겉·다→)숨던·것·겉·다		<던 것 같다>
(·숨·습·니·이·까→)숨습·니·이·까		<습니까>
(·숨·었·습·니·까→)숨었·습·니·까	(·□⁵→)숨었·습·니·까	<았습니까>
(·숨·었·습·니·다→)숨었·습·니·다	(·□⁵→)숨었·습·니·다	<았습니다>
(·숨·었·습·디·까→)숨었·습·디·까	(·□⁵→)숨었·습·디·까	<았습디까>
(·숨·었·습·디·다→)숨었·습·디·다	(·□⁵→)숨었·습·디·다	<았습디다>
(·숨·을·테·이·까→)숨을·테·이·까	(·□⁵→)숨을·테·이·까	<을테니까>
(·숨·을·테·이·니→)숨을·테·이·니	(·□⁴→)숨을·테·니	<을테니>
(·숨·을·티·니·까→)숨을·티·니·까		<을테니까>
(·숨·을·티·이·까→)숨을·티·이·까	(·□⁵→)숨을·티·이·까	<을테니까>
(·숨·을·티·이·니→)숨을·티·이·니		<을테니>
(·숨·었·십·니·까→)숨었·십·니·까		<았습니까>
(·숨·었·십·니·다→)숨었·십·니·다		<았습니다>
(·숨·었·십·디·까→)숨었·십·디·까		<았습디까>
(·숨·었·십·디·다→)숨었·십·디·다		<았습디다>
(·숨·은·거·같·다→)숨은·거·같·다		<는가보다>
(·숨·은·것·같·다→)숨은·것·같·다	(·□⁴→)숨은·겄·다	<는가보다>
(·숨·은·거·겉·다→)숨은·거·겉·다		<는가보다>
(·숨·은·것·겉·다→)숨은·것·겉·다		<는가보다>
(·숨·었·십·니·이·까→)숨었·십·니·이·까		<았습니까>
(·숨·었·십·데·이·까→)숨었·십·데·이·까		<았습디까>
(·숨·었·십·데·이·까→)숨었·십·데·이·까		<았습디까>
(·숨·었·습·디·이·까→)숨었·습·디·이·까		<았습디까>
(·숨·었·습·디·이·까→)숨었·습·디·이·까		<았습디까>
(·숨·었·던·거·같·다→)숨었·던·거·같·다		<았던가보다>
(·숨·었·던·거·겉·다→)숨었·던·거·겉·다		<았던가보다>
(·숨·었·던·것·같·다→)숨었·던·것·같·다	(·□⁵→)숨었·던·겄·다	<았던가보다>
(·숨·었·던·것·겉·다→)숨었·던·것·겉·다		<았던가보다>
(·숨·었·습·니·이·까→)숨었·습·니·이·까		<았습니까>
(·숨·을·테·니·이·까→)숨을·테·니·이·까		<을테니까>
(·숨·을·티·니·이·까→)숨을·티·니·이·까		<을테니까>
(·숨·세→)숨세		<으세>
(·숨·으·세→)숨으·세		<으세>

(56)에서 보는 바와 같이 거성 줄기 /·숨-/과 씨끝이 결합하여 이루어지는 모든 2음절 이상의 굴곡형들은 2장에서 본 평2형화규칙 (15)에 의해 모두 평2형으로 바뀌었다. 그런데 평2형은 평복형이기 때문에 위에서 일일이 열거는 안 했지만, 정선방언에서는 평2형의 하위 방점형끼리 자유변동한다. 예를 들면, (59)에서는 (·숨·었·십·디·다→) /숨었·십·디·다/로 표시된 굴곡형은 /숨었십·디·다/, /숨었십디·다/, /숨었십디다/로도 실현될 수 있다. 그러나 평복형의 자유변동은 /-·이-/에 의해서 차단되기 때문에 (·숨·을·테·니·이·까→) /숨을·테·니

·이·까/는 /숨을·테·니·이·까/, /숨을테·니·이·까/, /숨을테니·이·까/는 가능하지만, /숨을테니이·까/, /숨을테니이까/로는 실현되지 않는다. 이 현상은 /·숨·다/의 굴곡형뿐만 아니라 /-·이-/가 들어가는 모든 굴곡형들이 다 이러한 경향을 띤다. /잡습·디·이·까/도 /잡습디·이·까/로는 실현되지만, /잡습디이·까/, /잡습디이까/로는 실현되지 않는다.

4.4.2.2. 1음절 평성형 풀이씨

아래 (57)의 1음절 고정평성 풀이씨 줄기는 모든 씨끝 앞에서 방점이 변하지 않고 평성으로만 나타난다. 이러한 분류의 굴곡형에 대해서는 (50) 및 (451)의 자료와 그것들에 대한 설명을 통해서 충분히 그 특성이 파악되었다고 생각되므로 아래의 낱말 자료만 열거한다.

(57) 고정평성 풀이씨에 속한 어휘형태소

정선방언	/성조형/[음조형]	삼척방언	/성조형/[음조형]
갖·다	/H·M/[HM]		
같·다	/H·M/[HM]		
갚·다	/H·M/[HM]	갚·다	/H·M/[HM]
걷·다(收)	/H·M/[HM]		
곧·다(直)	/H·M/[HM]	곧·다	/H·M/[HM]
굳·다	/H·M/[HM]	굳·다	/H·M/[HM]
궂·다(沉)	/H·M/[HM]		
깎·다(刻)	/H·M/[HM]	깎·다	/H·M/[HM]
끊·다(斷)	/H·M/[HM]	끊·다	/H·M/[HM]
긁·다(搔)	/H·M/[HM]	긁·다	/H·M/[HM]
끓·다(沸)	/H·M/[HM]	끓·다	/H·M/[HM]
낚·다(釣)	/H·M/[HM]	낚·다	/H·M/[HM]
날·다(飛)	/H·M/[HM]	날·다	/H·M/[HM]
낡·다[날따]	/H·M/[HM]		
낮·다(低)	/H·M/[HM]	낮·다	/H·M/[HM]
낳·다(産)	/H·M/[HM]	낳·다	/H·M/[HM]
넓·다	/H·M/[HM]	넓·다	/H·M/[HM]
높·다	/H·M/[HM]	높·다	/H·M/[HM]
넢·다	/H·M/[HM]	높·다	/H·M/[HM]
넣·다	/H·M/[HM]	넣·다	/H·M/[HM]
녹·다(融)	/H·M/[HM]	녹·다	/H·M/[HM]
놓·다	/H·M/[HM]	놓·다	/H·M/[HM]
늫·다	/H·M/[HM]	놓·다	/H·M/[HM]
눕·다	/H·M/[HM]	눕·다	/H·M/[HM]
늙·다	/H·M/[HM]	늙·다	/H·M/[HM]
늦·다	/H·M/[HM]	늦·다	/H·M/[HM]
닫·다(閉)	/H·M/[HM]	닫·다	/H·M/[HM]
달·다(甘)	/H·M/[HM]	달·다	/H·M/[HM]

닿·다	/H·M/[HM]		
덮·다	/H·M/[HM]	덮·다	/H·M/[HM]
듣·다(聽)	/H·M/[HM]	듣·다	/H·M/[HM]
들·다(擧)	/H·M/[HM]	들·다	/H·M/[HM]
딛·다(踏)	/H·M/[HM]		
딲·다	/H·M/[HM]		
막·다	/H·M/[HM]	막·다	/H·M/[HM]
말·다(捲)	/H·M/[HM]	말·다	/H·M/[HM]
맑·다[말따]	/H·M/[HM]	맑·다[말따]	/H·M/[HM]
맞·다	/H·M/[HM]	맞·다	/H·M/[HM]
맡·다	/H·M/[HM]		
먹·다	/H·M/[HM]	먹·다	/H·M/[HM]
묶·다	/H·M/[HM]	묶·다	/H·M/[HM]
묻·다	/H·M/[HM]	묻·다	/H·M/[HM]
믿·다	/H·M/[HM]	믿·다	/H·M/[HM]
밉·다(憎)	/H·M/[HM]		
받·다	/H·M/[HM]	받·다	/H·M/[HM]
밝·다[발따]	/H·M/[HM]	밝·다[발따]	/H·M/[HM]
벗·다	/H·M/[HM]	벗·다	/H·M/[HM]
붉·다[불따]	/H·M/[HM]		
붓·다(注)	/H·M/[HM]	붓·다	/H·M/[HM]
붓·다(腫)	/H·M/[HM]	붓·다	/H·M/[HM]
붙·다	/H·M/[HM]		
빗·다(梳)	/H·M/[HM]	삣·다	/H·M/[HM]
빻·다	/H·M/[HM]	빻·다	/H·M/[HM]
뽂·다(볶다)	/H·M/[HM]		
솟·다	/H·M/[HM]	솟·다	/H·M/[HM]
쌓·다(積)	/H·M/[HM]		
썩·다(混)	/H·M/[HM]	썩·다	/H·M/[HM]
씹·다	/H·M/[HM]	씹·다	/H·M/[HM]
씻·다(洗)	/H·M/[HM]	씻·다	/H·M/[HM]
앓·다	/H·M/[HM]	앓·다	/H·M/[HM]
업·다	/H·M/[HM]	업·다	/H·M/[HM]
엮·다	/H·M/[HM]	엮·다	/H·M/[HM]
익·다	/H·M/[HM]	익·다	/H·M/[HM]
읽·다[일따]	/H·M/[HM]	읽·다[일따]	/H·M/[HM]
잃·다	/H·M/[HM]	잃·다	/H·M/[HM]
입·다	/H·M/[HM]	입·다	/H·M/[HM]
잊·다	/H·M/[HM]	잊·다	/H·M/[HM]
잡·다	/H·M/[HM]	잡·다	/H·M/[HM]
적·다(書)	/H·M/[HM]	적·다	/H·M/[HM]
젖·다(潤)	/H·M/[HM]	젖·다	/H·M/[HM]
좁·다	/H·M/[HM]	쫍·다	/H·M/[HM]
죽·다	/H·M/[HM]	죽·다	/H·M/[HM]
질·다	/H·M/[HM]	질·다	/H·M/[HM]

쫓·다	/H·M/[HM]		쫓·다	/H·M/[HM]
집·다(撮)	/H·M/[HM]			
찧·다	/H·M/[HM]		찧·다	/H·M/[HM]
훑·다[훌따]	/H·M/[HM]			
되·다(化)	/H·M/[HM]		데·다	/H·M/[HM]
뛰·다	/H·M/[HM]		뛰·다	/H·M/[HM]
매·다(繫)	/H·M/[HM]		매·다	/H·M/[HM]
씨·다(味)(할배)	/H·M/[HM]			
케·다(點火)	/H·M/[HM]		케·다	/H·M/[HM]
페·다(伸)	/H·M/[HM]		페·다	/H·M/[HM]

4.4.2.3. 1음절 상성형 풀이씨

1음절 상성형 풀이씨 줄기의 대다수는 {-·아X ~ ·어X} 씨끝 앞에서 평성(□, /H/)로 변한다. 그리고 {-·으X}에서 {-·으-}가 삭제되지 않을 때는 역시 이 줄기들은 평성으로 변한다(/:감·다, 감·아·서, 감·으·먼; :굶·다, 굶·어·서, 굶·으·먼/).

(58) 1음절 변동상성 풀이씨 자료

정선방언	/성조형/[음조형]	삼척방언	/성조형/[음조형]
:갈·다(磨)	/M̆ₕ·M/[MH]	:갈·다	/Ḧₕ·M/[ḦM]
:감·다(捲)	/M̆ₕ·M/[MH]	:감·다	/Ḧₕ·M/[ḦM]
:걸·다(掛)	/M̆ₕ·M/[MH]	:걸·다	/Ḧₕ·M/[ḦM]
:걸·다(沃)	/M̆ₕ·M/[MH]		
:곪·다	/M̆ₕ·M/[MH]		
:굶·다	/M̆ₕ·M/[MH]	:굶·다	/Ḧₕ·M/[ḦM]
:껌·다(黑)	/M̆ₕ·M/[MH]	:껌·다	/Ḧₕ·M/[ḦM]
:꿉·다(煎)	/M̆ₕ·M/[MH]	:꿉·다	/Ḧₕ·M/[ḦM]
:남·다[남따](餘)	/M̆ₕ·M/[MH]	:남·다[남따]	/Ḧₕ·M/[ḦM]
:낭·다	/M̆ₕ·M/[MH]	:낭·다	/Ḧₕ·M/[ḦM]
:넘·다(越)	/M̆ₕ·M/[MH]	:넘·다	/Ḧₕ·M/[ḦM]
:눌·다[눌따]	/M̆ₕ·M/[MH]		
:달·다(煎)	/M̆ₕ·M/[MH]	:달·다	/Ḧₕ·M/[ḦM]
:닮·다[담따]	/M̆ₕ·M/[MH]		
:담·다[담따]	/M̆ₕ·M/[MH]	:담·다[담따]	/Ḧₕ·M/[ḦM]
:덜·다(減)	/M̆ₕ·M/[MH]	:덜·다	/Ḧₕ·M/[ḦM]
:덥·다(暑)	/M̆ₕ·M/[MH]	:덥·다	/Ḧₕ·M/[ḦM]
:돌·다	/M̆ₕ·M/[MH]	:돌·다	/Ḧₕ·M/[ḦM]
:돕·다	/M̆ₕ·M/[MH]	:돕·다	/Ḧₕ·M/[ḦM]
:떨·다[떨다](澁)	/M̆ₕ·M/[MH]	:떨·다[떨다]	/Ḧₕ·M/[ḦM]
:뜰·다[뜰따](澁)	/M̆ₕ·M/[MH]	:뜳·다[뜰따]	/Ḧₕ·M/[ḦM]
:많·다	/M̆ₕ·M/[MH]	:많·다	/Ḧₕ·M/[ḦM]
:말·다(莫)	/M̆ₕ·M/[MH]	:말·다	/Ḧₕ·M/[ḦM]
:멀·다(遠)	/M̆ₕ·M/[MH]	:멀·다	/Ḧₕ·M/[ḦM]

:밀·다	$/\breve{M}_H{\cdot}M/[\breve{M}H]$	:밀·다	$/\ddot{H}_H{\cdot}M/[\ddot{H}M]$
:밟·다[발따]	$/\breve{M}_H{\cdot}M/[\breve{M}H]$	:밟·다[발따]	$/\ddot{H}_H{\cdot}M/[\ddot{H}M]$
:뱉·다	$/\breve{M}_H{\cdot}M/[\breve{M}H]$	:뱉·다	$/\ddot{H}_H{\cdot}M/[\ddot{H}M]$
:불·다(吹)	$/\breve{M}_H{\cdot}M/[\breve{M}H]$	:불·다	$/\ddot{H}_H{\cdot}M/[\ddot{H}M]$
:빌·다(祈)	$/\breve{M}_H{\cdot}M/[\breve{M}H]$	:빌·다	$/\ddot{H}_H{\cdot}M/[\ddot{H}M]$
:살·다(生)	$/\breve{M}_H{\cdot}M/[\breve{M}H]$	:살·다	$/\ddot{H}_H{\cdot}M/[\ddot{H}M]$
:삼·다	$/\breve{M}_H{\cdot}M/[\breve{M}H]$	:삼·다	$/\ddot{H}_H{\cdot}M/[\ddot{H}M]$
:쌈·다	$/\breve{M}_H{\cdot}M/[\breve{M}H]$		
:안·다(抱)	$/\breve{M}_H{\cdot}M/[\breve{M}H]$	:안·다	$/\ddot{H}_H{\cdot}M/[\ddot{H}M]$
:알·다	$/\breve{M}_H{\cdot}M/[\breve{M}H]$	:알·다	$/\ddot{H}_H{\cdot}M/[\ddot{H}M]$
:얇·다	$/\breve{M}_H{\cdot}M/[\breve{M}H]$	:얇·다	$/\ddot{H}_H{\cdot}M/[\ddot{H}M]$
:엷·다	$/\breve{M}_H{\cdot}M/[\breve{M}H]$		
:옮·다	$/\breve{M}_H{\cdot}M/[\breve{M}H]$		
:울·다	$/\breve{M}_H{\cdot}M/[\breve{M}H]$	:울·다	$/\ddot{H}_H{\cdot}M/[\ddot{H}M]$
:웃·다	$/\breve{M}_H{\cdot}M/[\breve{M}H]$	:웃·다	$/\ddot{H}_H{\cdot}M/[\ddot{H}M]$
:을·다(氷)	$/\breve{M}_H{\cdot}M/[\breve{M}H]$	:얼·다	$/\ddot{H}_H{\cdot}M/[\ddot{H}M]$
:읠·다[jilda](開)	$/\breve{M}_H{\cdot}M/[\breve{M}H]$		
:잇·다	$/\breve{M}_H{\cdot}M/[\breve{M}H]$		
:젊·다	$/\breve{M}_H{\cdot}M/[\breve{M}H]$	:젊·다	$/\ddot{H}_H{\cdot}M/[\ddot{H}M]$
:젖·다(運)	$/\breve{M}_H{\cdot}M/[\breve{M}H]$		
:줄·다(減)	$/\breve{M}_H{\cdot}M/[\breve{M}H]$	:줄·다	$/\ddot{H}_H{\cdot}M/[\ddot{H}M]$
:줍·다	$/\breve{M}_H{\cdot}M/[\breve{M}H]$	:줗·다	$/\ddot{H}_H{\cdot}M/[\ddot{H}M]$
:질·다(長)	$/\breve{M}_H{\cdot}M/[\breve{M}H]$	:길·다	$/\ddot{H}_H{\cdot}M/[\ddot{H}M]$
:짓·다	$/\breve{M}_H{\cdot}M/[\breve{M}H]$	:짓·다	$/\ddot{H}_H{\cdot}M/[\ddot{H}M]$
:쫗·다(琢)	$/\breve{M}_H{\cdot}M/[\breve{M}H]$		
:틀·다(拂)	$/\breve{M}_H{\cdot}M/[\breve{M}H]$	:틀·다	$/\ddot{H}_H{\cdot}M/[\ddot{H}M]$
:헐·다(毁)	$/\breve{M}_H{\cdot}M/[\breve{M}H]$		
:헐·다(毁)	$/\breve{M}_H{\cdot}M/[\breve{M}H]$		
:곯·다(步)	$/\breve{M}_H{\cdot}M/[\breve{M}H]$	:걷·다	$/\ddot{H}_H{\cdot}M/[\ddot{H}M]$
:긏·다(劃)	$/\breve{M}_H{\cdot}M/[\breve{M}H]$		
:낭·다[낭따]	$/\breve{M}_H{\cdot}M/[\breve{M}H]$		
:싫·다(載)	$/\breve{M}_H{\cdot}M/[\breve{M}H]$	:싫·다	$/\ddot{H}_H{\cdot}M/[\ddot{H}M]$
:내·다	$/\breve{M}_H{\cdot}M/[\breve{M}H]$	:내·다	$/\ddot{H}_H{\cdot}M/[\ddot{H}M]$
:되·다(硬)	$/\breve{M}_H{\cdot}M/[\breve{M}H]$	:데·다	$/\ddot{H}_H{\cdot}M/[\ddot{H}M]$
:때·다(火)	$/\breve{M}_H{\cdot}M/[\breve{M}H]$		
:메·다(負)	$/\breve{M}_H{\cdot}M/[\breve{M}H]$	:메·다	$/\ddot{H}_H{\cdot}M/[\ddot{H}M]$
:비·다(枕)	$/\breve{M}_H{\cdot}M/[\breve{M}H]$	:베·다	$/\ddot{H}_H{\cdot}M/[\ddot{H}M]$
:비·다(割)	$/\breve{M}_H{\cdot}M/[\breve{M}H]$		
:세·다	$/\breve{M}_H{\cdot}M/[\breve{M}H]$	:세·다	$/\ddot{H}_H{\cdot}M/[\ddot{H}M]$
:쉬·다(敗)	$/\breve{M}_H{\cdot}M/[\breve{M}H]$	:쉬·다	$/\ddot{H}_H{\cdot}M/[\ddot{H}M]$
:쉬·다(休)	$/\breve{M}_H{\cdot}M/[\breve{M}H]$	:쉬·다	$/\ddot{H}_H{\cdot}M/[\ddot{H}M]$
:시·다(休)	$/\breve{M}_H{\cdot}M/[\breve{M}H]$	:시·다	$/\ddot{H}_H{\cdot}M/[\ddot{H}M]$
:쥐·다(把)	$/\breve{M}_H{\cdot}M/[\breve{M}H]$		

1음절 상성형 풀이씨 줄기의 소수는 모든 씨끝 앞에서 그 줄기가 상성(:□, /M̆/)으로 고정되어 나타난다. 고정 상성형 풀이씨의 모든 굴곡형들은 고정상성으로 나타난다. 그 자료는 아래의 (59)와 같다.

(59) 1음절 고정상성 풀이씨 자료

정선방언	성조형 음조형	삼척방언	성조형음조형
:곱·다	/M̆·M/ [M̆H]	:곱·다	/Ḧ·M/ [ḦM]
:굵·다	/M̆·M/ [M̆H]	:굵·다	/Ḧ·M/ [ḦM]
:얻·다	/M̆·M/ [M̆H]	:얻·다	/Ḧ·M/ [ḦM]
:은·다	/M̆·M/ [M̆H]	:얻·다	/Ḧ·M/ [ḦM]
:없·다(無)	/M̆·M/ [M̆H]	:없·다	/Ḧ·M/ [ḦM]
:일·다(淘)	/M̆·M/ [M̆H]		
:작·다(小)	/M̆·M/ [M̆H]	:작·다	/Ḧ·M/ [ḦM]
:적·다(少)	/M̆·M/ [M̆H]	:적·다	/Ḧ·M/ [ḦM]
:좋·다	/M̆·M/ [M̆H]	:좋·다	/Ḧ·M/ [ḦM]
:즉·다(少)	/M̆·M/ [M̆H]	:즉·다	/Ḧ·M/ [ḦM]
:쬐·다	/M̆·M/ [M̆H]		

앞에서 말한 바와 같이 1음절 변동상성 풀이씨의 줄기는 {-·아X～-·어X}형 씨끝 앞에서(/ㄹ/이외의 자음으로 끝나는 줄기는 {-·으X} 앞에서도) 상성은 평성으로 변한다. 이것의 예는 몇 개의 굴곡형만 간략하게 제시한다.

(60) 1음절 변동상성 풀이씨 굴곡 자료

정선방언	/성조형/[음조형]	삼척방언	/성조형/[음조형]
ㄱ.:삼·다 $\breve{M}_H\cdot M$		:삼다 $\ddot{H}_H\cdot M$	
:삼·지	/M̆²/[M̆H]	:삼·지	/Ḧ²/[ḦM]
:삼·구	/M̆²/[M̆H]	:삼·고	/Ḧ²/[ḦM]
:삼·나	/M̆²/[M̆H]	:삼·나	/Ḧ²/[ḦM]
:삼·거·든	/M̆³/[M̆HM]	:삼·거·든	/Ḧ³/[ḦM²]
:삼·더·라	/M̆³/[M̆HM]	:삼·더·라	/Ḧ³/[ḦM²]
:삼·도·록	/M̆³/[M̆HM]	:삼·도·록	/Ḧ³/[ḦM²]
ㄴ.삼·으·먼	/HM²/[HM²]	삼·으·먼	/HM²/[HM²]
삼·어·서	/HM²/[HM²]	삼·어·서	/HM²/[HM²]

(61) 1음절 변동상성 풀이씨 굴곡 자료

정선방언	/성조형/[음조형]	삼척방언	/성조형/[음조형]
ㄱ.:살·다(生) $\breve{M}_H\cdot M$		:살다(生) $\ddot{H}_H\cdot M$	
:살·지	/M̆²/[M̆H]	:살·지	/Ḧ²/[ḦM]
:살·구	/M̆²/[M̆H]	:살·고	/Ḧ²/[ḦM]

:삼·나	/M̆²/[M̆H]	:삼·나	/Ḧ²/[ḦM]
:살·면15)	/M̆²/[M̆HM]	:살·면	/Ḧ²/[ḦM²]
:살·거·든	/M̆³/[M̆HM]	:살·거·든	/Ḧ³/[ḦM²]
:살·더·라	/M̆³/[M̆HM]	:살·더·라	/Ḧ³/[ḦM²]
:살·도·록	/M̆³/[M̆HM]	:살·도·록	/Ḧ³/[ḦM²]
ㄴ.살·어·서	/HM²/[HM²]	살·어·서	/HM²/[HM²]

다음 (62)는 1음절 고정상성 풀이씨 줄기의 굴곡형이다. 줄기는 항상 상성(:□)으로만 나타나기 때문에 모든 굴곡형은 상성형(:□₁)으로 나타난다. 예를 들면 아래와 같다.

(62) 1음절 고정상성 풀이씨 굴곡 자료

정선방언	/성조형/[음조형]	삼척방언	표준말<씨끝>
:을·게	/M̆²/[M̆H]	:얼·게	<게>
:을·고	/M̆²/[M̆H]	:얼·고(~#싶·다)	<고>
:을·고	/M̆²/[M̆H]	:얼·고(~#있·다)	<고>
:을·나	/M̆²/[M̆H]	:얼·나	<니(물음)>
:을·네	/M̆²/[M̆H]	:얼·네	<네(서술)>
:을·다	/M̆²/[M̆H]	:얼·다	<다>
:을·데	/M̆²/[M̆H]	:얼·데	<데>
:을·세	/M̆²/[M̆H]	:얼·세	<으세>
:을·세	/M̆²/[M̆H]	:얼·으·세	<으세>
:을·소	/M̆²/[M̆H]	:얼·소	<소(물음)>
:을·어	/M̆²/[M̆H]	:얼·어	<아(서술)>
:을·어	/M̆²/[M̆H]	:얼·어	<아(어찌)>
:을·은	/M̆²/[M̆H]	:얼·은	<은>
:을·을	/M̆²/[M̆H]	:얼·을	<을>
:을·는	/M̆²/[M̆H]	:얼·는	<는>
:을·자	/M̆²/[M̆H]	:얼·자	<자(이끎)>
:을·지	/M̆³/[M̆HM]	:얼·지	<지(물음)>
:을·지	/M̆³/[M̆HM]	:얼·지	<지(서술)>
:을·지	/M̆³/[M̆HM]	:얼·지	<지(시킴)>
:을·지	/M̆³/[M̆HM]	:얼·지	<지(이음)>
:을·거·나	/M̆³/[M̆HM]	:얼·거·나	<거나>
:을·거·든	/M̆³/[M̆HM]	:얼·거·든	<거든>
:을·던·가	/M̆³/[M̆HM]	:얼·던·가	<든가>
:을·데·에	/M̆³/[M̆HM]	:얼·데·에	<데>
:을·도·록	/M̆³/[M̆HM]	:얼·드·로	<도록>
:을·두·록	/M̆³/[M̆HM]		<도록>
:을·두·룩	/M̆³/[M̆HM]		<도록>
:을·세·에	/M̆³/[M̆HM]		<으세>

---

15) /:살+·으·면/은 /·으/가 삭제되기 때문에 줄기 /:살-/이 /살-/로 변하지 않고 그대로 /:살·면/으로 나타난다.

:은·어·도	/M̄³/[M̄HM]	:얻·어·도	<아도>
:은·어·라	/M̄³/[M̄HM]	:얻·어·라	<아라>
:은·어·서	/M̄³/[M̄HM]	:얻·어·서	<아서>
:은·어·야	/M̄³/[M̄HM]	:얻·어·야	<아야>
:은·으·러	/M̄³/[M̄HM]	:얻·으·러	<으러>
:은·으·머	/M̄³/[M̄HM]	:얻·으·머	<으면>
:은·으·면	/M̄³/[M̄HM]		<으면>
:은·으·먼	/M̄³/[M̄HM]	:얻·으·먼	<으면>
:은·으·면	/M̄³/[M̄HM]	:얻·으·면	<으면>
:은·으·문	/M̄³/[M̄HM]	:얻·으·문	<으면>
:은·은·들	/M̄³/[M̄HM]	:얻·은·들	<은들>
:은·을·까	/M̄³/[M̄HM]	:얻·을·까	<을까>
:은·을·껄	/M̄³/[M̄HM]	:얻·을·껄	<을걸>
:은·겠·다	/M̄³/[M̄HM]	:얻·겠·다	<겠다>
:은·길·래	/M̄³/[M̄HM]	:얻·길·래	<길래>
:은·는·가	/M̄³/[M̄HM]	:얻·는·가	<는가>
:은·는·다	/M̄³/[M̄HM]	:얻·는·다	<는다>
:은·는·데	/M̄³/[M̄HM]	:얻·는·데	<는데>
:은·더·나	/M̄³/[M̄HM]	:얻·더·나	<더냐>
:은·더·라	/M̄³/[M̄HM]	:얻·더·라	<더라>
:은·던·가	/M̄³/[M̄HM]	:얻·던·가	<던가>
:은·었·나	/M̄³/[M̄HM]	:얻·었·나	<았니>
:은·었·다	/M̄³/[M̄HM]	:얻·었·다	<았다>
:은·으·나	/M̄³/[M̄HM]	:얻·으·나	<으나>
:은·으·니	/M̄³/[M̄HM]	:얻·으·이·까	<으니까>
:은·을·까	/M̄³/[M̄HM]	:얻·으·까	<을까>
:은·을·께	/M̄³/[M̄HM]	:얻·으·께·이	<으마>
:은·으·머·는	/M̄⁴/[M̄нHM]	:얻·으·머·는	<으면>
:은·을·꺼·얼	/M̄⁴/[M̄нHM]	:얻·을·꺼·얼	<을걸>
:은·을·라·고	/M̄⁴/[M̄нHM]	:얻·을·라·고	<으려고>
:은·습·디·까	/M̄⁴/[M̄нHM]	:얻·습·디·까	<습디까>
:은·습·디·다	/M̄⁴/[M̄нHM]	:얻·습·디·다	<습디다>
:은·십·디·까	/M̄⁴/[M̄нHM]		<습디까>
:은·십·디·다	/M̄⁴/[M̄нHM]		<습디다>
:은·으·니·까	/M̄⁴/[M̄нHM]	:얻·으·이·까·아	<으니까>
:은·으·라·고	/M̄⁴/[M̄нHM]	:얻·으·라·고	<으라고(물음)>
:은·으·시·니	/M̄⁴/[M̄нHM]	:얻·으·시·이	<으시니>
:은·으·시·오	/M̄⁴/[M̄нHM]	:얻·으·시·오	<으십시오>
:은·으·시·지	/M̄⁴/[M̄нHM]	:얻·으·시·지	<으시지요>
:은·으·신·다	/M̄⁴/[M̄нHM]	:얻·으·신·다	<으신다>
:은·은·겄·다	/M̄⁴/[M̄нHM]	:얻·은·겄·다	<았는가보다>
:은·을·수·록	/M̄⁴/[M̄нHM]	:얻·을·수·로	<을수록>
:은·을·테·니	/M̄⁴/[M̄нHM]	:얻·을·테·니	<을테니>
:은·을·티·니	/M̄⁴/[M̄нHM]		<을테니>
:은·읍·시·다	/M̄⁴/[M̄нHM]	:얻·읍·시·다	<읍시다>

:은·는·구·나	/M̆⁴/[M̆нHM]	:얻·는·구·나	<는구나>
:은·더·라·고	/M̆⁴/[M̆нHM]	:얻·더·라·고	<더라고>
:은·더·라·도	/M̆⁴/[M̆нHM]	:얻·더·라·도	<더라도>
:은·더·래·도	/M̆⁴/[M̆нHM]	:얻·더·래·도	<더라도>
:은·습·니·까	/M̆⁴/[M̆нHM]	:얻·습·니·까	<습니까>
:은·습·니·다	/M̆⁴/[M̆нHM]	:얻·습·니·다	<습니다>
:은·십·니·까	/M̆⁴/[M̆нHM]		<습니까>
:은·십·니·다	/M̆⁴/[M̆нHM]		<습니다>
:은·겠·습·니·까	/M̆⁵/[M̆н²HM]	:얻·겠·습·니·까	<겠습니까>
:은·겠·습·니·다	/M̆⁵/[M̆н²HM]	:얻·겠·습·니·다	<겠습니다>
:은·겠·습·디·까	/M̆⁵/[M̆н²HM]	:얻·겠·습·니·다	<겠습디까>
:은·겠·습·디·다	/M̆⁵/[M̆н²HM]	:얻·겠·습·디·다	<겠습디다>
:은·겠·십·니·까	/M̆⁵/[M̆н²HM]		<겠습니까>
:은·겠·십·니·다	/M̆⁵/[M̆н²HM]		<겠습니다>
:은·겠·십·디·까	/M̆⁵/[M̆н²HM]		<겠습디까>
:은·겠·십·디·다	/M̆⁵/[M̆н²HM]		<겠습디다>
:은·는·거·같·다	/M̆⁵/[M̆н²HM]		<는가보다>
:은·는·거·겉·다	/M̆⁵/[M̆н²HM]		<는가보다>
:은·는·것·같·다	/M̆⁵/[M̆н²HM]	:얻·는·겄·다	<는가보다>
:은·는·것·겉·다	/M̆⁵/[M̆н²HM]		<는가보다>
:은·던·거·같·다	/M̆⁵/[M̆н²HM]		<던 것 같다>
:은·던·거·겉·다	/M̆⁵/[M̆н²HM]		<던 것 같다>
:은·던·것·같·다	/M̆⁵/[M̆н²HM]	:얻·던·겄·다	<던 것 같다>
:은·던·것·겉·다	/M̆⁵/[M̆н²HM]		<던 것 같다>
:은·습·니·이·까	/M̆⁵/[M̆н²HM]		<습니까>
:은·습·디·이·까	/M̆⁵/[M̆н²HM]		<습디까>
:은·습·디·이·다	/M̆⁵/[M̆н²HM]		<습디다>
:은·을·테·이·니	/M̆⁵/[M̆н²HM]		<을테니>
:은·십·니·이·까	/M̆⁵/[M̆н²HM]		<습니까>
:은·십·데·이·다	/M̆⁵/[M̆н²HM]		<습디다>
:은·십·디·이·까	/M̆⁵/[M̆н²HM]		<습디까>
:은·십·디·이·다	/M̆⁵/[M̆н²HM]		<습디다>
:은·었·습·니·까	/M̆⁵/[M̆н²HM]	:얻·었·습·니·까	<았습니까>
:은·었·습·디·까	/M̆⁵/[M̆н²HM]	:얻·었·습·디·까	<았습디까>
:은·었·습·디·다	/M̆⁵/[M̆н²HM]	:얻·었·습·디·다	<았습디다>
:은·었·십·니·까	/M̆⁵/[M̆н²HM]		<았습니까>
:은·었·십·디·까	/M̆⁵/[M̆н²HM]		<았습디까>
:은·었·십·디·다	/M̆⁵/[M̆н²HM]		<았습디다>
:은·으·니·까·네	/M̆⁵/[M̆н²HM]	:얻·으·이·까·네	<으니(이음)>
:은·을·테·니·까	/M̆⁵/[M̆н²HM]	:얻·을·테·니·까	<을테니까>
:은·을·티·니·까	/M̆⁵/[M̆н²HM]		<을테니까>
:은·을·티·이·니	/M̆⁵/[M̆н²HM]		<을테니>
:은·겠·습·디·다	/M̆⁵/[M̆н²HM]	:얻·겠·습·니·다	<겠습디다>
:은·겠·십·디·다	/M̆⁵/[M̆н²HM]		<겠습디다>
:은·었·습·니·다	/M̆⁶/[M̆н³HM]	:얻·었·습·니·다	<았습니다>

:은·었·십·니·다	/M̈⁶/[M̈ʜ³HM]		<았습니다>
:은·겠·습·니·이·까	/M̈⁶/[M̈ʜ³HM]		<겠습니까>
:은·겠·습·디·이·까	/M̈⁶/[M̈ʜ³HM]		<겠습디까>
:은·겠·십·니·이·까	/M̈⁶/[M̈ʜ³HM]		<겠습니까>
:은·겠·십·디·이·까	/M̈⁶/[M̈ʜ³HM]		<겠습디까>
:은·겠·십·디·이·다	/M̈⁶/[M̈ʜ³HM]		<겠습디다>
:은·겠·십·디·이·다	/M̈⁶/[M̈ʜ³HM]		<겠습디다>
:은·었·습·디·이·까	/M̈⁶/[M̈ʜ³HM]		<았습디까>
:은·었·십·디·이·까	/M̈⁶/[M̈ʜ³HM]		<았습디까>
:은·을·테·이·니·까	/M̈⁶/[M̈ʜ³HM]		<을테니까>
:은·을·티·이·니·까	/M̈⁶/[M̈ʜ³HM]		<을테니까>
:은·었·던·거·같·다	/M̈⁶/[M̈ʜ³HM]		<았던가보다>
:은·었·던·거·겉·다	/M̈⁶/[M̈ʜ³HM]		<았던가보다>
:은·었·던·것·같·다	/M̈⁶/[M̈ʜ³HM]	:얻·었·던·겄·다	<았던가보다>
:은·었·던·것·겉·다	/M̈⁶/[M̈ʜ³HM]		<았던가보다>
:은·었·습·니·이·까	/M̈⁶/[M̈ʜ³HM]		<았습니까>
:은·었·습·니·이·다	/M̈⁶/[M̈ʜ³HM]		<았습니다>
:은·었·십·니·이·까	/M̈⁶/[M̈ʜ³HM]		<았습니까>
:은·었·십·니·이·다	/M̈⁶/[M̈ʜ³HM]		<았습니다>

4.4.3. 변동평성 풀이씨의 성조 변동

1음절 변동평성 줄기 풀이씨에는 /가·다/, /나·다/, /자·다/, /사·다/, /오·다/, /보·다/, /주·다/, /하·다/, /두·다/, /누·다/, /지·다/, /서·다/ 등이 있는데, 줄기의 방점이 변동하는 특징에 따라서 /H_{M-1}/, /H_{M-2}/,/H_{M-1}/ 등의 세 가지 유형으로 나눌 수 있다.

4.4.3.1. /H_{M}-1/ 유형의 변동평성 풀이씨

/H_{M-1}/에 속하는 것에는 /가·다/, /나·다/, /자·다/, /사·다/, /오·다/가 속한다. 이들 성조실현의 특징은 다음과 같이 정리할 수 있다.

첫째, /-거X/, /-느X/, /-더X~-드X/, /-·아X~-·어X/, /-시-/, /-ㅂX/ 앞에서는 ·□(거성)로 나타난다.[16] 특히, /H_{M-1}/ 유형의 변동평성 풀이씨의 줄기는 /-·아X~-·어X/과 결합할 때, 줄기의 성조가 ·□(거성)으로 변함과 동시에 /-·아X~-·어X/의 모음은 삭제되고, /X/만 남는다.

---

16) 그러나 ·□(거성)은 굴곡형이 1음절일 때는 최종방점형으로 나타나지만, 2음절 이상일 때는 거성형의 평2형화에 의해서 □□, □□·□, □□·□·□, □□·□·□·□ 등으로 바뀌어 나타난다. 이것을 표시하기 위하여 □□(←·□·□), □□·□(←·□·□·□), □□·□·□(←·□·□·□·□), □□·□·□·□ (←·□·□·□·□·□) 등으로 표시했다.

둘째, /-르·라X/형 씨끝 앞에서는 줄기의 방점이 :□(상성)으로 나타난다.
셋째, 그 밖의 씨끝 앞에서는 □(평성)으로 나타난다.

변동평성 풀이씨 줄기의 굴곡형들은 본래부터 평복형이건 거성형의 평2형화에 의한 굴곡형이건 상관없이 평복형의 자유변동규칙을 임의적으로 적용받는다.
/H_{M-1}/에서 /H/는 방점 □를 성조로 표시한 것이며, /M/은 그 평성이 /-거X/, /-느X/, /-더X~-드X/, /-·아X~-·어X/, /-시-/, /-ㅂX/ 앞에서 ·□(거성, M)으로 변동한다는 것을 쉽게 연상하도록 하기 위한 것이다. /H_{M-1}/에 속하는 풀이씨들의 굴곡형을 제시하면, 다음과 같다.

(63) 1음절 변동평성 풀이씨 /가·다/

정선방언	삼척방언	표준말
가·다/H_{M-1}·M/	가·다/H_{M-1}·M/	<다>
가·겠·습·니·다	가·겠·습·니·다	<았을겁니다>
가·겠·십·니·다	가·겠·습·니·다	<았을겁니다>
가·게	가·게	<게>
가·고(~#있·다)	가·고	<고>
가·고(~#싶·다)	가·고	<고>
가고(~#싶·다)	가·고	<고>
갈·까	갈·까	<을까>
갈·꼬	가·꼬	<을까>
가·나(~#:마·나)	가·나	<나>
가·니	가·니	<으니>
가·이	가·니	<으니>
가·되	가·되	<되>
가·니·까	가·니·까	<으니까>
가도·록	가도·로	<도록>
가·도·록	가·드·로	<도록>
가·두·록	가·드·로	<도록>
가도·록	가드·로	<도록>
가두·록	가드·로	<도록>
가·니·까·네	가·이·까·네	<으니까>
가·이·까·아	가·이·까·네	<으니까>
가·이·꺼·네	가·이·까·네	<으니까>
가·이·께·네	가·이·까·네	<으니까>
가·도·록	가드·로	<도록>
가·라·고	가·라·고	<으라고(물음)>
가·라·먼	가·라·먼	<으라면>
가·라·머	가·라·모	<으라면>
가·라·문	가·라·문	<으라면>
가·라·믄	가·라·몬	<으라면>

가·면	가·먼	<으면>
가·문	가·먼	<으면>
가·먼	가·먼	<으면>
가·머·는	가·으·머·는	<으면>
가·세	가·세	<으세>
가·자	가·자	<자(이끎)>
가·지	가·지	<지(서술)>
가·지	가·지	<지(시킴)>
가·지	가·지	<지(이음)>
가·겠·노	가·겠·노	<겠니>
가·겠·니	가·겠·노	<겠니>
가·겠·다	가·겠·다	<겠다>
가·겠·습·니·다	가겠·습·니·다	<겠습니다>
가·겠·십·니·다	가겠·습·니·다	<겠습니다>
가·겠·습·니·이·다	가겠·습·니·다	<겠습니다>
가·겠·십·니·이·다	가겠·습·니·다	<겠습니다>
가·겠·습·니·다	가겠·습·니·다	<을께요>
가·겠·십·니·다	가겠·습·니·다	<을께요>
가·길·래	가길·래	<길래>
간	간	<은>
갈	갈	<을>
간·지	간·동	<았는지>
간·들	간·들	<은들>
갈·수·록	갈·수·로	<을수록>
갈·수·룩	갈·수·로	<을수록>
갈·껄	갈끄·얼	<을걸>
가건마·는	가·건·마·는	<건마는>
갈·챔·이·니	갈·티·이·까	<을테니까>
갈·테·니·까	갈·테·니·까	<을테니까>
갈·티·니·까	갈·테·니·까	<을테니까>
갈·테·이·까	갈·테·이·까	<을테니까>
갈·티·이·까	갈·티·이·까	<을테니까>
갈·테·이·니	갈·티·이·까	<을테니까>
갈·티·이·니	갈·티·이·까	<을테니까>
:갈·라(～한다)/M̆²/	:갈·라(～한다)/Ḧ²/	<을라>
:갈·라·고/M̆³/	:갈·라·고/Ḧ³/	<으려고>
:갈·라·나/M̆³/	:갈·루·나/Ḧ³/	<겠나>
:갈·라·먼/M̆³/	:갈·라·먼/Ḧ³/	<으려면>
:갈·라·문/M̆³/	:갈·라·무/Ḧ³/	<으려면>
:갈·라·른/M̆³/	:갈·라·른/Ḧ³/	<으려면>
·가	·가	<아(서술)>
·가	·가	<아(어찌)>
가나(←·가·나)	가나(←·가·나)	<니(물음)>
가네(←·가·나)	가네(←·가·나)	<네(서술)>
가는(←·가·는)	가는(←·가·는)	<는>

가도(←·가·도)	가도(←·가·도)	<아도>
가서(←·가·서)	가서(←·가·서)	<아서>
가야(←·가·야)	가야(←·가·야)	<아야>
가요(←·가·요)	가소(←·가·소)	<소(물음)>
가요(←·가·요)	가요(←·가·요)	<요(서술)>
가요(←·가·요)	가요(←·가·요)	<요(의문)>
갔다(←·갔·다)	갔다(←·갔·다)	<았다>
간다(←·간·다)	간다(←·간·다)	<ㄴ다>
가던·가(←·가·던·가)	가던·가(←·가·던·가)	<던가>
가시·오 (←·가·시·소)	가소(←·가·소)	<으소(시킴)>
가시·오(←·가·시·오)	가시·오(←·가·시·오)	<으십시오>
가아·라(←·가·아·라)	가거·라(←·가·아·라)	<아라(시킴)>
가거·라(←·가·거·라)	가거·라(←·가·거·라)	<거라(시킴)>
가는·가(←·가·는·가)	가는·가(←·가·는·가)	<는가>
가나·아(←·가·나·아)	가나(←·가·나)	<니(물음)>
가거·나(←·가·거·나)	가거·나(←·가·거·나)	<거나>
가거·든(←·가·거·든)	가거·든(←·가·거·든)	<거든>
가는·데(←·가·는·데)	가는·데(←·가·는·데)	<는데>
가는·동 (←·가·는·동)	가는·동(←·가·는·동)	<는지>
가더·나(←·가·더·라)	가더·나 (←·가·더·라)	<더냐>
가더·라(←·가·더·라)	가더·라(←·가·더·라)	<더라>
갈꺼·얼(←·가·꺼·얼)	갈끄·얼(←·가·꺼·얼)	<을걸>
갑니·까 (←·갑·니·까)	갑니·까(←·갑·니·까)	<습니까>
갑니·다 (←·갑·니·다)	갑니·다(←·갑·니·다)	<습니다>
갑디·까 (←·갑·디·까)	갑디·까(←·갑·디·까)	<습디까>
갑디·다(←·갑·디·다)	갑디·다(←·갑·디·다)	<습디다>
갑시·다(←·갑·시·다)	갑시·다(←·갑·시·다)	<읍시다>
갔는·지(←·갔·는·지)	간·동(←·갔·는·지)	<았는지>
갑디·이·까(←·갑·디·이·까)	갑디·까(←·갑·디·까)	<습디까>
갑디·이·다(←·갑·디·이·다)	갑디·다(←·갑·디·다)	<습디다>
가거·들·랑 (←·가·거·들·랑)	가거·들·랑 (←·가·거·들·랑)	<거들랑>
가는·거·같·다(←·가·는·거·같·다)	가는·거·긑·다(←·가·는·거·같·다)	<는가보다>
가는·거·같·다(←·가·는·거·같·다)	가는·거·긑·다(←·가·는·거·긑·다)	<는가보다>
가는·거·같·다(←·가·는·거·같·다)	가는·긑·다(←·가·는·긑·다)	<았는가보다>
가는·거·겉·다(←·가·는·거·겉·다)	가는·거·긑·다(←·가·는·거·겉·다)	<는가보다>
가는·거·겉·다(←·가·는·거·겉·다)	가는·거·긑·다(←·가·는·거·겉·다)	<는가보다>
가는·거·겉·다(←·가·는·거·겉·다)	가는·긑·다(←·가·는·겉·다)	<았는가보다>
가는·것·같·다(←·가·는·것·같·다)	가는·거·긑·다(←·가·는·것·같·다)	<는가보다>
가는·것·같·다(←·가·는·것·같·다)	가는·것·긑·다(←·가·는·것·긑·다)	<는가보다>
가는·것·같·다(←·가·는·것·같·다)	가는·긑·다(←·가·는·긑·다)	<았는가보다>
가는·것·겉·다(←·가·는·것·겉·다)	가는·거·긑·다(←·가·는·것·겉·다)	<는가보다>
가는·것·겉·다(←·가·는·것·겉·다)	가는·것·긑·다(←·가·는·것·겉·다)	<는가보다>
가는·것·겉·다(←·가·는·것·겉·다)	가는·긑·다(←·가·는·겉·다)	<았는가보다>
가는구·나(←·가·는·구·나)	가는·구·나(←·가·는·구·나)	<는구나>
가더·라·고 (←·가·더·라·고)	가더·라·고(←·가·더·라·고)	<더라고>

가더라·도(←·가·더·라·도)	가더·라·도(←·가·더·라·도)	<더라도>
가더래·도(←·가·더·래·도)	가더·래·도(←·가·더·래·도)	<더라도>
간거·같·다(←·간·거·같·다)	갔는·글·다(←·갔·는·글·다)	<왔는가보다>
간거·겉·다(←·간·거·겉·다)	갔는·글·다(←·갔·는·겉·다)	<왔는가보다>
간것·같·다(←·간·것·같·다)	갔는·글·다(←·갔·는·글·다)	<왔는가보다>
간것·겉·다(←·간·것·겉·다)	갔는·글·다(←·갔·는·겉·다)	<왔는가보다>
:가·마	가·꾸·마	<을께>
가·겠·나	:갈·로	<겠나>

(64) 1음절 변동평성 풀이씨 /나·다/

정선방언	삼척방언	표준말
나·다/H$_{M-1}$·M/	나·다/H$_{M-1}$·M/	<다>
나건마·는	나·건·마·는	<건마는>
나·게	나·게	<게(연결)>
나·고(~#있·다)	나·고	<고(연결)>
나·고(~싶·다)	나고(~짚·다)	<고(이음)>
날·까	나·까	<ㄹ까>
날·꼬	나·꼬	<ㄹ까>
나·나(~#:마·나)	나·나(~#:마·나)	<나>
나·니	나·니	<니(이음)>
나·니	나·이	<니(이음)>
나·니·까	나·니·까	<니까>
나·니·까	나·이·까	<니까>
나·니·까·네	나·이·꺼·네	<니까>
나·되	나·되	<되>
나도·록	나드·로	<도록>
나두·룩	나드·록	<도록>
나·도·록	나드·로	<도록>
나·두·룩	나드·록	<도록>
나·라·고	나·라·꼬	<라고(물음)>
나·라·면	나·라·면	<라면>
나·라·먼	나·라·머	<라면>
나·라·먼	나·라·먼	<라면>
나·라·먼	나·라·모	<라면>
나·라·믄	나·라·몬	<라면>
나·라·먼	나·라·무	<라면>
나·라·문	나·라·문	<라면>
나·면	나·면	<면>
나·먼	나·머	<면>
나·먼	나·먼	<면>
나·면	나·모	<면>
나·믄	나·몬	<면>
나·문	나·문	<면>
나·세	나·세	<으세>

나·자	나·자	<나(이끎)>
나·지	나·지	<지(서술)>
나·지	나·지	<지(시킴)>
나·지	나·지	<지(이음)>
나·겠·다	나겠·다	<겠다>
나·겠·나	나겠·나	<겠니>
나·겠·노	나겠·노	<겠니>
나·겠·다	나겠·다	<을께>
나·겠·습·니·다	나겠·습·니·다	<겠습니다>
나·겠·십·니·다	나겠·습·니·다	<겠습니다>
나·겠·습·니·이·다	나겠·습·니·다	<겠습니다>
나·겠·십·니·이·다	나겠·습·니·다	<겠습니다>
나·겠·습·니·다	나겠·습·니·다	<을께요>
나·길·래	나길·래	<길래>
난	난	<ㄴ>
난·들	난·들	<ㄴ들>
날	날	<ㄹ>
날·까	날·까	<ㄹ까>
날·꼬	날·꼬	<ㄹ까>
날·수·록	날·수·로	<ㄹ수록>
날·수·룩	날·수·로	<ㄹ수록>
날·테·니·까	날·테·니·까	<ㄹ테니까>
날·테·이·까	날·테·이·까	<ㄹ테니까>
날·티·이·까	날·테·이·까	<ㄹ테니까>
날·테·이·니·까	날·테·이·까	<ㄹ테니까>
날·티·이·니·까	날·테·이·까	<ㄹ테니까>
날꺼·얼	날끄·얼	<ㄹ걸>
나꺼·얼	날끄·얼	<ㄹ걸>
날·껄	날·껄	<ㄹ걸>
:날·라(~#·한·다)/M²/	:날·라(~#·한·다)/Ḧ²/	<려고>
:날·라·고/M³/	:날·라·고/Ḧ³/	<으려고>
:날·라·고/M³/	:날·라·꼬/Ḧ³/	<려고>
:날·라·면/M³/	:날·라·면/Ḧ³/	<으려면>
:날·라·먼/M³/	:날·라·머/Ḧ³/	<으려면>
:날·라·먼/M³/	:날·라·먼/Ḧ³/	<으려면>
:날·라·믄/M³/	:날·라·믄/Ḧ³/	<으려면>
:날·라·먼/M³/	:날·라·모/Ḧ³/	<려면>
:날·라·먼/M³/	:날·라·몬/Ḧ³/	<으려면>
:날·라·먼/M³/	:날·라·무/Ḧ³/	<으려면>
:날·라·문/M³/	:날·라·문/Ḧ³/	<으려면>
:날·라·나/M³/	:날·루·나/Ḧ³/	<겠나>
·나	·나	<아(서술)>
·나	·나	<아(아찌)>
나나(←·나·나)	나나(←·나·나)	<니(물음)>
나노(←·나·노)	나노(←·나·노)	<니(물음)>

나네(←·나·네)	나네(←·나·네)	<네(서술)>
나는(←·나·는)	나는(←·나·는)	<는>
나도(←·나·도)	나도(←·나·도)	<아도>
나서(←·나·서)	나서(←·나·서)	<아서>
나야(←·나·야)	나야(←·나·야)	<아야>
나요(←·나·요)	나요(←·나·요)	<요(서술)>
나요(←·나·요)	나요(←·나·요)	<요(의문)>
난다(←·난·다)	난다(←·난·다)	<ㄴ다>
났다(←·났·다)	났다(←·났·다)	<았다>
나는·가(←·나·는·가)	나는·가(←·나·는·가)	<는가>
나는·데(←·나·는·데)	나는·데(←·나·는·데)	<는데>
나더·나(←·나·더·나)	나더·나(←·나·더·나)	<더냐>
나더·라(←·나·더·라)	나더·라(←·나·더·라)	<더라>
나거·든(←·나·거·든)	나거·든(←·나·거·든)	<거든(이음)>
나거·든(←·나·거·든)	나거·든(←·나·거·든)	<거든(서술)>
나시·오(←·나·시·오)	나소 (←·나·시·오)	<소(시킴)>
나던·가(←·나·던·가)	나던·가(←·나·던·가)	<던가>
나시·오(←·나·시·오)	나시·소(←·나·시·오)	<십시오>
나시·오(←·나·시·오)	나시·오(←·나·시·오)	<십시오>
나요·오 (←·나·요·오)		<요(의문)>
납니·까(←·납·니·까)	납니·까(←·납·니·까)	<ㅂ니까>
납니·다(←·납·니·다)	납니·다(←·납·니·다)	<ㅂ니다>
납디·까(←·납·디·까)	납디·까(←·납·디·까)	<ㅂ디까>
납디·다(←·납·디·다)	납디·다(←·납·디·다)	<ㅂ디다>
납시·다(←·납·시·다)	납시·다(←·납·시·다)	<ㅂ시다>
납니·이·까(←·납·니·이·까)	납니·까(←·납·니·까)	<ㅂ니까>
납니·이·다(←·납·니·이·다)	납니·다(←·납·니·다)	<ㅂ니다>
납디·이·까(←·납·디·이·까)	납니·까(←·납·니·까)	<ㅂ디까>
납디·이·다(←·납·디·이·다)	납니·다(←·납·니·다)	<ㅂ디다>
나는·구·나(←·나·는·구·나)	나는·구·나 (←·나·는·구·나)	<는구나>
나거·들·랑(←·나·거·들·랑)	나거·들·랑(←·나·거·들·랑)	<거들랑>
나더·라·고(←·나·더·라·고)	나더·라·꼬(←·나·더·라·고)	<더라고>
나더·라·도(←·나·더·라·도)	나더·라·도(←·나·더·라·도)	<더라도>
나더·래·도(←·나·더·래·도)	나더·래·도(←·나·더·래·도)	<더라도>
나는·것·같·다(←·나·는·것·같·다)	나는·글·다(←·나·는·것·같·다)	<는가보다>
나는·거·같·다(←·나·는·것·같·다)	나는·글·다(←·나·는·것·같·다)	<는가보다>
나는·것·겉·다(←·나·는·것·같·다)	나는·글·다(←·나·는·것·같·다)	<는가보다>
나는·거·겉·다(←·나·는·것·같·다)	나는·글·다(←·나·는·것·같·다)	<는가보다>

(65) 1음절 변동평성 풀이씨 /자·다/

정선방언	삼척방언	표준말
자·다/H$_{M-1}$·M/	자·다/H$_{M-1}$·M/	<다>
자건마·는	자·건·마·는	<건마는>
자건마·는	자·거·마·는	<건마는>

자·게	자·게	<게(연결)>
자·고(〜#있·다)	자·고	<고(연결)>
자·고(〜싶·다)	자고(〜짚·다)	<고(이음)>
자·구(〜싶·다)	자고(〜짚·다)	<고(이음)>
잘·까	자·까	<ㄹ까>
잘·까·아	자·까	<ㄹ까>
잘·꼬	자·꼬	<ㄹ까>
자·나(〜#:마·나)	자·나(〜#:마·나)	<나>
자·니	자·니	<니(이음)>
자·니	자·이	<니(이음)>
자·니·까	자·이·까	<니까>
자·니·까	자·니·까	<니까>
자·이·까·네	자·이·꺼·네	<니까>
자·되	자·되	<되>
자·도·록	자·드·로	<도록>
자·두·록	자·드·로	<도록>
자도·록	자·드·로	<도록>
자두·록	자·드·로	<도록>
자·라·고	자·라·꼬	<라고(물음)>
자·라·면	자·라·머	<라면>
자·라·먼	자·라·먼	<라면>
자·라·먼	자·라·모	<라면>
자·라·몬	자·라·몬	<라면>
자·라·른	자·라·무	<라면>
자·라·문	자·라·문	<라면>
자·면	자·머	<면>
자·면	자·면	<면>
자·른	자·모	<면>
자·문	자·몬	<면>
자·세	자·세	<으세>
자·자	자·자	<자(이끎)>
자·지	자·지	<지(서술)>
자·지	자·지	<지(시킴)>
자·지	자·지	<지(이음)>
자·겠·다	자겠·다	<겠다>
자·겠·나	자겠·나	<겠니>
자·겠·습·니·다	자겠·습·니·다	<겠습니다>
자·겠·십·니·다	자겠·습·니·다	<겠습니다>
자·길·래	자길·래	<길래>
잔	잔	<ㄴ>
잔·들	잔·들	<ㄴ들>
잘	잘	<ㄹ>
잘·까	잘·까	<ㄹ까>
잘·꼬	잘·꼬	<ㄹ까>
잘·수·록	잘·수·로	<ㄹ수록>

잘·테·니·까	잘·테·니·까	<르테니까>
잘·티·니·까	잘·테·니·까	<르테니까>
잘·테·니·이·까	잘·테·니·까	<르테니까>
잘·티·니·이·까	잘·테·니·까	<르테니까>
잘·테·이·니	잘·테·이·까	<르테니까>
잘·티·이·니	잘·테·이·까	<르테니까>
잘꺼·얼	잘꺼·얼	<르걸>
잘·껄	잘·껄	<르걸>
잘꺼·얼	잘끄·르	<르걸>
:잘·라(~·한·다)/M²/	:잘·라(~·한·다)/Ḧ³/	<려고>
:잘·라·고/M³/	:잘·라·꼬/Ḧ³/	<으려고>
:잘·라·꼬/M³/	:잘·라·꼬/Ḧ³/	<려고>
:잘·라·면/M³/	:잘·라·면/Ḧ³/	<으려면>
:잘·라·먼/M³/	:잘·라·머/Ḧ³/	<으려면>
:잘·라·먼/M³/	:잘·라·먼/Ḧ³/	<으려면>
:잘·라·믄/M³/	:잘·라·른/Ḧ³/	<으려면>
:잘·라·면/M³/	:잘·라·모/Ḧ³/	<려면>
:잘·라·면/M³/	:잘·라·무/Ḧ³/	<으려면>
:잘·라·문/M³/	:잘·라·문/Ḧ³/	<으려면>
·자	·자	<아(서술)>
·자	·자	<아(어찌)>
자나(←·자·나)	자나(←·자·나)	<니(물음)>
자나(←·자·나)	자노(←·자·노)	<니(물음)>
자네(←·자·네)	자네(←·자·네)	<네(서술)>
자는(←·자·는)	자는(←·자·는)	<는>
자도(←·자·도)	자도(←·자·도)	<아도>
자서(←·자·서)	자서(←·자·서)	<아서>
자소(←·자·소)	자소(←·자·소)	<소(시킴)>
자야(←·자·야)	자야(←·자·야)	<아야>
자요(←·자·요)	자요(←·자·요)	<요(서술)>
자요(←·자·요)	자요(←·자·요)	<요(의문)>
잔다(←·잔·다)	잔다(←·잔·다)	<ㄴ다>
잤다(←·잤·다)	잤다(←·잤·다)	<았다>
자네·에(←·자·네·에)		<네(서술)>
자요·오(←·자·요·오)		<요(의문)>
자던·가(←·자·던·가)	자던·가(←·자·던·가)	<던가>
자시·오(←·자·시·오)	자시·소(←·자·시·오)	<십시오>
잤다·아(←·잤·다·아)	잤다(←·잤·다)	<았다>
잡니·까(←·잡·니·까)	잡니·까(←·잡·니·까)	<ㅂ니까>
잡니·다(←·잡·니·다)	잡니·다(←·잡·니·다)	<ㅂ니다>
잡디·까(←·잡·디·까)	잡디·까(←·잡·디·까)	<ㅂ디까>
잡디·다(←·잡·디·다)	잡디·다(←·잡·디·다)	<ㅂ디다>
잡시·다(←·잡·시·다)	잡시·다(←·잡·시·다)	<ㅂ시다>
자나·아(←·자·나·아)	자나(←·자·나·아)	<니(물음)>
자거·라(←·자·거·라)	자거·라(←·자·거·라)	<거라(시킴)>

정선방언	삼척방언	표준말
자거·든(←·자·거·든)	자거·든(←·자·거·든)	<거든(서술)>
자거·든(←·자·거·든)	자거·드(←·자·거·든)	<거든(서술)>
자는·가(←·자·는·가)	자는·가(←·자·는·가)	<는가>
자는·데(←·자·는·데)	자는·데(←·자·는·데)	<는데>
자는·동(←·자·는·동)	자는·동(←·자·는·동)	<는데>
자드·나(←·자·더·나)	자더·나(←·자·더·나)	<더냐>
자드·라(←·자·더·라)	자더·라(←·자·더·라)	<더라>
잡니·이·까(←·잡·니·까)	잡니·까(←·잡·니·까)	<ㅂ니까>
잡니·이·다(←·잡·니·다)	잡니·다(←·잡·니·다)	<ㅂ니다>
잡디·이·까(←·잡·디·까)	잡니·까(←·잡·니·까)	<ㅂ디까>
잡디·이·다(←·잡·디·다)	잡니·다(←·잡·니·다)	<ㅂ디다>
자드·라·고(←·자·더·라·고)	자더·라·꼬(←·자·더·라·고)	<더라고>
자드·라·도(←·자·더·라·도)	자더·라·도(←·자·더·라·도)	<더라도>
자드·래·도(←·자·더·라·도)	자더·래·도(←·자·더·라·도)	<더라도>
자는구·나 (←·자·거·구·나)	자는·구·나(←·자·거·구·나)	<는구나>
자거·들·랑(←·자·거·들·랑)	자거·들·랑(←·자·거·들·랑)	<거들랑>
자는·것·같·다(←·자·는·거·겉·다)	자는·거·겉·다(←·자·는·거·겉·다)	<는가보다>
자는·거·같·다(←·자·는·거·겉·다)	자는·거·겉·다(←·자·는·거·겉·다)	<는가보다>
자는·것·겉·다(←·자·는·거·겉·다)	자는·거·겉·다(←·자·는·거·겉·다)	<는가보다>
자는·거·겉·다(←·자·는·거·겉·다)	자는·거·겉·다(←·자·는·거·겉·다)	<는가보다>
자는·거#겉·다(←·자·는·거·겉·다)	자는·거·겉·다(←·자·는·거·겉·다)	<는가보다>
자는·거·겉·다(←·자·는·거·겉·다)	자는·겠·다(←·자·는·겠·다)	<는가보다>
자는·거·겉·다(←·자·는·거·겉·다)	자는·깃·다(←·자·는·깃·다)	<는가보다>

(66) 1음절 변동평성 풀이씨 /사·다/

정선방언	삼척방언	표준말
사·다/H$_{M-1}$·M/	사·다/H$_{M-1}$·M/	<다>
사·게	사·게	<게(연결)>
사·고(~#있·다)	사·고	<고(연결)>
사고(~싶·다)	사·고(~싶·다)	<고(이음)>
사구(~싶·다)	사·구(~싶·다)	<고(이음)>
사·까	사·까	<ㄹ까>
사·꼬	사·꼬	<ㄹ까>
사·나(~#:마·나)	사·나(~#:마·나)	<나>
사·니	사·니	<니(이음)>
사·니	사·이	<니(이음)>
사·니·까	사·니·까	<니까>
사·니·까	사·이·까	<니까>
사·니·까·네	사·이·꺼·네	<니까>
사·라	사·라	<으라(시킴)>
사·라	사·라	<으라(이음)>
사·라·고	사·라·고	<으라고(물음)>
사·라·면	사·라·면	<라면>
사·라·면	사·라·머	<ㅅ라면>

사·라·먼	사·라·먼	<라면>
사·라·먼	사·라·모	<라면>
사·라·믄	사·라·믄	<라면>
사·라·먼	사·라·무	<라면>
사·라·문	사·라·문	<라면>
사·면	사·면	<으면>
사·먼	사·머	<으면>
사·먼	사·먼	<으면>
사·먼	사·모	<으면>
사·문	사·문	<으면>
사·세	사·세	<으세>
사·자	사·자	<자(이끎)>
사·지	사·지	<지(서술)>
사·지	사·지	<지(시킴)>
사·지	사·지	<지(이음)>
사·겠·습·니·다	사겠·습·니·다	<겠습니다>
사·겠·습·니·다	사겠·습·니·다	<을께요>
사·겠·다	사겠·다	<을께>
사·겠·나	사겠·나	<겠니>
사·겠·네	사겠·네	<겠네>
사·겠·다	사겠·다	<겠다>
사·길·래	사길·래	<길래>
산	산	<은>
산·들	산·들	<은들>
살	살	<을>
살·까	살·까	<ㄹ까>
사·까		<ㄹ까>
살·꼬	살·꼬	<ㄹ까>
살·수·록	살·수·록	<ㄹ수록>
살·수·룩		<ㄹ수록>
살수·록	살수·로	<ㄹ수록>
살수·룩		<ㄹ수록>
사·도·록	사·도·로	<도록>
사·도·록	사·도·로	<도록>
살·테·니·까	살·테·니·까	<ㄹ테니까>
살·테·이·까	살·테·이·까	<ㄹ테니까>
살·티·이·까	살·테·이·까	<ㄹ테니까>
살·테·이·니	살·테·이	<ㄹ테니까>
살·티·이·니	살·테·이	<ㄹ테니까>
살·테·니	살·테·이	<ㄹ테니까>
살·테·니·이·까	살·테·이·께·네	<ㄹ테니까>
살꺼·얼	살끄·로	<ㄹ걸>
살꺼·얼	살끄·얼	<ㄹ걸>
살·껄	살·껄	<ㄹ걸>
:살·라(~·한·다)/M̃²/	:살·라/Ḧ²/	<으려고>

:살·라·고/M³/	:살·라·고/Ḧ³/	<으려고>
:살·라·나/M³/	:살·라·나/Ḧ³/	<겠나>
:살·라·면/M³/	:살·라·면/Ḧ³/	<으려면>
:살·라·먼/M³/	:살·라·먼/Ḧ³/	<으려면>
:살·라·믄/M³/	:살·라·믄/Ḧ³/	<으려면>
:살·라·믄/M³/	:살·라·몬/Ḧ³/	<으려면>
:살·라·믄/M³/	:살·라·무/Ḧ³/	<으려면>
:살·라·문/M³/	:살·라·문/Ḧ³/	<으려면>
·사	·사	<어(서술)>
·사	·사	<아(구속)>
사도(←·사·도)	사도(←·사·도)	<아도>
사라 (←·사·라)	사라(←·사·라)	<아라>
사서(←·사·서)	사서(←·사·서)	<아서>
사야(←·사·야)	사야(←·사·야)	<아야>
샀다(←·샀·다)	샀다(←·샀·다)	<았다>
사나(←·사·나)	사나(←·사·나)	<니(물음)>
사네(←·사·네)	사네(←·사·네)	<네(서술)>
사는(←·사·는)	사는(←·사·는)	<는>
사는·가(←·사·는·가)	사는·가(←·사·는·가)	<는가>
사는·고(←·사·는·고)	사는·고(←·사·는·고)	<는고>
사는·데(←·사·는·데)	사는·데(←·사·는·데)	<는데>
사거·든(←·사·거·든)	사거·든(←·사·거·든)	<거든(이음)>
사거·든(←·사·거·든)	사거·드(←·사·거·드)	<거든(이음)>
사거·든(←·사·거·든)	사거·든(←·사·거·든)	<거든(서술)>
사거·든(←·사·거·든)	사거·드(←·사·거·드)	<거든(서술)>
사더·나(←·사·더·나)	사더·나(←·사·더·나)	<더냐>
사더·라(←·사·더·라)	사더·라(←·사·더·라)	<더라>
사던·가(←·사·던·가)	사던·가(←·사·던·가)	<던가>
삽니·까(←·삽·니·까)	삽니·까(←·삽·니·까)	<ㅂ니까>
삽니·이·까(←·삽·니·이·까)	삽니·까(←·삽·니·까)	<ㅂ니까>
삽니·다(←·삽·니·다)	삽니·다(←·삽·니·다)	<ㅂ니다>
삽디·까(←·삽·디·까)	삽디·까(←·삽·디·까)	<ㅂ디까>
삽디·다(←·삽·디·다)	삽디·다(←·삽·디·다)	<ㅂ디다>
삽시·다(←·삽·시·다)	삽시·다(←·삽·시·다)	<ㅂ시다>
사도·록(←·사·도·록)	사드·로(←·사·드·로)	<도록>
사두·룩(←·사·두·룩)	사드·로(←·사·드·로)	<도록>
사지·요(←·사·지·요)	사요 (←·사·요)	<요(서술)>
사시·오(←·사·시·오)	사시·소(←·사·시·소)	<으십시오>
사야·만(←·사·야·만)	사야·만(←·사·야·만)	<아야만>
삽니·이·다(←·삽·니·이·다)	삽니·다(←·삽·니·다)	<ㅂ니다>
삽디·이·까(←·삽·디·이·까)	삽디·까(←·삽·디·까)	<ㅂ디까>
삽디·이·다(←·삽·디·이·다)	삽디·다(←·삽·디·다)	<ㅂ디다>
삽시·이·다(←·삽·시·이·다)	삽시·다(←·삽·시·다)	<ㅂ시다>
사더·라·고(←·사·더·라·고)	사더·라·꼬(←·사·더·라·꼬)	<더라고>
사더·라·도(←·사·더·라·도)	사더·라·도(←·사·더·라·도)	<더라도>

사더·래·도(←·사·더·래·도)	사더·래·도(←·사·더·래·도)	<더라도>
산것·같·타(←·산·것·같·타)	샀는·글·타(←·샀·는·글·타)	<았는가보다>
산거·같·타(←·산·거·같·타)	샀는·글·타(←·샀·는·글·타)	<았는가보다>
산것·겉·타(←·산·것·겉·타)	샀는·글·타(←·샀·는·글·타)	<았는가보다>
산거·겉·타(←·산·거·겉·타)	샀는·겉·타(←·샀·는·겉·타)	<았는가보다>
산거·겉·타(←·산·거·겉·타)	샀는·깃·다(←·샀·는·깃·다)	<았는가보다>
사거·들·랑(←·사·거·들·랑)	사거·들·랑(←·사·거·들·랑)	<거들랑>
사거·든·나(←·사·거·든·나)	사거·든·나(←·사·거·든·나)	<거들랑>
사거·마·는(←·사·거·마·는)	사거·마·는(←·사·거·마·는)	<건마는>
사는·구·나(←·사·는·구·나)	사는·구·나(←·사·는·구·나)	<는구나>
사는·거·같·다(←·사·는·거·겉·다)	사는·글·타(←·사는·글·다)	<는가보다>
사는·것·겉·다(←·사·는·거·겉·다)	사는·깃·다(←·사는·깃·다)	<는가보다>
산·다	산다(←·산·다)	<는다>
사·죠	사요(←·사·요)	<요(의문)>

(67) 1음절 변동평성 풀이씨 /오·다/

정선 방언	삼척방언	표준말
오·다/H_{M-1}·M/	오·다/H_{M-1}·M/	<다>
오·게	오·게	<게(연결)>
오·고(~#있·다)	오·고	<고(연결)>
오·고(~싫·다)	오·고(~싫·다)	<고(이음)>
오고(~싫·다)	오·고(~싫·다)	<고(이음)>
오·까	오·까	<ㄹ까>
올·까	오·까	<ㄹ까>
오·꼬	오·꼬	<ㄹ까>
올·꼬	오·꼬	<ㄹ까>
오·나(~#:마·나)	오·나(~#:마·나)	<나>
오·니	오·니	<니(이음)>
오·니	오·이	<니(이음)>
오·니·까	오·니·까	<니까>
오·니·까	오·이·까	<니까>
오·이·까·네	오·이·꺼·네	<니까>
오·뒤	오·뒤	<뒤>
오·도·록	오·드·로	<도록>
오·두·룩	오·드·로	<도록>
오도·록	오드·로	<도록>
오두·룩	오드·록	<도록>
오·라·고	오·라·고	<라고(물음)>
오·라·면	오·라·면	<라면>
오·라·먼	오·라·머	<라면>
오·라·먼	오·라·먼	<라면>
오·라·먼	오·라·모	<라면>
오·라·먼	오·라·몬	<라면>
오·라·먼	오·라·무	<라면>

오·라·문	오·라·문	<라면>
오·라	오·라	<으라>
오·면	오·면	<으면>
오·먼	오·머	<으면>
오·먼	오·먼	<으면>
오·먼	오·모	<으면>
오·먼	오·몬	<으면>
오·세	오·세	<으세>
오·지	오·지	<지(서술)>
오·지	오·지	<지(시킴)>
오·지	오·지	<지(이음)>
오·겠·다	오겠·다	<겠다>
오·겠·나	오겠·나	<겠니>
오·겠·습·니·다	오겠·습·니·다	<겠습니다>
오·겠·습·니·이·다	오겠·습·니·다	<겠습니다>
오·겠·습·니·다	오겠·습·니·다	<을께요>
오·길·래	오길·래	<길래>
오너·라	오너·라	<너라>
온	온	<ㄴ>
온·들	온·들	<ㄴ들>
올	올	<ㄹ>
올·까	올·까	<ㄹ까>
올·꼬	올·꼬	<ㄹ까>
올·수·록	올·수·로	<ㄹ수록>
올·수·룩	올·수·로	<ㄹ수록>
올·테·니·까	올·테·니·까	<ㄹ테니까>
올·테·이·까	올·테·이·까	<ㄹ테니까>
올·티·이·까	올·테·니·까	<ㄹ테니까>
올·테·이·니	올·테·니·까	<ㄹ테니까>
올·티·이·니	올·테·니·까	<ㄹ테니까>
올·테·이·까	올·테·이·께·네	<ㄹ테니까>
올꺼·얼	올끄·얼	<ㄹ걸>
올·껄	올·껄	<ㄹ걸>
올·껄	올끄·로	<ㄹ걸>
:올·라(〜·한·다)/M²/	:올·라/Ḧ²/	<으려고>
:올·라·고/M³/	:올·라·고/Ḧ³/	<으려고>
:올·라·고/M³/	:올·라·꼬/Ḧ³/	<으려고>
:올·라·면/M³/	:올·라·면/Ḧ³/	<으려면>
:올·라·먼/M³/	:올·라·머/Ḧ³/	<으려면>
:올·라·먼/M³/	:올·라·먼/Ḧ³/	<으려면>
:올·라·른/M³/	:올·라·른/Ḧ³/	<으려면>
:올·라·먼/M³/	:올·라·모/Ḧ³/	<으려면>
:올·라·먼/M³/	:올·라·몬/Ḧ³/	<으려면>
:올·라·먼/M³/	:올·라·무/Ḧ³/	<으려면>
:올·라·문/M³/	:올·라·문/Ḧ³/	<으려면>

:올·라·나/M̆³/	:올·루·나/Ḧ³/	<겠구나>
:올·라·나/M̆³/	:올·로/Ḧ²/	<겠구나>
:오·마/M̆²/	오꾸·마	<을께>
·와	·와	<아(서술)>
·와	·와	<아(어찌)>
오나(←·오·나)	오나(←·오·나)	<니(물음)>
오노(←·오·노)	오노(←·오·노)	<니(물음)>
오네(←·오·네)	오네(←·오·네)	<네(서술)>
오는(←·오·는)	오는(←·오·는)	<는>
왔는(←·왔·는)	왔는(←·왔·는)	<았는>
왔다(←·왔·다)	왔다(←·왔·다)	<았다>
와도(←·와·도)	와도(←·와·도)	<아도>
와서(←·와·서)	와서(←·와·서)	<아서>
오오(←·오·오)	오오(←·오·오)	<소(시킴)>
와야(←·와·야)	오야(←·와·야)	<아야>
와요(←·와·요)	오요(←·와·요)	<요(서술)>
와요(←·와·요)	오요(←·와·요)	<요(의문)>
와도·오(←·와·도·오)	와도(←·와·도)	<아도>
와서·어(←·와·서·어)	와서(←·와·서)	<아서>
오든·가(←·오·던·가)	오던·가(←·오·던·가)	<던가>
오오·오(←·오·오·오)	오오(←·오·오)	<소(시킴)>
오시·오(←·오·시·오)	오·소(←·오·시·오)	<오(이끎)>
오시·오(←·오·시·오)	오시·오(←·오·시·오)	<십시오>
옵니·까(←·옵·니·까)	옵니·까(←·옵·니·까)	<ㅂ니까>
옵니·다(←·옵·니·다)	옵니·다(←·옵·니·다)	<ㅂ니다>
옵디·까(←·옵·디·까)	옵디·까(←·옵·디·까)	<ㅂ디까>
옵디·다(←·옵·디·다)	옵디·다(←·옵·디·다)	<ㅂ디다>
옵시·다(←·옵·시·다)	옵시·다(←·옵·시·다)	<ㅂ시다>
오거·든(←·오·거·든)	오거·든(←·오·거·든)	<거든(이음)>
오거·든(←·오·거·든)	오거·드(←·오·거·드)	<거든(이음)>
오거·든(←·오·거·든)	오거·든(←·오·거·든)	<거든(서술)>
오거·든(←·오·거·든)	오거·드(←·오·거·드)	<거든(서술)>
오거·만(←·오·거·만)	오거·만(←·오·거·만)	<건마는>
오는·가(←·오·는·가)	오는·가(←·오·거·만)	<는가>
오는·데(←·오·는·데)	오는·데(←·오·는·가)	<는데>
오는·둥(←·오·는·동)	오는·동(←·오·는·데)	<는둥>
오더·나(←·오·더·나)	오더·나(←·오·는·동)	<더냐>
오더·나(←·오·더·나)	오더·나(←·오·더·나)	<더냐>
오더·라(←·오·더·라)	오더·라(←·오·더·라)	<더라>
오더·라(←·오·더·라)	오다·라(←·오·더·라)	<더라>
오는구·나(←·오·는·구·나)	오는·구·나(←·오·는·구·나)	<는구나>
오더·라·고(←·오·더·라·고)	오더·라·꼬(←·오·더·라·고)	<더라고>
오더·라·도(←·오·더·라·도)	오더·라·도(←·오·더·라·도)	<더라도>
오더·래·도(←·오·더·래·도)	오더·래·도(←·오·더·래·도)	<더라도>
정거·마·는(←·오·거·마·는)	오거·마·는(←·오·거·마·는)	<건마는>

오거·들·랑(←·오·거·들·랑)	오거·들·랑(←·오·거·들·랑)	<거들랑>
오거·들·랑(←·오·거·들·랑)	오거·든·나(←·오·거·든·나)	<거들랑>
오는·것·같·다(←·오·는·것·같·다)	오는·글·타(←·오·는·글·타)	<는가보다>
오는·거·같·다(←·오·는·거·같·다)	오는·글·타(←·오·는·글·타)	<는가보다>
오는·것·같·다(←·오·는·것·겉·다)	오는·겉·타(←·오·는·겉·타)	<는가보다>
오는·거·같·다(←·오·는·거·겉·다)	오는·겉·타(←·오·는·겉·타)	<는가보다>
옵니·이·다(←·옵·니·이·다)	옵니·다(←·옵·니·다)	<ㅂ니다>
옵디·이·까(←·옵·디·이·까)	옵디·까(←·옵·디·까)	<ㅂ디까>
옵디·이·다(←·옵·디·이·다)	옵디·다(←·옵·디·다)	<ㅂ디다>
옵시·이·다(←·옵·시·이·다)	옵시·다(←·옵·시·다)	<ㅂ시다>
옵니·이·까(←·옵·니·이·까)	옵니·까(←·옵·니·까)	<ㅂ니까>
왔는것·같·다(←·왔·는·것·같·다)	왔는#·젔·다(←·왔·는#·젔·다)	<았는가보다>
왔는거·같·다(←·왔·는·거·같·다)	왔는#·젔·다(←·왔·는#·젔·다)	<았는가보다>
왔는·것·같·다(←·왔·는·것·같·다)	왔는#·젔·다(←·왔·는#·젔·다)	<았는가보다>
왔는·거·같·다(←·왔·는·거·같·다)	왔는#·젔·다(←·왔·는#·젔·다)	<았는가보다>
왔는것·겉·다(←·왔·는·것·같·다)	왔는#·젔·다(←·왔·는#·젔·다)	<았는가보다>
왔는거·겉·다(←·왔·는·거·같·다)	왔는#·젔·다(←·왔·는#·젔·다)	<았는가보다>
왔는·것·겉·다(←·왔·는·것·같·다)	왔는#·젔·다(←·왔·는#·젔·다)	<았는가보다>
왔는·거·겉·다(←·왔·는·거·같·다)	왔는#·젔·다(←·왔·는#·젔·다)	<았는가보다>
왔·겠·습·니·다(←·왔·겠·습·니·다)	왔겠·습·니·다(←·왔·겠·습·니·다)	<았겠습니다>
온·다	오온·다(←·오·온·다)	<ㄴ다>

4.4.3.2. /H~M-2~/ 유형의 변동평성 풀이씨

변동평성 줄기 /H~M-1~/, /H~M-2~/, /H~M-1~/ 등 세 가지 중에서 두 번째 유형 /H~M-2~/에는 /서·다/와 /지·다/가 있다. /H~M-2~/ 유형의 변동평성 풀이씨 줄기의 굴곡형들의 성조는 /H~M-1~/과 비슷하나, /-르·라X/형의 씨끝과 결합할 때, 풀이씨 줄기의 방점이 변동하지 않고 기저방점인 평성으로 남아 있는 것이 특징이다. 특별히 설명할 만한 사항은 없으므로 두 풀이씨에 대해서는 굴곡형들만 나열한다.

(68) 1음절 변동평성 풀이씨 /서 · 다/

정선방언	삼척방언	표준말
서·다/H~M-2~·M/	서·다/H~M-1~·M/	<다>
서·게	서·게	<게(연결)>
서·고(~#있·다)	서·고	<고(연결)>
서고(~싫·다)	서·고(~싫·다)	<고(이음)>
서구(~싫·다)	서·구(~싫·다)	<고(이음)>
서·까	서·까	<ㄹ까>
서·꼬	서·꼬	<ㄹ까>
서·나(~#:마·나)	서·나(~#:마·나)	<나>
서·니	서·니	<니(이음)>
서·니	서·이	<니(이음)>

서·니·까	서·니·까	<니까>
서·니·까	서·이·까	<니까>
서·니·까·네	서·이·꺼·네	<니까>
서·도·록	서·도·로	<도록>
서·두·룩	서·도·로	<도록>
서도·록	서드·로	<도록>
서두·룩	서드·로	<도록>
서·라·고	서·라·고	<으라고(물음)>
서·라·면	서·라·면	<라면>
서·라·먼	서·라·머	<라면>
서·라·먼	서·라·먼	<라면>
서·라·먼	서·라·모	<라면>
서·라·먼	서·라·몬	<라면>
서·라·먼	서·라·무	<라면>
서·라·문	서·라·문	<라면>
서·면	서·면	<으면>
서·먼	서·머	<으면>
서·먼	서·먼	<으면>
서·먼	서·모	<으면>
서·문	서·문	<으면>
서·세	서·세	<으세>
서시·오	서·오	<소(시킴)>
서·자	서·자	<자(이끎)>
서·지	서·지	<지(서술)>
서·지	서·지	<지(시킴)>
서·지	서·지	<지(이음)>
서·겠·다	서겠·다	<을께>
서·겠·습·니·다	서겠·습·니·다	<겠습니다>
설·꺼·다	서꾸·마	<을께>
설·끼·다	서꾸·마	<을께>
서·겠·나	서겠·나	<겠니(물음)>
서·겠·네	서겠·네	<겠네>
서·겠·다	서겠·다	<겠다>
서·길·래	서길·래	<길래>
선	선	<은>
선·들	선·들	<은들>
설	설	<을>
설·까	설·까	<ㄹ까>
서·까	설·까	<ㄹ까>
설·꼬	설·꼬	<ㄹ까>
설·라(~·한·다)	설·라(~·한·다)	<으려고>
설·라·고	설·라·고	<으려고>
설·라·먼	설·라·머	<으려면>
설·라·면	설·라·면	<으려면>
설·라·먼	설·라·먼	<으려면>

설·라·믄	설·라·믄	<으려면>
설·라·먼	설·라·모	<으려면>
설·라·먼	설·라·몬	<으려면>
설·라·먼	설·라·무	<으려면>
설·라·문	설·라·문	<으려면>
설·수·록	설·수·로	<ㄹ수록>
설·수·룩	설·수·루	<ㄹ수록>
설수·록	설수·로	<ㄹ수록>
설수·룩	설·수·루	<ㄹ수록>
설·테·니·까	설·테·니·까	<ㄹ테니까>
설·테·이·까	설·테·이·까	<ㄹ테니까>
설·티·이·까	설·테·이·까	<ㄹ테니까>
설·테·이·니·까	설·테·이·까	<ㄹ테니까>
설·티·이·까·네	설·테·이·께·네	<ㄹ테니까>
설·티·이·니	설·테·이	<ㄹ테니까>
서껄·얼	설끄·로	<ㄹ걸>
서껄·얼	설끄·얼	<ㄹ걸>
서·껄		<ㄹ걸>
서도·록	서도·로	<도록>
서두·룩	서두·룩	<도록>
서·도·록	서드·로	<도록>
서·두·룩	서드·루	<도록>
·서	·서	<어(서술)>
·서	·서	<아(구속)>
서도(←·서·도)	서도(←·서·도)	<아도>
서라(←·서·라)	서라(←·서·라)	<아라>
서서(←·서·서)	서서(←·서·서)	<아서>
서야(←·서·야)	서야(←·서·야)	<아야>
서요(←·서·요)	서요(←·서·요)	<요(서술)>
서요(←·서·요)	서요(←·서·요)	<요(의문)>
선다(←·선·다)	선다(←·선·다)	<는다>
섰다(←·섰·다)	섰다(←·섰·다)	<았다>
서나(←·서·나)	서나(←·서·나)	<니(물음)>
서네(←·서·네)	서네(←·서·네)	<네(서술)>
서는(←·서·는)	서는(←·서·는)	<는>
서거·든(←·서·거·든)	서거·든(←·서·거·든)	<거든(이음)>
서거·든(←·서·거·든)	서거·드(←·서·거·든)	<거든(이음)>
서거·든(←·서·거·든)	서거·든(←·서·거·든)	<거든(서술)>
서거·든(←·서·거·든)	서거·드(←·서·거·든)	<거든(서술)>
서는·가(←·서·는·가)	서는·가(←·서·는·가)	<는가>
서는·고(←·서·는·고)	서는·고(←·서·는·고)	<는고>
서는·데(←·서·는·데)	서는·데(←·서·는·데)	<는데>
서더·나(←·서·더·나)	서더·나(←·서·더·나)	<더냐>
서더·나(←·서·더·나)	서다·나(←·서·더·나)	<더냐>
서더·라(←·서·더·라)	서더·라(←·서·더·라)	<더라>

서더·나(←·서·더·나)	서다·라(←·서·더·나)	<더라>
서던·가(←·서·던·가)	서던·가(←·서·던·가)	<던가>
섭니·까(←·섭·니·까)	섭니·까(←·섭·니·까)	<ㅂ니까>
섭니·다(←·섭·니·다)	섭니·다(←·섭·니·다)	<ㅂ니다>
섭디·까(←·섭·디·까)	섭디·까(←·섭·디·까)	<ㅂ디까>
섭디·다(←·섭·디·다)	섭디·다(←·섭·디·다)	<ㅂ디다>
섭시·다(←·섭·시·다)	섭시·다(←·섭·시·다)	<ㅂ시다>
서건·만(←·서·건·만)	서건·만(←·서·건·만)	<건만>
서시·오(←·서·시·오)	서시·오(←·서·시·오)	<으십시오>
섭니·이·다(←·섭·니·이·다)	섭니·다(←·섭·니·다)	<ㅂ니다>
섭니·이·까(←·섭·니·이·까)	섭니·까(←·섭·니·까)	<ㅂ니까>
섭디·이·까(←·섭·디·이·까)	섭디·까(←·섭·디·까)	<ㅂ디까>
섭디·이·다(←·섭·디·이·다)	섭디·다(←·섭·디·다)	<ㅂ디다>
섭시·이·다(←·섭·시·이·다)	섭시·다(←·섭·시·다)	<ㅂ시다>
서더·라·고(←·서·더·라·고)	서더·라·꼬(←·서·더·라·고)	<더라고>
서더라·고 (←·서·더·라·고)	서더·라·고(←·서·더·라·고)	<더라고>
서더·라·도(←·서·더·라·도)	서더·라·도(←·서·더·라·도)	<더라도>
서더라·도 (←·서·더·라·도)	서더·라·도(←·서·더·라·도)	<더라도>
서더·래·도(←·서·더·래·도)	서더·래·도(←·서·더·래·도)	<더라도>
서더래·도 (←·서·더·래·도)	서더·래·도(←·서·더·래·도)	<더라도>
서거·들·랑(←·서·거·들·랑)	서거·든·나(←·서·거·들·랑)	<거들랑>
서거·들·랑(←·서·거·들·랑)	서거·들·랑(←·서·거·들·랑)	<거들랑>
서거·마·는(←·서·거·마·는)	서거·마·는(←·서·거·마·는)	<건마는>
서는·구·나(←·서·는·구·나)	서는·구·나(←·서·는·구·나)	<는구나>
서는·가·요(←·서·는·가·요)	서는·기·요(←·서·는·가·요)	<습니까>
서는·지·요(←·서·는·지·요)	서는·기·요(←·서·는·지·요)	<습니까>
서는·가·요(←·서·는·가·요)	서닝·기·요(←·서·는·가·요)	<습니까>
서는·가·요(←·서·는·가·요)	서던·기·요(←·서·는·가·요)	<습디까>
서는·가·요(←·서·는·가·요)	서딩·기·요(←·서·는·가·요)	<습디까>
선것·같·다(←·선·것·같·다)	섰는·글·다(←·선·것·같·다)	<았는가보다>
선거·같·다(←·선·거·같·다)	섰는·글·다(←·선·거·같·다)	<았는가보다>
선거·겉·다(←·선·것·겉·다)	섰는·겉·다(←·선·것·겉·다)	<았는가보다>
선거·겉·다(←·선·거·겉·다)	섰는·겉·다(←·선·거·겉·다)	<았는가보다>

(69) 1음절 변동평성 풀이씨 /지·다/

정선방언	삼척방언	표준말
지·다/H$_{M-2}$·M/	지·다/H$_{M-1}$·M/	<다>
지·게	지·게	<게(연결)>
지·고(~#있·다)	지·고	<고(연결)>
지·고(~싶·다)	지고(~싶·다)	<고(이음)>
지·까	지·까	<르까>
질·까	지·까	<르까>
지·꼬	지·꼬	<르까>
지·나	지·나	<니(물음)>

지·나	지·노	<니(물음)>
지·나(~#:마·나)	지·나(~#:마·나)	<나>
지·네	지·네	<네(서술)>
지·니	지·니	<니(이음)>
지·니	지·이	<니(이음)>
지·니·까	지·니·까	<니까>
지·니·까	지·이·까	<니까>
지·니·까·네	지·이·꺼·네	<니까>
지·되	지·되	<되>
지·도·록	지·드·로	<도록>
지·두·룩	지·드·로	<도록>
지·라·고	지·라·고	<라고(물음)>
지·라·면	지·라·면	<라면>
지·라·먼	지·라·머	<라면>
지·라·먼	지·라·먼	<라면>
지·라·먼	지·라·모	<라면>
지·라·먼	지·라·몬	<라면>
지·라·무	지·라·무	<라면>
지·라·문	지·라·문	<라면>
지·라(#·하·더·라)	지·라	<으라>
지·면	지·면	<으면>
지·면	지·머	<으면>
지·먼	지·먼	<으면>
지·먼	지·모	<으면>
지·먼	지·몬	<으면>
지·문	지·문	<으면>
지·세	지·세	<으세>
지·지	지·소	<지(이끎)>
지·지	지·제	<지(물음)>
지·지	지·지	<지(서술)>
지·지	지·지	<지(시킴)>
지·지	지·지	<지(이음)>
지겠·다	지겠·다	<겠다>
지·겠·나	지겠·나	<겠니>
지·겠·습·니·다	지겠·습·니·다	<겠습니다>
지·길·래	지길·래	<길래>
지·라	지·라	<너라>
진	진	<ㄴ>
진·다#마·는	진·다#마·는	<건마는>
진·들	진·들	<ㄴ들>
질	질	<ㄹ>
질·수·록	질·수·로	<ㄹ수록>
질·수·룩	질·수·로	<ㄹ수록>
질·테·니·까	질·테·니·까	<ㄹ테니까>
질·테·이·까	질·테·이·까	<ㄹ테니까>

질·티·이·까		<르테니까>
질·테·이·니		<르테니까>
질·테·이·니		<르테니까>
질·테·에·니		<르테니까>
질·테·이·까	질·테·이·까	<르테니까>
질·테·이·까	질·테·이·께·네	<르테니까>
질·테·이·니·까		<르테니까>
질·티·이·니·까		<르테니까>
질·껄	질·껄	<르 걸>
질·까	질·까	<르 까>
질·꼬	질·꼬	<르 까>
질·라(~#·한·다)	질·라(~#·한·다)	<으려고>
질·라·고	질·라·고	<으려고>
질·라·면	질·라·면	<으려면>
질·라·먼	질·라·머	<으려면>
질·라·면	질·라·먼	<으려면>
질·라·믄	질·라·믄	<으려면>
질·라·면	질·라·모	<으려면>
질·라·먼	질·라·몬	<으려면>
질·라·먼	질·라·무	<으려면>
질·라·문	질·라·문	<으려면>
질·라·나	질·루·나	<겠구나>
지도·록	지드·로	<도록>
지두·룩	지드·루	<도록>
지·도·록	지·드·로	<도록>
지·두·룩	지·드·루	<도록>
·져	·져	<아(서술)>
·지	·지	<아(아찌)>
지는(←·지·는)	지는(←·지·는)	<는>
저도(←·저·도)	저도(←·저·도)	<아도>
저라(←·저·라)	저라(←·저·라)	<아라>
저서(←·저·서)	저서(←·저·서)	<아서>
저야(←·저·야)	저야(←·저·야)	<아야>
저요(←·저·요)	지요(←·저·요)	<요(서술)>
저요(←·저·요)	지요(←·저·요)	<요(의문)>
젔다(←·젔·다)	젔다(←·젔·다)	<았다>
진다(←·진·다)	진다(←·진·다)	<는다>
지던·가(←·지·던·가)	지던·가(←·지·던·가)	<던가>
질꺼·얼(←·질·꺼·얼)	질끄·얼(←·질·꺼·얼)	<르 걸>
질꺼·얼(←·질·꺼·얼)	질끄·로(←·질·꺼·얼)	<르 걸>
지건·만 (←·지·건·만)	지거·든·나(←·지·건·만)	<건마는>
지시·오(←·지·시·오)	지오(←·지·시·오)	<소(시킴)>
저야·지(←·지·야·지)	저야·지(←·지·야·지)	<아야지>
집니·까(←·집·니·까)	집니·까(←·집·니·까)	<ㅂ니까>
집니·다(←·집·니·다)	집니·다(←·집·니·다)	<ㅂ니다>

집디·까(←·집·디·까)	집디·까(←·집·디·까)	<ㅂ디까>
집디·다(←·집·디·다)	집디·다(←·집·디·다)	<ㅂ디다>
집시·다(←·집·시·다)	집시·다(←·집·시·다)	<ㅂ시다>
지는·가(←·지·는·가)	지는·가(←·지·는·가)	<는가>
지는·데(←·지·는·데)	지는·데(←·지·는·데)	<는데>
지더·나(←·지·더·나)	지더·나(←·지·더·나)	<더냐>
지더·나(←·지·더·나)	지다·나(←·지·더·나)	<더냐>
지더·라(←·지·더·라)	지더·라(←·지·더·라)	<더라>
지더·라(←·지·더·라)	지다·라(←·지·다·라)	<더라>
지거·든(←·지·거·든)	지거·든(←·지·거·든)	<거튼(이음)>
지거·든(←·지·거·든)	지거·드(←·지·거·든)	<거튼(이음)>
지거·든(←·지·거·든)	지거·든(←·지·거·든)	<거튼(서술)>
지거·든(←·지·거·든)	지거·드(←·지·거·든)	<거튼(서술)>
집니·이·까(←·집·니·이·까)	집니·까(←·집·니·까)	<ㅂ니까>
집니·이·다(←·집·니·이·다)	집니·다(←·집·니·다)	<ㅂ니다>
집디·이·까(←·집·디·이·까)	집디·까(←·집·디·까)	<ㅂ디까>
집디·이·다(←·집·디·이·다)	집디·다(←·집·디·다)	<ㅂ디다>
집시·이·다(←·집·시·이·다)	집시·다(←·집·시·다)	<ㅂ시다>
지거·들·랑(←·지·거·들·랑)	지거·들·랑(←·지·거·들·랑)	<거들랑>
지는구·나(←·지·는·구·나)	지는·구·나(←·지·는·구·나)	<는구나>
지거·마·는(←·지·거·마·는)	지거·마·는(←·지·거·마·는)	<건마는>
지더라·고(←·지·더·라·고)	지더·라·꼬(←·지·더·라·고)	<더라고>
지더라·도(←·지·더·라·도)	지더·라·도(←·지·더·라·도)	<더라도>
지더래·도(←·지·더·래·도)	지더·래·도(←·지·더·래·도)	<더라도>
진것겉·다(←·진·것·겉·다)	졌는·긑·다(←·진·것·겉·다)	<았는가보다>
진거겉·다 (←·진·것·겉·다)	졌는·긑·다(←·진·것·겉·다)	<았는가보다>
진것같·다 (←·진·것·같·다)	졌는#긑·다(←·진·것·같·다)	<았는가보다>
진거같·다 (←·진·것·같·다)	졌는#긑·다(←·진·것·같·다)	<았는가보다>
지는것·같·다 (←·지·는·것·같·다)	지는·긑·다(←·지·는·긑·다)	<는가보다>
지는거·같·다 (←·지·는·거·같·다)	지는·긑·다(←·지·는·긑·다)	<는가보다>
지는것·겉·다 (←·지·는·것·같·다)	지는·겉·다(←·지·는·겉·다)	<는가보다>
지는거·겉·다 (←·지·는·거·같·다)	지는·겉·다(←·지·는·겉·다)	<는가보다>
지는것#·겉·다(←·지·는·것·같·다)	지는·겉·다(←·지·는·겉·다)	<는가보다>
졌·겠·습·니·다	졌겠·습·니·다(←·졌·겠·습·니·다)	<았겠습니다>

4.4.3.3. /H$_{M-3}$/ 유형의 변동평성 풀이씨

변동평성 줄기 /H$_{M}$-1/, /H$_{M}$-2/, /H$_{M}$-3/ 등 세 가지 중에서 세 번째 유형 /H$_{M}$-1/ 유형의 풀이씨에는 /보·다/, /하·다/, /주·다/, /두·다/, /누·다/가 있다. /H$_{M}$-3/ 유형의 변동평성 풀이씨 줄기의 성조는 /H$_{M}$-1/ 유형과 비슷하나, /-·아X∼-·어X/와 결합할 때, (70)과 같은 과정을 거쳐 그 굴곡형은 /:□$_1$, M̌$_1$/(상성형)으로 변한다. 풀이씨 줄기의 기저표상인 /□, H/(평성)이 /-·아X∼-·어X/와 결합하여 /:□, M̌/(상성)을 도출하므로 그 유형을 /H$_{M}$-1/로 표시하기로 한다.

(70) 변동평성 풀이씨 제3유형(/H_M-1/) /보+·아X/

/보+·아·서/	/보+·았·다 /	/보+·아·서/	/보+·았·다/	기저 표상
보·아·서	·보·았·다	보·아·서	·보·았·다	/H_M-2/줄기거성화
봐·아·서	·봐·았·다	봐·아·서	·봐·았·다	중모음화
봐아·서	봐았·다	봐아·서	봐았·다	평2형화(2장 (15)
:봐·서	:봤·다	:봐·서	:봤·다	상성화(3장 (18))
:봐·서	:봤·다	:봐·서	:봤·다	최종 방점표상 ①
———	———	:바·서	:밨·다	단모음화(임의적)
:봐·서	:봤·다	:바·서	:밨·다	최종 방점표상 ②

(70)의 음운과정에 의해서 /보+·아·서/와 /보+·았·다/는 /:봐·서/～/:바·서/와 /:봤·다/～/:밨·다/로 나타난다.

(71) 1음절 변동평성 풀이씨 /보·다/

정선방언	삼척방언	표준말
보·다/H_{M-1}·M/	보·다/H_{M-1}·M/	<다>
보·게	보·게	<게(연결)>
보·고(～#있·다)	보·고	<고(연결)>
보·고(～싶·다)	보·고(～싶·다)	<고(이음)>
보구(～싶·다)	보·구(～싶·다)	<고(이음)>
보·까	보·까	<ㄹ까>
보·까	보·꼬	<ㄹ까>
보·나(～#:마·나)	보·나(～#:마·나)	<나>
보·니	보·니	<니(이음)>
보·니	보·이	<니(이음)>
보·니·까	보·니·까	<니까>
보·니·까	보·이·까	<니까>
보·니·까·네	보·이·꺼·네	<니까>
보·되	보·되	<되>
보·도·록	보·드·로	<도록>
보·두·룩	보·드·로	<도록>
보도·록	보·드·로	<도록>
보두·룩	보·드·로	<도록>
보·라·고	보·라·고	<라고(물음)>
보·라·면	보·라·면	<라면>
보·라·먼	보·라·머	<라면>
보·라·먼	보·라·먼	<라면>
보·라·먼	보·라·모	<라면>
보·라·믄	보·라·몬	<라면>

보·라·먼	보·라·무	<라면>
보·라·문	보·라·문	<라면>
보·면	보·면	<으면>
보·먼	보·머	<으면>
보·먼	보·먼	<으면>
보·먼	보·모	<으면>
보·문	보·문	<으면>
보·세	보·세	<으세>
보·자	보·자	<자(이끎)>
보·지	보·지	<지(서술)>
보·지	보·지	<지(시킴)>
보·지	보·지	<지(이음)>
보·겠·다	보겠·다	<겠다>
보·겠·나	보겠·나	<겠니>
보·겠·습·니·다	보겠·습·니·다	<겠습니다>
보·겠·습·니·다	보겠·습·니·다	<을께요>
보·길·래	보길·래	<길래>
본	본	<ㄴ>
본·들	본·들	<ㄴ들>
볼	볼	<ㄹ>
볼·까	볼·까	<ㄹ까>
보·까	보·까	<ㄹ까>
볼·꼬	볼·꼬	<ㄹ까>
볼·수·록	볼·수·로	<ㄹ수록>
볼·수·룩	볼·수·로	<ㄹ수록>
볼수·록	볼수·로	<ㄹ수록>
볼수·룩	볼수·로	<ㄹ수록>
볼·테·니·까	볼·테·니·까	<ㄹ테니까>
볼·테·이·까	볼·테·이·까	<ㄹ테니까>
볼·티·이·까	볼·테·이·까	<ㄹ테니까>
볼·테·이·니·까	볼·테·이·까	<ㄹ테니까>
볼·티·이·니·까	볼·테·이·까	<ㄹ테니까>
볼·테·니·까	볼·테·이·께·네	<ㄹ테니까>
볼꺼·얼	볼끄·로	<ㄹ걸>
볼꺼·얼	볼끄·얼	<ㄹ걸>
볼·껄	볼·껄	<ㄹ걸>
:볼·라(∼·한·다)/M̈² /	:볼·라/Ḧ² /	<으려고>
:볼·라·고/M̈³ /	:볼·라·꼬/Ḧ³ /	<으려고>
:볼·라·고/M̈³ /	:볼·라·꼬/Ḧ³ /	<으려고>
:볼·라·나/M̈³ /	:볼·라·나/Ḧ³ /	<겠나>
:볼·라·나/M̈³ /	:볼·루·나/Ḧ³ /	<겠나>
:볼·라·면/M̈³ /	:볼·라·면/Ḧ³ /	<으려면>
:볼·라·먼/M̈³ /	:볼·라·먼/Ḧ³ /	<으려면>
:볼·라·믄/M̈³ /	:볼·라·믄/Ḧ³ /	<으려면>
:볼·라·먼/M̈³ /	:볼·라·모/Ḧ³ /	<으려면>

:볼·라·먼/M̆³/	:볼·라·몬/Ḧ³/	<으려면>
:볼·라·먼/M̆³/	:볼·라·무/Ḧ³/	<으려면>
:볼·라·문/M̆³/	:볼·라·문/Ḧ³/	<으려면>
:바(←·보·아)/M̆/	:바/Ḧ/	<아(서술)>
:바(←·보·아)/M̆/	:바/Ḧ/	<아(어찌)>
:바·도(←·보·아·도)/M̆²/	:바·도/Ḧ²/	<아도>
:바·라(←·보·아·라)/M̆²/	:바·라/Ḧ²/	<아라>
:바·서(←·보·아·서)/M̆²/	:바·서/Ḧ²/	<아서>
:바·야(←·보·아·야)/M̆²/	:바·야/Ḧ²/	<아야>
:봤·다(←·보·았·다)/M̆²/	:봤·다/Ḧ²/	<았다>
:봤·겠·습·니·다(←·보·았·겠·습·니·다)/M̆⁶/	:봤·겠·습·니·다/M̆⁶/	<았을겁니다>
보요(←·보·요)	보요	<요(서술)>
보요(←·보·요)	보요	<요(의문)>
보나(←·보·나)	보나	<니(물음)>
보네(←·보·네)	보네	<네(서술)>
보는(←·보·는)	보는	<는>
본다(←·본·다)	본다	<는다>
보거·든(←·보·거·든)	보거·든	<거든(서술)>
보거·든(←·보·거·든)	보거·드	<거든(서술)>
보시·오(←·보·시·오)	보소	<소(시킴)>
보거·든(←·보·거·든)	보거·든	<거든(이음)>
보거·든(←·보·거·든)	보거·드	<거든(이음)>
봅니·까(←·봅·니·까)	봅니·까	<ㅂ니까>
봅니·다(←·봅·니·다)	봅니·다	<ㅂ니다>
봅디·까(←·봅·디·까)	봅디·까	<ㅂ디까>
봅디·다(←·봅·디·다)	봅디·다	<ㅂ디다>
봅시·다(←·봅·시·다)	봅시·다	<ㅂ시다>
보던·가(←·보·던·가)	보던·가	<던가>
보시·오(←·보·시·오)	보시·오	<십시오>
보건·만(←·보·건·만)	보거·만	<건만>
보신·다(←·보·신·다)	보신·다	<으신다>
보는·데(←·보·는·데)	보는·데	<는데>
보더·나(←·보·더·나)	보더·나	<더냐>
보더·나(←·보·더·나)	보다·나	<더냐>
보더·라(←·보·더·라)	보더·라	<더라>
보더·라(←·보·더·라)	보다·라	<더라>
봅니·이·까(←·봅·니·이·까)	봅니·까	<ㅂ니까>
봅니·이·다(←·봅·니·이·다)	봅니·다	<ㅂ니다>
봅디·이·까(←·봅·디·이·까)	봅디·까	<ㅂ디까>
봅디·이·다(←·봅·디·이·다)	봅디·다	<ㅂ디다>
봅시·이·다(←·봅·시·이·다)	봅시·다	<ㅂ시다>
보거·들·랑(←·보·거·들·랑)	보거·들·랑	<거들랑>
보거·들·랑(←·보·거·들·랑)	보거·든·나	<거들랑>
보거·마·는(←·보·거·마·는)	보거·마·는	<건마는>
보는·구·나(←·보·는·구·나)	보는·구·나	<는구나>

보는구·나(←·보·는·구·나)	보는·구·나	<는구나>
보더·라·고(←·보·는·라·고)	보더·라·꼬	<더라고>
보더라·고(←·보·는·라·고)	보더·라·꼬	<더라고>
보더·라·도(←·보·는·라·도)	보더·라·도	<더라도>
보더라·도(←·보·는·라·도)	보더·라·도	<더라도>
보더·래·도(←·보·는·래·도)	보더·래·도	<더라도>
보더래·도(←·보·는·래·도)	보더·래·도	<더라도>

(72)는 /하·다/의 성조가 기저표상에서 최종방점표상으로 도출되는 과정을 보인 것이다.

(72) 변동평성 풀이씨 제2유형(/H$_M$-1/) /하y+ · 어X/[17]

ㄱ. /하y+·어·서/	/하y+·었·다/	기저 표상
ㄴ. ·해·어·서	·해·었·다	/H$_M$-2/줄기 거성화
ㄷ. ·해·애·서	·해·앴·다	모음의 상호 동화
ㄹ. 해애·서	해앴·다	평2형화(2장 (15)
ㅁ. :해·서	:했·다	상성화(3장 (18))
ㅂ. :해·서	:했·다	최종 방점표상

변동평성 풀이씨 /하·다/의 굴곡형을 제시하면 아래 (73)과 같다.

(73) 1음절 변동평성 풀이씨 /하 · 다/

정선방언	삼척방언	표준말
하·다/H$_M$-1·M/	하·다/H$_H$-1·M/	<다>
하·게	하·게	<게(연결)>
하·고(~#있·다)	하·고	<고(연결)>
하고(~싶·다)	하·고(~싶·다)	<고(이음)>
하구(~싶·다)	하·구(~싶·다)	<고(이음)>
하·까	하·까	<ㄹ까>
하·까	하·꼬	<ㄹ까>
하·나(~#:마·나)	하·나(~#:마·나)	<나>
하·니	하·니	<니(이음)>
하·니	하·이	<니(이음)>
하·니·까	하·니·까	<니까>
하·니·까	하·이·까	<니까>
하·니·까·네	하·이·꺼·네	<니까>
하·되	하·되	<되(이음)>
하·도·록	하·드·로	<도록>
하·두·룩	하·드·루	<도록>
하도·록	하드·로	<도록>

---

17) /하·다/의 어간의 기저형은 /hay-/로 보기로 한다.

하두·룩	하드·루	<도록>
할·수·룩	할수·룩	<ㄹ수록>
할·수·룩	할수·룩	<ㄹ수록>
할수·룩	할수·룩	<ㄹ수록>
할수·룩	할수·룩	<ㄹ수록>
하·라·면	하·라·면	<라면>
하·라·먼	하·라·머	<라면>
하·라·먼	하·라·먼	<라면>
하·라·먼	하·라·모	<라면>
하·라·믄	하·라·믄	<라면>
하·라·면	하·라·무	<라면>
하·라·문	하·라·문	<라면>
하·면	하·면	<으면>
하·먼	하·머	<으면>
하·먼	하·먼	<으면>
하·먼	하·모	<으면>
하·문	하·문	<으면>
하·세	하·세	<으세>
하·자	하·자	<자(이끎)>
하·지	하·지	<지(서술)>
하·지	하·지	<지(시킴)>
하·지	하·지	<지(이음)>
하·겠·다	하겠·다	<겠다>
할·꺼·다	하겠·다	<겠다>
할·끼·다	하겠·다	<겠다>
하·겠·다	하겠·다	<을께>
하·겠·나	하겠·나	<겠니>
하·겠·네	하겠·네	<겠네>
하·겠·습·니·다	하겠·습·니·다	<을께요>
하·겠·습·니·다	하겠·습·니·다	<겠습니다>
하·길·래	하길·래	<길래>
한	한	<은>
한·들	한·들	<은들>
할	할	<을>
할·까	할·까	<ㄹ까>
할·꼬	할·꼬	<ㄹ까>
할·수·록	할·수·로	<ㄹ수록>
할·수·룩	할·수·루	<ㄹ수록>
할·테·니·까	할·테·니·까	<ㄹ테니까>
할·테·이·까	할·테니·까	<ㄹ테니까>
할·티·이·까	할·테·이·까	<ㄹ테니까>
할·테·이·니·까	할·테·이·까	<ㄹ테니까>
할·티·이·니·까	할·테·이·까	<ㄹ테니까>
할·티·이·까·네	할·테·이·께·네	<ㄹ테니까>
할·테·니	할·테·이	<ㄹ테니까>

할·껄	할·껄	<ㄹ걸>
:할·라(~#·한·다)/M²/	:할·라/Ḧ²/	<으려고>
:할·라·고/M³/	:할·라·고/Ḧ³/	<으려고>
:할·라·나/M³/	:할·루·나/Ḧ³/	<겠나>
:할·라·나/M³/	:할·라·나/Ḧ³/	<겠나>
:할·라·면/M³/	:할·라·면/Ḧ³/	<으려면>
:할·라·면/M³/	:할·라·머/Ḧ³/	<으려면>
:할·라·면/M³/	:할·라·면/Ḧ³/	<으려면>
:할·라·믄/M³/	:할·라·믄/Ḧ³/	<으려면>
:할·라·면/M³/	:할·라·모/Ḧ³/	<으려면>
:할·라·면/M³/	:할·라·몬/Ḧ³/	<으려면>
:할·라·면/M³/	:할·라·무/Ḧ³/	<으려면>
:할·라·문/M³/	:할·라·문/Ḧ³/	<으려면>
:해/M̈/	:해/Ḧ/	<어(서술)>
:해/M̈/	:해/Ḧ/	<아(구속)>
:해·도/M²/	:해·도/Ḧ²/	<아도>
:해·라 /M²/	:해·라/Ḧ²/	<아라>
:해·서/M²/	:해·서/Ḧ²/	<아서>
:해·야/M²/	:해·야/Ḧ²/	<아야>
:해·서·는/M³/	:해·서·는/Ḧ³/	<아서는>
:해·야·만/M³/	:해·야·만/Ḧ³/	<아야만>
:해·요/M²/	하·오/HM/	<소(시킴)>
:해·요/M²/	하·요/HM/	<요(서술)>
:해·요/M²/	하·요/HM/	<요(의문)>
:했·는·것·같·타/M⁵/	:했·는·거·겉·타/Ḧ⁵/	<았는가보다>
:했·는·거·같·타/M⁵/	:했·는·거·겉·타/Ḧ⁵/	<았는가보다>
:했·는·것·겉·타/M⁵/	:했·는·거·겉·타/Ḧ⁵/	<았는가보다>
:했·는·거·겉·타/M⁵/	:했·는·거·겉·타/Ḧ⁵/	<았는가보다>
:했·는·것·겉·타/M⁵/	:했·는·깃·다/Ḧ⁴/	<았는가보다>
:했·는·가·요/M⁴/	:했·는·기·요/Ḧ⁴/	<었습니까>
:했·는·지·요/M⁴/	:했·닝·기·요/Ḧ⁴/	<었습니까>
:했·던·가·요/M⁴/	:했·던·기·요/Ḧ⁴/	<었습디까>
하네(←·하·네)	하네(←·하·네)	<네(서술)>
하는(←·하·는)	하는(←·하·는)	<는>
한다(←·한·다)	한다(←·한·다)	<는다>
할꺼·다(←·할·꺼·다)	하겠·다(←·할·꺼·다)	<겠다>
할끼·다(←·할·끼·다)	하겠·다(←·할·끼·다)	<겠다>
할꺼·마(←·할·꺼·마)	하꾸·마(←·할·꺼·마)	<을께>
할수·록(←·할·수·록)	할수·로(←·할·수·록)	<ㄹ수록>
합니·까(←·합·니·까)	합니·까(←·합·니·까)	<ㅂ니까>
합니·다(←·합·니·다)	합니·다(←·합·니·다)	<ㅂ니다>
합디·까(←·합·디·까)	합디·까(←·합·디·까)	<ㅂ디까>
합디·다(←·합·디·다)	합디·다(←·합·디·다)	<ㅂ디다>
합시·다(←·합·시·다)	합시·다(←·합·시·다)	<ㅂ시다>
하는·가(←·하·는·가)	하는·가(←·하·는·가)	<는가>

하는·고(←·하·는·고)	하는·고(←·하·는·고)	<는고>
하는·데(←·하·는·데)	하는·데(←·하·는·데)	<는데>
하더·나(←·하·더·나)	하더·나(←·하·더·나)	<더냐>
하더·나(←·하·더·나)	하다·나(←·하·더·나)	<더냐>
하더·라(←·하·더·라)	하더·라(←·하·더·라)	<더라>
하더·라(←·하·더·라)	하다·라(←·하·더·라)	<더라>
하던·가(←·하·던·가)	하던·가(←·하·던·가)	<던가>
하시·오(←·하·시·오)	하시·소(←·하·시·오)	<으십시오>
하여·도(←·하·여·도)	하여·도(←·하·여·도)	<어도>
하거·든(←·하·거·든)	하거·든(←·하·거·든)	<거든(이음)>
하거·든(←·하·거·든)	하거·드(←·하·거·든)	<거든(이음)>
하거·든(←·하·거·든)	하거·든(←·하·거·든)	<거든(서술)>
하거·든(←·하·거·든)	하거·드(←·하·거·든)	<거든(서술)>
하거·만(←·하·건·만)	하거·만(←·하·건·만)	<건만>
할꺼·얼(←·할·꺼·얼)	할끄·얼(←·할·꺼·얼)	<ㄹ걸>
할꺼·얼(←·할·꺼·얼)	할끄·르(←·할·꺼·얼)	<ㄹ걸>
하거·들·랑(←·하·거·들·랑)	하거·들·랑(←·하·거·들·랑)	<거들랑>
하거·들·랑(←·하·거·들·랑)	하거·든·나(←·하·거·들·랑)	<거들랑>
하거·마·는(←·하·거·마·는)	하거·마·는(←·하·거·마·는)	<건마는>
합니·이·까(←·합·니·이·까)	합니·까(←·합·니·까)	<ㅂ니까>
합니·이·다(←·합·니·이·다)	합니·다(←·합·니·다)	<ㅂ니다>
합디·이·까(←·합·디·이·까)	합디·까(←·합·디·까)	<ㅂ디까>
합디·이·다(←·합·디·이·다)	합디·다(←·합·디·다)	<ㅂ디다>
합시·이·다(←·합·시·이·다)	합시·다(←·합·시·다)	<ㅂ시다>
하더·라·고(←·하·더·라·고)	하더·라·꼬(←·하·더·라·고)	<더라고>
하더라·고(←·하·더·라·고)	하더·라·고(←·하·더·라·고)	<더라고>
하더·라·도(←·하·더·라·도)	하더·라·도(←·하·더·라·도)	<더라도>
하더라·도(←·하·더·라·도)	하더·라·도(←·하·더·라·도)	<더라도>
하더·래·도(←·하·더·래·도)	하더·래·도(←·하·더·래·도)	<더라도>
하더래·도(←·하·더·래·도)	하더·래·도(←·하·더·래·도)	<더라도>
하는·구·나(←·하·는·구·나)	하는·구·나(←·하·는·구·나)	<는구나>
하는구·나(←·하·는·구·나)	하는구·나(←·하·는·구·나)	<는구나>
한것·같·다(←·한·것·같·다)	하는·글·다(←·한·것·같·다)	<는가보다>
한거·같·다(←·한·거·같·다)	하는·글·다(←·한·거·같·다)	<는가보다>
한것·겉·다(←·한·거·겉·다)	하는·글·다(←·한·거·겉·다)	<는가보다>
한거·겉·다(←·한·거·겉·다)	하는·글·다(←·한·거·겉·다)	<는가보다>
한거·겉·다(←·한·거·겉·다)	하는·깃·다(←·한·거·겉·다)	<는가보다>

(74)는 /두·다/의 성조가 기저표상에서 최종방점표상으로 도출되는 과정을 보인 것이다.

(74) 변동평성 풀이씨 제2유형(/H$_{M-1}$/) /두+·어X/

/두+·어·서/	/두+·어·서/	/두+·었·다/	/두+·었·다	/기저 표상
·두·어·서	·두·어·서	·두·었·다	·두·었·다	/H$_{M-1}$/줄기 거성화

·둬·어·서	——	·둬·었·다	——	중모음화
——	·도·오·서	——	·도·옸·다	모음의 상호 동화
둬어·서	도오·서	둬었·다	도옸·다	평2형화(2장 (15))
:둬·서	:도·서	:뒀·다	:돘·다	상성화(3장 (18))
:둬·서	:도·서	:뒀·다	:돘·다	최종 방점표상

위의 (74)의 과정을 거쳐서 /두+·어·서/는 /:둬·서/~/:도·서/로 나타나고, /두+·었·다/는 /:뒀·다/~/:돘·다/로 나타난다. /누·다/와 /주·다/는 /두·다/와 동일한 유형의 풀이씨이므로 /누+·어·서/, /주+·어·서/ 등의 도출과정은 생략한다.

변동평성 풀이씨 /두·다/의 굴곡형을 제시하면 아래 (75)와 같다.

(75) 1음절 변동평성 풀이씨 /두·다/

정선방언	삼척방언	표준말
두·다/H$_{M-1}$·M/	두·다/H$_{M-1}$·M/	<다>
두·게	두·게	<게(연결)>
두·고(~#있·다)	두·고(~#있·다)	<고(연결)>
두·고(~싶·다)	두·고(~#있·다)	<고(이음)>
두·까	두·까	<ㄹ까>
둘·까	두·까	<ㄹ까>
둘·꼬	두·꼬	<ㄹ까>
두·나(~#:마·나)	두·나(~#:마·나)	<나>
두·니	두·니	<니(이음)>
두·니	두·이	<니(이음)>
두·니·까	두·니·까	<니까>
두·니·까	두·이·까	<니까>
두·니·까·네	두·이·꺼·네	<니까>
두·라·면	두·라·면	<라면>
두·라·면	두·라·머	<라면>
두·라·면	두·라·먼	<라면>
두·라·면	두·라·모	<라면>
두·라·믄	두·라·몬	<라면>
두·라·먼	두·라·무	<라면>
두·라·문	두·라·문	<라면>
두·면	두·면	<으면>
두·먼	두·머	<으면>
두·먼	두·먼	<으면>
두·먼	두·모	<으면>
두·믄	두·몬	<으면>
두·문	두·문	<으면>
두·세	두·세	<으세>
두·자	두·자	<자(이끎)>
두·지	두·제	<지(물음)>

두·지	두·지	<지(서술)>
두·지	두·지	<지(시킴)>
두·지	두·지	<지(이음)>
두·겠·다	두겠·다	<겠다>
두·겠·나	두겠·나	<겠니>
두·겠·네	두겠·네	<겠네>
두·겠·습·니·다	두겠·습·니·다	<겠습니다>
두·길·래	두길·래	<길래>
두·도·록	두·드·로	<도록>
두·두·룩	두·드·로	<도록>
둔	둔	<은>
둔·들	둔·들	<은들>
둘	둘	<을>
둘·까	둘·까	<ㄹ까>
둘·꼬	둘·꼬	<ㄹ까>
둘·수·록	둘·수·로	<ㄹ수록>
둘·수·룩	둘·수·록	<ㄹ수록>
둘·테·니·까	둘·테·니·까	<ㄹ테니까>
둘·티·이·니	둘·테·이	<ㄹ테니까>
둘·테·이·니·까	둘·테·이·까	<ㄹ테니까>
둘·티·이·까·네	둘·테·이·께·네	<ㄹ테니까>
둘꺼·얼	둘끄·로	<ㄹ걸>
둘꺼·얼	둘끄·얼	<ㄹ걸>
둘·껄	둘·껄	<ㄹ걸>
두도·록	두드·로	<도록>
두두·룩	두드·로	<도록>
:둘·라(~·한·다)/M̌²/	:둘·라/Ḧ²/	<으려고>
:둘·라·고/M̌³/	:둘·라·고/Ḧ³/	<으려고>
:둘·라·면/M̌³/	:둘·라·면/Ḧ³/	<으려면>
:둘·라·면/M̌³/	:둘·라·머/Ḧ³/	<으려면>
:둘·라·면/M̌³/	:둘·라·면/Ḧ³/	<으려면>
:둘·라·면/M̌³/	:둘·라·믄/Ḧ³/	<으려면>
:둘·라·면/M̌³/	:둘·라·모/Ḧ³/	<으려면>
:둘·라·믄/M̌³/	:둘·라·몬/Ḧ³/	<으려면>
:둘·라·면/M̌³/	:둘·라·무/Ḧ³/	<으려면>
:둘·라·문/M̌³/	:둘·라·문/Ḧ³/	<으려면>
:둘·라·나/M̌³/	:둘·루·나/Ḧ³/	<겠구나>
:둘·라·나/M̌³/	:둘·루·노/Ḧ³/	<겠구나>
:다/M̌/	:⬚다/M̌/	<아>
:다·도/M̌²/	:⬚다·도/M̌²/	<아도>
:다·서/M̌²/	:⬚다·서/M̌²/	<아서>
:다·야/M̌²/	:⬚다·야/M̌²/	<아야>
:닸·다/M̌²/	:⬚닸·다/M̌²/	<왔다>
:도/M̌/	:⬚도/M̌/	<아>
:도·도/M̌²/	:⬚도·도/M̌²/	<아도>

:도·서/M²/	:도·서/M²/	<아서>
:도·야/M²/	:도·야/M²/	<아야>
:돘·다/M²/	:돘·다/M²/	<았다>
:두/M/	:두 /M/	<아>
:두·도/M²/	:두·도/M²/	<아도>
:두·서/M²/	:두·서/M²/	<아서>
:두·야/M²/	:두·야/M²/	<아야>
:둤·다/M²/	:둤·다/M²/	<았다>
·두	·두	<아(서술)>
·두	·두	<아(아찌)>
두나(←·두·나)	두나	<니(물음)>
두네(←·두·네)	두네	<네(서술)>
두는(←·두·는)	두는	<는>
둔다(←·둔·다)	둔다	<는다>
두시·오(←·두·시·오)	두오	<소(시킴)>
두던·가(←·두·던·가)	두던·가	<던가>
두시·오(←·두·시·오)	두시·오	<으십시오>
둡니·까(←·둡·니·까)	둡니·까	<ㅂ니까>
둡니·다(←·둡·니·다)	둡니·다	<ㅂ니다>
둡디·까(←·둡·디·까)	둡디·까	<ㅂ디까>
둡디·다(←·둡·디·다)	둡디·다	<ㅂ디다>
둡시·다(←·둡·시·다)	둡시·다	<ㅂ시다>
두는·가(←·두·는·가)	두는·가	<는가>
두거·든(←·두·거·든)	두거·든	<거든(이음)>
두거·든(←·두·거·든)	두거·드	<거든(이음)>
두거·든(←·두·거·든)	두거·든	<거든(서술)>
두거·든(←·두·거·든)	두거·드	<거든(서술)>
두는·데(←·두·는·데)	두는·데	<는데>
두더·나(←·두·더·나)	두더·나	<더냐>
두더·나(←·두·더·나)	두다·나	<더냐>
두더·라(←·두·더·라)	두더·라	<더라>
두더·나(←·두·더·나)	두다·라	<더라>
두거·만(←·두·건·만)	두거·만	<건만>
둡니·이·까(←·둡·니·까)	둡니·까	<ㅂ니까>
둡니·이·다(←·둡·니·다)	둡니·다	<ㅂ니다>
둡디·이·까(←·둡·디·까)	둡디·까	<ㅂ디까>
둡디·이·다(←·둡·디·다)	둡디·다	<ㅂ디다>
둡시·이·다(←·둡·시·다)	둡시·다	<ㅂ시다>
두거·들·랑(←·두·거·들·랑)	두거·든·나	<거들랑>
두거·들·랑(←·두·거·들·랑)	두거·들·랑	<거들랑>
두거·마·는(←·두·거·마·는)	두거·마·는	<건마는>
두는·구·나(←·두·는·구·나)	두는·구·나	<는구나>
두는구·나 (←·두·는·구·나)	두는·구·나	<는구나>
두더·라·고(←·두·더·라·고)	두더·라·꼬	<더라고>
두더라·고 (←·두·더·라·고)	두더·라·꼬	<더라고>

두더·라·도(←·두·더·라·도)	두더·라·도	<더라도>
두더라·도 (←·두·더·라·도)	두더·라·도	<더라도>
두더·래·도(←·두·더·래·도)	두더·래·도	<더라도>
두더래·도 (←·두·더·래·도)	두더·래·도	<더라도>
두는것·같·타(←·두·는·것·같·다)	두는·같·타	<는가보다>
두는거·같·타(←·두·는·것·같·다)	두는·같·타	<는가보다>
두는것·겉·타(←·두·는·것·겉·다)	두는·겉·타	<는가보다>
두는거·겉·타(←·두·는·것·겉·다)	두는·겉·타	<는가보다>

(76) 1음절 변동평성 풀이씨 /누 · 다/

정선방언	삼척방언	표준말
누·다/H$_{M-1}$·M/	누·다/H$_{M-1}$·M/	<다>
누·게	누·게	<게(연결)>
누·고(~#있·다)	누·고	<고(연결)>
누·고(~싶·다)	누·고(~싶·다)	<고(이음)>
누구(~싶·다)	누·구(~짚·다)	<고(이음)>
누·까	누·까	<ㄹ까>
눌·까	눌·까	<ㄹ까>
누·까	누·꼬	<ㄹ까>
누·나(~#:마·나)	누·나(~#:마·나)	<나>
누·니	누·니	<니(이음)>
누·니	누·이	<니(이음)>
누·니·까	누·니·까	<니까>
누·니·까	누·이·까	<니까>
누·니·까·네	누·이·꺼·네	<니까>
누·도·록	누·드·로	<도록>
누·두·룩	누·드·로	<도록>
누도·록	누드·로	<도록>
누두·룩	누드·로	<도록>
누·라·면	누·라·면	<라면>
누·라·먼	누·라·머	<라면>
누·라·먼	누·라·먼	<라면>
누·라·먼	누·라·모	<라면>
누·라·먼	누·라·몬	<라면>
누·라·먼	누·라·무	<라면>
누·라·문	누·라·문	<라면>
누·면	누·면	<으면>
누·먼	누·머	<으면>
누·먼	누·먼	<으면>
누·먼	누·모	<으면>
누·믄	누·몬	<으면>
누·문	누·문	<으면>
누·세	누·세	<으세>
누·자	누·자	<자(이끎)>

누·지	누·지	<지(서술)>
누·지	누·지	<지(시킴)>
누·지	누·지	<지(이음)>
누·겠·다	누겠·다	<겠다>
누·겠·나	누겠·나	<겠니>
누·겠·네	누겠·네	<겠네>
누·겠·습·니·다	누겠·습·니·다	<겠습니다>
누·길·래	누길·래	<길래>
눈	눈	<은>
눈·들	눈·들	<은들>
눌	눌	<을>
눌·까	눌·까	<ㄹ까>
눌·꼬	눌·꼬	<ㄹ까>
눌·수·록	눌·수·로	<ㄹ수록>
눌·수·룩	눌·수·루	<ㄹ수록>
눌수·록	눌·수·로	<ㄹ수록>
눌수·룩	눌·수·루	<ㄹ수록>
눌·테·니·까	눌·테·니·까	<ㄹ테니까>
눌·테·이·까	눌·테·이·까	<ㄹ테니까>
눌·티·이·까	눌·테·이·까	<ㄹ테니까>
눌·테·이·니·까	눌·테·이·까	<ㄹ테니까>
눌·티·이·니·까	눌·테·이·까	<ㄹ테니까>
눌·테·이·까	눌·테·이·께·네	<ㄹ테니까>
눌·테·이·니	눌·테·이	<ㄹ테니까>
눌꺼·얼	눌끄·로	<ㄹ걸>
눌꺼·얼	눌끄·얼	<ㄹ걸>
눌·껄	눌·껄	<ㄹ걸>
:눌·라(∼·한·다)/M²/	:눌·라/H²/	<으려고>
:눌·라·고/M³/	:눌·라·고/H³/	<으려고>
:눌·라·고/M³/	:눌·루·나/H³/	<겠나>
:눌·라·나/M³/	:눌·라·나/H³/	<겠나>
:눌·라·면/M³/	:눌·라·면/H³/	<으려면>
:눌·라·먼/M³/	:눌·라·머/H³/	<으려면>
:눌·라·먼/M³/	:눌·라·먼/H³/	<으려면>
:눌·라·믄/M³/	:눌·라·믄/H³/	<으려면>
:눌·라·먼/M³/	:눌·라·모/H³/	<으려면>
:눌·라·몬/M³/	:눌·라·몬/H³/	<으려면>
:눌·라·먼/M³/	:눌·라·무/H³/	<으려면>
:눌·라·문/M³/	:눌·라·문/H³/	<으려면>
:눠(←·누·어)/M/	:눔/M/	<아>
:노(←·노·오)/M/	:눕/M/	<아>
:눠·도(←·누·어·도)/M²/	:눔·도/M²/	<아도>
:노·도(←·노·오·도)/M²/	:눕·도/M²/	<아도>
:눠·서(←·누·어·서)/M²/	:눔·서/M²/	<아도>
:노·서(←·노·오·서)/M²/	:눕·서/M²/	<아서>

:뉘·야(←·누·어·야)/M²/	:□·야/M²/	<아도>
:노·야(←·노·오·야)/M²/	:□·야/M²/	<아야>
:눘·다(←·누·었·다)/M²/	:□·다/M²/	<아도>
:눘·다(←·누·았·다)/M²/	:□·다/M²/	<았다>
:노·요(←·누·오·요)/M²/	:□·요/M²/	<요(서술)>
·노	·누	<아(서술)>
·노	·누	<아(아찌)>
누나(←·누·나)	누나	<니(물음)>
누네(←·누·네)	누네	<네(서술)>
누는(←·누·는)	누는	<는>
누요(←·누·요)	누요	<요(서술)>
누요(←·누·요)	누요	<요(의문)>
눈다(←·둔·다)	눈다	<는다>
누거·든(←·누·거·든)	누거·든(←·누·거·든)	<거든(이음)>
누거·든(←·누·거·든)	누거·드(←·누·거·든)	<거든(이음)>
누거·든(←·누·거·든)	누거·든(←·누·거·든)	<거든(서술)>
누거·든(←·누·거·든)	누거·드(←·누·거·든)	<거든(서술)>
누는·가(←·누·는·가)	누는·가(←·누·는·가)	<는가>
누는·데(←·누·는·데)	누는·데(←·누·는·데)	<는데>
누더·나(←·누·더·나)	누더·나(←·누·더·나)	<더냐>
누더·라(←·누·더·라)	누더·라(←·누·더·라)	<더라>
누던·가(←·누·던·가)	누던·가(←·누·던·가)	<던가>
누시·오(←·누·시·오)	누시·오(←·누·시·오)	<으십시오>
눕니·까(←·눕·니·까)	눕니·까(←·눕·니·까)	<ㅂ니까>
눕니·다(←·눕·니·다)	눕니·다(←·눕·니·다)	<ㅂ니다>
눕디·까(←·눕·디·까)	눕디·까(←·눕·디·까)	<ㅂ디까>
눕디·다(←·눕·디·다)	눕디·다(←·눕·디·다)	<ㅂ디다>
눕시·다(←·눕·시·다)	눕시·다(←·눕·시·다)	<ㅂ시다>
누건·만(←·누·건·만)	누건·만(←·누·건·만)	<건만>
눕시·이·다(←·눕·시·이·다)	눕시·다(←·눕·시·다)	<ㅂ시다>
눕니·이·까(←·눕·니·이·까)	눕니·까(←·눕·니·까)	<ㅂ니까>
눕니·이·다(←·눕·니·이·다)	눕니·다(←·눕·니·다)	<ㅂ니다>
눕디·이·까(←·눕·디·이·까)	눕디·까(←·눕·디·까)	<ㅂ디까>
눕디·이·다(←·눕·디·이·다)	눕디·다(←·눕·디·다)	<ㅂ디다>
누거·들·랑(←·누·거·들·랑)	누거·들·랑(←·누·거·들·랑)	<거들랑>
누거·들·랑(←·누·거·들·랑)	누거·든·나(←·누·거·들·랑)	<거들랑>
누거·마·는(←·누·거·마·는)	누거·마·는(←·누·거·마·는)	<건마는>
누는구·나 (←·누·는·구·나)	누는·구·나(←·누·는·구·나)	<는구나>
누더라고 (←·누·더·라·고)	누더·라·꼬(←·누·더·라·고)	<더라고>
누더라·도 (←·누·더·라·도)	누더·라·도(←·누·더·라·도)	<더라도>
누더·래·도(←·누·더·래·도)	누더·래·도(←·누·더·래·도)	<더라도>
누더래·도 (←·누·더·래·도)	누더·래·도(←·누·더·래·도)	<더라도>
누는것·같·다(←·누·는·것·같·다)	누는·같·다(←·누·는·같·다)	<는가보다>
누는거·같·다(←·누·는·것·같·다)	누는·같·다(←·누·는·같·다)	<는가보다>
누는것·겉·다(←·누·는·것·겉·다)	누는·겉·다(←·누·는·겉·다)	<는가보다>

누는거·겉·다(←·누·는·것·겉·다)   누는·겉·다(←·누·는·겉·다)   <는가보다>

(77) 1음절 변동평성 풀이씨 /주·다/

정선방언	삼척방언	표준말
주·다/H_{M-1}·M/	주·다/H_{M-1}·M/	<다>
주·게	주·게	<게(연결)>
주·고(~#있·다)	주·고	<고(연결)>
주·고(~싶·다)	주·고(~짚·다)	<고(이음)>
주구(~싶·다)	주구(~짚·다)	<고(이음)>
줄·까	주·까	<ㄹ까>
주·까	주·까	<ㄹ까>
주·꼬	주·꼬	<ㄹ까>
주·나(~#:마·나)	주·나(~#:마·나)	<나>
주·니	주·니	<니(이음)>
주·니	주·이	<니(이음)>
주·니·까	주·니·까	<니까>
주·니·까	주·이·까	<니까>
주·니·까·네	주·이·꺼·네	<니까>
주·도·록	주·드·로	<도록>
주·두·룩	주·드·로	<도록>
주도·록	주드·로	<도록>
주두·록	주드·로	<도록>
주·라·면	주·라·면	<라면>
주·라·먼	주·라·머	<라면>
주·라·먼	주·라·먼	<라면>
주·라·먼	주·라·모	<라면>
주·라·믄	주·라·몬	<라면>
주·라·먼	주·라·무	<라면>
주·라·문	주·라·문	<라면>
주·면	주·면	<으면>
주·먼	주·머	<으면>
주·먼	주·먼	<으면>
주·먼	주·모	<으면>
주·문	주·문	<으면>
주·세	주·세	<으세>
주·자	주·자	<자(이끎)>
주·지	주·지	<지(서술)>
주·지	주·지	<지(시킴)>
주·지	주·지	<지(이음)>
주겠·다	주겠·다	<겠다>
주·겠·나	주겠·나	<겠니>
주·겠·네	주겠·네	<겠네>
주·겠·습·니·다	주겠·습·니·다	<겠습니다>
주·길·래	주길·래	<길래>

준	준	<은>
준·들	준·들	<은들>
줄	줄	<을>
줄·까	줄·까	<ㄹ까>
줄·꼬	줄·꼬	<ㄹ까>
줄·수·록	줄·수·로	<ㄹ수록>
줄·수·룩	줄·수·루	<ㄹ수록>
줄수·록	줄수·로	<ㄹ수록>
줄수·룩	줄수·록	<ㄹ수록>
줄·테·니·까	줄·테·니·까	<ㄹ테니까>
줄·티·니·까	줄·테·니·까	<ㄹ테니까>
줄·테·이·까	줄·테·이·까	<ㄹ테니까>
줄·티·이·까	줄·테·이·까	<ㄹ테니까>
줄·테·이·니·까	줄·테·이·까	<ㄹ테니까>
줄·티·이·니·까	줄·테·이·까	<ㄹ테니까>
줄·티·이·까·네	줄·테·이·께·네	<ㄹ테니까>
줄·티·이·니	줄·테·이	<ㄹ테니까>
줄꺼·얼	줄꼬·로	<ㄹ걸>
줄꺼·얼	줄꼬·얼	<ㄹ걸>
줄·껄	줄·껄	<ㄹ걸>
:줄·라(~·한·다)/M̆²/	:줄·라/Ḧ²/	<으려고>
:줄·라·고/M̆³/	:줄·라·고/Ḧ³/	<으려고>
:줄·라·고/M̆³/	:줄·루·나/Ḧ³/	<겠나>
:줄·라·나/M̆³/	:줄·라·나/Ḧ³/	<겠나>
:줄·라·면/M̆³/	:줄·라·면/Ḧ³/	<으려면>
:줄·라·면/M̆³/	:줄·라·머/Ḧ³/	<으려면>
:줄·라·면/M̆³/	:줄·라·먼/Ḧ³/	<으려면>
:줄·라·믄/M̆³/	:줄·라·믄/Ḧ³/	<으려면>
:줄·라·면/M̆³/	:줄·라·모/Ḧ³/	<으려면>
:줄·라·면/M̆³/	:줄·라·몬/Ḧ³/	<으려면>
:줄·라·면/M̆³/	:줄·라·무/Ḧ³/	<으려면>
:줄·라·문/M̆³/	:줄·라·문/Ḧ³/	<으려면>
:조(←·조·오·요)/M̆/	주오	<소(시킴)>
:조·요(←·조·오·요)/M̆²/	주요	<요(서술)>
:조·요(←·조·오·요)/M̆²/	주요	<요(의문)>
:조(←·조·오)/M̆/	:좨(←·조·오)/M̆/	<아>
:조·도(←·조·오·도)/M̆²/	:좨·도(←·조·오·도)/M̆²/	<아도>
:조·서(←·조·오·서)/M̆²/	:좨·서(←·조·오·서)/M̆²/	<아서>
:조·야(←·조·오·야)/M̆²/	:좨·야(←·조·오·야)/M̆²/	<아야>
:좄·다(←·조·옸·다)/M̆²/	:좨·다(←·조·옸·다)/M̆²/	<았다>
·조	·주	<아(서술)>
·조	·주	<아(아찌)>
주나(←·주·나)	주나(←·주·나)	<니(물음)>
주네(←·주·네)	주네(←·주·네)	<네(서술)>
주는(←·주·는)	주는(←·주·는)	<는>

준다(←·준·다)	준다(←·준·다)	<는다>
줍니·까(←·줍·니·까)	줍니·까(←·줍·니·까)	<ㅂ니까>
줍니·다(←·줍·니·다)	줍니·다(←·줍·니·다)	<ㅂ니다>
줍디·까(←·줍·디·까)	줍디·까(←·줍·디·까)	<ㅂ디까>
줍디·다(←·줍·디·다)	줍디·다(←·줍·디·다)	<ㅂ디다>
줍시·다(←·줍·시·다)	줍시·다(←·줍·시·다)	<ㅂ시다>
주거·든(←·주·거·든)	주거·든(←·주·거·든)	<거든(이음)>
주거·든(←·주·거·든)	주거·드(←·주·거·든)	<거든(이음)>
주거·든(←·주·거·든)	주거·든(←·주·거·든)	<거든(서술)>
주거·든(←·주·거·든)	주거·드(←·주·거·든)	<거든(서술)>
주는·가(←·주·는·가)	주는·가(←·주·는·가)	<는가>
주는·데(←·주·는·데)	주는·데(←·주·는·데)	<는데>
주더·나(←·주·더·나)	주더·나(←·주·더·나)	<더냐>
주더·나(←·주·더·나)	주더·나(←·주·더·나)	<더냐>
주더·라(←·주·더·라)	주더·라(←·주·더·라)	<더라>
주더·나(←·주·더·나)	주더·라(←·주·더·나)	<더라>
주던·가(←·주·던·가)	주던·가(←·주·던·가)	<던가>
주시·오(←·주·시·오)	주시·오(←·주·시·오)	<으십시오>
주건·만(←·주·건·만)	주건·만(←·주·건·만)	<건만>
줍니·이·까(←·줍·니·이·까)	줍니·까(←·줍·니·까)	<ㅂ니까>
줍니·이·다(←·줍·니·이·다)	줍니·다(←·줍·니·다)	<ㅂ니다>
줍디·이·까(←·줍·디·이·까)	줍디·까(←·줍·디·까)	<ㅂ디까>
줍디·이·다(←·줍·디·이·다)	줍디·다(←·줍·디·다)	<ㅂ디다>
줍시·이·다(←·줍·시·이·다)	줍시·다(←·줍·시·이·다)	<ㅂ시다>
주는·구·나(←·주·는·구·나)	주는·구·나(←·주·는·구·나)	<는구나>
주는구·나(←·주·는·구·나)	주는·구·나(←·주·는·구·나)	<는구나>
주더라·고(←·주·더·라·고)	주는·라·고(←·주·더·라·고)	<더라고>
주거·들·랑(←·주·거·들·랑)	주거·들·랑(←·주·거·들·랑)	<거들랑>
주거·들·랑(←·주·거·들·랑)	주거·든·나(←·주·거·들·랑)	<거들랑>
주거·마·는(←·주·거·마·는)	주거·마·는(←·주·거·마·는)	<건마는>
주더·라·고(←·주·더·라·고)	주더·라·꼬(←·주·더·라·고)	<더라고>
주더·라·도(←·주·더·라·도)	주더·라·도(←·주·더·라·도)	<더라도>
주더라·도(←·주·더·라·도)	주더·라·도(←·주·더·라·도)	<더라도>
주더·래·도(←·주·더·래·도)	주더·래·도(←·주·더·래·도)	<더라도>
주더래·도(←·주·더·래·도)	주더·래·도(←·주·더·래·도)	<더라도>
주는것·같·타(←·주·는·것·같·다)	주는·글·타(←·주·는·것·같·다)	<는가보다>
주는거·같·타(←·주·는·거·같·다)	주는·글·타(←·주·는·거·같·다)	<는가보다>
주는것·겉·타(←·주·는·것·겉·다)	주는·겉·타(←·주·는·것·겉·다)	<는가보다>
주는거·겉·타(←·주·는·거·겉·다)	주는·겉·타(←·주·는·거·겉·다)	<는가보다>

삼척방언에서는 /주+·어X/는 /:□X/로 나타난다. 예를 들면, /주+·어·서/는 /:□·서, M^2/[MH]로 /주+·었·다/는 /:□·다, M^2/[MH]로 나타난다. 김차균(2006ㄴ: 509)에서는 삼척방언에서 /:□/으로 표시한 것을 음상성이라 하였다. 상성(=조치가 복잡한 측성)이 두 가지

가 있을 때, 그 분포가 일반적인 것은 상성(/양상성)이라 하고, 분포가 극히 제한 되어 있는 것을 음상성이라 한다. 삼척방언의 2음절 이상의 상성형 /$\ddot{H}_2$/은 음조실현규칙에 의해서 [$\ddot{H}M_1$]이 된다. 그러나 이런 규칙으로는 도출할 수 없는 음조형 [$\ddot{M}HM_0$]이 존재하는데 이것은 /:□, $\ddot{M}_2$/에 의해 도출되는 것으로 보았다.

정선방언 상성 음조형 [$\ddot{M}HM_0$]과 삼척방언 음상성 음조형 [$\ddot{M}HM_0$]은 같으나 정선방언 상성 음조형[$\ddot{M}HM_0$]은 삼척방언 상성 음조형 [$\ddot{H}M_1$]과는 분명한 차이가 있다. 이것은 표면적인 음조형이 같다고 해서 성조형까지도 반드시 같은 것은 아님을 알 수 있다. 성조형이나 방점형이라는 것은 각 방언 내의 체계적인 관계를 나타내는 기호이기 때문이다.

삼척방언 굴곡형 자료 (76)에서 /누+·어X/가 /:□X/로 나타나는 것도 음상성의 보기이다. 예를 들면, /누+·어·서/가 /:□·서, M^2/[MH]로, /누+·었·다/가 /:□·다, M^2/[MH]로 되는 것들도 음상성의 예이다.

4.3.3.4. 복합 변동평성 풀이씨

김차균(2002ㄴ, 2003)에 따르면, /나가·다/, /나서·다/, /가보·다/ 등은 영남방언권의 여러 방언들에서 그 줄기의 굴곡형들이 복잡한 성조변동을 한다. 예를 들면, 창원방언에서 /가·다/의 굴곡형이 측성형(거성형, 상성형)이면, 그것의 짝이 되는 /나가·다/의 굴곡형은 반드시 상성형이고, 전자의 굴곡형이 평측형이면 /나가·다/의 굴곡형도 평측형이다. /나서·다/와 /서·다/, /가보·다/와 /보·다/ 굴곡형들의 관계도 이와 같다.

그러나 정선방언에서는 이러한 관계가 성립하지 않고, /나가·다/, /나서·다/, /가보·다/의 굴곡형들이 모두 평복형으로 나타난다. 그렇게 된 원인을 밝히는 데는 (78)ㄴ의 굴곡형들이 /·나#·□/, /·나#□□(←□·□)/, /·나#□□·□(←□·□·□)/, /·나#□□·□·□·□(←·□·□·□·□)/; /·나#:□·□·□)/; /·나#□·□)/임을 주목할 필요가 있다. 이와 같은 굴곡형들에서 쉼(#)이 지워지면 2장에서 제시한 중화규칙 (9)에 의해서 모두 2음절 이상의 거성형들이 도출되고, 이 거성형들은 2장에서 제시한 평2형화규칙 (15)에 의해서 평복형으로 도출되며, 이 평복형들은 평복형의 하위 방점형끼리의 자유변동이 이루어진다. 이리하여, 정선방언에서 /나가·다/, /나서·다/, /가보·다/의 모든 굴곡형들은 아래 (78)ㄱ, (79)ㄱ, (80)ㄱ에서처럼 평복형으로 나타난다. (78)ㄴ, (79)ㄴ, (80)ㄴ에서는 쉼(#)이 살아있기 때문에 /·나#가·다/, /·나#서·다/, /·가#보·다/의 굴곡형들에서 쉼(#) 뒤에 나타나는 부분은 각각 /가·다/, /서·다/, /보·다/가 단독으로 나타날 때의 굴곡형들을 그대로 유지하는 것이다.

(78) 복합 변동평성 풀이씨 /나가·다/

정선방언	삼척방언	표준어
나가·다/H²·M/	나가·다/H²·M/	<다>
ㄱ. 나가	나가	<아(서술)>
나가	나가	<아(어찌)>
나가거·라	나가거·라	<아라>
나가·라	나가라	<아라>
나가라	나가라	<아라>
나가서	나가서	<아서>
나가서	나가사	<아서>
나가야	나가야	<아야>
나가도	나가도	<아도>
나갔다	나갔다	<았다>
나간	나갔는	<았는>
나간것·같·다	나갔는·젰·다	<았는가보다>
나간것·겉·다	나갔는·젰·다	<았는가보다>
나갔던것·같·다	나갔던·젰·다	<았던가보다>
나갔던것·겉·다	나갔던·젰·다	<았던가보다>
나간	나간	<았는>
나가시·오	나가소	<소(시킴)>
나가요	나가요·오	<요(의문)>
나가요·오	나가요·오	<요(서술)>
나가·데	나가데	<데(<더이})>
나가·네	나가네	<네(서술)>
나가·나	나가나	<니(물음)>
나간다·아	나간다	<ㄴ다>
나갑니·다	나갑니·다	<ㅂ니다>
나갑니·이·다	나갑니·다	<ㅂ니다>
나갑니·까	나갑니·까	<ㅂ니까>
나갑니·이·까	나갑니·까	<ㅂ니까>
나갑디·다	나갑디·다	<ㅂ디다>
나갑디·까	나갑디·까	<ㅂ디까>
나갑디·이·까	나갑디·까	<ㅂ디까>
나가는	나가는	<는>
나가는·데	나가는·데	<는데>
나가는·가	나가는·가	<는가>
나가는것·같·다	나가는·젰·다	<는가보다>
나가는것·겉·다	나가는·젰·다	<는가보다>
나가더·라	나가더·라	<더라>
나가더·나	나가더·나	<더냐>
나가던·가	나가던·가	<던가>
나가든·가	나가든·가	<든가>
나가시·니	나가시·이	<시니>
나가신·다	나가신·다	<신다>

나가거·나	나가거·나	<거나>
나가거·라	나가거·라	<거라>
나가거·든	나가거·든	<거든(이음)>
나가거·든	나가거·든	<거든(서술)>
나가길·래	나가길·래	<길래>
나가건·만	나가건·만	<건만>
나가는구·나	나가는구·나	<는구나>
나갑시·다	나갑시·다	<ㅂ시다>
나가십·니·까	나가십·니·까	<으십니까>
나가십·니·이·까	나가십·니·까	<으십니까>
나가시·오	나가시·오	<으십시오>
나가시·지	나가시·지	<으시지(시킴)>
나가십시·다	나가십·시·다	<십시다>
나가십시·다	나가십·시·다	<십시다>
나가거·들·랑	나가거·들·랑	<거든>
나가거·들·랑	나가거·들·라	<거든>
나가도	나가도	<도>
나가더·라·도	나가더·라·도	<더라도>
나가더라·도	나가더·라·도	<더라도>
나가더·라·고	나가더·라·고	<더라고>
나가더라·고	나가더·라·고	<더라고>
나갈라	나갈라	<을라>
나갈라·면	나갈라·면	<으려면>
나갈라·믄	나갈라·믄	<으려면>
나갈라·문	나갈라·문	<으려면>
나갈라·먼	나갈라·먼	<으려면>
나갈·라·면	나갈·라·면	<으려면>
나갈·라·믄	나갈·라·믄	<으려면>
나갈·라·문	나갈·라·문	<으려면>
나갈·라·먼	나갈·라·먼	<으려면>
나가다·가	나가다·가	<다가>
나간	나간는	<ㄴ>
나갈	나갈	<ㄹ>
나가·자	나가·자	<자(이끎)>
나가·지	나가·지	<지(시킴)>
나가·지	나가·지	<지(이음)>
나가·지	나가·지	<지(서술)>
나가·까	나가·까	<까>
나가·게	나가·게	<게(이음)>
나가거·라	나가거·라	<아라>
나가·니	나가·이	<니(이음)>
나가니까	나가·이·꺼·네	<으니까>
나가·라	나가·라	<아라(시킴)>
나가도·록	나가도·로	<도록>
나가두·룩	나가드·루	<도록>

나가·도·록	나가도·로	<도록>
나가·두·룩	나가루·루	<도록>
나가겠·다	나가겠·다	<겠다>
나가끼·이	나가께·에	<마>
나갈께	나가끄·마	<마>
나가·라·고	나가·라·고	<으라고(물음)>
나가라·고	나가·라·고	<으라고(물음)>
나가·이·까·네	나가·이·꺼·네	<으니까>
나가·이·까	나가·이·까	<으니까>
나갈·수·록	나갈·수·로	<을수록>
나갈·수·룩	나갈·수·루	<을수록>
나갈수·록	나갈·수·로	<을수록>
나갈수·룩	나갈·수·루	<을수록>
나갈망·정	나갈망·정	<을망정>
나갈꺼·얼	나갈꺼·얼	<을걸>
나갈꺼·얼	나갈꺼·르	<을걸>
나갈·껄	나갈꺼·르	<을걸>
나가·까	나가·까	<을까>
나갈·까	나가·까	<을까>
나가·면	나가·면	<면>
나가·믄	나가·믄	<면>
나가·문	나가·문	<면>
나가·먼	나가·먼	<면>
나가·나	나가·나	<으나>
나가·세	나가·세	<으세>
나간·들	나간·들	<은들>
나가·니	나가·이	<으니(이음)>
나가·라·고	나가·라·고	<라고(물음)>
나가·고	나가·고	<고(이음)>
ㄴ. ·나#·가	·나#·가	<아(어찌)>>
·나#가도(←·가·도)	·나#가도(←·가·도)	<아도>
·나#가라(←·가·라)	·나#가라(←·가·라)	<아라>
·나#가서(←·가·서)	·나#가서(←·가·서)	<아서>
·나#가야(←·가·야)	·나#가야(←·가·야)	<아야>
·나#갔다(←·갔·다)	·나#갔다(←·갔·다)	<았다>
·나#갔겠·습·니·다18)	·나#갔겠·습·니·다	<았겠습니다>
·나:갈·라·먼	·나:갈·라·먼	<으려면>
·나:갈·라·문	·나:갈·라·문	<으려면>
·나:갈·라·먼	·나:갈·라·무	<으려면>
·나#가·지	·나#가·지	<지(시킴)>
·나#가·게	·나#가·게	<게(이음)>

---

18) 정선방언과 삼척방언의 평2형 /갔겠·습·니·다/는 거성형 /·갔·겠·습·니·다/에서 평2형화에 의해서
　　도출된 굴곡형이다.

(79) 복합 변동평성 풀이씨 /나서·다/

정선방언	삼척방언	표준어
나서·다/H²·M/	나서·다/H²·M/	<다>
ㄱ. 나서	나서	<아(서술)>
나서	나서	<아(어찌)>
나서·라	나서라	<아라>
나서라	나서라	<아라>
나서서	나서서	<아서>
나서서	나서사	<아서>
나서야	나서야	<아야>
나서도	나서도	<아도>
나섰다	나섰다	<았다>
나선	나섰는	<었는>
나선것·같·다	나섰는·졌·다	<았는가보다>
나선것·겉·다	나섰는·졌·다	<았는가보다>
나섰던것·같·다	나섰던·졌·다	<았던가보다>
나섰던것·겉·다	나섰던·졌·다	<았던가보다>
나선	나선	<았는>
나서시·니	나서시·이	<시니>
나설라	나설라	<을라>
나서시·오	나서소	<소(시킴)>
나서요·오	나서요·오	<요(서술)>
나서요	나서요·오	<요(의문)>
나서·데	나서데	<데(<더이})>
나서·네	나서네	<네(서술)>
나서·나	나서나	<니(물음)>
나선다	나선다	<ㄴ다>
나섭니·다	나섭니·다	<ㅂ니다>
나섭니·이·다	나섭니·다	<ㅂ니다>
나섭니·까	나섭니·까	<ㅂ니까>
나섭니·이·까	나섭니·다	<ㅂ니까>
나섭디·다	나갑디·다	<ㅂ디다>
나섭디·까	나갑디·까	<ㅂ디까>
나섭디·이·까	나갑디·까	<ㅂ디까>
나서는	나서는	<는>
나서는·데	나서는·데	<는데>
나서는·가	나서는·가	<는가>
나서는것·같·다	나서는·졌·다	<는가보다>
나서는것·겉·다	나서는·졌·다	<는가보다>
나서더·라	나서더·라	<더라>
나서더·나	나서더·나	<더냐>
나서던·가	나서던·가	<던가>
나서든·가	나서든·가	<든가>
나서던·데	나서던·데	<던데>

나서신·다	나서신·다	<신다>
나서거·나	나서거·나	<거나>
나서거·라	나서거·라	<거라>
나서거·든	나서거·든	<거든(이음)>
나서거·든	나서거·든	<거든(서술)>
나서길·래	나서길·래	<길래>
나서건·만	나서건·만	<건마는>
나서는구·나	나서구·나	<는구나>
나섭시·다	나섭시·다	<ㅂ시다>
나섭시·다	나섭시·더	<ㅂ시다>
나서십·니·까	나서십·니·까	<으십니까>
나서십·니·이·까	나서십·니·까	<으십니까>
나서시·오	나서시·오	<으십시오>
나서시·오	나서시·소	<으십시오>
나서시·지	나서시·지	<으시지(시킴)>
나섭시·다	나섭·시·다	<읍시다>
나서거·든	나서거·든	<거든>
나서거·들·랑	나서거·들·랑	<거든>
나서거·들·랑	나서거·들·라	<거든>
나서더·라·도	나서더·라·도	<더라도>
나서더라·도	나서더·라·도	<더라도>
나서더라도	나서더·라·도	<더라도>
나서더·라·고	나서더·라·고	<더라고>
나서더라·고	나서더·라·고	<더라고>
나서더라고	나서더·라·고	<더라고>
나설·라	나설·라	<으려면>
나설라	나설·라	<으려면>
나설·라·고	나설·라·고	<으려고>
나설라·고	나설·라·고	<으려고>
나설라·면	나설라·면	<으려면>
나설라·믄	나설라·믄	<으려면>
나설라·문	나설라·문	<으려면>
나설라·먼	나설라·먼	<으려면>
나설·라·면	나설·라·면	<으려면>
나설·라·믄	나설·라·믄	<으려면>
나설·라·문	나설·라·문	<으려면>
나설·라·먼	나설·라·먼	<으려면>
나서다·가	나서다·가	<다가>
나선	나선	<ㄴ>
나설	나설	<ㄹ>
나서·자	나서·자	<자(이끎)>
나서·지	나서·지	<지(시킴)>
나서·지	나서·지	<지(이음)>
나서·지	나서·지	<지(서술)>
나서·지	나서·제	<지(물음)>

나서·까	나서·까	<까>
나설·까	나서·까	<까>
나서·게	나서·게	<게(이음)>
나서·니	나서·이	<니(이음)>
나서·니·까·네	나서·이·꺼·네	<으니까>
나서·라	나서·라	<아라(시킴)>
나서도·록	나서드·로	<도록>
나서두·룩	나서드·로	<도록>
나서·도·록	나서드·로	<도록>
나서·두·룩	나서드·로	<도록>
나서겠·다	나서겠·다	<겠다>
나설끼·에	나서께·에	<마>
나설끼·니	나서께·에	<마>
나설끼·이	나서께·에	<마>
나갈께	나서끄·마	<마>
나서·라·고	나서·라·고	<으라고(물음)>
나서라·고	나서·라·고	<으라고(물음)>
나서라고	나서·라·고	<으라고(물음)>
나서·니·까·네	나서·이·꺼·네	<으니까>
나서·니·까	나서·이·까	<으니까>
나갈·수·록	나갈·수·로	<을수록>
나갈·수·룩	나갈·수·루	<을수록>
나갈수·록	나갈·수·로	<을수록>
나갈수·룩	나갈·수·루	<을수록>
나갈망·정	나갈망·정	<을망정>
나갈꺼·얼	나갈꺼·얼	<을걸>
나갈꺼·얼	나갈꺼·르	<을걸>
나갈·껄	나갈·껄	<을걸>
나서·까	나서·까	<을까>
나설·까	나서·까	<을까>
나서·면	나서·면	<면>
나서·믄	나서·믄	<면>
나서·문	나서·문	<면>
나서·먼	나서·먼	<면>
나서·나	나서·나	<으나>
나서·세	나서·세	<으세>
나간·들	나간·들	<은들>
나서·니	나서·이	<으니(이음)>
나서·라·고	나서·라·고	<라고(물음)>
나서·고	나서·고	<고(이음)>
ㄴ. ·나#·서	·나#·가	<아(어찌)>
·나#서도(←·서·도)	·나#서도(←·서·도)	<아도>
·나#서라(←·서·라)	·나#서라(←·서·라)	<아라>
·나#서서(←·서·서)	·나#서서(←·서·서)	<아서>
·나#서야(←·서·야)	·나#서야(←·서·야)	<아야>

·나#섰다(←·섰·다)	·나#섰다(←·섰·다)	<왔다>
·나#섰겠·습·니·다19)	·나#섰겠·습·니·다	<왔겠습니다>
·나#설·라·먼	·나#설·라·먼	<으려면>
·나#설·라·문	·나#설·라·문	<으려면>
·나#설·라·먼	·나#설·라·무	<으려면>
·나#서·지	·나#서·지	<지(시킴)>
·나#서·게	·나#서·게	<게(이음)>

(80) 복합 변동평성 풀이씨 /가보·다/

정선방언	삼척방언	표준말
가보·다/H²·M/	가보·다/H²·M/	<다>
ㄱ. 가보·게	가보·게	<게(연결)>
가보·고(∼#있·다)	가보·고	<고(연결)>
가보고(∼싶·다)	가보·고(∼싶·다)	<고(이음)>
가보·구(∼싶·다)	가보·구(∼싶·다)	<고(이음)>
가보·까	가보·까	<ㄹ까>
가보·까	가보·꼬	<ㄹ까>
가보·나(∼#:마·나)	가보·나(∼#:마·나)	<나>
가보·니	가보·니	<니(이음)>
가보·니	가보·이	<니(이음)>
가보·니·까	가보·이·까	<니까>
가볼티·이·까	가보·이·까	<니까>
가볼테·이·꺼·네	가보·이·까	<니까>
가볼티·에·니	가보·이·까	<니까>
가보·니·까·네	가보·이·꺼·네	<니까>
가보·되	가보·되	<되>
가보·도·록	가보·드·로	<도록>
가보·두·룩	가보·드·로	<도록>
가보도·록	가보·드·로	<도록>
가보두·룩	가보·드·로	<도록>
가보·라·고	가보·라·고	<라고(물음)>
가보라·고	가보·라·고	<라고(물음)>
가보·라·면	가보·라·면	<라면>
가보·라·먼	가보·라·머	<라면>
가보·라·먼	가보·라·먼	<라면>
가보·라·먼	가보·라·모	<라면>
가보·라·른	가보·라·몬	<라면>
가보·라·먼	가보·라·무	<라면>
가보·라·문	가보·라·문	<라면>
가보·면	가보·면	<으면>
가보·먼	가보·머	<으면>

---

19) 정선방언과 삼척방언의 평2형 /섰겠·습·니·다/는 거성형 /·섰·겠·습·니·다/에서 평2형화에 의해서 도출된 굴곡형이다.

가보·먼	가보·먼	<으면>
가보·먼	가보·모	<으면>
가보·문	가보·문	<으면>
가보·세	가보·세	<으세>
가보·자	가보·자	<자(이끎)>
가보·지	가보·제	<지(물음)>
가보·지	가보·지	<지(서술)>
가보·지	가보·지	<지(시킴)>
가보·지	가보·지	<지(이음)>
가보·겠·다	가보겠·다	<겠다>
가보겠·다	가보겠·다	<겠다>
가보·겠·나	가보겠·나	<겠니>
가보겠·나	가보겠·나	<겠니>
가보·겠·습·니·다	가보겠·습·니·다	<겠습니다>
가보·겠·십·니·다	가보겠·습·니·다	<겠습니다>
가보·겠·습·니·이·다	가보겠·습·니·다	<겠습니다>
가보길·래	가보길·래	<길래>
가바아·라	가바아·라	<길래>
가보도·룩	가보드·로	<도록>
가보두·룩	가보드·로	<도록>
가보·도·룩	가보드·로	<도록>
가보·두·룩	가보드·로	<도록>
가본	가본	<ㄴ>
가본·들	가본·들	<ㄴ들>
가볼	가볼	<ㄹ>
가볼·까	가볼·까	<ㄹ까>
가보·까	가보·까	<ㄹ까>
가볼·꼬	가볼·꼬	<ㄹ까>
가볼·수·록	가볼·수·로	<ㄹ수록>
가볼·수·룩	가볼·수·루	<ㄹ수록>
가볼수·록	가볼·수·로	<ㄹ수록>
가볼수·룩	가볼·수·루	<ㄹ수록>
가볼·테·니·까	가볼·테·니·까	<ㄹ테니까>
가볼·테·이·까	가볼·테·이·까	<ㄹ테니까>
가볼·티·이·까	가볼·테·이·까	<ㄹ테니까>
가볼·테·이·니·까	가볼·테·이·까	<ㄹ테니까>
가볼·티·이·니·까	가볼·테·이·까	<ㄹ테니까>
가볼·테·이·까·네	가볼·테·이·께·네	<ㄹ테니까>
가볼꺼·얼	가볼끄·로	<ㄹ걸>
가볼꺼·얼	가볼끄·얼	<ㄹ걸>
가볼·껄	가볼·껄	<ㄹ걸>
가보나	가보나	<니(물음)>
가보네	가보네	<네(서술)>
가보는	가보는	<는>
가보시·오	가보소	<소(시킴)>

가본다	가본다	<는다>
가보거·든	가보거·든	<거든(서술)>
가보거·든	가보거·드	<거든(서술)>
가보거·든	가보거·든	<거든(이음)>
가보거·든	가보거·드	<거든(이음)>
가봅니·까	가봅니·까	<ㅂ니까>
가봅니·이·까	가봅니·까	<ㅂ니까>
가봅니·다	가봅니·다	<ㅂ니다>
가봅니·이·다	가봅니·다	<ㅂ니다>
가봅디·까	가봅디·까	<ㅂ디까>
가봅디·이·까	가봅디·까	<ㅂ디까>
가봅디·다	가봅디·다	<ㅂ디다>
가봅디·이·다	가봅디·다	<ㅂ디다>
봅시·다	가봅시·다	<ㅂ시다>
봅시·이·다	가봅시·다	<ㅂ시다>
가보던·가	가보던·가	<던가>
가보시·오	가보시·오	<십시오>
가보신·다	가보신·다	<으신다>
가보는·데	가보는·데	<는데>
가보더·나	가보더·나	<더냐>
가보더·나	가보더·나	<더냐>
가보더·라	가보더·라	<더라>
가보더·라	가보다·라	<더라>
가보거·들·랑	가보거·든·나	<거들랑>
가보거·들·랑	가보거·들·랑	<거들랑>
가보거·마·는	가보거·마·는	<건마는>
가보거마·는	가보거·마·는	<건마는>
가보건·만	가보거·만	<건만>
가보는·구·나	가보는·구·나	<는구나>
가보는구·나	가보는·구·나	<는구나>
가보더·라·고	가보더·라·꼬	<더라고>
가보더라·고	가보더·라·꼬	<더라고>
가보더·라·도	가보더·라·도	<더라도>
가보더라·도	가보더·라·도	<더라도>
가보더·래·도	가보더·래·도	<더라도>
가바아	가바아	<아(서술)>
가바아도	가바아도	<아도>
가바아라	가바아라	<아라>
가바아서	가바아서	<아서>
가바아야	가바아야	<아야>
가바았다	가바았다	<았다>
가바았다	가바았다	<았다>
가볼라·먼	가볼라·먼	<으려면>
가볼라·문	가볼라·문	<으려면>
가볼라·먼	가볼라·모	<으려면>

가볼라·먼	가볼라·몬	<으려면>
가볼라·먼	가볼라·무	<으려면>
가바았겠습니다	가바았겠습니다	<았겠습니다>
가바았는것같다	가바았는것같다	<았는가보다>
ㄴ. ·가#:바	·가#:바	<아(어찌)>
·가#:바·도	·가#:바·도	<아도>
·가#:바·라	·가#:바·라	<아라>
·가#:바·서	·가#:바·서	<아서>
·가#:바·야	·가#:바·야	<아야>
·가#:봤·다	·가#:봤·다	<았다>
·가#:볼·라·먼	·가#:볼·라·먼	<으려면>
·가#:볼·라·문	·가#:볼·라·문	<으려면>
·가#:볼·라·먼	·가#:볼·라·무	<으려면
·가#:봤·겠·습·니·다	·가#:봤·겠·습·니·다	<았겠습니다>
·가#:봤·는·것·겉·다	·가#:봤·는·것·겉·다	<았는가보다>

4.4.4. 다음절 풀이씨의 성조

이 절에서는 2음절 이상의 줄기를 가진 풀이씨를 평일형, 평복형, 상성형의 순서로 제시
한다. 이때, 평복형의 경우는 창원방언을 참고하여 본래부터 평복형일 가능성이 있는 것과
역사적으로 거성의 평2형화에 의해서 도출되었을 가능성이 있는 자료를 구분해서 제시한
다.

아래 (81)에 제시한 어휘형태소는 평일형에 속한 것이다. 정선방언에서 평측형에는 평
일형과 평복형이 있는데, 평일형은 방점이 고정되어 있음을 (81)을 통해서 알 수 있다.

(81) 평일형($\square \cdot \square^2$/HM²/〔HM²〕)에 속한 어휘형태소

정선방언	성조형[음조형]	삼척방언
푸·르·다	/HM·M/(=HM²)[HM²]	푸·르·다
가·두·다	/HM·M/(=HM²)[HM²]	가둏·다
개·룹·다	/HM·M/(=HM²)[HM²]	
개·릅·다	/HM·M/(=HM²)[HM²]	
개·애·다	/HM·M/(=HM²)[HM²]	개이·이·다
곪·기·다	/HM·M/(=HM²)[HM²]	곰·기·다
괴·외·다	/HM·M/(=HM²)[HM²]	괴·우·다
괴·우·다	/HM·M/(=HM²)[HM²]	괴·우·다
굽·히·다	/HM·M/(=HM²)[HM²]	
근·치·다	/HM·M/(=HM²)[HM²]	그·치·다
깨·우·다	/HM·M/(=HM²)[HM²]	깨·우·다
꺼·칠·다(荒)	/HM·M/(=HM²)[HM²]	
껀·지·다(拯)	/HM·M/(=HM²)[HM²]	껀·지·다
끄·리·다(忌)	/HM·M/(=HM²)[HM²]	

긇·이·다	/HM·M/(=HM²)[HM²]	찛·이·다
넓·히·다	/HM·M/(=HM²)[HM²]	
넹·기·다(남기다)	/HM·M/(=HM²)[HM²]	냉·기·다
농·구·다(分)	/HM·M/(=HM²)[HM²]	
느·리·다	/HM·M/(=HM²)[HM²]	느·리·다
달·개·다(달래다)	/HM·M/(=HM²)[HM²]	달·기·다
달·리·다	/HM·M/(=HM²)[HM²]	달·리·다
대·리·다	/HM·M/(=HM²)[HM²]	대·리·다
더·덤·다	/HM·M/(=HM²)[HM²]	
더·둠·다	/HM·M/(=HM²)[HM²]	
더·디·다	/HM·M/(=HM²)[HM²]	
데·에·다	/HM·M/(=HM²)[HM²]	
뎁·히·다	/HM·M/(=HM²)[HM²]	뎁·히·다
돌·리·다	/HM·M/(=HM²)[HM²]	돌·리·다
디·디·다	/HM·M/(=HM²)[HM²]	
때·리·다	/HM·M/(=HM²)[HM²]	다·리·다
때·애·다	/HM·M/(=HM²)[HM²]	
땡·기·다(引)	/HM·M/(=HM²)[HM²]	땡·기·다
마·시·다	/HM·M/(=HM²)[HM²]	마·시·다
만·내·다	/HM·M/(=HM²)[HM²]	만·내·다
만·지·다	/HM·M/(=HM²)[HM²]	만·지·다
맽·기·다(任)	/HM·M/(=HM²)[HM²]	맽·기·다
머·굼·다	/HM·M/(=HM²)[HM²]	
머·검·다	/HM·M/(=HM²)[HM²]	
머·금·다	/HM·M/(=HM²)[HM²]	
멕·이·다(哺)	/HM·M/(=HM²)[HM²]	먹·이·다
배·우·다	/HM·M/(=HM²)[HM²]	배·우·다
버·리·다	/HM·M/(=HM²)[HM²]	버·리·다
버·얼·다(得)	/HM·M/(=HM²)[HM²]	버·얼·다
비·비·다	/HM·M/(=HM²)[HM²]	비·비·다
뻬·끼·다	/HM·M/(=HM²)[HM²]	
사·구·다(交)	/HM·M/(=HM²)[HM²]	살·구·다
사·귀·다(交)	/HM·M/(=HM²)[HM²]	살·귀·다
생·키·다	/HM·M/(=HM²)[HM²]	생·키·다
세·우·다	/HM·M/(=HM²)[HM²]	세·우·다
셍·기·다(仕)	/HM·M/(=HM²)[HM²]	셍·기·다
숭·기·다	/HM·M/(=HM²)[HM²]	숭·기·다
성·기·다	/HM·M/(=HM²)[HM²]	숭·기·다
싸·우·다	/HM·M/(=HM²)[HM²]	싸·우·다
쏙·이·다	/HM·M/(=HM²)[HM²]	쏙·이·다
쑤·시·다	/HM·M/(=HM²)[HM²]	
쒸·시·다	/HM·M/(=HM²)[HM²]	
씨·기·다(使)	/HM·M/(=HM²)[HM²]	씨·기·다
씻·키·다	/HM·M/(=HM²)[HM²]	씻·기·다
아·물·다	/HM·M/(=HM²)[HM²]	아·물·다

알·구·다(告)	/HM·M/(=HM²)[HM²]	알·궁·다
어·둡·다	/HM·M/(=HM²)[HM²]	어·둡·다
어·리·다(幼)	/HM·M/(=HM²)[HM²]	어·리·다
에·룹·다(難)	/HM·M/(=HM²)[HM²]	어·룹·다
여·물·다	/HM·M/(=HM²)[HM²]	여·물·다
올·리·다	/HM·M/(=HM²)[HM²]	올·리·다
외·외·다[ööda]	/HM·M/(=HM²)[HM²]	외·우·다
외·우·다	/HM·M/(=HM²)[HM²]	외·우·다
욍·기·다(移)	/HM·M/(=HM²)[HM²]	욍·기·다
이·기·다	/HM·M/(=HM²)[HM²]	이·기·다
입·히·다	/HM·M/(=HM²)[HM²]	입·히·다
자·라·다	/HM·M/(=HM²)[HM²]	
재·애·다(測)	/HM·M/(=HM²)[HM²]	재·애·다
저·물·다	/HM·M/(=HM²)[HM²]	저·물·다
전·디·다(克)	/HM·M/(=HM²)[HM²]	전·디·다
견·디·다(克)	/HM·M/(=HM²)[HM²]	전·디·다
전·주·다	/HM·M/(=HM²)[HM²]	전·줗·다
제·리·다	/HM·M/(=HM²)[HM²]	제·리·다
쥑·이·다	/HM·M/(=HM²)[HM²]	죽·이·다
찌·구·다	/HM·M/(=HM²)[HM²]	끼·우·다
채·루·다(饌)	/HM·M/(=HM²)[HM²]	채·리·다
태·우·다	/HM·M/(=HM²)[HM²]	태·우·다
튕·기·다	/HM·M/(=HM²)[HM²]	팅·기·다
징·기·다	/HM·M/(=HM²)[HM²]	
풀·리·다	/HM·M/(=HM²)[HM²]	
피·우·다	/HM·M/(=HM²)[HM²]	
홀·리·다	/HM·M/(=HM²)[HM²]	
긇·기·이·다	/HM²·M/(=HM³)[HM³]	긇기·이·다
아·름·답·다	/HM²·M/(=HM³)[HM³]	아·름·답·다
보·드·릅·다	/HM²·M/(=HM³)[HM³]	보두릅·다
보·두·릅·다	/HM²·M/(=HM³)[HM³]	부두릅·다

　　아래 (82)와 (83)에 제시한 어휘형태소는 평측형에 속한 것이다. 정선방언에서 평복형에는 두 가지가 있다. 하나는 이전 시기에 거성형이었던 것이 평복형으로 합류한 어휘형태소이고 다른 하나는 본디부터 평복형이었던 어휘형태소이다. 전자에 속한 것이 (82)에 제시한 어휘형태소이고, 후자에 속한 것이 (83)에 제시한 어휘형태소들이다. 정선방언에서 이전 시기에 거성형이었던 것이 평복형으로 합류된 것은 정선방언에서 공시적으로 파악하기 어렵다. 이것은 창원방언과 비교를 통하여 구분할 수 있음을 밝혀 둔다.

(82) 평복형((·□·□·□→)□² ·□ /H²M/)형에 속한 어휘형태소

정선방언	/성조형/[음조형]	삼척방언
가늘·다	/H²·M/(=H²M)[MHM]	가늘·다
가물·다	/H²·M/(=H²M)[MHM]	가물·다
그리·다	/H²·M/(=H²M)[MHM]	기리·다
꺼지·다	/H²·M/(=H²M)[MHM]	꺼지·다
꾸미·다	/H²·M/(=H²M)[MHM]	꾸미·다
드리·다	/H²·M/(=H²M)[MHM]	드리·다
드물·다	/H²·M/(=H²M)[MHM]	드물·다
따굽·다	/H²·M/(=H²M)[MHM]	따갑·다
떠나·다	/H²·M/(=H²M)[MHM]	떠나·다
뚜굽·다	/H²·M/(=H²M)[MHM]	뜨굽·다
뚜굽·다	/H²·M/(=H²M)[MHM]	뜨굽·다
바래·다(望)	/H²·M/(=H²M)[MHM]	
반겁·다	/H²·M/(=H²M)[MHM]	반갑·다
부리·다(使)	/H²·M/(=H²M)[MHM]	부리·다(使)
빠지·다	/H²·M/(=H²M)[MHM]	
어질·다(仁)	/H²·M/(=H²M)[MHM]	어지·다(仁)
외룹·다(孤)	/H²·M/(=H²M)[MHM]	외롭·다(孤)
질겁·다(樂)	/H²·M/(=H²M)[MHM]	
질기·다(樂)	/H²·M/(=H²M)[MHM]	질기·다(樂)
거느·리·다	/H²M·M/(=H²M²)[MHM²]	거느·리·다
어지·럽·다	/H²M·M/(=H²M²)[MHM²]	어지·럽·다
어지·릅·다	/H²M·M/(=H²M²)[MHM²]	어지·럽·다

(83) 평복형(□² ·□/H²M/)형에 속한 어휘형태소

정선방언	성조형[음조형]	삼척방언
그르·다	/H²·M/(=H²M)[MHM]	그르·다
다르·다(異)	/H²·M/(=H²M)[MHM]	다르·다
마르·다(燥)	/H²·M/(=H²M)[MHM]	마르·다
모루·다	/H²·M/(=H²M)[MHM]	모르·다
무르·다	/H²·M/(=H²M)[MHM]	무르·다
부루·다(呼)	/H²·M/(=H²M)[MHM]	부르·다
빠르·다	/H²·M/(=H²M)[MHM]	빠르·다
이르·다	/H²·M/(=H²M)[MHM]	이르·다
짜르·다	/H²·M/(=H²M)[MHM]	짜르·다
흐르·다	/H²·M/(=H²M)[MHM]	흐르·다
흐리·다	/H²·M/(=H²M)[MHM]	흐리·다
고푸·다	/H²·M/(=H²M)[MHM]	고푸·다
바뿌·다(忙)	/H²·M/(=H²M)[MHM]	바뿌·다
지푸·다(深)	/H²·M/(=H²M)[MHM]	지푸·다
아푸·다	/H²·M/(=H²M)[MHM]	아푸·다
가루·다	/H²·M/(=H²M)[MHM]	가리·다

개루·다	/H²·M/(=H²M)[MHM]	가리·다
갬기·다	/H²·M/(=H²M)[MHM]	
농구·다(分)	/H²·M/(=H²M)[MHM]	농구·다
늘구·다	/H²·M/(=H²M)[MHM]	
다루·다	/H²·M/(=H²M)[MHM]	
닫기·다	/H²·M/(=H²M)[MHM]	닫기·다
담구·다	/H²·M/(=H²M)[MHM]	
댕기·다(行)	/H²·M/(=H²M)[MHM]	댕기·다
더하·다	/H²·M/(=H²M)[MHM]	더하·다
따루·다(酌)	/H²·M/(=H²M)[MHM]	따룽·다
따시·다(溫)	/H²·M/(=H²M)[MHM]	따시·다
말루·다(燥)	/H²·M/(=H²M)[MHM]	말룽·다
말유·다(燥)	/H²·M/(=H²M)[MHM]	말룽·다
매이·다	/H²·M/(=H²M)[MHM]	
맥히·다	/H²·M/(=H²M)[MHM]	
모두·다	/H²·M/(=H²M)[MHM]	
모이·다	/H²·M/(=H²M)[MHM]	모이·다
바꾸·다	/H²·M/(=H²M)[MHM]	바꿍·다
발구·다(辜)	/H²·M/(=H²M)[MHM]	발구·우·다
보채·다	/H²·M/(=H²M)[MHM]	보채·애·다
부시·다	/H²·M/(=H²M)[MHM]	부싱·다
뿌시·다	/H²·M/(=H²M)[MHM]	부숭·다
살피·다	/H²·M/(=H²M)[MHM]	
싱구·다	/H²·M/(=H²M)[MHM]	싱구·다
안지·다	/H²·M/(=H²M)[MHM]	안지·다
장구·다(鎖)	/H²·M/(=H²M)[MHM]	장구·다
패래·다	/H²·M/(=H²M)[MHM]	
가붑·다(輕)	/H²·M/(=H²M)[MHM]	가붑·다
가찹·다(近)	/H²·M/(=H²M)[MHM]	개찹·다
다닫·다	/H²·M/(=H²M)[MHM]	
따듬·다	/H²·M/(=H²M)[MHM]	따듬·다
맨들·다	/H²·M/(=H²M)[MHM]	맨들·다
아껍·다	/H²·M/(=H²M)[MHM]	아깝·다
아꿉·다	/H²·M/(=H²M)[MHM]	아깝·다
까맣·다	/H²·M/(=H²M)[MHM]	까(:)맣·다
꺼멓·다	/H²·M/(=H²M)[MHM]	
파랗·다	/H²·M/(=H²M)[MHM]	파(:)랗·다
퍼렇·다	/H²·M/(=H²M)[MHM]	
거느·리·다	/H²M·M/(=H²M²)[MHM²]	거느·리·다
어지·럽·다	/H²M·M/(=H²M²)[MHM²]	어지·럽·다
어지·릅·다	/H²M·M/(=H²M²)[MHM²]	어지·럽·다
거슬·르·다	/H²M·M/(=H²M²)[MHM²]	거실리·이·다
꾸부·리·다	/H²M·M/(=H²M²)[MHM²]	꾸부·리·다
나터·나·다	/H²M·M/(=H²M²)[MHM²]	
내루·우·다	/H²M·M/(=H²M²)[MHM²]	내루·우·다

정선방언	/성조형/[음조형]	삼척방언
늘구·우·다	/H²M·M/(=H²M²)[MHM²]	
버무·리·다	/H²M·M/(=H²M²)[MHM²]	버무·리·다
보채·애·다	/H²M·M/(=H²M²)[MHM²]	보채·애·다
제리·이·다	/H²M·M/(=H²M²)[MHM²]	절이·이·다
장구·우·다(鎖)	/H²M·M/(=H²M²)[MHM²]	
찡구·우·다	/H²M·M/(=H²M²)[MHM²]	
부꾸·럽·다	/H²M·M/(=H²M²)[MHM²]	부끄·럽·다
시끄·럽·다	/H²M·M/(=H²M²)[MHM²]	씨끄·럽·다
시끄·릅·다	/H²M·M/(=H²M²)[MHM²]	씨끄·럽·다
시꺼·멓·다	/H²M·M/(=H²M²)[MHM²]	시커·멓·다
성클·리·다	/H²M·M/(=H²M²)[MHM²]	
자부·릅·다	/H²M·M/(=H²M²)[MHM²]	자부·럽·다
쪼꼬·많·다	/H²M·M/(=H²M²)[MHM²]	
헤아·리·다	/H²M·M/(=H²M²)[MHM²]	세알·리·다
오구·리·다	/H²M·M/(=H²M²)[MHM²]	오구·리·다
가다·듬·다	/H²M·M/(=H²M²)[MHM²]	
게그·르·다	/H²M·M/(=H²M²)[MHM²]	게그·르·다
고달·푸·다	/H²M·M/(=H²M²)[MHM²]	
나무·래·다	/H²M·M/(=H²M²)[MHM²]	나물·구·다
다스·리·다	/H²M·M/(=H²M²)[MHM²]	다시·리·다
다시·리·다	/H²M·M/(=H²M²)[MHM²]	다시·리·다
분지·구·다	/H²M·M/(=H²M²)[MHM²]	뿌질·구·다
뿐지·구·다	/H²M·M/(=H²M²)[MHM²]	뿌질·구·다
지다·리·다	/H²M·M/(=H²M²)[MHM²]	
쭈무·구·다	/H²M·M/(=H²M²)[MHM²]	쭈물·궁·다

아래 (84)에 제시한 어휘형태소는 상성형에 속한 것이다. 정선방언에서 다음절 상성형 어휘형태소의 성조는 변동을 하지 않고 고정적으로 실현된다.

(84) 상성형(:□³/M̈³/)형에 속한 어휘형태소

정선방언	/성조형/[음조형]	삼척방언
:계·시·다[게시다]	/M̈²·M/(=M̈³)[M̈HM]	:계·시·다[게시다]
:고·루·다(選)	/M̈²·M/(=M̈³)[M̈HM]	:골·르·다
:고·맙·다	/M̈²·M/(=M̈³)[M̈HM]	:고·맙·다
:그·들·다(助)	/M̈²·M/(=M̈³)[M̈HM]	:거·들·다
:근·내·다(濟)	/M̈²·M/(=M̈³)[M̈HM]	:건·너·다
:내·치·다	/M̈²·M/(=M̈³)[M̈HM]	
:놀·래·다	/M̈²·M/(=M̈³)[M̈HM]	:놀·래·다
:누·르·다	/M̈²·M/(=M̈³)[M̈HM]	
:드·릅·다(汚)	/M̈²·M/(=M̈³)[M̈HM]	:더·럽·다
:모·시·다	/M̈²·M/(=M̈³)[M̈HM]	:모·시·다
:모·질·다	/M̈²·M/(=M̈³)[M̈HM]	
:사·납·다	/M̈²·M/(=M̈³)[M̈HM]	

:슬·프·다	/M²·M/(=M³)[M̀HM]	
:이·뿌·다	/M²·M/(=M³)[M̀HM]	:이·뿌·다
:점·잖·다	/M²·M/(=M³)[M̀HM]	:점·잖·다
:지·내·다	/M²·M/(=M³)[M̀HM]	
:지·대·다(기대다)	/M²·M/(=M³)[M̀HM]	:지·대·다
:놀·래·애·다	/M³·M/(=M⁴)[M̀HM]	
:뉘·우·치·다	/M³·M/(=M⁴)[M̀HM²]	
:지·대·애·다	/M³·M/(=M⁴)[M̀HM²]	
:모·제·레·다	/M³·M/(=M⁴)[M̀HM²]	
:모·지·레·다	/M³·M/(=M⁴)[M̀HM²]	
:으·설·프·다	/M³·M/(=M⁴)[M̀HM²]	

4.5. 정선방언 풀이씨의 간이 굴곡형

이 절에서는 풀이씨에 씨끝이 결합하여 운율적 낱말을 이루는 자료를 정리하여 제시한다. 각각의 풀이씨의 간이 굴곡형을 제시하여, 그 풀이씨 굴곡형의 전체 성조를 예측할 수 있도록 한다.

풀이씨는 {-·아X～-·어X}형 씨끝과 {-·으X}형 씨끝과 결합할 때, 풀이씨 줄기의 성조가 변동하는 경우와 그렇지 않는 경우가 있다. 따라서 풀이씨 줄기가 {-·아X～-·어X}형 씨끝과 {-·으X}형 씨끝과 결합할 때의 성조만 파악하면 그 밖의 굴곡형 성조의 실현은 예측이 가능하다.

자료는 거성형, 평측형, 상성형 순으로 제시하고, 음절수가 적은 것에서 많은 것으로 구분하여 제시하기로 한다.

4.5.1. 거성형 풀이씨 줄기와 씨끝의 결합

풀이씨의 1음절 거성 줄기에는 {-·아X～-·어X}형 씨끝 앞에서 평성으로 변하는 것과 그렇지 않는 것이 있다. 변하지 않는 것은 ≪·□·다 M·M(=M²)≫로 표시하고, 변하는 것은 ≪·□·다 MH·M(=M²)≫로 표시한다.

(86) 정선방언 /·깔·다/: 삼척방언 /·깔·다/

정선방언	/성조형/[음조형]	삼척방언	/성조형/[음조형]
·깔·다M_H·M(=M²)		·깔·다M_H·M(=M²)	
(·깔·지→)깔지	/H²/[MH]	(·깔·지→)깔지	/H²/[MH]
(·깔·고→)깔고	/H²/[MH]	(·깔·고→)깔고	/H²/[MH]
(·까·나→)까나	/H²/[MH]	(·까·나→)까나	/H²/[MH]
(·깔·먼→)깔먼	/H²/[MH]	(·깔·먼→)깔먼	/H²/[MH]

(·깔·거·든→)깔거·든	/H²M/[MHM]	(·깔·거·든→)깔거·든	/H²M/[MHM]
(·깔·더·라→)깔더·라	/H²M/[MHM]	(·깔·더·라→)깔더·라	/H²M/[MHM]
(·깔·도·록→)깔도·록	/H²M/[MHM]	(·깔·도·록→)깔도·록	/H²M/[MHM]
깔·아·서	/HM²/[HM²]	깔·아·서	/HM²/[HM²]

(87) 정선방언 /·달·다/: 삼척방언 /·달·다/

정선방언	/성조형/[음조형]	삼척방언	/성조형/[음조형]
·달·다(縣)M·M(=M²)		·달·다(縣)M·M(=M²)	
(·달·지→)달지	/H²/[MH]	(·달·지→)달지	/H²/[MH]
(·달·고→)달고	/H²/[MH]	(·달·고→)달고	/H²/[MH]
(·달·나→)달나	/H²/[MH]	(·달·나→)달나	/H²/[MH]
(·달·먼→)달먼	/H²/[MH]	(·달·먼→)달먼	/H²/[MH]
(·달·거·든→)달거·든	/H²M/[MHM]	(·달·거·든→)달거·든	/H²M/[MHM]
(·달·더·라→)달더·라	/H²M/[MHM]	(·달·더·라→)달더·라	/H²M/[MHM]
(·달·도·록→)달도·록	/H²M/[MHM]	(·달·도·록→)달도·록	/H²M/[MHM]
(·달·어·서→)달어·서	/H²M/[MHM]	(·달·어·서→)달어·서	/H²M/[MHM]
(·달·어·서→)달어·서	/H²M/[MHM]	(·달·아·서→)달아·서	/H²M/[MHM]

(88) 정선방언 /·팔·다/: 삼척방언 /·팔·다/

정선방언	/성조형/[음조형]	삼척방언	/성조형/[음조형]
·팔·다(賣)M·M(=M²)		·팔·다(賣)M·M(=M²)	
(·팔·지→)팔지	/H²/[MH]	(·팔·지→)팔지	/H²/[MH]
(·팔·고→)팔고	/H²/[MH]	(·팔·고→)팔고	/H²/[MH]
(·팔·나→)팔나	/H²/[MH]	(·팔·나→)팔나	/H²/[MH]
(·팔·먼→)팔·먼	/H²/[MH]	(·팔·먼→)팔·먼	/H²/[MH]
(·팔·거·든→)팔거·든	/H²M/[MHM]	(·팔·거·든→)팔거·든	/H²M/[MHM]
(·팔·더·라→)팔더·라	/H²M/[MHM]	(·팔·더·라→)팔더·라	/H²M/[MHM]
(·팔·도·록→)팔도·록	/H²M/[MHM]	(·팔·도·록→)팔도·록	/H²M/[MHM]
(·팔·아·서→)팔아·서	/H²M/[MHM]	(·팔·아·서→)팔아·서	/H²M/[MHM]

(89) 정선방언 /·춥·다/: 삼척방언 /·춥·다/

정선방언	/성조형/[음조형]	삼척방언	/성조형/[음조형]
·춥·다M·M		·춥·다M·M	
(·춥·지→)춥지	/H²/[MH]	(·춥·지→)춥지	/H²/[MH]
(·춥·고→)춥고	/H²/[MH]	(·춥·고→)춥고	/H²/[MH]
(·춥·나→)춥나	/H²/[MH]	(·춥·나→)춥나	/H²/[MH]
(·춥·거·든→)춥거·든	/H²M/[MHM]	(·춥·거·든→)춥거·든	/H²M/[MHM]
(·춥·더·라→)춥더·라	/H²M/[MHM]	(·춥·더·라→)춥더·라	/H²M/[MHM]
(·춥·도·록→)춥도·록	/H²M/[MHM]	(·춥·도·록→)춥도·록	/H²M/[MHM]
(·추·우·먼→)추우·먼	/H²M/[MHM]	(·추·우·먼→)추우·먼	/H²M/[MHM]
(·추·어·서→)추어·서	/H²M/[MHM]	(·추·어·서→)추아·사	/H²M/[MHM]
(·추·어·서→)추어·서	/H²M/[MHM]	(·추·어·서→)추어·서	/H²M/[MHM]

(추어·서→):춰·서	/M̈²/[M̈H]	(추어·서→):춰·서	/Ḧ²/[ḦM]

(90) 정선방언 / · 뽑 · 다/: 삼척방언 / · 뽑 · 다/

정선방언	/성조형/[음조형]	삼척방언	/성조형/[음조형]
·뽑·다M·M(=M²)		·뽑·다M·M(=M²)	
(·뽑·지→)뽑지	/H²/[MH]	(·뽑·지→)뽑지	/H²/[MH]
(·뽑·고→)뽑고	/H²/[MH]	(·뽑·고→)뽑고	/H²/[MH]
(·뽑·나→)뽑나	/H²/[MH]	(·뽑·나→)뽑나	/H²/[MH]
(·뽑·거·든→)뽑거·든	/H²M/[MHM]	(·뽑·거·든→)뽑거·든	/H²M/[MHM]
(·뽑·더·라→)뽑더·라	/H²M/[MHM]	(·뽑·더·라→)뽑더·라	/H²M/[MHM]
(·뽑·도·록→)뽑도·록	/H²M/[MHM]	(·뽑·도·록→)뽑도·록	/H²M/[MHM]
(·뽑·으·면→)뽑으·면	/H²M/[MHM]	(·뽑·으·면→)뽑으·면	/H²M/[MHM]
(·뽑·아·서→)뽑아·서	/H²M/[MHM]	(·뽑·아·서→)뽑아·사	/H²M/[MHM]
(·뽑·아·서→)뽑아·서	/H²M/[MHM]	(·뽑·어·서→)뽑어·서	/H²M/[MHM]

(91) 정선방언 / · 옳 · 다/: 삼척방언 / · 옳 · 다/

정선방언	/성조형/[음조형]	삼척방언	/성조형/[음조형]
·옳·다M·M(=M²)		·옳·다M·M(=M²)	
(·옳·지→)옳지	/H²/[MH]	(·옳·지→)옳지	/H²/[MH]
(·옳·고→)옳고	/H²/[MH]	(·옳·고→)옳고	/H²/[MH]
(·옳·나→)옳나	/H²/[MH]	(·옳·나→)옳나	/H²/[MH]
(·옳·거·든→)옳거·든	/H²M/[MHM]	(·옳·거·든→)옳거·든	/H²M/[MHM]
(·옳·더·라→)옳더·라	/H²M/[MHM]	(·옳·더·라→)옳더·라	/H²M/[MHM]
(·옳·도·록→)옳도·록	/H²M/[MHM]	(·옳·도·록→)옳도·록	/H²M/[MHM]
(·옳·으·면→)옳으·면	/H²M/[MHM]	(·옳·으·면→)옳으·면	/H²M/[MHM]
(·옳·아·서→)옳아·서	/H²M/[MHM]	(·옳·아·서→)옳아·서	/H²M/[MHM]

(92) 정선방언 / · 쓰 · 다/: 삼척방언 / · 쓰 · 다/

정선방언	/성조형/[음조형]	삼척방언	/성조형/[음조형]
·쓰·다(冠)M·M		·쓰·다(冠)M·M	
·씨·다(冠)M·M		·씨·다(冠)M·M	
·씨·다(書)M·M		·씨·다(書)M·M	
(·쓰·지→)쓰지	/H²/[MH]	(·쓰·지→)쓰지	/H²/[MH]
(·쓰·고→)쓰고	/H²/[MH]	(·쓰·고→)쓰고	/H²/[MH]
(·쓰·나→)쓰나	/H²/[MH]	(·쓰·나→)쓰나	/H²/[MH]
(·쓰·먼→)쓰먼	/H²/[MH]	(·쓰·먼→)쓰먼	/H²/[MH]
(·쓰·거·든→)쓰거·든	/H²M/[MHM]	(·쓰·거·든→)쓰거·든	/H²M/[MHM]
(·쓰·더·라→)쓰더·라	/H²M/[MHM]	(·쓰·더·라→)쓰더·라	/H²M/[MHM]
(·쓰·도·록→)쓰도·록	/H²M/[MHM]	(·쓰·도·록→)쓰도·록	/H²M/[MHM]
(·쓰·어·서→)쓰어·서	/H²M/[MHM]	(·쓰·어·서→)쓰어·서	/H²M/[MHM]
(쓰어·서→):써·서	/M̈²/[M̈H]	(쓰어·서→):써·서	/M̈²/[M̈H]

(93) 정선방언 / ·피 · 다/: 삼척방언 / ·피 · 다/

정선방언	/성조형/[음조형]	삼척방언	/성조형/[음조형]
·피·다M·M		·피·다M·M	
(·피·지→)피지	/H²/[MH]	(·피·지→)피지	/H²/[MH]
(·피·고→)피고	/H²/[MH]	(·피·고→)피고	/H²/[MH]
(·피·나→)피나	/H²/[MH]	(·피·나→)피나	/H²/[MH]
(·피·먼→)피먼	/H²/[MH]	(·피·먼→)피먼	/H²/[MH]
(·피·거·든→)피거·든	/H²M/[MHM]	(·피·거·든→)피거·든	/H²M/[MHM]
(·피·더·라→)피더·라	/H²M/[MHM]	(·피·더·라→)피더·라	/H²M/[MHM]
(·피·도·록→)피도·록	/H²M/[MHM]	(·피·도·록→)피도·록	/H²M/[MHM]
(·피·어·서→)피어·서	/H²M/[MHM]	(·피·어·서→)피어·서	/H²M/[MHM]
(·피·에·서→)피에·서	/H²M/[MHM]	(·피·에·서→)피에·서	/H²M/[MHM]
(피에·서→):페·서	/M̆²/[M̆H]	(피에·서→):페·서	/M̆²/[M̆H]

(94) 정선방언 / ·끄 · 다/: 삼척방언 / ·끄 · 다/

정선방언	/성조형/[음조형]	삼척방언	/성조형/[음조형]
·끄·다M·M(=M²)		·끄·다M·M(=M²)	
(·끄·지→)끄지	/H²/[MH]	(·끄·지→)끄지	/H²/[MH]
(·끄·고→)끄고	/H²/[MH]	(·끄·고→)끄고	/H²/[MH]
(·끄·나→)끄나	/H²/[MH]	(·끄·나→)끄나	/H²/[MH]
(·끄·먼→)끄먼	/H²/[MH]	(·끄·먼→)끄먼	/H²/[MH]
(·끄·거·든→)끄거·든	/H²M/[MHM]	(·끄·거·든→)끄거·든	/H²M/[MHM]
(·끄·더·라→)끄더·라	/H²M/[MHM]	(·끄·더·라→)끄더·라	/H²M/[MHM]
(·끄·도·록→)끄도·록	/H²M/[MHM]	(·끄·도·록→)끄도·록	/H²M/[MHM]
(·꺼·서→)꺼서	/H²/[MH]	(·꺼·서→)꺼서	/H²/[MH]

(95) 정선방언 / ·뜨 · 다/: 삼척방언 / ·뜨 · 다/

정선방언	/성조형/[음조형]	삼척방언	/성조형/[음조형]
·뜨·다(浮)M·M(=M²)		·뜨·다(浮)M·M(=M²)	
(·뜨·지→)뜨지	/H²/[MH]	(·뜨·지→)뜨지	/H²/[MH]
(·뜨·고→)뜨고	/H²/[MH]	(·뜨·고→)뜨고	/H²/[MH]
(·뜨·나→)뜨나	/H²/[MH]	(·뜨·나→)뜨나	/H²/[MH]
(·뜨·먼→)뜨먼	/H²/[MH]	(·뜨·먼→)뜨먼	/H²/[MH]
(·뜨·거·든→)뜨거·든	/H²M/[MHM]	(·뜨·거·든→)뜨거·든	/H²M/[MHM]
(·뜨·더·라→)뜨더·라	/H²M/[MHM]	(·뜨·더·라→)뜨더·라	/H²M/[MHM]
(·뜨·도·록→)뜨도·록	/H²M/[MHM]	(·뜨·도·록→)뜨도·록	/H²M/[MHM]
(·떠·서→)떠서	/H²/[MH]	(·떠·서→)떠서	/H²/[MH]

(96) 정선방언 / ·크 · 다/: 삼척방언 / ·크 · 다/

정선방언	/성조형/[음조형]	삼척방언	/성조형/[음조형]
·크·다M·M(=M²)		·크·다M·M(=M²)	

(·크·지→)크지	/H²/[MH]	(·크·지→)크지	/H²/[MH]
(·크·고→)크고	/H²/[MH]	(·크·고→)크고	/H²/[MH]
(·크·나→)크나	/H²/[MH]	(·크·나→)크나	/H²/[MH]
(·크·먼→)크·먼	/H²/[MH]	(·크·먼→)크·먼	/H²/[MH]
(·크·거·든→)크거·든	/H²M/[MHM]	(·크·거·든→)크거·든	/H²M/[MHM]
(·크·더·라→)크더·라	/H²M/[MHM]	(·크·더·라→)크더·라	/H²M/[MHM]
(·크·도·록→)크도·록	/H²M/[MHM]	(·크·도·록→)크도·록	/H²M/[MHM]
(·커·서→)커·서	/H²/[MH]	(·커·서→)커·서	/H²/[MH]

(97) 정선방언 / · 푸 · 다/: 삼척방언 / · 푸 · 다/

정선방언	/성조형/[음조형]	삼척방언	/성조형/[음조형]
·푸·다(汲)M·M(=M²)		·푸·다(汲)M·M(=M²)	
(·푸·지→)푸지	/H²/[MH]	(·푸·지→)푸지	/H²/[MH]
(·푸·고→)푸고	/H²/[MH]	(·푸·고→)푸고	/H²/[MH]
(·푸·나→)푸나	/H²/[MH]	(·푸·나→)푸나	/H²/[MH]
(·푸·먼→)푸·먼	/H²/[MH]	(·푸·먼→)푸·먼	/H²/[MH]
(·푸·거·든→)푸거·든	/H²M/[MHM]	(·푸·거·든→)푸거·든	/H²M/[MHM]
(·푸·더·라→)푸더·라	/H²M/[MHM]	(·푸·더·라→)푸더·라	/H²M/[MHM]
(·푸·도·록→)푸도·록	/H²M/[MHM]	(·푸·도·록→)푸도·록	/H²M/[MHM]
(·푸·서→)푸·서	/H²/[MH]	(·퍼·서→)퍼·서	/H²/[MH]

(98) 정선방언 / · 따 · 다/: 삼척방언 / · 따 · 다/

정선방언	/성조형/[음조형]	삼척방언	/성조형/[음조형]
·따·다M·M(=M²)		·따·다M·M(=M²)	
(·따·지→)따지	/H²/[MH]	(·따·지→)따지	/H²/[MH]
(·따·고→)따고	/H²/[MH]	(·따·고→)따고	/H²/[MH]
(·따·나→)따나	/H²/[MH]	(·따·나→)따나	/H²/[MH]
(·따·먼→)따먼	/H²/[MH]	(·따·먼→)따먼	/H²/[MH]
(·따·거·든→)따거·든	/H²M/[MHM]	(·따·거·든→)따거·든	/H²M/[MHM]
(·따·더·라→)따더·라	/H²M/[MHM]	(·따·더·라→)따더·라	/H²M/[MHM]
(·따·도·록→)따도·록	/H²M/[MHM]	(·따·도·록→)따도·록	/H²M/[MHM]
(·따·서→)따서	/H²/[MH]	(·따·서→)따서	/H²/[MH]

(99) 정선방언 / · 싸 · 다/: 삼척방언 / · 싸 · 다/

정선방언	/성조형/[음조형]	삼척방언	/성조형/[음조형]
·싸·다(廉價)M·M(=M²)		·싸·다(廉價)M·M(=M²)	
·싸·다(抱)M·M(=M²)		·싸·다(抱)M·M(=M²)	
(·싸·지→)싸지	/H²/[MH]	(·싸·지→)싸지	/H²/[MH]
(·싸·고→)싸고	/H²/[MH]	(·싸·고→)싸고	/H²/[MH]
(·싸·나→)싸나	/H²/[MH]	(·싸·나→)싸나	/H²/[MH]
(·싸·먼→)싸·먼	/H²M/[MHM]	(·싸·먼→)싸·먼	/H²M/[MHM]
(·싸·거·든→)싸거·든	/H²M/[MHM]	(·싸·거·든→)싸거·든	/H²M/[MHM]

(·싸·더·라→)싸더·라	/H²M/[MHM]	(·싸·더·라→)싸더·라	/H²M/[MHM]
(·싸·도·록→)싸도·록	/H²M/[MHM]	(·싸·도·록→)싸도·록	/H²M/[MHM]
(·싸·서→)싸서	/H²/[MH]	(·싸·서→)싸서	/H²/[MH]

(100) 정선방언 / ·찌 · 다/: 삼척방언 / ·찌 · 다/

정선방언	/성조형/[음조형]	삼척방언	/성조형/[음조형]
·찌·다(蒸)M·M(=M²)		·찌·다(蒸)M·M(=M²)	
(·찌·지→)찌지	/H²/[MH]	(·찌·지→)찌지	/H²/[MH]
(·찌·고→)찌고	/H²/[MH]	(·찌·고→)찌고	/H²/[MH]
(·찌·나→)찌나	/H²/[MH]	(·찌·나→)찌나	/H²/[MH]
(·찌·먼→)찌·먼	/H²/[MH]	(·찌·먼→)찌·먼	/H²/[MH]
(·찌·거·든→)찌거·든	/H²M/[MHM]	(·찌·거·든→)찌거·든	/H²M/[MHM]
(·찌·더·라→)찌더·라	/H²M/[MHM]	(·찌·더·라→)찌더·라	/H²M/[MHM]
(·찌·도·록→)찌도·록	/H²M/[MHM]	(·찌·도·록→)찌도·록	/H²M/[MHM]
(·찌·어·서→)찌어·서	/H²M/[MHM]	(·찌·어·서→)찌어·서	/H²M/[MHM]
(·쪄·서→)쪄서	/H²/[MH]	(:[□]·서→):[□]·서	/Ḧ²/[ḦM]

(101) 정선방언 / ·추 · 다/: 삼척방언 / ·추 · 다/

정선방언	/성조형/[음조형]	삼척방언	/성조형/[음조형]
·추·다(舞)M·M(=M²)		·추·다(舞)M·M(=M²)	
(·추·지→)추지	/H²/[MH]	(·추·지→)추지	/H²/[MH]
(·추·고→)추고	/H²/[MH]	(·추·고→)추고	/H²/[MH]
(·추·나→)추나	/H²/[MH]	(·추·나→)추나	/H²/[MH]
(·추·면→)추면	/H²/[MH]	(·추·면→)추면	/H²/[MH]
(·추·거·든→)추거·든	/H²M/[MHM]	(·추·거·든→)추거·든	/H²M/[MHM]
(·추·더·라→)추더·라	/H²M/[MHM]	(·추·더·라→)추더·라	/H²M/[MHM]
(·추·도·록→)추도·록	/H²M/[MHM]	(·추·도·록→)추도·록	/H²M/[MHM]
(·추·어·서→)추어·서	/H²M/[MHM]	(·추·어·서→)추어·서	/H²M/[MHM]
(추어·서→)춰·서	/HM/[HM]	(추어·서→)춰·서	/HM/[HM]

(102) 정선방언 / ·치 · 다/: 삼척방언 / ·치 · 다/

정선방언	/성조형/[음조형]	삼척방언	/성조형/[음조형]
·치·다(打)M·M(=M²)		·치·다(打)M·M(=M²)	
(·치·지→)치지	/H²/[MH]	(·치·지→)치지	/H²/[MH]
(·치·고→)치고	/H²/[MH]	(·치·고→)치고	/H²/[MH]
(·치·나→)치나	/H²/[MH]	(·치·나→)치나	/H²/[MH]
(·치·먼→)치·먼	/H²/[MH]	(·치·먼→)치·먼	/H²/[MH]
(·치·거·든→)치거·든	/H²M/[MHM]	(·치·거·든→)치거·든	/H²M/[MHM]
(·치·더·라→)치더·라	/H²M/[MHM]	(·치·더·라→)치더·라	/H²M/[MHM]
(·치·도·록→)치도·록	/H²M/[MHM]	(·치·도·록→)치도·록	/H²M/[MHM]
(·쳐·서→)쳐서	/H²/[MH]	(·쳐·서→)쳐·서	/H²/[MH]

(103) 정선방언 /·까·다/: 삼척방언 /·까·다/

정선방언	/성조형/[음조형]	삼척방언	/성조형/[음조형]
·까·다(孵化)M·M(=M²)		·까·다(孵化)M·M(=M²)	
(·까·지→)까지	/H²/[MH]	(·까·지→)까지	/H²/[MH]
(·까·고→)까고	/H²/[MH]	(·까·고→)까고	/H²/[MH]
(·까·나→)까나	/H²/[MH]	(·까·나→)까나	/H²/[MH]
(·까·면→)까면	/H²/[MH]	(·까·면→)까면	/H²/[MH]
(·까·거·든→)까거·든	/H²M/[MHM]	(·까·거·든→)까거·든	/H²M/[MHM]
(·까·더·라→)까더·라	/H²M/[MHM]	(·까·더·라→)까더·라	/H²M/[MHM]
(·까·도·록→)까도·록	/H²M/[MHM]	(·까·도·록→)까도·록	/H²M/[MHM]
(·까·서→)까서	/H²/[MH]	(·까·서→)까서	/H²/[MH]

(104) 정선방언 /·기·다/: 삼척방언 /·기·다/

정선방언	/성조형/[음조형]	삼척방언	/성조형/[음조형]
·기·다M·M		·기·다M·M	
(·기·지→)기지	/H²/[MH]	(·기·지→)기지	/H²/[MH]
(·기·고→)기고	/H²/[MH]	(·기·고→)기고	/H²/[MH]
(·기·나→)기나	/H²/[MH]	(·기·나→)기나	/H²/[MH]
(·기·면→)기면	/H²/[MH]	(·기·면→)기면	/H²/[MH]
(·기·거·든→)기거·든	/H²M/[MHM]	(·기·거·든→)기거·든	/H²M/[MHM]
(·기·더·라→)기더·라	/H²M/[MHM]	(·기·더·라→)기더·라	/H²M/[MHM]
(·기·도·록→)기도·록	/H²M/[MHM]	(·기·도·록→)기도·록	/H²M/[MHM]
(·기·어·서→)기어·서	/H²M/[MHM]	(기에·서→)기에·서	/H²M/[MHM]
(기어·서→):게·서	/M̌²/[M̌H]	(기에·서→):게·서	/Ḧ²/[ḦM]

(105) 정선방언 /·뀌·다/: 삼척방언 /·뀌·다/

정선방언	/성조형/[음조형]	삼척방언	/성조형/[음조형]
·뀌·다(夢)M·M		·뀌·다(夢)M·M	
(·뀌·지→)뀌지	/H²/[MH]	(·뀌·지→)꾸지	/H²/[MH]
(·뀌·고→)뀌고	/H²/[MH]	(·뀌·고→)꾸고	/H²/[MH]
(·뀌·나→)뀌나	/H²/[MH]	(·뀌·나→)꾸나	/H²/[MH]
(·뀌·면→)뀌면	/H²/[MH]	(·뀌·면→)꾸면	/H²/[MH]
(·뀌·거·든→)뀌거·든	/H²M/[MHM]	(·뀌·거·든→)꾸거·든	/H²M/[MHM]
(·뀌·더·라→)뀌더·라	/H²M/[MHM]	(·뀌·더·라→)꾸더·라	/H²M/[MHM]
(·뀌·도·록→)뀌도·록	/H²M/[MHM]	(·뀌·도·록→)꾸도·록	/H²M/[MHM]
(·뀌·어·서→)뀌어·서	/H²M/[MHM]	(꿰에·서→)꿰에·서	/H²M/[MHM]
(뀌어·서→):꿰·서	/M̌²/[M̌H]	(꿰에·서→):꿰·서	/Ḧ²/[ḦM]

4.5.2. 평일형 풀이씨 줄기와 씨끝의 결합

풀이씨의 1음절 평성 줄기들 가운데서 성조가 변동하는 것들은 4.4.3에서 자세히 고찰했으므로 여기에서는 1음절 고정평성 풀이씨들, 2음절 이상의 평일형 풀이씨들과 평복형 풀이씨들의 간이 굴곡형 자료들을 제시한다. 또, 정선방언과 삼척방언 사이에 방점형이 대응관계가 정연한 것은 앞에 제시하고, 대응관계가 부분적으로 성립하는 것은 그 다음에 제시하며, 대응규칙에 어긋나는 것은 가장 뒤에 정리를 한다.

(106) 정선방언 /낳·다/: 삼척방언 /낳·다/

정선방언	/성조형/[음조형]	삼척방언	/성조형/[음조형]
낳·다(産)H·M		낳·다(産)H·M	
낳·지	/HM/[HM]	낳·지	/HM/[HM]
낳·고	/HM/[HM]	낳·고	/HM/[HM]
낳·나	/HM/[HM]	낳·나	/HM/[HM]
낳거·든	/H²M/[MHM]	낳거·든	/H²M/[MHM]
낳더·라	/H²M/[MHM]	낳더·라	/H²M/[MHM]
낳도·록	/H²M/[MHM]	낳도·록	/H²M/[MHM]
낳·도·록	/HM²/[HM²]	낳·도·록	/HM²/[HM²]
낳·으·면	/HM²/[HM²]	낳·으·면	/HM²/[HM²]
낳·아·서	/HM²/[HM²]	낳·아·서	/HM²/[HM²]

(107) 정선방언 /늫·다/: 삼척방언 /옇·다/

정선방언	/성조형/[음조형]	삼척방언	/성조형/[음조형]
늫·다H·M		옇·다H·M	
늫·지	/HM/[HM]	옇·지	/HM/[HM]
늫·고	/HM/[HM]	옇·고	/HM/[HM]
늫·나	/HM/[HM]	옇·나	/HM/[HM]
늫거·든	/H²M/[MHM]	옇거·든	/H²M/[MHM]
늫더·라	/H²M/[MHM]	옇더·라	/H²M/[MHM]
늫도·록	/H²M/[MHM]	옇도·록	/H²M/[MHM]
늫·도·록	/HM²/[HM²]	옇·도·록	/HM²/[HM²]
늫·으·면	/HM²/[HM²]	옇·으·면	/HM²/[HM²]
늫·어·서	/HM²/[HM²]	옇·어·서	/HM²/[HM²]

(108) 정선방언 /갚·다/ : 삼척방언 /갚·다/

정선방언	/성조형/[음조형]	삼척방언	/성조형/[음조형]
갚·다H·M		갚·다H·M	
갚·지	/HM/[HM]	갚·지	/HM/[HM]
갚·고	/HM/[HM]	갚·고	/HM/[HM]
갚·나	/HM/[HM]	갚·나	/HM/[HM]
갚거·든	/H²M/[MHM]	갚거·든	/H²M/[MHM]
갚더·라	/H²M/[MHM]	갚더·라	/H²M/[MHM]
갚·도·록	/HM²/[HM²]	갚·도·록	/HM²/[HM²]

| 갚·으·면 | /HM²/[HM²] | 갚·으·면 | /HM²/[HM²] |
| 갚·아·서 | /HM²/[HM²] | 갚·아·서 | /HM²/[HM²] |

(109) 정선방언 /곧·다/ : 삼척방언 /곧·다/

정선방언	/성조형/[음조형]	삼척방언	/성조형/[음조형]
곧·다H·M		곧·다(直)H·M	
곧·지	/HM/[HM]	곧·지	/HM/[HM]
곧·고	/HM/[HM]	곧·고	/HM/[HM]
곧·나	/HM/[HM]	곧·나	/HM/[HM]
곧거·든	/H²M/[MHM]	곧거·든	/H²M/[MHM]
곧더·라	/H²M/[MHM]	곧더·라	/H²M/[MHM]
곧·도·록	/HM²/[HM²]	곧·도·록	/HM²/[HM²]
곧·으·면	/HM²/[HM²]	곧·으·면	/HM²/[HM²]
곧·아·서	/HM²/[HM²]	곧·아·서	/HM²/[HM²]

(110) 정선방언 /굳·다/ : 삼척방언 /굳·다/

정선방언	/성조형/[음조형]	삼척방언	/성조형/[음조형]
굳·다H·M		굳·다H·M	
굳·지	/HM/[HM]	굳·지	/HM/[HM]
굳·고	/HM/[HM]	굳·고	/HM/[HM]
굳·나	/HM/[HM]	굳·나	/HM/[HM]
굳거·든	/H²M/[MHM]	굳거·든	/H²M/[MHM]
굳더·라	/H²M/[MHM]	굳더·라	/H²M/[MHM]
굳·도·록	/HM²/[HM²]	굳·도·록	/HM²/[HM²]
굳·으·면	/HM²/[HM²]	굳·으·면	/HM²/[HM²]
굳·어·서	/HM²/[HM²]	굳·어·서	/HM²/[HM²]
굳·어·서	/HM²/[HM²]	굳·아·사	/HM²/[HM²]

(111) 정선방언 /깎·다/ : 삼척방언 /깎·다/

정선방언	/성조형/[음조형]	삼척방언	/성조형/[음조형]
깎·다(刻)H·M		깎·다(刻)H·M	
깎·지	/HM/[HM]	깎·지	/HM/[HM]
깎·고	/HM/[HM]	깎·고	/HM/[HM]
깎·나	/HM/[HM]	깎·나	/HM/[HM]
깎거·든	/H²M/[MHM]	깎거·든	/H²M/[MHM]
깎더·라	/H²M/[MHM]	깎더·라	/H²M/[MHM]
깎·도·록	/HM²/[HM²]	깎·도·록	/HM²/[HM²]
깎·으·면	/HM²/[HM²]	깎·으·면	/HM²/[HM²]
깎·어·서	/HM²/[HM²]	깎·어·서	/HM²/[HM²]
깎·어·서	/HM²/[HM²]	깎·아·사	/HM²/[HM²]

(112) 정선방언 /끊·다/ : 삼척방언 /끊·다/

정선방언	/성조형/[음조형]	삼척방언	/성조형/[음조형]
끊·다(斷)H·M		끊·다(斷)H·M	
끊·지	/HM/[HM]	끊·지	/HM/[HM]
끊·고	/HM/[HM]	끊·고	/HM/[HM]
끊·나	/HM/[HM]	끊·나	/HM/[HM]
끊거·든	/H²M/[MHM]	끊거·든	/H²M/[MHM]
끊더·라	/H²M/[MHM]	끊더·라	/H²M/[MHM]
끊·도·록	/H²M/[MHM]	끊도·록	/H²M/[MHM]
끊·으·면	/HM²/[HM²]	끊·으·면	/HM²/[HM²]
끊·어·서	/HM²/[HM²]	끊·어·서	/HM²/[HM²]

(113) 정선방언 /넓·다/ : 삼척방언 /넓·다/

정선방언	/성조형/[음조형]	삼척방언	/성조형/[음조형]
넓·다[널·다]H·M		넓·다[널·다]H·M	
넓·지	/HM/[HM]	넓·지	/HM/[HM]
넓·고	/HM/[HM]	넓·고	/HM/[HM]
넓·나	/HM/[HM]	넓·나	/HM/[HM]
넓거·든	/H²M/[MHM]	넓거·든	/H²M/[MHM]
넓더·라	/H²M/[MHM]	넓더·라	/H²M/[MHM]
넓도·록	/H²M/[MHM]	넓도·록	/H²M/[MHM]
넓·도·록	/HM²/[HM²]	넓·도·록	/HM²/[HM²]
넓·으·면	/HM/[HM²]	넓·으·면	/HM/[HM²]
넓·어·서	/HM²/[HM²]	넓·어·서	/HM²/[HM²]

(114) 정선방언 /눕·다/ : 삼척방언 /눙·다/

정선방언	/성조형/[음조형]	삼척방언	/성조형/[음조형]
눕·다H·M		눙·다H·M	
눕·지	/HM/[HM]	눙·지	/HM/[HM]
눕·고	/HM/[HM]	눙·고	/HM/[HM]
눕·나	/HM/[HM]	눙·나	/HM/[HM]
눕거·든	/H²M/[MHM]	눙거·든	/H²M/[MHM]
눕더·라	/H²M/[MHM]	눙더·라	/H²M/[MHM]
눕도·록	/H²M/[MHM]	눙도·록	/H²M/[MHM]
누·우·면	/HM²/[HM²]	누·우·면	/HM²/[HM²]
눠·어·서	/HM²/[HM²]	누·어·서	/HM²/[HM²]

(115) 정선방언 /늙·다/ : 삼척방언 /늙·다/

정선방언	/성조형/[음조형]	삼척방언	/성조형/[음조형]
늙·다H·M		늙·다H·M	
늙·지	/HM/[HM]	늙·지	/HM/[HM]

늙·고	/HM/[HM]	늙·고	/HM/[HM]
늙·나	/HM/[HM]	늘·나	/HM/[HM]
늙거·든	/H²M/[MHM]	늙거·든	/H²M/[MHM]
늙더·라	/H²M/[MHM]	늙더·라	/H²M/[MHM]
늙도·록	/H²M/[MHM]	늙도·록	/H²M/[MHM]
늙·도·록	/HM²/[HM²]	늙·도·록	/HM²/[HM²]
늙·으·면	/HM²/[HM²]	늙·으·면	/HM²/[HM²]
늙·어·서	/HM²/[HM²]	늙·어·서	/HM²/[HM²]

(116) 정선방언 /듣 · 다/ : 삼척방언 /듣 · 다/

정선방언	/성조형/[음조형]	삼척방언	/성조형/[음조형]
듣·다(聽)H·M		듣·다(聽)H·M	
듣·지	/HM/[HM]	듣·지	/HM/[HM]
듣·고	/HM/[HM]	듣·고	/HM/[HM]
듣·나	/HM/[HM]	듣·나	/HM/[HM]
듣거·든	/H²M/[MHM]	듣거·든	/H²M/[MHM]
듣더·라	/H²M/[MHM]	듣더·라	/H²M/[MHM]
듣도·록	/H²M/[MHM]	듣도·록	/H²M/[MHM]
듣·도·록	/HM²/[HM²]	듣·도·록	/HM²/[HM²]
들으·면	/H²M/[MHM]	들으·면	/H²M/[MHM]
들·어·서	/HM²/[HM²]	들·아·사	/HM²/[HM²]
들·어·서	/HM²/[HM²]	들·어·서	/HM²/[HM²]

(117) 정선방언 /말 · 다/ : 삼척방언 /말 · 다/

정선방언	/성조형/[음조형]	삼척방언	/성조형/[음조형]
말·다(捲)H·M		말·다(捲)H·M	
말·지	/HM/[HM]	말·지	/HM/[HM]
말·고	/HM/[HM]	말·고	/HM/[HM]
말·나	/HM/[HM]	마·나	/HM/[HM]
말·먼	/HM/[HM]	말·먼	/HM/[HM]
말·아서	/HM²/[HM²]	말·아·서	/HM²/[HM²]
말거·든	/H²M/[MHM]	말거·든	/H²M/[MHM]
말더·라	/H²M/[MHM]	말더·라	/H²M/[MHM]
말·도·록	/HM²/[HM²]	말·도·록	/HM²/[HM²]
말·아·서	/HM²/[HM²]	말·아·서	/HM²/[HM²]
말·아·서	/HM²/[HM²]	말·어·서	/HM²/[HM²]

(118) 정선방언 /벗 · 다/ : 삼척방언 /벗 · 다/

정선방언	/성조형/[음조형]	삼척방언	/성조형/[음조형]
벗·다H·M		벗·다H·M	
벗·지	/HM/[HM]	벗·지	/HM/[HM]
벗·고	/HM/[HM]	벗·고	/HM/[HM]

벗·나	/HM/[HM]	벗·나	/HM/[HM]
벗거·든	/H²M/[MHM]	벗거·든	/H²M/[MHM]
벗더·라	/H²M/[MHM]	벗더·라	/H²M/[MHM]
벗도·록	/H²M/[MHM]	벗도·록	/H²M/[MHM]
벗·도·록	/HM²/[HM²]	벗·도·록	/HM²/[HM²]
벗·으·먼	/HM²/[HM²]	벗·으·먼	/HM²/[HM²]
벗·아·서	/HM²/[HM²]	벗·아·사	/HM²/[HM²]
벗·아·서	/HM²/[HM²]	벗·어·서	/HM²/[HM²]

(119) 정선방언 /붕·다/ : 삼척방언 /붕·다/

정선방언	/성조형/[음조형]	삼척방언	/성조형/[음조형]
붕·다(腫)H·M		붕·다(腫)H·M	
붕·다(注)H·M		붕·다(注)H·M	
붕·지	/HM/[HM]	붕·지	/HM/[HM]
붕·고	/HM/[HM]	붕·고	/HM/[HM]
붕·나	/HM/[HM]	붕·나	/HM/[HM]
붕거·든	/H²M/[MHM]	붕거·든	/H²M/[MHM]
붕더·라	/H²M/[MHM]	붕더·라	/H²M/[MHM]
붕·도·록	/HM²/[HM²]	붕·도·록	/HM²/[HM²]
부·으·먼	/HM²/[HM²]	부·으·먼	/HM²/[HM²]
부·어·서	/HM²/[HM²]	부·어·서	/HM²/[HM²]

(120) 정선방언 /붙·다/ : 삼척방언 /붙·다/

정선방언	/성조형/[음조형]	삼척방언	/성조형/[음조형]
붙·다H·M		붙·다H·M	
붙·지	/HM/[HM]	붙·지	/HM/[HM]
붙·고	/HM/[HM]	붙·고	/HM/[HM]
붙·나	/HM/[HM]	붙·나	/HM/[HM]
붙거·든	/H²M/[MHM]	붙거·든	/H²M/[MHM]
붙더·라	/H²M/[MHM]	붙더·라	/H²M/[MHM]
붙도·록	/H²M/[MHM]	붙도·록	/H²M/[MHM]
붙·으·먼	/HM²/[HM²]	붙·으·먼	/HM²/[HM²]
붙·어·서	/HM²/[HM²]	붙·어·서	/HM²/[HM²]
붙·어·서	/HM²/[HM²]	붙·아·사	/HM²/[HM²]

(121) 정선방언 /빗·다/ : 삼척방언 /빗·다/

정선방언	/성조형/[음조형]	삼척방언	/성조형/[음조형]
빗·다(梳)H·M		빗·다(梳)H·M	
빗·지	/HM/[HM]	빗·지	/HM/[HM]
빗·고	/HM/[HM]	빗·고	/HM/[HM]
빗·나	/HM/[HM]	빗·나	/HM/[HM]
빗거·든	/H²M/[MHM]	빗거·든	/H²M/[MHM]

빨더·라	/H²M/[MHM]	빨더·라	/H²M/[MHM]
빨도·록	/H²M/[MHM]	빨·도·록	/H²M/[MHM]
빨·도·록	/HM²/[HM²]	빨·도·록	/HM²/[HM²]
빨·으·면	/HM²/[HM²]	빨·으·면	/HM²/[HM²]
빨·아·면	/HM²/[HM²]		/HM²/[HM²]
빨·어·서	/HM²/[HM²]	빨·아·서	/HM²/[HM²]
빨·어·서	/HM²/[HM²]	빨·아·사	/HM²/[HM²]

(122) 정선방언 /잃 · 다/ : 삼척방언 /잃 · 다/

정선방언	/성조형/[음조형]	삼척방언	/성조형/[음조형]
잃·다H·M		잃·다H·M	
잃·지	/HM/[HM]	잃·지	/HM/[HM]
잃·고	/HM/[HM]	잃·고	/HM/[HM]
잃·나	/HM/[HM]	잃·나	/HM/[HM]
잃거·든	/H²M/[MHM]	잃거·든	/H²M/[MHM]
잃더·라	/H²M/[MHM]	잃더·라	/H²M/[MHM]
잃도·록	/H²M/[MHM]	잃도·록	/H²M/[MHM]
잃·도·록	/HM²/[HM²]	잃·도·록	/HM²/[HM²]
잃·으·면	/HM²/[HM²]	잃·으·면	/HM²/[HM²]
잃·어·서	/HM²/[HM²]	잃·어·서	/HM²/[HM²]

(123) 정선방언 /질 · 다/ : 삼척방언 /질 · 다/

정선방언	/성조형/[음조형]	삼척방언	/성조형/[음조형]
질·다(坭)H·M		질·다(坭)H·M	
질·지	/HM/[HM]	질·지	/HM/[HM]
질·고	/HM/[HM]	질·고	/HM/[HM]
질·고	/HM/[HM]	지·고	/HM/[HM]
지·나	/HM/[HM]	지·나	/HM/[HM]
질거·든	/H²M/[MHM]	질거·든	/H²M/[MHM]
질더·라	/H²M/[MHM]	질더·라	/H²M/[MHM]
질·도·록	/HM²/[HM²]	질·도·록	/HM²/[HM²]
질·먼	/HM/[HM]	지·먼	/HM/[HM]
질·먼	/HM/[HM]	질·먼	/HM/[HM]
질·아·서	/HM²/[HM²]	질·아·서	/HM²/[HM²]
질·아·서	/HM²/[HM²]	질·어·서	/HM²/[HM²]

(124) 정선방언 /되 · 다/ : 삼척방언 /데 · 다/

정선방언	/성조형/[음조형]	삼척방언	/성조형/[음조형]
되·다(化)H·M		데·다(化)H·M	
되·지	/HM/[HM]	데·지	/HM/[HM]
되·고	/HM/[HM]	데·고	/HM/[HM]
되·나	/HM/[HM]	데·나	/HM/[HM]

되·먼	/HM/[HM]	데·먼	/HM/[HM]
되거·든	/H²M/[MHM]	데거·든	/H²M/[MHM]
되더·라	/H²M/[MHM]	데더·라	/H²M/[MHM]
되·도·록	/HM²/[HM²]	데·도·록	/HM²/[HM²]
되·애·서	/HM²/[HM²]	데·에·서	/HM²/[HM²]
되·어·서	/HM²/[HM²]	데·어·서	/HM²/[HM²]

(125) 정선방언 /뛰·다/ : 삼척방언 /뛰·다/

정선방언	/성조형/[음조형]	삼척방언	/성조형/[음조형]
뛰·다H·M		뛰·다H·M	
뛰·지	/HM/[HM]	뛰·지	/HM/[HM]
뛰·고	/HM/[HM]	뛰·고	/HM/[HM]
뛰·나	/HM/[HM]	뛰·나	/HM/[HM]
뛰·먼	/HM/[HM]	뛰·먼	/HM/[HM]
뛰거·든	/H²M/[MHM]	뛰거·든	/H²M/[MHM]
뛰더·라	/H²M/[MHM]	뛰더·라	/H²M/[MHM]
뛰·도·록	/HM²/[HM²]	뛰·도·록	/HM²/[HM²]
뛔·애·서	/HM²/[HM²]	띠·이·서	/HM²/[HM²]

(126) 정선방언 /이·다/ : 삼척방언 /이·다/

정선방언	/성조형/[음조형]	삼척방언	/성조형/[음조형]
이·다(載)H·M		이·다(載)H·M	
이·지	/HM/[HM]	이·지	/HM/[HM]
이·고	/HM/[HM]	이·고	/HM/[HM]
이·나	/HM/[HM]	이·나	/HM/[HM]
이·먼	/HM/[HM]	이·먼	/HM/[HM]
이·어·서	/HM²/[HM²]		
·여·서	/M²/[MH]	·여·서	/M²/[MH]
이거·든	/H²M/[MHM]	이거·든	/H²M/[MHM]
이더·라	/H²M/[MHM]	이더·라	/H²M/[MHM]
이·도·록	/HM²/[HM²]	이·도·록	/HM²/[HM²]

(127) 정선방언 /가·두·다/ : 삼척방언 /가·둫·다/

정선방언	/성조형/[음조형]	삼척방언	/성조형/[음조형]
가·두·다HM·M(=HM²)		가·둫·다HM·M(=HM²)	
가·두·지	/HM²/[HM²]	가·둫·지	/HM²/[HM²]
가·두·고	/HM²/[HM²]	가·둫·고	/HM²/[HM²]
가·두·나	/HM²/[HM²]	가·둫·나	/HM²/[HM²]
가·두·먼	/HM²/[HM²]	가·둫·먼	/HM²/[HM²]
가두거·든	/H³M/[MнHM]	가둫거·든	/H³M/[MнHM]
가두더·라	/H³M/[MнHM]	가둫더·라	/H³M/[MнHM]
가두도·록	/H³M/[MнHM]	가둫도·록	/H³M/[MнHM]

| 가·둬·서 | /HM²/[HM²] | 가·돠·아·서 | /HM³/[HM³] |
| 가·둬·서 | /HM²/[HM²] | 가·둬·어·서 | /HM³/[HM³] |

(128) 정선방언 /개 · 애 · 다/ : 삼척방언 /개 · 애 · 다/

정선방언	/성조형/[음조형]	삼척방언	/성조형/[음조형]
개·애·다HM·M(=HM²)		개이·이·다HM·M(=HM²)	
개·애·지	/HM/ [HM]	개이·이·지	/HM/ [HM]
개·애·고	/HM/ [HM]	개이·이·고	/HM/ [HM]
개·애·나	/HM/ [HM]	개이·이·나	/HM/ [HM]
개·애·먼	/HM²/[HM²]	개이·이·먼	/HM²/[HM²]
개·애·거·든	/HM³/[HM³]	개이·거·든	/HM³/[HM³]
개·애·더·라	/HM³/[HM³]	개이·더·라	/HM³/[HM³]
개·애·도·록	/HM³/[HM³]	개이·도·록	/HM³/[HM³]
개·애·서	/HM²/[HM²]	개예·에·서	/HM²/[HM²]

(129) 정선방언 /넹 · 기 · 다/ : 삼척방언 /냉 · 기 · 다/

정선방언	/성조형/[음조형]	삼척방언	/성조형/[음조형]
넹·기·다(餘)HM·M(=HM²)		냉·기·다(餘)HM·M(=HM²)	
넹·기·지	/HM²/[HM²]	냉·기·지	/HM²/[HM²]
넹·기·고	/HM²/[HM²]	냉·기·고	/HM²/[HM²]
넹·기·나	/HM²/[HM²]	냉·기·나	/HM²/[HM²]
넹·기·먼	/HM²/[HM²]	냉·기·먼	/HM²/[HM²]
넹·기·거·든	/HM³/[HM³]	냉·기·거·든	/HM³/[HM³]
넹·기·더·라	/HM³/[HM³]	냉·기·더·라	/HM³/[HM³]
넹·기·도·록	/HM³/[HM³]	냉·기·도·록	/HM³/[HM³]
넹·기·에·서	/HM³/[HM³]	냉·과·서	/HM³/[HM³]

(130) 정선방언 /대 · 리 · 다/ : 삼척방언 /대 · 리 · 다/

정선방언	/성조형/[음조형]	삼척방언	/성조형/[음조형]
대·리·다HM·M(=HM²)		대·리·다HM·M(=HM²)	
대·리·지	/HM²/[HM²]	대·리·지	/HM²/[HM²]
대·리·고	/HM²/[HM²]	대·리·고	/HM²/[HM²]
대·리·나	/HM²/[HM²]	대·리·나	/HM²/[HM²]
대·리·먼	/HM²/[HM²]	대·리·먼	/HM²/[HM²]
대·리·거·든	/HM³/[HM³]	대·리·거·든	/HM³/[HM³]
대·리·더·라	/HM³/[HM³]	대·리·더·라	/HM³/[HM³]
대·리·도·록	/HM³/[HM³]	대·리·도·로	/HM³/[HM³]
대·례·서	/HM²/[HM²]	대·레·서	/HM²/[HM²]

(131) 정선방언 /땡·기·다/ : 삼척방언 /땡·기·다/

정선방언	/성조형/[음조형]	삼척방언	/성조형/[음조형]
땡·기·다(引)HM·M(=HM²)		땡·기·다(引)HM·M(=HM²)	
땡·기·지	/HM²/[HM²]	땡·기·지	/HM²/[HM²]
땡·기·고	/HM²/[HM²]	땡·기·고	/HM²/[HM²]
땡·기·나	/HM²/[HM²]	땡·기·나	/HM²/[HM²]
땡·기·먼	/HM²/[HM²]	땡·기·먼	/HM²/[HM²]
땡·기·거·든	/HM³/[HM³]	땡·기·거·든	/HM³/[HM³]
땡·기·더·라	/HM³/[HM³]	땡·기·더·라	/HM³/[HM³]
땡·기·도·록	/HM³/[HM³]	땡·기·도·록	/HM³/[HM³]
땡·기·에·서	/HM³/[HM³]	땡·게·서	/HM³/[HM³]

(132) 정선방언 /만·내·다/

정선방언	/성조형/[음조형]	삼척방언	/성조형/[음조형]
만·내·다HM·M(=HM²)		만·내·다HM·M(=HM²)	
만·내·지	/HM²/[HM²]	만·내·지	/HM²/[HM²]
만·내·고	/HM²/[HM²]	만·내·고	/HM²/[HM²]
만·내·나	/HM²/[HM²]	만·내·나	/HM²/[HM²]
만·내·먼	/HM²/[HM²]	만·내·먼	/HM²/[HM²]
만·내·서	/HM²/[HM²]	만·내·서	/HM²/[HM²]
만·내·거·든	/HM³/[HM³]	만·내·거·든	/HM³/[HM³]
만·내·더·라	/HM³/[HM³]	만·내·더·라	/HM³/[HM³]
만·내·도·록	/HM³/[HM³]	만·내·도·록	/HM³/[HM³]

(133) 정선방언 /멕·이·다/ : 삼척방언 /멕·이·다/

정선방언	/성조형/[음조형]	삼척방언	/성조형/[음조형]
멕·이·다(哺)HM·M(=HM²)		멕·이·다(哺)HM·M(=HM²)	
멕·이·지	/HM²/[HM²]	멕·이·지	/HM²/[HM²]
멕·이·고	/HM²/[HM²]	멕·이·고	/HM²/[HM²]
멕·이·나	/HM²/[HM²]	멕·이·나	/HM²/[HM²]
멕·이·먼	/HM²/[HM²]	멕·이·먼	/HM²/[HM²]
멕·이·거·든	/HM³/[HM³]	멕·이·거·든	/HM³/[HM³]
멕·이·더·라	/HM³/[HM³]	멕·이·더·라	/HM³/[HM³]
멕·이·도·록	/HM³/[HM³]	멕·이·도·록	/HM³/[HM³]
멕·에·서	/HM²/[HM²]	멕·에·서	/HM²/[HM²]

(134) 정선방언 /배·우·다/ : 삼척방언 /배·우·다/

정선방언	/성조형/[음조형]	삼척방언	/성조형/[음조형]
배·우·다HM·M(=HM²)		배·우·다HM·M(=HM²)	
배·우·지	/HM²/[HM²]	배·우·지	/HM²/[HM²]
배·우·고	/HM²/[HM²]	배·우·고	/HM²/[HM²]

배·우·나	/HM²/[HM²]	배·우·나	/HM²/[HM²]
배·우·먼	/HM²/[HM²]	배·우·먼	/HM²/[HM²]
배·우·거·든	/HM³/[HM³]	배·우·거·든	/HM³/[HM³]
배·우·더·라	/HM³/[HM³]	배·우·더·라	/HM³/[HM³]
배·우·도·록	/HM³/[HM³]	배·우·도·록	/HM³/[HM³]
배·워·서	/HM²/[HM²]	배·와·서	/HM²/[HM²]
배·워·서	/HM²/[HM²]	배·워·서	/HM²/[HM²]

(135) 정선방언 /뻬 · 끼 · 다/ : 삼척방언 /뻬 · 끼 · 다/

정선방언	/성조형/[음조형]	삼척방언	/성조형/[음조형]
뻬·끼·다HM·M(=HM²)		뻬·끼·다HM·M(=HM²)	
뻬·끼·지	/HM²/[HM²]	뻬·끼·지	/HM²/[HM²]
뻬·끼·고	/HM²/[HM²]	뻬·끼·고	/HM²/[HM²]
뻬·끼·나	/HM²/[HM²]	뻬·끼·나	/HM²/[HM²]
뻬·끼·먼	/HM²/[HM²]	뻬·끼·먼	/HM²/[HM²]
뻬·끼·거·든	/HM³/[HM³]	뻬·끼·거·든	/HM³/[HM³]
뻬·끼·더·라	/HM³/[HM³]	뻬·끼·더·라	/HM³/[HM³]
뻬·끼·도·록	/HM³/[HM³]	뻬·끼·도·록	/HM³/[HM³]
뻬·께·서	/HM²/[HM²]	뻬·께·서	/HM²/[HM²]

(136) 정선방언 /비 · 비 · 다/ : 삼척방언 /비 · 비 · 다/

정선방언	/성조형/[음조형]	삼척방언	/성조형/[음조형]
비·비·다HM·M(=HM²)		비·비·다HM·M(=HM²)	
비·비·지	/HM²/[HM²]	비·비·지	/HM²/[HM²]
비·비·고	/HM²/[HM²]	비·비·고	/HM²/[HM²]
비·비·나	/HM²/[HM²]	비·비·나	/HM²/[HM²]
비·비·먼	/HM²/[HM²]	비·비·먼	/HM²/[HM²]
비·비·거·든	/HM³/[HM³]	비·비·거·든	/HM³/[HM³]
비·비·더·라	/HM³/[HM³]	비·비·더·라	/HM³/[HM³]
비·비·도·록	/HM³/[HM³]	비·비·도·록	/HM³/[HM³]
비·베·서	/HM²/[HM²]	비·베·서	/HM²/[HM²]
비·벼·서	/HM²/[HM²]	비·베·서	/HM²/[HM²]

(137) 정선방언 /싸 · 우 · 다/ : 삼척방언 /싸 · 우 · 다/

정선방언	/성조형/[음조형]	삼척방언	/성조형/[음조형]
싸·우·다HM·M(=HM²)		싸·우·다HM·M(=HM²)	
싸·우·지	/HM²/[HM²]	싸·우·지	/HM²/[HM²]
싸·우·고	/HM²/[HM²]	싸·우·고	/HM²/[HM²]
싸·우·나	/HM²/[HM²]	싸·우·나	/HM²/[HM²]
싸·우·먼	/HM²/[HM²]	싸·우·먼	/HM²/[HM²]
싸·우·거·든	/HM³/[HM³]	싸·우·거·든	/HM³/[HM³]
싸·우·더·라	/HM³/[HM³]	싸·우·더·라	/HM³/[HM³]

| 싸·우·도·록 | /HM³/[HM³] | 싸·우·도·록 | /HM³/[HM³] |
| 싸·워·서 | /HM²/[HM²] | 싸·와·서 | /HM²/[HM²] |

(138) 정선방언 /세 · 우 · 다/ : 삼척방언 /세 · 우 · 다/

정선방언	/성조형/[음조형]	삼척방언	/성조형/[음조형]
세·우·다HM·M(=HM²)		세·우·다HM·M(=HM²)	
세·우·지	/HM²/[HM²]	세·우·지	/HM²/[HM²]
세·우·고	/HM²/[HM²]	세·우·고	/HM²/[HM²]
세·우·나	/HM²/[HM²]	세·우·나	/HM²/[HM²]
세·우·먼	/HM²/[HM²]	세·우·먼	/HM²/[HM²]
세·워·서	/HM²/[HM²]	세·와·사	/HM²/[HM²]
세·우·거·든	/HM³/[HM³]	세·우·거·든	/HM³/[HM³]
세·우·더·라	/HM³/[HM³]	세·우·더·라	/HM³/[HM³]
세·우·도·록	/HM³/[HM³]	세·우·도·록	/HM³/[HM³]

(139) 정선방언 /태 · 우 · 다/ : 삼척방언 /태 · 우 · 다/

정선방언	/성조형/[음조형]	삼척방언	/성조형/[음조형]
태·우·다HM·M(=HM²)		태·우·다HM·M(=HM²)	
태·우·지	/HM²/[HM²]	태·우·지	/HM²/[HM²]
태·우·고	/HM²/[HM²]	태·우·고	/HM²/[HM²]
태·우·나	/HM²/[HM²]	태·우·나	/HM²/[HM²]
태·우·먼	/HM²/[HM²]	태·우·먼	/HM²/[HM²]
태·우·거·든	/HM³/[HM³]	태·우·거·든	/HM³/[HM³]
태·우·더·라	/HM³/[HM³]	태·우·더·라	/HM³/[HM³]
태·우·도·록	/HM³/[HM³]	태·우·도·록	/HM³/[HM³]
태·워·서	/HM²/[HM²]	태·와·서	/HM²/[HM²]

(140) 정선방언 /부 · 두 · 릅 · 다/ : 삼척방언 /보 · 두 · 릅 · 다/

정선방언	/성조형/[음조형]	삼척방언	/성조형/[음조형]
부·두·릅·다HM²·M(=HM³)		보·두·릅·다HM²·M(=HM³)	
보·드·릅·다HM²·M(=HM³)		보·두·릅·다HM²·M(=HM³)	
부·두·릅·지	/HM³/[HM³]	보·두·릅·지	/HM³/[HM³]
부·두·릅·고	/HM³/[HM³]	보·두·릅·고	/HM³/[HM³]
부·두·릅·나	/HM³/[HM³]	보·두·릅·나	/HM³/[HM³]
부·두·릅·거·든	/HM⁴/[HM⁴]	보·두·릅·거·든	/HM⁴/[HM⁴]
부·두·릅·더·라	/HM⁴/[HM⁴]	보·두·릅·더·라	/HM⁴/[HM⁴]
부·두·릅·도·록	/HM⁴/[HM⁴]	보·두·릅·도·록	/HM⁴/[HM⁴]
부·두·러·우·먼	/HM⁴/[HM⁴]	보·두·루·먼	/HM³/[HM³]
부·두·러·워·서	/HM⁴/[HM⁴]	보·두·롸·서	/HM³/[HM³]

(141) 정선방언 /아·름·답·다/ : 삼척방언 /아·름·답·다/

정선방언	/성조형/[음조형]	삼척방언	/성조형/[음조형]
아·름·답·다HM^2·M(=HM^3)(할매)		아·름·답·다HM^2·M(=HM^3)	
아·름·답·지	/HM^3/[HM^3]	아·름·답·지	/HM^3/[HM^3]
아·름·답·고	/HM^3/[HM^3]	아·름·답·고	/HM^3/[HM^3]
아·름·답·나	/HM^3/[HM^3]	아·름·답·나	/HM^3/[HM^3]
아·름·다·우·먼	/HM^4/[HM^4]	아·름·다·우·먼	/HM^4/[HM^4]
아·름·다·위·먼	/HM^4/[HM^4]		
아·름·다·와·서	/HM^4/[HM^4]	아·름·다·와·서	/HM^4/[HM^4]
아·름·다·워·서	/HM^4/[HM^4]		
아·름·답·거·든	/HM^4/[HM^4]	아·름·답·거·든	/HM^4/[HM^4]
아·름·답·더·라	/HM^4/[HM^4]	아·름·답·더·라	/HM^4/[HM^4]
아·름·답·도·록	/HM^4/[HM^4]	아·름·답·도·록	/HM^4/[HM^4]

(142) 정선방언 /버·얼·다/ : 삼척방언 /버·얼·다/

정선방언	/성조형/[음조형]	삼척방언	/성조형/[음조형]
버·얼·다(得)H̆MM·M(=HM^2)		버·얼·다(得)ḦM·	M(=HM^2)
버·얼·지	/HM^2/[HM^2]	버·얼·지	/HM^2/[HM^2]
버·얼·고	/HM^2/[HM^2]	버·얼·고	/HM^2/[HM^2]
버·얼·나	/HM^2/[HM^2]	버·얼·나	/HM^2/[HM^2]
버·얼·먼	/HM^2/[HM^2]	버·얼·먼	/HM^2/[HM^2]
:벌·먼	/M̆^{2}/[M̆H]	:벌·먼	/Ḧ^2/[ḦH]
버·얼·어·서	/HM^3/[HM^3]	버·얼·아·서	/HM^3/[HM^3]
버·얼·거·든	/HM^3/[HM^3]	버·얼·거·든	/HM^3/[HM^3]
버·얼·더·라	/HM^3/[HM^3]	버·얼·더·라	/HM^3/[HM^3]
버·얼·도·록	/HM^3/[HM^3]	버·얼·도·록	/HM^3/[HM^3]

4.5.3. 평복형 풀이씨 줄기와 씨끝의 결합

2음절 평복형 줄기 중에서 {-·아X~-·어X} 앞에서 상성형으로 변하는 것은 오직 /모르·다/~/모루·다/뿐이다. 그 밖의 다른 줄기들은 방점이 고정되어 있다. (143)~(156)은 정선방언에서 줄기가 평복형인 풀이씨들이다. 따라서, 이런 풀이씨들의 굴곡형들은 모두 평복형의 자유변동 규칙이 적용되어 □□·□와 □□□, □□·□·□와 □□□·□와 □□□□는 서로 자유변동하며, 5음절 이상의 평복형도 이와 같은 방법으로 서로 자유변동한다. 그러나 자료 제시의 번거로움을 줄이기 위하여 아래의 정선방언 평복형들은 즐김형으로 적었다.

삼척방언에서는 평복형의 자유변동이 일어나지 않는 대신에 하나의 같은 분절음으로 이루어진 어절이 그 방점형은 둘 이상의 임의변동을 하는 방점형으로 나타나는 경우도 있다.[20]

---

20) 삼척방언에서 임의변동을 ᅙᅡ는 방점형들이 있는 경우 그 예는 김차균(2006ㄴ:290)을 참조하기 바

(143) 정선방언 /가찹 · 다/ : 삼척방언 /가찹 · 다/

정선방언	/성조형/[음조형]	삼척방언	/성조형/[음조형]
가찹·다(近)H²·M		가찹·다(近)H²·M	
가찹·지	/H²M/[MHM]	가찹·지	/H²M/[MHM]
가찹·고	/H²M/[MHM]	가찹·고	/H²M/[MHM]
가찹·나	/H²M/[MHM]	가찹·나	/H²M/[MHM]
가찹거·든	/H³M/[MнHM]	가찹거·든	/H³M/[MнHM]
가찹더·라	/H³M/[MнHM]	가찹더·라	/H³M/[MнHM]
가찹도·록	/H³M/[MнHM]	가찹도·록	/H³M/[MнHM]
가차우·먼	/H³M/[MнHM]	가차우·먼	/H³M/[MнHM]
가차워·서	/H³M/[MнHM]	가차와·서	/H³M/[MнHM]

(144) 정선방언 /댕기 · 다/ : 삼척방언 /댕기 · 다/

정선방언	/성조형/[음조형]	삼척방언	/성조형/[음조형]
댕기·다(行)H²·M		댕기·다(行)H²·M	
댕기·지	/H²M/[MHM]	댕기·지	/H²M/[MHM]
댕기·고	/H²M/[MHM]	댕기·고	/H²M/[MHM]
댕기·나	/H²M/[MHM]	댕기·나	/H²M/[MHM]
댕기·먼	/H²M/[MHM]	댕기·먼	/H²M/[MHM]
댕기거·든	/H³M/[MнHM]	댕기거·든	/H³M/[MнHM]
댕기더·라	/H³M/[MнHM]	댕기더·라	/H³M/[MнHM]
댕기도·록	/H³M/[MнHM]	댕기도·록	/H³M/[MнHM]
댕·개·서	/H²M/[MHM]	댕게·서	/H²M/[MHM]

(145) 정선방언 /다르 · 다/ : 삼척방언 /다르 · 다/

정선방언	/성조형/[음조형]	삼척방언	/성조형/[음조형]
다르·다(異)H²·M		다르·다(異)H²·M	
다르·지	/H²M/[MHM]	다르·지	/H²M/[MHM]
다르·고	/H²M/[MHM]	다르·고	/H²M/[MHM]
다르·나	/H²M/[MHM]	다르·나	/H²M/[MHM]
다르·먼	/H²M/[MHM]	다르·먼	/H²M/[MHM]
달러·서	/H²M/[MHM]	달라·서	/H²M/[MHM]
달라·서	/H²M/[MHM]		/H²M/[MHM]
다르거·든	/H³M/[MнHM]	다르거·든	/H³M/[MнHM]
다르더·라	/H³M/[MнHM]	다르다·라	/H³M/[MнHM]
다르도·록	/H³M/[MнHM]	다르도·록	/H³M/[MнHM]

란다. 여기에서는 가능한 한 그 가운데 정선방언과 가장 닮은 것 하나만 자료를 제시한다.

(146) 정선방언 /닫기·다/ : 삼척방언 /닫기·다/

정선방언	/성조형/[음조형]	삼척방언	/성조형/[음조형]
닫기·다H²·M		닫기·다H²·M	
닫기·지	/H²M/[MHM]	닫기·지	/H²M/[MHM]
닫기·고	/H²M/[MHM]	닫기·고	/H²M/[MHM]
닫기·나	/H²M/[MHM]	닫기·나	/H²M/[MHM]
닫기·먼	/H²M/[MHM]	닫기·먼	/H²M/[MHM]
닫기거·든	/H³M/[MʜHM]	닫기거·든	/H³M/[MʜHM]
닫기더·라	/H³M/[MʜHM]	닫기더·라	/H³M/[MʜHM]
닫기도·록	/H³M/[MʜHM]	닫기도·록	/H³M/[MʜHM]
닫계·서	/H²M/[MHM]	닫계·에·서	/H²M²/[MHM²]

(147) 정선방언 /뜨굽·다/ : 삼척방언 /뚜굽·다/

정선방언	/성조형/[음조형]	삼척방언	/성조형/[음조형]
뜨굽·다H²·M		뚜굽·다H²·M	
뜨굽·지	/H²M/[MHM]	뚜굽·지	/H²M/[MHM]
뜨굽·고	/H²M/[MHM]	뚜굽·고	/H²M/[MHM]
뜨굽·나	/H²M/[MHM]	뚜굽·나	/H²M/[MHM]
뜨구우·먼	/H³M/[MʜHM]	뚜구·우·먼	/H²M²/[MHM²]
뜨구워·서	/H³M/[MʜHM]	뚜구·워·서	/H²M²/[MHM²]
뜨구와·서	/H³M/[MʜHM]	뚜구·와·서	/H²M²/[MHM²]
뜨굽거·든	/H³M/[MʜHM]	뚜굽거·든	/H³M/[MʜHM]
뜨굽더·라	/H³M/[MʜHM]	뚜굽더·라	/H³M/[MʜHM]
뜨굽도·록	/H³M/[MʜHM]	뚜굽도·록	/H³M/[MʜHM]

(148) 정선방언 /맨들·다/ : 삼척방언 /맨들·다/

정선방언	/성조형/[음조형]	삼척방언	/성조형/[음조형]
맨들·다H²·M		맨들·다H²·M	
맨들·지	/H²M/[MHM]	맨드·지	/H²M/[MHM]
맨들·고	/H²M/[MHM]	맨드·고	/H²M/[MHM]
맨드·나	/H²M/[MHM]	맨드·나	/H²M/[MHM]
맨들·먼	/H²M/[MHM]	맨들·먼	/H²M/[MHM]
맨들거·든	/H³M/[MʜHM]	맨들거·든	/H³M/[MʜHM]
맨들더·라	/H³M/[MʜHM]	맨들더·라	/H³M/[MʜHM]
맨들도·록	/H³M/[MʜHM]	맨들도·록	/H³M/[MʜHM]
맨들어·서	/H³M/[MʜHM]	맨들어·서	/H³M/[MʜHM]

(149) 정선방언 /싱구·다/ : 삼척방언 /싱궇·다/

정선방언	/성조형/[음조형]	삼척방언	/성조형/[음조형]
싱구·다H²·M		싱궇·다H²·M	
싱구·지	/H²M/[MHM]	싱궇·지	/H²M/[MHM]
싱구·고	/H²M/[MHM]	싱궇·고	/H²M/[MHM]

싱구·나	/H²M/[MHM]	싱궁·나	/H²M/[MHM]
싱구·먼	/H²M/[MHM]	싱궁·먼	/H²M/[MHM]
싱구거·든	/H³M/[MʜHM]	싱궁거·든	/H³M/[MʜHM]
싱구더·라	/H³M/[MʜHM]	싱궁더·라	/H³M/[MʜHM]
싱구도·록	/H³M/[MʜHM]	싱궁도·록	/H³M/[MʜHM]
싱궈·서	/H²M/[MHM]	싱과·서	/H²M/[MHM]
싱궈·서	/H²M/[MHM]	싱궈·서	/H²M/[MHM]

(150) 정선방언 /흐르 · 다/ : 삼척방언 /흐르 · 다/

정선방언	/성조형/[음조형]	삼척방언	/성조형/[음조형]
흐르·다H²·M		흐르·다H²·M	
흐르·지	/H²M/[MHM]	흐르·지	/H²M/[MHM]
흐르·고	/H²M/[MHM]	흐르·고	/H²M/[MHM]
흐르·나	/H²M/[MHM]	흐르·나	/H²M/[MHM]
흐르·먼	/H²M/[MHM]	흐르·먼	/H²M/[MHM]
흐르거·든	/H³M/[MʜHM]	흐르거·든	/H³M/[MʜHM]
흐르더·라	/H³M/[MʜHM]	흐르더·라	/H³M/[MʜHM]
흐르도·록	/H³M/[MʜHM]	흐르도·록	/H³M/[MʜHM]
흘·러·서	/HM²/[HM²]	흘·러·서	/HM²/[HM²]

(151) 정선방언 /내루 · 우 · 다/ : 삼척방언 /내룽 · 다/

정선방언	/성조형/[음조형]	삼척방언	/성조형/[음조형]
내루·우·다H²M·M		내룽·다H²M·M	
내루·우·지	/H²M²/[MHM²]	내룽·지	/H²M/[MHM]
내루·우·고	/H²M²/[MHM²]	내룽·고	/H²M/[MHM]
내루·우·나	/H²M²/[MHM²]	내룽·나	/H²M/[MHM]
내루·거·든	/H²M³/[MHM³]	내룽·거·든	/H²M³/[MHM³]
내루·더·라	/H²M³/[MHM³]	내룽·더·라	/H²M³/[MHM³]
내루·도·록	/H²M³/[MHM³]	내룽·도·록	/H²M³/[MHM³]
내루·우·먼	/H²M²/[MHM²]	내루·우·먼	/H²M²/[MHM²]
내루·어·서	/H²M²/[MHM²]	내라·아·서	/H²M²/[MHM²]
내뤄·어·서	/H²M²/[MHM²]	내라·아·서	/H²M²/[MHM²]

(152) 정선방언 /거느 · 리 · 다/ : 삼척방언 /거느 · 리 · 다/

정선방언	/성조형/[음조형]	삼척방언	/성조형/[음조형]
거느·리·다H²M·M		거느·리·다H²M·M	
거느·리·지	/H²M²/[MHM²]	거느·리·지	/H²M²/[MHM²]
거느·리·고	/H²M²/[MHM²]	거느·리·고	/H²M²/[MHM²]
거느·리·나	/H²M²/[MHM²]	거느·리·나	/H²M²/[MHM²]
거느·리·먼	/H²M²/[MHM²]	거느·리·먼	/H²M²/[MHM²]
거느·리·거·든	/H²M³/[MHM³]	거느·리·거·든	/H²M³/[MHM³]
거느·리·더·라	/H²M³/[MHM³]	거느·리·더·라	/H²M³/[MHM³]

| 거느·리·도·록 | /H²M³/[MHM³] | 거느·리·도·록 | /H²M³/[MHM³] |
| 거느·레·서 | /H²M³/[MHM²] | 거느·레·서 | /H²M³/[MHM²] |

(153) 정선방언 /거슬 · 르 · 다/ : 삼척방언 /거실리 · 이 · 다/

정선방언	/성조형/[음조형]	삼척방언	/성조형/[음조형]
거실리·이·다H³·M²		거실리·이·다H³·M²	
거실리·이·지	/H³M²/[MʜHM²]	거실리·이·지	/H³M²/[MHM³]
거실리·이·고	/H³M²/[MʜHM²]	거실리·이·고	/H³M²/[MHM³]
거실리·이·나	/H³M²/[MʜHM²]	거실리·이·나	/H³M²/[MHM³]
거실리·이·먼	/H³M²/[MʜHM²]	거실리·이·먼	/H³M²/[MHM³]
거실리·이·거·든	/H³M³/[MʜHM³]	거실리·이·거·든	/H³M³/[MHM⁴]
거실리·이·더·라	/H³M³/[MʜHM³]	거실리·이·더·라	/H³M³/[MHM⁴]
거실리·이·도·록	/H³M³/[MʜHM³]	거실리·이·도·록	/H³M³/[MHM⁴]
거슬·레·에·서	/H²M³/[MHM³]	거슬·레·에·서	/H²M³/[MHM³]

(154) 정선방언 /제리 · 이 · 다/ : 삼척방언 /절리 · 이 · 다/

정선방언	/성조형/[음조형]	삼척방언	/성조형/[음조형]
제리·이·다(畇)H²M·M		절리·이·다H²M·M	
제리·이·지	/H²M²/[MHM²]	절리·이·지	/H²M²/[MHM²]
제리·이·고	/H²M²/[MHM²]	절리·이·고	/H²M²/[MHM²]
제리·이·나	/H²M²/[MHM²]	절리·이·나	/H²M²/[MHM²]
제리·이·먼	/H²M²/[MHM²]	절리·이·먼	/H²M²/[MHM²]
제리·이거·든	/H²M³/[MHM³]	절레·이·거·든	/H²M³/[MHM³]
제리·이더·라	/H²M³/[MHM³]	절레·이·더·라	/H²M³/[MHM³]
제리·이도·록	/H²M³/[MHM³]	절레·이·도·록	/H²M³/[MHM³]
제리·에·서	/H²M²/[MHM²]	절레·에·서	/H²M²/[MHM²]

(155) 정선방언 /자부룹 · 다/ : 삼척방언 /자부럽 · 다/

정선방언	/성조형/[음조형]	삼척방언	/성조형/[음조형]
자부룹·다H³·M		자부럽·다H³·M	
자부룹·지	/H³M/[MʜHM]	자부럽·지	/H³M/[MʜHM]
자부룹·고	/H³M/[MʜHM]	자부럽·고	/H³M/[MʜHM]
자부룹·나	/H³M/[MʜHM]	자부럽·나	/H³M/[MʜHM]
자부룹거·든	/H⁴M/[MʜHM²]	자부럽거·든	/H⁴M/[MʜHM²]
자부룹더·라	/H⁴M/[MʜHM²]	자부럽더·라	/H⁴M/[MʜHM²]
자부룹도·록	/H⁴M/[MʜHM²]	자부럽도·록	/H⁴M/[MʜHM²]
자부루·우·먼	/H³M²/[MʜHM²]	자부러·우·먼	/H³M²/[MʜHM²]
자부루·어·서	/H³M²/[MʜHM²]	자부뤄·어·서	/H³M²/[MʜHM²]

(156) 정선방언 /쭈무르·다/ : 삼척방언 /쭈물·구·다/

정선방언	/성조형/[음조형]	삼척방언	/성조형/[음조형]
쭈무르·다H^3·M		쭈물·구·다H^2M·M	
쭈무르·지	/H^3M/[M_HHM]	쭈물·구·지	/H^3M/[M_HHM]
쭈무르·고	/H^3M/[M_HHM]	쭈물·구·고	/H^3M/[M_HHM]
쭈무르·나	/H^3M/[M_HHM]	쭈물·구·나	/H^3M/[M_HHM]
쭈무리·면	/H^3M/[M_HHM]	쭈물·구·면	/H^3M/[M_HHM]
쭈무르·면	/H^3M/[M_HHM]	쭈물·구·면	/H^3M/[M_HHM]
쭈무르거·든	/H^4M/[M_H^2HM]	쭈물·구·거·든	/H^4M/[M_H^2HM]
쭈무르더·라	/H^4M/[M_H^2HM]	쭈물·구·더·라	/H^4M/[M_H^2HM]
쭈무르도·록	/H^4M/[M_H^2HM]	쭈물·구·도·록	/H^4M/[M_H^2HM]
쭈무·레·서	/H^2M^2/[MHM^2]	쭈물·과·서	/H^2M^2/[MHM^2]

4.5.4. 상성형 풀이씨 줄기와 씨끝의 결합

(157) 정선방언 /:좋·다/ : 삼척방언 /:좋·다/

정선방언	/성조형/[음조형]	삼척방언	/성조형/[음조형]
:좋·다$\breve{M}$·M		:좋·다$\ddot{H}$·M	
:좋·지	/$\breve{M}^2$/[$\breve{M}H$]	:좋·지	/$\ddot{H}^2$/[$\ddot{H}M$]
:좋·구	/$\breve{M}^2$/[$\breve{M}H$]	:좋·고	/$\ddot{H}^2$/[$\ddot{H}M$]
:좋·나	/$\breve{M}^2$/[$\breve{M}H$]	:좋·나	/$\ddot{H}^2$/[$\ddot{H}M$]
:좋·으·면	/$\breve{M}^3$/[$\breve{M}HM$]	:좋·으·면	/$\ddot{H}^3$/[$\ddot{H}M^2$]
:좋·아·서	/$\breve{M}^3$/[$\breve{M}HM$]	:좋·아·서	/$\ddot{H}^3$/[$\ddot{H}M^2$]
:좋·거·든	/$\breve{M}^3$/[$\breve{M}HM$]	:좋·거·든	/$\ddot{H}^3$/[$\ddot{H}M^2$]
:좋·더·라	/$\breve{M}^3$/[$\breve{M}HM$]	:좋·더·라	/$\ddot{H}^3$/[$\ddot{H}M^2$]
:좋·도·록	/$\breve{M}^3$/[$\breve{M}HM$]	:좋·도·록	/$\ddot{H}^3$/[$\ddot{H}M^2$]

(158) 정선방언 /:긇·다/ : 삼척방언 /:긇·다/

정선방언	/성조형/[음조형]	삼척방언	/성조형/[음조형]
:긇·다$\breve{M}_H$·M		:긇·다$\ddot{H}_H$·M	
:긇·지	/$\breve{M}^2$/[$\breve{M}H$]	:긇·지	/$\ddot{H}^2$/[$\ddot{H}M$]
:긇·고	/$\breve{M}^2$/[$\breve{M}H$]	:긇·고	/$\ddot{H}^2$/[$\ddot{H}M$]
:거·나	/$\breve{M}^2$/[$\breve{M}H$]	:걸·나	/$\ddot{H}^2$/[$\ddot{H}M$]
:걸·면	/$\breve{M}^2$/[$\breve{M}H$]	:걸·면	/$\ddot{H}^2$/[$\ddot{H}M$]
:긇·거·든	/$\breve{M}^3$/[$\breve{M}HM$]	:긇·거·든	/$\ddot{H}^3$/[$\ddot{H}M^2$]
:긇·더·라	/$\breve{M}^3$/[$\breve{M}HM$]	:긇·더·라	/$\ddot{H}^3$/[$\ddot{H}M^2$]
:긇·도·록	/$\breve{M}^3$/[$\breve{M}HM$]	:긇·도·록	/$\ddot{H}^3$/[$\ddot{H}M^2$]
걸·어·서	/HM^2/[HM^2]	걸·어·서	/HM^2/[HM^2]

(159) 정선방언 /:떨·다/ : 삼척방언 /:떨·다/

정선방언	/성조형/[음조형]	삼척방언	/성조형/[음조형]
:떫·다(澁)M̆_H·M		:떫다Ḧ_H·M	
:뜲·다(澁)M̆_H·M		:뜲다Ḧ_H·M	
:뜲·지	/M̆²/[M̆H]	:뜲·지	/Ḧ²/[ḦM]
:뜲·고	/M̆²/[M̆H]	:뜲·고	/Ḧ²/[ḦM]
:뜲·나	/M̆²/[M̆H]	:뜲·나	/Ḧ²/[ḦM]
:떨·거·든	/M̆³/[M̆HM]	:떨·거·든	/Ḧ²/[ḦM]
:떨·더·라	/M̆³/[M̆HM]	:떨·더·라	/Ḧ³/[ḦM²]
:떨·도·록	/M̆³/[M̆HM]	:떨·도·록	/Ḧ³/[ḦM²]
뜲·으·면	/HM²/[HM²]	뜲·으·면	/HM²/[HM²]
뜲·어·서	/HM²/[HM²]	뜲·어·서	/HM²/[HM²]

(160) 정선방언 /:울·다/ : 삼척방언 /:울·다/

정선방언	/성조형/[음조형]	삼척방언	/성조형/[음조형]
:울·다M̆_H·M		:울다Ḧ_H·M	
:울·지	/M̆²/[M̆H]	:울·지	/Ḧ²/[ḦM]
:울·지	/M̆²/[M̆H]	:우·지	/Ḧ²/[ḦM]
:울·구	/M̆²/[M̆H]	:울·고	/Ḧ²/[ḦM]
:울·구	/M̆²/[M̆H]	:우·고	/Ḧ²/[ḦM]
:우·나	/M̆²/[M̆H]	:우·나	/Ḧ²/[ḦM]
:울·면	/M̆²/[M̆H]	:울·면	/Ḧ²/[ḦM]
:울·거·든	/M̆³/[M̆HM]	:울·거·든	/Ḧ³/[ḦM²]
:울·거·든	/M̆³/[M̆HM]	:우·거·든	/Ḧ³/[ḦM²]
:울·더·라	/M̆³/[M̆HM]	:울·더·라	/Ḧ³/[ḦM²]
:울·더·라	/M̆³/[M̆HM]	:우·더·라	/Ḧ³/[ḦM²]
:울·도·록	/M̆³/[M̆HM]	:울·도·록	/Ḧ³/[ḦM²]
:울·도·록	/M̆³/[M̆HM]	:우·도·록	/Ḧ³/[ḦM²]
울·어·서	/HM²/[HM²]	울·아·사	/HM²/[HM²]

(161) 정선방언 /:굶·다/ : 삼척방언 /:굶·다/

정선방언	/성조형/[음조형]	삼척방언	/성조형/[음조형]
:굶·다M̆_H·M		:굶·다Ḧ_H·M	
:굶·지	/M̆²/[M̆H]	:굶·지	/Ḧ²/[ḦM]
:굶·고	/M̆²/[M̆H]	:굶·고	/Ḧ²/[ḦM]
:굶·나	/M̆²/[M̆H]	:굶·나	/Ḧ²/[ḦM]
:굶·거·든	/M̆³/[M̆HM]	:굶·거·든	/Ḧ³/[ḦM²]
:굶·더·라	/M̆³/[M̆HM]	:굶·더·라	/Ḧ³/[ḦM²]
:굶·도·록	/M̆³/[M̆HM]	:굶·도·록	/Ḧ³/[ḦM²]
굶·으·면	/HM²/[HM²]	굶·으·면	/HM²/[HM²]
굶·어·서	/HM²/[HM²]	굶·어·서	/HM²/[HM²]
굶·어·서	/HM²/[HM²]	굶·아·사	/HM²/[HM²]

(162) 정선방언 /:돕·다/ : 삼척방언 /:돕·다/

정선방언	/성조형/[음조형]	삼척방언	/성조형/[음조형]
:돕·다 M̈ₕ·M		:돕다 Ḧₕ·M	
:돕·지	/M̈²/[M̈H]	:돕·지	/Ḧ²/[ḦM]
:돕·고	/M̈²/[M̈H]	:돕·고	/Ḧ²/[ḦM]
:돕·나	/M̈²/[M̈H]	:돕·나	/Ḧ²/[ḦM]
:돕·거·든	/M̈³/[M̈HM]	:돕·거·든	/Ḧ³/[ḦM²]
:돕·더·라	/M̈³/[M̈HM]	:돕·더·라	/Ḧ³/[ḦM²]
:돕·도·록	/M̈³/[M̈HM]	:돕·도·록	/Ḧ³/[ḦM²]
도·우·먼	/HM²/[HM²]	도·우·먼	/HM²/[HM²]
도·와·서	/HM²/[HM²]	도·와·서	/HM²/[HM²]

(163) 정선방언 /:밟·다/ : 삼척방언 /:밟·다/

정선방언	/성조형/[음조형]	삼척방언	/성조형/[음조형]
:밟·다[발따] M̈ₕ·M		:밟다[발따] Ḧₕ·M	
:밟·지	/M̈²/[M̈H]	:밟·지	/Ḧ²/[ḦM]
:밟·고	/M̈²/[M̈H]	:밟·고	/Ḧ²/[ḦM]
:밟·나	/M̈²/[M̈H]	:밟·나	/Ḧ²/[ḦM]
:밟·거·든	/M̈³/[M̈HM]	:밟·거·든	/Ḧ³/[ḦM²]
:밟·더·라	/M̈³/[M̈HM]	:밟·더·라	/Ḧ³/[ḦM²]
:밟·도·록	/M̈³/[M̈HM]	:밟·도·록	/Ḧ³/[ḦM²]
밟·으·면	/HM²/[HM²]	밟·으·면	/HM²/[HM²]
밟·아·서	/HM²/[HM²]	밟·아·서	/HM²/[HM²]

(164) 정선방언 /:싫·다/ : 삼척방언 /:싫·다/

정선방언	/성조형/[음조형]	삼척방언	/성조형/[음조형]
:싫·다(載)[실따] M̈ₕ·M		:싫다(載)[실따] Ḧₕ·M	
:싫·지	/M̈²/[M̈H]	:싫·지	/Ḧ²/[ḦM]
:싫·구	/M̈²/[M̈H]	:싫·고	/Ḧ²/[ḦM]
:싫·나	/M̈²/[M̈H]	:싫·나	/Ḧ²/[ḦM]
:싫·거·든	/M̈³/[M̈HM]	:싫·거·든	/Ḧ³/[ḦM²]
:싫·더·라	/M̈³/[M̈HM]	:싫·더·라	/Ḧ³/[ḦM²]
:싫·도·록	/M̈³/[M̈HM]	:싫·도·록	/Ḧ³/[ḦM²]
싫·으·면	/HM²/[HM²]	싫·으·면	/HM²/[HM²]
싫·어·서	/HM²/[HM²]	싫·어·서	/HM²/[HM²]
싫·어·서	/HM²/[HM²]	싫·아·사	/HM²/[HM²]

(165) 정선방언 /:곱·다/ : 삼척방언 /:곱·다/

정선방언	/성조형/[음조형]	삼척방언	/성조형/[음조형]
:곱·다 M̈·M		:곱·다 Ḧ·M	
:곱·지	/M̈²/[M̈H]	:곱·지	/Ḧ²/[ḦM]
:곱·고	/M̈²/[M̈H]	:곱·고	/Ḧ²/[ḦM]

:곱·나   /M̆²/[M̆H]   :곱·나   /Ḧ²/[ḦM]
:곱·거·든   /M̆³/[M̆HM]   :곱·거·든   /Ḧ³/[ḦM²]
:곱·더·라   /M̆³/[M̆HM]   :곱·더·라   /Ḧ³/[ḦM²]
:곱·도·록   /M̆³/[M̆HM]   :곱·도·록   /Ḧ³/[ḦM²]
:고·우·먼   /M̆³/[M̆HM]   :고·우·먼   /Ḧ³/[ḦM²]
:고·와·서   /M̆³/[M̆HM]   :고·와·서   /Ḧ³/[ḦM²]
:고·와·서   /M̆³/[M̆HM]   :고·와·사   /Ḧ³/[ḦM²]

(166) 정선방언 /:읊·다/ : 삼척방언 /:읊·다/

정선방언   /성조형/[음조형]   삼척방언   /성조형/[음조형]
:읊·다(無)[읍다]M̆·M   :읊다(無)[읍다]Ḧ·M
:읊·지   /M̆²/[M̆H]   :읊·지   /Ḧ²/[ḦM]
:읊·구   /M̆²/[M̆H]   :읊·고   /Ḧ²/[ḦM]
:읊·나   /M̆²/[M̆H]   :읊·나   /Ḧ²/[ḦM]
:읊·거·든   /M̆³/[M̆HM]   :읊·거·든   /Ḧ³/[ḦM²]
:읊·더·라   /M̆³/[M̆HM]   :읊·더·라   /Ḧ³/[ḦM²]
:읊·도·록   /M̆³/[M̆HM]   :읊·도·록   /Ḧ³/[ḦM²]
:읊·으·면   /M̆³/[M̆HM]   :읊·으·면   /Ḧ³/[ḦM²]
:읊·어·서   /M̆³/[M̆HM]   :읊·어·서   /Ḧ³/[ḦM²]

(167) 정선방언 /:작·다/ : 삼척방언 /:작·다/

정선방언   /성조형/[음조형]   삼척방언   /성조형/[음조형]
:작·다(小)M̆·M   :작다(小)Ḧ·M
:즉·다(小)M̆·M   :즉다(小)Ḧ·M
:작·지   /M̆²/[M̆H]   :작·지   /Ḧ²/[ḦM]
:작·구   /M̆²/[M̆H]   :작·고   /Ḧ²/[ḦM]
:우·나   /M̆²/[M̆H]   :작·나   /Ḧ²/[ḦM]
:작·거·든   /M̆³/[M̆HM]   :작·거·든   /Ḧ³/[ḦM²]
:작·더·라   /M̆³/[M̆HM]   :작·더·라   /Ḧ³/[ḦM²]
:작·도·록   /M̆³/[M̆HM]   :작·도·록   /Ḧ³/[ḦM²]
:작·으·면   /HM²/[HM²]   작·으·면   /HM²/[HM²]
:작·아·서   /HM²/[HM²]   작·아·서   /HM²/[HM²]
:작·아·서   /HM²/[HM²]   작·아·사   /HM²/[HM²]

(168) 정선방언 /:시·다/ : 삼척방언 /:시·다/

정선방언   /성조형/[음조형]   삼척방언   /성조형/[음조형]
:세·다M̆ₕ·M   :세다Ḧₕ·M
:시·다M̆ₕ·M   :시다Ḧₕ·M
:세·지   /M̆²/[M̆M]   :시·지   /Ḧ²/[ḦM]
:세·구   /M̆²/[M̆M]   :시·고   /Ḧ²/[ḦM]
:세·나   /M̆²/[M̆M]   :시·나   /Ḧ²/[ḦM]
:세·면   /M̆²/[M̆M]   :시·면   /Ḧ²/[ḦM]

:세·거·든	/M̐³/[M̐M²]	:시·거·든	/Ḧ³/[ḦM²]
:세·더·라	/M̐³/[M̐M²]	:시·더·라	/Ḧ³/[ḦM²]
:세·도·록	/M̐³/[M̐M²]	:시·도·록	/Ḧ³/[ḦM²]
세·에·서	/HM²/[HM²]	세·에·서	/HM²/[HM²]
시·어·서	/HM²/[HM²]	시·이·서	/HM²/[HM²]
:세·서	/M̐²/[M̐M]	:세·서	/Ḧ²/[ḦM]

(169) 정선방언 /:쉬·다/ : 삼척방언 /:쉬·다/

정선방언	/성조형/[음조형]	삼척방언	/성조형/[음조형]
:쉬·다(敗)M̐H·M		:쉬다(敗)ḦH·M	
:쉬·다(休)M̐H·M		:쉬다(休)ḦH·M	
:쉬·지	/M̐²/[M̐H]	:쉬·지	/Ḧ²/[ḦM]
:쉬·구	/M̐²/[M̐H]	:쉬·고	/Ḧ²/[ḦM]
:쉬·나	/M̐²/[M̐H]	:쉬·나	/Ḧ²/[ḦM]
:쉬·면	/M̐²/[M̐H]	:쉬·면	/Ḧ²/[ḦM]
:쉬·거·든	/M̐³/[M̐HM]	:쉬·거·든	/Ḧ³/[ḦM²]
:쉬·더·라	/M̐³/[M̐HM]	:쉬·더·라	/Ḧ³/[ḦM²]
:쉬·도·록	/M̐³/[M̐HM]	:쉬·도·록	/Ḧ³/[ḦM²]
쉐·에·서	/HM²/[HM²]	쉬·에·서	/HM²/[HM²]
쉐·에·서	/HM²/[HM²]	쉬·어·서	/HM²/[HM²]

(170) 정선방언 /:쬐·다/ : 삼척방언 /:쬐·다/

정선방언	/성조형/[음조형]	삼척방언	/성조형/[음조형]
:쬐·다M̐·M		:쬐·다Ḧ·M	
:쬐·지	/M̐²/[M̐H]	:쬐·지	/Ḧ²/[ḦM]
:쬐·구	/M̐²/[M̐H]	:쬐·고	/Ḧ²/[ḦM]
:쬐·나	/M̐²/[M̐H]	:쬐·나	/Ḧ²/[ḦM]
:쬐·면	/M̐²/[M̐H]	:쬐·면	/Ḧ²/[ḦM]
:쬐·서	/M̐²/[M̐H]	:쬐·서	/Ḧ²/[ḦM]
:쬐·거·든	/M̐³/[M̐HM]	:쬐·거·든	/Ḧ³/[ḦM²]
:쬐·더·라	/M̐³/[M̐HM]	:쬐·더·라	/Ḧ³/[ḦM²]
:쬐·도·록	/M̐³/[M̐HM]	:쬐·도·록	/Ḧ³/[ḦM²]

(171) 정선방언 /:그·들·다/ : 삼척방언 /:거·들·다/

정선방언	/성조형/[음조형]	삼척방언	/성조형/[음조형]
:그·들·다(助)M̐²·M		:거·들·다(助)Ḧ²·M	
:그·들·지	/M̐³/[M̐HM]	:거·들·지	/Ḧ³/[ḦM²]
:그·들·구	/M̐³/[M̐HM]	:거·드·고	/Ḧ³/[ḦM²]
:그·드·나	/M̐³/[M̐HM]	:거·드·나	/Ḧ³/[ḦM²]
:그·들·면	/M̐³/[M̐HM]	:거·들·면	/Ḧ³/[ḦM²]
:그·들·거·든	/M̐⁴/[M̐HM²]	:거·들·거·든	/Ḧ⁴/[ḦM³]
:그·들·더·라	/M̐⁴/[M̐HM²]	:거·들·더·라	/Ḧ⁴/[ḦM³]

:그·들·도·록	/M̆⁴/[M̆HM²]	:거·들·도·록	/Ḧ⁴/[ḦM³]
:그·들·어·서	/M̆⁴/[M̆HM²]	:거·들·아·서	/Ḧ⁴/[ḦM³]

(172) 정선방언 /:근 · 내 · 다/ : 삼척방언 /:건 · 네 · 다/

정선방언	/성조형/[음조형]	삼척방언	/성조형/[음조형]
:근·내·다(濟)M̆²·M		:건·네·다(濟)Ḧ²·M	
:근·내·지	/M̆³/[M̆HM]	:건·네·지	/Ḧ³/[ḦM²]
:근·내·구	/M̆³/[M̆HM]	:건·네·고	/Ḧ³/[ḦM²]
:근·내·나	/M̆³/[M̆HM]	:건·네·나	/Ḧ³/[ḦM²]
:근·내·먼	/M̆³/[M̆HM]	:건·네·먼	/Ḧ³/[ḦM²]
:근·내·거·든	/M̆⁴/[M̆HM²]	:건·네·거·든	/Ḧ⁴/[ḦM³]
:근·내·더·라	/M̆⁴/[M̆HM²]	:건·네·더·라	/Ḧ⁴/[ḦM³]
:근·내·도·록	/M̆⁴/[M̆HM²]	:건·네·도·록	/Ḧ⁴/[ḦM³]
:근·내·서	/M̆³/[M̆HM]	:건·네·서	/Ḧ³/[ḦM²]

(173) 정선방언 /:고 · 맙 · 다/ : 삼척방언 /:고 · 맙 · 다/

정선방언	/성조형/[음조형]	삼척방언	/성조형/[음조형]
:고·맙·다M̆²·M		:고·맙·다Ḧ²·M	
:고·맙·지	/M̆³/[M̆HM]	:고·맙·지	/Ḧ³/[ḦM²]
:고·맙·구	/M̆³/[M̆HM]	:고·맙·고	/Ḧ³/[ḦM²]
:고·맙·나	/M̆³/[M̆HM]	:고·맙·나	/Ḧ³/[ḦM²]
:고·맙·거·든	/M̆⁴/[M̆HM²]	:고·맙·거·든	/Ḧ⁴/[ḦM³]
:고·맙·더·라	/M̆⁴/[M̆HM²]	:고·맙·더·라	/Ḧ⁴/[ḦM³]
:고·맙·도·록	/M̆⁴/[M̆HM²]	:고·맙·도·록	/Ḧ⁴/[ḦM³]
:고·마·우·먼	/M̆⁴/[M̆HM²]	:고·마·우·먼	/Ḧ⁴/[ḦM³]
:고·마·워·서	/M̆⁴/[M̆HM²]	:고·마·워·서	/Ḧ⁴/[ḦM³]
:고·마·와·서	/M̆⁴/[M̆HM²]	:고·마·와·서	/Ḧ⁴/[ḦM³]

(174) 정선방언 /:드 · 릅 · 다/ : 삼척방언 /:더 · 럽 · 다/

정선방언	/성조형/[음조형]	삼척방언	/성조형/[음조형]
:드·릅·다(汚)M̆²·M		:더·럽·다(汚)Ḧ²·M	
:드·릅·지	/M̆³/[M̆HM]	:더·럽·지	/Ḧ³/[ḦM²]
:드·릅·구	/M̆³/[M̆HM]	:더·럽·고	/Ḧ³/[ḦM²]
:드·릅·나	/M̆³/[M̆HM]	:더·럽·나	/Ḧ³/[ḦM²]
:드·릅·거·든	/M̆⁴/[M̆HM²]	:더·럽·거·든	/Ḧ⁴/[ḦM³]
:드·릅·드·라	/M̆⁴/[M̆HM²]	:더·럽·더·라	/Ḧ⁴/[ḦM³]
:드·릅·도·록	/M̆⁴/[M̆HM²]	:더·럽·도·록	/Ḧ⁴/[ḦM³]
:드·르·우·먼	/M̆⁴/[M̆HM²]	:더·러·우·먼	/Ḧ⁴/[ḦM³]
:드·르·워·서	/M̆⁴/[M̆HM²]	:더·러·워·서	/Ḧ⁴/[ḦM³]
:드·르·와·서	/M̆⁴/[M̆HM²]	:더·러·와·서	/Ḧ⁴/[ḦM³]

(175) 정선방언 /:지 · 내 · 다/ : 삼척방언 /:지 · 내 · 다/

정선방언	/성조형/[음조형]	삼척방언	/성조형/[음조형]
:지·내·다M̆²·M		:지·내·다Ḧ²·M	
:지·내·지	/M̆³/[M̆HM]	:지·내·지	/Ḧ³/[ḦM²]
:지·내·고	/M̆³/[M̆HM]	:지·내·고	/Ḧ³/[ḦM²]
:지·내·나	/M̆³/[M̆HM]	:지·내·나	/Ḧ³/[ḦM²]
:지·내·먼	/M̆³/[M̆HM]	:지·내·먼	/Ḧ³/[ḦM²]
:지·내·거·든	/M̆⁴/[M̆HM²]	:지·내·거·든	/Ḧ⁴/[ḦM³]
:지·내·더·라	/M̆⁴/[M̆HM²]	:지·내·더·라	/Ḧ⁴/[ḦM³]
:지·내·도·록	/M̆⁴/[M̆HM²]	:지·내·도·록	/Ḧ⁴/[ḦM³]
:지·내·서	/M̆³/[M̆HM]	:지·내·서	/Ḧ³/[ḦM²]

4.5.5. 부분적으로 대응하는 풀이씨

완전 대응은 두 방언의 짝이 되는 어절의 방점형과 음절수가 일치하는 것을 가리킨다. 이에 반하여, 부분 대응은 두 방언 사이에 짝이 되는 어절 자료에서 방점형은 같으나 어절 전체의 음절수가 다르거나, 어절의 구성 성분의 음절수가 다른 것을 가리킨다. 예를 들면, 정선방언의 /앑·고/는 삼척방언에서는 /야푸·고/로 나타나서 줄기가 평성형이라는 점은 같으나 앞의 것은 1음절 평성형이고, 뒤의 것은 2음절 평성형이어서 음절수가 다르므로 부분 대응이라 할 수 있다. 또 정선방언 /알·궈·서/는 삼척방언에서는 /알과·아·서/로 나타나는데, 전자는 3음절 평일형이고, 후자는 4음절 평2형이다. 그러므로 이것도 부분대응이라할 수 있다.

(176) 정선방언 /앑 · 다/ : 삼척방언 /야푸 · 다/

정선방언	/성조형/[음조형]	삼척방언	/성조형/[음조형]
앑·다H·M		야푸·다H²·M	
앑·지	/HM/[MHM]	야푸·지	/HM/[MHM]
앑·고	/HM/[MHM]	야푸·고	/HM/[MHM]
앑·나	/HM/[MHM]	야푸·나	/HM/[MHM]
야푸·먼	/H²M/[MHM]	야푸·먼	/H²M/[MHM]
앑거·든	/H²M/[MHM]	야푸거·든	/H²M/[MHM]
앑더·라	/H²M/[MHM]	야푸더·라	/H²M/[MHM]
앑도·록	/H²M/[MHM]	야푸도·록	/H²M/[MHM]
야파·서	/H²M/[MHM]	야파·서	/H²M/[MHM]
야퍼·서	/H²M/[MHM]		

(177) 정선방언 /알 · 구 · 다/ : 삼척방언 /알궁 · 다/

정선방언	/성조형/[음조형]	삼척방언	/성조형/[음조형]
알·구·다(呇)HM·M(=HM²)		알궁·다(呇)H²·M	

알·구·지	/HM²/[HM²]	알궁·지	/HM²/[HM²]
알·구·고	/HM²/[HM²]	알궁·고	/HM²/[HM²]
알·구·나	/HM²/[HM²]	알궁·나	/HM²/[HM²]
알·구·먼	/HM²/[HM²]	알궁·먼	/HM²/[HM²]
알·구·거·든	/HM³/[HM³]	알궁거·든	/HM³/[HM³]
알·구·더·라	/HM³/[HM³]	알궁더·라	/HM³/[HM³]
알·구·도·록	/HM³/[HM³]	알궁도·록	/HM³/[HM³]
알·궈·서	/HM³/[HM²]	알과·아·서	/H²M²/[MHM²]

(178) 정선방언 /언 · 지 · 다/ : 삼척방언 /언지 · 다/

정선방언	/성조형/[음조형]	삼척방언	/성조형/[음조형]
언·지·다HM·M(=HM²)		언지·다H²·M	
언·지·지	/HM²/[HM²]	언지·지	/HM²/[HM²]
언·지·고	/HM²/[HM²]	언지·고	/HM²/[HM²]
언·지·나	/HM²/[HM²]	언지·나	/HM²/[HM²]
언·지·먼	/HM²/[HM²]	언지·먼	/HM²/[HM²]
언·지·거·든	/HM³/[HM³]	언지거·든	/HM³/[HM³]
언·지·더·라	/HM³/[HM³]	언지더·라	/HM³/[HM³]
언·지·도·록	/HM³/[HM³]	언지도·록	/HM³/[HM³]
언·저·서	/HM²/[HM²]	언제·서	/HM²/[HM²]

(179) 정선방언 /보 · 이 · 다/ : 삼척방언 /보 · 이 · 다/

정선방언	/성조형/[음조형]	삼척방언	/성조형/[음조형]
보이·다H²·M		비·이·다HM·M(=HM²)	
보이·지	/H²M/[MHM]	비·이·지	/HM²/[HM²]
보이·고	/H²M/[MHM]	비·이·고	/HM²/[HM²]
보이·나	/H²M/[MHM]	비·이·나	/HM²/[HM²]
보이·먼	/H²M/[MHM]	비·이·먼	/HM²/[HM²]
보이·거·든	/H³M/[MɦHM]	비·이·거·든	/HM³/[HM³]
보이·더·라	/H³M/[MɦHM]	비·이·더·라	/HM³/[HM³]
보이·도·록	/H³M/[MɦHM]	비·이·도·록	/HM³/[HM³]
보예·서	/H³M/[MɦHM]	비·이·서	/HM²/[HM²]

(180) 정선방언 /아름 · 답 · 다/ : 삼척방언 /아 · 름 · 답 · 다/

정선방언	/성조형/[음조형]	삼척방언	/성조형/[음조형]
아름·답·다H²M·M(할배)		아·름·답·다HM²·M(=HM³)	
아름·답·지	/H²M²/[MHM²]	아·름·답·지	/HM³/[HM³]
아름·답·고	/H²M²/[MHM²]	아·름·답·고	/HM³/[HM³]
아름·답·나	/H²M²/[MHM²]	아·름·답·나	/HM³/[HM³]
아름·다·우·먼	/H²M³/[MHM³]	아·름·다·우·먼	/HM⁴/[HM⁴]
아름·다·워·서	/H²M³/[MHM³]	아·름·다·와·서	/HM⁴/[HM⁴]
아름·답·거·든	/H²M³/[MHM³]	아·름·답·거·든	/HM⁴/[HM⁴]

| 아름·답·더·라 | /H²M³/[MHM³] | 아·름·답·더·라 | /HM⁴/[HM⁴] |
| 아름·답·도·록 | /H²M³/[MHM³] | 아·름·답·도·록 | /HM⁴/[HM⁴] |

(181) 정선방언 /고달푸·다/ : 삼척방언 /고달·푸·다/

정선방언	/성조형/[음조형]	삼척방언	/성조형/[음조형]
고달푸·다H³·M		고달·푸·다H²M·M	
고달푸·지	/H³M/[MнHM]	고달·푸·지	/H²M²/[MHM²]
고달푸·고	/H³M/[MнHM]	고달·푸·고	/H²M²/[MHM²]
고달푸·나	/H³M/[MнHM]	고달·푸·나	/H²M²/[MHM²]
고달푸·먼	/H³M/[MнHM]	고달·푸·먼	/H²M²/[MHM²]
고달푸·거·든	/H³M²/[MнHM²]	고달·푸·거·든	/H²M³/[MHM³]
고달푸·더·라	/H³M²/[MнHM²]	고달·푸·더·라	/H²M³/[MHM³]
고달푸·도·록	/H³M²/[MнHM²]	고달·푸·도·록	/H²M³/[MHM³]
고달퍼·서	/H³M/[MнHM]	고달·파·서	/H²M²/[MHM²]

(182) 정선방언 /가르치·이·다/ : 삼척방언 /갈칭·다/

정선방언	/성조형/[음조형]	삼척방언	/성조형/[음조형]
가르치·이·다H³M·M		갈칭·다H²·M	
가르치·이·지	/H³M²/[MнHM²]	갈치·이·지	/H²M²/[MHM²]
가르치·이·고	/H³M²/[MнHM²]	갈치·이·고	/H²M²/[MHM²]
가르치·이·나	/H³M²/[MнHM²]	갈치·이·나	/H²M²/[MHM²]
가르치·이·먼	/H³M²/[MнHM²]	갈치·이·먼	/H²M²/[MHM²]
가르치·거·든	/H³M²/[MнHM²]	갈칭·거·든	/H²M²/[MHM²]
가르치·더·라	/H³M²/[MнHM²]	갈칭·더·라	/H²M²/[MHM²]
가르치·도·록	/H³M²/[MнHM²]	갈칭·도·록	/H²M²/[MHM²]
가르쳐·서	/H³M/[MнHM]		
가르체·에·서	/H³M²/[MнHM²]	갈체·에·서	/H²M²/[MHM²]
가르체·에·서	/H³M²/[MнHM²]	갈체·이·서	/H²M²/[MHM²]

(183) 정선방언 /나무래·애·다/ : 삼척방언 /나물·구·다/

정선방언	/성조형/[음조형]	삼척방언	/성조형/[음조형]
나무래·애·다H³M·M		나물·구·다H²M·M	
나무래·애·지	/H³M²/[MнHM²]	나물·구·지	/H²M²/[MHM²]
나무래·애·고	/H³M²/[MнHM²]	나물·구·고	/H²M²/[MHM²]
나무래·애·나	/H³M²/[MнHM²]	나물·구·나	/H²M²/[MHM²]
나무래·애·먼	/H³M²/[MнHM²]	나물·구·먼	/H²M²/[MHM²]
나무래·애·서	/H³M²/[MнHM²]	나무·레·서	/H²M²/[MHM²]
나무래·애·거·든	/H³M³/[MнHM³]	나물·구·거·든	/H²M³/[MHM³]
나무래·애·더·라	/H³M³/[MнHM³]	나물·구·더·라	/H²M³/[MHM³]
·나무래·애·도·록	/H³M³/[MнHM³]	나물·구·도·록	/H²M³/[MHM³]

(184) 정선방언 /성클리·이·다/ : 삼척방언 /엉클리·다/

정선방언	/성조형/[음조형]	삼척방언	/성조형/[음조형]
성클리·이·다$H^3M\cdot M$		엉클리·다$H^3\cdot M$	
성클리·이·지	$/H^3M^2/[MʜHM^2]$	엉클리·지	$/H^3M/[MHM^2]$
성클리·이·고	$/H^3M^2/[MʜHM^2]$	엉클리·고	$/H^3M/[MHM^2]$
성클리·이·나	$/H^3M^2/[MʜHM^2]$	엉클리·나	$/H^3M/[MHM^2]$
성클리·이·먼	$/H^3M^2/[MʜHM^2]$	엉클리·먼	$/H^3M/[MHM^2]$
성클레·에·서	$/H^3M^2/[MʜHM^2]$	엉클레·에·서	$/H^3M^2/[MH^3]$
성클리·이·거·든	$/H^3M^3/[MʜHM^3]$	엉클리·거·든	$/H^3M^2/[MHM^3]$
성클리·이·더·라	$/H^3M^3/[MʜHM^3]$	엉클리·더·라	$/H^3M^2/[MHM^3]$
성클리·이·도·록	$/H^3M^3/[MʜHM^3]$	엉클리·도·록	$/H^3M^2/[MHM^3]$

(185) 정선방언 /때·리·다/ : 삼척방언 /달이·다/[21]

정선방언	/성조형/[음조형]	삼척방언	/성조형/[음조형]
때·리·다$HM\cdot M(=HM^2)$		달이·다$H^2\cdot M$	
때·리·지	$/HM^2/[HM^2]$	달이·지	$/H^2M/[MHM]$
때·리·고	$/HM^2/[HM^2]$	달이·고	$/H^2M/[MHM]$
때·리·나	$/HM^2/[HM^2]$	달이·나	$/H^2M/[MHM]$
때·리·먼	$/HM^2/[HM^2]$	달이·먼	$/H^2M/[MHM]$
때·레·서	$/HM^2/[HM^2]$	달여·서	$/H^2M/[MHM]$
때·리·거·든	$/HM^3/[HM^3]$	달이거·든	$/H^3M/[MHM^2]$
때·리·더·라	$/HM^3/[HM^3]$	달이더·라	$/H^3M/[MHM^2]$
때·리·도·록	$/HM^3/[HM^3]$	달이도·록	$/H^3M/[MHM^2]$

4.6. 정리

이 장에서는 제2장에서 제시한 정선방언의 방점형, 성조형, 음조형을 고려하고, 중화규칙, 거성의 평2형화규칙, 평복형의 자유변동규칙 등의 성조규칙과 음조실현규칙을 바탕으로 하여 정선방언의 공시적인 성조실현을 설명하였다. 논의의 순서는 토씨와 이름씨, 씨끝과 풀이씨의 순서로 진행했으며, 그 결과를 정리하면 다음과 같다.

먼저, 토씨와 이름씨의 성조실현에 대한 논의 결과를 정리하면 다음과 같다.

첫째, 정선방언 토씨의 성조는 1음절 평성 이름씨와 결합하여 어절을 이룰 때, 실현되는 토씨의 방점을 기저방점으로 삼았다. 왜냐하면 평측형, 거성형, 상성형 이름씨와 결합하여 어절을 이룰 때는, 토씨의 성조가 측성(·□)으로 중화되어 기저방점을 파악할 수 없기 때문이다. 또한, 정선방언 토씨의 성조가 삼척방언 토씨보다 안정

---

21) 정선방언의 /때·리·다/는 /닳·이·다/에서 /ㄹ/이 삭제되고, /ㅣ/-모음 역행동화가 일어난 다음에, 다시 어두 자음이 된소리로 된 경우이다.

적으로 실현된다는 점을 설명했다. 예를 들면, 삼척방언의 토씨 {·부·터~부·터, ·한·테~한·테, ·까·짐~까·짐…} 등은 두 가지 음조형으로 실현되지만, 정선방언의 토씨는 {부·터, 한·테, 까·짐…} 등으로 하나의 음조형으로 실현되기 때문이다.

둘째, 정선방언 이름씨의 성조실현은 거성형, 평측형, 상성형으로 구분하여 설명했다.

가. 거성형 이름씨는 토씨 {·에X} 앞에서 거성이 평성으로 변하는지에 따라 변동거성 이름씨와 고정거성 이름씨로 구분된다. 즉, 거성이 평성으로 변하면 변동거성 이름씨이고, 거성이 평성으로 변하지 않으면 고정거성 이름씨이다. 고정거성 이름씨는 주로 어근의 말음이 /ㄹ/이나 모음으로 끝나는 음운적 특징을 가지고 있다. 한편, 정선방언의 거성형 이름씨는 토씨와 결합할 때, 2음절 이상의 어절을 형성하기 때문에 음운과정에서 평2형화규칙을 적용받고 다시 평복형의 자유변동규칙을 적용받아 평복형으로 실현된다.

나. 평측형 이름씨에는 평일형과 평복형이 존재한다. 평일형은 방점이 고정되어 있어 고정적으로 실현되나, 평복형은 방점이 고정되어 있지 않아 음운과정에서 하위방점형 즉, 평2형, 평3형, 평4형, 평5형 등은 평복형의 자유변동규칙을 적용받아 변별적으로 기능하지 못하여 음운론적으로 독립성을 갖지 못한다. 뿐만 아니라, 평측형은 역사적으로 거성형에서 합류한 것과 본디부터 평측형이었던 것으로 구분할 수 있다. 이는 역사적으로 거성형이었던 평복형은 음운과정에서 거성형의 평2형화규칙을 적용받고 다시 평복형의 자유변동을 적용받아, 거성형이 평복형에 합류했기 때문이다. 이러한 음운과정을 거친 평복형 이름씨는 창원방언과 비교를 통해서 원래부터 평복형 이름씨였던 것을 구분하여 제시했다.

다. 상성형 이름씨는 역사적으로 상성형이었던 것과 후대 어느 시기에 평복형이 축약에 의해서 상성형으로 변동한 것으로 구분하여 제시했다. 정선방언에서 평복형이 축약에 의해서 상성형으로 변동한 예는 종래에 2성조관을 재고하게 만든다. 즉, 중세국어의 상성은 "L(평성)+H(거성)가 축약되어 상성형으로 변동한 사실을 재고한다는 것이 아니라, 중세국어에 /R/(상성)을 하나의 성조소로 인정하지 않는 판단을 재고하게 한다.

다음으로, 정선방언의 씨끝과 풀이씨의 성조실현에 대한 논의를 정리하면 다음과 같다.

첫째, 정선방언 씨끝의 성조는 1음절 평성 풀이씨 줄기와 결합하여 어절을 이룰 때, 실현되는 씨끝의 방점을 기저방점으로 삼았다. 정선방언 씨끝은 두 가지 특징을 갖는다.

가. 풀이씨 줄기의 모음이 양성모음 /아/일 때, {-·아~·어X}의 두 가지 형태가 모두 결합할 수 있으나, 풀이씨 줄기의 모음이 음성모음 /어/일 때, {-·어X}의 형태만

결합할 수 있다. 이러한 점은 삼척방언과 다른 점인데, 그 이유는 삼척방언에서는 풀이씨 줄기의 모음 종류와 상관없이 {-·아~·어X}의 두 가지 형태가 모두 결합이 가능하기 때문이다.

나. 정선방언에서는 씨끝 {-·겠-}이 거성으로 실현되는 점이 다르다. 삼척방언과 다른 경상남북도 방언에서는 {-겠-}이 평성으로 실현되기 때문이다.

둘째, 1음절 풀이씨의 성조실현에 대한 논의를 정리하면 아래와 같다.

가. 정선방언에서 거성형은 1음절에 한하여 인정한다. 그 이유는 두 가지로 정리할 수 있다. 하나는 1음절 거성 이름씨가 토씨 {·에} 앞에서 /HM/[HM]으로 실현되는 역사적인 특징을 그대로 보존하고 있기 때문이다. 다른 하나는 1음절 고정평성 풀이씨가 씨끝과 결합하여 한 어절을 이룰 때, 실현되는 성조형은 평일형(들·다(擧): 들·고, 들·어, 들·어·서, 들·어·도, 들·었·다)이나 1음절 거성 풀이씨가 씨끝과 결합하여 어절을 이룰 때, 실현되는 성조형은 평복형(들다(入): 들고, 들어, 들어·서, 들어·도, 들었·다)으로 실현되기 때문이다. 또한, 거성형 풀이씨는 성조실현 음운과정에서 거성의 평2형화규칙을 적용받고, 다시 평복형의 자유변동규칙을 적용받아 평복형이 되는데, 이 평복형의 평성들이 축약되어 상성으로 변동하는 현상이 있다. 이러한 현상은 임의적인 현상으로 이름씨에서도 발견된 바 있다.

나. 1음절 평측형은 고정평성 풀이씨의 줄기가 씨끝과 결합하여 어절을 이룰 때 실현된다. 주로 평일형으로 실현되는데, 평일형은 방점이 고정되어 있어 그 음조형도 고정적으로 실현된다.

다. 1음절 상성형은 변동상형과 고정상성형으로 구분된다. 그 기준은 상성형 풀이씨의 줄기가 씨끝 {-·아~·어X}와 {-(·으)X}에서 {-·으-}가 탈락하지 않으면서 줄기와 결합하는 경우 상성이 평성으로 변동이 있느냐 없느냐이다. 따라서 풀이씨의 줄기의 성조가 상성에서 평성으로 변동하면 변동상성 풀이씨이고, 상성에서 평성으로 변동하지 않으면 고정상성 풀이씨이다. 또한 후대 어느 시기에 평복형이 축약되어 상성형으로 변동한 것도 확인할 수 있었다.

셋째, 정선방언의 변동평성 풀이씨에 대한 논의 결과를 정리하면 아래와 같다. 변동평성 풀이씨는 줄기가 모두 모음으로 끝나는 특징과 씨끝과 결합하여 활용할 때, 실현되는 성조가 불규칙적이라는 공통적인 특징을 갖는다.

가. 변동평성 풀이씨는 세 가지로 구분할 수 있다. 첫째, /H$_{M-1}$/류에 속한 변동평성 풀이씨는 /가·다, 나·다, 자·다, 사·다, 오·다/가 있고, 둘째, /H$_{M-2}$/류에 속하는 변동평성 풀이씨는 /서·다, 지·다/가 있으며, 셋째, /H$_{M-1}$/류에 속하는 변동평성 풀이씨는 /보·다, 하·다, 주·다, 두·다, 누·다/가 있다.

나. /H$_{M-1}$/류 변동평성 풀이씨의 성조실현은 풀이씨 줄기의 성조가 {-거X}, {-느X},

{-더X~-드X}, {-·아X~-·어X}, {-시-}, {-ㅂX} 앞에서는 ·□(거성)로 나타나고, 특히, {-·아X~-·어X}과 결합할 때는 ·□(거성)로 변함과 동시에 /-·아X~-·어X/의 모음이 삭제되어 {X}만 남으며, {-르·라X}형 씨끝 앞에서는 :□(상성)으로 나타난다. 그 외 다른 씨끝 앞에서는 □(평성)으로 나타난다.

다. /H_{M-2}/류 변동평성 풀이씨의 성조실현은 풀이씨 줄기의 성조가 /H_{M-1}/류 풀이씨 줄기의 성조실현과 비슷하나 {-·아X~-·어X}과 결합할 때는 ·□(거성)으로 변하지 않고 기저성조인 평성으로 실현되는 점이 다르다.

라. /H_{M-1}/류 변동평성 풀이씨의 성조실현도 풀이씨 줄기의 성조가 /H_{M-1}/류 풀이씨 줄기의 성조실현과 비슷하나 {-·아X~-·어X}와 결합하여 어절을 이룰 때, :□(상성)으로 변한다는 점이 다르다.

마. 정선방언에서 복합 변동평성 풀이씨의 성조는 평복형으로 실현된다. 이는 정선방언 성조의 특징적인 것으로 창원방언과 다르다. 즉, 창원방언에서는 /가·다/의 굴곡형의 성조형이 측성형(거성형, 상성형)이면 복합 변동평성 풀이씨의 성조형이 상성형으로 실현되고, /가·다/ 굴곡형의 성조형이 평측형이면 복합 변동평성 풀이씨의 성조형이 반드시 평측형으로 실현된다. 그러나 정선방언에서는 이러한 관계가 성립하지 않고 모든 복합 변동평성 풀이씨는 평복형으로 실현되는 것이다.

넷째, 정선방언 다음절 풀이씨의 성조는 평일형, 평복형, 상성형으로 실현된다. 이는 제2장에서 제시한 성조실현 음운과정에서 정선방언의 다음절 음조실현규칙이 적용되기 때문이다. 정선방언의 다음절 성조형에 거성형이 없는 것은 1음절 거성 풀이씨 줄기가 씨끝과 결합하여 하나의 운율적 낱말을 이루면 모두 2음절 이상이 되고, 평2형에 합류하면서 평복형의 자유변동규칙이 적용되어 평일형으로 실현되기 때문이다.

5. 정선방언 성조의 통시론

　이 장에서는 정선방언 성조체계의 통시적인 변화에 대하여 논하려고 한다. 우리말이 고대의 어느 시기까지는 비성조언어였다가 어떤 원인으로 성조체계가 발전되었는가에 대해서는 자료가 거의 없는 상태이므로 알 수가 없지만 15세기 훈민정음의 창제와 훈민정음 28개의 자음 및 모음의 글자와 더불어 성조를 표기하는 방점이 창제되었고, 「훈민정음」 해례에 방점에 대한 이론이 완전하게 확립된 상태로 전개되었다. 그와 동시에 「용비어천가」, 「월인천강지곡」, 「석보상절」 등 초기 문헌들에서 방점이 누구도 성조의 존재를 부인할 수 없을 만큼 정연하게 사용되었으며, 이것이 150여 년 동안 동질적인 상태로 계속되다가 방점표시가 문헌에서 사라졌다.

　이에 대하여 우리 학자들 중에는 방점이 우리말 운율체계와는 아무런 상관이 없이 중국의 사성을 모방해서 표기했다는 설을 비롯해서 성조와는 상관이 없는 우리말의 장단체계를 적었다는 주장도 있었다. 이러한 주장의 근거는 우리말이 알타이 어족에 속한다고 믿었던 학자들의 일부가 알타이 어족의 어떤 언어에도 성조가 존재하지 않는데, 우리말에만 존재할 까닭이 없다고 단정하거나, 현대의 서울말을 비롯한 중서부방언들에 성조가 없는데, 어떻게 중세국어에 성조가 있을 수 있을까? 하고 생각하는 것에 있다.

　그러나 1950년대부터 오늘에 이르기까지 여러 학자들의 연구 결과에 따르면, 우리말이 기원적으로는 알 수가 없지만, 적어도 15세기 이전 어느 단계에서부터 오랫동안 성조언어였다가 차차로 비성조언어로 발전되어 왔으며, 오늘날에 와서는 한반도의 서부에서는 서울, 경기, 충청방언처럼 비성조언어로 되었거나, 전라방언처럼 준성조방언[1])으로 남아서

---

1)　김차균(1999:34)에 따르면, 광주를 포함한 전남 서남부 방언에서 상성형은 영남방언 및 강원 동해안 방안과 같은 모습으로 나타나고, 거성형과 평측형은 하나로 합류되어 그 음조형이 어두의 자음에 의해 예측된다고 한다. 즉, 상성형은 첫 음절은 높고 길면서 뒤끝이 약간 올라가며, 둘째 음절 이하가 낮아지게 되어 [$\dot{H}M_1$]으로 발음되고, 상성형이 아닌 것은 어두 자음이 강자음(된소리, 거센소리, ㅅ, ㅎ)이면, [HHM_0]으로 발음되며, 약자음(ㄱ ㄴ ㄷ, ㄹ, ㅁ, ㅂ, ㅇ, ㅈ)이면, [MHM_0]으로 실현된다. 이처럼 성조체계와 음장체계가 비기는 상태를 준성조방언이라고 한다.

성조적인 특성이 사라지기 직전에 이른 방언으로 되었다. 그리고 우리나라의 동북부(함경도)와 동남부(강원 동해안 및 경상남북도) 방언처럼 아직도 성조방언으로 남아 있다는 것은 이제는 부인할 수 없는 사실이 되었다.

중세국어는 4단(L, l, h, H) 3성조 또는 좀 단순화해서 2단(L, H) 3성조체계였는데, 동북부(함경도)의 대부분 방언은 저(L, 평성), 고(H, 측성) 2단 2성조체계로 남아 있다. 동북부의 방언들이 2단 2성조체계가 된 것은 중세국어와 같은 성조체계에서 상성과 거성이 합류되었기 때문이라고 생각된다. 영남의 대부분의 방언들에서는 성조가 중세국어처럼 평성, 상성, 거성의 3성조로 남아 있지만, 그 음조적인 특징은 크게 변한 것으로 보인다.

정선방언의 성조사를 서술함에 있어서 음소체계와 성조체계가 동일한 시기가 있었고, 그것에서 방언적인 분화가 있었을 가능성을 배제하지는 않는다. 그러나 15세기까지는 분화된 방언들이 중세국어와 큰 차이를 가진 것으로 보이지는 않는다. 그것은 훈민정음 창제 이후 150여 년 동안 중앙에서 간행된 문헌이건 영남에서 간행된 문헌이건 호남에서 간행된 문헌이건 표기된 방점을 통해서 성조체계가 다르다고 할 만큼 큰 차이가 없었다는 점2)을 들 수가 있고, 곽충구(1994)의 까잔 육진방언 성조의 연구 성과를 김차균(1999)에서 방점법으로 재구성한 결과를 보아도 그것이 중세국어와 두드러진 차이가 발견되지 않는다는 점을 보아서도 필자의 연구에서 이러한 가설에는 무리가 없는 것으로 생각된다.

오늘날의 동북부(함경도) 방언과 동남부의 여러 방언의 성조체계 특히 성조의 조치(음조적 특징)의 두드러진 차이는, 17세기에서 19세기 말까지 방점의 표시와 성조에 대한 기록이 전무하기 때문에, 언제부터 발생하기 시작했는지는 알 수가 없으나 17세기 이후의 징후가 나타나서 전개된 과정의 결과라고 생각된다.

김주원(2003)에 따르면, 1형(이 연구의 거성형)은 강원 동해안 방언의 대부분에서 LH, LHL, LHLL…로 나타나지만, 강릉, 양양, 삼척, 동해…… 등의 방언에서는 영남방언들에서와 마찬가지로 HH, HHL, HHLL으로 나타나는 경우가 있음을 밝혔다. 그리고, 2장과 4장에서 거성형의 평2형화규칙은 통시적인 변천을 말하기도 하고, 또 현재의 시점에서 공시적인 규칙이기도 함을 지적했는데, 이것은 이 규칙이 완성되기 이전에는 거성형이 영남의 여러 방언들과 같은 상태였음을 증명하는 것이다. 그러므로 이 연구에서는 정선방언을 포함하는 강원방언과 영남의 여러 방언들이 하나의 공통방언에서 분화했다는 가설을 세우기로 한다.

---

2) 김성규(1994:128-135)는 지방에서 간행된 불교계와 유교계 문헌에서 방점 실현의 차이가 있음을 지적하고, 방점실현의 공통성인 상성의 거성화를 지적하고 있다. 이것은 방점 표기나 성조체계의 차이는 같지만, 당시 성조방언의 차이를 반영함에 따라 방점의 실현이 달라진 것으로 파악할 수 있다.

5.1. 문헌 방점 자료에 대한 관점

같은 방점 문헌을 두고도 그것에 대한 신뢰도는 학자마다 다를 수가 있다. 예를 들면, 「소학언해」의 방점 표기에 대해서 그것을 거의 믿을 수 없을 만큼 그 방점 표기가 문란해졌다고 보고, 이러한 문란은 성조체계가 붕괴된 모습을 증명하는 것이라고 보는 경우도 있으며(이기문 1972:143), 또 「소학언해」의 방점표기가 어절 안에서 첫 방점의 위치가 거의 흔들림이 없이 고정되어 있는 것에 주목하여 매우 믿을 만한 자료라고 보는 경우도 있다(김차균 2006:51-58). 이와 같은 관점의 차이는 문헌에서 방점의 소실이 바로 성조체계의 붕괴를 나타낸다고 보는 것과 방점 표기는 폐지되었지만 성조체계는 그 이후에도 오랜 시일 동안 존속되었으며, 차차로 그 성조체계가 변화의 과정을 거쳐서 오늘의 상태에 이른 것이라고 보는 관점의 차이를 반영하는 것이라고도 볼 수 있다.

필자의 입장은 「훈민정음」 해례, 「훈민정음」 언해, 「용비어천가」, 「월인천강지곡」 등 초기의 문헌을 포함하여 모든 문헌에 다 방점 표기의 부정확성 또는 실수가 있을 수 있다고 생각한다. 그러한 실수는 문헌 저술자의 성조체계에 대한 인식을 반영한다기보다는 부주의가 원인이 될 수도 있고, 저술자가 올바르게 표기를 했더라도 조판 및 출판과정에서 인쇄공의 실수에 의한 것일 수도 있으며, 또 출판된 문헌의 보존 상태에 따라서 방점이 지워지거나 얼룩이 방점처럼 잘못 보이게 되는 수도 있다고 생각한다. 그러므로 우리말에 없는 성조체계를 조작하거나 또는 붕괴된 이후에 의고하는 것과 같은 일은 있을 수가 없으며, 문헌에서 방점 표기는 그 정확성의 정도 차이는 있겠지만, 모두가 그 표기자의 머릿속에 갈무리된 성조체계를 반영하는 것이라고 보고자 한다.

이러한 필자의 견해에 무리가 없음을 보이기 위하여, 이 연구에 사용된 모든 문헌에서 /:사 ·롬/과 토씨 또는 /·이(·다)/의 굴곡형으로 이루어지는 모든 자료를 아래에 열거하여 그것이 문헌에서 방점 표기의 전체적인 특성을 나타내는 것으로 간주하고자 한다.

(1) 15세기 /:사 · 롬/과 토씨, 또는 잡음씨(·이-)의 결합 자료
　　:사·롬<두시17:26b>
　　:사롬<두시08:19b; 08:36b; 08:55a; 10:02b; 10:05a; 10:14a; 14:24b; 15:02a; 15:32a; 16:34b; 16:69b;
　　　17:08b; 20:45a; 21:45b; 21:45b; 22:38b; 22:47b; 22:48a; 23:35b; 24:02a; 24:19a; 24:41b;
　　　24:49b;25:22b; 13:21a; 13:21a; 13:24b; 13:24b; 13:35a; 13:35a; 13:3b; 13:3b; 19:32a; 19:32a;
　　　19:32a; 19:32a; 23:18a; 23:18a; 23:51b; 23:51b; 24:13b; 24:13b; 24:13b; 24:13b; 24:13b;
　　　24:13b; 24:14a; 24:14a; 24:14a; 24:14a; 24:1b; 24:1b; 24:16a; 24:16; a24:22a; 24:22a; 24:27b;
　　　24:27b; 24:28a; 24:28a; 24:41b; 24:41b; 6:27b; 6:27b; 6:15b; 6:15b; 6:17b; 6:17b; 6:21a; 6:21a;
　　　6:30b; 6:30b; 9:14a; 9:14a; 9:1b; 9:1b; 9:30a; 9:30a; 9:32a; 9:32a; 9:33b; 9:33b; 9:8b; 9:8b>
　　:사·ᄅ·ᄆ<두시20:09b>

:사·ᄅ·몰<두시21:15a>
:사·ᄅ미<석보19:6a; 19:6a>
:사ᄅ·마<두시22:35b>
:사ᄅ·매<두시25:46a>
:사ᄅ·맨<두시25:53b>
:사ᄅ·믈<두시24:07a>
:사ᄅ·미<두시08:14b; 25:38a; 06:01b; 06:12a; 06:21a; 06:22a; 06:38a; 06:40a; 06:41b; 06:43b; 06:44b; 06:47b; 06:49b; 06:52a; 07:01b; 07:06a; 07:06a; 07:25b; 07:31b; 07:35b; 08:01a; 08:03a; 08:03b;08:17a; 08:20a; 08:22b; 08:51b; 08:52b; 08:52b; 08:54a; 08:54b; 08:56b; 08:58a; 08:59b; 08:59b; 08:62b; 08:65b; 10:08b; 10:11a; 10:22b; 10:25a; 10:26b; 10:27b; 10:35a; 10:35b; 10:40b; 10:42a; 11:01a; 11:08b; 11:16a; 11:17a; 11:20b; 11:24a; 11:28a; 11:29b; 11:35a; 11:37b; 11:41a; 11:42a; 11:46a; 11:48b; 11:50a; 11:52b; 14:01a; 14:04b; 14:05b; 14:07a; 14:07b; 14:32b; 14:35b; 15:03a; 15:03b; 15:09b; 15:20a; 15:23a; 15:25a; 15:26a; 15:28b; 15:29a; 15:37a; 15:45a; 15:55b; 16:01b; 16:02b; 16:03a; 16:07b; 16:08b; 16:11b; 16:11b; 16:16a; 16:17a; 16:17b; 16:18b; 16:20b; 16:22a; 16:31b; 16:33a; 16:33a; 16:35b; 16:36b; 16:48a; 16:49a; 16:49b; 16:51b; 16:6:33a;6:56b; ; 162a; 16:63a; 16:67a; 16:68a; 16:6:6:33a; 666:33a; 6:a:33a; 17b; 17:18b; 17:28a; 17:28a; 17:29a; 17:32b; 17:37a; 20:03a; 20:04a; 20:07a; 20:14b; 20:17a; 20:20a; 20:36b; 21:05b; 21:20a; 21:21b; 21:23a; 21:24b; 21:25b; 21:28a; 21:31b; 21:34b; 21:35a; 21:37b; 22:05a; 22:07a; 22:19b; 22:22b; 22:24b; 22:25b; 22:26b; 22:27a; 22:34b; 22:46b; 22:53a; 22:55b; 23:04b; 23:09a; 23:13b; 23:35b; 23:37a; 23:44b; 23:51a; 24:04b; 24:18a; 24:15b; 24:21a; 24:22a; 24:26b; 24:41a; 24:47b; 24:48a; 24:55a; 24:58b; 24:60b; 24:61b; 24:63a; 24:63b; 25:02b; 25:06b; 25:10b; 25:16a; 25:27a; 25:27a; 25:36b; 25:39b; 25:39b; 25:42a; 25:43b; 25:45a; 25:50a; 25:54b>
:사ᄅ·민<두시16:47a>
:사ᄅ·몬<두시25:38a; 06:11a; 06:23a; 07:32b; 08:49a; 10:01a; 10:11a; 10:34b; 11:09a; 11:15a; 11:24a; 11:50b; 11:52b; 15:30a; 15:52b; 16:49b; 16:49b; 17:36b; 20:02b; 20:03b; 20:04b; 21:38b; 21:41b; 21:42a; 22:31b; 22:45a; 22:49a; 22:50b; 22:52a; 23:02b; 24:24a; 25:18a; 25:47b; 25:54b; 25:55a; 25:56a>
:사ᄅ·몰<두시06:43a; 06:52a; 07:14b; 07:32b; 08:16b; 08:19a; 08:55b; 08:62a; 10:05a; 10:07b; 10:09a; 10:15a; 10:16a; 11:04b; 11:19a; 11:32b; 11:33a; 14:24b; 14:28b; 14:37a; 15:06a; 15:22a; 15:40b; 15:41b; 15:51a; 15:56a; 16:12b; 16:22b; 16:27b; 16:53b; 16:57b; 16:61a; 16:67a; 17:16b; 17:18a; 17:19b; 17:27b; 17:37b; 17:37b; 20:05b; 20:28b; 20:34b; 21:01a; 21:13a; 21:23a; 21:29b; 22:05b; 22:29a; 22:40a; 22:50a; 22:55b; 23:05b; 23:07a; 23:08b; 23:11b; 23:23a; 23:32a; 23:50b; 24:03b; 24:26a; 24:32b; 24:41b; 24:50b; 25:11a; 25:15a; 25:33a; 25:37b; 25:48b; 25:54b; 25:55b>
:사ᄅ·미<두시06:35a; 06:37a; 06:43b; 07:03a; 07:11a; 07:13a; 07:15a; 07:17b; 07:18a; 07:28b; 07:31a; 07:34b; 08:01a; 08:04a; 08:18b; 08:33a; 08:52a; 08:55b; 08:59a; 08:66a; 10:02a; 10:15a; 10:15a; 10:31a; 10:46b; 11:21b; 11:30b; 11:34a; 11:36a; 14:18a; 14:21a; 14:22a; 14:32a; 15:04b; 15:14a; 15:40a; 15:42b; 15:43a; 15:44b; 15:55b; 16:03b; 16:12a; 16:13b; 16:19a; 16:32b; 16:43b; 16:49a; 16:56a; 16:59b; 16:72b; 17:01a; 17:11b; 17:15b; 17:17a; 17:35a; 17:38b; 20:07a; 20:09b; 20:18a; 21:35b; 21:35b; 21:44a; 22:02a; 22:23b; 22:29b; 22:36a; 22:36a; 23:09b; 23:17a; 23:34b; 23:52a; 24:13a; 24:37b; 24:49b; 25:03a; 25:17b; 25:18a; 25:22b; 25:23b; 25:33b; 25:34b; 25:37b; 25:39b; 25:51a; 25:56a>
:사ᄅ·믈<석보6:23a; 6:23a; 13:17b; 13:17b; 13:17b; 13:17b; 13:18a; 13:18a; 13:22a; 13:22a; 13:25a; 13:25a; 13:36a; 13:36a; 13:3b; 13:3b; 13:45b; 13:45b; 13:46b; 13:46b; 13:47a; 13:47a;

13:51a; 13:51a; 13:51b; 13:51b; 13:52b; 13:52b; 13:53a; 13:53a; 13:54a; 13:54a; 13:5b;
13:5b; 19:18a; 19:18a; 19:1b; 19:1b; 19:2a; 19:2a; 19:30a; 19:30a; 19:31a; 19:31a; 19:35b;
19:35b; 19:36b; 19:36b; 19:36b; 19:36b; 19:3a; 19:3a; 19:4b; 19:4b; 19:5b; 19:5b; 19:6a;
19:6a; 19:6a; 19:6a; 19:9a; 19:9a; 19:9b; 19:9b; 23:12a; 23:12a; 23:23b; 23:23b; 23:23b;
23:23b; 23:24b; 23:24b; 23:47a; 23:47a; 23:47a; 23:47a; 23:48a; 23:48a; 23:48a; 23:48a;
23:48b; 23:48b; 23:49a; 23:49a; 23:50a; 23:50a; 23:51b; 23:51b; 23:57b; 23:57b; 24:11b;
24:11b; 24:14a; 24:14a; 24:18b; 24:18b; 24:33b; 24:33b; 24:3b; 24:3b; 24:50b; 24:50b;
24:51b; 24:51b; 6:21a; 6:21a; 6:21b; 6:21b; 6:25a; 6:25a; 6:25b; 6:25b; 6:28a; 6:28a; 6:28a;
6:28a; 6:28a; 6:28a; 6:28a; 6:28a; 6:28a; 6:28a; 6:28b; 6:28b; 6:29a; 6:29a; 6:29b; 6:29b;
6:32a; 6:32a; 6:34b; 6:34b; 6:40a; 6:40a; 9:19b; 9:19b; 9:23b; 9:23b; 9:24a; 9:24a; 9:26a;
9:26a; 9:2a; 9:2a; 9:2a; 9:2a; 9:32a; 9:32a; 9:33a; 9:33a; 9:5b; 9:5b; 3:50a; 3:50a; 9:15b;
9:15b;>

:사ᄅ·ᄆᆫ<석보13:47a; 13:47a; 19:19b; 19:19b; 19:1a; 19:1a; 24:14b; 24:14b; 6:22a; 6:22a; 9:14a;
9:14a; 9:40b; 9:40b>

:사ᄅ·ᄆᆯ<석보13:22a; 13:22a; 13:26b; 13:26b; 13:47a; 13:47a; 13:47a; 13:47a; 19:25b; 19:25b;
19:32b; 19:32b; 19:8a; 19:8a; 23:23b; 23:23b; 23:32a; 23:32a; 23:33a; 23:33a; 23:33a;
23:33a; 23:33a; 23:33a; 23:33b; 23:33b; 24:13a; 24:13a; 24:13b; 24:13b; 24:14b; 24:14b;
24:17b; 24:17b; 24:18a; 24:18a; 24:22a; 24:22a; 24:27b; 24:27b; 24:50a; 24:50a; 24:50a;
24:50a; 24:51a; 24:51a; 24:52a; 24:52a; 6:13a; 6:13a; 6:18b; 6:18b; 6:18b; 6:18b; 6:28a;
6:28a; 6:30b; 6:30b; 9:12b; 9:12b; 9:13a; 9:13a; 9:19b; 9:19b; 9:40a; 9:40a; 9:26a; 9:26a;
4:21a; 4:21a>

:사ᄅ·미<석보19:22a; 19:22a; 19:25a; 19:25a; 19:4a; 19:4a; 19:5a; 19:5a; 19:5a; 19:5a; 19:6a;
19:6a; 19:6b; 19:6b; 19:7b; 19:7b; 23:26b; 23:26b; 23:4a; 23:4a; 23:4a; 23:4a; 23:4b; 23:4b;
23:5a; 23:5a; 23:6a; 23:6a; 6:11a; 6:11a; 6:5a; 6:5a; 9:17a; 9:17a; 9:19b; 9:19b; 9:28b;
9:28b; 9:2a; 9:2a; 9:30b; 9:30b; 9:3b; 9:3b; 23:34a; 23:34a>

:사ᄅ미<두시06:29b; 08:33b; 08:36b; 08:39a; 10:45a; 14:33a; 15:31b; 24:05a; 24:10a; 24:28b;
25:24a>

:사ᄅ ᄆᆫ<두시10:13a; 22:39b>

:사ᄅ ᄆᆯ<두시06:15a; 14:31b; 16:64a; 23:05a; 25:40a; 6:5b; 6:5b>

:사ᄅ미<두시08:35a; 08:66a; 08:68b; 10:09a; 10:39b; 10:46b; 14:19b; 15:17b;

:사ᄅᆷ·고<두시06:02a; 21:15a>

:사ᄅᆷ·과<두시06:49a; 08:02a; 8:47a; 08:52a; 10:19b; 16:31b; 17:30a;

:사ᄅᆷ·도<두시14:24b; 16:32a; 21:04a>

:사ᄅᆷ:고<두시08:28b>

:사ᄅᆷ·과<석보13:1a; 13:1a; 13:24b; 13:24b; 13:3a; 13:3a; 13:43a; 13:43a; 23:4a; 23:4a; 23:52a;
23:52a; 6:30a; 6:30a; 6:5a; 6:5a; 9:1b; 9:1b; 9:2a; 9:2a>

:사ᄅᆷ·도<석보13:14a; 13:14a; 13:36a; 13:36a; 6:2b; 6:2b>

:사ᄅᆷ·이<월인기161: 월인기167>

:사ᄅᆷ·올<월인기38>

:사ᄅᆷ만<두시07:22a>

:사ᄅ:미<두시16:47b; 25:10a>

:사ᄅ:미<두시07:16a>

:사· ᄅ· 미게<두시23:10a>

:사· ᄅ미·니<석보6:2a; 6:2a; 6:45b; 6:45b>

:사· ᄅ미·라<석보13:3a; 13:3a; 6:2a; 6:2a; 9:1b; 9:1b; 6:7b; 6:7b>

:사·ㄹ미·며<석보23:25b; 23:25b>
:사·ㄹ미·면<석보24:12a; 24:12a>
:사·ㄹ미·오<석보6:13a; 6:13a>
:사·ㄹ미·쇠<석보6:43b; 6:43b>
:사·ㄹ밀·씨<석보6:45b; 6:45b>
:사·ㄹ미라<석보9:18a; 9:18a>
:사ㄹ·미·게<두시16:22b>
:사ㄹ·민·돌<두시23:49b>
:사ㄹ·미·라<석보6:13a; 6:13a; 9:36a; 9:36a; 23:15a; 23:15a>
:사룸·둘·히<석보23:23a; 23:23a>
:사룸·둘·토<석보13:51a; 13:51a>
:사룸·둘·히<석보13:46a; 13:46a; 13:50b; 13:50b; 13:51b; 13:51b; 13:52a; 13:52a; 19:2a; 19:2a;
        23:50a; 23:50a; 6:18b; 6:18b>
:사룸·둘·홀<석보13:57b; 13:57b>
:사ㄹ·미론<두시16:61b>
:사ㄹ·미쇠<두시20:48a>
:사ㄹ·ᄆ란<두시16:12b>
:사ㄹ·ᄆ로<두시16:12b; 20:18b>
:사ㄹ·미게<두시07:33b; 11:28b; 11:42a; 16:03b; 17:11b; 17:15a; 20:53b; 23:13b; 23:26a; 24:03b;
        24:46a; 24:52b; 24:62b; 25:21a; 25:31a; 25:48a; 25:52b>
:사룸·과로<두시16:42a>
:사룸·둘히<두시08:17b; 10:41a; 15:05a; 15:39a; 11:13a>
:사룸·ᄀ티<석보6:4b; 6:4b>
:사룸ᄆ·로<두시11:25b; 16:38b>
:사룸ᄃ·려<석보9:30b; 9:30b>
:사ㄹ미·여<두시08:64a>
:사ㄹ미니<두시23:42b>
:사ㄹ:미게 <두시22:11a>
:사ㄹ·미러·라<두시08:55b; 11:18a; 14:06a>
:사ㄹ·미로·다<두시21:30a; 23:41a>
:사ㄹ·미거·긔<두시16:72a>
:사룸·이라·도 <월인기143>
:사ㄹ·미리·여<석보13:36b; 13:36b; 19:34a; 19:34a; 19:35a; 19:35a>
:사ㄹ미로·다<두시22:03b; 24:23a>
:사ㄹ·미·로소·니<두시21:12b; 두시25:31a>
:사ㄹ미러·니라<두시11:47a>
:사ㄹ·ᄆ로브·테어·놀<두시10:29a>
·**사룸** <두시23:28b; 25:03a>
·사ㄹ·미<두시08:34a; 08:61a; 20:23b; 22:40b; 25:07a>
·사ㄹ·ᄆ <두시22:47b>
·사ㄹ·몰 <두시15:21b; 15:44a; 16:21b; 20:30b; 21:38a>
·사ㄹ·미 <두시08:30b>
·사ㄹ미 <두시15:21b>
·사ㄹᄆ <두시25:10b>
·사ㄹ몰 <두시23:38b>

·사름·미게 <두시21:15b>
·사름·미·로소·니<두시14:22b>
사름 <두시16:14b; 23:38a; 23:50b>
사름·문 <두시22:34a>
사름·물 <두시08:43b; 10:14b>
사름미 <두시10:23a; 23:31b>
사름미 <두시10:21a>

빈도수와는 관계없이 측성의 강력한 중화력으로 보아 첫째 음절이 측성(상성이나 거성)일 경우, 둘째 이하의 음절들은 ·□(1점)이 나타나는 것을 기본으로 하고 음조실현규칙에 의해 방점이 임의로 삭제되는 것으로 보기로 한다. 15세기 문헌자료에서 {:사·름}이 단독으로 2음절로 나타날 때는 /:사·름/이 1번, {:사름}이 92번이 나타난다.

{:사·름·□}처럼 {:사·름}에 토씨나 잡음씨가 붙어서 3음절을 이룰 경우는 /:사·름·□/이 2번, /:사름·□/이 731번, /:사름□/이 1번, /:사름:□/이 3번 나타났다. 이러한 사실은 {:사·름·□}의 즐김형은 /:사름·□/임을 나타내고, /:사·름·□/형의 방점형이나 /:사름□/형의 방점형을 기피한다는 결론을 얻을 수 있다. {:사·름·□}형의 빈도는 전체 734인데 대하여 /:사름:□/이 3번 나타났다는 것은 그 까닭을 설명할 수는 없지만 /:사름:□/이 우연한 오기로 나타난 것이 아닌가 생각된다.

{:사·름·□·□}처럼 4음절로 된 것은 모두 87번이 나타나는데, 그 가운데서 /:사·름·□·□/은 나타나지 않고, /:사름·□□/은 30번, /:사름·□·□/은 28번, /:사름□·□/은 21번 나타났다. 이에 대하여 /:사름□·□/은 5번, /:사름·□□/, /:사·름□□/, /:사름□□/은 각각 1번씩 나타났는데, 이러한 현상을 보면 첫 방점 뒤의 위치에서 □이 두 번 이상 연속으로 나타나는 것은 피하는 경향이 있는 것으로 보인다. /:□□:□□/도 1번 나타나는데, 전체 87번에 비하면 우연한 오기인 듯하다.

{:사·름·□·□·□}처럼 5음절로 된 것은 모두 15번이 나타났는데, 이 중에서 /:사름·□□·□/이 13번, /:사름·□·□□/과 /:사름□□·□/이 각각 1번씩 나타났다. 여기에서도 ·□이 3번 이상 겹치거나 □가 두 번 이상 겹치는 것을 피하는 경향이 있음을 확인할 수 있다.

이밖에 /:사름·미·로소·니/<두시21:12b; 두시25:31a>, /:사름미러·니라/<두시11:47a>, /:사름·무로브·테어·눌/<두시10:29a> 등이 나타난다.

{:사·름}, {:사·름·□}, {:사·름·□·□}, {:사·름·□·□·□}, {:사·름·□·□·□·□}…… 등은 모두 첫 음절이 상성이어서 상성형이라고 부를 수 있다. 이것은 모두 936번인 데 대하여, 첫 음절이 거성으로 나타나는 방점형 곧 거성형 {·사·름}, {·사·름·□}, {·사·름·□·□}, {·사·름·□·□·□·□}이 모두 19번 나타나고, 첫 음절과 둘째 음절이 평성으로 나타나는 방점형인 평측형 {사름}, {사름□}, {사름·□}이 9번 나타났다. 모두 964번 가운데서 거성형이 19번, 평측형 9번이라는 것은 이들을 {:사·름}~{·사·름}~{사름}로 세 가지 방점형을 가지

고 있는 것이라고는 보기 어렵고, 이들을 표기자들의 부주의나 우연한 실수에 의한 오기
로 보는 것이 좋을 듯하다.

(2) 16세기 /:사·롬/과 토씨, 또는 잡음씨(-·이-)의 결합 자료
    :사·람<소학 5:4>
    :사·롬<번노상22b-23b; 22b-23b; 28b-30a; 28b-30a; 30a-b; 30a-b; 33b; 33b; 3b-5a; 3b-5a;
        47b-48a; 47b-48a; 47b-48a; 47b-48a; 50b-52a; 50b-52a; 55b; 55b; 55b-56b; 55b-56b;
        65a; 65a>, <번소 10:1-2; 10:15; 10:23; 10:23; 7:8; 7:9; 8:40; 8:15; 8:15; 8:42; 9:5; 9:98>,
        <소학 3:17; 3:4; 4:30; 4:9; 5:118; 5:51; 5:55; 5:74; 5:93; 5:93; 5:95; 6:111; 6:122; 6:25; 6:31;
        6:73; 6:82; 2:32; 2:32; 2:48; 2:65>
    :사롬<번소 9:81-82; 10:21; 6:32-33; 6:32-33; 6:33; 8:13; 9:28; 9:76-77; 9:82; 9:90; 9:12; 9:42>,
        <소학 5:55; 5:69; 6:120; 6:76; 6:91>
    :사·람·의<소학 4:27>
    :사·람·이<소학 4:27; 4:31>
    :사·ᄅ·마 <번노상61a; 61a>
    :사·ᄅ·매 <번노상67a; 67a>
    :사·ᄅ·믄<번소 8:11; 8:11; 8:28; 8:28; 8:4; 8:1; 8:15; 8:20; 8:26-27; 8:27>
    :사·ᄅ·믈<번소 7:25; 7:26; 7:31; 10:8; 8:27; 8:28; 8:30; 8:41; 8:27>
    :사·ᄅ·ᄆᆡ<번소 10:29; 10:30-31; 7:30; 7:41; 8:4; 8:10-11; 8:15; 8:15; 8:15; 8:22; 8:22; 8:22; 8:23;
        8:31; 8:42>
    :사·ᄅ·미<번노상27a; 27a; 28b-30a; 28b-30a; 32a-b; 32a-b; 33b-34a; 33b-34a; 39b-40a;
        39b-40a; 46b-47a; 46b-47a; 48a; 48a; 49b-50b; 49b-50b; 5a; 5a; 5a-b; 5a-b; 61b; 61b;
        68a; 68a; 9a-b; 9a-b><번소 10:6; 10:11; 10:1-2; 10:29; 10:30-31; 10:30-31; 10:30-31;
        10:32; 10:33; 10:35; 6:8; 7:1; 7:10; 7:16; 7:23; 7:29; 7:30; 7:31; 7:31; 7:4; 7:42; 7:43; 7:43;
        7:6; 7:11; 7:22; 7:5; 8:3; 8:12; 8:12-13; 8:13; 8:18; 8:22; 8:29; 8:29; 8:30; 8:32; 8:38; 8:38;
        8:39; 8:31; 8:7; 8:9-10>
    :사·ᄅ·ᄆᆞᆫ<번노상54b; 54b>, <번소 10:11; 10:11; 10:30-31; 7:16; 7:23; 7:43; 8:25; 8:9-10>
    :사·ᄅ·ᄆᆞᆯ<번노상49b-50b; 49b-50b; 5a-b; 5a-b>, <번소 10:17; 7:8; 8:41; 9:108>
    :사·ᄅ·ᄆᆡ<번노상20b; 20b; 20b; 20b; 27b-28b; 27b-28b; 27b-28b; 27b-28b; 30a-b; 30a-b;
        35b-36a; 35b-36a; 49b-50b; 49b-50b; 49b-50b; 49b-50b>, <번소 10:12; 7:50; 7:8; 7:8;
        7:8; 7:8; 7:8; 7:9; 8:6; 8:22>
    :사·롬·고<번노상49b-50b; 49b-50b; 6b; 6b; 7a; 7a>, <소학 6:37; 6:81>
    :사·롬·과<번노상22b; 22b>, <번소 10:6; 7:18; 7:19; 7:31; 8:22; 9:89>
    :사·롬·도<번노상69b-70a; 69b-70a>, <번소 7:22>
    :사·롬·애<소학 3:8; 3:8; 5:50>
    :사·롬·에<소학 6:100; 6:109>
    :사·롬·은<소학 5:11; 5:85; 5:91; 5:99; 6:85>
    :사·롬·을<번노상50b-52a; 50b-52a>, <번소 7:26>, <소학 5:113; 5:119; 5:119; 5:21; 5:24; 5:47;
        5:58; 5:63; 5:7; 5:94; 5:97; 6:32; 6:116; 6:120; 6:15; 6:15; 6:17; 6:18; 6:39; 6:52; 6:9; 6:95;
        2:17; 2:17; 2:41; 제사4;
    :사·롬·의<소학 5:106; 9:90; 9:92>, <소학 3:15-16; 3:9; 4:25; 4:32; 4:45; 4:49; 5:100; 5:101; 5:101;
        5:101; 5:102; 5:105; 5:105; 5:11; 5:11; 5:116; 5:12; 5:13; 5:16; 5:22; 5:23; 5:32; 5:62; 5:72;
        5:85; 5:90; 5:94; 6:132; 6:33; 6:68; 범례 1-2>

:사·룸·이<번소 9:100>,<소학 5:12; 3:27; 4:13; 4:31; 4:33; 4:47; 4:53; 5:108; 5:108; 5:117; 5:28;
　　　5:29; 5:29; 5:30; 5:39; 5:48; 5:49; 5:56; 5:70; 5:71; 5:71; 5:87; 5:90; 5:93; 6:10; 6:10; 6:131;
　　　6:133; 6:48; 6:66; 2:77; 2:54; 5:44>
:사·룸·온<번소 9:100>, <소학 5:26; 5:26; 5:26; 5:29; 5:29; 5:82; 6:109>
:사·룸·올<소학 3:27; 6:100; 2:71; 2:71; 2:71; 2:37; 2:25>
:사·룸·익<소학 4:36; 4:36; 5:13; 5:36; 5:41; 5:41; 5:41; 5:41; 2:49; 2:67; 2:67; 2:73; 2:77>
:사·ᄅ미 <번노상8b-9a; 8b-9a>, <번소 10:6; 7:22; 7:41>
:사·ᄅ몰<번소 7:13-14>
:사·룸믜<소학 5:28>
:사·룸은<소학 6:93>
:사·룸의<소학 3:20-21>
:사·룸이<소학 4:15-16; 4:18; 4:25; 4:30; 4:38; 4:8; 5:20; 5:30; 5:60; 5:74; 5:97; 6:101; 6:46; 6:50;
　　　6:9; 범례 1>
:사·룸올<번소 6:12>
:사·룸익<소학 5:17; 5:17; 5:42; 2:10>
:사ᄅ·믈<번소 7:31>
:사ᄅ·믜<번소 6:24>
:사ᄅ·미<번소 6:20; 6:22; 6:23; 6:25; 6:30; 6:30; 6:31; 6:31; 6:31; 6:32-33; 6:32-33; 6:32-33;
　　　6:32-33; 6:36-37; 6:36-37; 7:15; 9:24-25; 9:35>
:사ᄅ·ᄆ<번소 6:11-12; 6:13; 6:14; 6:28-29; 6:28-29; 6:30; 6:31; 6:31; :36-37; 7:5; 7:47>
:사ᄅ·몰<번소 6:30; 6:30; 6:31; 7:13-14; 9:20; 9:85; 9:12-13>
:사ᄅ·믹<번소 6:11-12; 6:12; 6:14; 6:14; 6:18; 6:18-19; 6:18-19; 6:26; 7:3; 8:13>
:사룸·고<번소 9:40-41>
:사룸·과<번소 10:6; 7:47; 9:88; 9:18>, <소학 6:54>
:사룸·믈<번소 9:17>
:사룸·미<번소 8:18; 9:10-11; 9:5>
:사룸·에<소학 6:63>
:사룸·은<번소 9:63; 9:63; 9:91>
:사룸·을<번소 6:23; 9:80-81; 9:14; 9:19; 9:28; 9:43>, <소학 4:41; 5:60; 5:93; 6:71; 6:76; 1:14>
:사룸·의<번소 6:24; 9:56-57; 9:36>, <소학 4:9; 4:9; 4:9; 4:9; 5:101; 5:21; 5:73; 6:129; 6:92>
:사룸·이<번소 9:5; 9:50; 9:53; 9:63; 9:65; 9:81-82; 9:88; 9:11; 9:12-13; 9:37; 9:38>, <소학 5:55;
　　　5:7; 5:7; 5:84; 5:85; 6:126; 6:62; 6:76; 6:76; 6:76; 6:82; 1:9>
:사룸·믜<번소 9:108>
:사룸·온<소학 제사2>
:사룸·올<소학 서제1>
:사룸·익<소학 4:13; 4:13; 2:8; 제사1>
:사ᄅ미<번소 6:14; 6:36-37>
:사룸여<번소 9:73-74>
:사룸의<소학 6:85>
:사룸이<번소 9:11>, <소학 5:7; 6:107; 6:60>
:사룸온<소학 5:78>
:사ᄅ:미<번소 7:27; 7:28>
:사ᄅ:믹<번소 6:22>
:사·람·이·니<소학 5:12>
:사·ᄅ·미·니<번소 7:39>

:사·ᄅᆞ·미·라<번노상21a-b; 21a-b; 7b-8a; 7b-8a>, <번소 7:12-13; 8:3>
:사·ᄅᆞ·미·며<번소 8:14>
:사·ᄅᆞ·ᄆᆞ·로<번소 7:40>
:사·ᄅᆞᆷ·들·희<소학 5:95; 5:95>
:사·ᄅᆞᆷ·으·로<번소 8:23; 9:49>, <소학 5:52; 6:57>
:사·ᄅᆞᆷ·의·게<소학 1:2; 5:103; 5:115; 5:119; 5:3; 6:37>
:사·ᄅᆞᆷ·이·니<소학 5:82>
:사·ᄅᆞᆷ·이·라<소학 3:15; 4:10; 5:29; 5:62; 5:94; 6:26; 6:37; 2:77>
:사·ᄅᆞᆷ·이·여<소학 4:43>
:사·ᄅᆞᆷ·이·오<소학 5:12; 5:12; 5:12; 5:13>
:사·ᄅᆞᆷ·둘·히<번노상16b-17a; 16b-17a>, <번소 10:11; 10:3>, <소학 5:78; 6:64>
:사·람이·라<소학 4:22>
:사·ᄅᆞ모·로<번소 6:7>
:사·ᄅᆞ미·니<번소 6:11-12>
:사·ᄅᆞ미·라<번소 6:11-12>
:사·ᄅᆞ미·며<번소 6:11-12; 6:11-12; 6:11-12>
:사·ᄅᆞᆷ이·니<소학 5:70>
:사·ᄅᆞᆷ이·라<소학 3:8; 4:16; 4:23; 5:10; 5:100; 5:26; 5:33; 5:4; 5:7; 5:8; 5:82; 6:115; 6:48; 6:63;
        6:80; 6:81; 6:99; 2:10; 2:44>
:사·ᄅᆞᆷ드·려<번소 10:24; 9:53>, <소학 6:109; 6:23; 6:35; 6:44>
:사·ᄅᆞᆷ둘·히 <번노상49b-50b; 49b-50b>
:사·ᄅᆞᆷ둘·흘<소학 5:81>
:사·ᄅᆞᆷ익·게<소학 2:53>
:사·ᄅᆞᆷ으·로<소학 5:102>
:사·ᄅᆞ·미게<번소 10:18-19; 7:8>
:사·ᄅᆞᆷ·오로<소학 5:71>
:사·ᄅᆞᆷ·으로<소학 5:7; 5:101>
:사·ᄅᆞᆷ·의게<소학 5:7; 2:29; 2:29>
:사·ᄅᆞᆷ·의게·도<번소 6:7>
:사·ᄅᆞᆷ·이라<소학 5:12; 4:45; 4:46; 5:13; 5:16; 5:28; 5:45; 5:60; 5:66; 6:100; 6:105; 6:106; 6:106;
        6:111; 6:133; 6:16; 6:18; 6:19; 6:23; 6:45; 6:45; 6:62>
:사·ᄅᆞᆷ·이여<번소 6:1-2>
:사·ᄅᆞᆷ·이오<소학 4:6>
:사·ᄅᆞᆷ·익게<소학 4:36; 2:53>
:사·ᄅᆞᆷ에셔<소학 6:5>
:사·ᄅᆞᆷ이라<소학 5:117; 5:55; 6:101; 6:102; 6:103; 6:46>
:사ᄅᆞ·미·라<번소 9:86-87>
:사ᄅᆞ·미·게<번소 9:51-52; 9:14>
:사ᄅᆞᆷ·으·로<소학 2:14>
:사ᄅᆞᆷ·이·라<번소 6:23>, <소학 6:74; 6:86; 2:36>
:사ᄅᆞᆷ·이·ᅀᅡ<번소 9:79>
:사ᄅᆞᆷ·둘·히<번소 9:37>
:사ᄅᆞᆷ·익·게<소학 3:4; 5:58>
:사ᄅᆞᆷ·브려<번소 9:12-13>
:사ᄅᆞᆷ·으로<소학 6:83>

:사룸·의게<번소 6:3>
:사룸·이라.<번소 9:49>
:사룸·이라<소학 5:112; 5:73; 6:109; 6:126; 6:69>
:사룸·둘히<번소 9:51-52>
:사룸·둘훈<번소 9:18>
:사룸이·라<소학 5:57; 5:78>
:사룸드·려<번소 9:39; 9:54; 9:56-57; 9:85; 9:88; 9:35>, <소학 6:122>
:사룸둘·히<번소 9:69>
:사르미란<번소 6:31>
:사룸이니<번소 9:14>
:사룸이라<소학 6:107>
:사룸드려<번소 9:26>
:사·르:미·게<번노상22b-23b; 22b-23b>
:사·룸:이·게<소학 5:41>
:사룸:마·다<번소 9:82>
:사·룸·으·로·셔<소학 6:45>
:사·르·미라·도<번소 7:39; 7:39; 8:42>
:사·르·미어·니<번노상49a-b; 49a-b>
:사·룸·애쓰·녀<소학 2:18>
:사·룸·이러·니<소학 6:99>
:사·룸·이론·디<소학 6:33>
:사·룸이어·늘<소학 4:33>
:사르·믜게·셔<번소 10:20; 10:20>
:사룸·의·게·셔<소학 6:120>
:사·르·미어시·니<번노상2a; 2a; 5a; 5a>
:사룸·으·로블·터<번소 9:13-14>
:사·룸·롤·둘·히<소학 5:115>
·사:룸<번소 7:26>
·사룸<번소 9:61-62>
·사·르·마<번노상61a; 61a>
·사·르·믄<번소 10:9-10>
·사·르·미 <번노상26b; 26b>, <번소 7:38; 8:33; 8:33>
·사·르·믄<번소 7:9>
·사·르·믈<번노상41b-42a; 41b-42a>
·사·룸·은<소학 6:92>
·사·룸·의<소학 5:104>
·사·룸·이<번소 6:15; 9:54; 9:97>, <소학 4:37; 5:55; 6:130>
·사·르미<번소 6:8>
·사르·믈<번소 7:27>
·사르·매 <번노상67a; 67a>
·사르·미<번소 9:4>
·사르·믜<번소 6:13>
·사룸·과<번소 9:34>
·사룸·을<번소 6:32-33; 9:10-11; 9:28>
·사룸·의<소학 6:52>

·사롬·이<번소 6:32-33; 9:66; 9:82>, <소학 4:9-10>
·사·롬·으·로<소학 6:38>
·사·롬·의게<소학 6:50>
·사·롬·이라<소학 4:39>
·사·롬이·라<소학 2:65>
·사·롬두·려<번소 10:9-10>
·사르·미게<번소 7:26>
사롬·의<소학 5:109>
사롬·이<번소 9:72>, <소학 6:58>
사롬·이<소학2:76>
사롬을<소학 5:107>
사롬이·라<소학 6:88>
사롬·입서<소학 6:59>

16세기 문헌자료에서 {:사·롬}이 단독으로 2음절로 나타날 때는 /:사·롬/이 54번, /:사롬/이 17번 나타났다.

{:사·롬·□}처럼 {:사·롬}에 토씨나 잡음씨가 붙어서 3음절을 이룰 경우는 /:사·롬·□/이 309번으로 가장 많이 나타났고, /:사롬·□/이 116번, /:사·롬□/이 30번으로 뒤따르고 있으며, /:사롬□/과 /:사롬:□/은 각각 9번과 2번으로 나타나서 기피형이라 할 수 있다.

2음절의 경우, 15세기와 16세기를 대조하면, 15세기에는 /:□□/이 즐김형인 데 대하여, 16세기에는 /:□·□/이 즐김형으로 나타남을 확인할 수 있다. 그리고 3음절의 경우, 15세기에는 /:사롬·□/형이 압도적으로 우세했던 것에 대하여, 16세기에는 /:사·롬·□/형이 단연 우세하다. 이것을 보면, 16세기에는 방점표기된 음절이 3개씩 연속해서 나타나는 것이 기피형이 아님을 알 수 있다. 현대 영남의 여러 방언들에서 하나의 운율적 낱말에서 첫 방점 이하의 모든 음절이 필수적으로 1점(·□)으로 나타나는 것을 보면, 16세기 국어는 15세기 국어의 상태에서 영남방언과 가까운 상태로 변화되고 있음을 확인할 수 있다.

{:사·롬·□·□}처럼 4음절로 된 어절은 모두 163번이 나타나는데, 그 가운데 /:사·롬·□·□/은 42번이 나타나서 가장 빈도수가 높으며, /:사·롬□·□/은 38번, /:사롬·□□/은 35번, /:사롬·□·□/은 12번, /:사롬·□□/은 11번, /:사롬□·□/은 10번이 나타나며, 그밖에 /:사·롬□□/이 7번, /:사롬□□/이 4번으로 빈도수가 매우 낮은데 □가 두 번 이상 나타나는 것은 기피형이라는 것을 알 수가 있다. 또 /:사·롬:□·□/은 3번, /:사롬:□·□/이 1번 나타나고 있는데, 앞의 둘은 오기일 가능성이 높고, 뒤의 1개는 /:사롬:마·다/<번소 9:82>인데 여러 문헌에서 토씨 /:마·다/의 첫 음절은 고정적으로 상성으로 나타나는 경우이다.

{:사·롬·□·□·□}처럼 5음절로 된 것은 모두 12번 나타났는데, 이 중에서 /:사·롬·□□·□/이 8번 나타났고, 그 밖에 /:사·롬·□·□·□/, /:사롬□□·□/, /:사·롬□□·□/, /:사롬·□·□·□/이 각각 1번씩 나타났다. 6음절 어절은 /:사·롬·□□□·□/과 /:사롬·□·□□·□/이 각각

1번씩이다.

{:사·룸}, {:사·룸·□}, {:사·룸·□·□}, {:사·룸·□·□·□}, {:사·룸·□·□·□·□}… 등은 모두 첫 음절이 상성이어서 상성형이라고 부를 수 있다. 이것은 모두 759번인 데 대하여, 첫 음절이 거성으로 나타나는 방점형 곧 거성형 {·사·룸}, {·사·룸·□}, {·사·룸·□·□}, {·사·룸·□·□·□·□}이 모두 41번 나타났다. 상성형, 거성형, 평측형을 합쳐서 모두 809번인데, 이 중에서 거성형이 41번이라는 것은 그 빈도수가 높다고는 할 수 없지만, 41개 가운데 <번역소학>에서만 22번이 나타났다는 것은 동북(함경도)방언에서 상성형이 대부분 거성형에 합류되었다는 것에 비추어 본다면, 단순한 오류라기보다는 상성형이 거성형으로 합류되어 가는 경향이 나타나고 있는 초기 현상이 아닌가를 의심해 볼 필요가 있다. 그러나 이에 대한 해석은 앞으로 연구 과제로 미루고 여기에서는 그 통계적인 현상을 지적해 두는 데 그치고자 한다. 상성형, 거성형, 평측형을 합쳐서 모두 809번인데, 이 중에서 평측형이 7번이다. 빈도수가 낮아서 중요한 의미를 가진 것이라고 볼 수 없고, 단순한 오기가 아닌가 생각된다.

위의 (1)과 (2)에서는 첫 음절이 상성인 낱말 {:사·룸}에 토씨가 결합되거나 잡음씨 {-·이(·다)}의 여러 굴곡형들과 결합하여 이루어지는 어절 자료를 통해서 15세기 및 16세기 국어의 방점의 결합에 나타나는 특성을 분석했다. 그 결과, 전체 빈도수가 낮아서 무시할 만한 자료를 제외하면, 첫 음절 :□는 변동이 없다는 것을 확인했다. 그러나 둘째 음절 이하는 극소수의 :□도 나타나지만, 압도적인 다수가 ·□와 □으로 변동하는 것도 역시 확인할 수 있었다.

다음에는 비슷한 방법으로 줄기가 거성으로 시작되는 풀이씨 {·ㅂ·라(·다)}의 굴곡형들을 통해서 어절 안에서 방점의 결합에 나타나는 특성을 분석하기로 한다.

(3) 15세기 풀이씨 /·ㅂ·라·다/의 굴곡형 자료

   ·ㅂ라<두시14:05a; 15:32a; 15:34a; 16:55b; 25:04a>
   ·ㅂ라·고<두시06:03a; 06:11a; 08:62a; 11:10b; 15:17b; 20:08a; 21:39a; 23:49b>
   ·ㅂ라·니<두시06:08b; 08:40a; 10:28b; 15:40b; 23:26a; 24:06b>
   ·ㅂ라·던<두시21:37a>
   ·ㅂ라·며<두시06:51b; 14:31b>
   ·ㅂ라·셔<두시16:33a; 17:21b; 20:23b; 24:36a>
   ·ㅂ라·둘<두시17:23a>
   ·ㅂ라·물<두시07:07a; 07:07a; 11:31b>
   ·ㅂ라니<두시23:25b>
   ·ㅂ라는<두시14:38b>
   ·ㅂ·라노·니<두시06:09b>
   ·ㅂ·라노·라<두시06:03a; 06:46b; 08:04b; 08:38b; 10:33b; 16:25a; 20:18b>
   ·ㅂ·라놋·다<두시23:41b>

·ㅂ·라아·셔<두시06:50a>
·ㅂ·라오·니<두시06:39b; 06:48b>
·ㅂ·라오·미<두시06:23a>
·ㅂ·라오·몰<두시10:03a>
·ㅂ·라시·고<석보23:28a>
·ㅂ·라습·고<석보23:42b>
·ㅂ라·노·라<두시11:46b>
·ㅂ라·오·니<두시11:46a>
·ㅂ라·오·몬<두시16:61b>
·ㅂ라·온·딘<두시06:53b>
·ㅂ라·오니<두시10:10b; 14:17a; 14:30a; 25:53b>
·ㅂ라·오미<두시06:29a; 08:19b; 11:32a; 14:30b; 23:05a; 23:31b; 24:60a>
·ㅂ라·오몬<두시11:31a>
·ㅂ라·오몰<두시14:28b; 22:16a; 22:56b; 24:13a>
·ㅂ라노·라<두시08:34b; 08:46b; 10:38a; 10:44a; 15:03a; 21:16b; 21:41b; 24:08a; 24:22b; 25:11b;
          25:21b>
·ㅂ라놋·다<두시10:20b; 14:27b; 22:46b; 23:29b>
·ㅂ라다·니<두시25:16a>
·ㅂ라더·라<두시21:36b>
·ㅂ라리·아<두시10:24a>
·ㅂ라오·라<두시25:05b>
·ㅂ라오·몰<두시14:18b; 21:42a>
·ㅂ라ㄴ·니<두시11:23b>
·ㅂ·라:습·고<석보6:20b>
·ㅂ라니라<두시24:43a>
·ㅂ라·리로·다<두시08:68b>
ㅂ라<두시21:44b>
ㅂ라·논<두시24:26b>
ㅂ르·고<석보23:50b; 6:38a; 9:23a>
ㅂ르·니<석보23:56b>
ㅂ르·노·라<석보24:20a>
ㅂ라·옴과<두시24:17b>
ㅂ라노·니<두시14:29b>
ㅂ라노·라<두시23:12a>
ㅂ라노니<두시24:02b>
ㅂ라오니<두시14:30a>
ㅂ라더·니라<두시24:14b>

   15세기 문헌자료에서 {·ㅂ·라(·다)}의 줄기 {·ㅂ·라-}는 뒤따르는 씨끝 {-·아}와 결합하여 2음절 어형 {·ㅂ·라-}로 나타날 때에는 /·ㅂ라-/가 5번, /ㅂ라-/가 1번 나타났다. 자료가 6번뿐인 것을 가지고 어떤 결론을 도출한다는 것은 무리가 있지만, {:사·룸}의 경우 /:사룸/(:□·□)이 압도적인 빈도(92번)로 나타나는 데 대하여, /:사·룸/은 1번 나타나는 것과 대조하면, /·ㅂ라-/(·□·□)가 5번 나타나는 것은 무관한 것으로 볼 수는 없다. 즉, 어절 안에서 첫 방점은 고정되어 있는 데 대하여, 둘째 음절의 방점이 지워졌다는 특성을 공유하고 있다고 할 수 있다.

{·ㅂ·라(·다)}처럼 줄기 {·ㅂ·라-}에 씨끝이 결합하여 3음절 {·ㅂ·라·□}을 이룰 경우는 /·ㅂ라·□/이 25번, /·ㅂ라□/이 2번으로, 모두 27번 나타났다. 27번이라는 자료는 많은 것은 아니지만, /·ㅂ라·□/이 25번이라는 것은 위에서 검토한 15세기 국어에서 상성형 {:사·롬·□}의 변이형에서 /:사롬·□/이 731번으로 압도적인 빈도로 나타났으며, 그밖의 것이 3번 나타난 것과 무관하지 않게 보인다.

{·ㅂ·라·□·□}처럼 4음절로 나타난 것은 모두 60번인데, /·ㅂ라□·□/이 22번, /·ㅂ·라□·□/와 /·ㅂ라·□□/이 각각 16번, /·ㅂ라·□·□/이 4번, /·ㅂ라□□/이 1번 나타났다. 특별히 {:사·롬·□·□}과 관련하여 지적할 만한 것은 없지만, 첫 음절이 ·□으로 고정되어 있는 것과 {:사·롬·□·□}의 변이형들의 첫 음절이 :□으로 고정되어 있다는 점에서 공통성을 갖는다. /·ㅂ·라:□·□/이 1번 나타나서, 셋째 음절에 :□이 된 것은 빈도수가 낮아서 오기가 아닌가 생각된다. 이밖에 5음절로는 /·ㅂ라·□□·□/이 1번 나타났을 뿐이다.

거성형과 평측형을 합쳐서 모두 106번인데, 이 중에서 위에서 말한 바와 같이 거성형은 93번이었고, 평측형은 /ㅂ라-/이 1번, /ㅂ라·□/이 5번, /ㅂ라·□·□/이 1번, /ㅂ라·□□/이 1번, /ㅂ라□·□/이 2번, /ㅂ라□□/이 2번 등 모두 13번이 나타났는데, 이 13번은 전체 자료에 비하면 빈도수가 낮아서 무시해도 좋을 정도라고 생각된다.

(4) 16세기 풀이씨 /·ㅂ·라·다/의 굴곡형 자료

   ·ㅂ라<소학 6:57>
   ·ㅂ·라·고<번소 8:2; 8:2; 5:83; 5:83>
   ·ㅂ·라·논<번노상60a-b>
   ·ㅂ·라·는<소학 4:23>
   ·ㅂ·라고<소학 4:33>
   ·ㅂ라·디<소학 2:63>
   ·ㅂ·라다·니<소학 4:33>
   ·ㅂ·라더·니<소학 4:46>
   ·ㅂ·라ᄂ·니<소학 5:83>
   ·ㅂ·라ᄂ·니.<번소 8:2>

16세기 문헌자료에서 {·ㅂ·라(·다)}의 줄기 {·ㅂ·라-}가 뒤따르는 씨끝 {-·아}와 결합하여 2음절 어형 {·ㅂ·라-}로 나타날 때에는 오직 /·ㅂ라-/가 1번 나타날 뿐이어서 이것으로 어떤 특성을 추론할 수는 없다.

{·ㅂ·라(·다)}처럼 줄기 {·ㅂ·라-}에 씨끝이 결합하여 3음절 {·ㅂ·라·□}을 이룰 경우는 /·ㅂ·라·□/이 6번, /·ㅂ·라□/이 1번, /·ㅂ라·□/이 1번으로, 모두 8번 나타났다. 8번이라는

자료는 어떤 결론을 도출하기에는 빈약하지만, /·ㅂ·라·□/이 6번 나타났다는 것은 앞에서 말한 16세기 {:사·롬·□}의 변이형 /:사·롬·□/이 309번이고, 그 밖의 다른 변이형이 합쳐서 157번 나타난 것과 그 비율로 보아 관련성이 크다고 하겠다.

{·ㅂ·라·□·□}처럼 4음절로 나타난 것은 모두 4번인데, /·ㅂ·라□·□/이 3번, /·ㅂ·라□·□/이 1번 나타났다. 이와 같이 적은 자료로 어떤 결론을 내릴 수는 없지만, 16세기 국어에서 □가 하나의 어절 안에서 두 번 이상 나타나는 것을 기피하는 특징을 보이는 것으로 짐작된다.

(5) 15세기 풀이씨 /어 · 렵 · 다/의 굴곡형 자료

    어·려·운<두시16:27b>
    어·려·워<두시25:40b>
    어·려·이<두시06:32b; 08:31a>
    어·렵·디<두시10:42a>
    어·려·버<석보13:43b; 23:42a>
    어·렵·고<석보6:23b; 9:28b; 9:28b>
    어·려운<두시10:13b; 11:31a; 16:21b; 16:61b; 17:31a; 22:15b; 23:08a; 23:31b; 10:05a>
    어·려울<두시06:45a>
    어·려워<두시11:32b>
    어·려이<두시08:57a; 21:30a; 22:37a; 24:53b>
    어·렵고 <두시11:08a; 15:18a; 17:18b>
    어·려본<석보13:27a; 13:40b; 13:44a; 9:14a; 9:24b; 9:33a; 9:33a; 9:7b; 9:8b; 9:32b; 9:34b>
    어려운<두시17:32a; 23:01b>
    어·려·우·니<두시07:11b>
    어·려·우·믈<두시16:50b>
    어·렵·도·다<두시10:11b; 10:11b>
    어·려우·니<두시08:40b; 10:44b; 10:46b; 11:13b; 11:22a; 11:23b; 11:30b; 16:12a; 20:30a; 21:30b;
          22:23a; 23:19b; 23:46b; 24:06b; 25:09a; 25:40a>
    어·려우·믄<두시20:11b>
    어·려우·믈<두시08:45a; 11:08b; 15:54a; 16:18a; 17:36b; 25:24b>
    어·려우·미<두시14:17a; 21:05a>
    어·려울·가<두시21:26b>
    어·려울·식<두시07:18a>
    어·렵더·라<두시16:26b; 06:06a; 06:15b; 07:25b; 07:27b; 08:29b; 10:19b; 10:26b; 10:31a; 10:38a;
          11:25b; 11:29a; 14:33a; 16:20b; 17:26a; 21:17a; 22:08b; 22:56a; 23:25b; 23:29a;
          24:43b>
    어·려봃·니<석보13:37a; 13:48a; 6:11a; 9:26b; 9:28b>
    어·려봃·며<석보13:37a; 6:11a>
    어·렵거·늘<석보9:28a>
    어·렵더·니<석보6:21b>
    어·렵도다<두시10:44b; 22:05a>
    어·려봃니<석보23:11b>

어려우·니<두시11:10b>
어려우·며<두시25:40a>
어려우·믈<두시17:08a>
어려우니<두시23:18a>
어렵도다<두시10:21b>
어·려우:믈<두시25:51a>
어·려·웨니·라<두시10:24a>
어·려·ᄫᅳ니·라<석보13:37b>
어·렵더·니라<두시25:14a>
어·렵거니·와<두시23:09b>
어·려오·미ᄯᆞ·녀<두시22:47b>
·어·러·이 <두시21:34a>

15세기 문헌자료에서 평측형 {어·렵(·다)}의 줄기 {어·렵-}은 그 줄기의 분절음 구성의 특성상 씨끝과 결합되어 나타나는 자료가 모두 4음절 이상이었다.

줄기 {어·렵-}에 씨끝이 결합되어 3음절 {어·렵·□}을 이룰 경우는 모두 41개인데, /어·렵·□/이 10번, /어·렵□/이 29번, /어렵□/이 1번, /·어·렵·□/이 1번이다. {어·렵-}이라는 줄기는 그 기저형을 평일형으로 잡을 수 있다. 지금까지 다른 자료에서 본 바와 같이 하나의 어절 안에서 첫 방점이 고정되어 있다는 것을 고려한다면, /어렵□/이 1번 나타났다는 것은 오기라고 간주해도 무방하겠다. 또, /·어·렵·□/이 1번 나타난 것도 {어·렵-}~{·어·렵-}의 쌍형어간을 인정한다는 것은 불합리한 일이므로, /·어·렵·□/ 역시 오기로 처리하는 것이 바람직하다.

줄기 {어·렵-}에 씨끝이 결합되어 4음절 어절 {어·렵·□·□}을 이룰 경우는 모두 65개이고, {어렵□·□}과 {어렵□□}으로 나타나는 것이 각각 3번과 2번이다. 뒤의 두 경우를 매우 드문 경우로 돌리면, 역시 이 풀이씨의 줄기는 {어·렵-}을 기저방점표상으로 잡을 수 있다.

{어·렵·□·□}의 변이형 가운데 /어·렵□·□/이 압도적으로 많은 57번으로 나타난다. 이에 대하여, /어·렵·□·□/과 /어·렵□□/이 각각 4번과 3번으로 나타나고 있다. /어·렵□·□/, /어·렵·□·□/, /어·렵□□/ 등의 빈도가 57번: 4번: 3번을 대조하면, 역시 ·□가 연속으로 3번 나타나거나, □가 연속으로 2번 나타나는 것은 기피형으로 생각된다. /어·렵□:□/은 마지막 음절이 :□으로 나타나는데, 이것은 그 빈도가 1번이라는 점에서 보면, 오기로 처리하는 것이 마땅하다.

이밖에 5음절 {어·렵·□·□·□}의 변이형으로 /어·렵·□□·□/이 2번, /어·렵□·□□/이 1번, /어·렵□□·□/이 1번 나타나고, 6음절 /어·렵□·□□·□/이 1번 나타난다.

15세기 {어·렵-}의 굴곡형들에서도 전체 116개 어절 중에서 평일형이 압도적으로 많은 109번 나타나고, 평3형 4번, 평4형 2번, 거성형 1번이 나타나는데, 뒤의 세 가지 경우를 예외로 돌리면, 둘째 음절에 나타나는 방점(·□)은 어절 안에서 첫 방점이기 때문에 고정되어 있고, 그 밖의 위치에 있는 방점들은 음조실현을 위해 임의적으로 □으로 나타날 수 있다는 결론을 얻을 수 있다.

(6) 16세기 풀이씨 /어·렵·다/의 굴곡형 자료
  어·려·온<소학 6:63; 8:34-35; 8:37; 8:37; 6:63>
  어·려·운<번노상21b-22a>, <소학 5:34>
  어·렵·다<번노상26b; 37a-b>
  어·려온<번소 9:20; 9:69; 5:115; 5:115; 2:44>
  어·려올<번소 9:92>
  어·려운<소학 6:16; 6:16>, <번소 6:25>
  어:려·이<소학 6:65>
  어·렵·다<소학 4:23>
  어:려운<소학 5:24; 5:24>
  어려·이<번소 9:70>
  어려온<번소 9:18>
  어려운<번소 9:20; 9:47>, <소학 6:43>
  어·려·오·ᄆ<번소 6; 20>
  어·려·옴·과<번소 7:17>
  어·려오·니<번소 6:27>
  어·려오·미<번소 7:17>
  어·려올·ᄉᆡ<소학 6:85>
  어·려옴·이<소학 5:50>
  어·려옴·ᄋᆞ<소학 5:19>
  어·려우·뇨<번노상45b>
  어·려우·니<번소 10:30-31>, <소학 6:129>
  어·려우·료<소학 6: 49>, <번소 9:53>
  어·려움·과<소학 5:50>
  어·렵도·다<소학 5:119>, <번소 8:41>
  어·렵거니<번노상30b-31a>
  어·렵살훈<소학 6:18; 6:18>
  어려오·니<소학 5:25>
  어·려·우니·라.<번소 8:36>
  어·려온·디·라<소학 범례>
  어·려우·니·라<소학 5:26>, <번소 6:28>
  어·려우·니라<소학 5:18>
  어려·우니·라<소학 5:114>
  어·렵·살·ᄒᆞ야<소학 5:53>
  어:려오니라.<번소 6:19>
  ·어·려운<번소 6:36-37>

    16세기 문헌자료에서 평측형 {어·렵(·다)}의 줄기 {어·렵-}의 굴곡형들은 모두 3음절 이상으로만 나타났다.

줄기 {어·렵-}에 씨끝이 결합되어 3음절 {어·렵·□}을 이룰 경우는 /어·렵·□/이 9번, /어·렵□/이 9번으로 18번 나타났고, 또한, /어렵·□/이 1번과 /어렵□/이 4번 나타나서 그 개수로 보면 모두 5번인데, 이것은 결코 적다고는 할 수 없다. 이것은 15세기에 {어·렵-}이었던 것이 16세기에 와서는 {어·렵-}과 {어렵-}의 쌍형어간으로 발달하는 시작이 되고 있는 것으로 보인다. 이러한 견해를 뒷받침하는 것이 4음절 {어·렵·□·□}의 변이형 19개 가운데 /어렵□·□/이 1번 나타나고, 5음절 {어·렵·□·□·□}의 변이형 8개 가운데 /어렵·□□·□/이 1번 나타나는 것을 보아도 알 수 있다. 창원방언을 비롯한 영남의 여러 방언에서 이 낱말은 {어·렵-}과 {어렵-}의 두 가지 줄기로 나타나는 것도 쌍형어간의 시작이라는 관점의 정당성에 대한 근거 자료가 되는 것으로 보인다.

줄기 {어·렵-}에 씨끝이 결합되어 4음절 어절 {어·렵·□·□}을 이룰 경우는 모두 19개인데, 이미 말한 /어렵□·□/을 제외하면, /어·렵□·□/이 13번, /어·렵□□/이 3번, /어·렵·□·□/이 2번 나타나서, 이 풀이씨 줄기의 기저방점표상은 둘째 음절에 첫 방점이 있는 {어·렵-}이 아직까지는 {어렵-}보다는 우세한 것으로 보는 데는 어려움이 없다.

5음절은 이미 지적한 방점형 /어렵·□□·□/이 1번 나타나고, 오기로 보이는 방점형 /어:렵□□□/이 1번 나타나며, /어·렵□·□·□/이 3번, /어·렵·□□·□/이 1번, /어·렵□·□□/이 1번, /어·렵·□·□□/이 1번 나타난다. 뒤의 세 가지 경우는 평일형인데, 모두 6번으로 이 역시 풀이씨 줄기의 기저방점표상을 {어·렵-}으로 처리하는 데, 충분한 근거로 작용하고 있다.

자료 (1)~(6)을 보면, 15세기와 16세기의 방점 결합의 공통성은 하나의 어절 안에서 첫 방점이 고정되어 있으며, 둘째 이하의 방점은 음조실현규칙에 의해서 ·□와 □으로 변동한다는 점이다. 대체로 15세기에는 한 어절 안에서 ·□이 연속해서 3개 이상 나타나는 경우는 극히 드문 데 대하여, 16세기에는 그러한 제약이 상당히 완화되어, ·□이 셋 이상 연속되는 경우가 드물지 않게 나타난다. 이것은 영남의 여러 방언에서 첫 측성(:□, ·□) 이하가 모두 ·□으로 중화되는 현상이 이미 16세기에 상당히 진행되었던 것으로 볼 수 있다.

5.2. 중세국어와 현대방언의 방점 자료 정리 방법

15세기의 중앙에서 간행된 방점 문헌과 영남이나 호남에서 간행된 문헌의 방점체계가 크게 다름이 없는 것으로 미루어 보면, 정확하게 알 수 있는 방법은 없지만, 15세기 우리말의 중앙어와 15세기 정선방언 사이에는 방언 차이가 크지 않았던 것으로 가정하고자 한다.

국어 성조사를 기술하는 데 있어서, 15세기 문헌자료와 대상 방언 사이의 방점 자료의 대응관계를 출발점으로 하지 않을 수 없다. 필자가 사용한 문헌은 처음에 15세기 12개 문헌과 16세기 6개 문헌이었으며, 컴퓨터에 입력한 어절의 수는 약 30만 개 정도였으나, 그 가운데서 이 연구를 위해서 사용한 자료는 15세기 문헌 「석보상절」, 「월인천강지곡」, 「두시언해」 등 3개와 16세기 문헌 「번역 박통사」, 「번역 노걸대」, 「번역 소학」, 「소학언해」 등 4개를 합쳐 모두 7개 문헌이며, 그 어절의 수는 약 10만 개 정도 항목이다. 그러나 이것을 이 연구 5.1절의 자료 (1)~(6)에서 보는 바와 같은 방법으로 같은 항목에 대해서는 문헌과 그 쪽수만 통합하여 정리해서, 사용한다 하더라도 그 분량이 방대하여 한 논문 안에 그 자료를 다 사용할 수 없다. 그래서 자료를 정리하는 방법을 생각한 결과, 중세국어에는 있더라도 정선방언에 없는 자료는 제외하고, 역으로 정선방언에는 있더라도 중세국어에 없는 자료는 제외하여, 양쪽 다 있는 자료에만 한정하기로 했다.

또 이하에서는 자료를 (1)~(6)과 같은 방법으로 정리된 자료에서 모든 출전 및 그 쪽수를 적는 대신에, 어느 한 문헌과 쪽수를 적고 그 뒤에 괄호( ) 안에 n번식으로 줄여서 제시하기로 한다. 예를 들면, (7)과 같은 자료를 (8)과 같은 방법으로 적는다.

(7) 1차적으로 정리된 16세기 자료의 일부

    :사·롭<번노상22b-23b; 22b-23b; 28b-30a; 28b-30a; 30a-b; 30a-b; 33b; 33b; 3b-5a; 3b-5a; 47b-48a; 47b-48a; 47b-48a; 47b-48a; 50b-52a; 50b-52a; 55b; 55b; 55b-56b; 55b-56b; 65a; 65a>, <번소 10:1-2; 10:15; 10:23; 10:23; 7:8; 7:9; 8:40; 8:15; 8:15; 8:42; 9:5; 9:98>, <소학 3:17; 3:4; 4:30; 4:9; 5:118; 5:51; 5:55; 5:74; 5:93; 5:93; 5:95; 6:111; 6:122; 6:25; 6:31; 6:73; 6:82; 2:32; 2:32; 2:48; 2:65>

    :사롭<번소 9:81-82; 10:21; 6:32-33; 6:32-33; 6:33; 8:13; 9:28; 9:76-77; 9:82; 9:90; 9:12; 9:42>, <소학 5:55; 5:69; 6:120; 6:76; 6:91>

    :사·롭은<소학 6:93>

    :사·롭의<소학 3:20-21>

    :사·롭이<소학 4:15-16; 4:18; 4:25; 4:30; 4:38; 4:8; 5:20; 5:30; 5:60; 5:74; 5:97; 6:101; 6:46; 6:50; 6:9; 범례 1>

    ·사롭<번소 9:61-62>

    ·사·르·마<번노상61a; 61a>

    ·사·르·믄<번소 10:9-10>

    ·사·르·미 <번노상26b; 26b>, <번소 7:38; 8:33; 8:33>

    ·············· <생략>··················

(8) 2차적으로 정리된 16세기 자료의 일부

    :사· 롭<번노상22b-23b>(53번)

    :사롭<번소 9:81-82>(17번)[3]

    :사· 롭은<소학 6:93>[4]

---

3) ·사롭<번소 9:61-62>

　　:사·롬의<소학 3:20-21>
　　:사·롬이<소학 4:15-16>(16번)[5]
　　·············· <생략>················

　　결국 (8)에서는 자료의 출전과 그 쪽수를 적되, 음운론적으로 기본이 되면서 빈도수가 높은 것을 표제항으로 하고, 예외적인 방점을 가지고 있는 것은 각주로 처리한다. 이렇게 함으로써 중세국어와 정선방언의 대응관계를 제시할 때는 중세국어에서 기본이 되면서 빈도가 높은 쪽을 그에 짝이 되는 정선방언과 대조가 되도록 했다. 각주에 들어간 것은 참고 자료로 처리되는 셈이다.

　　(8)은 중화현상이나 첫성분평성화 등과 같은 지배적인 규칙을 이용하면, 그 어휘의 기저 방점표상은 /:사·롬/으로 분석되는데, 이렇게 분석된 어휘항목만 정선방언의 어휘항목과 대응관계의 짝을 지울 때에는 (8)을 다음 (9)와 같은 방법으로 단순화한다.

(9) 3차적으로 정리된 16세기와 정선방언

　　16세기 기저표상　　　　　　≪최빈방점형≫　　　　　　정선방언
　　:사·롬(761번)[6]　　　　　　≪:사·ㄹ·미(번노상27a)≫　　:사·람/M²[MH]

　　(9)에서 가장 왼쪽의 16세기 기저표상은 각 낱말(여기에서는 /:사·롬/)의 전체 어형들을 통해서 분석된 기저표상과 ( ) 속에 n번(여기에서는 761번)은 그 기저표상에서 도출되는 어형들(예; :사·롬, :사롬, :사·롬은, :사·롬의, :사·롬이······)이 실제 나타난 횟수이다. 그리고, 가운데 줄의 ≪최빈형≫은 그 기저형과 토씨 또는 잡음씨, 씨끝 등의 여러 굴곡형의 결합으로 이루어지는 어절이면서, 실제로 문헌 속에 존재하는 어형들 중에서 가장 빈도가 높은 방점형(여기에서는 :□·□·□)으로 나타나는 어형들 중에 하나만 그것의 출전 및 나타나는 쪽수의 보기를 든 것이다. 또한 (9)에서 가장 오른쪽에 있는 정선방언의 자료(여기에서는 /:사·람/, /M²[MH])는 가장 왼쪽의 16세기 기저표상(/:사·롬/)에 짝이 되는 어형과 그 성조형 및 음조형이다.

　　이하에서 특별한 설명이 필요하지 않는 한, 이 연구에서 중세국어와 정선방언 사이의 관계는 모두 (9)와 같은 방법으로 정리를 할 것이다. 그리고 더 상세한 연구에 대해서는 앞으로 별도의 연구를 통해서 발표하기로 하고 여기에서는 생략한다.

---

4)　·사·ㄹ·른<번소 10:9-10>
5)　·사·ㄹ·미<번노상26b>(5번)
6)　·사·롬(41번)≪·사·ㄹ·미(번노상26b)≫; 사롬(7번)≪사롬·이(번소 9:72)≫

5.3. 토씨의 방점 분석과 대응관계

　중세국어의 방점이 표시된 문헌에서 대다수의 이름씨는 토씨와 결합된 어절로 나타나기 때문에 중세국어와 정선방언의 이름씨 방점의 대응관계를 고찰하기에 앞서 중세국어 토씨의 기저방점표상을 이 절에서 먼저 검토하기로 한다.

　4장에서 정선방언 토씨는 1음절 평성 이름씨 뒤에서만 토씨의 기저방점 분석이 가능함을 보았다. 2음절 이상 평성형은 거성형의 평2형화와 평복형의 자유변동 때문에 토씨의 방점은 고정된 기저방점표상을 가지지 못하기 때문이다. 그러나 중세국어에서는 거성형의 평2형화와 평복형의 자유변동과 같은 현상이 일어나지 않기 때문에 □₁ (평성형, {□, □□, □□□, □□□□……}) 뒤에 오는 토씨의 방점은 그 기저방점이라고 볼 수가 있다.

　이 절에서 /집/(家)과 /ᄆᆞᅀᆞᆷ/(心)의 문헌 자료를 이용해서 토씨의 기저방점표상을 분석하기로 한다.

　/집/(家)은 1음절 평성형 이름씨이므로, 이 뒤에 나타나는 토씨7)의 방점은 토씨 기저방점의 분석을 위한 기초 자료가 된다.

(10) 15세기 토씨방점 분석 자료
　　집　<두시06:05b; 06:17b; 06:22a; 06:27a; 06:30b; 06:41b; 06:43a; 06:51b; 07:04a; 07:18a; 07:22a;
　　　　07:25a; 07:33b; 08:01a; 08:05a; 08:09b; 08:32b; 08:32b; 08:35b; 08:42a; 08:44b; 08:61a; 10:08b;
　　　　10:21b; 10:34b; 10:45a; 10:46a; 11:40b; 11:52a; 14:01a; 14:09b; 14:12b; 14:16a; 14:19a; 15:11b;
　　　　15:15b; 15:37b; 15:49b; 16:28b; 16:31a; 16:42a; 16:52b; 16:52b; 16:66a; 17:14b; 17:38b; 17:38b;
　　　　21:32a; 22:03b; 22:05b; 22:05b; 22:41a; 22:43a; 23:53b; 24:28a; 25:03b; 25:18b; 25:19a; 25:19a;
　　　　25:19b; 25:41a; 25:55a>, <석보 23:58b; 23:58b; 24:14b; 24:14b>, <월인기155>.
　　짚　<두시08:10b; 08:35a; 08:48a; 08:68a; 10:07a; 10:22a; 15:46a; 16:02b; 16:60a; 17:29a; 22:41b;
　　　　25:40a; 25:48a>
　　지·븐　<두시06:17b; 07:04b; 07:34b; 10:15a; 11:17b; 14:03a; 14:23a; 14:24a; 15:08a; 15:13a;
　　　　　15:36b; 20:24a; 21:22a; 22:01b; 23:10a>
　　지·블　<월인기117; 168; 168; 45; 98; 156; 177>, <석보24:14a; 24:14a; 24:7b; 24:7b; 6:16b; 6:16b;
　　　　　6:16b; 6:16b; 6:14a; 6:14a; 6:15b; 6:15b; 6:26a; 6:26a; 6:27a; 6:27a; 6:7a; 6:7a; 9:19b;
　　　　　9:19b;6:15b; 6:15b>, <두시06:21b; 06:43a; 06:45b; 06:48a; 07:16b; 07:19b; 07:26a; 08:01a;
　　　　　08:43a; 10:16a; 14:01b; 14:09b; 15:08b; 15:17a; 15:24b; 17:03b; 20:29a; 22:04b; 22:04b;
　　　　　22:11a; 23:17a; 23:37a; 23:42b; 24:09a; 25:03b; 25:37a>
　　지·븨　<두시06:20b; 06:22a; 06:44a; 06:51b; 07:10a; 07:12a; 07:18a; 07:23a; 07:30a; 07:33a;
　　　　　07:33b; 08:12a; 08:14a; 08:24b; 08:50a; 08:51b; 08:52a; 08:65a; 10:14b; 10:16b; 10:18b;
　　　　　10:29b; 11:24a; 11:36b; 11:37a; 11:40a; 14:12b; 14:35a; 15:02b; 15:16b; 15:22a; 15:38b;
　　　　　15:45b; 15:48a; 16:18a; 16:27a; 16:33a; 16:42a; 16:44b; 16:49a; 16:57a; 16:72b; 17:03b;

---

7) 여기서 토씨는 한 개 이상의 토씨로 구성된 토씨의 구조체를 가리킨다. 이하에서도 마찬가지이다.

　　　　17:06a; 17:15a; 17:16b; 17:17a; 20:03b; 20:17b; 20:28b; 20:41b; 22:03b; 22:19a; 22:35a; 22:42b; 22:42b; 23:08b; 23:25b; 23:33b; 23:40b; 23:55a; 24:17a; 24:53a; 25:14a; 25:19b; 25:24b; 25:33a; 25:49a; 25:54a>.

지·빈 　<두시06:26a; 07:30b; 11:19b; 16:72a; 20:02b; 20:38a; 23:27a; 24:47a>

지·빗 　<두시07:33a; 08:49a; 08:50b; 08:64b; 10:06b; 11:15a; 14:35a; 16:38b; 20:40a; 22:08a; 23:01a; 25:31b>

지·비 　<두시06:40a; 06:42b; 06:43a; 06:46b; 06:48b; 07:01a; 07:04b; 07:15b; 07:39a; 08:32a; 08:33b; 08:36b; 08:42a; 08:42a; 08:51b; 08:55b; 08:55a; 10:02a; 10:03b; 10:14b; 10:36b; 10:42b; 11:22a; 14:03b; 14:25b; 14:26a; 14:33b; 15:11b; 15:42b; 15:50b; 16:35a; 16:45a; 16:58b; 17:37a; 20:37b; 20:41a; 20:51a; 21:02b; 21:31a; 21:33b; 22:04b; 22:06a; 22:10a; 22:11a; 22:14b; 22:46a; 22:53a; 23:30a; 23:46a; 24:61a; 25:36b; 25:45b; 25:47b>

지:블 　<두시14:28b; 25:07a>

지:비 　<두시16:69b>

지블 　<두시06:53b; 07:05b; 08:01a; 10:26b; 15:15b; 22:04b>

지븨 　<두시25:13a; 10:18a; 15:10b; 16:05b>

지빗 　<두시23:13b; 25:17b>

지비 　<두시07:04a; 08:47a; 10:21a>

집·과 　<석보13:23a; 13:23a; 23:3b; 23:3b>, <두시07:01b; 07:10a; 08:56b; 20:38a; 21:04b; 25:49a>

지·브란 　<두시14:19b; 06:47b; 22:12a>

지·븨셔 　<두시08:39b; 11:11b; 16:04b; 17:13a; 20:44a; 25:10a>

지·븨논 　<두시06:08a>

지:비·며 　<석보9:11a; 9:11a>

지·븨·셔 　<석보6:16a; 6:16a>

지븨셔 　<두시15:55b; 17:28a>

지·비·△ 　<석보6:38a; 6:38a>

지·브로·셔 　<두시20:52a>

집:마다·셔 　<두시15:06a>

집:마다 　<두시10:32a>

지·브로브·터 　<두시16:08b>

지비·라 　<석보6:23b; 6:23b>[8]

지·비·니 　<석보6:23b; 6:23b>

지·비·라 　<석보9:20a; 9:20a>

지·비로·다 　<두시07:06b; 07:07b; 07:24a; 10:07a; 15:14a; 15:28a>

지·비어·나 　<석보19:43b; 19:43b>

지비로다 　<두시07:05a>

지·비러·니라 　<두시15:22b>

(8)을 (9)처럼 단순화하듯, (10)을 단순화하면, (11)과 같다.

---

8) 이하 일곱 어절은 /집/ 뒤에 결합된 것이 토씨가 아니고, /·이(·다)/의 굴곡형이다. /·이(·다)/의 굴곡형의 방점 분석은 다른 논문에서 하기로 하고 여기서는 논 외로 한다.

(11) 15세기 토씨방점 분석 자료 {집+토씨}

    ㄱ. 집(67번) ≪집(두시 06:05b)≫
       짒(13번) ≪짒(두시 08:10b)≫
       지·븐(15번) ≪지·븐(두시 06:17b)≫
       지·블(55번) ≪지·블(월인 기117)≫
       지·븨(69번) ≪지·븨(두시 06:20b)≫
       지·븬(8번) ≪지·븬(두시 06:26a)≫
       지·빗(12번) ≪지·빗(두시 07:33a)≫
       지·비(53번) ≪지·비(두시 06:40a)≫
       집·과(11번) ≪지빗(석보 13:23a)≫
       지·브·란(3번) ≪지·브란(두시 14:19b)≫
       지·븨·는(1번) ≪지·븨는(두시 06:08a)≫
       지·븨·셔(2번) ≪지·븨·셔(석보 6:16a)≫
       지·비·ᅀᅡ(2번) ≪지·비·ᅀᅡ(석보 6:38a)≫
       지·브·로·셔(1번) ≪지·브로·셔(두시 20:52a)≫
    ㄴ. 지·브·로#브·터(1번) ≪지·브로브·터(두시 16:08b)≫
    ㄷ. 집:마·다(1번) ≪집:마다(두시 10:32a)≫
       집:마·다·셔(1번) ≪집:마다·셔(두시 15:06a)≫
    ㄹ. 지:블(2번) ≪지:블(두시 14:28b)≫
       지:비(1번) ≪지:비(두시 16:69b)≫
       지블(6번) ≪지블(두시 06:53b)≫
       지븨(4번) ≪지븨(두시 25:13a)≫
       지빗(2번) ≪지빗(두시 23:13b)≫
       지비(3번) ≪지빗(두시 07:04a)≫
       지:비·며(2번) ≪지:비·며(석보 9:11a)≫
       지븨셔(2번) ≪지븨셔(두시 15:55b)≫

위의 (11)ㄱ에서 토씨들의 최종방점표상은 ≪ ≫속에 있는 실제로 문헌에 나타난 방점표상과 대조하면, /ㅅ/, /·은/, /·을/, /·의/, /·읜/, /·읫/, /·이/, /·과/, /·으·란/, /·의·논/, /·의·셔/, /·이·ᅀᅡ/, /·으·로·셔/으로 분석하여도 어떤 결함이 없을 것으로 생각된다. 그것은 한 어절 내에서 ·□ 또는 :□ 이하의 위치에서는 중화에 의해서 모든 음절이 ·□으로 나타나기 때문이다.

(11)ㄱ에서 /짒/는 /집+ㅅ/으로 분석되나 /ㅅ/은 하나의 음절을 이루지 못하기 때문에 거기에 방점 표시를 줄 수는 없고, /ㅅ/ 그 자체가 기저방점표시이다.

(11)ㄴ의 /지·브·로#브·터/는 /지·브·로·브·터/로 표시해야 될 가능성이 없는 것은 아니지만 /브·터/는 여러 방언에서 앞서는 이름씨와 결합해서 하나의 어절이 되기도 하지만, 매우 자주 하나의 독립된 운율적 낱말처럼 □·□(2음절 평일형)으로 쓰이기도 한다. 중세국어에서도 이것은 ·□나 :□ 뒤에서도 □·□으로 나타나는 것으로 보아서 풀이씨 줄기 /븥 +·어/에서 온 /브·터/가 문법화 과정을 100% 완성하지 못한 결과가 아닌가 생각된다. 따라서 여기서도 쉼(#)이 개입되면서 /브·터/가 독립된 하나의 운율적 낱말로 나타난 것으로

보고자 한다.

　(11)ㄷ의 /집:마다/와 /집:마다·셔/에서 /:마다/는 15세기와 16세기 필자가 조사한 문헌
들에서 주로 /:마다/로 나타나지만, /:마·다/로 나타나는 곳도 있다(예; /구무:마·다/(석보
23:29a)). 이것으로 보아서 이 토씨의 기저방점표상은 /:마·다/로 보아도 무리가 없을 것으
로 생각된다.

　(11)ㄹ의 /지:블/과 /지블/은 각각 2번과 6번이 나타났지만, (11)ㄱ의 /지·블/이 55번 나
타난 것을 고려하면, 오기로 보아도 되지 않을까 생각한다. 그리고 (11)ㄹ의 /지:비/와 /지
비/는 각각 1번과 3번 나타났는데 (11)ㄱ의 /지·비/가 53번 나타난 것과 대조하면, 역시 잘
못된 표기로 보인다. (11)ㄹ의 /지븨/가 4번 나타났지만, (11)ㄱ의 /지·븨/가 69번 나타난
것을 보면, 오기로 처리할 수 있겠다. (11)ㄹ의 /지빗/는 2번 나타났는데, (11)ㄱ의 /지·빗/
가 12번 나타난 것에 비하면 소수일 뿐만 아니라 /지·빗/은 /집+·의+ㅅ/으로 분석되기 때
문에 /지빗/을 기저방점표상으로 볼 수 없다.

　이렇게 해서 (11)에서 우리가 분석한 토씨들 /ㅅ/, /·은/, /·을/, /·의/, /·윈/, /·윗/, /·이/,
/·과/, /·으·란/, /·의·논/, /·의·셔/, /·이·ᄽ/, /·으·로·셔/는 모순 없이 잘 분석된 방점표시로
볼 수 있다.

(12) 15세기 토씨방점 분석 자료 {ᄆᆞᅀᆞᆷ+토씨}
　　ㄱ. ᄆᆞᅀᆞᆷ(41번)≪ᄆᆞᅀᆞᆷ(월인 기134)≫
　　　　ᄆᆞᅀᆞᆶ(3번) ≪ᄆᆞᅀᆞᆶ(두시 16:31a)≫
　　　　ᄆᆞᅀᆞ·매(46번) ≪ᄆᆞᅀᆞ·매(석보 13:23b)≫
　　　　ᄆᆞᅀᆞᆷ·애(4번) ≪ᄆᆞᅀᆞᆷ·애(월인 기109)≫
　　　　ᄆᆞᅀᆞ·미(2번) ≪ᄆᆞᅀᆞ·미(두시 22:20a)≫
　　　　ᄆᆞᅀᆞ·맨(1번) ≪ᄆᆞᅀᆞ·맨(두시 24:48b)≫
　　　　ᄆᆞᅀᆞ·맷(11번) ≪ᄆᆞᅀᆞ·맷(석보 19:24b)≫
　　　　ᄆᆞᅀᆞ·미(90번) ≪ᄆᆞᅀᆞ·미(석보 13:1b)≫
　　　　ᄆᆞᅀᆞᆷ·이(1번) ≪ᄆᆞᅀᆞᆷ·이(월인 기89)≫
　　　　ᄆᆞᅀᆞ·몬(8번) ≪ᄆᆞᅀᆞ·몬(두시 11:39a)≫
　　　　ᄆᆞᅀᆞᆷ·온(2번) ≪ᄆᆞᅀᆞᆷ·온(월인 기133)≫
　　　　ᄆᆞᅀᆞ·몰(103번) ≪ᄆᆞᅀᆞ·몰(석보 13:16a)≫
　　　　ᄆᆞᅀᆞᆷ·올(5번) ≪ᄆᆞᅀᆞᆷ·올(월인 기108)≫
　　　　ᄆᆞᅀᆞᆷ·고(1번) ≪ᄆᆞᅀᆞᆷ·고(두시 16:72a)≫
　　　　ᄆᆞᅀᆞᆷ·과(5번) ≪ᄆᆞᅀᆞᆷ·과(두시 25:08b)≫
　　　　ᄆᆞᅀᆞᆷ·쾌(8번) ≪ᄆᆞᅀᆞᆷ·쾌(석보 13:12a)≫
　　　　마ᅀᆞ·ᄆᆞ·로(2번) ≪마ᅀᆞ·ᄆᆞ·로(석보 23:47b)≫
　　　　ᄆᆞᅀᆞ·ᄆᆞ·로(5번) ≪ᄆᆞᅀᆞ·ᄆᆞ로(두시 08:12b)≫
　　　　ᄆᆞᅀᆞ·ᄆᆞ·로(44번) ≪ᄆᆞᅀᆞ·ᄆᆞ·로(석보 13:13a)≫
　　　　ᄆᆞᅀᆞᆷ·ᄋᆞ·란(1번) ≪ᄆᆞᅀᆞᆷ·ᄋᆞ·란(월인 기121)≫
　　　　ᄆᆞᅀᆞ·미·라·도(2번) ≪ᄆᆞᅀᆞ·미·라·도(석보 13:53a)≫

    ㄴ. 마숨ᅀᆞ·장(4번) ≪마숨ᅀᆞ·장(석보 6:11a), 마숧ᄀᆞ·장(석보 13:42a)≫
       무숧ᄀᆞ·장(4번) ≪무숧ᄀᆞ·장(석보 13:41b)≫
    ㄷ. 무ᅀᆞ미(3번) ≪무ᅀᆞ미(두시 08:70a)≫
       무ᅀᆞ몰(5번) ≪무ᅀᆞ몰(두시 10:21a)≫
       무·ᅀᆞ·몰(2번) ≪무·ᅀᆞ·몰(석보 6:42a)≫

위의 (12)ㄱ에서 /ㅅ/은 성절음이 없는 자음이므로 방점의 배당을 받을 수가 없다. 그러므로 /ㅅ/ 자체로서 하나의 토씨로 처리된다. (12)ㄱ에서 토씨들의 최종방점표상은 ≪ ≫ 속에 있는 실제로 문헌에 나타난 방점표상과 대조하면, ·□(/·애/, /·익/, /·앤/, /·앳/, /·이/, /·이/, /·온/, /·올/, /·고/, /·과/, /·쾌/), ·□·□(/·ᄋᆞ·로/, /·으·란/), ·□·□·□(/·이·라·도/)로 분석하고, □·□(/ᅀᆞ·장/)으로 분석하는 데는 아무 어려움이 없다.

그러나 (12)ㄷ의 세 어형은 문제가 있다. (12)ㄱ에서 /무ᅀᆞ·미/(90번)와 /무ᅀᆞᆷ·이/(1번)는 /무ᅀᆞᆷ+·이/의 실현형이므로, 둘을 합치면 91번으로 (12)ㄷ의 /무ᅀᆞ미/(3번)은 극소수에 지나지 않으므로 오기라고 간주할 만하다. 같은 이유로, (12)ㄷ의 /무ᅀᆞ몰/(5번)은 (12)ㄱ의 /무ᅀᆞ·몰/(103번)과 /무ᅀᆞᆷ·올/(5번)을 합친 108번에 비하면, 극소수이므로, 오기로 간주함이 마땅하다. (12)ㄷ에서 /무·ᅀᆞ·몰/은 이름씨 줄기 자체가 평일형으로 나타나는 유일형이므로, 잘못된 표기로 보는 것이 좋겠다.

(11)에서는 /ㅅ/, /·은/, /·을/, /·의/, /·윈/, /·윗/, /·이/, /·과/, /·으·란/, /·의·는/, /·의·셔/, /·이·ᅀᅡ/, /·으·로·셔/ 등이 분석되었고, (12)에서는 /·애/, /·익/, /·앤/, /·앳/, /·이/, /·이/, /·온/, /·올/, /·고/, /·과/, /·쾌/, /·ᄋᆞ·로/, /·으·란/, /·이·라·도/, /ᅀᆞ·장/ 등이 분석되었다. 이 두 가지 토씨들 가운데서 공통으로 들어 있는 토씨를 골라내면 (13)과 같다.[9]

  (13) {ㅅ}, {·은~·온}, {·을~·올}, {·의~(·애~·익)}, {·윈~·앤}, {·윗~·앳}, {·이~·이}, {·과~·과}, {·으·란~·으·란}

거성형의 평2형화와 평복형의 자유변동이 없는 중세국어에서는 /집/(□)과 /무ᅀᆞᆷ/(□□)은 음절수는 다르지만 같은 평성형이므로, 이들 뒤에 나타나는 토씨는 같은 형태소일 경우 (13)처럼 같은 방점형으로 나타날 수밖에 없다. 이에, 중세국어에서 토씨의 방점분석에 대한 원칙을 제시하면 다음과 같다.

(14) 중세국어 토씨 방점 분석 원칙
□₁ (평성형) 이름씨 뒤에 나타날 때, 토씨의 현실방점표상에 중화규칙을 고려하여, 하

―――――――――――
9) 15세기 국어의 모음조화를 고려하면, 같은 { } 안에 있는 토씨들은 동일한 토씨 형태소의 변이형이라 할 수 있다.

나의 어절 내에서 첫 방점 이하의 모든 음절을 ·□으로 만들어서 나오는 방점형을 그 기저방점표상으로 삼는다.

(13)에 포함되지 않는 토씨들은 다음과 같으며, 이들도 또한 15세기 국어 토씨의 기저방점표상이다.

    (15) ㄱ. (11)에서 분석된 토씨: /·의·는/, /·의·셔/, /·이·사/, /·으·로·셔/
        ㄴ. (12)에서 분석된 토씨: /·고/, /·패/, /·으·로/, /·이·라·도/, /ㅅ·장/

원칙 (14)에는 /:마다/와 같은 약간의 예외가 있다. 그 원인은 확실하지는 않지만, 중세국어도 현대의 성조방언에도 쉼(# 또는 낱말 경계)을 이름씨와 토씨 사이에 끼워 넣어서 발음하기 때문인 것으로 짐작된다. 정선방언의 /버·텀/, /꺼·정/ 따위는 중세국어의 /:마다/처럼 필수적인 것은 아니지만, 임의적으로 쉼(#)을 앞에 두기도 하고, 두지 않기도 한다. (예: /노·래#버·텀/~/노·래·버·텀/, /:사·람#꺼·정/~/:사·람·꺼·정/)

분석된 15세기 토씨의 기저방점과 정선방언 토씨의 대응관계는 다음과 같다.

(16) 15세기 국어 토씨와 정선방언의 대응관계

15세기 국어 토씨	정선 방언
{·은~·온}	{·은}
{·을~·올}	{·을}
{·의~·애~·이}	{·에}
{·읜~·앤}	
{·읫~·앳}	
{·이}	{·이~·가}
{·과}	{·과~·와}
{·으·란}	
{·의·는}	{·에·는}
{·의·셔}	{·에·서}
{·이·사}	{·이·야}
{·으·로·셔}	{·으·로·서}
{·고}	{·고}
{·패}	{·과~·와}
{·으·로}	{·으·로}
{·이·라·도}	{·이·라·도}
{ㅅ·장}	{까·짐~꺼·짐}

(16)에서 왼쪽의 15세기 국어와 오른쪽의 정선방언 토씨를 대조하면, 물론 빈 자리가 없는 것은 아니지만, 기저방점표상이 일치하고 있다. 방점이라는 것은 중화와 대립에 기반을

두고 분석된 기저방점표상이기 때문에 방점이 일치한다는 것은 음운론의 최상위표상 층위에서는 600년이 지난 지금에 와서도 동질성이 유지되고 있음을 나타내고 있는 것이다. 그러나 중간층위인 성조나 가장 표면층위인 음조층위에서는 중세국어와 정선방언과는 큰 차이가 있다. 그러나 이러한 차이는 방점층위의 표상과 음조실현규칙에 의해서 예측될 수 있는 것이다.

5.4. 방점표상 대응관계의 분석 이론

성조언어인 중세국어와 현대 성조방언의 방점표상의 대응관계를 논하려면, 먼저 방점형의 대응표를 제시하고 그 속에서 대응의 원리를 찾아낼 필요가 있다. 2.3절의 (44)를 조정하고 중세국어 간략 표기법을 보완하면 다음과 같다.

(17) 중세국어 · 창원방언 · 정선방언의 방점 표상

<table>
<tr>
<th colspan="2" rowspan="2">방점형</th>
<th colspan="2">중세국어</th>
<th colspan="2">현대 성조 방언의 간략 표기법</th>
<th rowspan="2">창원방언과
정선방언의 방점형</th>
</tr>
<tr>
<th>방점형</th>
<th>간략 표기법</th>
<th>창원방언</th>
<th>정선방언</th>
</tr>
<tr>
<td rowspan="9">평
측
형</td>
<td rowspan="2">평일형</td>
<td>$\square\cdot\square\cdot\square\cdot\square\cdot\square$</td>
<td>$\square\cdot\square^4$</td>
<td rowspan="2">$\square\cdot\square^4$</td>
<td rowspan="2">$\square\cdot\square^4$</td>
<td rowspan="2">$\square\cdot\square\cdot\square\cdot\square\cdot\square$</td>
</tr>
<tr>
<td>$\square:\square\cdot\square\cdot\square\cdot\square$</td>
<td>$\square:\square^4$</td>
</tr>
<tr>
<td rowspan="2">평2형</td>
<td>$\square\square\cdot\square\cdot\square\cdot\square$</td>
<td>$\square^2\cdot\square^3$</td>
<td rowspan="2">$\square^2\cdot\square^3$</td>
<td rowspan="7">$\square_2\cdot\square^n$</td>
<td rowspan="2">$\square\square\cdot\square\cdot\square\cdot\square$</td>
</tr>
<tr>
<td>$\square\square:\square\cdot\square\cdot\square$</td>
<td>$\square^2:\square^3$</td>
</tr>
<tr>
<td rowspan="2">평3형</td>
<td>$\square\square\square\cdot\square\cdot\square$</td>
<td>$\square^3\cdot\square^2$</td>
<td rowspan="2">$\square^3\cdot\square^2$</td>
<td rowspan="2">$\square\square\square\cdot\square\cdot\square$</td>
</tr>
<tr>
<td>$\square\square\square:\square\cdot\square$</td>
<td>$\square^3:\square^2$</td>
</tr>
<tr>
<td rowspan="2">평4형</td>
<td>$\square\square\square\square\cdot\square$</td>
<td>$\square^4\cdot\square$</td>
<td rowspan="2">$\square^4\cdot\square$</td>
<td rowspan="2">$\square\square\square\square\cdot\square$</td>
</tr>
<tr>
<td>$\square\square\square\square:\square$</td>
<td>$\square^4:\square$</td>
</tr>
<tr>
<td>평5형</td>
<td>$\square\square\square\square\square$</td>
<td>$\square^5$</td>
<td>$\square^5$</td>
<td>$\square\square\square\square\square$</td>
</tr>
<tr>
<td rowspan="2">측
성
형</td>
<td>거성형</td>
<td>$\cdot\square\cdot\square\cdot\square\cdot\square\cdot\square$</td>
<td>$\cdot\square^5$</td>
<td>$\cdot\square^5$</td>
<td>$(\cdot\square^5\rightarrow)\square_2\cdot\square^n$</td>
<td>$\cdot\square\cdot\square\cdot\square\cdot\square\cdot\square$</td>
</tr>
<tr>
<td>상성형</td>
<td>$:\square\cdot\square\cdot\square\cdot\square\cdot\square$</td>
<td>$:\square^5$</td>
<td>$:\square^5$</td>
<td>$:\square^5$</td>
<td>$:\square\cdot\square\cdot\square\cdot\square\cdot\square$</td>
</tr>
</table>

(17)에서 간략표기 부분을 보면, 중세국어의 방점형에서 창원방언의 방점형을 예측하는 데는 아무런 문제가 없다.

중세국어의 거성형은 창원방언에서도 거성형일 것이 예측되고, 창원방언의 거성형은 중세국어에서도 거성형이 될 것으로 예측된다. 이와 같은 관계를 양방향 단일성 원칙(bi-uniqueness principle)이라 할 수 있다. 양방향 단일성 원칙은 상성형에 대해서도 해당된다. 곧 중세국어의 상성형은 창원방언에서도 상성형일 것이 예측되고, 창원방언의 상성형은 중세국어에서도 상성형이 될 것으로 예측된다.

그런데, 중세국어의 평거형($\square_1 \cdot \square^n$)은 창원방언 평측형($\square_1 \cdot \square^n$)으로 나타날 것이 예측되고 또한, 중세국어의 평상형($\square_1 : \square^n$)도 창원방언에서는 평측형($\square_1 \cdot \square^n$)으로 나타날 것이 예측된다. 그러나, 창원방언의 평측형은 중세국어에서 평상형($\square_1 : \square^n$)이 될지, 평거형($\square_1 \cdot \square^n$)이 될지 예측할 수가 없다. 곧 중세국어에서 창원방언을 바라볼 때는 2:1로의 관계가 성립되지만, 창원방언에서 중세국어를 바라볼 때는 1:2로 되어 양방향 단일성 원칙이 성립되지 않는다. 이것은 방점 충위의 표상에 체계적인 변화가 있었음을 나타내는 것이다. 곧, 이 변화는 둘째 음절 이하에서 상성(:$\square$)과 거성($\cdot\square$)이 하나의 측성($\cdot\square$)으로 합류된 것에 원인이 있다.

한편, 중세국어와 정선방언을 대조하면, 2음절 이상의 어절에서는 오직 상성형과 평일형만 양방향 단일성 원칙이 성립된다. 곧 중세국어의 상성형은 정선방언에서도 상성형일 것이 예측되고, 정선방언의 상성형은 중세국어에서도 상성형이 될 것으로 예측되며, 중세국어의 평일형은 정선방언에서도 평일형일 것이 예측되고, 정선방언의 평일형은 중세국어에서도 평일형이 될 것으로 예측된다. 그러나 중세국어의 평복형의 하위 방점형들과 거성형에서 정선방언의 평복형이 될 것은 예측되지만, 정선방언의 평복형을 가지고는 중세국어에서 평복형의 어느 하위 방점형이 될 것인지 또는 거성형이 될 것인지 예측될 수가 없다.

그러나 중세국어와 정선방언의 1음절 이름씨나 1음절 풀이씨 줄기에 있어서는 양방향 단일성 원칙이 성립된다. 중세국어의 상성(:$\square$)에서 정선방언의 상성(:$\square$)이 예측되고, 중세국어의 거성($\cdot\square$)에서 정선방언의 거성($\cdot\square$)이 예측되며, 중세국어의 평성($\square$)에서 정선방언의 평성(:$\square$)이 예측된다. 마찬가지로, 정선방언의 상성(:$\square$)에서 중세국어의 상성(:$\square$)이 예측되고, 정선방언의 거성($\cdot\square$)에서 중세국어의 거성($\cdot\square$)이 예측되며, 정선방언의 평성($\square$)에서 중세국어의 평성($\square$)이 예측된다.

그러므로, 중세국어와 정선방언 사이의 방점표상의 대응관계는 1음절 평성($\square$), 1음절 거성($\cdot\square$), 1음절 상성(:$\square$)으로 된 이름씨 및 풀이씨 줄기의 일치의 정도를 조사하는 것이 첫째로 할 일이고, 다음으로는 2음절 이상의 어절에서는 평일형과 상성형의 일치 정도를 조사하는 것이다. 그리고 중세국어에서 2음절 이상의 평복형의 하위 방점형과 거성형이 정선방언에서 평복형으로 나타나는가만 조사하면 된다.

5.5. 이름씨 방점 분석과 대응관계

이제 5.4절에서 제시된 대응관계 이론에 따라서 중세국어와 정선방언 사이의 대응관계를 검토하기로 한다. 먼저 자료를 제시하고, 그것을 바탕으로 대응관계에 대한 해석을 하기로 한다.

아래의 자료는 '15세기 국어', ≪최빈방점형≫, '정선방언 성조형[음조형]'의 순서로 배열되어 있는데, '15세기 국어' 아래에는 문헌자료를 바탕으로 추리해 낸 기저방점표상 자료와 ( ) 안에 문헌에 나타나는 횟수를 적어 넣었다. 그 횟수는 대상 문헌에서 그 낱말로 이루어진 굴곡형 또는 준굴곡형 전체의 수를 나타내는 것이며, ≪최빈방점형≫은 그 전체의 수에서 가장 빈도가 높은 방점형으로 이루어진 굴곡형 또는 준굴곡형 중의 하나를 문헌에서 뽑아서 그것의 출전과 그 쪽수를 표기한 것이다. 그리고 정선방언 성조형[음조형]은 15세기 국어의 짝이 되는 정선방언의 낱말의 방점형과 성조형 및 음조형을 적은 것이다.

문헌에 나타난 자료들은 대부분은 압도적으로 높은 빈도로 나타나는 것과 빈도가 낮아서 오기로 보이는 것들이 있는데, 압도적으로 많이 나타나는 빈도는 중세국어의 각 낱말의 오른쪽 괄호 ( ) 속에 표기했고, 오기로 보이는 것은 각주를 달아서 문헌에 나타난 실제 예 하나씩과 그 오기의 횟수를 적은 것이다.

(18) 상성형 이름씨 대응 자료

15세기 국어	≪최빈방점형≫	정선방언 성조형[음조형]
:개(1)[10]	≪:개(두시06:41a)≫	:개 M̌[M̌]
:골(6)	≪:골·와(석보24:21b)≫	:골 M̌[M̌]
:곰(4)	≪:곰·과(석보9:24b)≫	:곰 M̌[M̌]
:눈(67)[11]	≪:누니(두시08:14b)≫	:눈 M̌[M̌]
:돈(25)	≪:도늘(두시15:09b)≫	:돈 M̌[M̌]
:돓(76)[12]	≪:돌히(두시24:56b)≫	:돌 M̌[M̌]
:둟(183)[13]	≪:두(석보6:45)≫	:둘 M̌[M̌]
:뒿(22)[14]	≪:뒤·흘(석보19:10a)≫	:뒤 M̌[M̌]
:말(227)[15]	≪:마·리(석보24:17a)≫	:말 M̌[M̌]
:매(26)[16]	≪:매·논(두시11:41b)≫	:매 M̌[M̌]
:발(11)	≪:바·롤(두시7:11b)≫	:발 M̌[M̌]
:밤(4)	≪:바·몰(두시7:32b)≫	:밤 M̌[M̌]
:벌(6)	≪:버·리(두시14:9b)≫	:벌 M̌[M̌]
:범(32)[17]	≪:버미(두시06:41b)≫	:범 M̌[M̌]
:별(43)[18]	≪:벼리(두시22:47b)≫	:빌 M̌[M̌]

---

10) 개(1번)≪개로(두시23:54a)≫

11) ·눈(2번)≪·누니(두시25:27a)≫

12) ·돓(3번)≪·돌해(두시07:05a)≫, 돓(4번)≪·돌해(두시 24:12a)≫

13) ·둟(6번)≪·둘히(두시22:37b)≫, 둟(7번)≪두(두시 08:48b)≫

14) ·뒿(1번)≪·뒷논(두시15:42a)≫, 뒿(7번)≪뒤헨(두시 08:32b)≫

15) ·말(3번)≪·말(두시14:27b)≫, 말(1번)≪마롤(두시 07:11a)≫

16) ·매(2번)≪·매롤(두시16:37a)≫

17) ·범(3번)≪·버미(두시16:33b)≫, 범(1번)≪마롤(두시 07:11a)≫

18) ·별(4번)≪·벼리(두시22:32b)≫, 별(1번)≪별(두시 23:09b)≫

:새(99)[19]	≪:새논(두시10:19a)≫	:새 M̌[M̌]
:섬(5)	≪:셔·미(두시16:43b)≫	:섬 M̌[M̌]
:속(36)[20]	≪:소개(두시17:19b)≫	:속 M̌[M̌]
:솝(7)	≪:소·배(석보24:50a)≫	:속 M̌[M̌]
:숨(5)	≪:수·미(석보23:21a)≫	:숨 M̌[M̌]
:실(24)[21]	≪:시리(두시11:44a)≫	:실 M̌[M̌]
:일(397)[22]	≪:이리(두시11:53a)≫	:일 M̌[M̌]
:죄(3)	≪:죄(두시23:19a)≫	:죄 M̌[M̌]
:즁(22)	≪:쥬·을(석보19:34b)≫	:중 M̌[M̌]
:ᄀᆞᆯ(153)[23]	≪:ᄀᆞ·쇄(두시25:34a)≫	:가 M̌[M̌]
:쉼(12)[24]	≪:시·미(두시20:19a)≫	:샘 M̌[M̌]
:죵(15)	≪:죵·과(월인 기52)≫	:종 M̌[M̌]
:가·치(7)	≪:가치·롤(두시16:10b)≫	:까·치 M²[M̌H]
:거·즛(8)[25]	≪:거즛(석보23:44b)≫	:거·짓 M²[M̌H]
:겨·집(72)[26]	≪:겨지·블(석보24:27a)≫	:지·집 M²[M̌H]
:님·금(336)[27]	≪:님그·믈(두시06:28a)≫	:임·금 M²[M̌H]
:대·초(2)	≪:대·최(두시10:31a)≫	:대·추 M²[M̌H]
:도·치(2)[28]	≪:도·치·롤(두시7:26b)≫	:도·꾸 M²[M̌H]
:보·배(55)	≪:보·배·롤(석보24:39a)≫	:보·배 M²[M̌H]
:사·람(761)[29]	≪:사·ᄅᆞ·미(번노상27a)≫	:사·람 M²[M̌H]
:쇼·경(2)	≪:쇼·겨·이(석보24:52a)≫	:소·경 M²[M̌H]
:아·래(49)	≪:아·래(석보13:44a)≫	:아·래 M²[M̌H]
:안·개(2)	≪:안·개(두시15:17a)≫	:안·개 M²[M̌H]
:말·숨(74)[30]	≪:말·숨·미(두시16:14a)≫	:말·씀 M²[M̌H]

 (18)에서 1음절 상성 이름씨와 그 굴곡형의 자료는 모두 1,511번 나타났고, 오기로 보이는 것은 모두 85번 나타났다. (18)에서 2음절 상성 이름씨와 그 굴곡형의 자료는 모두 1,370번 나타났고, 오기로 보이는 것은 모두 63번 나타났다. 대응관계의 해석에서 오기인 듯한 자료의 횟수는 무시하기로 한다. (18)에서는 15세기 국어와 정선방언의 1음절 상성 이름씨와 2음절 상성 이름씨를 합쳐서 37개가 100% 방점이 일치한다. 부분적으로 방점이

---

19) ·새(1번)≪·새(두시11:43a)≫, 새(1번)≪새(두시 11:43a)≫
20) ·속(5번)≪·소개(두시07:06b)≫
21) ·실(2번)≪·실(두시15:37a)≫, 실(6번)≪·실(두시08:30a)≫
22) ·일(2번)≪·이리(두시25:14a)≫, 일(12번)≪·실(두시25:06b)≫
23) ·ᄀᆞᆯ(4번)≪·가쇄(두시17:03a)≫, ᄀᆞᆯ(4번)≪가쇄(두시24:55b)≫
24) ·쉼(1번)≪·쉼(두시07:23b)≫,쉼(1번)≪쉼(두시25:53b)≫
25) ·거즛(1번)≪·거즛(두시16:13a)≫
26) ·겨집(1번)≪·겨지·블(두시15:32b)≫
27) ·님금(10번)≪·님긊(두시24:41a)≫
28) ·도·치(1번)≪·도·칯(두시06:46a)≫
29) ·사·롬(41번)≪·사·ᄅᆞ·미(번노상26b)≫; 사롬(7번)≪사롬·이(번소 9:72)≫
30) ·말·숨(1번)≪·말ㅅ몰(두시08:61a)≫,말숨(1번)≪말ㅅ·몰(두시23:50a, 24:51a)≫

일치하거나 방점형이 전혀 달라서 대응규칙에 어긋나는 자료도 극소수 있는데 그것은 뒤로 돌려서 다루기로 한다.

아래에서는 번수는 세지 않고 15세기 국어의 각 방점형이 정선방언에서 그대로 일치하는지 또는 부분적으로 일치하는지 또는 일치하지 않는지만을 확인하는 것으로 그 대응하는 정도를 지적하기로 한다.

(19) 거성 이름씨 대응 자료

	15세기 국어	≪최빈방점형≫	정선방언/성조형/[음조형]
ㄱ.	·갏(40)[31]	≪·갈홀(두시25:06b)≫	·칼 M[M]
	·곻(10)	≪·고홀(두시22:56a)≫	·코 M[M]
	·글(74)[32]	≪·그를(두시14:39a)≫	·글 M[M]
	·니(10)	≪·니예(두시16:49a)	·이 M[M]
	·말(斗)(7)	≪·마롤(두시25:41b)≫	·말 M[M]
	·맛(20)[33]	≪·마·시(석보09:20b)≫	·맛 M[M]
	·못(池)(49)	≪·모·몰(석보23:48b)≫	·못 M[M]
	·밥(74)[34]	≪·밥과(두시16:70a)≫	·밥 M[M]
	·블(80)[35]	≪·브리(두시23:02b)≫	·불 M[M]
	·비(75)[36]	≪·비논(두시14:23b)≫	·비 M[M]
	·쇠(12)[37]	≪·쇠롤(두시17:30a)≫	·쇠 M[M]
	·쇼(26)	≪·쇼·롤(석보6:32b)≫	·쇠 M[M]
	·신(12)[38]	≪·시놀(두시25:10a)≫	·신 M[M]
	·입(15)[39]	≪·이비(두시23:16a)≫	·입 M[M]
	·잔(12)	≪·잔올(두시11:34b)≫	·잔 M[M]
	·줄(31)[40]	≪·주를(두시21:14b)≫	·줄 M[M]
	·춤(41)[41]	≪·추미(두시17:39a)≫	·춤 M[M]
	·키(24)[42]	≪·킈와(두시08:50a)≫	·키 M[M]
	·팋(8)[43]	≪·터·홀(석보06:23a)≫	·터 M[M]
	·플(56)[44]	≪·프리(석보24:56a)≫	·풀 M[M]

---

31) 갏(7번)≪갈홀(두시24:12a)≫
32) 글(10번)≪그를(두시23:50b)≫
33) 맛(3)≪마술(두시10:23b)≫
34) :밥(1)≪:밥(두시25:02a)≫, 밥(1)≪바볼(두시14:23a)≫
35) 블(5)≪블·와(두시16:50b)≫
36) :비(6)≪:비·논(석보9:13a)≫
37) 쇠(1)≪쇠와(두시24:26b)≫
38) 신(1)≪신(두시10:13a)≫
39) 입(7)≪입을(월인 기164)≫
40) 줄(2)≪주리(두시23:18a)≫
41) 춤(2)≪추미(두시24:62b)≫
42) 키(2)≪키(두시24:16b)≫
43) 팋(1)≪터홀(두시14:34b)≫

	·피(15)[45]	≪·프리(석보24:56a)≫	·피	M[M]
	·힘(63)[46]	≪·히·미(석보13:41b)≫	·힘	M[M]
	·둘(72)[47]	≪·ᄃ리(두시15:52b)≫	·달	M[M]
	·비(船)(235)[48]	≪·비·옛(두시08:402b)≫	·배	M[M]
	·뜯(296)[49]	≪·ᄠ들(두시10:15a)≫	·뜻	M[M]
	·ᄢ(8)	≪·ᄢ롤(두시16:66a)≫	·씨	M[M]
	·ᄡᆞᆯ(11)[50]	≪·ᄡᆞ롤(두시07:29b)≫	·쌀	M[M]
	·ᄢᅵ(13)[51]	≪·ᄢᅵ롤(두시06:30a)≫	·꿰	M[M]
	·ᄯᅡᇂ(333)[52]	≪·ᄯᅡ히(두시17:13a)≫	·땅	M[M]
	·히(324)[53]	≪·히예(두시24:58a)≫	·해	M[M]
ㄴ.	·귀(66)	≪·귀·와(석보23:42a); 귀·예(월인 기2)≫	·귀	M[M]
	·귿(68)	≪·그티(두시24:11a); 그·테(두시07:23a)≫	끝	M[M]
	·긿(261)[54]	≪·길히(두시17:17a); 길·헤(두시07:23a)≫	·질	M[M]
	·눈(144)[55]	≪·누늘(두시14:30a); 누·네(두시20;16b)≫	·눈	M[M]
	·담(18)[56]	≪·다미(두시8:42a); 다·매(두시10:37a)≫	·담	M[M]
	·대(20)[57]	≪·대롤(두시10:39a); 대·예(두시06:29a)≫	·대	M[M]
	·몸(327)[58]	≪·모·몰(석보23:48b); 모·매(두시23;38b)≫	·몸	M[M]
	·믈(347)[59]	≪·므를(두시14:13b); 므·레(두시10:23a)≫	·물	M[M]
	·발(46)	≪·바리(두시25:23b); 바·래(두시08:47b)≫	·발	M[M]
	·밤(105)	≪·바미(두시07:06a); 바·미(두시16:50a)≫	·밤	M[M]
	·봄(157)[60]	≪·봄·과(두시08:06b); 바·미(두시23:25a)≫	·봄	M[M]
	·붇(23)	≪·부들(두시21:13a); 부·데(두시10:27a)≫	·붓	M[M]
	·빛(155)[61]	≪·비치(두시15:03a); 비·체(두시11:21a)≫	·빛	M[M]
	·살(9)[62]	≪·살·이(월인 기40); 사·래(두시11:16a)≫	·살	M[M]
	·손(45)[63]	≪·소논(두시16:29b); 소·내(두시25:50a)≫	·손	M[M]

---

44) 플(3)≪플·왜(두시08:70a)≫
45) 피(1)≪피(두시10:12a)≫
46) 힘(2)≪히미(두시25:08a)≫
47) 둘(2)≪다·리(두시14:30a)≫
48) 비(16)≪비예(두시15:29a)≫
49) 뜯(10)≪뜨·디(두시10:24b)≫, :뜯(1)≪:뜨·디(두시22:43b)≫
50) :ᄡᆞᆯ(1)≪:ᄡᆞᆯ(두시7:38a)≫
51) ᄢᅵ(2)≪ᄢᅵ롤(두시23:35b)≫
52) ᄯᅡᇂ(19)≪ᄯᅡ히(두시23:31a)≫
53) 해(12)≪히롤(두시23:32a)≫
54) 긿(15번)≪길히(두시22:51a)≫, :긿(15번)≪:길히(두시16:57a)≫
55) 눈(2번)≪누니(두시24:05a)≫
56) :담(1번)≪:담(두시25:52a)≫
57) 대(8)≪대논(두시08:11b)≫, :대(1번)≪:대와(두시20:06a)≫
58) 몸(10)≪모미(두시17:04a)≫
59) 믌(18)≪믌(두시07:04a)≫
60) 봄(13)≪:봄(두시08:46a)≫
61) :빛(2)≪:비·츨(두시08:59a)≫
62) :살(2)≪:살에(두시07:19b)≫

·앓(內)(85)[64]	≪·안·히(두시20:50b); 안·해(월인기15)≫	·안 M[M̄]
·옷(101)	≪·오·술(두시08:57a); 오·새(두시23:19a)≫	·옷 M[M̄]

(19)에서는 15세기 국어와 정선방언의 1음절 거성 이름씨는 합쳐서 47개가 100% 방점이 일치한다. 대응규칙에 어긋나는 자료는 뒤에 따로 제시한다.

15세기 국어에서 2음절 거성 이름씨는 정선방언에서는 모두 평2형으로 변화했으므로 이것은 (20)에 따로 정리해서 제시하기로 한다.

(20) 15세기 국어 거성형과 정선방언 평2형의 대응 자료

15세기 국어	≪최빈방점형≫	정선방언 성조형[음조형]
·가·지(42)	≪·가지·는(두시11:43a)≫	가지 H²[MH]
·구·룸(188)	≪·구루·미(두시7:12a)≫	구름 H²[MH]
·번·게(6)	≪·번게·를(두시17:30b)≫	번개 H²[MH]
·어·미(12)[65]	≪·어미·도(석보6:3b)≫	에미 H²[MH]
·우·리(62)	≪·우리·도(석보19:37b)≫	우리 H²[MH]
·스·매(13)[66]	≪·스매·예(두시11:26b)≫	소매 H²[MH]
·치·위(17)[67]	≪·치위·예(두시20:02b)≫	추우 H²[MH]
·치·뷔(2)	≪·치뷔·로(석보9:9b)≫	추우 H²[MH]
·벼·개(13)[68]	≪·벼개·롤(두시11:01b)≫	베개 H²[MH]
·그·믈(4)[69]	≪·그므·레(석보9:8a)≫	그물 H²[MH]

(20)에서는 15세기 국어 2음절 거성 이름씨는 합쳐서 10개이고, 이것은 모두 정선방언에서는 100% 평2형으로 나타난다. 양방향 단일성 원칙이 성립되지 않는 자료이므로, 15세기 국어에서 정선방언으로의 관계는 예측이 가능하지만, 정선방언의 평2형에서 15세기 국어 거성형이 나올 것인지는 예측할 수 없는 경우이다. 여기에도 소수의 예외가 있는데 이것은 아래에서 따로 제시할 것이다.

(21) 평일형 대응 자료

15세기 기저표상	≪최빈방점형≫	정선방언 성조형[음조형]
ㄱ. 곳(227)[70]	≪고·지(월인 기19)≫	꼴 H[H˙]

---

63) 손(3)≪소니(두시23:26a)≫
64) 쇼ㅎ(2)≪쇼·히(석보6:22a)≫
65) :어·미(8)≪:어미(두시25:27a)≫
66) 스매(4)≪스매·롤(두시24:28b)≫
67) :치위(1)≪:치위(두시06:27a)≫
68) :벼·개(1)≪:벼개·를(두시11:43a)≫
69) 그믈(2)≪그므·를(두시16:62a)≫
70) ·곳(2)≪·곳(두시08:09b)≫

	목(40)	≪모·굴(석보24:51b)≫	목 H[H]
	밑(43)[71]	≪미·틔(석보23:58a)≫	밑 H[H]
	밭(18)	≪바·티(두시07:30a)≫	밭 H[H]
	손(客)(26)[72]	≪손·둘히(두시16:57a)≫	손 H[H]
	술(91)	≪수·를(두시10:15b)≫	술 H[H]
	수울(4)	≪수·울(두시08:28a)≫	술 H[H]
	앒(115)[73]	≪알·픠(월인 기137)≫	앞 H[H]
	집(395)[74]	≪지블(두시15:15b)≫	집 H[H]
	낯(56)	≪ᄂᆞ·출(두시10:05a)≫	낯 H[H]
	닭(24)[75]	≪돌·굴(두시17:13a)≫	닭 H[H]
	몰(166)[76]	≪ᄆᆞ·롤(두시22:07a)≫	말 H[H]
	밖(78)	≪밧·긔(두시10:02a)≫	밖 H[H]
	비(梨)(4)[77]	≪비·와(두시25:51a)≫	배 H[H]
	쎙(5)	≪쎙·이(두시15:17a)≫	꽁 H[H]
	흙(58)	≪홀·굴(두시17:27a)≫	흙 H[H]
	웋(204)	≪우·희(두시21:11b)≫	우·에 HM[HM][78]
ㄴ.	가·마(1)	≪가·마·애(두시11:17b)≫	가·매 HM[HM]
	가·지(132)	≪가·지로(두시06:03b)≫	가·지 HM[HM]
	가·슴(11)[79]	≪가·ᄉᆞ·몰(석보23:25b)≫	가·슴 HM[HM]
	가·시(13)	≪가·시롤(두시20:10a)≫	가·시 HM[HM]
	각·시(24)	≪각·시·롤(석보24:15a)≫	각·시 HM[HM]
	겨·슬(16)	≪겨·스레(두시21:15b)≫	겨·욹 HM[HM]
	고·기(7)[80]	≪고·기롤(두시11:47b)≫	고·기 HM[HM]
	구·슬(26)[81]	≪구·스를(두시08:66b)≫	구·슬 HM[HM]
	그·릇(11)	≪그·르·시(월인기122)≫	그·릇 HM[HM]
	기·춤(2)	≪기·르·춤(석보19:55b)≫	지·침 HM[HM]
	나·랗(160)[82]	≪나·라·히(석보24:11b)≫	나·라 HM[HM]
	놀·애(98)[83]	≪놀·애롤(두시16:48b)≫	노·래 HM[HM]
	니·블(15)	≪니·브레(두시20:31b)≫	이·불 HM[HM]

---

71) /밑/은 단독으로 나타나거나 자음 씨끝 앞에서는 팔종성규칙에 따라 /믿/으로 나타난다. 예; /믿·과/
(석보13:41a). 다른 받침들도 팔종성규칙에 따른다.

72) ·손(2)≪·손(두시23:52b)≫

73) ·앒(3)≪·알·픠(두시14:19a)≫

74) ·집(2)≪·집·도(석보23:22a)≫

75) ·집(2)≪·집·도(석보23:22a)≫

76) ·말(4)≪·말·만(두시17:24b)≫

77) :비(1)≪:비(두시20:09b)≫

78) 정선방언의 /우·에/는 /우+·에/로 분석되므로, 15세기 국어 /웋/와 /우/는 그 방점이 일치한다고
볼 수 있다.

79) ·가·슴(1)≪·가·ᄉᆞ몰(두시08:27a)≫

80) 고기(8)≪고기와(두시14:25b)≫

81) 구슬(1)≪구슬를(두시11:17b)≫

82) ·나·라(2)≪·나·라·히(석보9:34b)≫

83) 더우(4)≪더위롤(두시11:23a)≫

더·위(34)[84]	≪더·위롤(두시22:29a)≫	더·우 HM[HM]
두·듥(34)[85]	≪두·드기(두시15:17b)≫	두·둑 HM[HM]
마·눌(4)	≪마·ᄂᆞ·롤(석보24:51a)≫	마·늘 HM[HM]
바·회(10)	≪바·회·예(두시16:24a)≫	바·우 HM[HM]
바·눌(4)	≪바·ᄂᆞ·롤(두시11:45b)≫	바·눌 HM[HM]
바·올(4)	≪바·오·리(석보13:24b)≫	방·울 HM[HM]
벼·로(2)[86]	≪벼·로롤(두시16:53a)≫	베·루 HM[HM]
벼·슬(38)[87]	≪벼·스리(두시24:03a)≫	베·실 HM[HM]
보·롬(2)	≪보·롬·애(월인기31)≫	보·롬 HM[HM]
부·체(10)	≪부·체롤(두시10:36a)≫	부·체 HM[HM]
사·회(6)	≪사·회·롤(월인기38)≫	사·우 HM[HM]
삿·기(39)[88]	≪삿·기는(두시10:08b)≫	새·끼 HM[HM]
션·비(34)[89]	≪션·비·오(두시16:03a)≫	선·비 HM[HM]
션·븨(5)[90]	≪션·븨·예(두시20:11a)≫	선·비 HM[HM]
소·리(175)[91]	≪소·리롤(두시22:34b)≫	소·리 HM[HM]
아·비(9)[92]	≪아·비는(두시22:38a)≫	애·비 HM[HM]
아·비(2)	≪아·비(두시24:18b)≫	애·비 HM[HM]
아·둘(79)[93]	≪아·ᄃᆞ롤(두시24:34a)≫	아·들 HM[HM]
아·히(102)	≪아·히는(두시11:44b)≫	아·아 HM[HM]
엇·게(14)[94]	≪엇·게롤(두시23:04a)≫	어·깨 HM[HM]
오·눌(13)[95]	≪오·눌ᄮᅡ(두시23:07b)≫	오·늘 HM[HM]
이·슬(40)	≪이·스른(두시08:36b)≫	이·실 HM[HM]
일·홈(242)[96]	≪일·후미(두시10:14a)≫	이·름 HM[HM]
일·홈(2)	≪일·홈과(두시16:08a)≫	이·름 HM[HM]
죠·히(13)	≪죠·히·예(두시21:08b)≫	조·오 HM[HM]
ᄒᆞ·눐(317)[97]	≪ᄒᆞ·눌·콰(두시08:47b)≫	하·눌 HM[HM]
허·리(12)[98]	≪허·리예(두시20:46b)≫	허·리 HM[HM]
허·믈(4)[99]	≪허·므를(두시20:13b)≫	허·믈 HM[HM]

---

84) 놀애(6)≪놀애로(두시23:330a)≫
85) 두듥(6)≪두듥과(두시15:21b)≫
86) 벼로(1)≪벼로·앤(두시08:09b)≫
87) 벼슬(1)≪벼슬로(두시22:29a)≫, ·벼슬(1)≪·벼슬(두시08:01a)≫
88) 삿기(2)≪삿기(두시11:15a)≫
89) ·션·비롤(1)≪·션·비롤(두시21:41b)≫
90) ·션·비롤(1)≪·션·비롤(두시21:41b)≫
91) 소리(16)≪소리는(두시23:28b)≫, ·소·리(5)≪·소·리·롤(두시06:02a)≫
92) 아비(1)≪아비·와(두시17:36b)≫
93) 아둘(3)≪아ᄃᆞ론(두시08:28a)≫
94) 엇게(2)≪엇게(석보13:9b)≫
95) 오눌(2)≪오눐(두시11:39a)≫
96) 일홈(6)≪일후미(두시24:01b)≫, 일:홈(6)≪일:후미(두시08:60a)≫
97) ᄒᆞ눐ㆆ(6)≪ᄒᆞ눌해(두시21:24a)≫, ·ᄒᆞ·눌ㆆ(7)≪·ᄒᆞ·눌·콰(석보23:52a)≫
98) 허리(1)≪허리예(두시20:52b)≫
99) 15세기 국어에서 /허·믈/과 /허믈/은 각각 4번씩 나타나므로 두 가지 방점표상을 가지고 있는 것

(21)에서는 15세기 국어 평일형 이름씨는 합쳐서 58개이고, 이것은 모두 정선방언에서는 100% 평일형으로 나타난다. 양방향 단일성 원칙이 성립되므로, 15세기 국어의 평일형은 정선방언에서도 평일형으로 나타나고, 정선방언의 평일형은 중세국어에서도 평일형으로 나타난다. 여기에도 소수의 예외가 있는데 이것은 아래에서 따로 제시할 것이다.

아래는 15세기 국어 평복형과 정선방언 평복형의 대응관계 자료이다.

(22) 평복형 대응 자료

15세기 국어	≪최빈방점형≫	정선방언 성조형[음조형]
얼굴(43)[100]	≪얼구·리(두시6:32b)≫	얼굴 H²[MH]
구무(4)[101]	≪구무:마·다(석보23:29a)≫	구멍 H²[MH]
느뭃(3)	≪느·뭁·올(두시25:07a)≫	나물 H²[MH]
도족(19)	≪도ᄌᆞ·골(두시24:08a)≫	도적 H²[MH]
보리(6)	≪보리·는(두시10:08a)≫	보리 H²[MH]
소곰(5)	≪소곰·과(두시06:47b)≫	소굼 H²[MH]
부텨(716)	≪부텻·긔(월인기 169)≫	부체 H²[MH]
빈혀(7)	≪빈혀·에(두시25:46a)≫	비네 H²[MH]
스승(28)[102]	≪스승·을(월인 기 112)≫	스승 H²[MH]
ᄆᆞ숨(401)[103]	≪마ᅀᆞ·미(두시16:22b)≫	마음 H²[MH]
ᄇᆞ롬(294)[104]	≪ᄇᆞ롬·매(두시11:09b)≫	바람 H²[MH]
ᄒᆞ르(17)	≪ᄒᆞ·릇(석보6:23a)≫	하루 H²[MH]
벌어·지(2)	≪벌어·지와(두시17:14b)≫	벌거·지 H²M[MHM]

(22)에서는 15세기 국어 평복형 이름씨는 합쳐서 13개이고, 이것은 모두 정선방언에서는 100% 평2형으로 나타난다. 양방향 단일성 원칙이 성립되지 않는 자료이므로, 15세기 국어 방점형에서 정선방언 방점형을 예측할 수 있지만, 정선방언의 평2형에서 15세기 국어 평성형이 나올 것인지는 예측할 수 없는 예들이다. 여기에도 소수의 예외가 있는데 이것은 아래에서 따로 제시할 것이다.

으로 처리하였다.

100) ·얼·굴(1)≪·얼구·리(두시16:36b)≫

101) /구무/는 자음으로 시작하는 토씨 앞에 나타나고, 모음으로 시작하는 토씨 앞에서는 항상 /굼ㄱ/로 나타난다. 그러므로 이 둘을 하나의 형태소의 변이형태로 볼 순 있으나 방점의 연구가 주목적인 이 연구에서는 이 둘을 하나의 이름씨의 변이형태로 보지 않고, 두 개의 별개의 낱말로 처리하였다.

102) ·스·승(2)≪·스승·이로·다(두시15:37b)≫

103) ·마·숨(5)≪ᄆᆞ숨·믄(두시17:02a)≫

104) :ᄇᆞ·롬(1)≪:ᄇᆞ롬·과(두시08:55b)≫

(23) 부분적으로 대응하는 자료

15세기 국어	≪최빈방점형≫	정선방언 성조형[음조형]
굵(14)	≪굼·글(두시11:01b)≫	구멍 H²[MH]
터·리(45)[105]	≪터·리·롤(월인 기174)≫	털 H[H˙]
거·붑(1)	≪거·부블(두시08:58b)≫	거·북·이 HM²[HM²]
기·슭(11)	≪기·슬·겐(두시08:09b)≫	기슭 H²[MH]
니·마ᅙ(3)	≪니·마홀(두시15:41b)≫	이막 H²[MH]
아·춤(55)[106]	≪아·츠미(두시07:07b)≫	아침 H²[MH]
자·최(40)	≪자·최롤(두시21:30b)≫	자취 H²[MH]
불·휘(18)	≪불·휘예(두시11:45a)≫	뿌레·기 H²M[MHM]
벌·에(9)	≪벌·에는(두시10:16b)≫	벌거·지 H²M[MHM]
거·우·루(19)	≪거·우루·롤(두시11:38b)≫	거·울 HM[HM]
허믈(4)	≪허·므·리(두시16:69a)≫	허·물 HM[HM]

(23)은 15세기 국어의 평측형이 정선방언에서도 평측형으로 나타나지만, 짝이 되는 각 낱말의 음절수가 다르거나 음절수가 같아도 첫 음절이나 둘째 음절까지만 방점형이 일치하기 때문에 부분적으로 대응하는 자료라 할 수 있다. 부분 대응 자료는 합쳐서 11개이며, 전체 자료에 비하면 소수에 지나지 않는다.

다음은 대응규칙에 어긋나는 자료이다.

(24) 대응규칙에 어긋나는 자료

15세기 국어	≪최빈방점형≫	정선방언 성조형[음조형]
가·히(12)[107]	≪가·히(두시06:39b)≫	:개 M̆[M̆]
소옴(2)	≪소오·무로(두시15:09a)≫	:솜 M̆²[M̆H]
·울·에(雷)(11)	≪·울에·예(두시17:39a)≫	:우·뢰 M̆²[M̆H]
:셔·울(13)[108]	≪:셔울·홀(두시15:52b)≫	서울 H²[MH]

(24)에는 15세기 국어에 평일형이 상성형으로 나타나는 것과 2음절 평성형이 상성으로 나타나는 것과 2음절 거성형이 2음절 상성형으로 나타나는 것과 2음절 상성형이 2음절 평복형으로 나타나는 것들인데, 모두 합쳐서 4개의 보기에 불과하다.

이 절에서 대응관계에 대한 내용 전체를 요약하면, 대응규칙에 완전히 합치하는 것 곧 양방향 단일성 원칙을 지키는 것은 상성형 37개 낱말, 1음절 거성 47개 낱말, 1음절 평성 58개 낱말 등 142개 낱말이고, 15세기 국어 2음절 이상의 거성형 10개와 평복형 13개 합쳐서 23개 낱말은 모두 정선방언의 평복형으로 나타나서 양방향 단일성 원칙은 지켜지지는

---

105) ·터·리(3)≪·터·리·와(두시16:46a)≫
106) ·아·춤(2)≪·아·츠미(두시16:62b)≫
107) 가히(1번)≪가히롤(두시24:34a)≫
108) ·셔·울ᅙ(3번)≪·셔울·헤(두시23:29a)≫; 셔울ᅙ(1번)≪셔울·헤(두시23:04b)≫

않지만, 15세기 국어에서 정선방언으로의 일관성이 있는 변화에는 충실한 것이다.

그러나 이들 165개에 비하면 부분 대응 자료는 11개로 그 수가 많지 않으며, 대응규칙에 어긋나는 자료는 4개로 극소수이다. 이런 사실로 미루어 보아 15세기의 정선방언의 방점 체계는 15세기의 방점 문헌을 대량으로 생산했던 15세기의 중앙방언과 거의 같은 상태였다는 결론을 내릴 수 있다.

5.6. 씨끝의 방점 분석과 대응관계

풀이씨는 줄기만으로 단독으로 어절을 이루지 못하고 반드시 씨끝과 결합하여 굴곡형을 이루며, 그 굴곡형이 어절로 나타나기 때문에 중세국어와 정선방언 풀이씨의 방점의 대응관계를 고찰하기에 앞서 중세국어 씨끝의 기저방점표상을 먼저 이 절에서 검토하기로 한다.

씨끝의 방점표상 분석은 토씨의 그것과 다르지 않으므로, 1음절 이상의 평성형 줄기 뒤에 나타나는 방점을 그 씨끝의 방점표상 분석의 근거로 한다. 여기에서는 1음절 평성 풀이씨 줄기 /잡(·다)/의 굴곡형을 가지고 씨끝의 방점을 분석하기로 한다.

(25) 15세기 국어 풀이씨 /잡-/의 굴곡형

    자·바 <월인 기107; 160; 161; 162; 168>, <석보6:46a; 13:10a; 13:11a; 13:38b; 23:38b; 23:49b; 23:49b; 23:49b; 24:16a; 24:22a; 24:22a; 24:22b; 24:30b; 6:32a; 6:32b; 6:9a>, 두시06:25a; 06:38a; 06:50b; 07:08a; 08:04a; 08:15a; 08:17b; 08:60a; 08:64a; 10:01b; 10:08b; 10:20b; 10:40a; 15:05a; 15:10a; 15:54a; 16:41b; 16:55b; 17:10b; 17:14b; 20:09a; 21:17a; 21:40a; 23:36a; 24:44a; 25:04a; 25:27a>

    자·본 <두시07:18a>

    자·봄 <두시08:06b>

    자·븐 <석보6:11b>, <두시15:47b; 15:52a>

    자·블 <두시07:03a; 16:63a>

    자바 <두시15:44a; 24:48b>

    잡·고 <석보23:40b; 24:14b>, <두시08:27b; 08:57a; 15:52a; 17:33b; 22:51a; 24:24a>

    잡·곡 <두시16:36b>

    잡·눈 <두시16:30a>

    잡·듯 <두시17:33a>

    잡·디 <석보6:10b>

    잡눈 <두시06:10a; 07:05a; 10:34b; 10:42b; 15:24b; 16:31b; 20:09b; 20:34b; 20:45a; 22:07b; 24:07b>

    자·바·셔 <두시22:38b>

    자·바셔 <두시08:41b; 11:33a; 15:13b; 16:48a; 20:04b; 21:06b; 23:14b; 23:50b; 24:07b; 24:39b; 25:22a>

자·밧고 <두시15:35b>
자·뱃고 <두시16:55a>
자·뱃논 <두시11:40b; 15:23a; 21:13b; 22:33b>
자·보·몰 <두시20:17b>
자·보라 <두시23:23b>
자·보미 <두시20:17b>
자·보몬 <두시06:19b; 17:39b>
자·보몰 <두시11:24b; 17:39a; 20:24b; 23:25b; 23:43b; 24:24a; 25:07a>
자·ㅂ·며 <두시07:32b>
자·ㅂ·면 <두시08:04b>
자·ㅂ니 <두시16:63a>
자·ㅂ며 <두시15:16b; 21:24b>
자·볼:가 <두시16:46a>
자·ㅂ·라 <월인 기73>
자·ㅂ·리 <석보6:17a>
자바셔 <두시10:21b>
자ㅂ·샤 <월인기19; 45; 64>, <석보23:28b>
자ㅂ며 <두시07:06b; 14:19b>
잡·노라 <두시10:07b; 15:15b; 20:27b>
잡·놋다 <두시10:11a>
잡·더니 <두시24:63a>
잡·도다 <두시20:31a>
잡·디 <두시07:30b; 16:12b>
자·바다·가 <두시15:08b; 22:20b>
자·밧노라 <두시22:55a>
자·밧도·다 <두시11:27b>
자·뱃·도·다 <두시08:58a>
자·뱃ㄴ니 <두시22:12b>
자·ㅂ려·뇨<두시23:06b; 24:08b>
자·ㅂ리·오<두시14:13b>
자·바다·가<석보13:10a>
잡ㅅ·ㅸ·며<석보23:49b>
자·밧더·니·라<두시14:36a>
자·뱃ㄴ·니오<두시08:17a>
·잡·디 <두시16:60b>
·자·볼 <두시16:62a>

  이름씨의 준굴곡형 (8)을 (9)로 그리고 (10)을 (11)로 고쳤던 것과 같은 방법으로 (25)를
단순화하며 아래의 (26)과 같다. 다만, 설명은 줄이고, 분석된 씨끝을 각 어절 뒤에 정렬해
서 붙이기로 한다. 그러므로 (26)의 오른쪽에 분석된 씨끝 아래에 있는 씨끝들은 그 씨끝
의 기저방점표상이다.

(26) 15세기 씨끝방점 분석 자료 {잡+씨끝}

	굴곡형	분석된 씨끝
ㄱ.	자·바(48번) ≪자·바(석보 6:46a)≫	/·아/
	자·본(1번) ≪자·본(두시 07:18a)≫	/·온/
	자·봄(1번) ≪자·봄(두시 08:06b)≫	/·옴/
	자·본(3번) ≪자·본(두시 15:47b)≫	/·온/
	자·볼(2번) ≪자·볼(두시 07:03a)≫	/·올/
	잡·고(8번) ≪잡·고(석보 23:40b)≫	/·고/
	잡·곡(1번) ≪잡·곡(두시 16:36b)≫	/·곡/
	잡·둧(1번) ≪잡·둧(두시 17:33a)≫	/·둧/
	잡·디(1번) ≪잡·디(석보 6:10b)≫	/·디/
	자·바·셔(1번) ≪자·바·셔(두시 22:38b)≫	/·아·셔/
	자·바·셔(11번) ≪자·바셔(두시 08:41b)≫	/·아·셔/
	자·밧·고(1번) ≪자·밧고(두시 15:35b)≫	/·앗·고/
	자·뱃·고(1번) ≪자·뱃고(두시 16:55a)≫	/·앳·고/
	자·뱃·눈(4번) ≪자·뱃눈(두시 11:40b)≫	/·앳·눈/
	자·보·몰(1번) ≪자·보·몰(두시 20:17b)≫	/·오·몰/
	자·보·라(1번) ≪자·보라(두시 23:23b)≫	/·오·라/
	자·보·미(1번) ≪자·보미(두시 20:17b)≫	/·오·미/
	자·보·몬(2번) ≪자·보몬(두시 06:19b)≫	/·오·몬/
	자·보·몰(7번) ≪자·보몰(두시 11:24b)≫	/·오·몰/
	자·ᄇ·며(1번) ≪자·ᄇ·며(두시 07:32b)≫	/·으·며/
	자·ᄇ·면(1번) ≪자·ᄇ·면(두시 08:04b)≫	/·으·면/
	자·ᄇ·며(2번) ≪자·ᄇ며(두시 15:16b)≫	/·으·며/
	자·ᄇ·라(1번) ≪자·ᄇ·라(월인 기73)≫	/·으·라/
	자·ᄇ·리(1번) ≪자·ᄇ·리(석보 6:17a)≫	/·ᄇ·리/
	잡·노·라(3번) ≪잡·노라(두시 10:07b)≫	/·노·라/
	잡·놋·다(1번) ≪잡·놋다(두시 10:11a)≫	/·놋·다/
	잡·더·니(1번) ≪잡·더니(두시 24:63a)[109]≫	/·더·니/
	잡·도·다(1번) ≪잡·도다(두시 20:31a)≫	/·도·다/
	잡·디(1번) ≪잡·디(두시 07:30b)≫	/·디/
	자·바·다·가(2번) ≪자·바다·가(두시 15:08b)≫	/·아·다·가/
	자·밧·노·라(1번) ≪자·밧노라(두시 22:55a)≫	/·앗·노·라/
	자·밧·도·다(1번) ≪자·밧도·다(두시 11:27b)≫	/·앗·도·다/
	자·뱃·도·다(1번) ≪자·뱃·도·다(두시 08:58a)≫	/·앳·도·다/
	자·뱃·ᄂ·니(1번) ≪자·뱃ᄂ니(두시 22:12b)≫	/·앳·ᄂ·니/
	자·ᄇ·려·뇨(2번) ≪자·ᄇ려·뇨(두시 23:06b)≫	/·으·려·뇨/
	자·ᄇ·리·오(1번) ≪자·ᄇ리·오(두시 14:13b)≫	/·으·리·오/
	자·바·다·가(1번) ≪자·바다·가(석보 13:10a)≫	/·아·다·가/
	자·밧·더·니·라(1번) ≪자·밧더·니·라(두시 14:36a)≫	/·앗·더·니·라/
	자·뱃·ᄂ·니·오(1번) ≪자·뱃ᄂ·니오(두시 08:17a)≫	/·앳·ᄂ·니·오/
ㄴ.	잡눈(11번) ≪잡눈(두시 06:10a)≫	/눈/

---

109) 참고 자료 : 먹·더니<두시23:29a>, 먹·던<두시11:02a>, 먹·던<두시24:50a>.

잡ᄉ·ᄫᅵ·며(1번) ≪잡ᄉ·ᄫᅵ·며(석보 23:49b)≫   /ᄉ·ᄫᅵ·며/
자ᄇ·샤(4번) ≪자ᄇ·샤(월인 기19)≫   /ᄋ·샤/
자ᄇ며(2번) ≪자ᄇ며(두시 07:06b)≫   /ᄋ·며/
ㄷ. 자바(2번) ≪자바(두시 15:44a)≫
자바셔(1번) ≪자바셔(두시 10:21b)≫
잡·ᄂᆞᆫ(1번) ≪잡·ᄂᆞᆫ(두시 16:30a)≫
자·ᄇᆞᆯ:가(1번) ≪자·ᄇᆞᆯ:가(두시 16:46a)≫
ㄹ. ·잡·디(1번) ≪·잡·디(두시 16:60b)≫
·자·ᄇᆞᆯ(1번) ≪·자·ᄇᆞᆯ(두시 16:62a)≫

(26)에 제시된 자료들은 모두 96번 가운데서 (25)ㄹ의 자료와 같이 거성 /·잡-/으로 나타난 것은 두 번으로 극소수에 불과하다. 그러므로 /잡(·다)/의 줄기를 평성과 거성(□~·□)으로 변동하는 것으로 처리할 수는 없고, 고정된 줄기 /잡-/으로 보되 /·잡-/은 오기로 보는 것이 올바른 처리이다.

(26)ㄱ에서 /자·바·셔/는 12번 그리고 /잡+·아X/형 62번에 비하면, (26)ㄷ의 /자바/와 /자바셔/는 합쳐서 3번으로 극소수에 지나지 않으므로, 굴곡형 /자바/와 /자바셔/는 방점표시가 잘못된 것으로 보기로 한다. (26)ㄷ의 /잡·ᄂᆞᆫ/은 1번 나타나는데, (26)ㄴ에서는 /잡ᄂᆞᆫ/으로 11번 나타나는 것에 비하면 소수에 불과하므로 오기로 본다. (26)ㄴ의 /자·ᄇᆞᆯ:가/의 셋째 음절이 상성으로 나타날 까닭이 전혀 없으므로 오기로 처리한다. 또 (26)ㄷ의 /자ᄇ·샤/와 /자ᄇ며/는 /잡-/에 /(-·ᄋᆞX~-·ᄋᆞX)~(-ᄋᆞX~-ᄋᆞX)/가 결합된 것인데, (26)ㄱ에서 /-·ᄋᆞX/가 15번 나타나고 있고, (26)ㄷ에서는 /-ᄋᆞX/가 결합된 것으로 6번 나타나서 모두 21번 중에서 1/4이 넘으므로, 전혀 무시할 수는 없다. 정선방언을 포함하는 소수의 현대 성조방언에서는 /-·ᄋᆞX/로만 나타나지만, 다수의 성조방언들에서 이 씨끝은 /-·ᄋᆞX~-ᄋᆞX/로 변동하고 있는 것(창원방언 예: /잡·은~잡은; 잡·ᄋᆞ·몬~잡ᄋᆞ·몬/)으로 보아 이들에 나타나는 /-ᄋᆞX/를 /-·ᄋᆞX/와 임의 변동하는 씨끝으로 보기로 한다.

(26)에서 분석된 씨끝을 정리하고, 정선방언과 대응관계를 보이면, 아래와 같다.

(27) 15세기 씨끝과 정선방언 씨끝의 비교

굴곡형   분석된 씨끝
ㄱ. /·디/   /·지/
/·고/   /·고/
/·듯/   /·듯/
/·아/   /·아/
/·아·셔/   /·아·서/
/·아·다·가/   /·아·다·가/
/·아·다·가/   /·아·다·가/
/·았·고/   /·았·고/
/·앳·고/   /·았·고/

　ㄴ. /·ᄋ/　　　　　　/·은/
　　　/·올/　　　　　　/·을/
　　　/·ᄋ·리/　　　　　/·으·리/
　　　/·ᄋ·라/　　　　　/·으·라/
　　　/·ᄋ·며/　　　　　/·으·며/
　　　/·ᄋ·면/　　　　　/·으·면/
　ㄷ. /ᄂᆞᆫ/　　　　　　/는/
　ㄹ. /·더·니/　　　　　/더·니/
　　　/ᄋ·샤/　　　　　　/·으·셔/
　ㅁ. /·앗·노·라/　　　　/·아X/(참고)
　　　/·앗·더·니·라/　　　/·아X/(참고)
　　　/·앗·도·다/　　　　/·아X/(참고)
　　　/·앳·도·다/　　　　/·아X/(참고)
　　　/·앳·ᄂ·니·오/　　　/·아X/(참고)
　　　/·앳·ᄂ·니/　　　　/·아X/(참고)
　　　/·ᄋ·려·뇨/　　　　/·으X/(참고)
　　　/·ᄋ·리·오/　　　　/·ᄋX/(참고)
　　　/·앳·는/　　　　　/·아X/(참고)
　ㅂ. /·오·라/　　　　　{없음}/·으·라/(참고)
　　　/·오·미/　　　　　{없음}/·음·이/(참고)
　　　/·오·ᄆᆞᆫ/　　　　{없음}/·음·은/(참고)
　　　/·오·몰/　　　　　{없음}/·음·을/(참고)
　　　/·온/　　　　　　{없음}/·은/(참고)
　　　/·옴/　　　　　　{없음}/·음/(참고)
　ㅅ. /·노·라/　　　　　{없음}
　　　/·놋·다/　　　　　{없음}
　　　/·도·다/　　　　　{없음}
　　　/·곡/　　　　　　{없음}
　　　/ᄉ·ᄫᅥ·며/　　　　{없음}

　　(27)ㄱ～ㄷ의 씨끝들은 중세국어와 정선방언의 씨끝 짝들의 기저방점표상이 일치하는
경우이다. (27)ㄹ에서 중세국어 /-·더·니/에 대응하는 정선방언의 씨끝은 대부분의 영남
방언과 마찬가지로 /-더·니/로 나타난다. 정선방언과 마찬가지로 다른 영남방언에서도
/-더+X/로 된 씨끝의 /더/는 평성으로 나타난다. (26)ㄹ에서 /-ᄋ·샤/는 {(-·ᄋX～-·으
X)～(-ᄋX～-으X)}에 포함되는 씨끝인데, 정선방언에서는 이 씨끝들은 /-·으X/로만 나타
난다. (27)ㅁ의 씨끝들은 {-·아X～-·어X}와 결합하는 씨끝들인데, 왼쪽에 중세국어에 정
확하게 짝이 되는 정선방언의 씨끝은 없으므로 참고로 {-·아X}로만 적어 넣어 {-·아X}의
첫 음절의 방점 ·□의 일치함을 보였다. (27)ㅂ의 중세국어 씨끝들은 삽입모음 {-오/우-}
가 들어있는 씨끝이므로, 이에 해당하는 씨끝은 현대국어의 다른 방언들에서와 마찬가지
로 정선방언에서도 쓰이지 않는다. 그러므로 방점의 대응관계를 따질 수는 없지만, 참고로
{-오/우-}를 제외한 나머지 부분에서 나머지 부분을 제시했다. (27)ㅅ의 중세국어 씨끝에

짝이 되는 씨끝은 정선방언에서는 쓰이지 않는다.

전체적으로 보아, 15세기 국어에 있던 것이 정선방언에서 없어진 경우는 둘 사이의 씨끝 체계에 역사적인 변천을 반영하는 것이다. 그러나 15세기 국어의 씨끝에 짝이 되는 씨끝이 남아 있는 경우는 그 기저방점표상은 다수가 대응하지만 소수는 불일치함을 확인할 수 있다.

5.7. 풀이씨 방점 분석과 대응관계

이 절에서는 15세기 국어와 정선방언의 1음절 줄기 풀이씨 굴곡형들의 대응관계를 고찰하기로 한다. 많은 풀이씨를 다 검토할 지면상의 여유가 없기 때문에 1음절 고정평성 풀이씨(/잡·다/), 1음절 고정거성 풀이씨(/·숨·다/), 1음절 고정상성 풀이씨(/:얻·다/), 1음절 변동상성 풀이씨(/:걷·다/), 1음절 변동평성 풀이씨(/·가·다/)의 굴곡형을 대조하기로 한다.

이미 1음절 고정평성 풀이씨에 대해서는 씨끝의 기저방점표상 분석을 하는 자리(5.6절)에서 /잡·다/의 자료를 가지고 검토했고, 또 정선방언의 /잡·다/의 굴곡형에 대한 자세한 검토는 4.4.1에서 이루어졌으므로, 여기에서는 고정평성 풀이씨의 굴곡형의 대응관계는 중복을 피하기 위하여 생략하기로 한다. 변동거성 풀이씨는 중세국어에서 나타나지 않고, 정선방언에도 원칙적으로는 없으나, 다만 모음으로 끝나는 줄기가 뒤따르는 {-·아X~-·어X}와 축약되어 상성으로 도출되는 경우가 있으나 이것은 축약 규칙에 의해 예측되는 것이므로 (4.4.2절의 (55)), 이러한 현상이 일어나더라도 그것을 변동거성 풀이씨로 보지는 않는다.

5.7.1. 고정거성 풀이씨의 대응관계

15세기 국어 고정거성 풀이씨 /·숨(·다)/의 굴곡형 자료는 다음과 같다.

(28) 15세기 풀이씨 방점 분석 자료 {·숨+씨끝}
- ㄱ. ·수·머<석보6:4b>
  - ·수머<두시06:45a; 08:02a; 08:29a; 08:56b; 17:05a; 17:13a; 20:26b; 20:37b; 23:27b>
  - ·수머<석보23:48a>
  - ·수멋·는<두시23:43b>
  - ·수·멧·는<두시21:29a>
  - ·수멧ᄂᆞ·니<두시10:11a>
  - ·숨엣·더시·니<월인 기108>
- ㄴ. ·수므·며<두시17:36b>
  - ·수므·면<석보6:33b; 6:33b; 6:33b; 6:34a>
  - ·수·므니·라<두시08:01a>

　　　　·수·므니·라<석보6:45a>
　　　　·수·므시·면<석보6:42a; 6:42a>
　　　　·수·믈<두시20:33b; 20:33b>
　　　　·수믈<두시16:25b>
　　ㄷ. ·숨느·니<두시17:05b>
　　　　·숨느·다<두시06:01a>

(28)ㄱ은 줄기 /·숨-/에 {-·어X}형 씨끝이 결합된 것이고, (28)ㄴ은 /·숨-/에 {-·으X}형
씨끝이 결합된 것이며, (28)ㄴ은 /·숨-/에 {-느X}형 씨끝이 결합된 것이다. 이들을 기저방
점형으로 재구성하여 단순화하면, 다음과 같다.

(29) 15세기 씨끝방점 분석 자료 { ·숨+씨끝}
　　ㄱ. ·수·머(1번)≪·수·머(석보 6:4b)≫
　　　　·수·머(9번)≪·수머(두시 06:45a)≫
　　　　·수·머(1번)≪·수머(석보 23:48a)≫
　　　　·수·멋·눈(1번)≪·수멋·눈(두시 23:43b)≫
　　　　·수·멧·눈(1번)≪·수·멧·눈(두시 21:29a)≫
　　　　·수·멧·느·니(1번)≪·수멧느·니(두시 10:11a)≫
　　　　·숨·엣·더·시·니(1번)≪·숨엣·더시·니(월인 기108)≫
　　ㄴ. ·수·므·며(1번)≪·수므·며(두시 17:36b)≫
　　　　·수·므·면(4번)≪·수므·면(석보 6:33b)≫
　　　　·수·므·니·라(1번)≪·수·므니·라(두시 08:01a)≫
　　　　·수·므·니라(1번)≪·수·므니·라(석보 6:45a)≫
　　　　·수·므·시·면(2번)≪·수·므시·면(석보 6:42a)≫
　　　　·수·믈(1번)≪·수믈(두시 16:25b)≫
　　　　·수·믈(2번)≪·수·믈(두시 20:33b)≫
　　ㄷ. ·숨·느·니(1번)≪·숨느·니(두시 17:05b)≫
　　　　·숨·느·다(1번)≪·숨느·다(두시 06:01a)≫

(29)에서 29번의 굴곡형이 모두 거성형으로 나타나는 것은 /·숨-/이 고정거성 풀이씨의
줄기이기 때문이다. 4.4.2절에서 정선방언의 /·숨(·다)/의 굴곡형들이 100% 거성형으로 나
타난 것도 역시 /·숨-/이 고정거성 풀이씨의 줄기이기 때문이다. 15세기 국어에서는 어절
안에서 최초의 방점은 대립하는 기능을 나타나는 방점이므로 고정되어 있으나, 둘째 이하
의 ·□(측성)은 음조실현규칙에 의해 □으로 바뀌어 나타날 수도 있다.110)
　　15세기 국어의 씨끝 형태소들 가운데는 정선방언의 그것과 일치하는 것도 있고, 다른
것도 있으며, 씨끝 형태소들의 결합방법도 양자 간에 다른 것도 있고 같은 것도 있다. 그

---

110) (28)과 (29)ㄴ의 /·수·믈/과 /·수믈/이 그러한 경우인데, /·믈/이 /믈/로 된 것은 ·□가 □으로 바뀐
　　경우이다.

러므로 중세국어의 굴곡형과 정선방언의 굴곡형을 가지런하게 짝을 지운다는 것은 쉽지 않으나 이들의 대응관계를 파악할 수 있는 방법으로 양자를 나란히 놓을 수가 있다.

    (30) 15세기 국어와 정선방언 /·숨(·다)/의 굴곡형 대조

	15세기 국어	정선방언
ㄱ.	·수·머	(·숨·어→)숨어
ㄴ.	·수·므·며	(·숨·으·며→)숨으·며
	·수·므·면	(·숨·으·면→)숨으·면
	·수·므·시·면	(·숨·으·시·면→)숨으·시·면
	·수·믈	(·숨·을→)숨을
ㄷ.	·수·멋·눈	{없음} (·숨·었·다→)/숨었·다/(참고)
	·수·멧·눈	{없음} (·숨·었·다→)/숨었·다/(참고)
	·수·멧·ᄂᆞ·니	{없음} (·숨·었·다→)/숨었·다/(참고)
	·숨·엣·더·시·니	{없음} (·숨·었·다→)/숨었·다/(참고)
	·수·므·니·라	{없음} (·숨·으·니→)/숨으·니/(참고)
	·숨·ᄂᆞ·니	{없음} (·숨·는·다→)/숨는·다/(참고)
	·숨·ᄂᆞ·다	{없음} (·숨·는·다→)/숨는·다/(참고)

    (30)과 같은 정리 방법은 어절 안에서 짝이 되는 형태소들의 방점을 표시하고 어절 전체의 방점형의 대응관계를 확인하는 데는 좋은 방법이 될 수 있다.

5.7.2. 고정상성 풀이씨의 대응관계

다음에는 15세기 중세국어의 고정상성 풀이씨 /:얻(·다)/의 굴곡형 자료이다.

    (31) 15세기 씨끝방점 분석 자료 {:얻+씨끝}

       ㄱ. :얻·긔<석보9:10a; 9:10a>
          :얻게<두시11:52a; 11:52a>
          :얻고<두시11:38b; 11:38b; 23:22a; 23:22a>
          :얻고·져<석보9:9a; 9:9a>
          :얻고져<두시07:04a; 07:04a>
          :얻과·라<석보19:40b; 19:40b>
          :얻거·늘<두시07:27b; 07:27b>
          :얻다·가<석보24:19b; 24:19b>
          :얻도·다<두시06:28a; 06:28a; 16:53a; 16:53a; 23:54b; 23:54b>
          :얻디웨<두시17:32a; 17:32a>
          :얻즈·ᄫᅡ<월인기91>, <석보13:13a; 13:32a; 13:32b>
          :얻즈·ᄫᅡ다·가<석보23:53b>
          :얻ᄌᆞ·ᄫᆞ·라<석보23:57a>
          :얻·ᄌᆞᄫᆞ·니<석보13:25a; 13:25a>

:얼·ᄌᆞᇦ·뇨<석보13:16b; 13:16b>
:얼·놋·다<두시23:15b; 23:15b>
:얼노·라<두시07:12b; 07:12b; 24:44a; 24:44a>
:얼논·디<석보13:33b; 13:33b>
:얼놋·다<두시17:06a; 17:06a>
:얼니·논<석보6:14a; 6:14a>
:얼ᄂᆞ·니<두시08:38a; 08:38a; 25:25a; 25:25a>
:어·더<월인 기88>,<석보24:31a; 24:50a; 23:6a; 24:30b; 24:37a; 24:43b; 24:8b; 6:13b; 9:24a;
      9:5a>, <두시08:68a; 11:29a; 24:58b>
:어더<두시06:29b; 06:31a; 06:43a; 08:49b; 10:15b; 10:41b;11:02b;11:08b; 15:15b; 15:15b;
      15:21b; 15:37b; 15:38b; 15:38b; 15:43a; 16:28a; 16:32a; 16:38b; 16:55b; 16:71b; 17:11a;
      20:27b;21:15a; 22:17a; 23:36a; 25:46a; 25:53a; 23:7a; 24:13b; 21:07b>
:어뎻·ᄂᆞ·니<두시15:54b>
:어덧·도소·니<두시20:23a>
:어·들<두시25:15b; 07:10b; 07:10b; 08:31a; 08:31a; 08:49a; 08:49a; 10:06a; 10:06a; 10:27b;
        10:27b; 11:13a; 11:13a; 16:15b; 16:15b; 16:57b; 16:57b; 16:60b; 16:60b; 20:53b; 20:53b;
        25:48b; 25:48b>
:어더·도<두시06:43a; 16:67a>
:어더·든<두시15:37b>
:어더·셔<두시14:23a>
:어더·도<석보6:20a>
:어·더다·가<석보24:20a>
:어데·ᅀᅡ<두시16:38b>
:어드·녀<두시20:38b>
:어드·니<석보6:23b>, <두시17:07b; 17:10b; 17:28a>
:어드·라<두시14:25a; 15:19b>
:어드·료<두시23:26a>
:어드·며<석보19:5b; 9:9b>, <두시24:21b>
:어·드·리·니<두시23:30a>
:어·드니·라<두시20:49a>
:어·드려·뇨<두시15:20a>
:어·드리·니<두시08:13b>
:어·드리·오<석보9:27b>, <두시25:10b; 11:07a; 20:02a>
:어·드리·라<석보23:52b; 23:53b; 24:11a>
:어·드샤·ᄆᆞᆫ<석보6:7a>
:어드·리로·다<석보23:17a; 16:42b; 16:60a; 22:31b>
:어·드리·로소·니<두시20:19b>
:어·드리·언마·론<두시06:45a>
:어드·시ᄂᆞ·니라<두시16:65a>
:어도·라<두시20:45b; 22:40a>
:어도·ᄆᆞᆯ<두시16:19b>
:어·둔<석보23:40b>
:어둘<두시25:31a>
:어두·니<두시21:25a; 22:01b; 22:50a>
:어두·라<두시06:21b; 07:30b; 08:42b; 15:48b; 16:22a; 22:15b; 23:27b>

　　　　:어두·메<두시16:25a>
　　　　:어두·믈<두시08:44b;　15:17a;　16:06b;　16:19b;　20:21a;　21:26b;　22:07a;　22:54a;　25:20b;
　　　　　　　　25:44a>
　　　　:어두·미<두시11:10b>
　　　　:어두·딕<두시25:46a>
　　　　:어두·미<석보19:26b;　19:36b;　23:4a;　23:6a>
　　　　:어두믄<두시24:60b>
　　　　:어·두리·라<석보6:13b>
　　　　:어·두이·다<석보24:19b>
　　　　:얻·느니·라<두시25:43a;　두시25:43a　>
　　　　:얻·니노·라<석보6:13b;　6:13b>
　　ㄴ.　어·드·러<두시08:06b;　08:28b;　11:28b>
　　　　어·드·러로<두시17:38a>
　　　　어·드·메<두시08:37b>

　　(31)에서 보는 바와 같이 풀이씨 /:얻(·다)/의 굴곡형은 필자가 이 연구에서 자료 수집
대상으로 한 문헌 중에서 15세기 문헌에서 찾은 모든 어형인데, 전체 210번 가운데서 줄기
가 평성으로 나타난 것은 (31)ㄴ에 있는 5번에 지나지 않으므로, 상성으로 나타난 205번에
비교하면 극소수에 지나지 않는다. 그러므로 (31)ㄴ에 있는 자료는 오기로 보는 것이 바람
직하다. 이에, /:얻(·다)/는 고정상성 풀이씨로 볼 수 있다. 15세기 국어 /:얻(·다)/에 짝이
되는 정선방언의 풀이씨는 /:은(·다)/라는 것과 이 풀이씨가 고정상성 풀이씨라는 것을
4.4.2절에서 이미 살펴보았다.

　　(31)ㄴ을 제외한 자료를 줄기가 상성으로 나타난 (31)ㄱ의 자료를 더 단순화하면 다음
과 같다.

　　(32) 15세기 풀이씨 방점 분석 자료 {:얻+씨끝}
　　　　:얻·긔(2번)≪:얻·긔(석보9:10a)≫
　　　　:얻·게(2번)≪:얻게(두시11:52a)≫
　　　　:얻·게(4번)≪:얻게(두시11:38b)≫
　　　　:얻·고·져(2번)≪:얻고·져(석보9:9a)≫
　　　　:얻·고·져(2번)≪:얻고져(두시07:04a)≫
　　　　:얻·과·라(2번)≪:얻과·라(석보19:40b)≫
　　　　:얻·거·늘(2번)≪:얻거·늘(두시07:27b)≫
　　　　:얻·다·가(2번)≪:얻다·가(석보24:19b)≫
　　　　:얻·도·다(6번)≪:얻도·다(두시06:28a)≫
　　　　:얻·디·웨(2번)≪:얻디웨(두시17:32a)≫
　　　　:얻·즈·바(4번)≪:얻즈·바(월인기91)≫
　　　　:얻·즈·바·다·가(1번)≪:얻즈·바다·가(석보23:53b)≫
　　　　:얻·즈·븅·라(1번)≪:얻즈·븅·라(석보23:57a)≫
　　　　:얻·즈·뵹·니(2번)≪:얻·즈뵹·니(석보13:25a)≫

:얼·즈·ᄫᅵ·뇨(2번)≪:얼·즈ᄫᅵ·뇨(석보13:16b)≫
:얼·놋·다(2번)≪:얼·놋·다(두시23:15b)≫
:얼·노·라(4번)≪:얼노·라(두시07:12b)≫
:얼·논·디(2번)≪:얼논·디(석보13:33b)≫
:얼·놋·다(2번)≪:얼놋·다(두시17:06a)≫
:얼·니·논(2번)≪:얼니·논(석보6:14a)≫
:얼·니·노·라(2번)≪:얼·니노·라(석보6:13b)≫
:얼·ᄂᆞ·니(4번)≪:얼ᄂᆞ·니(두시08:38a)≫
:얼·ᄂᆞ·니·라(2번)≪:얼·ᄂᆞ니·라(두시25:43a)≫
:어·더(14번)≪:어·더(월인 기88)≫
:어·더(30번)≪:어더(두시06:29b)≫
:어·더·도(2번)≪:어더·도(두시06:43a)≫
:어·더·든(1번)≪:어더·든(두시15:37b)≫
:어·더·셔(1번)≪:어더·셔(두시14:23a)≫
:어·더·도(1번)≪:어더·도(석보6:20a)≫
:어·더·다·가(1번)≪:어·더다·가(석보24:20a)≫
:어·뎃·ᄂᆞ·니(1번)≪:어뎃·ᄂᆞ·니(두시15:54b)≫
:어·덧·도·소·니(1번)≪:어덧·도소·니(두시20:23a)≫
:어·데·ᅀᅡ(1번)≪:어데·ᅀᅡ(두시16:38b)≫
:어·둔(1번)≪:어·둔(석보23:40b)≫
:어·둘(1번)≪:어둘(두시25:31a)≫
:어·도·라(2번)≪:어도·라(두시20:45b)≫
:어·도·몰(1번)≪:어도·몰(두시16:19b)≫
:어·두·니(3번)≪:어두·니(두시21:25a)≫
:어·두·라(7번)≪:어두·라(두시06:21b)≫
:어·두·메(1번)≪:어두·메(두시16:25a)≫
:어·두·믈(10번)≪:어두·믈(두시08:44b)≫
:어·두·미(1번)≪:어두·미(두시11:10b)≫
:어·두·디(1번)≪:어두·디(두시25:46a)≫
:어·두·미(14번)≪:어두·미(석보19:26b)≫
:어·두·믄(1번)≪:어두믄(두시24:60b)≫
:어·드·녀(1번)≪:어드·녀(두시20:38b)≫
:어·드·라(2번)≪:어드·라(두시14:25a)≫
:어·드·료(1번)≪:어드·료(두시23:26a)≫
:어·드·며(3번)≪:어드·며(석보19:5b)≫
:어·드·니(4번)≪:어드·니(석보6:23b)≫
:어·드·리·니(1번)≪:어·드·리·니(두시23:30a)≫
:어·드·니·라(1번)≪:어·드니·라(두시20:49a)≫
:어·드·려·뇨(1번)≪:어·드려·뇨(두시15:20a)≫
:어·드·리·니(1번)≪:어·드리·니(두시08:13b)≫
:어·드·리·오(4번)≪:어·드리·오(석보9:27b)≫
:어·두·리·라(1번)≪:어·두리·라(석보6:13b)≫
:어·두·이·다(1번)≪:어·두이·다(석보24:19b)≫
:어·드·리·라(3번)≪:어·드리·라(석보23:52)≫
:어·드·샤·ᄆᆞᆫ(1번)≪:어·드샤·ᄆᆞᆫ(석보6:7a)≫

:어·드·리·로·다(4번)≪:어드·리로·다(석보23:17a)≫
:어·드·리·로·소·니(1번)≪:어·드리·로소·니(두시20:19b)≫
:어·드·리·언·마·론(1번)≪:어·드리·언마·론(두시06:45a)≫
:어·드·시·ᄂᆞ·니·라(1번)≪:어드·시ᄂᆞ·니라(두시16:65a)≫
:어·들(23번)≪:어·들(두시25:15bb)≫

(32)의 가장 왼쪽에 있는 최종방점표상들은 첫 음절이 :□(상성)이므로, 둘째 음절 이하는 모두가 2장의 (9)에 제시한 중화규칙에 의해 모두가 ·□(측성)으로 나타나지만, 중화규칙 이후에 적용되는 음조실현규칙에 의해 같은 어형이 방점 표시가 다르게 나타날 수도 있음을 (32)의 ≪ ≫안에 나타나는 방점표상들을 대조해 보면 여러 번 찾을 수 있다. 예를 들면, (32)의 다섯째 줄과 여섯째 줄은 최종방점표상으로는 둘 다 /:얻·고·져/이지만, 현실적으로 문헌에 나타나는 것은 /:얻고·져/와 /:얻고져/로 다르게 나타난다. 최종방점표상 /:어·더/도 문헌에서는 /:어·더/와 /:어더/ 두 가지로 나타난다. 또한, /:어·드·리·라/와 /:어·드·리·로·다/에서 /--으·리-/는 같은 형태소이고, 최종방점표상은 같지만, 문헌에 나타나는 현실적인 방점표상은 /:어·드리·라/와 /:어드·리로·다/에서 보는 바와 같이 각각 /-·으리-/와 /-으·리-/로 다르게 나타나고 있다. 이것은 15세기 국어에서 음조실현규칙이라는 것은 율동규칙이라는 이름을 주기에는 부적합한 것을 나타내며, 단순히 ·□이 연속해서 나타나는 것을 기피하는 것이라 볼 수 있으므로 음조실현규칙이 그 이름으로서는 더 적합한 것이라 생각된다.

정선방언에서 2음절 이상의 상성형의 음조형은 $[\math~{M}H_0HM^n]$이었는데, 이때 /H/의 위치는 어절 안에서 둘째 음절에 나타날 수도 있고, 그 이하에 나타날 수도 있지만, 단 한번 나타나는데, 이것은 중세국어의 음조실현과는 차이가 있다. 중세국어에서 최종방점표상에 ·□이 여러 개 나타날 경우, 최초의 방점만 아니면, ·□을 □으로 몇 개를 바꾸던 그것은 상관이 없다.

이제, 15세기 국어의 /:얻(·다)/의 굴곡형들과 정선방언의 /:은(·다)/의 굴곡형들을 대조가 되도록 가지런하게 짝을 지워서 양자의 특성을 살펴보기로 한다.

(33) 15세기 국어 /:얻(·다)/와 정선방언 /:은(·다)/의 굴곡형 대조

	15세기 국어	정선방언
ㄱ.	:얻·긔	:은·게
	:얻·게	:은·게
	:얻·고·져	:은·고·자
	:얻·거·늘	{없음} /:은·거·늘/ (참고)
	:얻·다·가	:은·다·가
	:얻·과·라	(없음)
	:어·더	:은·어

	:어·더·도	:을·어·도
	:어·더·셔	:을·어·서
	:어·더·다·가	:을·어·다·가
	:어·드·라	:을·으·라
	:어·드·며	:을·으·며
	:어·드·니	:을·으·니
	:어·들	:을·을
ㄴ.	:어·더·든	{없음} /:을·거·든/ (참고)
	:어·뎃·느·니	{없음} /:을·었·느(·냐)/ (참고)
	:어·덧·도·소·니	{없음} /:을·었(·다)/ (참고)
	:어·드·녀	{없음} /:을·으(·니)/ (참고)
	:어·드·료	{없음} /:을·으(ㄹ)/ (참고)
	:어·드·리·니	{없음} /:을·으(ㄹ)/ (참고)
	:어·드·니·라	{없음} /:을·으·니/ (참고)
	:어·드·려·뇨	{없음} /:을·으(ㄹ)/ (참고)
	:어·드·리·니	{없음} /:을·으(ㄹ)/ (참고)
	:어·드·리·오	{없음} /:을·으(ㄹ)/ (참고)
	:어·드·리·라	{없음} /:을·으(ㄹ)/ (참고)
	:어·드·샤·ᄆᆞᆫ	{없음} /:을·으·심·은/ (참고)
	:어·드·리·로·다	{없음} /:을·으(ㄹ)/ (참고)
	:어·드·리·로·소·니	{없음} /:을·으(ㄹ)/ (참고)
	:어·드·리·언·마·ᄅᆞᆫ	{없음} /:을·으(ㄹ)/ (참고)
	:어·드·시·ᄂᆞ·니·라	{없음} /:을·으·시(·니)/ (참고)
	:얻·ᄌᆞ·ᄫᅡ	(없음)/:을·습(·니·다)/ (참고)
	:얻·ᄌᆞ·ᄫᅡ·다·가	(없음)/:을·습(·니·다)/ (참고)
	:얻·ᄌᆞ·ᄫᅩ·라	(없음)/:을·습(·니·다)/ (참고)
	:얻·ᄌᆞ·ᄫᅩ·니	(없음)/:을·습(·니·다)/ (참고)
	:얻·ᄌᆞ·ᄫᅩ·뇨	(없음)/:을·습(·니·다)/ (참고)
	:얻·놋·다	(없음)/:을·느(ㄴ)/ (참고)
	:얻·노·라	(없음)/:을·느(ㄴ)/ (참고)
	:얻·논·디	(없음)/:을·느(ㄴ)/ (참고)
	:얻·니·논	(없음)/:을·느(ㄴ)/ (참고)
	:얻·니·노·라	(없음)/:을·느(ㄴ)/ (참고)
	:얻·ᄂᆞ·니	(없음)/:을·느(ㄴ)/ (참고)
	:얻·ᄂᆞ·니·라	(없음)/:을·느(ㄴ)/ (참고)
ㄷ.	:어·데·ᄭᅡ	(없음)
	:얻·도·다	(없음)
	:얻·디·웨	(없음)
	:어·둔	(없음)
	:어·둘	(없음)
	:어·도·라	(없음)
	:어·도·몰	(없음)
	:어·두·니	(없음)
	:어·두·라	(없음)
	:어·두·메	(없음)

:어·두·플	(없음)
:어·두·미	(없음)
:어·두·디	(없음)
:어·두·믄	(없음)
:어·두·리·라	(없음)
:어·두·이·다	(없음)

(33)ㄱ은 15세기 어형과 정선방언의 어형의 형태소와 방점이 일치하는 경우이고, (33)ㄴ은 줄기와 씨끝의 첫 부분만 대조할 수 있는 경우이고, (33)ㄷ은 씨끝의 체계가 달라서 대조가 불가능한 경우이다. (33)ㄷ을 제외하면, (33)ㄱ-ㄴ은 방점의 표상이 일치하는 것임을 알 수 있다.

5.7.3. 변동상성 풀이씨의 대응관계

15세기 국어에서도 정선방언에서도 1음절 상성 줄기의 소수는 위에서 본 바와 같이, 모든 굴곡형이 상성형으로 나타난다(예: /:얼(·다)/(15세기 국어), /:은(·다)/(정선방언)). 그러나 다수의 1음절 상성 풀이씨 줄기는 모음으로 시작되는 씨끝 앞에서 평성(□)으로 변한다. 그러므로 이러한 풀이씨를 변동상성 풀이씨라고 한다. 15세기 국어에서 하나의 예를 들어 그 굴곡형을 보이면 다음과 같다.

(34) 15세기 풀이씨 방점 분석 자료 {:남+씨끝}

ㄱ. :남고<두시17:03b>
　　:남거·나<석보9:29a>
　　:남놋·다<두시06:38b>
　　:남더·니<두시10:25a>
　　:남도·다<두시17:34a; 23:47a>
　　:남드·록<두시16:16b>
　　:남·도소·니<두시08:59a>
ㄴ. 나·마<석보23:56b; 6:4b>
　　나·문<석보13:34a; 23:13a; 24:36b>
　　나믄<두시06:46b>
　　나므니<두시11:47a>
　　나맷논<두시24:55a>

(34)ㄱ에서는 씨끝이 자음으로 시작되며, 그 줄기는 모두 상성으로 나타난다. 이에 대하여, (34)ㄴ에서는 씨끝이 모음으로 시작되는데, 줄기는 모두 평성으로 나타나고 있다. (34)를 좀 더 단순화하면 다음과 같다.

(35) 15세기 풀이씨 방점 분석 자료 {:남+씨끝}

　　ㄱ. :남·고(1번)≪:남고(두시17:03b)≫
　　　　:남·거·나(1번)≪:남거·나(석보9:29a)≫
　　　　:남·놋·다(1번)≪:남놋·다(두시06:38b)≫
　　　　:남·더·니(1번)≪:남더·니(두시10:25a)≫
　　　　:남·도·다(2번)≪:남도·다(두시17:34a)≫
　　　　:남·ᄃᆞ·록(1번)≪:남ᄃᆞ·록(두시16:16b)≫
　　　　:남·도·소·니(1번)≪:남·도소·니(두시08:59a)≫
　　ㄴ. 나·마(2번)≪나·마(석보23:56b)≫
　　　　나·ᄆᆞᆫ(3번)≪나·ᄆᆞᆫ(석보13:34a)≫
　　ㄷ. 나맷·ᄂᆞᆫ(1번)≪나맷ᄂᆞᆫ(두시24:55a)≫
　　　　나ᄆᆞᆫ(1번)≪나ᄆᆞᆫ(두시06:46b)≫
　　　　나므니(1번)≪나므니(두시11:47a)≫

　　(35)ㄷ을 (35)ㄴ과 대조하면, 둘째 음절의 방점이 의심스럽기는 하지만, 적은 자료를 가
지고 씨끝의 방점의 기저형을 논한다는 것은 무리가 있으므로, 이에 대해서는 보류하기로
한다. 그러나, (35)ㄴ과 (35)ㄷ의 공통성은 모음 씨끝 앞에서 줄기 /:남-/의 방점이 평성으
로 바뀌었다는 것은 움직일 수 없는 사실이다.
　　이제, 15세기 국어와 정선방언의 /:남(·다)/의 굴곡형들을 대조가 되도록 가지런하게 짝
을 지워서 양자의 특성을 살펴보기로 한다.

(36) 15세기 국어와 정선방언 /:남(·다)/의 굴곡형 대조

　　　　　15세기 국어　　　　　　　　정선방언
　　ㄱ. :남·고　　　　　　　　　　　:남·고
　　　　:남·거·나　　　　　　　　　:남·거·나
　　　　:남·놋·다　　　　　　　　　(없음) /:남·느(ㄴ)/ (참고)
　　　　:남·더·니　　　　　　　　　:남·더·니
　　　　:남·도·다　　　　　　　　　(없음)
　　　　:남·ᄃᆞ·록　　　　　　　　　:남·도·록
　　　　:남·도·소·니　　　　　　　　(없음)
　　ㄴ. 나·마　　　　　　　　　　　남·아
　　　　나·ᄆᆞᆫ　　　　　　　　　　남·은
　　ㄷ. 나맷ᄂᆞᆫ{씨끝 방점 분석 보류)　남·아#있는 (참고)
　　　　나ᄆᆞᆫ{씨끝 방점 분석 보류)　　남·은 (참고)
　　　　나므니{씨끝 방점 분석 보류)　　남·으·니 (참고)

　　(36)에서는 대조할 수 없는 어형들을 제외하고, 15세기 국어와 정선방언의 변동상성 풀
이씨 줄기의 특성이 동일함을 알 수 있다. 그 특성은 모음 씨끝 앞에서 줄기의 기저방점
상성(:□)이 평성(□)으로 변동하는 것이다. 이 특성은 현대국어의 모든 성조방언에 공통

된 것이므로 규칙으로 설정해 두겠다.

(37) 변동상성 풀이씨 줄기의 평성화

1음절 상성 풀이씨 줄기는 모음 씨끝 앞에서 평성으로 변한다. (단, 이 규칙은 /-·으-/ 삭제 규칙 다음 순서로 적용된다.)

5.7.4. 변동평성 풀이씨의 대응관계

자음으로 끝나는 대부분의 1음절 평성 풀이씨 줄기는 앞(4.4.1절에서 정선방언과 5.6절에서 중세국어)에서 본 /잡(·다)/의 경우와 마찬가지로 모든 굴곡형에서 줄기의 성조는 고정되어 있는 데 대하여, 모음으로 끝나는 1음절 평성 풀이씨 줄기는 그 수가 매우 제한되어 있으면서도 그 가운데 다수는 그 줄기에 뒤따르는 씨끝이 무엇이냐에 따라서 예측하기 어려운 방법으로 상성이나 거성으로 또는 둘 다로 변동한다. 따라서 이와 같은 변동을 하는 풀이씨를 변동평성 풀이씨라고 한다. 물론 변동평성 풀이씨는 중세국어에서도 현대의 성조방언들에서도 나타나는데, 중세국어의 변동하는 특성이 현대국어에도 상당히 충실하게 반영되고 있다(허웅 1965, 김차균 1999, 2006ㄴ 참조).

줄기의 모음이 /ㅏ, ㅗ/, /ㅜ/, /ㅓ, ㅣ/ 중의 어느 것이냐에 따라서 변동하는 모습이 서로 비슷하거나 다르지만, 어느 하나도 완전히 동일한 특성을 나타내지 못하며, 또 방언에 따라서도 미묘한 차이가 있어서 이들에 대해서는 특별한 주의를 가지고 변동하는 모습을 분석해야 한다. 따라서 정선방언에서는 13개의 변동평성 풀이씨 굴곡형들을 삼척방언의 그것들과 대조하면서 4.4.3절에서 분석했다.

여기에서는 15세기 국어와 정선방언에서 가장 사용 빈도가 높은 /가(·다)/의 굴곡형을 대조함으로써 같은 점과 달라진 점을 고찰하고자 한다. 정선방언의 /가(·다)/에 대해서는 이미 4.4.3절에서 그 자료를 제시한 바 있으므로, 여기에서는 15세기 국어의 /가(·다)/의 굴곡형들을 제시하고, 그것을 지금까지 해 왔던 바와 같은 방법으로 단순화하여 그 특성을 지적한 다음에 마지막으로 정선방언과 대조하는 순서로 검토한다.

(38)15세기 풀이씨 방점 분석 자료 {가+씨끝}

    ㄱ. 가 <석보6:27b>

        가·게 <두시17:33a; 25:21b>

        가·고 <두시06:34a; 08:33b; 10:08a; 10:32a; 10:42b; 11:11b; 11:50b; 14:12b; 14:30a; 15:08a; 17:19b; 17:29a; 20:39b; 23:08a; 24:50b; 24:64a; 25:18b>

        가·곡 <두시20:13a>

        가·나 <두시07:16b; 08:67b; 21:33a>

        가·니 <월인기; 149>, <석보23:41a; 24:6a; 24:6b; 6:14a>, <두시06:23b; 08:22a; 08:36b;

10:27a; 16:38b; 20:32b; 22:12a; 24:58b; 25:16a; 25:24a; 25:42a>

가·다 <두시21:11a>

가·디 <두시07:19a; 08:39b; 14:16a; 15:05b; 15:06b; 17:27a; 17:29a; 21:43b; 22:47b; 23:44b; 23:46a>

가·라 <두시07:35a; 16:70a; 23:42b; 16:08a>

가·락 <두시23:27b>

가·료 <석보6:22a>

가·리 <석보6:15a>

가·며 <석보23:25b; 6:15b; 6:22b>, <두시08:19b; 11:16b; 15:35a; 20:19b; 21:22b; 22:50a; 23:10a; 24:57a; 25:07b; 25:54a>

가·면 <석보19:2a; 23:46b; 6:22b>, <두시11:50b; 17:12a; 22:28a>

가·고져 <두시08:19b; 08:53b; 08:58b; 08:68a; 10:33b; 11:16b; 15:02b; 20:07b; 20:11b; 21:05b; 23:37a; 24:43b; 25:28a; 25:40a>

가·과·뎌 <두시10:16a>

가·니·라 <석보23:48a; 6:20b>

가·니라 <두시06:25a; 20:42a; 24:37b; 24:38b>

가·니오 <두시11:28b; 08:28b; 15:35b>

가·려뇨 <두시14:04b; 06:20b; 25:44a>

가·리니 <두시08:44a>

가·리오 <두시08:37a; 21:32b; 16:08a; 17:32b>

가·릴식 <두시23:07b>

가·니이·다 <석보24:30a>

가·리로·다 <두시15:13a; 16:37b; 17:08a; 22:42b; 22:52a>

가·얏도·다 <두시14:19b>

가·리·로소·니 <두시17:12b; 21:17a>

가·놋다 <두시16:35b>

가·시·며 <석보6:5b; 6:5b; 9:12a; 9:12a>

ㄴ. ·가 <월인기174>, <석보24:24a; 24:27a; 24:28a; 24:28b; 24:2b; 24:32b; 24:34a; 24:35b; 4:36a; 24:36a; 24:36b; 24:37b; 24:41a; 24:42a; 24:50a; 24:5b; 6: 27b; 6:14a; 6:22a; 6:24a; 6:29b; 6:2b; 6:38a; 6:3a; 13:10a; 13:10b; 13:33b; 13:59a; 19:1b; 19:30a; 19:31a; 19:5b; 19:6b; 19:8a; 23:40b; 23:47a; 23:47a; 24:25a; 24:27a; 24:28a; 24:38a; 6:19a; 6:20a; 9:21b> <두시06:15a; 06:07b; 06:28b; 06:33a; 06:33b; 06:41b; 06:42a; 06:43b; 06:46b; 06:46b; 06:53a; 07:07a; 07:36a; 07:36b; 08:22a; 08:34a; 08:37b; 08:40a; 08:46a; 08:47b; 08:48b; 08:51a; 08:54a; 08:54b; 08:55a; 08:62b; 08:65a; 10:02b; 10:19b; 10:28a; 10:29b; 11:02b; 11:02b; 11:02b; 11:04b; 11:07a; 11:18b; 11:22a; 11:42a; 14:26b; 15:04a; 15:13b; 15:16b; 15:19b; 15:27b; 16:09b;16:12b; 16:18a; 16:18a; 16:24b; 16:30a; 16:57a; 17:16b; 17:21b; 17:24b; 17:32a; 20:02a; 20:09b; 20:19b; 20:39a; 21:07a; 21:09b; 21:20b; 21:39b; 22:17b; 22:46a; 22:49b; 23:05b;23:18b; 23:26a; 23:27a; 23:50a; 23:54a; 23:54a; 24:14a; 24:17b; 24:32a; 24:40a; 24:50a; 25:06a; 25:07b; 25:14b;25:40a; 25:42a; 25:48b; 21:45a>

·갈 <두시11:25b; 15:55a; 16:36a; 16:37b; 20:36b; 22:44b; 25:53a;>

·가던 <두시11:09b; 20:13a; 23:22b; 23:49a; 24:35b>

·가도 <두시10:25b>

·가·도 <석보24:22a>

·가셔 <두시06:44b; 24:33b>

·가논 <두시06:44b; 06:44b; 06:47a; 07:17b; 08:08a; 08:11a; 08:37b; 08:57b; 10:01b; 10:14b;

10:22a; 10:27b; 10:32a; 10:35b; 10:37a; 11:08b; 14:03a; 14:05b; 14:10a; 14:15a; 15:03a; 17:09a; 17:20a; 20:02a; 20:20b; 20:45a; 20:48a; 20:48b; 20:54a; 21:07a; 21:15a; 21:15b; 21:38b; 22:22b; 22:25b; 22:39b; 22:41b; 23:01b; 23:04b; 23:20a; 23:21a; 23:26b; 23:45a; 23:52b; 23:54b; 24:10a; 24:30a; 24:45b; 24:50a; 25:04a; 25:06a; 25:12b; 25:18a; 25:37a>

·가·논 <석보13:17a>

·가논 <두시11:25b; 16:41b; 17:35a>

·가·샤 <월인기85; 85>, <석보6:1a; 6:43b; 6:43b; 6:45b; 9:1a; 24:38b; 6:18b>

·가·아 <석보6:15b; 6:2a; 6:44b; 6:45a; 6:6b; 6:1a; 6:6b>

·가·ᅀᅡ <석보6:22b>

·가ᅀᅡ <두시16:44b>

·가거·늘 <두시17:21b; 07:11b; 11:15a; 11:46a; 15:44a>

·가거늘 <두시14:17b>

·가거든 <두시23:11b>

·가거눌 <두시14:08b>

·가노·니 <두시07:29b; 21:18b; 21:28a; 23:37a>

·가노·라 <석보23:36b; 11:52b; 22:09b; 23:07b; 07:05b; 14:14b; 25:24b>

·가노니 <두시15:16b>

·가놋·다 <두시06:15b; 06:36a; 06:36b; 06:52a; 07:09a; 08:06b; 08:16a; 08:30a; 08:62a; 08:63a; 08:69b; 10:10a; 10:24b; 10:29a; 10:36a; 11:31a; 11:45a; 11:50b; 15:34b; 15:50a; 17:19a; 17:19b; 17:25b; 20:01b; 20:12a; 20:16a; 20:35a; 20:38b; 21:19b; 21:23b; 21:37b; 22:27a; 22:34a; 22:38b; 22:56a; 22:56b; 23:02b; 23:09a; 23:21a; 23:22b; 23:22b; 23:26b; 23:48b; 23:51b; 24:22b; 24:26a; 24:44b; 24:50b; 24:57a; 25:29b>

·가놋다 <두시07:09b; 07:20b; 15:52b; 24:45a; 25:18b>

·가다·가 <두시16:64b>

·가더·라 <두시24:30a>

·가더·니 <월인기178>

·가도·다 <두시20:17b>

·가리·라 <두시16:31a>

·가ᄂ·니 <석보13:33b; 6:9b>, <월인기119>, <두시06:04a; 06:29a; 07:35a; 08:62a; 11:01b; 14:04a; 14:26b; 15:14b; 15:49a; 15:50a; 16:02b; 16:19a; 20:42b; 20:50b; 22:28a; 22:42b; 22:56b; 23:08a; 23:27a; 23:27a; 23:48b; 23:51a; 24:49b; 24:63a; 25:23b; 25:53a; 25:56b>,

·가ᄂ·닌 <두시10:45b>

·가ᄂ·다 <두시10:11b; 14:07b; 25:47a; 11:37b; 08:34b; 08:45b; 14:09a; 14:20b; 16:63b; 17:13a; 25:28b>

·가ᄂ니 <두시08:37b; 22:48a; 23:32a; 24:48b>

·가ᄂ·고 <두시08:60a>

·가시·니 <월인기17; 101; 187; 187>

·가싫·제 <월인기66>

·가·더니·라 <두시06:11a>

·가·시니·라 <석보23:36b>, <두시20:15a>

·가·ᄂ니·라 <석보6:43b>, <두시08:30a; 10:25b; 11:36a; 21:22a; 22:35b>

·가ᄂ·니오 <두시06:50a; 08:06b>

·가ᄂ·니와 <두시23:14b>

·가·ᅀᆞᆳ바·사 <석보23:40a>
·가더시·니라 <두시16:36a>
·가·게 <두시25:54b>
·가매 <두시15:48b; 17:30b; 23:34a; 25:48b>
·가며 <두시14:06b; 25:43a>
·가몬 <두시07:04b>
·가몰 <두시15:12b; 17:31b; 17:33b; 22:12a; 23:42a; 23:48a; 25:04b>
·가·고져 <두시08:51b>
·가·리라 <두시21:31a>

ㄷ. :가 <두시22:12a>
:간 <두시11:19b>, <석보24:52a>
:갈 <석보6:33a>, <두시07:23a; 07:27b; 08:29a; 08:32a; 08:67b; 10:31b; 10:39a; 14:18a;
     14:38a; 15:02b; 15:07a; 15:08b; 15:54a; 16:35a; 16:49a; 17:09a; 20:47b; 22:52a>
:가·매 <두시20:35b>
:가·려 <석보6:24b>
:가·미 <석보13:33b; 13:4a; 9:21b>
:가·디 <석보24:11b; 24:11b>
:가·몰 <석보6:7b; 6:7b>
:가니 <두시11:41a>
:가려 <월인기63)
:가매 <두시25:13a; 07:08a; 08:42a; 08:46b; 08:56b; 10:16a; 10:46b;11:33a; 14:06a; 14:07b;
     14:13b; 14:14a; 15:26b; 16:44a; 16:61b; 17:21a; 17:33a; 20:44b; 20:45a; 21:34a; 22:23b;
     22:23b; 22:31a; 22:42b; 22:54b; 23:03a; 23:19b; 23:29a; 23:37a; 23:40b;23:44b; 25:05a>
:가맨 <두시10:13a>
:가메 <두시25:40b>
:가미 <석보13:33b; 13:4a; 9:21b>, <두시06:06b; 08:67b; 10:36a; 11:12b; 15:35b; 16:48b;
     20:51a; 22:48a; 22:56a; 23:49b; 24:06b> <석보24,11b>
:가디 <두시22:30b>
:가몬 <두시08:54a; 16:05a; 20:26b; 21:02b; 22:35b; 23:40b>
:가몰 <두시25:38a; 06:09a; 06:45b; 07:17b; 07:32a; 08:09a; 08:36a; 08:46b; 08:47b; 10:02a;
     10:06a; 10:29a; 10:31b; 10:46a; 11:20a; 11:40b; 14:15b; 15:19a; 15:33a; 15:51a; 16:04a;
     16:05b; 16:19a; 16:35b; 16:67a; 17:16a; 20:08a; 20:49b; 20:50b; 22:21b; 22:40a; 22:54a;
     23:08b; 23:27b; 23:33b; 23:37b;23:45a; 23:57a; 24:16a;24:41b;25:22b>
:가·려 <석보6:24b>
:가리·니 <두시20:12b; 21:17a>
:가리·라 <월인기177>,<석보24:33b; 24:6a>, <두시10:29a; 10:30a; 16:07b; 20:13a; 23:06a>
:가리:라 <두시10:39a>
:가리라 <두시08:41b>
:가무·란 <두시10:11b>
:가·리이·다 <석보24:33b>
:가려·터시·니 <월인기45>
:가무·로브·터 <두시21:14a>
:가노·니 <두시15:32a>
:가다·가 <두시06:34a; 22:33b>

(38)을 방점표상에 따라 단순화하면, 다음 (39)와 같다.

(39) 15세기 풀이씨 방점 분석 자료 {가+씨끝}
    ㄱ. 가·게(2번) ≪가·게(두시17:33a)≫
       가·고(17번) ≪가·고(두시06:34a)≫
       가·곡(1번) ≪가·곡(두시20:13a)≫
       가·고·져(14번) ≪가·고져(두시08:19b)≫
       가·과·뎌(1번) ≪가·과·뎌(두시10:16a)≫
       가·나(3번) ≪가·나(두시07:16b)≫
       가·니·라(4번) ≪가·니라(두시06:25a)≫
       가·니·오(3번) ≪가·니오(두시11:28b)≫
       가·다(1번) ≪가·다(두시21:11a)≫
       가·디(11번) ≪가·디(두시07:19a)≫
       가·라(4번) ≪가·라(두시07:35a)≫
       가·락(1번) ≪가·락(두시23:27b)≫
       가·려·뇨(3번) ≪가·려뇨(두시14:04b)≫
       가·리·니(1번) ≪가·리니(두시08:44a)≫
       가·리·로·다(5번) ≪가·리로·다(두시15:13a)≫
       가·리·로·소·니(2번) ≪가·리·로소·니(두시17:12b)≫
       가·리·오(4번) ≪가·리오(두시08:37a)≫
       가·릴·씨(1번) ≪가·릴씨(두시23:07b)≫
       가·얫·도·다(1번) ≪가·얫도·다(두시14:19b)≫
       가·니(16번) ≪가·니(월인기149)≫
       가·니·라(2번) ≪가·니·라(석보23:48a)≫
       가·니·이·다(1번) ≪가·니이·다(석보24:30a)≫
       가·료(1번) ≪가·료(석보6:22a)≫
       가·리(1번) ≪가·리(석보6:15a)≫
       가·며(13번) ≪가·며(석보23:25b)≫
       가·면(6번) ≪가·면(석보19:2a)≫
    ㄴ. ·가(31번) ≪·가(월인기174)≫
       ·가·도(1번) ≪·가도(두시10:25b)≫
       ·가·도(1번) ≪·가·도(석보24:22a)≫
       ·가·샤(8번) ≪·가·샤(월인기85)≫
       ·가·셔(2번) ≪·가셔(두시06:44b)≫
       ·가·아(7번) ≪·가·아(석보6:15b)≫
       ·가·아(1번) ≪·가·아(석보6:22b)≫
       ·가·아(1번) ≪·가아(두시16:44b)≫
       ·가·거·늘(5번) ≪·가거·늘(두시17:21b)≫
       ·가·거·늘(1번) ≪·가거늘(두시14:17b)≫
       ·가·거·든(1번) ≪·가거든(두시23:11b)≫
       ·가·거·눌(1번) ≪·가거눌(두시14:08b)≫
       ·가·ᄂᆞ·니(30번) ≪·가ᄂᆞ·니(석보13:33b)≫
       ·가·ᄂᆞ·닌(1번) ≪·가ᄂᆞ·닌(두시10:45b)≫

· 가 · 느 · 다(11번) ≪ · 가느 · 다(두시10:11b)≫
· 가 · 느 · 니(4번) ≪ · 가느니(두시08:37b)≫
· 가 · 느 · 니 · 라(6번) ≪ · 가 · 느니 · 라(석보6:43b)≫
· 가 · 느 · 니 · 오(2번) ≪ · 가느 · 니오(두시06:50a)≫
· 가 · 느 · 니 · 와(1번) ≪ · 가느 · 니와(두시23:14b)≫
· 가 · 눈 · 고(1번) ≪ · 가눈 · 고(두시08:60a)≫
· 가 · 눈(54번) ≪ · 가눈(두시06:44b)≫
· 가 · 노 · 니(4번) ≪ · 가노 · 니(월두시07:29b)≫
· 가 · 노 · 라(7번) ≪ · 가노 · 라(석보23:36b)≫
· 가 · 노 · 니(1번) ≪ · 가노니(두시15:16b)≫
· 가 · 논(1번) ≪ · 가 · 논(석보13:17a)≫
· 가 · 논(3번) ≪ · 가논(두시11:25b)≫
· 가 · 놋 · 다(50번) ≪ · 가놋 · 다(두시06:15b)≫
· 가 · 놋 · 다(5번) ≪ · 가놋다(두시07:09b)≫
· 가 · 다 · 가(1번) ≪ · 가다 · 가(두시16:64b)≫
· 가 · 더 · 라(1번) ≪ · 가더 · 라(두시24:30a)≫
· 가 · 더 · 니 · 라(1번) ≪ · 가 · 더니 · 라(두시06:11a)≫
· 가 · 더 · 니(1번) ≪ · 가더 · 니(월인기178)≫
· 가 · 더 · 시 · 니 · 라(1번) ≪ · 가더시 · 니라(두시16:36a)≫
· 가 · 던(5번) ≪ · 가던(두시11:09b)≫
· 가 · 도 · 다(1번) ≪ · 가도 · 다(두시20:17b)≫
· 가 · 시 · 니(4번) ≪ · 가시 · 니(월인기17)≫
· 가 · 시 · 니 · 라(2번) ≪ · 가 · 시니 · 라(석보23:36b)≫
· 가 · 싫 · 제(1번) ≪ · 가싫 · 제(월인기66)≫
· 가 · 슇 · 봐 · 솨(1번) ≪ · 가 · 슇봐 · 솨(석보23:40a)≫
· 간 · 마 · 론(1번) ≪ · 간마 · 론(두시08:58b)≫
· 갈(7번) ≪ · 갈(두시11:25b)≫

ㄷ. :간(2번) ≪:간(석보24:52a)≫
:갈(19번) ≪:갈(석보6:33a)≫
:가 · 니(1번) ≪:가니(두시11:41a)≫
:가 · 메(1번) ≪:가메(두시25:40b)≫
:가 · 매(1번) ≪:가 · 매(두시20:35b)≫
:가 · 매(32번) ≪:가매(두시25:13a)≫
:가 · 맨(1번) ≪:가맨(두시10:13a)≫
:가 · 미(15번) ≪:가미(석보13:33b)≫
:가 · ᄆ · 란(1번) ≪:가ᄆ · 란(두시10:11b)≫
:가 · ᄆ · 로 · 브 · 터(1번) ≪:가ᄆ · 로브 · 터(두시21:14a)≫
:가 · 몰(1번) ≪:가 · 몰(석보6:7b)≫
:가 · 미(3번) ≪:가 · 미(석보13:33b)≫
:가 · 몬(6번) ≪:가몬(두시08:54a)≫
:가 · 몰(1번) ≪:가 · 몰(석보6:7b)≫
:가 · 몰(43번) ≪:가몰(두시25:38a)≫
:가 · 디(2번) ≪:가 · 디(석보24:11b, 24:11b)≫
:가 · 디(1번) ≪:가디(두시22:30b)≫
:가 · 리 · 니(2번) ≪:가리 · 니(두시20:12b)≫

:가·리·라(8번) ≪:가리·라(월인기177)≫
:가·리·라(1번) ≪:가리:라(두시10:39a)≫
:가·리·라(1번) ≪:가리라(두시08:41b)≫
:가·리·이·다(1번) ≪:가·리이·다(석보24:33b)≫
:가·려(2번) ≪:가·려(석보6:24b, 6:24b)≫
:가·려(1번) ≪:가려(월인기63)≫
:가·려·터·시·니(1번) ≪:가려·터시·니(월인기45)≫

ㄹ. ① ·가·게(1번) ≪·가·게(두시25:54b)≫
　　·가·고·져(1번) ≪·가·고져(두시08:51b)≫
　　·가·리·라(1번) ≪·가리·라(두시16:31a)≫
　　·가·리·라(1번) ≪·가·리라(두시21:31a)≫
　　·가·며(2번) ≪·가며(두시14:06b)≫
② 가·놋·다(1번) ≪가·놋다(두시16:35b)≫
　　가·시·며(4번) ≪가·시·며(석보6:5b)≫
③ ·가·매(4번) ≪·가매(두시15:48b)≫
　　·가·몬(1번) ≪·가몬(두시07:04b)≫
　　·가·몰(7번) ≪·가몰(두시15:12b)≫
④ :가·노·니(1번) ≪:가노·니(두시15:32a)≫
　　:가다·가(2번) ≪:가다·가(두시06:34a)≫
⑤ :가(1번) ≪:가(두시22:12a)≫

(39)에서 보는 바와 같이 줄기 /가-/의 성조는 (39)ㄷ에서처럼 {가+-·오X～-·우X}의 상태에서 줄기 /가-/와 씨끝의 첫 음절 /-·오-/의 축약에 의해서 상성으로 된 것, 곧 중세국어에서 일반적으로 알려져 있는 규칙 □+·□ → :□에 의해서 어절들의 첫 음절이 상성으로 된 것이므로 예측할 수 있는 방점의 변동이다. 현대국어의 모든 방언에서와 마찬가지로 정선방언에서는 삽입모음 {-·오X/-·우X}에 해당하는 씨끝 형태소는 존재하지 않으므로 (39)ㄷ에 짝이 되는 상성형 어절은 존재하지 않는다.

(39)ㄴ의 어형들은 모두 거성형이다. 줄기 /가-/는 {-·아X～-·어X}형 씨끝(-·아, -·아·도, -·아·샤, -·아·셔, -·아·ᄊ……등) 앞에서는 줄기의 모음 /ㅏ/가 삭제됨으로써 어절의 첫 음절은 씨끝의 첫 음절의 방점(·□)이 반영되어 어절 전체는 거성형으로 나타나게 된다. 또, /-거X-/, /-ᄂᆞX-/, /-다·가/, /-·더X/, (-·온·마·란→)/-ㄴ·마·론/, (-·으·시→)/-·시-/, /-슳-/, (-·올→)/-ㄹ/ 앞에서 줄기 /가-/는 거성(·□)으로 변하는데, 이 경우의 /가-/→·가-/(□→·□)의 변동은 씨끝의 분절음의 특성에 의해서 예측할 수 없는 이 풀이씨 줄기만의 특성이라 할 수 있다.111) 줄기 /가-/는 (39)ㄴ, ㄷ에 들어 있지 않는 씨끝들과 결합할 때는 그 방점의 변동이 없다.

---

111) 이 연구에서는 다루지 않았지만, 중세국어의 다른 1음절 줄기로 된 변동평성 풀이씨들도 같지는 않지만, /가-/와 유사한 거성화가 일어난다. 정선방언에서 13개의 변동평성 풀이씨의 줄기의 성조 변동은 본 논문 4.4.3절의 (63)～(77)에서 상세하게 열거했으니, 참조하기 바란다.

(39)ㄹ의 어절들은 (39)ㄱ~ㄷ과 앞에서 제시한 15세기 국어 /잡(·다)/의 굴곡형들로 미루어보아 그 방점표상들이 잘못 표기된 것이 아닌가 의심스러운데, 이들에 대해서는 앞으로의 연구 과제로 남겨 두고자 한다.

이제, 15세기 국어와 정선방언의 /가(·다)/의 굴곡형들을 대조가 되도록 가지런하게 짝을 지워서 양자의 특성을 살펴보기로 한다.112)

(40) 15세기 국어와 정선방언 /가(·다)/의 굴곡형 대조

15세기 국어	정선방언
ㄱ. 가·게	가·게
가·고·져	가·고·자
가·고	가·고
가·나	가·나(~#:마·나)
가·디	가·지
가·라	가·라
가·니	가·니
가·며	가·며
가·면	가·면
ㄴ. ·가	·가
·가·아	·가
·가·도	(·가·도→)가도
·가·샤	(·가·서→)가서
·가·셔	(·가·서→)가서
·가·ᅀᅡ	(·가·야→)가야
·가·거·든	(·가·거·든→)가거·든
·가·다·가	(·가·다·가→)가다·가
·가·더·라	(·가·더·라→)가더·라
·가·던	(·가·던→)가던
·가·는·고	(·가·는·고→)가는·고
·가·는	(·가·는→)가는
·가·더·니	(·가·더·니→)가더·니
·가·시·니	(·가·시·니→)가시·니
·갈	갈
ㄷ. 가·곡	(없음) /가·고/ (참고)

---

112) (42)에서 정선방언에서 (없음)이라고 표시한 것은 왼쪽의 15세기의 어형에 짝이 되는 정선방언의 어형이 '없음'을 뜻한다. 또, (참고)라고 표시한 것은 정선방언에 제시된 어형의 앞쪽 부분이 그와 짝이 되는 15세기 국어의 앞쪽 부분과 방점표상의 대조를 위해 '참고'가 됨을 뜻한다. 그리고 < />로 표시한 것은 왼쪽에 있는 15세기 국어의 자료와 의미가 거의 같은 정선방언의 말을 써 넣은 것이다. 그리고 정선방언에서 / /이나 < /> 안에 들어 있는 모든 2음절 이상의 거성형(·□·□, ·□·□·□, ·□·□·□·□, ·□·□·□·□·□, …)은 거성형의 평2형화 규칙에 의해서 실제로는 평2형(□□, □□·□, □□·□·□, □□·□·□·□, …)으로 나타나며, 또 이렇게 된 평2형은 그 적용이 임의적인 평복형의 자유변동 규칙을 적용받을 수 있다.

가·니·오	(없음)	/간/	(참고)	</갔습니·까/>
가·려·뇨	(없음)	/갈/	(참고)	</:갈·라·나/>
가·리·니	(없음)	/갈/	(참고)	
가·리·로·다	(없음)	/갈/	(참고)	</가·겠·다/>
가·리·로·소·니	(없음)	/갈/	(참고)	</가·겠·으·니/>
가·리·오	(없음)	/갈/	(참고)	</가·겠·는·가/>
가·릴·시	(없음)	/갈/	(참고)	</갈것·이·므·로/>
가·료	(없음)	/갈/	(참고)	</가·겠·는·가/>
가·리	(없음)	/갈/	(참고)	</가·겠·는·가/>
가·니·라	(없음)	/간/	(참고)	</·갔·다/>
가·니·이·다	(없음)	/간/	(참고)	</·갑·니·다/>
ㄹ. ·가·거·늘	(없음)	/·가·거(·든)/	(참고)	</가므·로/>
·가·거·눌	(없음)	/·가·거(·든)/	(참고)	</가므·로/>
·가·노·니	(없음)	/·가·느(·냐)/	(참고)	</가·이/>
·가·놋·다	(없음)	/·가·느(·냐)/	(참고)	</·간·다/>
·가·더·니·라	(없음)	/·가·더(·라)/	(참고)	</·가·드·라/>
·가·시·니·라	(없음)	/·가·신(·다)/	(참고)	</·가·셨·다/>
·가·느·니·라	(없음)	/·가·느(·냐)/	(참고)	</·간·다/>
·가·느·니·오	(없음)	/·가·느(·냐)/	(참고)	</·가·는·고/>
·가·느·니·와	(없음)	/·가·느(·냐)/	(참고)	</·가·는 :사·람·과/>
·가·느·니	(없음)	/·가·느(·냐)/	(참고)	
·가·느·닌	(없음)	/·가·느(·냐)/	(참고)	</·가·는 :사·람·은/>
·가·느·다	(없음)	/·가·느(·냐)/	(참고)	</·간·다/>
·가·노·라	(없음)	/·가·느(·냐)/	(참고)	</·간·다/>
·가·논	(없음)	/·가·는/	(참고)	</·가·는/>
·가·느·니	(없음)	/·가·느(·냐)/	(참고)	
·가·싫·제	(없음)	/·가·실·때/	(참고)	
ㅁ. 가·다	(없음)	/·갔·다/		
·가·도·다	(없음)	</·가·는구·나/>		
·가·더·시·니·라	(없음)	</·가·시·더·라/>		
·간·마·론	(없음)	</·갔·지·만/>		
·가·ᅀᅡ·ᄫᅡ	(없음)	</·가·야/>		
:간	(없음)	</간/>		
:갈	(없음)	</갈/>		
:가·니	(없음)	/가·니/		
:가·매	(없음)	/감/		
:가·맨	(없음)	/감/		
:가·미	(없음)	/감/		
:가·ᄆ·란	(없음)	/감/		
:가·ᄆ·로·브·터	(없음)	/감/		
:가·ᄆ	(없음)	/감/		
:가·몰	(없음)	/감/		
:가·리·니	(없음)	/:갈·라(·먼)/	</갈것·이·니/>	
:가·리·라	(없음)	/:갈·라(·먼)/	</갈·겠·다/>	
:가·리·이·다	(없음)	/:갈·라(·먼)/	</갈·겠·습·니·다/>	

:가·려·터·시·니	(없음)	/:갈·라(·먼)/ </:갈·라·하·시·더·니/>
:가·더	(없음)	</가·되/>
:가·려	(없음)	</:갈·라/>
:가·메	(없음)	
가·과·뎌	(없음)	
가·락	(없음)	
가·얏·도·다	(없음)	

(40)ㄱ은 줄기와 씨끝이 1:1로 짝이 되는 형태소이며, 그 의미도 같고, 또한 방점표상이 평일형으로 일치하므로, 15세기의 국어와 정선방언의 어형들 사이에는 완전 대응관계에 있다. (40)ㄴ도 줄기와 씨끝이 1:1로 짝이 되는 형태소이며, 그 의미도 같고, 또한 방점표상이 거성형으로 일치하므로, 15세기의 국어와 정선방언의 어형들 사이에는 완전 대응관계에 있다.

(40)ㄷ은 전체 어형이 같은 뜻과 서로 1:1의 짝을 지을 수 있는 문법형태소로 구성된 것은 아니고, 줄기와 첫 형태소만 거의 같은 뜻과 짝이 되는 문법형태소로 이루어져 있으므로 이들은 완전 대응은 아니고 부분적인 대응관계를 가지고 있다고 할 수 있다. (40)ㄷ에서 중세국어 /가·곡/과 정선방언 /가·고/는 방점이 일치한다. (40)ㄷ에서 ≪/가·곡/ : /가·고/≫이 외의 다른 어형들은 첫 음절의 방점만 평성(□)으로 대응하는 부분 대응관계에 있다.

(40)ㄹ은 줄기와 첫 씨끝의 형태소가 같은 뜻을 가지는 형태소이며, 셋째 음절 이하는 서로 관계가 없는 형태소이다. 그러므로 서로 짝이 되는 부분만 대조하면 방점이 일치한다. 따라서 중세국어와 정선방언의 어형들은 부분 대응관계에 있다고 할 수 있다. (40)ㅁ의 15세기 국어의 어형은 정선방언에는 없으므로, 이들은 양자 사이의 대조 자료가 될 수가 없다.

전체적으로 보아 15세기 국어의 /가(·다)/의 굴곡형들과 정선방언의 /가(·다)/의 굴곡형들은 씨끝이 바뀌어서 서로 대응관계를 논할 수 없는 자료를 제외하고 보면, (40)ㄱ의 평일형은 9개 모두가 대응하고, (40)ㄴ은 16개 중에서 중세국어 /·갈/이 정선방언에서 /갈/로 나타나는 것을 제외하면, 15개가 대응하며, (40)ㄷ은 12개, (40)ㄹ은 16개로 합쳐서 28개가 다 부분적으로 대응한다. 따라서 정선방언은 15세기에 서울을 중심으로 한 중부방언과 (거의) 같은 상태에서 큰 변화 없이 그 성조체계가 이어졌다고 할 수 있다.

5.8. 1음절 풀이씨 방점의 대응관계

5.4절에서는 대응관계 이론을 제시했는데 이 이론은 이름씨뿐만 아니라 풀이씨에도 적용되며, 중세국어와 정선방언을 포함하는 우리말뿐만 아니라 세계의 모든 언어의 역사에 적

용될 수 있는 보편적인 이론이다. 5.5절에서는 이 이론을 15세기 국어와 정선방언의 이름씨의 대응자료에 적용하여 그 대응의 특성을 기술했다. 이 절에서는 15세기 국어와 정선방언의 1음절 줄기 풀이씨의 대응관계를 5.4절에서 제시한 이론으로 그 특성을 해석하고자 한다. 2음절 이상 풀이씨의 대응관계에 대해서는 앞으로 다른 연구에서 하기로 하고, 여기에서는 생략한다. 또, 1음절 변동 풀이씨[113]에 대해서도 앞으로의 연구 과제로 미룬다.

1음절 줄기 풀이씨는 평성, 거성, 상성의 3개 성조에 따라 분류되고, 그 줄기의 변동 여부에 따라 고정평성 풀이씨, 변동평성 풀이씨, 고정거성 풀이씨, 변동상성 풀이씨, 고정상성 풀이씨 등의 5가지로 크게 분류된다. 여기에서는 1음절 풀이씨만 연구대상이 되므로, 5.4절에서 말한 양방향 단일성 원칙과 변동평성 풀이씨를 제외한 4가지 풀이씨라는 두 가지 차원에서 대응관계의 특성이 고려될 것이다.

이 절의 모든 풀이씨 줄기는 폐음절과 개음절의 순서로 제시되고, 폐음절인 경우는 줄기 끝 자음이 단자음이냐 자음군이냐에 따라 배열되며, 단자음인 경우는 김차균(1998:30)에 제시된 자음의 5가지 강도(Ⅰ도～Ⅴ도)의 순서로 정리했다.

5.8.1. 거성 풀이씨의 대응관계

먼저, 1음절 거성 풀이씨의 대응관계 자료를 보자.

(41) 거성형 대응 자료

15세기 국어	최빈방점형	정선방언
·들·다 H·H(=H²)(171)	≪·드러(두시10:02b)≫	(·들·다→)들다 H²[MH]
·숨·다 H·H(=H²)(29)	≪·수머(두시20:26b)≫	(·숨·다→)숨다 H²[MH]
·옳·다 H·H(=H²)(19)	≪·올타(석보9:22a)≫	(·옳·다→)옳다 H²[MH]
·칩·다 H·H(=H²)(53)[114]	≪·칩고(두시17:35b)≫	(·춥·다→)춥다 H²[MH]
·쓿·다 H·H(=H²)(4)	≪·쑤러(두시24:13b)≫	(·꿇·다→)꿇다 H²[MH]
·실·다 H·H(=H²)(13)	≪·ᄭ라·뎌(두시14:30b)≫	(·깔·다→)깔다 H²[MH]
·춤·다 H·H(=H²)(19)[115]	≪·츠마(두시11:04a)≫	(·참·다→)참다 H²[MH]
·춫·다 H·H(=H²)(18)[116]	≪·츠마(두시11:04a)≫	(·찾·다→)찾다 H²[MH]
·풀·다 H·H(=H²)(19)[117]	≪·프라(두시22:12a)≫	(·팔·다→)팔다 H²[MH]
·소·다 H·H(=H²)(83)	≪·소·놋·다(두시23:21b)≫	(·쏘·다→)쏘다 H²[MH]
·크·다 H·H(=H²)(166)[118]	≪·크고(두시22:41b)≫	(·크·다→)크다 H²[MH]

---

113) 다만, 15세기 국어의 /가(·다)/와 정선방언의 /가(·다)/는 이 절에서 따로 논하지 않더라도, 이미 양자가 다 변동평성 풀이씨로 대응된다는 것은 이미 5.7절에서 논의되었다.

114) 춥·다(3)≪치운(두시15:14b)≫

115) :춤·다(1)≪:춤·=고(두시23:04a)≫, 춤·다(2)≪츠마(두시08:13a)≫

116) :춫·다(1)≪:츠자(두시23:46a)≫, 춫·다(2)≪츠ᄌ(두시08:32a)≫

117) 풀·다(3)≪풀·오(두시20:09a)≫

·쁘·다 H·H(=H²)(75)[119]	≪·쁘며(두시25:04b)≫	(·뜨·다→)뜨다 H²[MH]
·쓰·다 H·H(=H²)(145)[120]	≪·쓰던(두시06:39a)≫	(·쓰·다→)쓰다 H²[MH]
·츠·다 H·H(=H²)(38)[121]	≪·츠고(두시15:28b)≫	(·차·다→)차다 H²[MH]
·트·다 H·H(=H²)(51)[122]	≪·트니(두시25:45a)≫	(·타·다→)타다 H²[MH]
·티·다 H·H(=H²)(55)[123]	≪·티고(두시11:14a)≫	(·치·다→)치다 H²[MH]
·피·다 H·H(=H²)(35)	≪·티고(두시11:14a)≫	(·피·다→)피다 H²[MH]
·펴·다 H·H(=H²)(44)	≪·티고(두시11:14a)≫	(·펴·다→)펴다 H²[MH]
·킈·다 H·H(=H²)(8)[124]	≪·츠마(두시11:04a)≫	(·캐·다→)캐다 H²[MH]
·쯰·다 H·H(=H²)(26)[125]	≪·쯔라·뎌(두시14:30b)≫	(·깨·다→)깨다 H²[MH]

위의 자료에서 확인할 수 있는 바와 같이 15세기 국어의 20개의 1음절 거성 풀이씨는 정선방언에서도 100% 1음절 거성 풀이씨로 대응하며, 양방향 단일성 원칙이 적용된 것을 알 수 있다.

5.8.2. 상성 풀이씨의 대응관계

아래 (42)는 15세기 국어의 1음절 변동상성 풀이씨의 자료이다. 자료의 일목요연한 정리를 위해서 (43)에서 15세기 국어와 정선방언의 대응관계의 자료를 제시하기로 한다.

(42) 15세기 변동상성 풀이씨

15세기 국어	상성형 최빈방점형	평측형 최빈방점형
:길·다 R_L·H(=R²)[126]	(126)≪:길·오(두시14:04a)≫	(65)≪기·러(두시17:02a)≫
:덜·다 R_L·H(=R²)	(9)≪:덜·오(석보9:35a)≫	(10)≪더·러(두시20:30b)≫
:돌·다 R_L·H(=R²)[127]	(8)≪:도니(두시10:8b)≫	(42)≪도·라(두시10:30a)≫
:말·다 R·H(=R²)[128]	(119)≪:말라(두시21:30b)≫	(52)≪마·롤(두시25:14b)≫
:멀·다 R_L·H(=R²)[129]	(95)≪:머디(두시17:21b)≫	(45)≪머·러(두시23:53b)≫
:불·다 R·H(=R²)[130]	(69)≪:부는(두시08:69b)≫	(30)≪부·러(월인기154)≫

---

118) 크·다(1)≪크·고(월인기162)≫
119) 쁘·다(1)≪쁘·고(월인기65)≫
120) 스·다(2)≪스고(두시22:57a)≫
121) :츠·다(2)≪:츠더·니(두시16:73a)≫, 츠·다(2)≪츠니(두시16:64b)≫
122) 트·다(2)≪트샤·몰(두시17:25b)≫
123) 티·다(1)≪티·논(두시07:22a)≫
124) 킈·다(2)≪킈야(두시16:69a)≫
125) :쯰·다(1)≪:째디(두시10:7a)≫, 쯰·다(3)≪쯰야(두시08:31b)≫
126) ·길·다(7)≪·기노·라(두시14:10a)≫
127) ·돌·다(1)≪·돌아(두시23:12a)≫
128) 말·다(3)≪말·오(두시23:18a)≫
129) ·멀·다(7)≪·머·니(두시21:24b)≫
130) ·불·다(3)≪·불오(두시14:18a)≫

:빌·다 R·H(=R²)	(11)≪:빌며(두시10:22b)≫	(13)≪비·러(두시10:29b)≫
:살·다 Rʟ·H(=R²)131)	(78)≪:사던(두시22:46b)≫	(94)≪사·라(두시23:56b)≫
:알·다 Rʟ·H(=R²)132)	(294)≪:아디(두시08:36a)≫	(89)≪아·라(두시10:07b)≫
:열·다 Rʟ·H(=R²)133)	(41)≪:여니(두시25:16b)≫	(60)≪여·러(두시08:40b)≫
:울·다 Rʟ·H(=R²)134)	(126)≪:울오(두시07:28b)≫	(54)≪우·러(두시06:14b)≫
:헐·다 Rʟ·H(=R²)135)	(33)≪:헐·며(석보23:11a)≫	(15)≪허·러(석보9:15b)≫
:걸·다 Rʟ·H(=R²)	(8)≪:걸·고(월인기130)≫	(35)≪거·러(두시08:33a)≫
:덥·다 Rʟ·H(=R²)	(10)≪:덥고(두시07:18a)≫	(56)≪더·운(두시07:23a)≫
:닛·다 Rʟ·H(=R²)	(5)≪:닛·디(두시20:22a)≫	(83)≪니·슨(두시22:35b)≫
:짓·다 Rʟ·H(=R²)136)	(32)≪:짓·논(두시21:42b)≫	(136)≪지·서(두시24:56b)≫
:웃·다 Rʟ·H(=R²)137)	(20)≪:웃노·니(두시20:15b)≫	(23)≪우·수믈(두시16:27a)≫
:신·다 Rʟ·H(=R²)	(7)≪:신고(두시15:12a)≫	(7)≪시·노·니(두시06:29a)≫
:쫏·다 Rʟ·H(=R²)138)	(4)≪:좃·ᄉᆞᆼ·니(월인기109)≫	(198)≪조·차(두시10:15b)≫
:검·다 Rʟ·H(=R²)	(6)≪:검·고(두시17:05b)≫	(42)≪거·믄(두시07:21b)≫
:남·다 Rʟ·H(=R²)	(8)≪:남더·니(두시10:25a)≫	(5)≪나·믄(석보13:34a)≫
:넘·다 Rʟ·H(=R²)	(9)≪:넘도·다(두시16:03b)≫	(7)≪너·믈(두시21:11b)≫
:담·다 Rʟ·H(=R²)	(6)≪:담·고(석보24:42b)≫	(2)≪담·아(월인기4)≫
:삼·다 Rʟ·H(=R²)139)	(20)≪:삼고(두시08:24a)≫	(7)≪사·ᄆᆞ니(두시08:21a)≫
:옮·다 Rʟ·H(=R²)	(11)≪:옮고(두시25:19b)≫	(34)≪올·마(두시07:27a)≫
:엷·다 Rʟ·H(=R²)	(5)≪:엷고(두시10:34b)≫	(3)≪열·본(월인기158)≫
:넓·다 Rʟ·H(=R²)140)	(11)≪:넓논(두시08:08a)≫	(3)≪널·바(석보24:33b)≫
:개·다 Rʟ·H(=R²)141)	(19)≪:개니(두시23:45a)≫	(5)≪개·야(두시11:41b)≫
:내·다 Rʟ·H(=R²)142)	(140)≪:내·니(월인기162)≫	(11)≪내·여(두시 23:38a)≫
:뷔·다 Rʟ·H(=R²)	(64)≪:뷔니(두시14:15a)≫	(16)≪뷔·여(두시10:20a)≫
:쉬·다 Rʟ·H(=R²)	(22)≪:쉬논(두시08:50a)≫	(6)≪쉬·여서(두시10:14b)≫
:혜·다 Rʟ·H(=R²)143)	(24)≪:혜·여(석보13:26b)≫	(6)≪혜요·미(두시24:14a)≫

(42)에서 볼 수 있는 바와 같이 15세기 변동상성 풀이씨 줄기는 모음 씨끝 앞에서 평성

---

131) ·살·다(3)≪·사롤(두시15:46a)≫
132) ·알·다(17)≪·아디(두시21:07a)≫
133) ·열·다(3)≪·열며(두시15:45b)≫
134) ·울·다(24)≪·우ᄂᆞ·니(두시24:63a)≫
135) ·헐·다(2)≪·헌(두시23:37a)≫
136) ·짓·다(4)≪·짓디(두시23:05a)≫
137) ·웃·다(1)≪·웃고(두시21:33a)≫
138) 쫏·다(13)≪좃논·(두시06:53a)≫
139) ·삼·다(2)≪·사몰(두시06:47b)≫
140) 넓다(1)≪·넓논(두시23:08b)≫
141) ·개·다(21)≪·갯·고(두시08:38a)≫, 이 낱말은 상성으로 26번, 거성으로 21번 나타나는 것을 보면, 그 줄기를 /:개-/와 /·개-/의 두 가지 기저방점을 가진 것으로 보는 것이 좋겠다. 그래서 이 낱말은 거성 풀이씨의 자료 속에도 넣어 두었다.
142) ·내·다(3)≪·내·며(석보13:25a)≫
143) ·혜·다(2)≪·혜욜(두시10:22b)≫

으로 변한다는 것을 알 수 있다. 정선방언에서도 변동상성 풀이씨 줄기는 모음 씨끝 앞에서 평성으로 변한다는 것은 4.4.2절에서 /:살·다/와 /:삼·다/의 굴곡형을 통해서 확인한 바 있다.

(43) 15세기 국어와 정선방언 변동상성 풀이씨 대응 자료

15세기 국어	정선방언
:걸·다 $R_L{\cdot}H (=R^2)$	:걸·다 $\breve{M}_H{\cdot}H (=\breve{M}^2)[\breve{M}H]$
:검·다 $R_L{\cdot}H (=R^2)$	:검·다 $\breve{M}_H{\cdot}H (=\breve{M}^2)[\breve{M}H]$
:길·다 $R_L{\cdot}H (=R^2)$	:길·다 $\breve{M}_H{\cdot}H (=\breve{M}^2)[\breve{M}H]$
:남·다 $R_L{\cdot}H (=R^2)$	:남·다 $\breve{M}_H{\cdot}H (=\breve{M}^2)[\breve{M}H]$
:넘·다 $R_L{\cdot}H (=R^2)$	:넘·다 $\breve{M}_H{\cdot}H (=\breve{M}^2)[\breve{M}H]$
:닛·다 $R_L{\cdot}H (=R^2)$	:닛·다 $\breve{M}_H{\cdot}H (=\breve{M}^2)[\breve{M}H]$
:담·다 $R_L{\cdot}H (=R^2)$	:담·다 $\breve{M}_H{\cdot}H (=\breve{M}^2)[\breve{M}H]$
:덜·다 $R_L{\cdot}H (=R^2)$	:덜·다 $\breve{M}_H{\cdot}H (=\breve{M}^2)[\breve{M}H]$
:덥·다 $R_L{\cdot}H (=R^2)$	:덥·다 $\breve{M}_H{\cdot}H (=\breve{M}^2)[\breve{M}H]$
:돌·다 $R_L{\cdot}H (=R^2)$	:돌·다 $\breve{M}_H{\cdot}H (=\breve{M}^2)[\breve{M}H]$
:말·다 $R{\cdot}H (=R^2)$	:말·다 $\breve{M}_H{\cdot}H (=\breve{M}^2)[\breve{M}H]$
:멀·다 $R_L{\cdot}H (=R^2)$	:멀·다 $\breve{M}_H{\cdot}H (=\breve{M}^2)[\breve{M}H]$
:불·다 $R{\cdot}H (=R^2)$	:불·다 $\breve{M}_H{\cdot}H (=\breve{M}^2)[\breve{M}H]$
:빌·다 $R{\cdot}H (=R^2)$	:빌·다 $\breve{M}_H{\cdot}H (=\breve{M}^2)[\breve{M}H]$
:살·다 $R_L{\cdot}H (=R^2)$	:살·다 $\breve{M}_H{\cdot}H (=\breve{M}^2)[\breve{M}H]$
:삼·다 $R_L{\cdot}H (=R^2)$	:삼·다 $\breve{M}_H{\cdot}H (=\breve{M}^2)[\breve{M}H]$
:신·다 $R_L{\cdot}H (=R^2)$	:신·다 $\breve{M}_H{\cdot}H (=\breve{M}^2)[\breve{M}H]$
:알·다 $R_L{\cdot}H (=R^2)$	:알·다 $\breve{M}_H{\cdot}H (=\breve{M}^2)[\breve{M}H]$
:열·다 $R_L{\cdot}H (=R^2)$	:열·다 $\breve{M}_H{\cdot}H (=\breve{M}^2)[\breve{M}H]$
:엷·다 $R_L{\cdot}H (=R^2)$	:엷·다 $\breve{M}_H{\cdot}H (=\breve{M}^2)[\breve{M}H]$
:옮·다 $R_L{\cdot}H (=R^2)$	:옮·다 $\breve{M}_H{\cdot}H (=\breve{M}^2)[\breve{M}H]$
:울·다 $R_L{\cdot}H (=R^2)$	:울·다 $\breve{M}_H{\cdot}H (=\breve{M}^2)[\breve{M}H]$
:웃·다 $R_L{\cdot}H (=R^2)$	:웃·다 $\breve{M}_H{\cdot}H (=\breve{M}^2)[\breve{M}H]$
:짓·다 $R_L{\cdot}H (=R^2)$	:짓·다 $\breve{M}_H{\cdot}H (=\breve{M}^2)[\breve{M}H]$
:헐·다 $R_L{\cdot}H (=R^2)$	:헐·다 $\breve{M}_H{\cdot}H (=\breve{M}^2)[\breve{M}H]$
:넓·다 $R_L{\cdot}H (=R^2)$	:밟·다 $\breve{M}_H{\cdot}H (=\breve{M}^2)[\breve{M}H]$
:내·다 $R_L{\cdot}H (=R^2)$	:내·다 $\breve{M}_H{\cdot}H (=\breve{M}^2)[\breve{M}H]$
:뷔·다 $R_L{\cdot}H (=R^2)$	:뷔·다 $\breve{M}_H{\cdot}H (=\breve{M}^2)[\breve{M}H]$
:쉬·다 $R_L{\cdot}H (=R^2)$	:쉬·다 $\breve{M}_H{\cdot}H (=\breve{M}^2)[\breve{M}H]$
:개·다 $R_L{\cdot}H (=R^2)$	:개·다 $\breve{M}_H{\cdot}H (=\breve{M}^2)[\breve{M}H]$
:혀·다 $R_L{\cdot}H (=R^2)$	:세·다 $\breve{M}_H{\cdot}H (=\breve{M}^2)[\breve{M}H]$

(43)에서 확인할 수 있는 바와 같이, 15세기 국어의 32개의 1음절 변동상성 풀이씨는 정선방언에서도 100% 1음절 변동상성 풀이씨로 대응하며, 양방향 단일성 원칙이 적용됨을 확인한다.

다음 (44)는 15세기 국어의 1음절 고정상성 풀이씨의 자료이다.

(44) 15세기 국어와 정선방언 고정상성 풀이씨 대응 자료

15세기 국어	최빈방점형	정선방언
:둏·다 R·H(=R²)[144]	(216)≪:됴훈(두시15:04b)≫	:좋·다 M̆·H(=M̆²)[M̆H]
:곱·다 R·H(=R²)[145]	(32)≪:곱·고(석보24:35a)≫	:곱·다 M̆·H(=M̆²)[M̆H]
:얼·다 R·H(=R²)[146]	(169)≪:어더(두시15:15b)≫	:은·다 M̆·H(=M̆²)[M̆H]
:젹·다 R·H(=R²)[147]	(145)≪:져근(두시07:02a)≫	:즉·다 M̆·H(=M̆²)[M̆H]
:많·다 R·H(=R²)	(16)≪:만·히(석보23:23b)≫	:많·다 M̆·H(=M̆²)[M̆H]
:굵·다 R·H(=R²)	(15)≪:굴·근(석보24:37a)≫	:굵·다 M̆·H(=M̆²)[M̆H]
:없·다 R·H(=R²)[148]	(546)≪:업고(두시08:36a)≫	:없·다 M̆·H(=M̆²)[M̆H]

(44)에서 확인할 수 있는 바와 같이, 15세기 국어의 7개의 1음절 고정상성 풀이씨는 정선방언에서도 100% 1음절 고정상성 풀이씨로 대응하며, 양방향 단일성 원칙이 적용됨을 알 수 있다. 고정상성 풀이씨는 변동상성 풀이씨에 비하면, 그 수가 적음을 확인할 수 있다.

5.8.3. 평성 풀이씨의 대응관계

다음 (45)는 15세기 국어의 1음절 고정평성 풀이씨의 자료이다.

(45) 15세기 국어와 정선방언 고정평성 풀이씨 대응 자료

15세기 국어	최빈방점형	정선방언
낳·다 L·H(=LH)(26)[149]	≪나ᄒᆞ·며(월인기24)≫	낳·다 H·M(=HM)[HM]
넣·다 L·H(=LH)(13)	≪녀·허(두시16:64a)≫	넣·다 H·M(=HM)[HM]
놓·다 L·H(=LH)(20)[150]	≪노·하(석보6:1b)≫	놓·다 H·M(=HM)[HM]
듣·다 L·H(=LH)(336)[151]	≪듣·디(석보6:7a)≫	듣·다 H·M(=HM)[HM]
걷·다 L·H(=LH)(12)	≪거·더(두시16:73a)≫	걷·다(收) H·M(=HM)[HM]
곧·다 L·H(=LH)(5)[152]	≪고·돈(두시16:20b)≫	곧·다 H·M(=HM)[HM]
굳·다 L·H(=LH)(11)	≪구·더(두시06:18b)≫	굳·다 H·M(=HM)[HM]
닫·다 L·H(=LH)(12)	≪다·도라(두시11:42a)≫	닫·다 H·M(=HM)[HM]

---

144) ·둏·다(8)≪·됴훈(두시16:14a)≫, 둏·다(6)≪됴훈(두시20:05b)≫

145) 곱다(4)≪고온(두시24:07a)≫

146) ·얼·다(3)≪·어·더(석보9:35b)≫

147) ·젹·다(3)≪·져근(두시25:48b)≫, 젹·다(14)≪져근(두시17:36a)≫

148) ·없·다(15)≪·업슨(두시08:34b)≫

149) ·낳·다(4)≪·나ᄒᆞᆯ(두시06:02a)≫

150) ·놓·다(2)≪:노·ᄒᆞᆯ(두시15:16a)≫, ·놓·다(1)≪·노·ᄒᆞᆯ(두시15:16a)≫

151) ·듣·다(2)≪·드·르쇼·셔(월인기191)≫

152) ·곧·다(1)≪·고돈(두시08:33a)≫

믿·다 L·H(=LH)(31)	≪믿·디(두시08:40b)≫	믿·다 H·M(=HM)[HM]
받·다 L·H(=LH)(84)[153]	≪바·다(월인기4)≫	받·다 H·M(=HM)[HM]
닛·다 L·H(=LH)(30)	≪닛·디(두시20:35b)≫	잇·다 H·M(=HM)[HM]
밧·다 L·H(=LH)(15)[154]	≪밧·고(월인기130)≫	벗·다 H·M(=HM)[HM]
벗·다 L·H(=LH)(8)	≪밧·고(월인기130)≫	벗·다 H·M(=HM)[HM]
숫·다 L·H(=LH)(14)	≪소·사(월인기29)≫	숫·다 H·M(=HM)[HM]
늦·다 L·H(=LH)(24)	≪느·저(두시22:01b)≫	늦·다 H·M(=HM)[HM]
젖·다 L·H(=LH)(46)	≪저·저(두시25:20b)≫	젖·다 H·M(=HM)[HM]
쫓·다 L·H(=LH)(202)[155]	≪조·차(석보24:37b)≫	쫓·다 H·M(=HM)[HM]
굽·다 L·H(=LH)(9)[156]	≪굽·디(석보19:7b)≫	굽·다 H·M(=HM)[HM]
넙·다 L·H(=LH)(28)	≪너·븐(두시10:3b)≫	넓·다 H·M(=HM)[HM]
눕·다 L·H(=LH)(52)[157]	≪누·어(두시23:38b)≫	눕·다 H·M(=HM)[HM]
닙·다 L·H(=LH)(29)[158]	≪닙·고(석보24:28a)≫	입·다 H·M(=HM)[HM]
잡·다 L·H(=LH)(157)	≪자·바(두시10:01b)≫	잡·다 H·M(=HM)[HM]
좁·다 L·H(=LH)(9)[159]	≪좁·고(두시15:37a)≫	좁·다 H·M(=HM)[HM]
높·다 L·H(=LH)(197)[160]	≪노·폰(두시23:41b)≫	높·다 H·M(=HM)[HM]
깊·다 L·H(=LH)(169)[161]	≪기·픈(두시24:26a)≫	깊·다 H·M(=HM)[HM]
녹·다 L·H(=LH)(5)	≪노·가(두시06:15a)≫	녹·다 H·M(=HM)[HM]
닉·다 L·H(=LH)(36)	≪닉거·든(두시22:16a)≫	익·다 H·M(=HM)[HM]
막·다 L·H(=LH)(17)	≪막·디(두시17:27b)≫	막·다 H·M(=HM)[HM]
먹·다 L·H(=LH)(243)[162]	≪먹·고(월인기135)≫	먹·다 H·M(=HM)[HM]
죽·다 L·H(=LH)(139)[163]	≪주·거(두시17:03a)≫	죽·다 H·M(=HM)[HM]
잃·다 L·H(=LH)(8)[164]	≪일·허(석보9:27b)≫	잃·다 H·M(=HM)[HM]
늙·다 L·H(=LH)(291)[165]	≪늘·거(두시22:01b)≫	늙·다 H·M(=HM)[HM]
닑·다 L·H(=LH)(35)	≪닐·거(석보9:40b)≫	읽·다 H·M(=HM)[HM]
붉·다 L·H(=LH)(134)[166]	≪블·근(두시10:01b)≫	붉·다 H·M(=HM)[HM]
묽·다 L·H(=LH)(215)[167]	≪몰·근(두시07:07a)≫	맑·다 H·M(=HM)[HM]
븕·다 L·H(=LH)(72)	≪불·근(두시16:59a)≫	밝·다 H·M(=HM)[HM]

---

153) ·받·다(1)≪·바·드·리로다(두시23:30a)≫
154) ·밧·다(1)≪·바사·나(두시15:01b)≫
155) :솟·다(4)≪:솟·스바·뇨(월인기28)≫
156) ·굽·다(1)≪·굽는(두시14:29a)≫
157) ·눕·다(1)≪·누·워(두시10:25a)≫
158) ·닙·다(2)≪·닙·고(두시16:54b)≫
159) ·좁·다(1)≪·좁고(두시24:55b)≫
160) :높·다(1)≪:노·파(두시16:03a)≫, ·높·다(2)≪·노·파(두시22:48a)≫
161) ·깊·다(2)≪·기·픈(두시15:31a)≫
162) ·먹·다(9)≪·먹는(두시16:72a)≫
163) ·죽·다(2)≪·주·거(두시16:41b)≫
164) :잃·다(1)≪:잃·돌(월인기114)≫
165) ·늙·다(4)≪·늘근(두시10:23b)≫
166) :붉·다(1)≪:블·근(두시10:32a)≫, ·붉·다(1)≪·블·근(두시23:42b)≫
167) ·묽·다(2)≪·묽·게(두시24:01b)≫

(45)에서 확인할 수 있는 바와 같이, 15세기 국어의 36개의 1음절 고정평성 풀이씨는 정선방언에서도 100% 1음절 고정평성 풀이씨로 대응하며, 양방향 단일성 원칙이 적용된 것을 알 수 있다. 중세국어의 /가·다/를 제외한 변동평성 풀이씨는 이 연구에서는 생략했다. 정선방언의 변동평성 풀이씨는 /가·다/를 포함하여 13개가 있었는데, 이들의 줄기 성조의 변동하는 모습은 매우 복잡하고 예측하기 어렵다는 것을 4.4.3에서 보았다.

5.8.4. 방점의 부분대응과 어긋나는 대응관계

다음 (46)은 부분적으로 대응하는 풀이씨인데, 단 하나의 항목뿐이기 때문에, 그 설명은 줄인다.

(46) 부분적으로 대응하는 풀이씨 자료

15세기 국어	최빈방점형	정선방언
앉·다/L·H(=LH)/(122)	≪안·자(두시11:46a)≫	안지·다/H²·M(=H²M)/[H²M]

다음 (47)은 대응규칙에 어긋나는 풀이씨인데, 3개 항목에 지나지 않는다. 이것으로 어떤 특성을 밝히기에는 너무 빈약하므로 설명은 줄이기로 한다.

(47) 대응규칙에 어긋나는 풀이씨 자료

15세기 국어	최빈방점형	정선방언
·혀·다 H·H(=H²)(36)	≪·혀논(두시14:33b)≫	케·다 H·M(=HM)[HM]
·개·다 H·H(=H²)(21)[168]	≪·갯·고(두시08:38a)≫	개·애·다 HM·M(=HM²)[HM²]
:쉽·다 R·H(=R²)(28)	≪:쉽·디(석보23:27a)≫	·쉽·다 M·H(=M²→)H²[MH]

1음절 풀이씨 방점의 대응관계를 정리하면, 거성 20개, 변동상성 32개, 고정상성 7개, 고정평성 36개가 대응하고, 양방향 단일성 원칙에도 부합된다. 부분적으로 대응하는 것과 대응규칙에 어긋나는 자료는 합쳐서 4개로 대응관계가 정연한 자료 95개에 비하면, 극소수에 지나지 않는다. 이와 같이 방점 층위에서의 두드러진 대응 사실은 15세기의 정선방언은 그 자료는 전혀 기록된 바는 없으나 15세기의 대량의 방점 문헌을 생산한 중부방언과 거의 차이가 없었으리라는 가정을 가능하게 한다.

---

168) :개·다(26) ≪:갠(두시23:07b)≫, 이 낱말은 상성으로 26번, 거성으로 21번 나타나는 것을 보면, 그 줄기를 /:개-/와 /·개-/의 두 가지 기저방점을 가진 것으로 보는 것이 좋겠다. 그래서 이 낱말은 상성 풀이씨의 자료 속에도 넣어 두었다.

5.9. 성조형과 음조형의 변화

　지금까지는 주로 방점형의 층위에서 15세기 중세국어와 정선방언의 대응관계를 통해서 정선방언의 통시적인 변화를 고찰했다. 15세기의 중부방언과 강원방언 사이의 체계적인 차이가 근소하여 이 둘을 단일 언어체계로 볼 수 있을 것으로 가정할 수 있다. 이러한 가정을 바탕으로 이 절에서는 중세국어 성조체계에서 정선방언 성조체계로의 역사적인 변화를 방점층위보다 낮은 성조층위와 음조층위에서의 변화를 살펴보기로 한다.

　중세국어의 성조의 조치는 「훈민정음」 언해의 사성주와 「훈몽자회」 범례, 「번역 노걸대 박통사」 범례, 「소학언해」 범례 등에서 추정할 수 있는데, 그것은 평성은 /L/, 거성은 /H/, 상성은 /R/로 추정할 수 있고, 현대 정선방언의 성조는 평성은 /H/, 거성은 /M/, 상성은 /M̌/로 표시할 수 있으며, 창원방언의 성조는 평성은 /H/, 거성은 /M/, 상성은 /L/로 볼 수 있다. 이것은 2.4절의 (13)에 제시된 바가 있다. 2.4절의 (13)에서는 정선방언과 같은 강원방언권의 한 하위방언인 삼척방언의 성조는 평성은 /H/, 거성은 /M/, 상성은 /Ȟ/이라는 것도 언급되었다.

　김차균(1978~2006)의 여러 논저에서 방점법 이론이 완성됨에 따라 현대의 방언들에서는 개개의 성조의 조치보다는 어절 또는 운율적 낱말 전체의 음조적인 특징이 더 본질적으로 중요성이 있다는 점이 드러났는데, 중세국어 시대에도 이러한 운율적 낱말이 하나의 음조형을 이루었는지 알 수가 없으나 아마 음조실현규칙 등의 특성으로 보아 개개의 운율적 낱말이 오늘날의 방언에서 보는 것과 같은 그러한 특성을 가졌다고는 보기가 어렵다.

　그러나 한 가지 확실한 것은 Ramsey(1978), 곽충구(1994), 김차균(1999) 등에서 확인할 수 있는 바와 같이 중세국어의 평성과 거성의 조치는 함남 북청방언 및 함북 육진방언의 평성 및 측성과 같이 각각 /L/과 /H/였음이 거의 확실하고, 상성은 김완진(1977)에서처럼 평성보다는 조금 높은 데서 시작하여, 거성보다는 낮은 데에 이르는 상승조 /R/이었다는 것이 확실하다.

　17세기 초부터는 우리의 문헌에서 방점 표기가 사라짐에 따라 방점의 조치가 어떻게 변화하여 현대의 강원방언이나 영남방언과 같은 모양이 되었는가 하는 것은 직접적으로 알아 볼 수 있는 자료는 전무하다. 그러나 현대에 존재하고 있는 방언 성조 및 음조 자료와 여러 선배 학자들의 연구를 통해서 그 변화과정을 어느 정도까지는 추정할 수 있다고 생각된다.

　현대국어의 강원 동해안 방언과 강원 남부 내륙 방언인 정선방언의 방점형 따라서 성조형의 실현인 음조형을 보면, 강원방언의 평측형은 영남방언의 그것과 큰 차이가 없었을 것으로 보이고(김차균 1999, 2006ㄴ 참조), 거성형도 멀지 않는 과거에는 [HHM₀](단, 2음절 어절일 때는 [HH/MM])이었을 것으로 보인다. 이러한 거성 음조형의 조치는 김주원(2003:269)에서 강원방언권의 일부 하위방언(강릉, 양양, 동해, 삼척……)에서 [HHL$_0$]으로 남아 있는 것을 통해서 더욱 확실해진다. 그리고 만약에 강원방언에 중화력이 강한 성조인 거성이 없었더라면, 거성으로 시작하는 형태소를 가진 성조형의 실현이 예외 없이 [MHM$_0$]으로 되는 것도 설명할 수 없으며, 또 1음절 거성 이름씨가 {·에X}형의 토씨 앞에서 평성으로 실현되는 것도 설명할 방법이 없다. {·에X}형 토씨 앞에서의 거성 이름씨의 평성화는 15세기 국어에서부터 그 적용의 폭을 넓혀 왔던 현상이다.

강원방언 및 영남방언 그리고 전남의 준성조방언(광주방언, 해남방언, 무안방언 등)에서 상성형은 /M̃/, /Ḧ/, /R/, /L/ 등으로 다양하게 나타난다. 그러나 이것은 표면적인 차이에 불과하며, 이들이 거성과 더불어 다 강력한 중화력을 가지고 있고, 그러면서도 단순한 수평조인 거성과 대립하는 복잡한 음조적 특성을 가진 측성이라는 점에서 공통성을 가지고 있다.

창원방언을 비롯한 영남의 여러 방언들에서는 어떠한 방법으로든지 평측형과 거성형과 상성형은 확립된 3개의 대립하는 성조형으로 존재하는 데 대하여 강원방언(강릉방언, 삼척방언, 정선방언)에서는 과거의 거성형이었던 것으로 추정되는 2음절 이상의 이름씨나 풀이씨 줄기가 다 평2형의 음조형과 같은 [MHM$_0$]형으로 나타나는데, 이것은 통시적으로 2음절 이상의 거성형이 모두 평2형에 합류되어 버린 원인이 되었고, 또 공시적으로는 1음절 이름씨의 2음절 이상으로 된 준굴곡형과 2음절 이상으로 된 풀이씨의 굴곡형이 필수적으로 평2형화하는 규칙을 적용받으므로 실질적으로 거성형의 존재의 바탕이 흔들리는 커다란 체계상의 변천을 가져오게 된다.

이러한 가설 하에서 보면, 거성의 평2형화가 일어나기 전에는 영남방언과 같은 상태로 거성형의 음조형이 [HHM$_0$]이었던 시기가 있었으며, 이것이 음조형의 변화에 의해 첫 음절이 [M]으로 됨으로써 [HHM$_0$]은 [MHM$_0$]으로의 합류된 것이라고 보지 않을 수 없다. 이러한 변화는 표면적인 음조형의 변화에 의해서 보다 높은 성조형의 층위에 변화를 가져오며, 나아가서는 더 근본적이고 깊은 층위인 방점형의 변화를 가져온 것이라 할 수 있다.

우리는 4장에서 정선방언의 자료를 제시하면서 거의 대부분의 경우 거기에 대응되는 삼척방언의 자료를 제시했다.[169] 그러면 여기에서 강원 동해안 방언인 삼척방언과 강원 남부 내륙방언인 정선방언의 음조형 및 성조형의 차이, 따라서 방점형의 차이를 지적해 둘 필요가 있다. 그것은 정선방언의 다른 강원방언과 다른 독자적인 특성을 설명하기 위한 것이다.

먼저, 삼척방언의 상성형(:□$_2$, $\ddot{H}_2$[$\ddot{H}$M$_1$])과 정선방언의 상성형(:□$_2$, $\tilde{M}_2$[$\tilde{M}$H$_0$H$_1$ M^n])

---

169) 삼척방언의 자료는 김차균(2006ㄴ)에서 주로 저자의 양해를 얻어 활용한 것이며, 김차균(1999)에서도 참고를 했다. 이와 같이 두 방언 자료를 대조적으로 나열한 것은 영남방언과 대립되는 강원방언으로서의 공통적인 특성을 분명히 나타내기 위한 것이었다.

은 다른 성조형의 체계에까지는 영향을 미치지 않는 그 자체만의 특징에 지나지 않는다. 그러나 거성형의 경우, 삼척방언의 거성형은 (·$\square_2$, M_2[MHM_0])으로 나타나고, 이때, [MHM_0]에서 [M_0]이 영(zero)인 경우 거기에 붙는 토씨가 과거에 [HHM_0]에서 [M_0]이 영(zero)인 [HH]일 때, 그 뒤에서 중화되어 모든 토씨가 [M, MM, MMM, ……]으로 나타나는 특성이 이미 변해버린 후에도 그대로 [M, MM, MMM, ……]으로 나타나게 되고, 또 한편으로는 /H^2/[MH] 뒤에서 토씨가 [M, MM, MMM, ……]과 [M, HM, HMM, ……]으로 대립될 때의 습관을 그대로 가지기도 하여 토씨의 성조가 두 가지로 혼란스러운 상태를 나타내게 된다. 이리하여, 김차균(2006ㄴ)에서 삼척방언의 토씨는 매우 예측하기 어려운 상태로 실현되고 있어서 혼란스럽다고 할 수밖에 없는 상태에 이르게 되었다.

이에 대하여 정선방언에서는 삼척방언보다도 비성조방언으로의 진화가 한 단계 더 이루어졌는데, 그것은 바로 평복형이 그 하위 방점형과 자유변동하기 때문이다. 삼척방언에서는 이러한 자유변동은 일어나지 않기 때문에 평측형의 하위 성조형들이 각각 하나씩의 성조형으로 독립해서 존재하고 있지만, 정선방언에서는 평복형의 자유변동으로 말미암아 하위 변동형 전체가 독립성이 없고, 하나의 성조형이 되어 버렸다고 할 수 있다.

삼척방언과 정선방언 양쪽 다에 있어서, 2음절 이상의 거성형이 평2형으로 합류했다는 것은 2음절 이상의 거성형이 소멸하여 거성형의 존재가 거의 사라질 단계에 이르렀다는 점에서 공통성을 가지며, 이러한 거성형의 소멸은 같은 강원방언의 하위 성조방언인 강릉방언에서도 나타난다.

이리하여, 오늘날의 강원방언은 영남의 여러 방언들과는 큰 차이가 있으며, 이러한 강원방언과 영남방언의 차이는 강원방언의 비성조방언으로의 진화과정 더욱 촉진하는 원인이 되고 있다. 방점체계를 도입하지 않는 성조연구자들 사이에서 흔히 강원방언을 준성조방언이라고 부르는 것은 이러한 강원방언의 진화의 깊은 곳을 보지 못하고, 너무 표면적인 자료(성조형 및 음조형)의 관찰에만 집착하고 있기 때문이라고 할 수 있다.

5.10. 정리

이 장에서는 정선방언의 성조사를 기술하기에 앞서서, 국어사의 이전시기에 음소체계와 성조체계가 동일한 시기가 있었고, 그것에서 방언적인 분화가 있었을 가능성을 배제하지 않지만, 정선방언을 비롯한 강원방언과 영남방언이 하나의 공통방언에서 분화했다는 가설을 세우면서 논의를 출발하였다.

정선방언 성조체계의 역사적인 변천을 살펴보기 위해, 이 연구는 15·16세기 문헌에 찍힌 방점의 전체적인 특징을 파악해서, 그것을 바탕으로 중세국어 토씨의 기저방점을 분석하고, 중세국어와 정선방언 사이에 토씨의 기저방점의 대응관계를 살펴보았다. 또한, 중세국어, 창원방언, 정선방언의 방점형 대응표와 양방향 단일성의 원칙을 제시하여 방점표상의 대응관계 이론을 제시하였다. 이를 통해 중세국어와 정선방언의 이름씨, 씨끝, 풀이씨의 방점을 분석하고, 그 대응관계를 살펴서 정선방언이 방점형 층위에서 15세기 중부방언과 큰 차이가 없었음을 설명하였다. 이러한 연구과정에서 논의된 결과를 정리하면 다음과 같다.

첫째, 15·16세기 문헌에 찍힌 방점은 그 정확성 정도의 차이를 갖을지언정 모두가 그 표기자의 머릿속에 갈무리된 성조체계를 반영한 것으로 파악하고, 15·16세기 문헌에서 방점 표기의 전체적인 특징을 살폈다. 그 결과, 중세국어 방점의 특징은 하나의 어절 안에서 첫 방점이 고정되어 있으며, 둘째 이하의 방점은 ·□와 □으로 변동한다. 뿐만 아니라 15세기 문헌의 방점은 한 어절 안에서 ·□이 연속해서 3개 이상 나타나는 경우는 극히 드무나, 16세기 문헌의 방점은 이 제약이 상당히 완화되어 ·□이 셋 이상 연속하는 경우가 드물지 않게 나타난다.

둘째, 토씨의 방점분석은 평성형(□₁) 이름씨 뒤에서 나타날 때, 토씨의 현실방점표상에 중화규칙을 고려하여 하나의 어절 내에서 첫 방점 이하의 모든 음절을 ·□으로 만들어서 나오는 방점형을 토씨의 기저방점으로 삼았다. 이를 토대로 평성형 이름씨 /집, 무슴/과 결합한 토씨들의 기저방점을 분석해 내서, 정선방언의 토씨와 대응관계를 살폈다. 그 결과, 비록 빈자리가 있지만, 중세국어 토씨와 정선방언의 토씨의 방점 사이에 정연한 대응관계가 성립됨을 알 수 있었다.

셋째, 중세국어와 정선방언의 방점표상의 대응관계를 기술하기 위해, 중세국어, 창원방언, 정선방언의 방점형 대응표와 대응원리로 "양방향 단일성의 원칙"을 제시했다. "양방향성 단일성 원칙"은 중세국어의 방점표상을 통하여 정선방언의 방점표상을 예측할 수 있을 뿐만 아니라 그 역도 가능할 때 적용되는 것이다. 이를 통하여 중세국어와 창원방언, 중세국어와 정선방언의 방점형 대응관계를 살폈는데 그 결과는 다음과 같다.

가. 중세국어와 창원방언의 방점형의 대응관계에서 상성형과 거성형은 양방향 단일성 원칙이 대응된다. 그러나, 평측형은 양방향 단일성 원칙이 적용되지 않는다. 그 이유는 방점표상에 체계적인 변천이 있기 때문이다. 그 변천은 16세기 중세 문헌에서 평성 뒤에서 상성과 거성이 하나의 측성으로 합류한 것이다.

나. 중세국어와 정선방언의 방점형의 대응관계에서 1음절 어휘형태소와 다음절 어휘형태소로 구분하여 살펴보아야 한다. 먼저, 1음절 어휘형태소는 중세국어와 상성형, 거성형, 평성형이 모두 양방향단일성의 원칙이 적용된다. 그러나 다음절 어휘형태소에서는 오직 상성형과 평일형만 양방향단일성의 원칙이 적용되고, 거성형과 평복형은 양방향단일성의 원칙이 적용되지 않는다. 그 이유는 정선방언에서 평복형은

그 하위 방점형들이 변별적 기능을 수행하지 못하고 자유변동하기 때문이다. 참고로, 삼척방언에서는 평복형의 하위 방점형들의 자유변동이 없어서, 평복형의 하위 방점형들은 변별적 기능을 수행하는 점은 정선방언과 다르다.

넷째, 15세기 중세국어와 정선방언의 이름씨 방점형의 대응관계는 방점형 대응표와 양방향단일성 원칙을 바탕으로 살펴보았다. 그 결과, 정선방언 이름씨의 방점형은 중세국어의 방점형과 완전한 대응관계가 성립하는 것이 지배적으로 많으므로 성조체계의 대응관계가 성립함을 알 수 있다. 양방향단일성의 원칙이 적용되지 않는 거성형과 평복형은 성조체계의 변화와 음조실현규칙이 적용된 것으로 설명이 가능하다. 이름씨 방점형의 대응관계에 사용된 어휘형태소를 정리하면 (48)과 같다.

(48)

방점형	음절	양방향단일성 원칙	완전대응 어휘	부분대응 어휘	불일치 어휘
상성형	1음절	적용	25		
	다음절		12		1
거성형	1음절	적용	47		1
	다음절	적용 안 됨	10		
평일형	1음절	적용	17	1	
	다음절	적용	41	9	1
평복형	다음절	적용 안 됨	13	1	1
합계			165개	11개	4개

다섯째, 씨끝 방점의 분석도 토씨의 방점분석하는 원리와 마찬가지로 분석하였는데, 평성형 풀이씨 줄기 /잡-/과 결합한 굴곡형에서 씨끝이 가지는 방점을 기저방점으로 분석해 냈다. 중세국어와 정선방언에서 씨끝의 대응관계를 살핀 결과는 국어의 씨끝체계의 변화로 말미암아 없어진 씨끝을 제외하면 다수의 씨끝의 방점이 대응관계가 성립됨을 알 수 있었다. 그러나 소수 /-·더·니 > -더·니, -ᄋ·샤 > -·으·셔 / 등은 대응관계가 불일치하는 씨끝도 존재했다.

여섯째, 풀이씨의 방점분석은 평성형 풀이씨 줄기 /잡-/, 거성형 풀이씨 줄기 /·숨-/, 고정상성형 풀이씨 줄기 /:얻-/, 변동상성형 풀이씨 줄기 /:남-/, 변동평성형 풀이씨 줄기 /가-/ 등에 씨끝이 결합하여 하나의 어절을 이룰 때, 굴곡형의 방점형을 제시하고, 중세국어와 정선방언의 풀이씨 굴곡형의 대응관계를 살펴보았다. 그 결과는 중세국어와 정선방언의 풀이씨의 굴곡형의 대응관계는 성립됨을 알 수 있었다. 논의 내용을 요약하여 제시하면 다음과 같다.

가. 평성 풀이씨 줄기 /잡-/은 중세국어와 정선방언의 굴곡형에서 모두 평성형을 가지고 있으며 그 자료는 씨끝의 방점을 분석하는 곳에서 제시했다.

나. 거성 풀이씨 줄기 /·숨-/은 양방향단일성 원칙이 적용되고, 중세국어와 정선방언에서 풀이씨의 줄기는 거성형을 가진다. 그러나 거성형 풀이씨는 씨끝과 결합하게 될 경우 다음절로 실현되기 때문에 중세국어에서는 풀이씨 굴곡형의 방점형은 거성형이지만, 정선방언에서는 풀이씨 굴곡형의 방점형은 평복형이다. 그 이유는 정선방언 성조체계에서 2음절 이상에서 거성형은 평2형화규칙이 적용되어서 평2형과 합류하고, 다시 평복형은 하위 방점들은 변별적으로 대립하지 못하고 자유변동하기 때문이다.

다. 고정상성 풀이씨 줄기 /:언-/과 변동상성형 풀이씨 줄기 /:남-/은 양방향 단일성 원칙이 적용되고, 중세국어와 정선방언에서 그 굴곡형이 모두 상성형으로 나타난다. 또한, 변동상성형 풀이씨 줄기 /:남-/은 모음으로 시작하는 씨끝과 결합할 때 줄기의 성조가 평성으로 변동한다. 이러한 성조변동의 특징도 정선방언 상성형에 그대로 계승되어 있다.

라. 변동평성 풀이씨 줄기 /가-/는 국어 씨끝체계의 변화로 말미암아 그 대응관계를 논의할 수 없는 자료를 제외하면, 전체 24개의 굴곡형 중에 23개의 굴곡형이 대응관계가 성립되고, 1개(·갈 > 갈)의 굴곡형이 대응관계가 불일치하고 있다. 뿐만 아니라 변동평성 풀이씨 줄기의 성조가 결합하는 씨끝에 따라 평성~거성~상성으로 변동하는 특징도 정선방언에 그대로 계승되고 있음을 파악할 수 있었다.

일곱째, 중세국어와 정선방언에서 풀이씨의 대응관계도 방점형 대응표와 양방양단일성 원칙을 기준으로 삼아 1음절 풀이씨를 대상으로 살펴보았다. 그 결과, 상성형, 평일형의 풀이씨는 양방향단일성 원칙이 적용되고, 중세국어와 정선방언의 풀이씨 방점형의 대응관계도 지배적으로 성립됨을 알 수 있었다. 그러나 거성형은 양방향단일성 원칙이 적용되지 않고, 중세국어 풀이씨 방점형은 거성형을 가지나 정선방언 풀이씨 방점형은 평복형을 가진다. 그러나 이러한 현상은 정선방언 성조체계의 체계적인 변천과 음조실현규칙으로 충분히 설명이 가능한 것임을 다시 한번 확인할 수 있었다.

풀이씨 방점형의 대응관계에 사용된 어휘형태소를 정리하면 (49)와 같다.

(49)

방점형	음절	양방향단일성 원칙	완전대응 어휘	부분대응 어휘	불일치 어휘
상성형	1음절	적용	39		1
거성형	1음절	적용 안 됨	20		2
평성형	1음절	적용	36	1	
합계			95개	1개	3개

여덟째, 정선방언 성조체계의 역사적 변천으로 인한 성조형과 음조형의 변화를 살펴보
았다. 그 논의의 결과를 정리하면 다음과 같다.

가. 정선방언 다음절에서 실현되는 성조형과 음조형은 상성형과 평측형이 있다. 상성형
   은 현대국어의 여러 성조방언에서 /M̄/[M̄], /Ḧ/[Ḧ], /R/[R], /L/[L] 등으로 다양하게
   실현되어 음조층위의 차이를 가진다. 그러나 상성형이 거성형과 같이 강력한 중화
   력을 가진 측성이다. 평측형은 창원방언을 포함하는 영남방언의 그것과 다름이 없
   다. 그러나 정선방언의 거성형은 평2형과 합류되기 전에는 영남방언의 거성형과 같
   은 [HHM₀](단, 2음절 이하일 때는 HH/MM)이었을 것이다. 그 근거는 강원방언의 하위
   방언(삼척방언, 강릉방언)에서 거성의 음조형이 [HHM₀]로 실현되는 경우가 있다는 점
   과 거성형의 음조형이 예외없이 [MHM₀]로 실현된다는 점이다. 뿐만 아니라 1음절
   거성형 어휘형태소에 {·에X}와 결합하여 하나의 어절을 이룰 때, 이름씨의 성조가
   평성으로 변동하는 특징이 정선방언에서 그대로 계승되고 있다는 점이다.

나. 창원방언을 포함한 영남의 여러 성조방언에서는 평측형, 거성형, 상성형이 대립되는
   성조형과 음조형을 가진다. 그러나 정선방언을 포함하는 강원방언은 과거의 거성이
   었던 것으로 추정되는 2음절 이상의 이름씨나 풀이씨 줄기가 다 평2형의 음조형과
   같은 [MHM₀]으로 실현된다. 이것은 방점형이 변화한 것이 성조체계의 변천을 일
   으킨 것이고, 방점형보다 더 낮은 층위(표면층위)인 성조형과 음조형의 변화를 일으
   킨 것을 알 수 있다.

다. 정선방언은 삼척방언보다 비성조방언으로의 진화가 한 단계 더 이루어졌다. 왜냐하
   면 삼척방언에서 2음절 이상의 거성형은 평2형으로 합류되나 평복형의 하위 방점형
   들은 변별적으로 대립하여 독립성을 가지나 정선방언에서 2음절 이상의 거성형은
   평2형으로 합류되고, 평복형의 변동형들은 변별적으로 대립하지 못하여 독립성을
   갖지 못하기 때문이다.

6. 맺음말

이 연구의 목표는 정선방언 성조체계를 구축하여 그 역사적인 변천을 설명하는 것이다. 이러한 목표로 시작한 연구 결과로 두 가지를 정리할 수 있었다.

첫째, 정선방언의 성조체계가 창원방언과 삼척방언의 성조체계보다 더 비성조방언으로 변천한 사실을 파악했다. 이러한 주장의 근거는 정선방언의 성조체계 내에서 거성형의 바탕이 약화된 점과 평복형의 하위방점들이 변별적으로 대립하지 못하고 그 하위 방점형들이 독립성을 갖지 못한 점을 들 수 있다.

둘째, 정선방언이 15·16세기 중세국어(중부방언)의 성조체계로부터 변천한 사실을 파악했다. 즉, 중세국어의 성조체계와 정선방언의 성조체계가 근소한 차이를 가지는 언어체계임을 설명했다. 이 주장의 근거는 15·16세기 중세국어와 정선방언의 방점형의 대응관계를 볼 때, 문법형태소(토씨·씨끝)와 어휘형태소(이름씨·풀이씨 줄기)의 방점형이 정연한 대응관계를 가지고, 양방향단일성의 원칙이 적용되는 것이다. 비록 방점형 중에 양방향단일성 원칙이 적용되지 않는 것일지라도 그 대응관계의 결과는 성조체계의 변천과 음조실현규칙으로 설명할 수 있다는 점이다.

이러한 연구결과를 이끌어내기 위한 각 장의 논의를 정리하면 다음과 같다.

제2장은 이 연구의 이론적 기반을 구축하는 장으로, 방점법이 두 개 이상의 성조체계를 비교하는 데 장점을 가진 성조분석이론이라는 점을 기술했다. 이 방점법 이론에 따라 현대국어의 성조방언인 창원방언, 삼척방언, 정선방언의 방점형, 성조규칙, 음조실현규칙을 비교하고 15·16세기 중세국어의 방점을 분석하여 중세국어의 방점형을 창원방언과 비교하였다. 이를 통해 정선방언의 성조체계가 중세국어, 창원방언, 삼척방언의 성조체계를 비교하여 그 차이점을 토대로 정선방언 성조체계의 변천을 설명하였다. 그 논의 결과를 제시하면 다음과 같다.

첫째, 창원방언, 삼척방언, 정선방언의 5음절 방점형의 실현을 비교하여 정선방언의 성조체계가 창원방언의 성조체계보다 더 비성조방언으로 변천한 사실을 기술했다. 이를 뒷받침하는 근거를 정리하면 다음과 같다.

가. 5음절 어절의 평측형은 창원방언과 삼척방언에서는 5개(평일형, 평2형, 평3형, 평4형, 평성형)의 방점형이 존재하나 정선방언은 2개(평일형, 평복형)의 방점형이 존재한다. 왜냐하면, 성조체계 내에서 음운론적으로 변별기능을 수행하는 범위가 다르기 때문이다. 창원방언과 삼척방언의 평측형 5개가 모두 음운론적으로 변별적인 기능을 수행하여 운율적 낱말 안에서 그 방점형이 고정되어 있다. 반면에 정선방언에서는 평일형과 평복형만이 변별적 기능을 수행하는 것을 알 수 있다. 왜냐하면 정선방언의 평측형은 평성이 둘 이상 결합된 운율적 낱말에 얹히는 평복형은 그 방점형이 고정되어 있지 않고 하위 방점형끼리 자유변동을 하기 때문이다.

나. 창원방언의 5음절 어절의 거성형은 변별적 기능을 수행하여 방점이 고정되어 있으나, 삼척방언과 정선방언의 거성형은 2음절 이상에서 평2형과 합류되어 나타난다. 그런데 정선방언은 평복형의 자유변동으로 말미암아 성조체계 내에서 거성의 존재 바탕이 더욱 약화되었다고 할 수 있다.

둘째, 기저성조가 음성학적 높낮이로 실현되는 음운과정은 방점형→/성조형/→[음조형] 단계로 구성되어 있다. 방점형이 /성조형/으로 도출되는 과정에서 성조규칙이 적용되고, /성조형/이 [음조형]으로 도출되는 과정에서 음조실현규칙이 적용된다. 창원방언, 삼척방언, 정선방언의 성조규칙과 음조실현규칙을 비교한 결과를 제시하면 아래와 같다.

가. 창원방언, 삼척방언, 정선방언의 성조규칙

음운과정	창원방언	삼척방언	정선방언
방점형 ↓ /성조형/	중화규칙(필수적)	중화규칙(필수적)	중화규칙(필수적)
		거성형의 평2형화규칙	거성형의 평2형화규칙
			평복형의 자유변동
	{·에X} 앞에서 거성의 평성화	{·에X} 앞에서 거성의 평성화	{·에X} 앞에서 거성의 평성화

나. 창원방언, 삼척방언, 정선방언의 음조실현규칙

음운과정		창원방언	삼척방언	정선방언
/성조형/ ↓ [음조형]	단음절	ㄱ. 평측형	ㄱ. 평측형	ㄱ. 평측형
		ㄴ. 거성형	ㄴ. 거성형	ㄴ. 거성형
		ㄷ. 상성형	ㄷ. 상성형	ㄷ. 상성형
/성조형/ ↓ [음조형]	다음절	ㄱ. 평측형	ㄱ. 평측형	ㄱ. 평일형
		ㄴ. 거성형		ㄴ. 평복형
		ㄷ. 상성형	ㄴ. 상성형	ㄷ. 상성형

아울러 정선방언의 성조규칙과 음조실현규칙을 제시하면 아래와 같다.

(1) 성조의 중화규칙(모든 성조 방언에서)

　ㄱ. ≪□ —≫의 환경에서 □(평성) 이외의 모든 성조는 ·□(측성)으로 바뀐다.

　ㄴ. ≪{·□, :□, ·▣, :▣} —≫의 환경에서 모든 성조는 ·□(측성)으로 바뀐다.

(2) 거성형의 평2형화

　·$\square_2$ → $\square^2$·$\square_0$(단, 이 규칙은 공시규칙인 동시에 통시규칙이기도 함.)

(3) 평복형($\square_2$ · $\square^n$)의 자유변동규칙

　n음절(단 n≧2)로 이루어진 평복형의 각 하위 방점형들은 서로 자유로 변동한다.

(4) 정선방언의 다음절 음조실현규칙

　ㄱ. 평일형　$/HM_1/ \rightarrow \{[HM_1], [H\textsc{h}M_0]\}$ / #＿＿＿#

　ㄴ. 평복형　$/H_2 M^n/ \rightarrow [M\textsc{h}_0 HM^n]$ / #＿＿＿#

　ㄷ. 상성형　$/\breve{M}_2/ \rightarrow [\breve{M}\textsc{h}_0 HM^n]$ / #＿＿＿#

(5) 정선방언의 단음절 음조실현규칙

　ㄱ. 평성　　$/H/ \rightarrow [H^{\urcorner}]$ /#—#

　ㄴ. 거성　　$/M/ \rightarrow [\breve{M}]$/#—#

　(ㄷ. 상성　　$/\breve{M}/ \rightarrow [\breve{M}]$ /#—#)

셋째, 중세국어의 성조도 대립과 중화의 기능에 따라 성조현상을 설명할 수 있다는 점과 중세국어의 성조체계가 현대국어 성조방언의 성조체계보다 더 성조언어에 가깝다는 사실을 파악했다. 그 근거는 아래에 제시한 중세국어와 현대 성조방언의 성조규칙의 차이점이 될 것이다.

　가. 중세국어의 방점형이 /성조형/으로 도출할 때, 중화규칙이 적용되어 하나의 운율적 낱말 안에서 (27) 둘째 음절 이하의 ·□을 □으로 바꾸기(2장에서 제시)가 적용된다. 그러나 이 성조규칙은 임의적이어서 모든 운율적 낱말에 적용되는 것이 아니라 적용되지 않는 경우도 있다. 그러나 현대국어 성조방언인 창원방언, 삼척방언, 정선방언에서도 필연적으로 중화규칙이 적용된다.

　나. 중세국어 거성형의 어휘형태소는 토씨 {·에X} 앞에서 평성으로 변동하는 것과 거성으로만 실현되는 것이 있는데, 15 · 16세기에 고정적 거성으로 실현되던 낱말들이 창원방언, 삼척방언, 정선방언에서 평성으로 변동하는 것이 관찰된다.

　다. 중세국어의 평측형은 현대국어 성조방언의 그것과 매우 다르다. 즉, 중세국어의 평측형은 평거형과 평상형이 존재하며, 상성이 평성 뒤에서 대립의 기능을 수행하고 있는 것을 중세국어 자료를 통해서 확인할 수 있었다. 중세국어의 평측형에서 평거

형이 정상적인 형태이고, 평상형은 음절축약과 어휘형태소의 문법화를 통해서 생긴 것으로 파악했다. 뿐만 아니라 15세기 평상형을 가진 풀이씨의 용례들은 16세기의 문헌에서는 둘째 음절 이하의 상성이 대부분 평성이나 거성으로 변하여 평거형으로 변화한다. 이러한 점은 중세국어 시기에 이미 평성 뒤에서 상성의 대립이 없어지는 변화의 일면이다.

라. 방점형이 /성조형/으로 도출할 때, 중세국어, 창원방언, 삼척방언, 정선방언의 성조 규칙을 비교하여 제시하면 아래와 같다.

음운 과정	중세국어	창원방언	삼척방언	정선방언
방점형 ↓ /성조형/	둘째 음절 이하 ·□를 □으로 바꾸기 (임의적)	중화규칙 (필수적)	중화규칙 (필수적)	중화규칙 (필수적)
	평상형과 평거형 합류	평상형의 소실	평상형의 소실	평상형의 소실
			거성형의 평2형화규칙	거성형의 평2형화규칙
				평복형의 자유변동
	{·에X} 앞에서 거성의 평성화	{·에X} 앞에서 거성의 평성화	{·에X} 앞에서 거성의 평성화	{·에X} 앞에서 거성의 평성화

제3장은 정선방언에서 실현되는 다음절 음조형 즉, 평일형, 평복형, 상성형을 사분음척도를 사용하여 과학적으로 분석하여 그 음조형의 특징을 밝혔다. 정선방언의 음조형의 특징은 다음과 같다.

첫째, 평일형은 첫음절이 Qt수치의 정점이 되고 뒤따르는 음절의 Qt수치는 정점보다 낮아 차차로 내려가는 내림사슬을 이루는 음조형이다.

둘째, 평복형은 하나의 운율적 낱말 안에서 Qt수치의 정점이 둘째 음절 이하의 어느 음절에 놓이고, 첫음절에서부터 정점까지가 오름사슬로 나타나는 핵심부와 정점으로부터 끝음절까지 내림사슬을 보이는 하강부를 갖는다.

셋째, 상성형은 첫음절의 높이가 6Qt에서 시작하여 11~12Qt로 끝나며, 길이는 1.6mora로 장모음을 갖는 특징이 있으며, 하나의 운율적 낱말 안에서 어느 한 음절에 Qt수치의 정점이 놓이고 첫음절에서 정점까지 오름사슬을 보이는 핵심부와 정점에서 끝음절까지 내림사슬을 보이는 하강부를 갖는다.

제4장은 제2장에서 제시한 정선방언의 방점형, 성조형, 음조형을 고려하고, 중화규칙, 거성의 평2형화규칙, 평복형의 자유변동규칙 등의 성조규칙과 음조실현규칙을 바탕으로 하여 정선방언 성조체계를 설정하고, 성조현상을 설명했다. 논의한 것을 정리하면 다음과

같다.

첫째, 정선방언 토씨의 성조가 삼척방언 토씨보다 성조실현이 안정적이다. 그 근거는 삼척방언의 토씨 {·부·터~부·터, ·한·테~한·테, ·까·짐~까·짐…} 등은 두 가지 음조형으로 실현되지만, 정선방언의 토씨는 {부·터, 한·테, 까·짐…} 등으로 하나의 음조형으로 실현된다는 것이다. 정선방언 토씨의 성조는 다음과 같다.

(6) 정선방언의 토씨의 기저방점표상

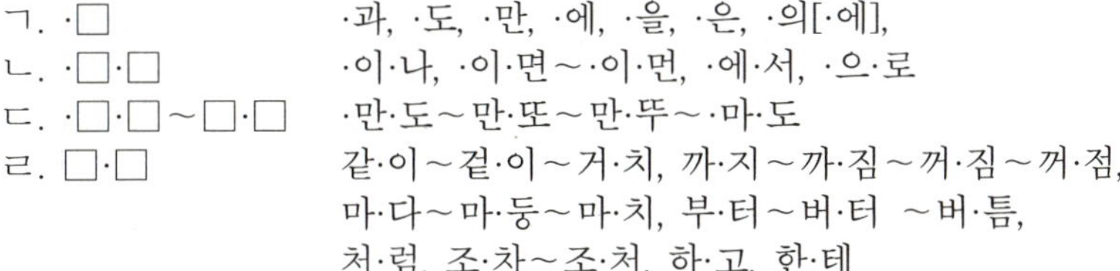

둘째, 정선방언의 이름씨의 성조실현은 거성형, 평측형, 상성형으로 구분하여 설명했다.

가. 거성형 이름씨는 토씨 {·에X} 앞에서 거성이 평성으로 변하는지에 따라 변동거성 이름씨와 고정거성 이름씨로 구분된다. 정선방언의 거성형 이름씨는 토씨와 결합할 때, 2음절 이상의 어절을 형성하기 때문에 음운과정에서 평2형화규칙을 적용받고 다시 평복형의 자유변동규칙을 적용받아 평복형으로 실현된다.

나. 평측형 이름씨에는 평일형과 평복형이 있다. 평일형은 방점이 고정되어 있어 고정적으로 실현되나, 평복형은 방점이 고정되어 있지 않아 음운과정에서 하위 방점형 즉, 평2형, 평3형, 평4형, 평5형 등은 평복형의 자유변동규칙의 적용받아 변별적으로 기능하지 못하여 변이음조형을 갖는다. 뿐만 아니라, 평측형은 역사적으로 거성형에서 합류된 것과 본디부터 평측형이었던 것으로 구분할 수 있다. 이는 역사적으로 거성형이었던 평복형은 음운과정에서 거성의 평2형화규칙을 적용받고 다시 평복형의 자유변동을 적용받아, 거성형이 평복형에 합류했기 때문이다. 이러한 음운과정은 거친 이름씨는 창원방언과 비교를 통해서 평복형을 구분하여 제시했다.

다. 상성형 이름씨는 역사적으로 상성형이었던 것과 후대에 어느 시기에 평복형이 축약에 의해서 상성형으로 변동한 것으로 구분하여 제시했다. 정선방언에서 평복형이 축약에 의해서 상성형으로 변동한 예는 종래에 2성조관을 재고하게 만든다.

정선방언 이름씨를 방점에 따라 분류하여 제시하면 다음과 같다.

(7) 이름씨의 방점에 따른 분류

구분		방점형	성조형	음조형
평측형	평일형	밑	/H/	[H˞]
		하눌	/HM/	[HM]
		메·누리	/HM²/	[HM²]
		고·슴도·치	/HM³/	[HM³]
	평복형	구름	/H²/	[MH]
		깨구·리	/H²M/	[MHM]
		고드레·미	/H³M/	[MHM²]
거성형		·눈	/M/	[M̆]
상성형		:돌	/M̆/	[M̆]
		:도·꾸	/M̆²/	[M̆H]
		:그·마리	/M̆³/	[M̆HM]
		:그·마리·들	/M̆⁴/	[M̆HM²]

셋째, 정선방언 씨끝은 풀이씨 줄기의 모음이 양성모음 /아/일 때, {-·아~·어X}의 두 가지 형태가 모두 결합이 가능하나, 풀이씨 줄기의 모음이 음성 /어/일 때, {-·어X}의 형태만 결합할 수 있다. 이러한 점은 삼척방언과 다른 점이다. 뿐만 아니라, 정선방언에서는 씨끝 {-·겠-}이 거성형으로 실현되는 점이 다르다. 삼척방언과 영남방언에서는 {-겠-}이 평성으로 실현되기 때문이다. 정선방언 씨끝의 성조는 다음과 같이 분석되었다.

(8) 정선방언 씨끝의 기저방점표상

ㄱ. ·□X형　　　-·게, -·겠·다, -·겠·습·니·까, -·겠·습·니·다, -·겠·습·디·다, -·겠·습·디·다, -·겠·습·디·이·다, -·겠·십·디·다, -·고~-·구, -·나, -·네 -·다, -·데, -·도·록~·두·록, -·세, -·소, -·아, -·아·서, -·아·야, …….

ㄴ. □·□X형　　　-거·나, -거·든, -길·래, -나, -는, -는·가, -는·다, -는·데, -더·나, -더·나, -더·라, -더·라·고, -던·가, -도·록, -습·디·까, -습·디·다, -습·디·이·까, -습·디·이·다, …….

ㄷ. □□·□X형　　　-는거·같·다~-는거·겉·다~-는것·같·다~-는것·겉·다, -는거·요, -는구·나, -더라·도, -더래·도, -던거·같·더·라, -던거·것·더·라, -습니·까, -습니·다, -습니·이·까, -십·디·까, -십·디·다, -십·디·이·까, -십·디·이·다, -십니·까, -십니·다, -십니·이·까, …….

넷째, 1음절 풀이씨의 성조실현에 대한 논의를 정리하면 아래와 같다.

가. 정선방언에서 거성형은 1음절에 한하여 인정한다. 그 이유는 두 가지로 정리할 수 있다. 첫째, 1음절 거성 이름씨가 토씨 {·에X} 앞에서 /HM/[HM]으로 실현되는 역사

적인 특징을 그대로 보존하고 있기 때문다. 둘째, 1음절 고정평성 풀이씨가 씨끝과 결합하여 한 어절을 이룰 때, 실현되는 성조형은 평일형(들·다(擧): 들·고, 들·어, 들·어·서, 들·어·도, 들·었·다)이나 1음절 거성 풀이씨가 씨끝과 결합하여 어절을 이룰 때, 실현되는 성조형은 평복형(들다(入): 들고, 들어, 들어·서, 들어·도, 들었·다)으로 실현되기 때문이다. 또한, 거성형 풀이씨는 성조실현 음운과정에서 거성의 평2형화규칙을 적용받고, 다시 평복형의 자유변동규칙을 적용받아 평복형이 되는데, 이 평복형의 평성들이 축약되어 상성으로 변동하는 현상이 있다.

나. 1음절 평측형은 고정평성 풀이씨의 줄기가 씨끝과 결합하여 어절을 이룰 때 실현된다. 주로 평일형으로 실현되는데, 평일형은 방점이 고정되어 있어 그 음조형도 고정적으로 실현된다.

다. 1음절 상성형은 변동상성형과 고정상성형으로 구분된다. 즉, 풀이씨 줄기의 성조가 상성에서 평성으로 변동하면 변동상성 풀이씨이고, 상성에서 평성으로 변동하지 않으면 고정상성 풀이씨이다. 뿐만 아니라, 상성형 풀이씨도 역사적으로 상성형이었던 것과 후대에 어느 시기에 평복형이 축약에 의해서 상성형으로 변동한 것으로 구분할 수 있다.

다섯째, 변동평성 풀이씨는 줄기가 모두 모음으로 끝나는 특징과 씨끝과 결합하여 활용할 때, 실현되는 성조가 불규칙적이라는 공통적인 특징을 갖는다. 정선방언의 변동평성 풀이씨는 세 가지로 구분할 수 있다.

가. /H$_{M-1}$/류에 속한 변동평성 풀이씨는 /가·다, 나·다, 자·다, 사·다, 오·다/가 있다.

나. /H$_{M-2}$/류에 속한 변동평성 풀이씨는 /서·다, 지·다/가 있다.

다. /H$_{M-1}$/류에 속한 변동평성 풀이씨는 /보·다, 하·다, 주·다, 두·다, 누·다/가 있다.

라. 정선방언에서 복합 변동평성 풀이씨의 성조는 평복형으로 실현된다.

여섯째, 정선방언 다음절 풀이씨의 성조실현은 평일형, 평복형, 상성형으로 실현된다. 정선방언의 다음절 성조형에 거성형이 없는 것은 1음절 거성 풀이씨 줄기가 씨끝과 결합하여 하나의 운율적 낱말을 이루면 모두 2음절 이상이 되어 평2형에 합류되고 평복형의 자유변동에 의해 평복형이 되기 때문이다. 정선방언의 풀이씨 줄기의 성조는 다음과 같이 분류했다.

((9)=4장(52)) 풀이씨 줄기의 음절수와 방점변동에 따른 분류

구분			방점형	성조형	음조형
평측형	1음절	고정	잡·다	/H·M/(=HM)	[HM]
		변동	가다	/H$_{M-1}$·M/(=HM)	[HM]
		변동	서·다	/H$_{M-2}$·M/(=HM)	[HM]
		변동	두다	/H$_{\breve{M}-1}$·M/(=HM)	[HM]
	다음절	평일형	근·치·다	/HM·M(=HM^2)	[HM^2]
		평일형	보·드·릅다	/HM^2·M/(=HM^3)	[HM^3]
		평복형 고정	가붑·다	/H^2·M/(=H^{2}M)	[MHM]
		평복형 고정	자부·릅·다	/H^{2}M·M/(=H^{2}M^2)	[MHM^2]
		평복형 고정	엉클리·다	/H^3·M/(=H^{3}M)	[MнHM]
		평복형 변동	나가·다	/H$^2_{\mathbb{M}}$·M/(=H^{2}M)	[MHM]
		평복형 변동	가보·다	/H$^2_{\mathbb{M}}$·M/(=H^{2}M)	[MHM]
		평복형 변동	나서·다	/H$^2_{\mathbb{M}}$·M/(=H^{2}M)	[MHM]
		평복형 변동	모르·다	/H$^2_{\mathbb{M}}$·M/(=H^{2}M)	[MHM]
	거성형		(·숨·다→)숨다	(/M·M/→)/H^2/(=MH)	[MH]
상성형	1음절	고정	:은·다	/M̆·M/(=M̆^{2})	[M̆H]
		변동	:울·다	/M̆·M/(=M̆^{2})	[M̆H]
	다음절		:근·내·다	/M̆^{2}·M/(=M̆^{2})	[M̆HM]

제5장은 정선방언 성조체계의 변천을 살피기 위해, 정선방언을 비롯한 강원방언과 창원방언을 포함하는 영남방언이 하나의 공통방언에서 분화했을 것이라는 가설을 세웠고, 중세국어와 정선방언의 성조체계의 대응관계를 살피기 위해 방점형 대응표와 양방향 단일성 원칙을 제시했다. 이러한 가설과 원리를 바탕으로 중세국어의 방점을 분석하여 중세국어와 정선방언의 방점의 대응관계를 살폈다. 그 결과, 중세국어와 정선방언의 방점형은 근소한 차이를 가지는 언어체계임을 밝히고 정선방언 성조체계가 중세국어 성조의 특징을 계승한 것이고, 중세국어의 성조체계에서 창원방언, 삼척방언, 정선방언의 성조체계를 변천하는 과정을 설명했다. 논의의 결과를 정리하여 제시하면 다음과 같다.

첫째, 중세국어 토씨의 방점분석은 평성형 이름씨 /집, ᄆᆞᄉᆞᆷ/과 결합한 토씨들의 기저방점을 분석해냈고, 중세국어와 정선방언의 토씨의 대응관계는 씨끝체계의 변천으로 말미암아 비록 빈자리가 있지만, 중세국어 토씨와 정선방언 토씨의 방점 사이에 정연한 대응관계가 성립된다.

둘째, 중세국어와 창원방언, 중세국어와 정선방언의 방점형 대응관계를 살폈다. 그 결과는 다음과 같다.

가. 중세국어와 창원방언의 방점형 대응관계에서 상성형과 거성형은 양방향 단일성 원

칙이 대응된다. 그러나, 평측형은 양방향 단일성 원칙이 적용되지 않는다. 그 이유는 방점표상에 체계적인 변화가 있기 때문이다. 그 변화는 16세기 문헌에서 평성 뒤에서 상성과 거성이 하나의 측성으로 합류한 것이다.

나. 중세국어와 정선방언의 방점형 대응관계에서 1음절 어휘형태소와 다음절 어휘형태소로 구분하여 살펴보아야 한다. 먼저, 정선방언의 1음절 어휘형태소는 중세국어의 상성형, 거성형, 평성형 모두와 양방향단일성의 원칙이 적용된다. 그러나 정선방언의 다음절 어휘형태소는 중세국어의 상성형과 평일형과만 양방향단일성의 원칙이 적용되고, 중세국어의 거성형과 평복형과는 양방향단일성의 원칙이 적용되지 않는다. 그 이유는 정선방언의 평복형은 그 하위 방점형들이 변별적 기능을 수행하지 못하고 자유변동하기 때문이다. 참고로, 삼척방언에서는 평복형의 하위 방점형들의 자유변동이 없어서, 평복형의 하위 방점형들은 변별적 기능을 수행하는 점은 정선방언과 다르다.

셋째, 15세기 중세국어와 정선방언의 이름씨 방점형의 대응관계에서 정선방언의 방점형이 중세국어의 방점형과 완전한 대응관계가 성립하는 것이 지배적으로 많다. 다만, 양방향단일성의 원칙이 적용되지 않는 거성형과 평복형은 성조체계의 변천과 음조실현규칙 적용된 것으로 설명이 가능하다. 이름씨 방점형의 대응관계에 사용된 어휘형태소를 정리하면 (10)과 같다.

(10)

방점형	음절	양방향단일성 원칙	완전대응 어휘	부분대응 어휘	불일치 어휘
상성형	1음절	적용	25		
	다음절		12		1
거성형	1음절	적용	47		1
	다음절	적용 안 됨	10		
평일형	1음절	적용	17	1	
	다음절	적용	41	9	1
평복형	다음절	적용 안 됨	13	1	1
합계			165개	11개	4개

넷째, 씨끝 방점의 분석도 평성형 풀이씨 줄기 /잡-/과 결합한 굴곡형에서 씨끝이 가지는 방점을 기저방점으로 분석해냈다. 중세국어와 정선방언 씨끝의 방점의 대응관계는 국어의 씨끝체계의 변화로 말미암아 없어진 씨끝을 제외하면 다수의 씨끝의 방점이 대응관계가 성립된다.

다섯째, 중세국어와 정선방언의 풀이씨 굴곡형의 대응관계를 살펴보았다. 그 결과, 중세국어와 정선방언의 풀이씨 굴곡형의 대응관계가 성립되었다. 논의 내용을 요약하여 제시하면 다음과 같다.

　가. 평성형 풀이씨 줄기 /잡-/은 중세국어와 정선방언의 굴곡형에서 모두 평성형을 가지고 있으며 그 자료는 씨끝의 방점을 분석하는 곳에서 제시했다.

　나. 거성형 풀이씨 줄기 /·숨-/은 양방향단일성 원칙이 적용되고, 중세국어와 정선방언에서 풀이씨의 줄기는 거성형을 가진다. 다만, 거성형 풀이씨는 씨끝과 결합하게 될 경우 다음절로 실현되기 때문에 중세국어에서는 풀이씨 굴곡형의 방점형은 거성형이지만, 정선방언에서는 풀이씨 굴곡형의 방점형은 평복형이다.

　다. 고정상성형 풀이씨 줄기 /:얻-/과 변동상성형 풀이씨 줄기 /:남-/은 양방향 단일성 원칙이 적용되고, 중세국어와 정선방언에서 그 굴곡형이 모두 상성형으로 나타난다. 또한, 변동상성형 풀이씨 줄기 /:남-/은 모음으로 시작하는 씨끝과 결합할 때 줄기의 성조가 평성으로 변동한다. 이러한 성조변동의 특징도 정선방언 상성형에 그대로 계승되어 있다.

　라. 변동평성형 풀이씨 줄기 /가-/는 국어 씨끝체계의 변화로 말미암아 그 대응관계를 논의할 수 없는 자료를 제외하면, 전체 24개의 굴곡형 중에 23개의 굴곡형이 대응관계가 성립되고, 1개(·갈 > 갈)의 굴곡형이 대응관계가 불일치하고 있다. 뿐만 아니라, 변동평성 풀이씨 줄기의 성조가 결합하는 씨끝에 따라 평성～거성～상성으로 변동하는 특징도 정선방언에 그대로 계승되고 있음을 파악할 수 있었다.

　여섯째, 중세국어와 정선방언의 풀이씨 방점형의 대응관계도 방점형 대응표와 양방양단일성 원칙을 기준으로 삼아 1음절 풀이씨를 대상으로 살펴보았다. 그 결과, 상성형, 평일형의 풀이씨는 양방향단일성 원칙이 적용되고, 중세국어와 정선방언의 풀이씨 방점형의 대응관계도 지배적으로 성립됨을 알 수 있었다. 다만, 거성형은 양방향단일성 원칙이 적용되지 않고, 중세국어 풀이씨 방점형은 거성형을 가지나 정선방언 풀이씨 방점형은 평복형을 가진다. 그러나 이러한 현상은 정선방언 성조체계의 체계적인 변천과 음조실현규칙으로 충분히 설명이 가능하다. 풀이씨 방점형의 대응관계에 사용된 어휘형태소를 정리하면 (11)과 같다.

(11)

방점형	음절	양방향단일성 원칙	완전대응 어휘	부분대응 어휘	불일치 어휘
상성형	1음절	적용	39		1
거성형	1음절	적용 안 됨	20		2
평성형	1음절	적용	36	1	
합계			95개	1개	3개

일곱째, 정선방언 성조체계의 역사적 변천으로 말미암아, 방점형보다 낮은 층위에서 일어난 성조형과 음조형의 변화를 살펴보았다. 그 논의의 결과를 정리하면 다음과 같다.

　가. 정선방언 다음절에서 실현되는 성조형과 음조형은 상성형과 평측형(평일형, 평복형)이 있다. 상성형은 거성형과 같이 강력한 중화력을 가진 측성이고, 평측형(평일형, 평복형)은 창원방언을 포함하는 영남방언의 그것과 다르지 않다. 그러나 정선방언의 거성형은 평2형과 합류되기 전에는 영남방언의 거성형과 같은 [HHM₀](단, 2음절 이하일 때는 HH/MM)이었을 것이다. 그 근거는 강원방언의 하위방언(삼척방언, 강릉방언)에서 거성의 음조형이 [HHM₀]로 실현되는 경우가 있다는 점과 거성형의 음조형이 예외없이 [MHM₀]로 실현되는 것이다. 뿐만 아니라 1음절 거성형 어휘형태소에 {·에X}가 결합하여 하나의 어절을 이룰 때, 이름씨의 성조가 평성으로 변동하는 특징이 정선방언에서 그대로 계승되고 있다는 점이다.

　나. 창원방언을 포함한 영남의 여러 성조방언에서는 평측형, 거성형, 상성형이 대립되는 성조형과 음조형을 가진다. 그러나 정선방언을 포함하는 강원방언은 과거의 거성이었던 것으로 추정되는 2음절 이상의 이름씨나 풀이씨 줄기가 다 평2형의 음조형과 같은 [MHM₀]으로 실현된다. 이것은 방점형의 변화가 성조체계의 변천을 일으킨 것이고, 방점형보다 더 낮은 층위(표면층위)인 성조형과 음조형의 변화를 일으킨 것을 알 수 있다.

　다. 정선방언은 삼척방언보다 비성조방언으로의 진화가 한 단계 더 이루어졌다. 왜냐하면 삼척방언에서 2음절 이상의 거성형은 평2형으로 합류되나 평복형의 하위 방점형들은 변별적으로 대립하여 독립성을 가지나 정선방언에서 2음절 이상의 거성형은 평2형으로 합류되어 평복형의 변동형들은 변별적으로 대립하지 못하여 독립성을 갖지 못하기 때문이다.

　이 연구는 정선방언의 성조체계가 창원방언과 삼척방언의 성조체계보다 더 비성조방언으로 변천한 사실과 정선방언이 15·16세기 중세국어(중부방언)의 성조체계로부터 변천한 사실을 설명했다. 비교방언학적 방법을 사용하여 국어 성조사의 한 단면을 기술했다는 점은 이 연구의 분명한 의의이겠지만, 제시한 연구결과가 설명적 타당성을 갖추기 위해서는 후일의 연구로 미루어 놓은 문제를 해결하지 않으면 안 된다. 그 문제를 정리하여 다음 연구의 출발점으로 삼고자 한다.

　첫째, 정선방언의 다음절 음조형을 사분음척도를 이용하여 평일형, 평복형, 상성형이 갖는 특징을 분석하였다. 그러나 사분음척도는 말의 높낮이를 발화 생성의 측면에서 과학적으로 분석하는 척도이기 때문에 인지의 측면에서 각 음조형의 특징이 변별적 기능을 하는지 검증이 필요하다.

둘째, 정선방언 성조체계의 변천을 기술할 때, 합성어와 파생어, 다음절 풀이씨 등의 자료는 제시하지 못했다. 합성어와 파생어, 다음절 풀이씨 등에서도 굴곡형과 방점의 대응관계가 성립하는지를 더 살펴보아야 할 것이다.

셋째, 이 연구는 강원방언과 영남방언이 공통방언에서 분화했을 것이라는 가설을 제시했다. 이 가설에 힘을 실어주기 위해서는 1차적으로 15·16세기 중세국어의 중부방언과 영남방언에서 방언차이의 존재여부에 대한 충분하고 정밀한 논의가 필요하고, 2차적으로 그 이전 시기의 성조체계도 고찰해야 한다.

▌참고문헌

〈동양문헌〉

강홍구(2005), 「강릉방언 1음절 어간 풀이씨 성조」, 『한글』 270, 한글학회.

고창운(1988), 「자음 탈락과 보상적 장모음화에 대하여」, 『논문집』, 건국대학교 대학원.

곽충구(1991), 「함경도 육진방언의 음운론」, 서울대학교 대학원 박사학위논문.

곽충구(1994), 『함북 육진방언의 음운론』, 태학사.

권재일(1988), 「문법변화와 문법화」, 『방언학과 국어학』, 태학사.

권재일(1996), 「음운변화와 문법변화」, 『음성학과 언어학』, 서울대학교 출판사.

권재일(1998), 『한국어 문법사』, 박이정 출판사.

김기호 외(2000), 『음성과학』, 한국문화사.

김무식(1992), 「경북 방언 초분절소에 대한 실험음성학적 분석」, 『국어학』22, 국어학회.

김방한(1988), 『역사-비교언어학』, 민음사.

김봉국(1998), 「삼척지역어의 성조 연구」, 『국어연구』 150, 국어연구회.

김봉국(1999), 「삼척지역어의 상승조에 대한 실험음성학적 고찰」, 『관악어문연구』 24, 서울대학교 국어국문학과.

김봉국(2002), 「강원도 남부지역 방언의 음운론」, 서울대학교 대학원 박사학위논문.

김성규(1994), 「중세국어의 성조 변화에 대한 연구」, 서울대학교 대학원 박사학위논문.

김성규(1997), 「성조의 변화」, 『국어사연구』, 국어사연구회.

김성규(1998), 「2음절 용언 어간의 성조 유형」, 『국어학』 32, 국어학회.

김성규(1999), 「중세국어 합성어의 성조」, 『언어의 역사』, 태학사.

김성규(2003), 「문헌에서의 성조」, 『국어학회 집중강좌』, 국어학회.

김세진(2006), 「경남 서남부 방언의 성조 연구」, 충남대학교 대학원 박사학위논문.

김세진(2008), 「창원방언과 중세국어에서 입성 한자 형태소의 성조에 대하여」, 『한글』 281, 한글학회.

김승곤(1983), 『음성학』, 정음사.

김승곤(1985), 「한국어 고룸소리의 어원 연구」, 『한글』 176, 한글학회.

김승곤(1996), 『현대나라말본』, 박이정.

김영만(1987), 「국어초분절음소의 사적 연구」, 고려대학교 대학원 박사학위논문.

김영만(1990), 「15세기 국어의 운율 규칙 연구─16세기와 관련하여」, 『어문학』 51.

김용경(1998), 「상대 높임씨끝 '-오/소'의 발달과정에 대한 연구」, 『한말연구』 4, 한말연구학회.

김완진(1971), 『국어음운체계의 연구』, 일조각.

김완진(1972), 『중세국어성조의 연구』, 한국문화연구소.

김완진(1977), 『중세국어성조의 연구』, 탑출판사.

김주원(1991), 「경상도 방언의 성조 기술 방법 – 표기 방법의 표준화를 위한 시론」, 『어학연구』 27-3, 서울대학교 어학연구소.

김주원(1994), 「중세국어 성조와 경상도 방언 성조의 비교 연구 – 「뭇노폰 소리」에 대한 새로운 해석을 중심으로」, 『언어』 20-2, 한국언어학회.

김주원 외(1996), 『내일을 위한 방언연구』, 경북대학교 출판부.

김주원(2001), 「소학언해 연구」, 『국어학』 37, 국어학회.

김주원(2003), 「강원도 동해안 방언 성조의 특성」, 『민족문화논총』 27, 영남대학교 민족문화연구소.

김차균(1975), 「영남・영동 방언의 성조」, 『한글』 155, 한글학회.

김차균(1977ㄱ), 「경상도 방언의 성조체계」, 서울대학교 대학원 박사학위논문.

김차균(1977ㄴ), 「어절 성조언어의 기술 방법」, 『언어학』 2, 한국언어학회.

김차균(1980), 『경상도 방언의 성조체계』, 과학사.

김차균(1993), 『우리말의 성조』, 태학사.

김차균(1997), 「우리말 성조 연구의 성과와 미래의 방향」, 『언어』 18, 충남대학교 어학연구소.

김차균(1998), 『나랏말과 겨레의 슬기에 바탕을 둔 음운학강의』, 태학사.

김차균(1999), 『우리말 방언성조의 비교』, 역락.

김차균(2002ㄱ), 『국어 방언 성조론』, 역락.

김차균(2002ㄴ), 『영호남 방언 운율 비교』, 역락.

김차균(2003), 『영남 방언 성조의 비교』, 역락.

김차균 외(2000), 「영남방언과 호남방언의 운율 비교」, 『어문연구』, 대한음성학회.

김차균(2006ㄱ), 「우리말 성조사 500년 공백을 어떻게 메울 것인가?」, 『국어사 어디까지 와 있는가?』, 태학사.

김차균(2006ㄴ), 『중부 동해안 방언의 성조 비교』, 글누림.

김차균 외(2007ㄱ), 「말소리의 높낮이측정을 위한 Q-tone 청취등급과 닮은비에 의한 음조형의 확대와 축소」, 『대한음성학회 2007년 가을학술대회 논문집』, 대한음성학회.

김차균 외(2007ㄴ), 「음성학적 기술과 음운론적 처리에 있어 균형적인 사고」, 『한글』 275, 한글학회.

리의도(1984), 「훈민정음의 중성에 대한 새로운 해석」, 『한글』 179, 한글학회.

박종덕(2003), 「경상도 방언의 모음체계 변천에 관한 통시적 연구」, 건국대학교 대학원 박사학위논문.

문효근(1969), 「영동방언의 운율적 자질에 관한 연구」, 『인문과학』 7, 연세대학교.

문효근(1974ㄱ), 「한국어 성조의 분석적 연구」, 건국대학교 대학원 박사학위논문.

문효근(1974ㄴ), 「한국 방언 성조의 실험음성학적 분석 연구」, 『연세논총』 11, 연세대학교.

박성종(1998), 「강원도 방언의 성격과 특징」, 『방언학과 국어학』, 태학사.

박숙희(2005), 「경북 동해안 방언의 성조 연구」, 충남대학교 대학원 박사학위논문.

방언학회(2001), 『방언학 사전』, 태학사.

백두현(1982), 「성조와 움라우트」, 『어문론총』 16, 경북대학교.

박동근(1997), 「현대국어 흉내말의 연구」, 건국대학교 대학원 박사학위논문.

백두현(1992), 『영남문헌어의 음운사 연구』, 태학사.

성철재·권오욱·이지향·김차균(2008), 「Q-tone 청취등급을 이용한 경남 동남부 방언 성조 분석」, 『한글』 279, 한글학회.

양병곤 외(1998), 『음성학과 음운론』, 한신문화사.

윤종남(1986), 「강릉방언에 대한 초분절음소에 대한 고찰」, 동국대학교 대학원 석사학위논문.

이강로(2004), 『사성통해의 음운학적 연구』, 박이정.

이근영(1990), 「국어 변동규칙의 통시적 연구」, 건국대학교 대학원 박사학위논문.

이기문(1972), 『국어사 개설』, 탑출판사.

이기문 외(1991), 「한국어 방언의 기초적 연구」, 『학술원논문집(인문·사회)』 30, 학술원.

이병건(1986), 「자립분절 음운론」, 『어학연구』 22-3, 서울대학교 어학연구소.

이상녀(1991), 「삼척지역어의 음운 연구」, 인하대학교 대학원 석사학위논문.

이승재(2004), 『방언연구－자료에서 이론까지』, 태학사.

이익섭(1972ㄱ), 「영동방언의 Suprasegmental Phoneme 체계」, 『동대어문』 2, 동덕여자대학교.

이익섭(1972ㄴ), 「강릉방언의 형태음운론적 고찰」, 『진단학보』 34, 진단학회.

이익섭(1981), 『영동방언의 언어분화』, 서울대학교 출판부.

이익섭(1984), 『방언학』, 민음사.

이혜숙(1985), 「경남 방언 성조의 자립분절음운론적 연구」, 『언어』 10, 한국언어학회.

임석규(2003), 「동남방언의 성조소에 대한 재검토」, 『국어국문학』 135, 국어국문학회.

전정예(1995), 『새로운 '-오-' 연구』, 한국문화사.

전정예(2005), 『언어 변화 이론』, 박이정 출판사.

정 국(1980), 「성조의 기능론적 분석」, 『어학 연구』 15-2, 서울대학교 어학연구소.

정연찬(1976), 『국어성조에 관한 연구』, 일조각.

정연찬(1977), 『경상도 방언의 음조 연구』, 탑출판사.

조남호(2002), 『두시언해 어휘 색인』, 태학사.

조오현(1995), 「낱말 안에서의 'ㅎ' 소리 변화」, 『한말연구』 1, 한말연구학회.

조오현(1997), 「청양 방언의 분화에 대한 연구」, 『한말연구』 3, 한말연구학회.

조오현(1999), 「내림겹홀소리의 홑홀소리되기 원인」, 『건국어문학』 23-24, 건국대학교 국어국문학
　　　　연구회.

주시경(1908), 『국어문전음학』, 박문서관.

차재은(1999), 『중세국어 성조론』, 월인.

최명옥(1998), 「현대국어의 성조소 체계」, 『국어학』 31, 국어학회.

최명옥(1999), 『한국어 방언연구의 실제』, 태학사.

최영미(2001), 「삼척지역어의 운소체계 연구」, 건국대학교 대학원 석사학위논문.

최영미(2001), 「어중 된소리되기와 운율 구조」, 『한말연구』 9, 한말연구학회.

최영미(2003), 「삼척지역어의 장단과 고저에 대한 청취 실험 연구」, 『국어교육』 110, 한국국어교
　　　　육연구학회.

최영미(2006), 「「소학언해」에 나타난 합성어 성조 변동」, 『우리말 음운 연구의 실제』, 경진문화사.

최윤현(1990), 「국어의 하강이중모음에 관한 통시적 연구」, 건국대학교 대학원 박사학위논문.

최현배(1942/1970), 『고친 한글갈』, 정음사.

한영균(1995), 「'외, 위'의 단모음화와 방언 분화－강원도 방언의 경우」, 『국어사와 차자표기』, 태학사.

허　웅(1954), 「경상도방언의 성조」, 『최현배선생환갑기념논업』, 정음사.

허　웅(1955/1963), 『중세국어연구』, 정음사.

허　웅(1981), 『언어학』, 샘문화사.

허　웅(1985), 『국어음운학』, 샘문화사.

허원욱(2005), 「17세기 국어 자리토씨」, 『우리말 연구의 이론과 실제』, 경진문화사.

허재영(1993), 「훈민정음에 나타난 성운학의 기본 개념」, 『한중음운학논총』 1, 서광학술자료사.

홍기문(1946), 『정음발달사』, 서울신문사 출판국.

河野六郎, (1945/1979), 「朝鮮方言學試考－「鋏」語考」, 『河野六郎著作集』, 平凡社.

河野六郎, (1951), 「朝鮮古文獻の聲點に就いて」, 『朝鮮學報』 1.

福井玲, (2000), 「韓國語諸方言のアクセント体系について」, 『韓國語アクセント論叢』, 東京大學校 人文社會研究科 東洋言語研究室.

Ramsey, S, Robert. (1974), 함경·경상 양방언의 악센트 연구, 『국어학』 2. 국어학회.

Ramsey, S, Robert. (1978), *Accent and Morphology in Korean dialects* : A Descriptive and Historical Study, 탑출판사.

〈서양문헌〉

Bloomfiled, L. (1933), *Language*, N.Y. L Holt.

Battistella, Edwin. (1990), *Markness : The Evaluative Superstructure of Language,* N.Y. : State U of N.Y.P.

Hock, H. Henrich. (1976), *Principles of Historical Linguistics*, N. Y.:Mouton.

King, R. (1969), *Historical Linguistics and Generative Grammar*, N.J.:Prentice Hall.

Lass, R. (1969), *Phnology*, Cambridge : Cambridge UP.

Lee, Sang-Oak. (1987), *Middle Korean Tonology*, Doctoral dissertation, University of Illinois.

Matrinet, A. (1952), Function, structure and sound change, word 8.

McCawley. James D. (1968), *The Phonological Component of a Grammar of Japanese*, The Hague.

Meillet, A. (1925), *La méthode Comparative en linguistique*, Oslo: H. Aschehoug.

Moore, B.C.J. and B.R. Glasberg. (1996), A revision of Zwicker's loudness model, *Acustica-Acta Acustica*, vol. 82.

Pike, Kenneth L. (1948), *Tone Languages*, Ann Arbor: The University of Michigan Press.

Trubetzkoy, N. S. (1939/1971), *Principle of Phonology(2nd ed)*, (trans. by Christiane A. M. Baltaxe) Los Angeles : Univ. of California Press.

Stevens, S. S., J. Volkman, and E. Newman. (1937), A scale for the measurement of the psychological magnitude of pitch, *Journal of the Acoustical Society of America*, vol. 8.

Zwicker, E. and H. Fastl. (1990), *Psychoacoustics, Facts and Models*. Berlin, Germany: Springer-Verlag.

1. 이름씨의 간이 준굴곡형

1.1. 거성형 이름씨와 토씨의 결합

(1) 정선방언 / ·값/

정선방언	/성조형/[음조형]
·값M	
(·값·이→) 값이	/H²/[MH]
(·값·을→) 값을	/H²/[MH]
(·값·도→) 값도	/H²/[MH]
(·값·에→) 값에	/H²/[MH]
(·값·부·터→) 값부·터	/H²M/[MHM]
(·값·버·텀→) 값버·텀	/H²M/[MHM]
(·값·까·지→) 값까·지	/H²M/[MHM]
(·값·꺼·짐→) 값꺼·짐	/H²M/[MHM]

(2) 정선방언 / ·귀/

정선방언	/성조형/[음조형]
·귀(耳)M	·귀(耳)M
(·귀·이→) 귀이	/H²/[MH]
(·귀·을→) 귀을	/H²/[MH]
(·귀·도→) 귀도	/H²/[MH]
(·귀·두→) 귀두	/H²/[MH]
(·귀·에→) 귀에	/H²/[MH]
(·귀·부·터→) 귀부·터	/H²M/[MHM]
(·귀·브·텀→) 귀브·텀	/H²M/[MHM]
(·귀·까·지→) 귀까·지	/H²M/[MHM]
(·귀·꺼·짐→) 귀꺼·짐	/H²M/[MHM]

(3) 정선방언 / ·글/

정선방언	/성조형/[음조형]
·글(文)M	·글(文)M
(·글·이→) 글·이	/H²/[MH]
(·글·을→) 글·을	/H²/[MH]
(·글·도→) 글도	/H²/[MH]
(·글·도→) 글도	/H²/[MH]
(·글·도→) 글도	/H²/[MH]
(·글·에→) 글에	/H²/[MH]
(·글·부·터→) 글부·터	/H²M/[MHM]
(·글·브·터→) 글브·터	/H²M/[MHM]
(·글·까·지→) 글까·지	/H²M/[MHM]
(·글·꺼·지→) 글꺼·지	/H²M/[MHM]

(4) 정선방언 / ·금/

정선방언	/성조형/[음조형]
·금(線)M_H	
(·금·이→) 금이	/H²/[MH]
(·금·을→) 금을	/H²/[MH]
(·금·도→) 금도	/H²/[MH]
(·금·또→) 금또	/H²/[MH]
(·금·뚜→) 금뚜	/H²/[MH]
금·에	/HM/[HM]
(·금·부·터→) 금부·터	/H²M/[MHM]
(·금·까·지→) 금까·지	/H²M/[MHM]

(5) 정선방언 / ·질/

정선방언	/성조형/[음조형]
·질(道)M_H	
(·질·이→) 질이	/H²/[MH]
(·질·을→) 질을	/H²/[MH]
(·질·도→) 질도	/H²/[MH]
(·질·또→) 질또	/H²/[MH]
(·질·뚜→) 질뚜	/H²/[MH]
질·에	/HM/[HM]
(·질·부·터→) 질부·터	/H²M/[MHM]
(·질·버·텀→) 질버·텀	/H²M/[MHM]
(·질·까·지→) 질까·지	/H²M/[MHM]
(·질·꺼·짐→) 질꺼·짐	/H²M/[MHM]

(6) 정선방언 /·꿰/

정선방언	/성조형/[음조형]
·꿰(計)M_H	
(·꿰·가→)꿰가	/H²/[MH]
(·꿰·를→)꿰를	/H²/[MH]
(·꿰·도→)꿰도	/H²/[MH]
(·꿰·두→)꿰두	/H²/[MH]
꿰·에	/HM/[HM]
(·꿰·부·터→)꿰부·터	/H²M/[MHM]
(·꿰·버·텀→)꿰버·텀	/H²M/[MHM]
(·꿰·까·지→)꿰까·지	/H²M/[MHM]
(·꿰·꺼·짐→)꿰꺼·짐	/H²M/[MHM]

(7) 정선방언 /·꿀/

정선방언	/성조형/[음조형]
·꿀M_H	
(·꿀·이→)꿀이	/H²/[MH]
(·꿀·을→)꿀을	/H²/[MH]
(·꿀·도→)꿀도	/H²/[MH]
(·꿀·또→)꿀또	/H²/[MH]
(·꿀·뚜→)꿀뚜	/H²/[MH]
꿀·에	/HM/[HM]
(·꿀·부·터→)꿀부·터	/H²M/[MHM]
(·꿀·버·텀→)꿀버·텀	/H²M/[MHM]
(·꿀·까·지→)꿀까·지	/H²M/[MHM]
(·꿀·꺼·짐→)꿀꺼·짐	/H²M/[MHM]

(8) 정선방언 /·꿈/

정선방언	/성조형/[음조형]
·꿈(夢)M_H	
(·꿈·이→)꿈이	/H²/[MH]
(·꿈·을→)꿈을	/H²/[MH]
(·꿈·도→)꿈도	/H²/[MH]
(·꿈·두→)꿈두	/H²/[MH]
(·꿈·또→)꿈또	/H²/[MH]
(·꿈·뚜→)꿈뚜	/H²/[MH]
꿈·에	/HM/[HM]
(·꿈·부·터→)꿈부·터	/H²M/[MHM]
(·꿈·버·텀→)꿈버·텀	/H²M/[MHM]
(·꿈·까·지→)꿈까·지	/H²M/[MHM]
(·꿈·꺼·짐→)꿈꺼·짐	/H²M/[MHM]

(9) 정선방언 /·끝/

정선방언	/성조형/[음조형]
·끝(極)M_H	
(·끝·이→)끝이	/H²/[MH]
(·끝·을→)끝을	/H²/[MH]
(·끝·도→)끝도	/H²/[MH]
끝·에	/HM/[HM]
(·끝·부·터→)끝부·터	/H²M/[MHM]
(·끝·버·텀→)끝버·텀	/H²M/[MHM]
(·끝·까·지→)끝까·지	/H²M/[MHM]
(·끝·꺼·짐→)끝꺼·짐	/H²M/[MHM]

(10) 정선방언 /·날/

정선방언	/성조형/[음조형]
·날(日)M_H	
(·날·이→)날이	/H²/[MH]
(·날·을→)날을	/H²/[MH]
(·날·도→)날도	/H²/[MH]
(·날·또→)날또	/H²/[MH]
날·에	/HM/[HM]
(·날·부·터→)날부·터	/H²M/[MHM]
(·날·보·텀→)날보·텀	/H²M/[MHM]
(·날·까·지→)날까·지	/H²M/[MHM]
(·날·까·짐→)날까·짐	/H²M/[MHM]

(11) 정선방언 /·낮/

정선방언	/성조형/[음조형]
·낮(晝)M_H	
(·낮·이→)낮이	/H²/[MH]
(·낮·을→)낮을	/H²/[MH]
(·낮·도→)낮도	/H²/[MH]
낮·에	/HM/[HM]
(·낮·부·터→)낮부·터	/H²M/[MHM]
(·낮·버·텀→)낮버·텀	/H²M/[MHM]
(·낮·까·지→)낮까·지	/H²M/[MHM]
(·낮·꺼·짐→)낮꺼·짐	/H²M/[MHM]

(12) 정선방언 /·눈/

정선방언	/성조형/[음조형]
·눈(目)M_H	
(·눈·이→)눈이	/H²/[MH]

(·눈·을→)눈을　　　　/H²/[MH]
(·눈·도→)눈도　　　　/H²/[MH]
(·눈·또→)눈또　　　　/H²/[MH]
(·눈·뚜→)눈뚜　　　　/H²/[MH]
눈·에　　　　　　　　/HM/[HM]
(·눈·부·터→)눈부·터　/H²M/[MHM]
(·눈·버·텀→)눈버·텀　/H²M/[MHM]
(·눈·까·지→)눈까·지　/H²M/[MHM]
(·눈·꺼·짐→)눈꺼·짐　/H²M/[MHM]

(13) 정선방언 / ·이/

　정선방언　　　　　　/성조형/[음조형]
·이(齒)M_H
·이(蝨)M_H
(·이·가→)이가　　　　/H²/[MH]
(·이·를→)이를　　　　/H²/[MH]
(·이·도→)이도　　　　/H²/[MH]
(·이·두→)이두　　　　/H²/[MH]
이·에　　　　　　　　/HM/[HM]
(·이·부·터→)이부·터　/H²M/[MHM]
(·이·부·텀→)이부·텀　/H²M/[MHM]
(·이·까·지→)이까·지　/H²M/[MHM]
(·이·까·짐→)이까·짐　/H²M/[MHM]
(·이·꺼·짐→)이꺼·짐　/H²M/[MHM]

(14) 정선방언 / ·달/

　정선방언　　　　　　/성조형/[음조형]
·달(月)M
(·달·이→)달이　　　　/H²/[MH]
(·달·을→)달을　　　　/H²/[MH]
(·달·도→)달도　　　　/H²/[MH]
(·달·두→)달두　　　　/H²/[MH]
(·달·에→)달에　　　　/H²/[MH]
(·달·부·터→)달부·터　/H²M/[MHM]
(·달·까·지→)달까·지　/H²M/[MHM]

(15) 정선방언 / ·담/

　정선방언　　　　　　/성조형/[음조형]
·담(牆)M_H
(·담·이→)담이　　　　/H²/[MH]
(·담·을→)담을　　　　/H²/[MH]
(·담·도→)담도　　　　/H²/[MH]

(·담·두→)담두　　　　/H²/[MH]
담·에　　　　　　　　/HM/[HM]
(·담·부·터→)담부·터　/H²M/[MHM]
(·담·버·텀→)담버·텀　/H²M/[MHM]
(·담·까·지→)담까·지　/H²M/[MHM]
(·담·꺼·짐→)담꺼·짐　/H²M/[MHM]

(16) 정선방언 / ·대/

　정선방언　　　　　　/성조형/[음조형]
·대(竹)M_H
(·대·가→)대가　　　　/H²/[MH]
(·대·를→)대를　　　　/H²/[MH]
(·대·도→)대도　　　　/H²/[MH]
(·대·두→)대두　　　　/H²/[MH]
대·에　　　　　　　　/HM/[HM]
(·대·부·터→)대부·터　/H²M/[MHM]
(·대·버·텀→)대버·텀　/H²M/[MHM]
(·대·까·지→)대까·지　/H²M/[MHM]
(·대·꺼·짐→)대꺼·짐　/H²M/[MHM]

(17) 정선방언 / ·돌/

　정선방언　　　　　　/성조형/[음조형]
·돌(歲)M
(·돌·이→)돌이　　　　/H²/[MH]
(·돌·을→)돌을　　　　/H²/[MH]
(·돌·도→)돌도　　　　/H²/[MH]
(·돌·도→)돌도　　　　/H²/[MH]
(·돌·에→)돌에　　　　/H²/[MH]
(·돌·부·터→)돌부·터　/H²M/[MHM]
(·돌·버·텀→)돌버·텀　/H²M/[MHM]
(·돌·까·지→)돌까·지　/H²M/[MHM]
(·돌·꺼·짐→)돌꺼·짐　/H²M/[MHM]

(18) 정선방언 / ·되/

　정선방언　　　　　　/성조형/[음조형]
·되(斗)M[1]
(·되·가→)되가　　　　/H²/[MH]
(·되·를→)되를　　　　/H²/[MH]
(·되·도→)되도　　　　/H²/[MH]

---

1) 되버·터 가·져·오·고 ·말·으·는 가·져·오·지 :
　마·라.

되·에 /H²/[MH]
(·되·부·터→)되부·터 /H²M/[MHM]
(·되·버·터→)되버·터 /H²M/[MHM]
(·되·까·지→)되까·지 /H²M/[MHM]
(·되·꺼·진→)되꺼·진 /H²M/[MHM]

(19) 정선방언 / ·딸/

정선방언	/성조형/[음조형]
·딸(女息)M	
(·딸·이→)딸이	/H²/[MH]
(·딸·을→)딸을	/H²/[MH]
(·딸·또→)딸또	/H²/[MH]
(·딸·뚜→)딸뚜	/H²/[MH]
(·딸·에→)딸에	/H²M/[MH]
(·딸·부·터→)딸부·터	/H²M/[MHM]
(·딸·버·텀→)딸버·텀	/H²M/[MHM]
(·딸·까·지→)딸까·지	/H²M/[MHM]
(·딸·꺼·짐→)딸꺼·짐	/H²M/[MHM]

(20) 정선방언 / ·땀/

정선방언	/성조형/[음조형]
·땀M_H	
(·땀·이→)땀이	/H²/[MH]
(·땀·을→)땀을	/H²/[MH]
(·땀·또→)땀또	/H²/[MH]
(·땀·뚜→)땀뚜	/H²/[MH]
땀·에	/HM/[HM]
(·땀·부·터→)땀부·터	/H²M/[MHM]
(·땀·부·텀→)땀부·텀	/H²M/[MHM]
(·땀·까·지→)땀까·지	/H²M/[MHM]
(·땀·꺼·짐→)땀꺼·짐	/H²M/[MHM]

(21) 정선방언 / ·땅/

정선방언	/성조형/[음조형]
·땅M_H	
(·땅·이→)땅이	/H²/[MH]
(·땅·을→)땅을	/H²/[MH]
(·땅·도→)땅도	/H²/[MH]
(·땅·두→)땅두	/H²/[MH]
땅·에	/HM/[HM]
(·땅·부·터→)땅부·터	/H²M/[MHM]
(·땅·버·터→)땅버·터	/H²M/[MHM]
(·땅·까·지→)땅까·지	/H²M/[MHM]
(·땅·꺼·지→)땅꺼·지	/H²M/[MHM]

(22) 정선방언 / ·때/

정선방언	/성조형/[음조형]
·때(時)M_H	
·때(垢)M_H	
(·때·가→)때가	/H²/[MH]
(·때·를→)때를	/H²/[MH]
(·때·도→)때도	/H²/[MH]
때·에	/HM/[HM]
(·때·부·터→)때부·터	/H²M/[MHM]
(·때·버·텀→)때버·텀	/H²M/[MHM]
(·때·까·지→)때까·지	/H²M/[MHM]
(·때·꺼·짐→)때꺼·짐	/H²M/[MHM]

(23) 정선방언 / ·떡/

정선방언	/성조형/[음조형]
·떡M_H	
(·떡·이→)떡이	/H²/[MH]
(·떡·을→)떡을	/H²/[MH]
(·떡·또→)떡또	/H²/[MH]
(·떡·뚜→)떡뚜	/H²/[MH]
떡·에	/HM/[HM]
(·떡·부·터→)떡부·터	/H²M/[MHM]
(·떡·부·터→)떡부·터	/H²M/[MHM]
(·떡·까·지→)떡까·지	/H²M/[MHM]
(·떡·꺼·짐→)떡꺼·짐	/H²M/[MHM]

(24) 정선방언 / ·뜻/

정선방언	/성조형/[음조형]
·뜻M_H	
(·뜻·이→)뜻이	/H²/[MH]
(·뜻·을→)뜻을	/H²/[MH]
(·뜻·또→)뜻또	/H²/[MH]
(·뜻·뚜→)뜻뚜	/H²/[MH]
뜻·에	/HM/[HM]
(·뜻·부·터→)뜻부·터	/H²M/[MHM]
(·뜻·부·텀→)뜻부·텀	/H²M/[MHM]
(·뜻·까·지→)뜻까·지	/H²M/[MHM]
(·뜻·꺼·짐→)뜻꺼·짐	/H²M/[MHM]

(25) 정선방언 / ·말/

정선방언	/성조형/[음조형]
·말(斗)M	
(·말·이→)말이	/H²/[MH]
(·말·을→)말을	/H²/[MH]
(·말·또→)말또	/H²/[MH]
(·말·에→)말에	/H²/[MH]
(·말·부·터→)말부·터	/H²M/[MHM]
(·말·버·텀→)말버·텀	/H²M/[MHM]
(·말·까·지→)말까·지	/H²M/[MHM]
(·말·꺼·짐→)말꺼·짐	/H²M/[MHM]

(26) 정선방언 / ·맛/

정선방언	/성조형/[음조형]
·맛(味)M_H	
(·맛·이→)맛이	/H²/[MH]
(·맛·을→)맛을	/H²/[MH]
(·맛·도→)맛도	/H²/[MH]
(·맛·또→)맛또	/H²/[MH]
(·맛·뚜→)맛뚜	/H²/[MH]
맛·에	/HM/[HM]
(·맛·부·터→)맛부·터	/H²M/[MHM]
(·맛·버·텀→)맛버·텀	/H²M/[MHM]
(·맛·까·지→)맛까·지	/H²M/[MHM]
(·맛·꺼·짐→)맛꺼·짐	/H²M/[MHM]

(27) 정선방언 / ·매/

정선방언	/성조형/[음조형]
·매(鞭)M_H	
(·매·가→)매가	/H²/[MH]
(·매·를→)매를	/H²/[MH]
(·매·도→)매도	/H²/[MH]
(·매·두→)매두	/H²/[MH]
매·에	/HM/[HM]
(·매·부·터→)매부·터	/H²M/[MHM]
(·매·버·텀→)매버·텀	/H²M/[MHM]
(·매·까·지→)매까·지	/H²M/[MHM]
(·매·꺼·짐→)매꺼·짐	/H²M/[MHM]

(28) 정선방언 / ·모/

정선방언	/성조형/[음조형]
·모(苗)H_H	
(·모·가→)모가	/H²/[MH]
(·모·를→)모를	/H²/[MH]
(·모·도→)모도	/H²/[MH]
(·모·두→)모두	/H²/[MH]
모·에	/HM/[HM]
(·모·부·터→)모부·터	/H²M/[MHM]
(·모·보·텀→)모보·텀	/H²M/[MHM]
(·모·까·지→)모까·지	/H²M/[MHM]
(·모·꺼·짐→)모꺼·짐	/H²M/[MHM]

(29) 정선방언 / ·몸/

정선방언	/성조형/[음조형]
·몸M_H	
(·몸·이→)몸이	/H²/[MH]
(·몸·을→)몸을	/H²/[MH]
(·몸·도→)몸도	/H²/[MH]
(·몸·두→)몸두	/H²/[MH]
몸·에	/HM/[HM]
(·몸·부·터→)몸부·터	/H²M/[MHM]
(·몸·버·텀→)몸버·텀	/H²M/[MHM]
(·몸·까·지→)몸까·지	/H²M/[MHM]
(·몸·꺼·짐→)몸꺼·짐	/H²M/[MHM]

(30) 정선방언 / ·못/

정선방언	/성조형/[음조형]
·못(釘)M_H	
(·못·이→)못이	/H²/[MH]
(·못·을→)못을	/H²/[MH]
(·못·도→)못도	/H²/[MH]
(·못·또→)못또	/H²/[MH]
(·못·두→)못두	/H²/[MH]
못·에	/HM/[HM]
(·못·부·터→)못부·터	/H²M/[MHM]
(·못·부·텀→)못부·텀	/H²M/[MHM]
(·못·까·지→)못까·지	/H²M/[MHM]
(·못·꺼·짐→)못꺼·짐	/H²M/[MHM]

(31) 정선방언 / ·물/

정선방언	/성조형/[음조형]
·물(水)M	
(·물·이→)물이	/H²/[MH]
(·물·을→)물을	/H²/[MH]
(·물·도→)물도	/H²/[MH]
(·물·또→)물또	/H²/[MH]
(·물·뚜→)물뚜	/H²/[MH]
(·물·에→)물에	/H²/[MH]
(·물·부·터→)물부·터	/H²M/[MHM]
(·물·뿌·텀→)물뿌·텀	/H²M/[MHM]
(·물·까·지→)물까·지	/H²M/[MHM]
(·물·꺼·짐→)물꺼·짐	/H²M/[MHM]

(32) 정선방언 / ·밀/

정선방언	/성조형/[음조형]
·밀(小麥)M	
(·밀·이→)밀이	/H²/[HM]
(·밀·을→)밀을	/H²/[HM]
(·밀·도→)밀도	/H²/[HM]
(·밀·또→)밀또	/H²/[HM]
(·밀·뚜→)밀뚜	/H²/[HM]
(·밀·에→)밀에	/H²/[HM]
(·밀·부·터→)밀부·터	/H²M/[MHM]
(·밀·버·텀→)밀버·텀	/H²M/[MHM]
(·밀·까·지→)밀까·지	/H²M/[MHM]
(·밀·꺼·짐→)밀꺼·짐	/H²M/[MHM]

(33) 정선방언 / ·발/

정선방언	/성조형/[음조형]
·발(足)M$_H$	
(·발·이→)발이	/H²/[MH]
(·발·을→)발을	/H²/[MH]
(·발·도→)발도	/H²/[MH]
(·발·두→)발두	/H²/[MH]
발·에	/HM/[HM]
(·발·부·터→)발부·터	/H²M/[MHM]
(·발·버·텀→)발버·텀	/H²M/[MHM]
(·발·까·지→)발까·지	/H²M/[MHM]
(·발·꺼·짐 →발꺼·짐)	/H²M/[MHM]

(34) 정선방언 / ·밤/

정선방언	/성조형/[음조형]
·밤(夜)M$_H$	
(·밤·이→)밤이	/H²/[MH]
(·밤·을→)밤을	/H²/[MH]
(·밤·또→)밤또	/H²/[MH]
밤·에	/HM/[MH]
(·밤·부·터→)밤부·터	/H²M/[MHM]
(·밤·버·텀→)밤버·텀	/H²M/[MHM]
(·밤·까·지→)밤까·지	/H²M/[MHM]
(·밤·꺼·짐→)밤꺼·짐	/H²M/[MHM]

(35) 정선방언 / ·밥/

정선방언	/성조형/[음조형]
·밥(食)M$_H$	
(·밥·이→)밥이	/H²/[MH]
(·밥·을→)밥을	/H²/[MH]
(·밥·도→)밥도	/H²/[MH]
밥·에	/HM/[HM]
(·밥·부·터→)밥부·터	/H²/[MHM]
(·밥·버·텀→)밥버·텀	/H²/[MHM]
(·밥·까·지→)밥까·지	/H²/[MHM]
(·밥·꺼·짐→)밥꺼·짐	/H²/[MHM]

(36) 정선방언 / ·벌/

정선방언	/성조형/[음조형]
·벌(罰)M$_H$	
(·벌·이→)벌이	/H²/[MH]
(·벌·을→)벌을	/H²/[MH]
(·벌·또→)벌또	/H²/[MH]
벌·에	/HM/[HM]
(·벌·부·터→)벌부·터	/H²/[MHM]
(·벌·버·텀→)벌버·텀	/H²/[MHH]
(·벌·까·지→)벌까·지	/H²/[MHM]
(·벌·꺼·짐→)벌꺼·짐	/H²/[MHH]

(37) 정선방언 / ·법/

정선방언	/성조형/[음조형]
·법(法)M$_H$	
(·법·이→)법이	/H²/[MH]
(·법·을→)법을	/H²/[MH]

(·법·도→)법도 /H²/[MH]
(·법·두→)법두 /H²/[MH]
법·에 /HM/[HM]
(·법·부·터→)법부·터 /H²M/[MHM]
(·법·버·텀→)법버·텀 /H²M/[MHM]
(·법·까·지→)법까·지 /H²M/[MHM]
(·법·꺼·짐→)법꺼·짐 /H²M/[MHM]

(38) 정선방언 / ·볼/

정선방언	/성조형/[음조형]
·볼(顔)M_H	
(·볼·이→)볼이	/H²/[MH]
(·볼·을→)볼을	/H²/[MH]
(·볼·도→)볼도	/H²/[MH]
(·볼·뚜→)볼뚜	/H²/[MH]
볼·에	/HM/[HM]
(·볼·부·터→)볼부·터	/H²M/[MHM]
(·볼·보·텀→)볼보·텀	/H²M/[MHM]
(·볼·까·지→)볼까·지	/H²M/[MHM]
(·볼·꺼·짐→)볼꺼·짐	/H²M/[MHM]

(39) 정선방언 / ·베/

정선방언	/성조형/[음조형]
·베(布)M_H	
(·베·가→)베가	/H²/[MH]
(·베·를→)베를	/H²/[MH]
(·베·도→)베도	/H²/[MH]
(·베·두→)베두	/H²/[MH]
베·에	/HM/[HM]
(·베·부·터→)베부·터	/H²M/[MHM]
(·베·버·텀→)베버·텀	/H²M/[MHM]
(·베·까·지→)베까·지	/H²M/[MHM]
(·베·꺼·짐→)베꺼·짐	/H²M/[MHM]
(·베·꺼·진→)베꺼·진	/H²M/[MHM]

(40) 정선방언 / ·불/

정선방언	/성조형/[음조형]
·불(火)M_H	
(·불·이→)불이	/H²/[MH]
(·불·을→)불을	/H²/[MH]
(·불·도→)불도	/H²/[MH]
(·불·뚜→)불뚜	/H²/[MH]

(·불·에→)불에 /H²/[MH]
(·불·부·터→)불부·터 /H²M/[MHM]
(·불·부·텀→)불부·텀 /H²M/[MHM]
(·불·까·지→)불까·지 /H²M/[MHM]
(·불·꺼·짐→)불꺼·짐 /H²M/[MHM]

(41) 정선방언 / ·비/

정선방언	/성조형/[음조형]
·비(雨)M_H	
(·비·가→)비가	/H²/[MH]
(·비·를→)비를	/H²/[MH]
(·비·도→)비도	/H²/[MH]
비·에	/HM/[HM]
(·비·부·터→)비부·터	/H²M/[MHM]
(·비·부·텀→)비부·텀	/H²M/[MHM]
(·비·까·지→)비까·지	/H²M/[MHM]
(·비·꺼·짐→)비꺼·짐	/H²M/[MHM]

(42) 정선방언 / ·빗/

정선방언	/성조형/[음조형]
·빗(머리빗)M_H	
(·빗·이→)빗이	/H²/[MH]
(·빗·을→)빗을	/H²/[MH]
(·빗·도→)빗도	/H²/[MH]
(·빗·또→)빗또	/H²/[MH]
(·빗·뚜→)빗뚜	/H²/[MH]
빗·에	/HM/[HM]
(·빗·부·터→)빗부·터	/H²M/[MHM]
(·빗·버·텀→)빗버·텀	/H²M/[MHM]
(·빗·까·지→)빗까·지	/H²M/[MHM]
(·빗·꺼·짐→)빗꺼·짐	/H²M/[MHM]

(43) 정선방언 / ·뻬/

정선방언	/성조형/[음조형]
·뻬(骨)M_H	
(·뻬·가→)뻬가	/H²/[MH]
(·뻬·를→)뻬를	/H²/[MH]
(·뻬·도→)뻬도	/H²/[MH]
(·뻬·두→)뻬두	/H²/[MH]
뻬·에	/HM/[HM]
(·뻬·부·터→)뻬부·터	/H²M/[MHM]
(·뻬·버·텀→)뻬버·텀	/H²M/[MHM]

(·뼤·까·지→)뼤까·지　　/H²M/[MHM]
(·뼤·까·진→)뼤까·진　　/H²M/[MHM]

(44) 정선방언　/·뿔/

　정선방언　　　　　　　　/성조형/[음조형]
·뿔(角)H_H
(·뿔·이→)뿔이　　　　　/H²/[MH]
(·뿔·을→)뿔을　　　　　/H²/[MH]
(·뿔·도→)뿔도　　　　　/H²/[MH]
뿔·에　　　　　　　　　/HM/[HM]
(·뿔·부·터→)뿔부·터　　/H²/[MHM]
(·뿔·버·텀→)뿔버·텀　　/H²/[MHM]
(·뿔·까·지→)뿔까·지　　/H²/[MHM]
(·뿔·꺼·짐→)뿔꺼·짐　　/H²/[MHM]

(45) 정선방언　/·살/

　정선방언　　　　　　　　/성조형/[음조형]
·살(肉)M_H
·살(箭)M_H
(·살·이→)살이　　　　　/H²/[MH]
(·살·을→)살을　　　　　/H²/[MH]
(·살·도→)살도　　　　　/H²/[MH]
(·살·또→)살또　　　　　/H²/[MH]
살·에　　　　　　　　　/HM/[HM]
(·살·부·터→)살부·터　　/H²M/[MHM]
(·살·버·터→)살버·터　　/H²M/[MHM]
(·살·버·텀→)살버·텀　　/H²M/[MHM]
(·살·까·지→)살까·지　　/H²M/[MHM]
(·살·꺼·짐→)살꺼·짐　　/H²M/[MHM]

(46) 정선방언　/·섬/

　정선방언　　　　　　　　/성조형/[음조형]
·섬(石)M_H
(·섬·이→)섬이　　　　　/H²/[MH]
(·섬·을→)섬을　　　　　/H²/[MH]
(·섬·도→)섬도　　　　　/H²/[MH]
(·섬·뚜→)섬뚜　　　　　/H²/[MH]
섬·에　　　　　　　　　/HM/[HM]
(·섬·부·터→)섬부·터　　/H²M/[MHM]
(·섬·버·텀→)섬버·텀　　/H²M/[MHM]
(·섬·까·지→)섬까·지　　/H²M/[MHM]
(·섬·꺼·짐→)섬꺼·짐　　/H²M/[MHM]

(47) 정선방언　/·쇠/

　정선방언　　　　　　　　/성조형/[음조형]
·쇠[sö](牛)M_H
(·쇠·가→)쇠가　　　　　/H²/[MH]
(·쇠·를→)쇠를　　　　　/H²/[MH]
(·쇠·도→)쇠도　　　　　/H²/[MH]
(·쇠·두→)쇠두　　　　　/H²/[MH]
쇠·에　　　　　　　　　/HM/[HM]
(·쇠·부·터→)쇠부·터　　/H²M/[MHM]
(·쇠·버·텀→)쇠버·텀　　/H²M/[MHM]
(·쇠·까·지→)쇠까·지　　/H²M/[MHM]
(·쇠·꺼·짐→)쇠꺼·짐　　/H²M/[MHM]

(48) 정선방언　/·손/

　정선방언　　　　　　　　/성조형/[음조형]
·손(手)M_H
(·손·이→)손이　　　　　/H²/[MH]
(·손·을→)손을　　　　　/H²/[MH]
(·손·도→)손도　　　　　/H²/[MH]
(·손·또→)손또　　　　　/H²/[MH]
손·에　　　　　　　　　/HM/[HM]
(·손·부·터→)손부·터　　/H²M/[MHM]
(·손·버·텀→)손버·텀　　/H²M/[MHM]
(·손·까·지→)손까·지　　/H²M/[MHM]
(·손·꺼·진→)손꺼·진　　/H²M/[MHM]

(49) 정선방언　/·솔/

　정선방언　　　　　　　　/성조형/[음조형]
·솔(松)M_H
(·솔·이→)솔이　　　　　/H²/[MH]
(·솔·을→)솔을　　　　　/H²/[MH]
(·솔·도→)솔도　　　　　/H²/[MH]
(·솔·또→)솔또　　　　　/H²/[MH]
(·솔·뚜→)솔뚜　　　　　/H²/[MH]
솔·에　　　　　　　　　/HM/[HM]
(·솔·부·터→)솔부·터　　/H²M/[MHM]
(·솔·버·텀→)솔버·텀　　/H²M/[MHM]
(·솔·까·지→)솔까·지　　/H²M/[MHM]
(·솔·꺼·짐→)솔꺼·짐　　/H²M/[MHM]

(50) 정선방언 / ·쇠/

정선방언	/성조형/[음조형]
·쇠[sö](金)M_H	
(·쇠·가→)쇠가	/H^2/[MH]
(·쇠·를→)쇠를	/H^2/[MH]
(·쇠·도→)쇠도	/H^2/[MH]
(·쇠·두→)쇠두	/H^2/[MH]
쇠·에	/HM/[MH]
(·쇠·부·터→)쇠부·터	/H^2/[MHM]
(·쇠·버·텀→)쇠버·텀	/H^2/[MHM]
(·쇠·까·지→)쇠까·지	/H^2/[MHM]
(·쇠·꺼·짐→)쇠꺼·짐	/H^2/[MHM]

(51) 정선방언 / ·쌀/

정선방언	/성조형/[음조형]
·쌀(米)M_H	
(·쌀·이→)쌀이	/H^2/[MH]
(·쌀·을→)쌀을	/H^2/[MH]
(·쌀·도→)쌀도	/H^2/[MH]
(·쌀·뚜→)쌀뚜	/H^2/[MH]
쌀·에	/HM/[HM]
(·쌀·부·터→)쌀부·터	/H^2M/[MHM]
(·쌀·버·텀→)쌀버·텀	/H^2M/[MHM]
(·쌀·까·지→)쌀까·지	/H^2M/[MHM]
(·쌀·꺼·짐→)쌀꺼·짐	/H^2M/[MHM]

(52) 정선방언 / ·쑥/

정선방언	/성조형/[음조형]
·쑥[2]M_H	
(·쑥·이→)쑥이	/H^2/[MH]
(·쑥·을→)쑥을	/H^2/[MH]
(·쑥·도→)쑥도	/H^2/[MH]
(·쑥·뚜→)쑥뚜	/H^2/[MH]
쑥·에	/HM/[HM]
(·쑥·부·터→)쑥부·터	/H^2M/[MHM]
(·쑥·버·텀→)쑥버·텀	/H^2M/[MHM]
(·쑥·까·지→)쑥까·지	/H^2M/[MHM]
(·쑥·꺼·짐→)쑥꺼·짐	/H^2M/[MHM]

(53) 정선방언 / ·안/

정선방언	/성조형/[음조형]
·안M_H	
(·안·이→)안이	/H^2/[MH]
(·안·을→)안을	/H^2/[MH]
(·안·도→)안도	/H^2/[MH]
(·안·뚜→)안뚜	/H^2/[MH]
안·에	/HM/[HM]
(·안·부·터→)안부·터	/H^2M/[MHM]
(·안·버·텀→)안버·텀	/H^2M/[MHM]
(·안·까·지→)안까·지	/H^2M/[MHM]
(·안·꺼·짐→)안꺼·짐	/H^2M/[MHM]

(54) 정선방언 / ·알/

정선방언	/성조형/[음조형]
·알M_H	
(·알·이→)알이	/H^2/[MH]
(·알·을→)알을	/H^2/[MH]
(·알·도→)알도	/H^2/[MH]
(·알·또→)알또	/H^2/[MH]
(·알·뚜→)알뚜	/H^2/[MH]
알·에	/HM/[HM]
(·알·부·터→)알부·터	/H^2M/[MHM]
(·알·버·터→)알버·터	/H^2M/[MHM]
(·알·버·텀→)알버·텀	/H^2M/[MHM]
(·알·까·지→)알까·지	/H^2M/[MHM]
(·알·꺼·짐→)알·꺼·짐	/H^2M/[MHM]

(55) 정선방언 / ·열/

정선방언	/성조형/[음조형]
·열(十)M_H	
(·열·이→)열이	/H^2/[MH]
(·열·을→)열을	/H^2/[MH]
(·열·도→)열도	/H^2/[MH]
(·열·또→)열또	/H^2/[MH]
(·열·뚜→)열뚜	/H^2/[MH]
열·에	/HM/[HM]
(·열·부·터→)열부·터	/H^2M/[MHM]
(·열·버·텀→)열버·텀	/H^2M/[MHM]
(·열·까·지→)열까·지	/H^2M/[MHM]
(·열·꺼·짐→)열꺼·짐	/H^2M/[MHM]

---

2) ·쑥·이 시굽·다.

(56) 정선방언 /·엿/

정선방언	/성조형/[음조형]
·엿M_H	
(·엿·이→)엿이	/H^2/[MH]
(·엿·을→)엿을	/H^2/[MH]
(·엿·도→)엿도	/H^2/[MH]
(·엿·또→)엿또	/H^2/[MH]
(·엿·뚜→)엿뚜	/H^2/[MH]
엿·에	/HM/[HM]
(·엿·부·터→)엿부·터	/H^2M/[MHM]
(·엿·버·텀→)엿버·텀	/H^2M/[MHM]
(·엿·까·지→)엿까·지	/H^2M/[MHM]
(·엿·꺼·진→)엿꺼·진	/H^2M/[MHM]

(57) 정선방언 /·옷/

정선방언	/성조형/[음조형]
·옷[3]M_H	
(·옷·이→)옷이	/H^2/[MH]
(·옷·을→)옷을	/H^2/[MH]
(·옷·도→)옷도	/H^2/[MH]
옷·에	/HM/[HM]
(·옷·부·터→)옷부·터	/H^2M/[MHM]
(·옷·보·텀→)옷보·텀	/H^2M/[MHM]
(·옷·까·지→)옷까·지	/H^2M/[MHM]
(·옷·꺼·짐→)옷꺼·짐	/H^2M/[MHM]

(58) 정선방언 /·움/

정선방언	/성조형/[음조형]
·움M_H	
(·움·이→)움이	/H^2/[MH]
(·움·을→)움을	/H^2/[MH]
(·움·도→)움도	/H^2/[MH]
움·에	/HM/[HM]
(·움·부·터→)움부·터	/H^2M/[MHM]
(·움·버·텀→)움버·텀	/H^2M/[MHM]
(·움·까·지→)움까·지	/H^2M/[MHM]
(·움·꺼·짐→)움꺼·짐	/H^2M/[MHM]

(59) 정선방언 /·일/

정선방언	/성조형/[음조형]
·일(一)M	
(·일·이→)일이	/H^2/[MH]
(·일·을→)일을	/H^2/[MH]
(·일·도→)일도	/H^2/[MH]
(·일·두→)일두	/H^2/[MH]
(·일·뚜→)일뚜	/H^2/[MH]
(·일·에→)일에	/H^2/[MH]
(·일·부·터→)일부·터	/H^2M/[MHM]
(·일·버·텀→)일버·텀	/H^2M/[MHM]
(·일·까·지→)일까·지	/H^2M/[MHM]
(·일·꺼·짐→)일꺼·짐	/H^2M/[MHM]

(60) 정선방언 /·입/

정선방언	/성조형/[음조형]
·입M_H	
(·입·이→)입이	/H^2/[MH]
(·입·을→)입을	/H^2/[MH]
(·입·도→)입도	/H^2/[MH]
(·입·두→)입두	/H^2/[MH]
입·에	/HM/[HM]
(·입·부·터→)입부·터	/H^2M/[MHM]
(·입·버·텀→)입버·텀	/H^2M/[MHM]
(·입·까·지→)입까·지	/H^2M/[MHM]
(·입·꺼·짐→)입꺼·짐	/H^2M/[MHM]

(61) 정선방언 /·잔/

정선방언	/성조형/[음조형]
·잔M_H	
(·잔·이→)잔이	/H^2/[MH]
(·잔·을→)잔을	/H^2/[MH]
(·잔·도→)잔도	/H^2/[MH]
(·잔·두→)잔두	/H^2/[MH]
(·잔·뚜→)잔뚜	/H^2/[MH]
잔·에	/HM/[HM]
(·잔·부·터→)잔부·터	/H^2M/[MHM]
(·잔·부·텀→)잔부·텀	/H^2M/[MHM]
(·잔·까·지→)잔까·지	/H^2M/[MHM]
(·잔·까·진→)잔·까·진	/H^2M/[MHM]
(·잔·꺼·짐→)잔·꺼·짐	/H^2M/[MHM]

---

3) 옷·에 문주·가 묻·었·다.

(62) 정선방언 / ·점/

정선방언	/성조형/[음조형]
·점M_H	
(·점·이→)점이	/H^2/[MH]
(·점·을→)점을	/H^2/[MH]
(·점·도→)점도	/H^2/[MH]
(·점·두→)점두	/H^2/[MH]
(·점·뚜→)점뚜	/H^2/[MH]
점·에	/HM/[HM]
(·점·부·터→)점부·터	/H^2M/[MHM]
(·점·버·텀→)점버·텀	/H^2M/[MHM]
(·점·까·지→)점까·지	/H^2M/[MHM]
(·점·꺼·지→)점꺼·지	/H^2M/[MHM]

(63) 정선방언 / ·젖/

정선방언	/성조형/[음조형]
·젖M_H	
(·젖·이→)젖이	/H^2/[MH]
(·젖·을→)젖을	/H^2/[MH]
(·젖·도→)젖도	/H^2/[MH]
(·젖·두→)젖두	/H^2/[MH]
(·젖·뚜→)젖뚜	/H^2/[MH]
젖·에	/HM/[HM]
(·젖·부·터→)젖부·터	/H^2M/[MHM]
(·젖·버·텀→)젖버·텀	/H^2M/[MHM]
(·젖·까·지→)젖까·지	/H^2M/[MHM]
(·젖·꺼·짐→)젖꺼·짐	/H^2M/[MHM]

(64) 정선방언 / ·줄/

정선방언	/성조형/[음조형]
·줄(線)M_H	
(·줄·이→)줄이	/H^2/[MH]
(·줄·을→)줄을	/H^2/[MH]
(·줄·도→)줄도	/H^2/[MH]
(·줄·또→)줄또	/H^2/[MH]
(·줄·뚜→)줄뚜	/H^2/[MH]
줄·에	/HM/[HM]
(·줄·부·터→)줄부·터	/H^2M/[MHM]
(·줄·버·텀→)줄버·텀	/H^2M/[MHM]
(·줄·까·지→)줄까·지	/H^2M/[MHM]
(·줄·꺼·짐→)줄꺼·짐	/H^2M/[MHM]

(65) 정선방언 / ·쥐/

정선방언	/성조형/[음조형]
·쥐M_H	
(·쥐·가→)쥐가	/H^2/[MH]
(·쥐·를→)쥐를	/H^2/[MH]
(·쥐·도→)쥐도	/H^2/[MH]
(·쥐·두→)쥐두	/H^2/[MH]
쥐·에	/HM/[HM]
(·쥐·부·터→)쥐부·터	/H^2M/[MHM]
(·쥐·부·텀→)쥐부·텀	/H^2M/[MHM]
(·쥐·까·지→)쥐까·지	/H^2M/[MHM]
(·쥐·꺼·짐→)쥐꺼·짐	/H^2M/[MHM]

(66) 정선방언 / ·짐/

정선방언	/성조형/[음조형]
·짐M_H	
(·짐·이→)짐이	/H^2/[MH]
(·짐·을→)짐을	/H^2/[MH]
(·짐·도→)짐도	/H^2/[MH]
(·짐·또→)짐또	/H^2/[MH]
(·짐·뚜→)짐뚜	/H^2/[MH]
짐·에	/HM/[HM]
(·짐·부·터→)짐부·터	/H^2M/[MHM]
(·짐·버·텀→)짐버·텀	/H^2M/[MHM]
(·짐·까·지→)짐까·지	/H^2M/[MHM]
(·짐·꺼·진→)짐꺼·진	/H^2M/[MHM]

(67) 정선방언 / ·초/

정선방언	/성조형/[음조형]
·초(燭)M_H	
(·초·가→)초가	/H^2/[MH]
(·초·를→)초를	/H^2/[MH]
(·초·도→)초도	/H^2/[MH]
(·초·두→)초두	/H^2/[MH]
초·에	/HM/[HM]
(·초·부·터→)초부·터	/H^2M/[MHM]
(·초·버·텀→)초버·텀	/H^2M/[MHM]
(·초·까·지→)초까·지	/H^2M/[MHM]
(·초·꺼·짐→)초꺼·짐	/H^2M/[MHM]

(68) 정선방언 / ·춤/

정선방언	/성조형/[음조형]
·춤(舞)M_H	
(·춤·이→)춤이	/H²/[MH]
(·춤·을→)춤을	/H²/[MH]
(·춤·도→)춤도	/H²/[MH]
(·춤·두→)춤두	/H²/[MH]
춤·에	/HM/[MH]
(·춤·부·터→)춤부·터	/H²M/[MHM]
(·춤·버·텀→)춤버·텀	/H²M/[MHM]
(·춤·까·지→)춤까·지	/H²M/[MHM]
(·춤·꺼·짐→)춤꺼·짐	/H²M/[MHM]

(69) 정선방언 / ·칼/

정선방언	/성조형/[음조형]
·칼(刀)M_H	
(·칼·이→)칼이	/H²/[MH]
(·칼·을→)칼을	/H²/[MH]
(·칼·도→)칼도	/H²/[MH]
(·칼·뚜→)칼뚜	/H²/[MH]
칼·에	/HM/[HM]
(·칼·부·터→)칼부·터	/H²M/[MHM]
(·칼·부·텀→)칼부·텀	/H²M/[MHM]
(·칼·까·지→)칼까·지	/H²M/[MHM]
(·칼·꺼·진→)칼꺼·진	/H²M/[MHM]

(70) 정선방언 / ·코/

정선방언	/성조형/[음조형]
·코(鼻)M_H	
(·코·가→)코가	/H²/[MH]
(·코·를→)코를	/H²/[MH]
(·코·도→)코도	/H²/[MH]
코·에·서	/HM²/[HM²]
(·코·부·터→)코부·터	/H²M/[MHM]
(·코·버·텀→)코버·텀	/H²M/[MHM]
(·코·까·지→)코까·지	/H²M/[MHM]
(·코·꺼·짐→)코꺼·짐	/H²M/[MHM]

(71) 정선방언 / ·키/

정선방언	/성조형/[음조형]
·키M_H	

(·키·가→)키가	/H²/[MH]
(·키·를→)키를	/H²/[MH]
(·키·도→)키도	/H²/[MH]
(·키·두→)키두	/H²/[MH]
키·에	/HM/[HM]
(·키·부·터→)키부·터	/H²M/[MHM]
(·키·버·텀→)키버·텀	/H²M/[MHM]
(·키·까·지→)키까·지	/H²M/[MHM]
(·키·꺼·짐→)키꺼·짐	/H²M/[MHM]

(72) 정선방언 / ·터/

정선방언	/성조형/[음조형]
·터(基)M_H	
(·터·가→)터가	/H²/[MH]
(·터·를→)터를	/H²/[MH]
(·터·도→)터도	/H²/[MH]
터·에	/HM/[HM]
(·터·부·터→)터부·터	/H²M/[MHM]
(·터·버·터→)터버·터	/H²M/[MHM]
(·터·까·지→)터까·지	/H²M/[MHM]
(·터·까·진→)터까·진	/H²M/[MHM]

(73) 정선방언 / ·톱/

정선방언	/성조형/[음조형]
·톱M_H	
(·톱·이→)톱이	/H²/[MH]
(·톱·을→)톱을	/H²/[MH]
(·톱·도→)톱도	/H²/[MH]
톱·에	/HM/[HM]
(·톱·부·터→)톱부·터	/H²M/[MHM]
(·톱·버·텀→)톱버·텀	/H²M/[MHM]
(·톱·까·지→)톱까·지	/H²M/[MHM]
(·톱·꺼·지→)톱꺼·지	/H²M/[MHM]

(74) 정선방언 / ·풀/

정선방언	/성조형/[음조형]
·풀(草)M_H	
(·풀·이→)풀이	/H²/[MH]
(·풀·을→)풀을	/H²/[MH]
(·풀·도→)풀도	/H²/[MH]
(·풀·또→)풀또	/H²/[MH]
(·풀·뚜→)풀뚜	/H²/[MH]

풀·에 /HM/[HM]
(·풀·부·터→)풀부·터 /H²M/[MHM]
(·풀·버·텀→)풀버·텀 /H²M/[MHM]
(·풀·까·지→)풀까·지 /H²M/[MHM]
(·풀·꺼·짐→)풀꺼·짐 /H²M/[MHM]

(75) 정선방언 /·피/

정선방언	/성조형/[음조형]
·피(血)M_H	
(·피·가→)피가	/H²/[MH]
(·피·를→)피를	/H²/[MH]
(·피·도→)피도	/H²/[MH]
(·피·두→)피두	/H²/[MH]
피·에	/HM/[HM]
(·피·부·터→)피부·터	/H²M/[MHM]
(·피·버·터→)피버·터	/H²M/[MHM]
(·피·버·텀→)피버·텀	/H²M/[MHM]
(·피·까·지→)피까·지	/H²M/[MHM]
(·피·꺼·짐→)피꺼·짐	/H²M/[MHM]

(76) 정선방언 /·해/

정선방언	/성조형/[음조형]
·해(日)M_H	
·해(年)M_H	
(·해·가→)해가	/H²/[MH]
(·해·를→)해를	/H²/[MH]
(·해·도→)해도	/H²/[MH]
(·해·두→)해두	/H²/[MH]
해·에	/HM/[HM]
(·해·부·터→)해부·터	/H²M/[MHM]
(·해·버·텀→)해버·텀	/H²M/[MHM]
(·해·까·지→)해까·지	/H²M/[MHM]
(·해·꺼·짐→)해꺼·짐	/H²M/[MHM]

(77) 정선방언 /·쎄/

정선방언	/성조형/[음조형]
·쎄(舌)M_H	
(·쎄·가→)쎄가	/H²/[MH]
(·쎄·를→)쎄를	/H²/[MH]
(·쎄·도→)쎄도	/H²/[MH]
(·쎄·두→)쎄두	/H²/[MH]
쎄·에	/HM/[HM]

(·쎄·부·터→)쎄부·터 /H²M/[MHM]
(·쎄·버·텀→)쎄버·텀 /H²M/[MHM]
(·쎄·까·지→)쎄까·지 /H²M/[MHM]
(·쎄·꺼·짐→)쎄꺼·짐 /H²M/[MHM]

(78) 정선방언 /·심/

정선방언	/성조형/[음조형]
·심(力)M_H	
(·심·이→)심이	/H²/[MH]
(·심·을→)심을	/H²/[MH]
(·심·도→)심도	/H²/[MH]
심·에	/HM/[HM]
힘·에	/HM/[HM]
(·심·부·터→)심부·터	/H²M/[MHM]
(·심·보·터→)심보·터	/H²M/[MHM]
(·심·부·텀→)심부·텀	/H²M/[MHM]
(·심·까·지→)심까·지	/H²M/[MHM]
(·심·꺼·짐→)심꺼·짐	/H²M/[MHM]

(79) 정선방언 /·나/

정선방언	/성조형/[음조형]
·나(歲)M[4)	
(·나·가→)나가	/H²/[MH]
(·나·를→)나를	/H²/[MH]
(·나·도→)나도	/H²/[MH]
(·나·에→)나에	/H²/[MH]
(·나·부·터→)나부·터	/H²M/[MHM]
(·나·까·지→)나까·지	/H²M/[MHM]

---

4) 삼척방언 /나이/는 영남방언권의 다수의 성조 방언들에서 /·나/ 또는 /·나·이/로 나타나는 것으로 보아서 삼척방언에서도 과거에는 /·나·이/였다가 거성형의 평복형으로 말미암아 /나이/로 된 것으로 보아서 정선방언과는 음절수만 다른 부분대응으로 처리했다.

1.2. 평일형 이름씨와 토씨의 결합

(80) 정선방언 /겉/

정선방언	/성조형/[음조형]
겉H	겉H
겉·이[거치]	/HM/[HM]
겉·을[거틀]	/HM/[HM]
겉·도	/HM/[HM]
겉·에	/HM/[HM]
겉부·터	/H²M/[MHM]
겉버·텀	/H²M/[MHM]
겉까·지	/H²M/[MHM]
겉꺼·지	/H²M/[MHM]

(81) 정선방언 /국/

정선방언	/성조형/[음조형]
국H	
국·이	/HM/[HM]
국·을	/HM/[HM]
국·도	/HM/[HM]
국·뚜	/HM/[HM]
국·에	/HM/[HM]
국부·터	/H²M/[MHM]
국버·텀	/H²M/[MHM]
국까·지	/H²M/[MHM]
국꺼·짐	/H²M/[MHM]

(82) 정선방언 /금/

정선방언	/성조형/[음조형]
금(金)H	
금·이	/HM/[HM]
금·을	/HM/[HM]
금·도	/HM/[HM]
금·또	/HM/[HM]
금·뚜	/HM/[HM]
금·에	/HM/[HM]
금부·터	/H²M/[MHM]
금까·지	/H²M/[MHM]

(83) 정선방언 /기/

정선방언	/성조형/[음조형]
기(旗)H	
기·를	/HM/[HM]
기·도	/HM/[HM]
기·뚜	/HM/[HM]
기·에	/HM/[HM]
기부·터	/H²M/[MHM]
기버·텀	/H²M/[MHM]
기까·지	/H²M/[MHM]
기꺼·지	/H²M/[MHM]

(84) 정선방언 /꼴/

정선방언	/성조형/[음조형]
꼴(貌)H	
꼴·이	/HM/[HM]
꼴·을	/HM/[HM]
꼴·도	/HM/[HM]
꼴·두	/HM/[HM]
꼴·에	/HM/[HM]
꼴부·터	/H²M/[MHM]
꼴버·텀	/H²M/[MHM]
꼴까·지	/H²M/[MHM]
꼴꺼·짐	/H²M/[MHM]

(85) 정선방언 /꽁/

정선방언	/성조형/[음조형]
꽁(雉)H	
꽁·이	/HM/[HM]
꽁·을	/HM/[HM]
꽁·도	/HM/[HM]
꽁·뚜	/HM/[HM]
꽁·에	/HM/[HM]
꽁부·터	/H²M/[MHM]
꽁버·텀	/H²M/[MHM]
꽁까·지	/H²M/[MHM]
꽁꺼·짐	/H²M/[MHM]

(86) 정선방언 /끝/

정선방언	/성조형/[음조형]
끝H	

끝·이	/HM/[HM]
끝·을	/HM/[HM]
끝·도	/HM/[HM]
끝·에	/HM/[HM]
끝부·터	/H²M/[MHM]
끝버·텀	/H²M/[MHM]
끝까·지	/H²M/[MHM]
끝꺼·짐	/H²M/[MHM]

(87) 정선방언 /낯/

정선방언	/성조형/[음조형]
낯(面)H	
낯·이	/HM/[MH]
낯·을	/HM/[MH]
낯·도	/HM/[HM]
낯·에	/HM/[HM]
낯부·터	/H²M/[MHM]
낯까·지	/H²M/[MHM]

(88) 정선방언 /닭/

정선방언	/성조형/[음조형]
닭[닥]H	
닭·이	/HM/[HM]
닭·을	/HM/[HM]
닭·도	/HM/[HM]
닭·에	/HM/[HM]
닭부·터	/H²M/[MHM]
닭버·텀	/H²M/[MHM]
닭까·지	/H²M/[MHM]
닭꺼·짐	/H²M/[MHM]

(89) 정선방언 /덮/

정선방언	/성조형/[음조형]
덮H	
덮·이	/HM/[HM]
덮·을	/HM/[HM]
덮·도	/HM/[HM]
덮·또	/HM/[HM]
덮·에	/HM/[HM]
덮부·터	/H²M/[MHM]
덮버·텀	/H²M/[MHM]
덮까·지	/H²M/[MHM]
덮꺼·짐	/H²M/[MHM]

(90) 정선방언 /돝/

정선방언	/성조형/[음조형]
돝(豚)H	
돝·이	/HM/[HM]
돝·을	/HM/[HM]
돝·도	/HM/[HM]
돝·또	/HM/[HM]
돝·에	/HM/[HM]
돝부·터	/H²M/[MHM]
돝버·텀	/H²M/[MHM]
돝까·지	/H²M/[MHM]
돝꺼·텀	/H²M/[MHM]

(91) 정선방언 /등/

정선방언	/성조형/[음조형]
등H	
등·이	/HM/[HM]
등·을	/HM/[HM]
등·도	/HM/[HM]
등·또	/HM/[HM]
등·에	/HM/[HM]
등부·터	/H²M/[MHM]
등버·텀	/H²M/[MHM]
등까·지	/H²M/[MHM]
등꺼·짐	/H²M/[MHM]

(92) 정선방언 /똥/

정선방언	/성조형/[음조형]
똥H	
똥·이	/HM/[HM]
똥·을	/HM/[HM]
똥·도	/HM/[HM]
똥·또	/HM/[HM]
똥·뚜	/HM/[HM]
똥·에	/HM/[HM]
똥부·터	/H²M/[MHM]
똥부·텀	/H²M/[MHM]
똥까·지	/H²M/[MHM]
똥까·짐	/H²M/[MHM]
똥꺼·짐	/H²M/[MHM]

(93) 정선방언 /목/

정선방언	/성조형/[음조형]
목(頸)H	
목·이	/HM/[HM]
목·을	/HM/[HM]
목·도	/HM/[HM]
목·뚜	/HM/[HM]
목·에	/HM/[HM]
목부·터	/H²M/[MHM]
목버·텀	/H²M/[MHM]
목까·지	/H²M/[MHM]
목꺼·짐	/H²M/[MHM]

(94) 정선방언 /묵/

정선방언	/성조형/[음조형]
묵(墨)H	
묵·이	/HM/[HM]
묵·을	/HM/[HM]
묵·도	/HM/[HM]
묵·두	/HM/[HM]
묵·에	/HM/[HM]
묵부·터	/H²M/[MHM]
묵부·텀	/H²M/[MHM]
묵까·지	/H²M/[MHM]
묵꺼·짐	/H²M/[MHM]

(95) 정선방언 /밑/

정선방언	/성조형/[음조형]
밑(下)H	
밑·이	/HM/[HM]
밑·을	/HM/[HM]
밑·도	/HM/[HM]
밑·에	/HM/[HM]
밑부·터	/H²M/[MHM]
밑버·텀	/H²M/[MHM]
밑까·지	/H²M/[MHM]
밑꺼·짐	/H²M/[MHM]

(96) 정선방언 /밖/

정선방언	/성조형/[음조형]
밖(外)H	

(96) 정선방언 /밖/ (계속)

밖·이	/HM/[HM]
밖·을	/HM/[HM]
밖·도	/HM/[HM]
밖·에	/HM/[HM]
밖부·터	/H²M/[MHM]
밖버·텀	/H²M/[MHM]
밖까·지	/H²M/[MHM]
밖꺼·짐	/H²M/[MHM]

(97) 정선방언 /밭/

정선방언	/성조형/[음조형]
밭(田)H	
밭·이	/HM/[HM]
밭·을	/HM/[HM]
밭·도	/HM/[HM]
밭·에	/HM/[HM]
밭부·터	/H²M/[MHM]
밭까·지	/H²M/[MHM]

(98) 정선방언 /볕/

정선방언	/성조형/[음조형]
볕(陽)H	
볕·이	/HM/[HM]
볕·을	/HM/[HM]
볕·도	/HM/[HM]
볕·에	/HM/[HM]
볕부·터	/H²M/[MHM]
볕버·텀	/H²M/[MHM]
볕까·지	/H²M/[MHM]
볕꺼·짐	/H²M/[MHM]

(99) 정선방언 /병/

정선방언	/성조형/[음조형]
병(瓶)H	
병·이	/HM/[HM]
병·을	/HM/[HM]
병·도	/HM/[HM]
병·또	/HM/[HM]
병·뚜	/HM/[HM]
병·에	/HM/[HM]
병부·터	/H²M/[MHM]
병버·터	/H²M/[MHM]

<table>
<tr><td>병까·지</td><td>/H²M/[MHM]</td><td>산까·지</td><td>/H²M/[MHM]</td></tr>
<tr><td>병꺼·짐</td><td>/H²M/[MHM]</td><td>산꺼·징</td><td>/H²M/[MHM]</td></tr>
</table>

(100) 정선방언 /북/

정선방언	/성조형/[음조형]
북(鼓)H	
북(紡錘)H	
북·이	/HM/[HM]
북·을	/HM/[HM]
북·도	/HM/[HM]
북·두	/HM/[HM]
북·에	/HM/[HM]
북부·터	/H²M/[MHM]
북부·텀	/H²M/[MHM]
북까·지	/H²M/[MHM]
북꺼·짐	/H²M/[MHM]

(101) 정선방언 /빚/

정선방언	/성조형/[음조형]
빚(債)H	
빚·이	/HM/[HM]
빚·을	/HM/[HM]
빚·도	/HM/[HM]
빚·두	/HM/[HM]
빚·에	/HM/[HM]
빚부·터	/H²M/[MHM]
빚버·터	/H²M/[MHM]
빚버·텀	/H²M/[MHM]
빚까·지	/H²M/[MHM]
빚꺼·짐	/H²M/[MHM]

(102) 정선방언 /산/

정선방언	/성조형/[음조형]
산(山)H	
산·이	/HM/[HM]
산·을	/HM/[HM]
산·도	/HM/[HM]
산·또	/HM/[HM]
산·뚜	/HM/[HM]
산·에	/HM/[HM]
산부·터	/H²M/[MHM]
산버·텅	/H²M/[MHM]

(103) 정선방언 /손/

정선방언	/성조형/[음조형]
손(客)H	
손·이	/HM/[HM]
손·을	/HM/[HM]
손·도	/HM/[HM]
손·또	/HM/[HM]
손·뚜	/HM/[HM]
손·에	/HM/[HM]
손부·터	/H²M/[MHM]
손버·텀	/H²M/[MHM]
손까·지	/H²M/[MHM]
손꺼·짐	/H²M/[MHM]

(104) 정선방언 /술/

정선방언	/성조형/[음조형]
술(酒)H	술(酒)H
술·이	/HM/[HM]
술·을	/HM/[HM]
술·도	/HM/[HM]
술·두	/HM/[HM]
술·에	/HM/[HM]
술부·터	/H²M/[MHM]
술버·텀	/H²M/[MHM]
술까·지	/H²M/[MHM]
술꺼·짐	/H²M/[MHM]

(105) 정선방언 /숯/

정선방언	/성조형/[음조형]
숯H	
숯·이	/HM/[HM]
숯·을[수툴]	/HM/[HM]
숯·도	/HM/[HM]
숯·에	/HM/[HM]
숯부·터	/H²M/[MHM]
숯부·텀[5]	/H²M/[MHM]
숯까·지	/H²M/[MHM]

---

5) 숯부·텀 꾸·어·라

| 숟꺼·짐 | /H²M/[MHM] |

(106) 정선방언 /씨/

정선방언	/성조형/[음조형]
씨H	
씨·가	/HM/[HM]
씨·를	/HM/[HM]
씨·도	/HM/[HM]
씨·두	/HM/[HM]
씨·에·서	/HM²/[HM²]
씨부·터	/H²M/[MHM]
씨버·텀	/H²M/[MHM]
씨까·지	/H²M/[MHM]
씨꺼·짐	/H²M/[MHM]

(107) 정선방언 /앞/

정선방언	/성조형/[음조형]
앞H	
앞·이	/HM/[HM]
앞·을	/HM/[HM]
앞·도	/HM/[HM]
앞·또	/HM/[HM]
앞·뚜	/HM/[HM]
앞·에	/HM/[HM]
앞부·터	/H²M/[MHM]
앞버·텀	/H²M/[MHM]
앞까·지	/H²M/[MHM]
앞꺼·짐	/H²M/[MHM]

(108) 정선방언 /연/

정선방언	/성조형/[음조형]
연(鳶)H	
연·이	/HM/[HM]
연·을	/HM/[HM]
연·도	/HM/[HM]
연·또	/HM/[HM]
연·뚜	/HM/[HM]
연·에	/HM/[HM]
연부·터	/H²M/[MHM]
연버·텀	/H²M/[MHM]
연까·지	/H²M/[MHM]
연까·진	/H²M/[MHM]

(109) 정선방언 /옆/

정선방언	/성조형/[음조형]
옆H	
옆·이	/HM/[HM]
옆·을	/HM/[HM]
옆·도	/HM/[HM]
옆·에	/HM/[HM]
옆부·터	/H²M/[MHM]
옆버·텀	/H²M/[MHM]
옆까·지	/H²M/[MHM]
옆꺼·짐	/H²M/[MHM]

(110) 정선방언 /위/

정선방언	/성조형/[음조형]
위(上)H	
위·가	/HM/[HM]
위·를	/HM/[HM]
위·도	/HM/[HM]
위·에	/HM/[HM]
위부·터	/H²M/[MHM]
위까·지	/H²M/[MHM]

(111) 정선방언 /장/

정선방언	/성조형/[음조형]
장H	
장·이	/HM/[HM]
장·을	/HM/[HM]
장·도	/HM/[HM]
장·뚜	/HM/[HM]
장·에	/HM/[HM]
장부·터	/H²M/[MHM]
장버·텀	/H²M/[MHM]
장까·지	/H²M/[MHM]
장꺼·짐	/H²M/[MHM]

(112) 정선방언 /젙/

정선방언	/성조형/[음조형]
젙H	
젙·이[저치]	/HM/[HM]
젙·을[저틀]	/HM/[HM]
젙·도	/HM/[HM]

절·에 /HM/[HM]
절부·터 /H²M/[MHM]
절부·텀 /H²M/[MHM]
절까·지 /H²M/[MHM]
절꺼·지 /H²M/[MHM]

(113) 정선방언 /종/

정선방언 /성조형/[음조형]
종H
종·이 /HM/[HM]
종·을 /HM/[HM]
종·도 /HM/[HM]
종·두 /HM/[HM]
종·뚜 /HM/[HM]
종·에 /HM/[HM]
종부·터 /H²M/[MHM]
종버·텀 /H²M/[MHM]
종까·지 /H²M/[MHM]
종꺼·짐 /H²M/[MHM]

(114) 정선방언 /집/

정선방언 /성조형/[음조형]
집(家)H
집·이 /HM/[HM]
집·을 /HM/[HM]
집·도 /HM/[HM]
집·에 /HM/[HM]
집부·터 /H²M/[MHM]
집버·텀 /H²M/[MHM]
집까·지 /H²M/[MHM]
집꺼·진 /H²M/[MHM]

(115) 정선방언 /칡/

정선방언 /성조형/[음조형]
칡[칙]H
칡·이 /HM/[HM]
칡·을 /HM/[HM]
칡·도 /HM/[HM]
칡·에 /HM/[HM]
칡부·터 /H²M/[MHM]
칡부·텀 /H²M/[MHM]
칡까·지 /H²M/[MHM]

칡까·짐 /H²M/[MHM]

(116) 정선방언 /콩/

정선방언 /성조형/[음조형]
콩(豆)H
콩·이 /HM/[HM]
콩·을 /HM/[HM]
콩·도 /HM/[HM]
콩·또 /HM/[HM]
콩·뚜 /HM/[HM]
콩·에 /HM/[HM]
콩부·터 /H²M/[MHM]
콩부·텀 /H²M/[MHM]
콩까·지 /H²M/[MHM]
콩꺼·짐 /H²M/[MHM]

(117) 정선방언 /털/

정선방언 /성조형/[음조형]
털(毛)H
털·이 /HM/[HM]
털·을 /HM/[HM]
털·도 /HM/[HM]
털·또 /HM/[HM]
털·에 /HM/[HM]
털부·터 /H²M/[MHM]
털버·텀 /H²M/[MHM]
털까·지 /H²M/[MHM]
털꺼·짐 /H²M/[MHM]

(118) 정선방언 /활/

정선방언 /성조형/[음조형]
활(弓)H
활·이 /HM/[HM]
활·을 /HM/[HM]
활·도 /HM/[HM]
활·또 /HM/[HM]
활·에 /HM/[HM]
활부·터 /H²M/[MHM]
활버·터 /H²M/[MHM]
활까·지 /H²M/[MHM]
활꺼·짐 /H²M/[MHM]

(119) 정선방언 /흙/

정선방언	/성조형/[음조형]
흙[흑](土)H	
흙·이	/HM/[HM]
흙·을	/HM/[HM]
흙·도	/HM/[HM]
흙·두	/HM/[HM]
흙·에	/HM/[HM]
흙부·터	/H²M/[MHM]
흙버·터	/H²M/[MHM]
흙까·지	/H²M/[MHM]
흙꺼·지	/H²M/[MHM]

(120) 정선방언 /가·락/

정선방언	/성조형/[음조형]
가·락HM	
가·락·이	/HM²/[HM²]
가·락·을	/HM²/[HM²]
가·락·도	/HM²/[HM²]
가·락·두	/HM²/[HM²]
가·락·에	/HM²/[HM²]
가·락·부·터	/HM³/[HM³]
가·락·버·텀	/HM³/[HM³]
가·락#부·터	/HM#HM/[HM#HM]
가·락#버·텀	/HM#HM/[HM#HM]
가·락·까·지	/HM³/[HM³]
가·락·꺼·짐	/HM³/[HM³]
가·락#까·지	/HM#HM/[HM#HM]
가·락#꺼·짐	/HM#HM/[HM#HM]

(121) 정선방언 /가·매/

정선방언	/성조형/[음조형]
가·매(鼎)HM	
가·매·가	/HM²/[HM²]
가·매·를	/HM²/[HM²]
가·매·도	/HM²/[HM²]
가·매·두	/HM²/[HM²]
가·매·에	/HM²/[HM²]
가·매·부·터	/HM³/[HM³]
가·매·버·텀	/HM³/[HM³]
가·매#부·터	/HM#HM/[HM#HM]
가·매#버·텀	/HM#HM/[HM#HM]
가·매·까·지	/HM³/[HM³]
가·매·꺼·진	/HM³/[HM³]
가·매#까·지	/HM#HM/[HM#HM]
가·매#꺼·진	/HM#HM/[HM#HM]

(122) 정선방언 /가·슴/

정선방언	/성조형/[음조형]
가·슴(胸)HM	
가·슴·이	/HM²/[HM²]
가·슴·을	/HM²/[HM²]
가·슴·도	/HM²/[HM²]
가·슴·또	/HM²/[HM²]
가·슴·에	/HM²/[HM²]
가·슴·부·터	/HM³/[HM³]
가·슴·버·텀	/HM³/[HM³]
가·슴#부·터	/HM#HM/[HM#HM]
가·슴#버·텀	/HM#HM/[HM#HM]
가·슴·까·지	/HM³/[HM³]
가·슴·꺼·짐	/HM³/[HM³]
가·슴#까·지	/HM#HM/[HM#HM]
가·슴#꺼·짐	/HM#HM/[HM#HM]

(123) 정선방언 /까·시/

정선방언	/성조형/[음조형]
까·시HM	
까·시·가	/HM²/[HM²]
까·시·를	/HM²/[HM²]
까·시·도	/HM²/[HM²]
까·시·두	/HM²/[HM²]
까·시·에	/HM²/[HM²]
까·시·부·터	/HM³/[HM³]
까·시·버·터	/HM³/[HM³]
까·시#부·터	/HM#HM/[HM#HM]
까·시#버·터	/HM#HM/[HM#HM]
까·시·까·지	/HM³/[HM³]
까·시·까·짐	/HM³/[HM³]
까·시#까·지	/HM#HM/[HM#HM]
까·시#꺼·짐	/HM#HM/[HM#HM]

(124) 정선방언 /까·새/

정선방언	/성조형/[음조형]
까·새HM	

까·새·가 /HM²/[HM²]
까·새·를 /HM²/[HM²]
까·새·도 /HM²/[HM²]
까·새·두 /HM²/[HM²]
까·새·에 /HM²/[HM²]
까·새·부·터 /HM³/[HM³]
까·새·버·텀 /HM³/[HM³]
까·새#부·터 /HM#HM/[HM#HM]
까·새#버·텀 /HM#HM/[HM#HM]
까·새·까·지 /HM³/[HM³]
까·새·까·짐 /HM³/[HM³]
까·새#까·지 /HM#HM/[HM#HM]
까·새#꺼·짐 /HM#HM/[HM#HM]

(125) 정선방언 /가·지/

정선방언 /성조형/[음조형]
가·지HM
가·지·가 /HM²/[HM²]
가·지·를 /HM²/[HM²]
가·지·도 /HM²/[HM²]
가·지·에 /HM²/[HM²]
가·지·부·터 /HM³/[HM³]
가·지·까·지 /HM³/[HM³]

(126) 정선방언 /각·시/

정선방언 /성조형/[음조형]
각·시HM
각·시·가 /HM²/[HM²]
각·시·를 /HM²/[HM²]
각·시·도 /HM²/[HM²]
각·시·두 /HM²/[HM²]
각·시·에 /HM²/[HM²]
각·시·부·터 /HM³/[HM³]
각·시·버·텀 /HM³/[HM³]
각·시#부·터 /HM#HM/[HM#HM]
각·시#버·텀 /HM#HM/[HM#HM]
각·시·까·지 /H³M/[HM³]
각·시·꺼·짐 /H³M/[HM³]
각·시#까·지 /HM#HM/[HM#HM]
각·시#꺼·짐 /HM#HM/[HM#HM]

(127) 정선방언 /거·무/

정선방언 /성조형/[음조형]
거·무HM
거·무·가 /HM²/[HM²]
거·무·를 /HM²/[HM²]
거·무·도 /HM²/[HM²]
거·무·두 /HM²/[HM²]
거·무·에 /HM²/[HM²]
거·무·부·터 /HM³/[HM³]
거·무·버·텀 /HM³/[HM³]
거·무#부·터 /HM#HM/[HM#HM]
거·무#버·텀 /HM#HM/[HM#HM]
거·무·까·지 /HM³/[HM³]
거·무·꺼·짐 /HM³/[HM³]
거·무#부·터 /HM#HM/[HM#HM]
거·무#버·텀 /HM#HM/[HM#HM]

(128) 정선방언 /거·시/

정선방언 /성조형/[음조형]
거·시HM
거·시·가 /HM²/[HM²]
거·시·를 /HM²/[HM²]
거·시·도 /HM²/[HM²]
거·시·에 /HM²/[HM²]
거·시·부·터 /HM³/[HM³]
거·시·버·텀 /HM³/[HM³]
거·시#부·터 /HM#HM/[HM#HM]
거·시#버·텀 /HM#HM/[HM#HM]
거·시·까·지 /HM³/[HM³]
거·시·꺼·짐 /HM³/[HM³]
거·시#까·지 /HM#HM/[HM#HM]
거·시#꺼·짐 /HM#HM/[HM#HM]

(129) 정선방언 /거·울/

정선방언 /성조형/[음조형]
거·울HM
거·울·이 /HM²/[HM²]
거·울·을 /HM²/[HM²]
거·울·도 /HM²/[HM²]
거·울·두 /HM²/[HM²]
거·울·에 /HM²/[HM²]
거·울·부·터 /HM³/[HM³]

거·울·버·터   /HM³/[HM³]
거·울#부·터   /HM#HM/[HM#HM]
거·울#버·터   /HM#HM/[HM#HM]
거·울·까·지   /HM³/[HM³]
거·울·꺼·진   /HM³/[HM³]
거·울#까·지   /HM#HM/[HM#HM]
거·울#꺼·진   /HM#HM/[HM#HM]

(130) 정선방언 /거·이/

정선방언   /성조형/[음조형]
거·이(鵝)HM
거·이·가   /HM²/[HM²]
거·이·를   /HM²/[HM²]
거·이·도   /HM²/[HM²]
거·이·두   /HM²/[HM²]
거·이·에·게   /HM³/[HM³]
거·이·부·터   /HM³/[HM³]
거·이·버·텀   /HM³/[HM³]
거·이#부·터   /HM#HM/[HM#HM]
거·이#버·텀   /HM#HM/[HM#HM]
거·이·까·지   /HM³/[HM³]
거·이·꺼·짐   /HM³/[HM³]
거·이#까·지   /HM#HM/[HM#HM]
거·이#꺼·짐   /HM#HM/[HM#HM]

(131) 정선방언 /거·품/

정선방언   /성조형/[음조형]
거·품HM
거·품·이   /HM²/[HM²]
거·품·을   /HM²/[HM²]
거·품·도   /HM²/[HM²]
거·품·두   /HM²/[HM²]
거·품·에   /HM²/[HM²]
거·품·부·터   /HM³/[HM³]
거·품·부·텀   /HM³/[HM³]
거·품#부·터   /HM#HM/[HM#HM]
거·품#부·텀   /HM#HM/[HM#HM]
거·품·까·지   /HM³/[HM³]
거·품·꺼·짐   /HM³/[HM³]
거·품#까·지   /HM#HM/[HM#HM]
거·품#꺼·짐   /HM#HM/[HM#HM]

(132) 정선방언 /꺼·풀/

정선방언   /성조형/[음조형]
꺼·풀~거·풀(皮)HM
꺼·풀·이   /HM²/[HM²]
꺼·풀·을   /HM²/[HM²]
꺼·풀·도   /HM²/[HM²]
꺼·풀·두   /HM²/[HM²]
꺼·풀·에   /HM²/[HM²]
꺼·풀·부·터   /HM³/[HM³]
꺼·풀·버·텀   /HM³/[HM³]
꺼·풀·까·지   /HM³/[HM³]
꺼·풀·꺼·짐   /HM³/[HM³]

(133) 정선방언 /겨·울/

정선방언   /성조형/[음조형]
겨·울6)(冬)HM
겨·울·이   /HM²/[HM²]
겨·울·을   /HM²/[HM²]
겨·울·도   /HM²/[HM²]
겨·울·두   /HM²/[HM²]
겨·울·에   /HM²/[HM²]
겨·울·부·터   /HM³/[HM³]
겨·울·버·텀   /HM³/[HM³]
겨·울#부·터   /HM#HM/[HM#HM]
겨·울#버·텀   /HM#HM/[HM#HM]
겨·울·까·지   /HM³/[HM³]
겨·울·꺼·짐   /HM³/[HM³]
겨·울#까·지   /HM#HM/[HM#HM]
겨·울#꺼·짐   /HM#HM/[HM#HM]

(134) 정선방언 /고·개/

정선방언   /성조형/[음조형]
고·개(嶺)HM
고·개·가   /HM²/[HM²]
고·개·를   /HM²/[HM²]
고·개·도   /HM²/[HM²]
고·개·두   /HM²/[HM²]

---

6) {겨·울}은 모음과 자음으로 시작하는 조사 앞
   에서 모두 실현되고, {겨·욹}은 모음으로 시
   작하는 조사 앞에서만 실현된다. 즉, 모음으
   로 시작하는 조사와 결합할 때, "ㄱ"이 남아
   있는 어형이 존재한다.

고·개·에	/HM²/[HM²]
고·개·부·터	/HM³/[HM³]
고·개·버·텀	/HM³/[HM³]
고·개#부·터	/HM#HM/[HM#HM]
고·개#버·텀	/HM#HM/[HM#HM]
고·개·까·지	/HM³/[HM³]
고·개·꺼·진	/HM³/[HM³]
고·개#까·지	/HM#HM/[HM#HM]
고·개#꺼·짐	/HM#HM/[HM#HM]

(135) 정선방언 /괴 · 기/

정선방언	/성조형/[음조형]
괴·기HM	
괴·기·가	/HM²/[HM²]
괴·기·를	/HM²/[HM²]
괴·기·도	/HM²/[HM²]
괴·기·두	/HM²/[HM²]
괴·기·에	/HM²/[HM²]
괴·기·부·터	/HM³/[HM³]
괴·기·버·터	/HM³/[HM³]
괴·기·버·텀	/HM³/[HM³]
괴·기#부·터	/HM#HM/[HM#HM]
괴·기#버·텀	/HM#HM/[HM#HM]
괴·기·까·지	/HM³/[HM³]
괴·기·꺼·진	/HM³/[HM³]
괴·기#까·지	/HM#HM/[HM#HM]
괴·기#까·짐	/HM#HM/[HM#HM]

(136) 정선방언 /구 · 리/

정선방언	/성조형/[음조형]
구·리(銅)HM	
구·리·가	/HM²/[HM²]
구·리·를	/HM²/[HM²]
구·리·도	/HM²/[HM²]
구·리·두	/HM²/[HM²]
구·리·에	/HM²/[HM²]
구·리·부·터	/HM³/[HM³]
구·리·버·텀	/HM³/[HM³]
구·리#부·터	/HM#HM/[HM#HM]
구·리#부·텀	/HM#HM/[HM#HM]
구·리·까·지	/HM³/[HM³]
구·리·꺼·짐	/HM³/[HM³]
구·리#까·지	/HM#HM/[HM#HM]

구·리#꺼·짐	/HM#HM/[HM#HM]

(137) 정선방언 /구 · 슬/

정선방언	/성조형/[음조형]
구·슬HM	
구·슬·이	/HM²/[HM²]
구·슬·을	/HM²/[HM²]
구·슬·도	/HM²/[HM²]
구·슬·또	/HM²/[HM²]
구·슬·뚜	/HM²/[HM²]
구·슬·에	/HM²/[HM²]
구·슬·부·터	/HM³/[HM³]
구·슬·버·텀	/HM³/[HM³]
구·슬#부·터	/HM#HM/[HM#HM]
구·슬#부·텀	/HM#HM/[HM#HM]
구·슬·까·지	/HM³/[HM³]
구·슬·꺼·짐	/HM³/[HM³]
구·슬#까·지	/HM#HM/[HM#HM]
구·슬#꺼·짐	/HM#HM/[HM#HM]

(138) 정선방언 /구 · 실/

정선방언	/성조형/[음조형]
구·실HM	
구·실·이	/HM²/[HM²]
구·실·을	/HM²/[HM²]
구·실·도	/HM²/[HM²]
구·실·또	/HM²/[HM²]
구·실·에	/HM²/[HM²]
구·실·부·터	/HM³/[HM³]
구·실·버·텀	/HM³/[HM³]
구·실#부·터	/HM#HM/[HM#HM]
구·실#버·텀	/HM#HM/[HM#HM]
구·실·까·지	/HM³/[HM³]
구·실·꺼·짐	/HM³/[HM³]
구·실#까·지	/HM#HM/[HM#HM]
구·실#꺼·짐	/HM#HM/[HM#HM]

(139) 정선방언 /그 · 릇/

정선방언	/성조형/[음조형]
그·릇HM	
그·릇·이	/HM²/[HM²]
그·릇·을	/HM²/[HM²]

그·릇·도	/HM²/[HM²]
그·릇·에	/HM²/[HM²]
그·릇·부·터	/HM³/[HM³]
그·릇·버·터	/HM³/[HM³]
그·릇#부·터	/HM#HM/[HM#HM]
그·릇#버·텀	/HM#HM/[HM#HM]
그·릇·까·지	/HM³/[HM³]
그·릇·꺼·진	/HM³/[HM³]
그·릇#까·지	/HM#HM/[HM#HM]
그·릇#꺼·진	/HM#HM/[HM#HM]

(140) 정선방언 /지 · 름/

정선방언	/성조형/[음조형]
지·름HM	
지·름·이	/HM²/[HM²]
지·름·을	/HM²/[HM²]
지·름·도	/HM²/[HM²]
지·름·또	/HM²/[HM²]
지·름·에	/HM²/[HM²]
지·름·부·터	/HM³/[HM³]
지·름·버·텀	/HM³/[HM³]
지·름#부·터	/HM#HM/[HM#HM]
지·름#부·텀	/HM#HM/[HM#HM]
지·름·까·지	/HM³/[HM³]
지·름·꺼·짐	/HM³/[HM³]
지·름#까·지	/HM#HM/[HM#HM]
지·름#꺼·짐	/HM#HM/[HM#HM]

(141) 정선방언 /지 · 침/

정선방언	/성조형/[음조형]
지·침HM	
지·침·이	/HM²/[HM²]
지·침·을	/HM²/[HM²]
지·침·도	/HM²/[HM²]
지·침·또	/HM²/[HM²]
지·침·에	/HM²/[HM²]
지·침·부·터	/HM³/[HM³]
지·침·버·텀	/HM³/[HM³]
지·침#부·터	/HM#HM/[HM#HM]
지·침#부·텀	/HM#HM/[HM#HM]
지·침·까·지	/HM³/[HM³]
지·침·꺼·짐	/HM³/[HM³]
지·침#까·지	/HM#HM/[HM#HM]

(142) 정선방언 /까 · 닭/

정선방언	/성조형/[음조형]
까·닭[까달]HM	
까·닭·이	/HM²/[HM²]
까·닭·을	/HM²/[HM²]
까·닭·도	/HM²/[HM²]
까·닭·또	/HM²/[HM²]
까·닭·에	/HM²/[HM²]
까·닭·부·터	/HM³/[HM³]
까·닭·버·텀	/HM³/[HM³]
까·닭#부·터	/HM#HM/[HM#HM]
까·닭#버·텀	/HM#HM/[HM#HM]
까·닭·까·지	/HM³/[HM³]
까·닭·꺼·지	/HM³/[HM³]
까·닭#까·지	/HM#HM/[HM#HM]
까·닭#꺼·짐	/HM#HM/[HM#HM]

(143) 정선방언 /껍 · 질/

정선방언	/성조형/[음조형]
껍·질~껍·지HM	
껍·질·이	/HM²/[HM²]
껍·질·을	/HM²/[HM²]
껍·질·도	/HM²/[HM²]
껍·질·에	/HM²/[HM²]
껍·질·부·터	/HM³/[HM³]
껍·질·버·텀	/HM³/[HM³]
껍·질#부·터	/HM#HM/[HM#HM]
껍·질#버·텀	/HM#HM/[HM#HM]
껍·질·까·지	/HM³/[HM³]
껍·질·꺼·진	/HM³/[HM³]
껍·질#까·지	/HM#HM/[HM#HM]
껍·질#꺼·짐	/HM#HM/[HM#HM]

(144) 정선방언 /꿀 · 밤/

정선방언	/성조형/[음조형]
꿀·밤HM	
꿀·밤·이	/HM²/[HM²]
꿀·밤·을	/HM²/[HM²]
꿀·밤·도	/HM²/[HM²]
꿀·밤·에	/HM²/[HM²]

꿀·밤·부·터	/HM³/[HM³]
꿀·밤·보·텀	/HM³/[HM³]
꿀·밤#부·터	/HM#HM/[HM#HM]
꿀·밤#보·텀	/HM#HM/[HM#HM]
꿀·밤·까·지	/HM³/[HM³]
꿀·밤·까·진	/HM³/[HM³]
꿀·밤#까·지	/HM#HM/[HM#HM]
꿀·밤#까·진	/HM#HM/[HM#HM]

(145) 정선방언 /나·기/

정선방언	/성조형/[음조형]
나·기~나·구(나귀)HM	
나·기·가	/HM²/[HM²]
나·기·를	/HM²/[HM²]
나·기·도	/HM²/[HM²]
나·기·두	/HM²/[HM²]
나·기·에	/HM²/[HM²]
나·기·부·터	/HM³/[HM³]
나·기·버·텀	/HM³/[HM³]
나·기#부·터	/HM#HM/[HM#HM]
나·기#버·텀	/HM#HM/[HM#HM]
나·기·까·지	/HM³/[HM³]
나·기·꺼·짐	/HM³/[HM³]
나·기#까·지	/HM#HM/[HM#HM]
나·기#꺼·짐	/HM#HM/[HM#HM]

(146) 정선방언 /나·라/

정선방언	/성조형/[음조형]
나·라HM	
나·라·가	/HM²/[HM²]
나·라·를	/HM²/[HM²]
나·라·도	/HM²/[HM²]
나·라·두	/HM²/[HM²]
나·라·에	/HM²/[HM²]
나·라·부·터	/HM³/[HM³]
나·라·버·텀	/HM³/[HM³]
나·라#부·터	/HM#HM/[HM#HM]
나·라#버·텀	/HM#HM/[HM#HM]
나·라·까·지	/HM³/[HM³]
나·라·꺼·지	/HM³/[HM³]
나·라#까·지	/HM#HM/[HM#HM]
나·라#꺼·지	/HM#HM/[HM#HM]

(147) 정선방언 /나·부/

정선방언	/성조형/[음조형]
나·부HM	
나·부·가	/HM²/[HM²]
나·부·를	/HM²/[HM²]
나·부·도	/HM²/[HM²]
나·부·두	/HM²/[HM²]
나·부·에	/HM²/[HM²]
나·부·부·터	/HM³/[HM³]
나·부·버·터	/HM³/[HM³]
나·부#부·터	/HM#HM/[HM#HM]
나·부#버·터	/HM#HM/[HM#HM]
나·부·까·지	/HM³/[HM³]
나·부·꺼·지	/HM³/[HM³]
나·부#까·지	/HM#HM/[HM#HM]
나·부#꺼·지	/HM#HM/[HM#HM]

(148) 정선방언 /노·래/

정선방언	/성조형/[음조형]
노·래HM	
노·래·가	/HM²/[HM²]
노·래·를	/HM²/[HM²]
노·래·도	/HM²/[HM²]
노·래·두	/HM²/[HM²]
노·래·에	/HM²/[HM²]
노·래·부·터	/HM³/[HM³]
노·래·버·터	/HM³/[HM³]
노·래#부·터	/HM#HM/[HM#HM]
노·래#버·터	/HM#HM/[HM#HM]
노·래·까·지	/HM³/[HM³]
노·래·꺼·지	/HM³/[HM³]
노·래#까·지	/HM#HM/[HM#HM]
노·래#꺼·지	/HM#HM/[HM#HM]

(149) 정선방언 /눙·에/

정선방언	/성조형/[음조형]
눙·에~누·에(蠶)HM	
눙·에·가	/HM²/[HM²]
눙·에·를	/HM²/[HM²]
눙·에·도	/HM²/[HM²]
눙·에·에	/HM²/[HM²]
눙·에·부·터	/HM³/[HM³]

눙·에·버·텀 /HM³/[HM³]
눙·에#부·터 /HM#HM/[HM#HM]
눙·에#버·텀 /HM#HM/[HM#HM]
눙·에·까·지 /HM³/[HM³]
눙·에·꺼·지 /HM³/[HM³]
눙·에#까·지 /HM#HM/[HM#HM]
눙·에#꺼·짐 /HM#HM/[HM#HM]

(150) 정선방언 /다 · 섯/

정선방언	/성조형/[음조형]
다·섯HM	
다·섯·이	/HM²/[HM²]
다·섯·을	/HM²/[HM²]
다·섯·도	/HM²/[HM²]
다·섯·에	/HM²/[HM²]
다·섯·부·터	/HM³/[HM³]
다·섯·버·텀	/HM³/[HM³]
다·섯#부·터	/HM#HM/[HM#HM]
다·섯#버·텀	/HM#HM/[HM#HM]
다·섯·까·지	/HM³/[HM³]
다·섯·꺼·진	/HM³/[HM³]
다·섯#까·지	/HM#HM/[HM#HM]
다·섯#꺼·진	/HM#HM/[HM#HM]

(151) 정선방언 /더 · 우/

정선방언	/성조형/[음조형]
더·우HM	
더·우·가	/HM²/[HM²]
더·우·를	/HM²/[HM²]
더·우·도	/HM²/[HM²]
더·우·두	/HM²/[HM²]
더·우·에	/HM²/[HM²]
더·우·부·터	/HM³/[HM³]
더·우·버·텀	/HM³/[HM³]
더·우#부·터	/HM#HM/[HM#HM]
더·우#버·텀	/HM#HM/[HM#HM]
더·우·까·지	/HM³/[HM³]
더·우·꺼·짐	/HM³/[HM³]
더·우#까·지	/HM#HM/[HM#HM]
더·우#꺼·진	/HM#HM/[HM#HM]

(152) 정선방언 /두 · 둑/

정선방언	/성조형/[음조형]
두·둑H²	
두·둑·이	/HM²/[HM²]
두·둑·을	/HM²/[HM²]
두·둑·도	/HM²/[HM²]
두·둑·에	/HM²/[HM²]
두·둑·부·터	/HM³/[HM³]
두·둑·부·터	/HM³/[HM³]
두·둑·까·지	/HM³/[HM³]
두·둑·까·지	/HM³/[HM³]

(153) 정선방언 /마 · 늘/

정선방언	/성조형/[음조형]
마·늘HM	
마·늘·이	/HM²/[HM²]
마·늘·을	/HM²/[HM²]
마·늘·도	/HM²/[HM²]
마·늘·뚜	/HM²/[HM²]
마·늘·에	/HM²/[HM²]
마·늘·부·터	/HM³/[HM³]
마·늘·버·터	/HM³/[HM³]
마·늘#부·터	/HM#HM/[HM#HM]
마·늘#버·텀	/HM#HM/[HM#HM]
마·늘·까·지	/HM³/[HM³]
마·늘·꺼·진	/HM³/[HM³]
마·늘#까·지	/HM#HM/[HM#HM]
마·늘#꺼·진	/HM#HM/[HM#HM]

(154) 정선방언 /머 · 리/

정선방언	/성조형/[음조형]
머·리(頭)HM	
머·리·가	/HM²/[HM²]
머·리·를	/HM²/[HM²]
머·리·도	/HM²/[HM²]
머·리·두	/HM²/[HM²]
머·리·에	/HM²/[HM²]
머·리·부·터	/HM³/[HM³]
머·리·버·텀	/HM³/[HM³]
머·리#부·터	/HM#HM/[HM#HM]
머·리#버·텀	/HM#HM/[HM#HM]
머·리·까·지	/HM³/[HM³]

머·리·꺼·짐	/HM³/[HM³]
머·리#까·지	/HM#HM/[HM#HM]
머·리#꺼·짐	/HM#HM/[HM#HM]

(155) 정선방언 /모 · 래/

정선방언	/성조형/[음조형]
모·래HM	
모·래·가	/HM²/[HM²]
모·래·를	/HM²/[HM²]
모·래·도	/HM²/[HM²]
모·래·두	/HM²/[HM²]
모·래·에	/HM²/[HM²]
모·래·부·터	/HM³/[HM³]
모·래·버·텀	/HM³/[HM³]
모·래#부·터	/HM#HM/[HM#HM]
모·래#버·텀	/HM#HM/[HM#HM]
모·래·까·지	/H³M/[HM³]
모·래·꺼·짐	/H³M/[HM³]
모·래#까·지	/HM#HM/[HM#HM]
모·래#꺼·짐	/HM#HM/[HM#HM]

(156) 정선방언 /목 · 젖/

정선방언	/성조형/[음조형]
목·젖HM	
목·젖·이	/HM²/[HM²]
목·젖·을	/HM²/[HM²]
목·젖·도	/HM²/[HM²]
목·젖·두	/HM²/[HM²]
목·젖·에	/HM²/[HM²]
목·젖·부·터	/HM³/[HM³]
목·젖·버·텀	/HM³/[HM³]
목·젖#부·터	/HM#HM/[HM#HM]
목·젖#버·텀	/HM#HM/[HM#HM]
목·젖·까·지	/HM³/[HM³]
목·젖·부·터	/HM³/[HM³]
목·젖#까·지	/HM#HM/[HM#HM]
목·젖#꺼·짐	/HM#HM/[HM#HM]

(157) 정선방언 /목 · 씨/

정선방언	/성조형/[음조형]
목·씨(몫)HM	
목·씨·가	/HM²/[HM²]

목·씨·를	/HM²/[HM²]
목·씨·도	/HM²/[HM²]
목·씨·두	/HM²/[HM²]
목·씨·에	/HM²/[HM²]
목·씨·부·터	/HM³/[HM³]
목·씨·버·텀	/HM³/[HM³]
목·씨#부·터	/HM#HM/[HM#HM]
목·씨#버·텀	/HM#HM/[HM#HM]
목·씨·까·지	/HM³/[HM³]
목·씨·꺼·짐	/HM³/[HM³]
목·씨#까·지	/HM#HM/[HM#HM]
목·씨#꺼·짐	/HM#HM/[HM#HM]

(158) 정선방언 /무 · 게/

정선방언	/성조형/[음조형]
무·게HM	
무·게·가	/HM²/[HM²]
무·게·를	/HM²/[HM²]
무·게·도	/HM²/[HM²]
무·게·두	/HM²/[HM²]
무·게·에	/HM²/[HM²]
무·게·부·터	/HM³/[HM³]
무·게·버·텀	/HM³/[HM³]
무·게#부·터	/HM#HM/[HM#HM]
무·게#버·텀	/HM#HM/[HM#HM]
무·게·까·지	/HM³/[HM³]
무·게·꺼·짐	/HM³/[HM³]
무·게#까·지	/HM#HM/[HM#HM]
무·게#꺼·짐	/HM#HM/[HM#HM]

(159) 정선방언 /바 · 눌/

정선방언	/성조형/[음조형]
바·눌HM	
바·눌·이	/HM²/[HM²]
바·눌·을	/HM²/[HM²]
바·눌·도	/HM²/[HM²]
바·눌·두	/HM²/[HM²]
바·눌·에	/HM²/[HM²]
바·눌·부·터	/HM³/[HM³]
바·눌·버·텀	/HM³/[HM³]
바·눌#부·터	/HM#HM/[HM#HM]
바·눌#버·텀	/HM#HM/[HM#HM]
바·눌·까·지	/HM³/[HM³]

바·눌·꺼·짐　　/HM³/[HM³]
바·눌#까·지　　/HM#HM/[HM#HM]
바·눌#꺼·짐　　/HM#HM/[HM#HM]

(160) 정선방언 /바·우/

정선방언　　　　/성조형/[음조형]
바·우〜방우(巖)HM
바·우·가　　　　/HM²/[HM²]
바·우·를　　　　/HM²/[HM²]
바·우·도　　　　/HM²/[HM²]
바·우·도　　　　/HM²/[HM²]
바·우·두　　　　/HM²/[HM²]
바·우·에　　　　/HM²/[HM²]
바·우·부·터　　　/HM³/[HM³]
바·우·버·텀　　　/HM³/[HM³]
바·우#부·터　　　/HM#HM/[HM#HM]
바·우#버·텀　　　/HM#HM/[HM#HM]
바·우·까·지　　　/HM³/[HM³]
바·우·꺼·짐　　　/HM³/[HM³]
바·우#까·지　　　/HM#HM/[HM#HM]
바·우#꺼·짐　　　/HM#HM/[HM#HM]

(161) 정선방언 /방·아/

정선방언　　　　/성조형/[음조형]
방·아〜바·아HM
방·아·가　　　　/HM²/[HM²]
방·아·를　　　　/HM²/[HM²]
방·아·도　　　　/HM²/[HM²]
방·아·두　　　　/HM²/[HM²]
방·아·에　　　　/HM²/[HM²]
방·아·부·터　　　/HM³/[HM³]
방·아·버·텀　　　/HM³/[HM³]
방·아#부·터　　　/HM#HM/[HM#HM]
방·아#부·텀　　　/HM#HM/[HM#HM]
방·아·까·지　　　/HM³/[HM³]
방·아·꺼·짐　　　/HM³/[HM³]
방·아#까·지　　　/HM#HM/[HM#HM]
방·아#꺼·짐　　　/HM#HM/[HM#HM]

(162) 정선방언 /방·울/

정선방언　　　　/성조형/[음조형]
방·울HM

방·울·이　　　　/HM²/[HM²]
방·울·을　　　　/HM²/[HM²]
방·울·도　　　　/HM²/[HM²]
방·울·두　　　　/HM²/[HM²]
방·울·에　　　　/HM²/[HM²]
방·울·부·터　　　/HM³/[HM³]
방·울·버·텀　　　/HM³/[HM³]
방·울#부·터　　　/HM#HM/[HM#HM]
방·울#부·텀　　　/HM#HM/[HM#HM]
방·울·까·지　　　/HM³/[HM³]
방·울·꺼·짐　　　/HM³/[HM³]
방·아#까·지　　　/HM#HM/[HM#HM]
방·아#꺼·짐　　　/HM#HM/[HM#HM]

(163) 정선방언 /베·개/

정선방언　　　　/성조형/[음조형]
베·개HM
베·개·가　　　　/HM²/[HM²]
베·개·를　　　　/HM²/[HM²]
베·개·도　　　　/HM²/[HM²]
베·개·두　　　　/HM²/[HM²]
베·개·에　　　　/HM²/[HM²]
베·개·부·터　　　/HM³/[HM³]
베·개·버·텀　　　/HM³/[HM³]
베·개#부·터　　　/HM#HM/[HM#HM]
베·개#부·텀　　　/HM#HM/[HM#HM]
베·개·까·지　　　/HM³/[HM³]
베·개·꺼·지　　　/HM³/[HM³]
베·개#까·지　　　/HM#HM/[HM#HM]
베·개#꺼·지　　　/HM#HM/[HM#HM]

(164) 정선방언 /베·루/

정선방언　　　　/성조형/[음조형]
베·루(硯)HM
베·루·가　　　　/HM²/[HM²]
베·루·를　　　　/HM²/[HM²]
베·루·도　　　　/HM²/[HM²]
베·루·두　　　　/HM²/[HM²]
베·루·에　　　　/HM²/[HM²]
베·루·부·터　　　/HM³/[HM³]
베·루·버·터　　　/HM³/[HM³]
베·루#부·터　　　/HM#HM/[HM#HM]
베·루#버·텀　　　/HM#HM/[HM#HM]

베·루·까·지   /HM³/[HM³]
베·루·꺼·진   /HM³/[HM³]
베·루#까·지   /HM#HM/[HM#HM]
베·루#꺼·진   /HM#HM/[HM#HM]

(165) 정선방언 /베·실/

정선방언   /성조형/[음조형]
베·실(爵)HM
베·실·이   /HM²/[HM²]
베·실·을   /HM²/[HM²]
베·실·도   /HM²/[HM²]
베·실·두   /HM²/[HM²]
베·실·에   /HM²/[HM²]
베·실·부·터   /HM³/[HM³]
베·실·버·텀   /HM³/[HM³]
베·실#부·터   /HM#HM/[HM#HM]
베·실#버·터   /HM#HM/[HM#HM]
베·실·까·지   /HM³/[HM³]
베·실·꺼·지   /HM³/[HM³]
베·실#까·지   /HM#HM/[HM#HM]
베·실#꺼·진   /HM#HM/[HM#HM]

(166) 정선방언 /부·채/

정선방언   /성조형/[음조형]
부·채(扇)HM
부·채·가   /HM²/[HM²]
부·채·를   /HM²/[HM²]
부·채·도   /HM²/[HM²]
부·채·두   /HM²/[HM²]
부·채·에   /HM²/[HM²]
부·채·부·터   /HM³/[HM³]
부·채·버·텀   /HM³/[HM³]
부·채·까·지   /HM³/[HM³]
부·채·꺼·짐   /HM³/[HM³]

(167) 정선방언 /사·슴/

정선방언   /성조형/[음조형]
사·슴~사·심(鹿)HM
사·슴·이   /HM²/[HM²]
사·슴·을   /HM²/[HM²]
사·슴·도   /HM²/[HM²]
사·슴·두   /HM²/[HM²]

사·슴·에   /HM²/[HM²]
사·슴·부·터   /HM³/[HM³]
사·슴·버·텀   /HM³/[HM³]
사·슴#부·터   /HM#HM/[HM#HM]
사·슴#버·텀   /HM#HM/[HM#HM]
사·슴·까·지   /HM³/[HM³]
사·슴·꺼·짐   /HM³/[HM³]
사·슴#까·지   /HM#HM/[HM#HM]
사·슴#꺼·지   /HM#HM/[HM#HM]

(168) 정선방언 /사·우/

정선방언   /성조형/[음조형]
사·우(婿)HM
사·우·가   /HM²/[HM²]
사·우·를   /HM²/[HM²]
사·우·도   /HM²/[HM²]
사·우·두   /HM²/[HM²]
사·우·에   /HM²/[HM²]
사·우·부·터   /HM³/[HM³]
사·우·버·텀   /HM³/[HM³]
사·우#부·터   /HM#HM/[HM#HM]
사·우#버·텀   /HM#HM/[HM#HM]
사·우·까·지   /HM³/[HM³]
사·우·꺼·진   /HM³/[HM³]
사·우#까·지   /HM#HM/[HM#HM]
사·우#꺼·진   /HM#HM/[HM#HM]

(169) 정선방언 /새·애/

정선방언   /성조형/[음조형]
새·애(間)HM
새·애·가   /HM²/[HM²]
새·애·를   /HM²/[HM²]
새·애·도   /HM²/[HM²]
새·애·에   /HM²/[HM²]
새·애·부·터   /HM³/[HM³]
새·애·버·텀   /HM³/[HM³]
새·애#부·터   /HM#HM/[HM#HM]
새·애#버·텀   /HM#HM/[HM#HM]
새·애·까·지   /HM³/[HM³]
새·애·꺼·진   /HM³/[HM³]
새·애#까·지   /HM#HM/[HM#HM]
새·애#꺼·짐   /HM#HM/[HM#HM]

(170) 정선방언 /새·끼/

정선방언	/성조형/[음조형]
새·끼HM	
새·끼·가	/HM²/[HM²]
새·끼·를	/HM²/[HM²]
새·끼·도	/HM²/[HM²]
새·끼·두	/HM²/[HM²]
새·끼·에	/HM²/[HM²]
새·끼·부·터	/HM³/[HM³]
새·끼·버·텀	/HM³/[HM³]
새·끼#부·터	/HM#HM/[HM#HM]
새·끼#버·텀	/HM#HM/[HM#HM]
새·끼·까·지	/HM³/[HM³]
새·끼·꺼·짐	/HM³/[HM³]
새·끼#까·지	/HM#HM/[HM#HM]
새·끼#꺼·짐	/HM#HM/[HM#HM]

(171) 정선방언 /서·른/

정선방언	/성조형/[음조형]
서·른HM	
서·른·이	/HM²/[HM²]
서·른·을	/HM²/[HM²]
서·른·도	/HM²/[HM²]
서·른·두	/HM²/[HM²]
서·른·에	/HM²/[HM²]
서·른·부·터	/HM³/[HM³]
서·른·버·텀	/HM³/[HM³]
서·른#부·터	/HM#HM/[HM#HM]
서·른#버·텀	/HM#HM/[HM#HM]
서·른·까·지	/HM³/[HM³]
서·른·꺼·진	/HM³/[HM³]
서·른#까·지	/HM#HM/[HM#HM]
서·른#꺼·진	/HM#HM/[HM#HM]

(172) 정선방언 /선·비/

정선방언	/성조형/[음조형]
선·비HM	
선·비·가	/HM²/[HM²]
선·비·를	/HM²/[HM²]
선·비·도	/HM²/[HM²]
선·비·에·게	/HM³/[HM³]
선·비·부·터	/HM³/[HM³]
선·비·버·텀	/HM³/[HM³]
선·비#부·터	/HM#HM/[HM#HM]
선·비#버·텀	/HM#HM/[HM#HM]
선·비·까·지	/HM³/[HM³]
선·비·꺼·짐	/HM³/[HM³]
선·비#까·지	/HM#HM/[HM#HM]
선·비#꺼·짐	/HM#HM/[HM#HM]

(173) 정선방언 /소·리/

정선방언	/성조형/[음조형]
소·리HM	
소·리·가	/HM²/[HM²]
소·리·를	/HM²/[HM²]
소·리·도	/HM²/[HM²]
소·리·두	/HM²/[HM²]
소·리·에	/HM²/[HM²]
소·리·부·터	/HM³/[HM³]
소·리·버·텀	/HM³/[HM³]
소·리#부·터	/HM#HM/[HM#HM]
소·리#버·텀	/HM#HM/[HM#HM]
소·리·까·지	/HM³/[HM³]
소·리·꺼·짐	/HM³/[HM³]
소·리#까·지	/HM#HM/[HM#HM]
소·리#꺼·짐	/HM#HM/[HM#HM]

(174) 정선방언 /수·레/

정선방언	/성조형/[음조형]
수·레HM	
수·레·가	/HM²/[HM²]
수·레·를	/HM²/[HM²]
수·레·도	/HM²/[HM²]
수·레·두	/HM²/[HM²]
수·레·에	/HM²/[HM²]
수·레·부·터	/HM³/[HM³]
수·레·버·텀	/HM³/[HM³]
수·레#부·터	/HM#HM/[HM#HM]
수·레#버·텀	/HM#HM/[HM#HM]
수·레·까·지	/HM³/[HM³]
수·레·꺼·짐	/HM³/[HM³]
수·레#까·지	/HM#HM/[HM#HM]
수·레#꺼·짐	/HM#HM/[HM#HM]

(175) 정선방언 /아·들/

정선방언	/성조형/[음조형]
아·들HM	
아·들·이	/HM²/[HM²]
아·들·을	/HM²/[HM²]
아·들·도	/HM²/[HM²]
아·들·두	/HM²/[HM²]
아·들·에·게	/HM³/[HM³]
아·들·부·터	/HM³/[HM³]
아·들·버·텀	/HM³/[HM³]
아·들#부·터	/HM#HM/[HM#HM]
아·들#버·텀	/HM#HM/[HM#HM]
아·들·까·지	/HM³/[HM³]
아·들·꺼·짐	/HM³/[HM³]
아·들#부·터	/HM#HM/[HM#HM]
아·들#버·텀	/HM#HM/[HM#HM]

(176) 정선방언 /애·비/

정선방언	/성조형/[음조형]
애·비HM	
애·비·가	/HM²/[HM²]
애·비·를	/HM²/[HM²]
애·비·도	/HM²/[HM²]
애·비·두	/HM²/[HM²]
애·비·에·게	/HM³/[HM³]
애·비·부·터	/HM³/[HM³]
애·비·버·텀	/HM³/[HM³]
애·비#부·터	/HM#HM/[HM#HM]
애·비#버·텀	/HM#HM/[HM#HM]
애·비·까·지	/HM³/[HM³]
애·비·꺼·짐	/HM³/[HM³]
애·비#까·지	/HM#HM/[HM#HM]
애·비#까·짐	/HM#HM/[HM#HM]

(177) 정선방언 /아·아/

정선방언	/성조형/[음조형]
아·아(兒)HM	
아·아·가	/HM²/[HM²]
아·아·를	/HM²/[HM²]
아·아·도	/HM²/[HM²]
아·에·게	/HM²/[HM²]
아·아·부·터	/HM³/[HM³]
아·아·부·텀	/HM³/[HM³]
아·아#부·터	/HM#HM/[HM#HM]
아·아#버·텀	/HM#HM/[HM#HM]
아·아·까·지	/HM³/[HM³]
아·아·까·짐	/HM³/[HM³]
아·아#까·지	/HM#HM/[HM#HM]
아·아#까·짐	/HM#HM/[HM#HM]

(178) 정선방언 /아·홉/

정선방언	/성조형/[음조형]
아·홉HM	
아·홉·이	/HM²/[HM²]
아·홉·을	/HM²/[HM²]
아·홉·도	/HM²/[HM²]
아·홉·또	/HM²/[HM²]
아·홉·에	/HM²/[HM²]
아·홉·부·터	/HM³/[HM³]
아·홉·버·텀	/HM³/[HM³]
아·홉#부·터	/HM#HM/[HM#HM]
아·홉#버·텀	/HM#HM/[HM#HM]
아·홉·까·지	/HM³/[HM³]
아·홉·꺼·짐	/HM³/[HM³]
아·홉#까·지	/HM#HM/[HM#HM]
아·홉#꺼·짐	/HM#HM/[HM#HM]

(179) 정선방언 /어·깨/

정선방언	/성조형/[음조형]
어·깨HM	
어·깨·가	/HM²/[HM²]
어·깨·를	/HM²/[HM²]
어·깨·도	/HM²/[HM²]
어·깨·두	/HM²/[HM²]
어·깨·에	/HM²/[HM²]
어·깨·부·터	/HM³/[HM³]
어·깨·버·텀	/HM³/[HM³]
어·깨#부·터	/HM#HM/[HM#HM]
어·깨#버·텀	/HM#HM/[HM#HM]
어·깨·까·지	/HM³/[HM³]
어·깨·꺼·짐	/HM³/[HM³]
어·깨#까·지	/HM#HM/[HM#HM]
어·깨#꺼·짐	/HM#HM/[HM#HM]

(180) 정선방언 /어·제/

정선방언	/성조형/[음조형]
어·제HM	
어·제·가	/HM²/[HM²]
어·제·를	/HM²/[HM²]
어·제·도	/HM²/[HM²]
어·제·두	/HM²/[HM²]
어·제	/HM/[HM]
어·제·부·터	/HM³/[HM³]
어·제·버·텀	/HM³/[HM³]
어·제#부·터	/HM#HM/[HM#HM]
어·제#버·텀	/HM#HM/[HM#HM]
어·제·까·지	/HM³/[HM³]
어·제·꺼·진	/HM³/[HM³]
어·제#까·지	/HM#HM/[HM#HM]
어·제#꺼·짐	/HM#HM/[HM#HM]

(181) 정선방언 /여·름/

정선방언	/성조형/[음조형]
여·름HM	
여·름·이	/HM²/[HM²]
여·름·을	/HM²/[HM²]
여·름·도	/HM²/[HM²]
여·름·두	/HM²/[HM²]
여·름·에	/HM²/[HM²]
여·름·부·터	/HM³/[HM³]
여·름·부·터	/HM³/[HM³]
여·름#부·터	/HM#HM/[HM#HM]
여·름#버·텀	/HM#HM/[HM#HM]
여·름·까·지	/HM³/[HM³]
여·름·꺼·짐	/HM³/[HM³]
여·름#까·지	/HM#HM/[HM#HM]
여·름#꺼·짐	/HM#HM/[HM#HM]

(182) 정선방언 /여·덟/

정선방언	/성조형/[음조형]
여·덟[여덜]HM	
여·덟·이[여덜비]	/HM²/[HM²]
여·덟·을	/HM²/[HM²]
여·덟·또	/HM²/[HM²]
여·덟·뚜	/HM²/[HM²]
여·덟·에	/HM²/[HM²]
여·덟·부·터	/HM³/[HM³]
여·덟·버·텀	/HM³/[HM³]
여·덟#부·터	/HM#HM/[HM#HM]
여·덟#버·텀	/HM#HM/[HM#HM]
여·덟·까·지	/HM³/[HM³]
여·덟·꺼·짐	/HM³/[HM³]
여·덟#까·지	/HM#HM/[HM#HM]
여·덟#꺼·짐	/HM#HM/[HM#HM]

(183) 정선방언 /여·섯/

정선방언	/성조형/[음조형]
여·서/여섯(六)HM	
여·섯·이	/HM²/[HM²]
여·섯·을	/HM²/[HM²]
여·섯·도	/HM²/[HM²]
여·섯·두	/HM²/[HM²]
여·섯·에	/HM²/[HM²]
여·섯·부·터	/HM³/[HM³]
여·섯·버·텀	/HM³/[HM³]
여·섯#부·터	/HM#HM/[HM#HM]
여·섯#버·텀	/HM#HM/[HM#HM]
여·섯·까·지	/HM³/[HM³]
여·섯·꺼·짐	/HM³/[HM³]
여·섯#까·지	/HM#HM/[HM#HM]
여·섯#꺼·짐	/HM#HM/[HM#HM]

(184) 정선방언 /오·늘/

정선방언	/성조형/[음조형]
오·늘HM	
오·늘·이	/HM²/[HM²]
오·늘·을	/HM²/[HM²]
오·늘·도	/HM²/[HM²]
오·늘·또	/HM²/[HM²]
오·늘·에	/HM²/[HM²]
오·늘·부·터	/HM³/[HM³]
오·늘·버·텀	/HM³/[HM³]
오·늘#부·터	/HM#HM/[HM#HM]
오·늘#버·텀	/HM#HM/[HM#HM]
오·늘·까·지	/HM³/[HM³]
오·늘·꺼·짐	/HM³/[HM³]
오·늘#까·지	/HM#HM/[HM#HM]
오·늘#꺼·짐	/HM#HM/[HM#HM]

(185) 정선방언 /우·리/

정선방언	/성조형/[음조형]
우·리(牛舍)HM	
우·리·가	/HM²/[HM²]
우·리·를	/HM²/[HM²]
우·리·도	/HM²/[HM²]
우·리·두	/HM²/[HM²]
우·리·에	/HM²/[HM²]
우·리·부·터	/HM³/[HM³]
우·리·버·텀	/HM³/[HM³]
우·리#부·터	/HM#HM/[HM#HM]
우·리#버·텀	/HM#HM/[HM#HM]
우·리·까·지	/HM³/[HM³]
우·리·꺼·짐	/HM³/[HM³]
우·리#까·지	/HM#HM/[HM#HM]
우·리#꺼·짐	/HM#HM/[HM#HM]

(186) 정선방언 /이·름/

정선방언	/성조형/[음조형]
이·름HM	
이·름·이	/HM²/[HM²]
이·름·을	/HM²/[HM²]
이·름·도	/HM²/[HM²]
이·름·두	/HM²/[HM²]
이·름·에	/HM²/[HM²]
이·름·부·터	/HM³/[HM³]
이·름·버·텀	/HM³/[HM³]
이·름#부·터	/HM#HM/[HM#HM]
이·름#버·텀	/HM#HM/[HM#HM]
이·름·까·지	/HM³/[HM³]
이·름·꺼·짐	/HM³/[HM³]
이·름#까·지	/HM#HM/[HM#HM]
이·름#꺼·지	/HM#HM/[HM#HM]

(187) 정선방언 /이·불/

정선방언	/성조형/[음조형]
이·불HM	
이·불·이	/HM²/[HM²]
이·불·을	/HM²/[HM²]
이·불·도	/HM²/[HM²]
이·불·또	/HM²/[HM²]
이·불·뚜	/HM²/[HM²]
이·불·에	/HM²/[HM²]
이·불·부·터	/HM³/[HM³]
이·불·버·텀	/HM³/[HM³]
이·불#부·터	/HM#HM/[HM#HM]
이·불#버·텀	/HM#HM/[HM#HM]
이·불·까·지	/HM³/[HM³]
이·불·꺼·짐	/HM³/[HM³]
이·불#까·지	/HM#HM/[HM#HM]
이·불#까·짐	/HM#HM/[HM#HM]

(188) 정선방언 /이·실/

정선방언	/성조형/[음조형]
이·실~이·슬HM	
이·실·이	/HM²/[HM²]
이·실·을	/HM²/[HM²]
이·실·도	/HM²/[HM²]
이·실·또	/HM²/[HM²]
이·실·에	/HM²/[HM²]
이·실·부·터	/HM³/[HM³]
이·실·버·텀	/HM³/[HM³]
이·실#부·터	/HM#HM/[HM#HM]
이·실#버·텀	/HM#HM/[HM#HM]
이·실·까·지	/HM³/[HM³]
이·실·꺼·짐	/HM³/[HM³]
이·실#까·지	/HM#HM/[HM#HM]
이·실#꺼·짐	/HM#HM/[HM#HM]

(189) 정선방언 /일·곱/

정선방언	/성조형/[음조형]
일·곱HM	
일·곱·이	/HM²/[HM²]
일·곱·을	/HM²/[HM²]
일·곱·도	/HM²/[HM²]
일·곱·에	/HM²/[HM²]
일·곱·부·터	/HM³/[HM³]
일·곱·버·텀	/HM³/[HM³]
일·곱#부·터	/HM#HM/[HM#HM]
일·곱#버·텀	/HM#HM/[HM#HM]
일·곱·까·지	/HM³/[HM³]
일·곱·꺼·짐	/HM³/[HM³]
일·곱#까·지	/HM#HM/[HM#HM]
일·곱#꺼·짐	/HM#HM/[HM#HM]

(190) 정선방언 /장·끼/

정선방언	/성조형/[음조형]
장·끼HM	
장·끼·가	/HM²/[HM²]
장·끼·를	/HM²/[HM²]
장·끼·도	/HM²/[HM²]
장·끼·두	/HM²/[HM²]
장·끼·에	/HM²/[HM²]
장·끼·부·터	/H³M/[HM³]
장·끼·버·텀	/H³M/[HM³]
장·끼#부·터	/HM#HM/[HM#HM]
장·끼#버·텀	/HM#HM/[HM#HM]
장·끼·까·지	/H³M/[HM³]
장·끼·꺼·짐	/H³M/[HM³]
장·끼#까·지	/HM#HM/[HM#HM]
장·끼#꺼·짐	/HM#HM/[HM#HM]

(191) 정선방언 /저·울/

정선방언	/성조형/[음조형]
저·울(錘)HM	
저·울·이	/HM²/[HM²]
저·울·을	/HM²/[HM²]
저·울·도	/HM²/[HM²]
저·울·두	/HM²/[HM²]
저·울·에	/HM²/[HM²]
저·울·부·터	/HM³/[HM³]
저·울·버·터	/HM³/[HM³]
저·울#부·터	/HM#HM/[HM#HM]
저·울#버·텀	/HM#HM/[HM#HM]
저·울·까·지	/HM³/[HM³]
저·울·꺼·진	/HM³/[HM³]
저·울#까·지	/HM#HM/[HM#HM]
저·울#까·진	/HM#HM/[HM#HM]

(192) 정선방언 /조·오/

정선방언	/성조형/[음조형]
조·오(紙)HM	
조·오·가	/HM²/[HM²]
조·오·를	/HM²/[HM²]
조·오·도	/HM²/[HM²]
조·오·에	/HM²/[HM²]
조·오·부·터	/HM³/[HM³]

조·오·버·텀	/HM³/[HM³]
조·오#부·터	/HM#HM/[HM#HM]
조·오#버·텀	/HM#HM/[HM#HM]
조·오·까·지	/HM³/[HM³]
조·오·꺼·지	/HM³/[HM³]
조·오·꺼·진	/HM³/[HM³]
조·오#까·지	/HM#HM/[HM#HM]
조·오#꺼·진	/HM#HM/[HM#HM]

(193) 정선방언 /줄·기/

정선방언	/성조형/[음조형]
줄·기HM	
줄·기·가	/HM²/[HM²]
줄·기·를	/HM²/[HM²]
줄·기·도	/HM²/[HM²]
줄·기·두	/HM²/[HM²]
줄·기·에	/HM²/[HM²]
줄·기·부·터	/HM³/[HM³]
줄·기·버·텀	/HM³/[HM³]
줄·기#부·터	/HM#HM/[HM#HM]
줄·기#버·텀	/HM#HM/[HM#HM]
줄·기·까·지	/HM³/[HM³]
줄·기·까·진	/HM³/[HM³]
줄·기·꺼·짐	/HM³/[HM³]
줄·기#까·지	/HM#HM/[HM#HM]
줄·기#꺼·진	/HM#HM/[HM#HM]

(194) 정선방언 /찌·끼/

정선방언	/성조형/[음조형]
찌·끼HM	
찌·끼·가	/HM²/[HM²]
찌·끼·를	/HM²/[HM²]
찌·끼·도	/HM²/[HM²]
찌·끼·두	/HM²/[HM²]
찌·끼·에	/HM²/[HM²]
찌·끼·부·터	/HM³/[HM³]
찌·끼·버·텀	/HM³/[HM³]
찌·끼#부·터	/HM#HM/[HM#HM]
찌·끼#보·텀	/HM#HM/[HM#HM]
찌·끼·까·지	/HM³/[HM³]
찌·끼·꺼·짐	/HM³/[HM³]
찌·끼#까·지	/HM#HM/[HM#HM]
찌·끼#꺼·짐	/HM#HM/[HM#HM]

(195) 정선방언 /허·물/

정선방언	/성조형/[음조형]
허·물HM	
허·물·이	/HM²/[HM²]
허·물·을	/HM²/[HM²]
허·물·도	/HM²/[HM²]
허·물·또	/HM²/[HM²]
허·물·에	/HM²/[HM²]
허·물·부·터	/HM³/[HM³]
허·물·버·텀	/HM³/[HM³]
허·물#부·터	/HM#HM/[HM#HM]
허·물#버·텀	/HM#HM/[HM#HM]
허·물·까·지	/HM³/[HM³]
허·물·꺼·짐	/HM³/[HM³]
허·물#까·지	/HM#HM/[HM#HM]
허·물#꺼·짐	/HM#HM/[HM#HM]

(196) 정선방언 /허·리/

정선방언	/성조형/[음조형]
허·리HM	
허·리·가	/HM²/[HM²]
허·리·를	/HM²/[HM²]
허·리·도	/HM²/[HM²]
허·리·두	/HM²/[HM²]
허·리·에	/HM²/[HM²]
허·리·부·터	/HM³/[HM³]
허·리·버·텀	/HM³/[HM³]
허·리#부·터	/HM#HM/[HM#HM]
허·리#버·텀	/HM#HM/[HM#HM]
허·리·까·지	/HM³/[HM³]
허·리·꺼·짐	/HM³/[HM³]
허·리#까·지	/HM#HM/[HM#HM]
허·리#꺼·짐	/HM#HM/[HM#HM]

(197) 정선방언 /가·마·이/

정선방언	/성조형/[음조형]
가·마·이~가·마·니HM²	
가·마·이·가	/HM³/[HM³]
가·마·이·를	/HM³/[HM³]
가·마·이·도	/HM³/[HM³]
가·마·이·에	/HM³/[HM³]
가·마·이·부·터	/HM⁴/[MHM⁴]
가·마·이·버·텀	/HM⁴/[MHM⁴]
가·마·이#부·터	/HM²#HM/[HM²#HM]
가·마·이#버·텀	/HM²#HM/[HM²#HM]
가·마·이·까·지	/HM⁴/[MHM⁴]
가·마·이·꺼·짐	/HM⁴/[MHM⁴]
가·마·이#까·지	/HM²#HM/[HM²#HM]
가·마·이#꺼·짐	/HM²#HM/[HM²#HM]

(198) 정선방언 /가·물·치/

정선방언	/성조형/[음조형]
가·물·치HM²	
가·물·치·가	/HM³/[HM³]
가·물·치·를	/HM³/[HM³]
가·물·치·도	/HM³/[HM³]
가·물·치·두	/HM³/[HM³]
가·물·치·에	/HM³/[HM³]
가·물·치·부·터	/HM⁴/[HM⁴]
가·물·치·버·텀	/HM⁴/[HM⁴]
가·물·치#부·터	/HM²#HM/[HM²#HM]
가·물·치#버·텀	/HM²#HM/[HM²#HM]
가·무·치·까·지	/HM⁴/[HM⁴]
가·무·치·꺼·짐	/HM⁴/[HM⁴]
가·물·치#까·지	/HM²#HM/[HM²#HM]
가·물·치#꺼·짐	/HM²#HM/[HM²#HM]

(199) 정선방언 /거·북·이/

정선방언	/성조형/[음조형]
거·북·이HM²	
거·북·이·가	/HM³/[HM³]
거·북·이·를	/HM³/[HM³]
거·북·이·도	/HM³/[HM³]
거·북·이·두	/HM³/[HM³]
거·북·이·에	/HM³/[HM³]
거·북·이·부·터	/HM⁴/[HM⁴]
거·북·이·버·텀	/HM⁴/[HM⁴]
거·북·이#부·터	/HM²#HM/[HM²#HM]
거·북·이#버·텀	/HM²#HM/[HM²#HM]
거·북·이·까·지	/HM⁴/[HM⁴]
거·북·이·꺼·짐	/HM⁴/[HM⁴]
거·북·이#까·지	/HM²#HM/[HM²#HM]
거·북·이#꺼·짐	/HM²#HM/[HM²#HM]

(200) 정선방언 /나·그·네/

정선방언	/성조형/[음조형]
나·그·네~나·근·네HM²	
나·그·네·가	/HM³/[HM³]
나·그·네·를	/HM³/[HM³]
나·그·네·도	/HM³/[HM³]
나·그·네·두	/HM³/[HM³]
나·그·네·에	/HM³/[HM³]
나·그·네·부·터	/HM⁴/[HM⁴]
나·그·네·부·터	/HM⁴/[HM⁴]
나·그·네#부·터	/HM²#HM/[HM²#HM]
나·그·네#버·텀	/HM²#HM/[HM²#HM]
나·그·네·까·지	/HM⁴/[HM⁴]
나·그·네·꺼·짐	/HM⁴/[HM⁴]
나·그·네#까·지	/HM²#HM/[HM²#HM]
나·그·네#꺼·짐	/HM²#HM/[HM²#HM]

(201) 정선방언 /메·누·리/

정선방언	/성조형/[음조형]
메·누·리H²M	
메·누·리·가	/HM³/[HM³]
메·누·리·를	/HM³/[HM³]
메·누·리·도	/HM³/[HM³]
메·누·리·두	/HM³/[HM³]
메·누·리·에	/HM³/[HM³]
메·누·리·부·터	/HM⁴/[HM⁴]
메·누·리·버·텀	/HM⁴/[HM⁴]
메·누·리#부·터	/HM²#HM/[HM²#HM]
메·누·리#버·텀	/HM²#HM/[HM²#HM]
메·누·리·까·지	/HM⁴/[HM⁴]
메·누·리·꺼·짐	/HM⁴/[HM⁴]
메·누·리#까·지	/HM²#HM/[HM²#HM]
메·누·리#꺼·짐	/HM²#HM/[HM²#HM]

1.3. 평복형 이름씨와 토씨의 결합

(202) 정선방언 /가루/

정선방언	/성조형/[음조형]
가루~갉(粉)H²~H	
갉·이	/HM/[HM]
갉·을	/HM/[HM]
가루·도	/H²M/[MHM]

가루·두	/H²M/[MHM]
갉·에	/HM/[HM]
가루부·터	/H³M/[MʜHM]
가루버·터	/H³M/[MʜHM]
가루까·지	/H³M/[MʜHM]
가루꺼·진	/H³M/[MʜHM]

(203) 정선방언 /가지/

정선방언	/성조형/[음조형]
가지(枝)H²	
가지(茄子)H²	
가지·가	/H²M/[MHM]
가지·를	/H²M/[MHM]
가지·도	/H²M/[MHM]
가지·두	/H²M/[MHM]
가지·에	/H²M/[MHM]
가지부·터	/H³M/[MʜHM]
가지버·텀	/H³M/[MʜHM]
가지까·지	/H³M/[MʜHM]
가지꺼·지	/H³M/[MʜHM]
가지꺼·짐	/H³M/[MʜHM]

(204) 정선방언 /감재/

정선방언	/성조형/[음조형]
감재H²	
감재·가	/H²M/[MHM]
감재·를	/H²M/[MHM]
감재·도	/H²M/[MHM]
감재·두	/H²M/[MHM]
감재·에	/H²M/[MHM]
감재부·터	/H³M/[MʜHM]
감재버·텀	/H³M/[MʜHM]
감·재#부·터	/HM#HM/[HM#HM]
감·재#버·텀	/HM#HM/[HM#HM]
감재까·지	/H³M/[MʜHM]
감재꺼·짐	/H³M/[MʜHM]
감·재#부·터	/HM#HM/[HM#HM]
감·재#버·텀	/HM#HM/[HM#HM]

(205) 정선방언 /거름/

정선방언	/성조형/[음조형]
거름H²	

거름·이	/H²M/[MHM]
거름·을	/H²M/[MHM]
거름·도	/H²M/[MHM]
거름·또	/H²M/[MHM]
거름·에	/H²M/[MHM]
거름부·터	/H³M/[MʜHM]
거름버·터	/H³M/[MʜHM]
거름까·지	/H³M/[MʜHM]
거름꺼·지	/H³M/[MʜHM]

(206) 정선방언 /고롬/

정선방언	/성조형/[음조형]
고롬(膿)H²	
고롬·이	/H²M/[MHM]
고롬·을	/H²M/[MHM]
고롬·도	/H²M/[MHM]
고롬·에	/H²M/[MHM]
고롬부·터	/H³M/[MʜHM]
고롬까·지	/H³M/[MʜHM]

(207) 정선방언 /고치/

정선방언	/성조형/[음조형]
고치(蕃椒)HM	
고치·가	/H²M/[MHM]
고치·를	/H²M/[MHM]
고치·도	/H²M/[MHM]
고치·두	/H²M/[MHM]
고치·에	/H²M/[MHM]
고치부·터	/H³M/[MʜHM]
고치버·텀	/H³M/[MʜHM]
고치까·지	/H³M/[MʜHM]
고치꺼·진	/H³M/[MʜHM]

(208) 정선방언 /골미/

정선방언	/성조형/[음조형]
골미H²	
골미·가	/H²M/[MHM]
골미·를	/H²M/[MHM]
골미·도	/H²M/[MHM]
골미·두	/H²M/[MHM]
골미·에	/H²M/[MHM]
골미부·터	/H³M/[MʜHM]

골미버·텀	/H³M/[MʜHM]
골미까·지	/H³M/[MʜHM]
골미꺼·짐	/H³M/[MʜHM]

(209) 정선방언 /구둘/

정선방언	/성조형/[음조형]
구둘H²	
구둘·이	/H²M/[MHM]
구둘·을	/H²M/[MHM]
구둘·도	/H²M/[MHM]
구둘·또	/H²M/[MHM]
구둘·에	/H²M/[MHM]
구둘부·터	/H³M/[MʜHM]
구둘버·터	/H³M/[MʜHM]
구둘까·지	/H³M/[MʜHM]
구둘꺼·진	/H³M/[MʜHM]

(210) 정선방언 /구렁/

정선방언	/성조형/[음조형]
구렁(畎溝)H²	
구렁·이	/H²M/[MHM]
구렁·을	/H²M/[MHM]
구렁·도	/H²M/[MHM]
구렁·뚜	/H²M/[MHM]
구렁·에	/H²M/[MHM]
구렁부·터	/H³M/[MʜHM]
구렁까·지	/H³M/[MʜHM]

(211) 정선방언 /구름/

정선방언	/성조형/[음조형]
구름(雲)H²	
구름·가	/H²M/[MHM]
구름·를	/H²M/[MHM]
구름·도	/H²M/[MHM]
구름·또	/H²M/[MHM]
구름·에	/H²M/[MHM]
구름부·터	/H³M/[MʜHM]
구름버·텀	/H³M/[MʜHM]
구름까·지	/H³M/[MʜHM]
구름꺼·짐	/H³M/[MʜHM]

(212) 정선방언 /구멍/

정선방언	/성조형/[음조형]
구멍H²	
구멍·이	/H²M/[MHM]
구멍·을	/H²M/[MHM]
구멍·도	/H²M/[MHM]
구멍·또	/H²M/[MHM]
구멍·에	/H²M/[MHM]
구멍부·터	/H³M/[MʜHM]
구멍버·텀	/H³M/[MʜHM]
구멍까·지	/H³M/[MʜHM]
구멍꺼·짐	/H³M/[MʜHM]

(213) 정선방언 /그물/

정선방언	/성조형/[음조형]
그물H²	
그물·이	/H²M/[MHM]
그물·을	/H²M/[MHM]
그물·도	/H²M/[MHM]
그물·또	/H²M/[MHM]
그물·뚜	/H²M/[MHM]
그물·에	/H²M/[MHM]
그물부·터	/H³M/[MʜHM]
그물버·텀	/H³M/[MʜHM]
그물까·지	/H³M/[MʜHM]
그물꺼·짐	/H³M/[MʜHM]

(214) 정선방언 /기슭/

정선방언	/성조형/[음조형]
기슭HM	
기슭·이	/H²M/[MHM]
기슭·을	/H²M/[MHM]
기슭·도	/H²M/[MHM]
기슭·두	/H²M/[MHM]
기슭·에	/H²M/[MHM]
기슭부·터	/H³M/[MʜHM]
기슭버·텀	/H³M/[MʜHM]
기슭까·지	/H³M/[MʜHM]
기슭꺼·진	/H³M/[MʜHM]

(215) 정선방언 /낭구/

정선방언	/성조형/[음조형]
낭구7)H²	
낭·기	/HM/[HM]
낭·글	/HM/[HM]
낭구·도	/H²M/[MHM]
낭구·두	/H²M/[MHM]
낭·게	/HM/[HM]
낭구부·터	/H³M/[MʜHM]
낭구버·텀	/H³M/[MʜHM]
낭구까·지	/H³M/[MʜHM]
낭구꺼·지	/H³M/[MʜHM]

(216) 정선방언 /나무/

정선방언	/성조형/[음조형]
나무H²	
나무·가	/H²M/[MHM]
나무·를	/H²M/[MHM]
나무·도	/H²M/[MHM]
나무·두	/H²M/[MHM]
나무·에	/H²M/[MHM]
나무부·터	/H³M/[MʜHM]
나무버·텀	/H³M/[MʜHM]
나무까·지	/H³M/[MʜHM]
나무꺼·지	/H³M/[MʜHM]

(217) 정선방언 /나물/

정선방언	/성조형/[음조형]
나물H²	
나물·이	/H²M/[MHM]
나물·을	/H²M/[MHM]
나물·도	/H²M/[MHM]
나물·또	/H²M/[MHM]
나물·에	/H²M/[MHM]
나물부·터	/H³M/[MʜHM]
나물부·터	/H³M/[MʜHM]
나물까·지	/H³M/[MʜHM]
나물꺼·짐	/H³M/[MʜHM]

---

7) {낭구}와 {낡}이 공존한다. {낭구}는 조사의 결합에서 제약이 없으나 {낡}은 모음으로 시작하는 조사와 결합할 때만 쓰인다.

(218) 정선방언 /눈썹/

정선방언	/성조형/[음조형]
눈썹H²	
눈썹·이	/H²M/[HM²]
눈썹·을	/H²M/[HM²]
눈썹·도	/H²M/[HM²]
눈썹·에	/H²M/[HM²]
눈썹부·터	/H³M/[MʜHM]
눈썹버·터	/H³M/[MʜHM]
눈썹까·지	/H³M/[MʜHM]
눈썹꺼·지	/H³M/[MʜHM]

(219) 정선방언 /다래/

정선방언	/성조형/[음조형]
다래H²	
다래·가	/H²M/[MHM]
다래·를	/H²M/[MHM]
다래·도	/H²M/[MHM]
다래·에	/H²M/[MHM]
다래부·터	/H³M/[MʜHM]
다래버·텀	/H³M/[MʜHM]
다래까·지	/H³M/[MʜHM]
다래꺼·짐	/H³M/[MʜHM]

(220) 정선방언 /다리/

정선방언	/성조형/[음조형]
다리(脚)H²	
다리(橋)H²	
다리·가	/H²M/[MHM]
다리·를	/H²M/[MHM]
다리·도	/H²M/[MHM]
다리·두	/H²M/[MHM]
다리·에	/H²M/[MHM]
다리부·터	/H³M/[MʜHM]
다리버·텀	/H³M/[MʜHM]
다리까·지	/H³M/[MʜHM]
다리꺼·지	/H³M/[MʜHM]

(221) 정선방언 /도적/

정선방언	/성조형/[음조형]
도적H²	

도적·이	/H²M/[MHM]
도적·을	/H²M/[MHM]
도적·도	/H²M/[MHM]
도적·에	/H²M/[MHM]
도적부·터	/H³M/[MʜHM]
도적버·텀	/H³M/[MʜHM]
도적까·지	/H³M/[MʜHM]
도적꺼·짐	/H³M/[MʜHM]

(222) 정선방언 /도둑/

정선방언	/성조형/[음조형]
도둑～도독H²	
도둑·이	/H²M/[MHM]
도둑·을	/H²M/[MHM]
도둑·도	/H²M/[MHM]
도둑·에	/H²M/[MHM]
도둑부·터	/H³M/[MʜHM]
도둑버·텀	/H³M/[MʜHM]
도둑까·지	/H³M/[MʜHM]
도둑꺼·짐	/H³M/[MʜHM]

(223) 정선방언 /매두/

정선방언	/성조형/[음조형]
매두H²	
매두·가	/H²M/[MHM]
매두·를	/H²M/[MHM]
매두·도	/H²M/[MHM]
매두·두	/H²M/[MHM]
매두·에	/H²M/[MHM]
매두부·터	/H³M/[MʜHM]
매두버·텀	/H³M/[MʜHM]
매두까·지	/H³M/[MʜHM]
매두꺼·짐	/H³M/[MʜHM]

(224) 정선방언 /마루/

정선방언	/성조형/[음조형]
마루H²	
마루·가	/H²M/[MHM]
마루·를	/H²M/[MHM]
마루·도	/H²M/[MHM]
마루·두	/H²M/[MHM]
마루·에	/H²M/[MHM]

마루부·터	/H³M/[MнHM]
마루버·터	/H³M/[MнHM]
마루까·지	/H³M/[MнHM]
마루꺼·진	/H³M/[MнHM]

(225) 정선방언 /마음/

정선방언	/성조형/[음조형]
마음(心)H²	
마음·이	/H²M/[MHM]
마음·을	/H²M/[MHM]
마음·도	/H²M/[MHM]
마음·두	/H²M/[MHM]
마음·에	/H²M/[MHM]
마음부·터	/H³M/[MнHM]
마음버·텀	/H³M/[MнHM]
마음까·지	/H³M/[MнHM]
마음꺼·짐	/H³M/[MнHM]

(226) 정선방언 /문주/

정선방언	/성조형/[음조형]
문주(塵)H²	
문주·가	/H²M/[MHM]
문주·를	/H²M/[MHM]
문주·도	/H²M/[MHM]
문주·두	/H²M/[MHM]
문주·에	/H²M/[MHM]
문주부·터	/H³M/[MнHM]
문주버·텀	/H³M/[MнHM]
문주까·지	/H³M/[MнHM]
문주꺼·짐	/H³M/[MнHM]

(227) 정선방언 /무꾸/

정선방언	/성조형/[음조형]
무꾸H²	
무꾸·가	/H²M/[MHM]
무꾸·를	/H²M/[MHM]
무꾸·도	/H²M/[MHM]
무꾸·두	/H²M/[MHM]
무꾸·에	/H²M/[MHM]
무꾸부·터	/H³M/[MнHM]
무꾸버·터	/H³M/[MнHM]
무꾸까·지	/H³M/[MнHM]

무꾸꺼·짐	/H³M/[MнHM]

(228) 정선방언 /바람/

정선방언	/성조형/[음조형]
바람H²	
바람·이	/H²M/[MHM]
바람·을	/H²M/[MHM]
바람·도	/H²M/[MHM]
바람·또	/H²M/[MHM]
바람·에	/H²M/[MHM]
바람부·터	/H³M/[MнHM]
바람버·텀	/H³M/[MнHM]
바람까·지	/H³M/[MнHM]
바람꺼·진	/H³M/[MнHM]

(229) 정선방언 /배꼽/

정선방언	/성조형/[음조형]
배꼽H²	
배꼽·이	/H²M/[MHM]
배꼽·을	/H²M/[MHM]
배꼽·도	/H²M/[MHM]
배꼽·두	/H²M/[MHM]
배꼽·에	/H²M/[MHM]
배꼽부·터	/H³M/[MнHM]
배꼽버·텀	/H³M/[MнHM]
배꼽까·지	/H³M/[MнHM]
배꼽꺼·짐	/H³M/[MнHM]

(230) 정선방언 /번개/

정선방언	/성조형/[음조형]
번개H²	
번개·가	/H²M/[MHM]
번개·를	/H²M/[MHM]
번개·도	/H²M/[MHM]
번개·두	/H²M/[MHM]
번개·에	/H²M/[MHM]
번개부·터	/H³M/[MнHM]
번개버·텀	/H³M/[MнHM]
번개까·지	/H³M/[MнHM]
번개꺼·짐	/H³M/[MнHM]

(231) 정선방언 /보물/

정선방언	/성조형/[음조형]
보물8)H²	
보물·이	/H²M/[MHM]
보물·을	/H²M/[MHM]
보물·도	/H²M/[MHM]
보물·에	/H²M/[MHM]
보물부·터	/H³M/[MʜHM]
보물까·지	/H³M/[MʜHM]

(232) 정선방언 /부체/

정선방언	/성조형/[음조형]
부체(弗)H²	
부체·가	/H²M/[MHM]
부체·를	/H²M/[MHM]
부체·도	/H²M/[MHM]
부체·두	/H²M/[MHM]
부체·에	/H²M/[MHM]
부체부·터	/H³M/[MʜHM]
부체버·텀	/H³M/[MʜHM]
부체까·지	/H³M/[MʜHM]
부체까·짐	/H³M/[MʜHM]

(233) 정선방언 /풀무/

정선방언	/성조형/[음조형]
풀무H²	
풀무·가	/H²M/[MHM]
풀무·를	/H²M/[MHM]
풀무·도	/H²M/[MHM]
풀무·두	/H²M/[MHM]
풀무·에	/H²M/[MHM]
풀무부·터	/H³M/[MʜHM]
풀무버·터	/H³M/[MʜHM]
풀무버·텀	/H³M/[MʜHM]
풀무까·지	/H³M/[MʜHM]
풀무꺼·지	/H³M/[MʜHM]

(234) 정선방언 /비네/

정선방언	/성조형/[음조형]
비네(簪)H²	
비네·가	/H²M/[MHM]
비네·를	/H²M/[MHM]
비네·도	/H²M/[MHM]
비네·두	/H²M/[MHM]
비네·에	/H²M/[MHM]
비네부·터	/H³M/[MʜHM]
비네버·텀	/H³M/[MʜHM]
비네까·지	/H³M/[MʜHM]
비네꺼·지	/H³M/[MʜHM]

(235) 정선방언 /새끼/

정선방언	/성조형/[음조형]
새끼(繩)H²	
새끼·가	/H²M/[MHM]
새끼·를	/H²M/[MHM]
새끼·도	/H²M/[MHM]
새끼·두	/H²M/[MHM]
새끼·에	/H²M/[MHM]
새끼부·터	/H³M/[MʜHM]
새끼버·텀	/H³M/[MʜHM]
새끼까·지	/H³M/[MʜHM]
새끼꺼·짐	/H³M/[MʜHM]

(236) 정선방언 /서울/

정선방언	/성조형/[음조형]
서울H²	
서울·이	/H²M/[MHM]
서울·을	/H²M/[MHM]
서울·도	/H²M/[MHM]
서울·두	/H²M/[MHM]
서울·에	/H²M/[MHM]
서울부·터	/H³M/[MʜHM]
서울버·텀	/H³M/[MʜHM]
서울까·지	/H³M/[MʜHM]
서울꺼·짐	/H³M/[MʜHM]

---

8) :밤 :속 껍·질.

(237) 정선방언 /소매/

정선방언	/성조형/[음조형]
소매H²	
소매·가	/H²M/[MHM]
소매·를	/H²M/[MHM]
소매·도	/H²M/[MHM]
소매·두	/H²M/[MHM]
소매·에	/H²M/[MHM]
소매부·터	/H³M/[MʜHM]
소매버·텀	/H³M/[MʜHM]
소매까·지	/H³M/[MʜHM]
소매꺼·지	/H³M/[MʜHM]

(238) 정선방언 /수물/

정선방언	/성조형/[음조형]
수물H²	
수물·가	/H²M/[MHM]
수물·를	/H²M/[MHM]
수물·도	/H²M/[MHM]
수물·또	/H²M/[MHM]
수물·뚜	/H²M/[MHM]
수물·에	/H²M/[MHM]
수물부·터	/H³M/[MʜHM]
수물버·터	/H³M/[MʜHM]
수물버·텀	/H³M/[MʜHM]
수물까·지	/H³M/[MʜHM]
수물꺼·진	/H³M/[MʜHM]

(239) 정선방언 /스승/

정선방언	/성조형/[음조형]
스승(師)H²	
스승·이	/H²M/[MHM]
스승·을	/H²M/[MHM]
스승·도	/H²M/[MHM]
스승·또	/H²M/[MHM]
스승·에·게	/H²M²/[MHM²]
스승부·터	/H³M/[MʜHM]
스승버·텀	/H³M/[MʜHM]
스승까·지	/H³M/[MʜHM]
스승꺼·짐	/H³M/[MʜHM]

(240) 정선방언 /애기/

정선방언	/성조형/[음조형]
애기(兒)H²	애기(兒)H²
애기·가	/H²M/[MHM]
애기·를	/H²M/[MHM]
애기·도	/H²M/[MHM]
애기·두	/H²M/[MHM]
애기·에	/H²M/[MHM]
애기부·터	/H³M/[MʜHM]
애기버·텀	/H³M/[MʜHM]
애기까·지	/H³M/[MʜHM]
애기꺼·진	/H³M/[MʜHM]

(241) 정선방언 /아우/

정선방언	/성조형/[음조형]
아우H²	
아우·가	/H²M/[MHM]
아우·를	/H²M/[MHM]
아우·도	/H²M/[MHM]
아우·두	/H²M/[MHM]
아우·에·게	/H³M/[MʜHM]
아우부·터	/H³M/[MʜHM]
아우버·텀	/H³M/[MʜHM]
아우까·지	/H³M/[MʜHM]
아우꺼·짐	/H³M/[MʜHM]

(242) 정선방언 /아침/

정선방언	/성조형/[음조형]
아침H²	
아침·가	/H²M/[MHM]
아침·를	/H²M/[MHM]
아침·도	/H²M/[MHM]
아침·뚜	/H²M/[MHM]
아침·에	/H²M/[MHM]
아침부·터	/H³M/[MʜHM]
아침버·텀	/H³M/[MʜHM]
아침까·지	/H³M/[MʜHM]
아침꺼·짐	/H³M/[MʜHM]

(243) 정선방언 /에미/

정선방언	/성조형/[음조형]
에미(母)H²	
에미·가	/H²M/[MHM]
에미·를	/H²M/[MHM]
에미·도	/H²M/[MHM]
에미·에·게	/H²M²/[MHM²]
에미부·터	/H³M/[MнHM]
에미버·텀	/H³M/[MнHM]
에미까·지	/H³M/[MнHM]
에미꺼·짐	/H³M/[MнHM]

(244) 정선방언 /얼굴/

정선방언	/성조형/[음조형]
얼굴H²	
얼굴·이	/H²M/[MHM]
얼굴·을	/H²M/[MHM]
얼굴·도	/H²M/[MHM]
얼굴·두	/H²M/[MHM]
얼굴·에	/H²M/[MHM]
얼굴부·터	/H³M/[MнHM]
얼굴버·텀	/H³M/[MнHM]
얼굴까·지	/H³M/[MнHM]
얼굴꺼·짐	/H³M/[MнHM]

(245) 정선방언 /오짐/

정선방언	/성조형/[음조형]
오짐~오줌~오좀(尿)H²	
오짐·이	/H²M/[MHM]
오짐·을	/H²M/[MHM]
오짐·도	/H²M/[MHM]
오짐·두	/H²M/[MHM]
오짐·에	/H²M/[MHM]
오짐부·터	/H³M/[MнHM]
오짐버·텀	/H³M/[MнHM]
오짐까·지	/H³M/[MнHM]
오짐꺼·짐	/H³M/[MнHM]

(246) 정선방언 /우리/

정선방언	/성조형/[음조형]
우리(我們)H²	

우리·가	/H²M/[MHM]
우리·를	/H²M/[MHM]
우리·도	/H²M/[MHM]
우리·두	/H²M/[MHM]
우리·에	/H²M/[MHM]
우리부·터	/H³M/[MнHM]
우리버·텀	/H³M/[MнHM]
우리까·지	/H³M/[MнHM]
우리꺼·짐	/H³M/[MнHM]

(247) 정선방언 /이막/

정선방언	/성조형/[음조형]
이막H²	
이막·가	/H²M/[MHM]
이막·를	/H²M/[MHM]
이막·도	/H²M/[MHM]
이막·또	/H²M/[MHM]
이막·에	/H²M/[MHM]
이막부·터	/H³M/[MнHM]
이막버·텀	/H³M/[MнHM]
이막까·지	/H³M/[MнHM]
이막꺼·짐	/H³M/[MнHM]

(248) 정선방언 /자래/

정선방언	/성조형/[음조형]
자래H²	
자래·가	/H²M/[MHM]
자래·를	/H²M/[MHM]
자래·도	/H²M/[MHM]
자래·두	/H²M/[MHM]
자래·에	/H²M/[MHM]
자래부·터	/H³M/[MнHM]
자래버·텀	/H³M/[MнHM]
자래까·지	/H³M/[MнHM]
자래꺼·짐	/H³M/[MнHM]

(249) 정선방언 /자취/

정선방언	/성조형/[음조형]
자취H²	
자취·가	/H²M/[MHM]
자취·를	/H²M/[MHM]
자취·도	/H²M/[MHM]

자취·도	/H²M/[MHM]
자취·에	/H²M/[MHM]
자취부·터	/H³M/[MʜHM]
자취버·터	/H³M/[MʜHM]
자취까·지	/H³M/[MʜHM]
자취꺼·진	/H³M/[MʜHM]

(250) 정선방언 /잔차/

정선방언	/성조형/[음조형]
잔차H²	
잔차·가	/H²M/[MHM]
잔차·를	/H²M/[MHM]
잔차·도	/H²M/[MHM]
잔차·두	/H²M/[MHM]
잔차·에	/H²M/[MHM]
잔차부·터	/H³M/[MʜHM]
잔차버·텀	/H³M/[MʜHM]
잔차까·지	/H³M/[MʜHM]
잔차꺼·진	/H³M/[MʜHM]

(251) 정선방언 /조개/

정선방언	/성조형/[음조형]
조개H²	
조개·가	/H²M/[MHM]
조개·를	/H²M/[MHM]
조개·도	/H²M/[MHM]
조개·두	/H²M/[MHM]
조개·에	/H²M/[MHM]
조개부·터	/H³M/[MʜHM]
조개버·텀	/H³M/[MʜHM]
조개#부·터	/H²#HM/[MH#HM]
조개#버·텀	/H²#HM/[MH#HM]
조개까·지	/H³M/ [MʜHM]
조개꺼·짐	/H³M/ [MʜHM]
조개#까·지	/H²#HM/[MH#HM]
조개#까·짐	/H²#HM/[MH#HM]

(252) 정선방언 /하루/

정선방언	/성조형/[음조형]
하루H²	
하루·가	/H²M/[MHM]
하루·를	/H²M/[MHM]

하루·도	/H²M/[MHM]
하루·두	/H²M/[MHM]
하루·에	/H²M/[MHM]
하루부·터	/H³M/[MʜHM]
하루버·텀	/H³M/[MʜHM]
하루까·지	/H³M/[MʜHM]
하루꺼·짐	/H³M/[MʜHM]

(253) 정선방언 /가운·데/

정선방언	/성조형/[음조형]
가운·테H²M	
가운테·가	/H³M/[MʜHM]
가운테·를	/H³M/[MʜHM]
가운테·도	/H³M/[MʜHM]
가운테·두	/H³M/[MʜHM]
가운테·에	/H³M/[MʜHM]
가운테부·터	/H⁴M/[Mʜ²HM]
가운테버·텀	/H⁴M/[Mʜ²HM]
가운테까·지	/H⁴M/[Mʜ²HM]
가운테꺼·짐	/H⁴M/[Mʜ²HM]

(254) 정선방언 /지자·구/

정선방언	/성조형/[음조형]
지자·구H²M	
지자구·가	/H³M/[MʜHM]
지자구·를	/H³M/[MʜHM]
지자구·도	/H³M/[MʜHM]
지자구·도	/H³M/[MʜHM]
지자구·에	/H³M/[MʜHM]
지자구부·터	/H⁴M/[Mʜ²HM]
지자구버·텀	/H⁴M/[Mʜ²HM]
지자구까·지	/H⁴M/[Mʜ²HM]
지자구꺼·짐	/H⁴M/[Mʜ²HM]

(255) 정선방언 /까투·리/

정선방언	/성조형/[음조형]
까투·리H²M	
까투리·가	/H³M/[MʜHM]
까투리·를	/H³M/[MʜHM]
까투리·도	/H³M/[MʜHM]
까투리·두	/H³M/[MʜHM]
까투리·에	/H³M/[MʜHM]

까투리부·터	/H⁴M/[Mʜ²HM]
까투리버·텀	/H⁴M/[Mʜ²HM]
까투리까·지	/H⁴M/[Mʜ²HM]
까투리꺼·짐	/H⁴M/[Mʜ²HM]

(256) 정선방언 /까슬 · 치/

정선방언	/성조형/[음조형]
까슬·치H²M	
까슬치·가	/H³M/[MʜHM]
까슬치·를	/H³M/[MʜHM]
까슬치·도	/H³M/[MʜHM]
까슬치·두	/H³M/[MʜHM]
까슬치·에	/H³M/[MʜHM]
까슬치부·터	/H⁴M/[Mʜ²HM]
까슬치버·텀	/H⁴M/[Mʜ²HM]
까슬치까·지	/H⁴M/[Mʜ²HM]
까슬치꺼·짐	/H⁴M/[Mʜ²HM]

(257) 정선방언 /꼬래 · 이/

정선방언	/성조형/[음조형]
꼬래·이～꼬랭·이H²M	
꼬래·이·가	/H²M²/[MHM²]
꼬래·이·를	/H²M²/[MHM²]
꼬래·이·도	/H²M²/[MHM²]
꼬래·이·두	/H²M²/[MHM²]
꼬래·이·에	/H²M²/[MHM²]
꼬래·이·부·터	/H²M³/[MHM³]
꼬래·이·버·텀	/H²M³/[MHM³]
꼬래·이#부·터	/H²M#HM/[MHM#HM]
꼬래·이#버·텀	/H²M#HM/[MHM#HM]
꼬래·이·까·지	/H²M³/[MHM³]
꼬래·이·꺼·짐	/H²M³/[MHM³]
꼬래·이#까·지	/H²M#HM/[MHM#HM]
꼬래·이#꺼·짐	/H²M#HM/[MHM#HM]

(258) 정선방언 /꽹가 · 리/

정선방언	/성조형/[음조형]
꽹가·리H²M	
꽹가리·가	/H³M/[MʜHM]
꽹가리·를	/H³M/[MʜHM]
꽹가리·도	/H³M/[MʜHM]
꽹가리·두	/H³M/[MʜHM]

꽹가리·에	/H³M/[MʜHM]
꽹가리부·터	/H⁴M/[Mʜ²HM]
꽹가리버·텀	/H⁴M/[Mʜ²HM]
꽹가·리#부·터	/H²M#HM/[MHM#HM]
꽹가·리#버·텀	/H²M#HM/[MHM#HM]
꽹가리까·지	/H⁴M/[Mʜ²HM]
꽹가리꺼·짐	/H⁴M/[Mʜ²HM]
꽹가·리#까·지	/HM²#HM/[HMM#HM]
꽹가·리#꺼·짐	/HM²#HM/[HMM#HM]

(259) 정선방언 /너구 · 리/

정선방언	/성조형/[음조형]
너구·리H²M	
너구리·가	/H³M/[MʜHM]
너구리·를	/H³M/[MʜHM]
너구리·도	/H³M/[MʜHM]
너구리·두	/H³M/[MʜHM]
너구리·에	/H³M/[MʜHM]
너구리부·터	/H⁴M/[Mʜ²HM]
너구리버·텀	/H⁴M/[Mʜ²HM]
너구리까·지	/H⁴M/[Mʜ²HM]
너구리꺼·짐	/H⁴M/[Mʜ²HM]

(260) 정선방언 /놀개 · 이/

정선방언	/성조형/[음조형]
놀개·이H²M	
놀개이·가	/H³M/[MʜHM]
놀개이·를	/H³M/[MʜHM]
놀개이·도	/H³M/[MʜHM]
놀개이·두	/H³M/[MʜHM]
놀개이·에	/H³M/[MʜHM]
놀개이부·터	/H⁴M/[Mʜ²HM]
놀개이버·텀	/H⁴M/[Mʜ²HM]
놀개이까·지	/H⁴M/[Mʜ²HM]
놀개이꺼·짐	/H⁴M/[Mʜ²HM]

(261) 정선방언 /노리 · 개/

정선방언	/성조형/[음조형]
노리·개H²M	
노리개·가	/H³M/[MʜHM]
노리개·를	/H³M/[MʜHM]
노리개·도	/H³M/[MʜHM]

노리개·에 /H³M/[MʜHM]
노리개부·터 /H⁴M̸/[Mʜ²HM]
노리개까·지 /H⁴M̸/[Mʜ²HM]

(262) 정선방언 /도드 · 미/

정선방언 /성조형/[음조형]
도드·미 ~ 도도·미9) H²M
도드미·가 /H³M/[MʜHM]
도드미·를 /H³M/[MʜHM]
도드미·도 /H³M/[MʜHM]
도드미·두 /H³M/[MʜHM]
도드미·에 /H³M/[MʜHM]
도드미부·터 /H⁴M̸/[Mʜ²HM]
도드미버·텀 /H⁴M̸/[Mʜ²HM]
도드미까·지 /H⁴M̸/[Mʜ²HM]
도드미꺼·짐 /H⁴M̸/[Mʜ²HM]

(263) 정선방언 /도라 · 지/

정선방언 /성조형/[음조형]
도라·지 H²M
도라지·가 /H³M/[MʜHM]
도라지·를 /H³M/[MʜHM]
도라지·도 /H³M/[MʜHM]
도라지·에 /H³M/[MʜHM]
도라지부·터 /H⁴M̸/[Mʜ²HM]
도라지버·텀 /H⁴M̸/[Mʜ²HM]
도라지까·지 /H⁴M̸/[Mʜ²HM]
도라지꺼·짐 /H⁴M̸/[Mʜ²HM]

(264) 정선방언 /또바 · 리/

정선방언 /성조형/[음조형]
또바·리 ~ 또아·리 H²M
또바리·가 /H³M/[MʜHM]
또바리·를 /H³M/[MʜHM]
또바리·도 /H³M/[MʜHM]
또바리·도 /H³M/[MʜHM]
또바리·에 /H³M/[MʜHM]
또바리부·터 /H⁴M̸/[Mʜ²HM]
또바리버·텀 /H⁴M̸/[Mʜ²HM]
또바리까·지 /H⁴M̸/[Mʜ²HM]

또바리꺼·짐 /H⁴M̸/[Mʜ²HM]

(265) 정선방언 /미나 · 리/

정선방언 /성조형/[음조형]
미나·리 H²M
미나리·가 /H³M/[MʜHM]
미나리·를 /H³M/[MʜHM]
미나리·도 /H³M/[MʜHM]
미나리·두 /H³M/[MʜHM]
미나리·에 /H³M/[MʜHM]
미나리부·터 /H⁴M̸/[Mʜ²HM]
미나리버·텀 /H⁴M̸/[Mʜ²HM]
미나리까·지 /H⁴M̸/[Mʜ²HM]
미나리꺼·짐 /H⁴M̸/[Mʜ²HM]

(266) 정선방언 /빼짱 · 구/

정선방언 /성조형/[음조형]
빼짱·구 H²M
빼짱구·가 /H³M/[MʜHM]
빼짱구·를 /H³M/[MʜHM]
빼짱구·도 /H³M/[MʜHM]
빼짱구·두 /H³M/[MʜHM]
빼짱구·에 /H³M/[MʜHM]
빼짱구부·터 /H⁴M̸/[Mʜ²HM]
빼짱구버·텀 /H⁴M̸/[Mʜ²HM]
빼짱구까·지 /H⁴M̸/[Mʜ²HM]
빼짱구꺼·짐 /H⁴M̸/[Mʜ²HM]

(267) 정선방언 /복숭 · 아/

정선방언 /성조형/[음조형]
복숭·아 H²M ~ 복상 H²
복숭아·가 /H³M/[MʜHM]
복숭아·를 /H³M/[MʜHM]
복숭아·도 /H³M/[MʜHM]
복숭아·에 /H³M/[MʜHM]
복숭아부·터 /H⁴M̸/[Mʜ²HM]
복숭아버·텀 /H⁴M̸/[Mʜ²HM]
복숭아까·지 /H⁴M̸/[Mʜ²HM]
복숭아꺼·짐 /H⁴M̸/[Mʜ²HM]

---

9) 얼개·미, 도디·미, :실·채, 가는·채

(268) 정선방언 /뿌리·기/

정선방언	/성조형/[음조형]
뿌리·기 ~ 뿌레·기H²M	
뿌리기·가	/H³M/[MʜHM]
뿌리기·를	/H³M/[MʜHM]
뿌리기·도	/H³M/[MʜHM]
뿌리기·두	/H³M/[MʜHM]
뿌리기·에	/H³M/[MʜHM]
뿌리기부·터	/H⁴M/[Mʜ²HM]
뿌리기버·텀	/H⁴M/[Mʜ²HM]
뿌리기까·지	/H⁴M/[Mʜ²HM]
뿌리기꺼·지	/H⁴M/[Mʜ²HM]

(269) 정선방언 /비아·리/

정선방언	/성조형/[음조형]
비아·리 ~ 벼아·리 ~ 빙아·리 ~ 병아·리H²M	
비아리·가	/H³M/[MʜHM]
비아리·를	/H³M/[MʜHM]
비아리·도	/H³M/[MʜHM]
비아리·두	/H³M/[MʜHM]
비아리·에	/H³M/[MʜHM]
비아리부·터	/H⁴M/[Mʜ²HM]
비아리버·텀	/H⁴M/[Mʜ²HM]
비아리까·지	/H⁴M/[Mʜ²HM]
비아리꺼·짐	/H⁴M/[Mʜ²HM]

(270) 정선방언 /새다·리/

정선방언	/성조형/[음조형]
새다·리H²M	
새다리·가	/H³M/[MʜHM]
새다리·를	/H³M/[MʜHM]
새다리·도	/H³M/[MʜHM]
새다리·두	/H³M/[MʜHM]
새다리·에	/H³M/[MʜHM]
새다리부·터	/H⁴M/[Mʜ²HM]
새다리버·텀	/H⁴M/[Mʜ²HM]
새다리까·지	/H⁴M/[Mʜ²HM]
새다리꺼·짐	/H⁴M/[Mʜ²HM]

(271) 정선방언 /씀바·구/

정선방언	/성조형/[음조형]
씀바·구 ~ 썸바·구H²M	
씀바구·가	/H³M/[MʜHM]
씀바구·를	/H³M/[MʜHM]
씀바구·도	/H³M/[MʜHM]
씀바구·두	/H³M/[MʜHM]
씀바구·에	/H³M/[MʜHM]
씀바구부·터	/H⁴M/[Mʜ²HM]
씀바구버·텀	/H⁴M/[Mʜ²HM]
씀바구까·지	/H⁴M/[Mʜ²HM]
씀바구꺼·짐	/H⁴M/[Mʜ²HM]

(272) 정선방언 /고배·이/

정선방언	/성조형/[음조형]
고배·이 ~ 고뱅·이H²M	
고배·이·가	/H²M²/[MHM²]
고배·이·를	/H²M²/[MHM²]
고배·이·도	/H²M²/[MHM²]
고배·이·두	/H²M²/[MHM²]
고배·이·에	/H²M²/[MHM²]
고배·이·부·터	/H²M³/[MHM³]
고배·이·버·텀	/H²M³/[MHM³]
고배·이＃부·터	/H²M＃HM/[MHM＃HM]
고배·이＃버·텀	/H²M＃HM/[MHM＃HM]
고배·이·까·지	/H²M³/[MHM³]
고배·이·꺼·지	/H²M³/[MHM³]
고배·이＃까·지	/H²M＃HM/[MHM＃HM]
고배·이＃꺼·지	/H²M＃HM/[MHM＃HM]

(273) 정선방언 /언나·아/

정선방언	/성조형/[음조형]
언나·아(兒)H²M	
언나·아·가	/H²M²/[MHM²]
언나·아·를	/H²M²/[MHM²]
언나·아·도	/H²M²/[MHM²]
언나·아·두	/H²M²/[MHM²]
언나·아·에·게	/H²M³/[MHM³]
언나·아·부·터	/H²M³/[MHM³]
언나·아·버·텀	/H²M³/[MHM³]
언나·아＃부·터	/MHM＃HM/[MHM＃HM]
언나·아＃버·텀	/MHM＃HM/[MHM＃HM]

언나·아·까·지　　/H²M³/[MHM³]
언나·아·꺼·진　　/H²M³/[MHM³]
언나·아#까·지　/MHM#HM/[MHM#HM]
언나·아#꺼·진　/MHM#HM/[MHM#HM]

(274) 정선방언　/얼개·미/

정선방언	/성조형/[음조형]
얼개·미H²M	
얼개미·가	/H³M/[MʜHM]
얼개미·를	/H³M/[MʜHM]
얼개미·도	/H³M/[MʜHM]
얼개미·두	/H³M/[MʜHM]
얼개미·에	/H³M/[MʜHM]
얼개미부·터	/H⁴M/[Mʜ²HM]
얼개미버·텀	/H⁴M/[Mʜ²HM]
얼개미까·지	/H⁴M/[Mʜ²HM]
얼개미꺼·짐	/H⁴M/[Mʜ²HM]

(275) 정선방언　/어머·이/

정선방언	/성조형/[음조형]
어버·이~어버·이H²M	
어버이·가	/H³M/[MʜHM]
어버이·를	/H³M/[MʜHM]
어버이·도	/H³M/[MʜHM]
어버이·두	/H³M/[MʜHM]
어버이·에	/H³M/[MʜHM]
어버이부·터	/H⁴M/[Mʜ²HM]
어버이버·텀	/H⁴M/[Mʜ²HM]
어버이까·지	/H⁴M/[Mʜ²HM]
어버이꺼·짐	/H⁴M/[Mʜ²HM]

(276) 정선방언　/오수·리/

정선방언	/성조형/[음조형]
오수·리H²M	
오수리·가	/H³M/[MʜHM]
오수리·를	/H³M/[MʜHM]
오수리·도	/H³M/[MʜHM]
오수리·두	/H³M/[MʜHM]
오수리·에	/H³M/[MʜHM]
오수리부·터	/H⁴M/[Mʜ²HM]
오수리버·텀	/H⁴M/[Mʜ²HM]
오수리까·지	/H⁴M/[Mʜ²HM]
오수리꺼·짐	/H⁴M/[Mʜ²HM]

(277) 정선방언　/주머·이/

정선방언	/성조형/[음조형]
주머·이H²M	
주머이·가	/H³M/[MʜHM]
주머이·를	/H³M/[MʜHM]
주머이·도	/H³M/[MʜHM]
주머이·두	/H³M/[MʜHM]
주머이·에	/H³M/[MʜHM]
주머이부·터	/H³M/[Mʜ²HM]
주머이버·텀	/H³M/[Mʜ²HM]
주머이까·지	/H⁴M/[Mʜ²HM]
주머이꺼·짐	/H⁴M/[Mʜ²HM]

(278) 정선방언　/질게·이/

정선방언	/성조형/[음조형]
질게·이H²M	
질게이·가	/H³M/[MʜHM]
질게이·를	/H³M/[MʜHM]
질게이·도	/H³M/[MʜHM]
질게이·두	/H³M/[MʜHM]
질게이·에	/H³M/[MʜHM]
질게이부·터	/H⁴M/[Mʜ²HM]
질게이버·텀	/H⁴M/[Mʜ²HM]
질게이까·지	/H⁴M/[Mʜ²HM]
질게이꺼·짐	/H⁴M/[Mʜ²HM]

(279) 정선방언　/지패·이/

정선방언	/성조형/[음조형]
지패·이H²M	
지패이·가	/H³M/[MʜHM]
지패이·를	/H³M/[MʜHM]
지패이·도	/H³M/[MʜHM]
지패이·두	/H³M/[MʜHM]
지패이·에	/H³M/[MʜHM]
지패이부·터	/H⁴M/[Mʜ²HM]
지패이버·텀	/H⁴M/[Mʜ²HM]
지패이까·지	/H⁴M/[Mʜ²HM]
지패이꺼·짐	/H⁴M/[Mʜ²HM]

(280) 정선방언 /벌거지/

정선방언	/성조형/[음조형]
벌거지H³	
벌거지·가	/H³M/[MʜHM]
벌거지·를	/H³M/[MʜHM]
벌거지·도	/H³M/[MʜHM]
벌거지·두	/H³M/[MʜHM]
벌거지·에	/H³M/[MʜHM]
벌거지부·터	/H⁴M/[Mʜ²HM]
벌거지버·텀	/H⁴M/[Mʜ²HM]
벌거지까·지	/H⁴M/[Mʜ²HM]
벌거지꺼·짐	/H⁴M/[Mʜ²HM]

(281) 정선방언 /토째 · 비/

정선방언	/성조형/[음조형]
토째·비 ~ 도깨·비H²M	
토째비·가	/H³M/[MʜHM]
토째비·를	/H³M/[MʜHM]
토째비·도	/H³M/[MʜHM]
토째비·두	/H³M/[MʜHM]
토째비·에	/H³M/[MʜHM]
토째비부·터	/H⁴M/[Mʜ²HM]
토째비버·터	/H⁴M/[Mʜ²HM]
토째비까·지	/H⁴M/[Mʜ²HM]
토째비꺼·진	/H⁴M/[Mʜ²HM]

(282) 정선방언 /구데 · 이/

정선방언	/성조형/[음조형]
구데·이 ~ 구디·이H²M	
구데·이·가	/H²M²/[MHM²]
구데·이·를	/H²M²/[MHM²]
구데·이·도	/H²M²/[MHM²]
구데·이·두	/H²M²/[MHM²]
구데·이·에	/H²M²/[MHM²]
구데·이·부·터	/H²M³/[MHM³]
구데·이·버·텀	/H²M³/[MHM³]
구데·이#부·터	/MHM#HM/[MHM#HM]
구데·이#버·텀	/MHM#HM/[MHM#HM]
구데·이·까·지	/H²M³/[MHM³]
구데·이·꺼·짐	/H²M³/[MHM³]
구데·이#까·지	/MHM#HM/[MHM#HM]
구데·이#꺼·짐	/MHM#HM/[MHM#HM]

(283) 정선방언 /막대 · 기/

정선방언	/성조형/[음조형]
막대·기H²M	
막대기·가	/H³M/[MʜHM]
막대기·를	/H³M/[MʜHM]
막대기·도	/H³M/[MʜHM]
막대기·두	/H³M/[MʜHM]
막대기·에	/H³M/[MʜHM]
막대기부·터	/H⁴M/[Mʜ²HM]
막대기버·텀	/H⁴M/[Mʜ²HM]
막대기#부·터	/H³#HM/[MHM#HM]
막대기#버·텀	/H³#HM/[MHM#HM]
막대기까·지	/H⁴M/[Mʜ²HM]
막대기꺼·짐	/H⁴M/[Mʜ²HM]
막대기#까·지	/H³#HM/[MHM#HM]
막대기#꺼·짐	/H³#HM/[MHM#HM]

(284) 정선방언 /여깨 · 이/

정선방언	/성조형/[음조형]
여깨·이H²M	
여깨·이·가	/H²M²/[MHM²]
여깨·이·를	/H²M²/[MHM²]
여깨·이·도	/H²M²/[MHM²]
여깨·이·두	/H²M²/[MHM²]
여깨·이·에	/H²M²/[MHM²]
여깨·이·부·터	/H²M³/[MHM³]
여깨·이·버·텀	/H²M³/[MHM³]
여깨·이#부·터	/H²M#HM/[MHM#HM]
여깨·이#버·텀	/H²M#HM/[MHM#HM]
여깨·이·까·지	/H²M³/[MHM³]
여깨·이·꺼·짐	/H²M³/[MHM³]
여깨·이#까·지	/H²M#HM/[MHM#HM]
여깨·이#꺼·짐	/H²M#HM/[MHM#HM]

(285) 정선방언 /작대 · 기/

정선방언	/성조형/[음조형]
작대·기H²M	
작대기·가	/H³M/ [MʜHM]
작대기·를	/H³M/[MʜHM]
작대기·도	/H³M/[MʜHM]
작대기·두	/H³M/[MʜHM]
작대기·에	/H³M/[MʜHM]

<table>
<tr><td>작대기부·터</td><td>/H⁴M/[Mн²HM]</td><td>핀매·주·에</td><td>/H²M²/[MHM²]</td></tr>
</table>

작대기부·터　　　　/H⁴M/[Mн²HM]
작대기버·텀　　　　/H⁴M/[Mн²HM]
작대기까·지　　　　/H⁴M/[Mн²HM]
작대기꺼·진　　　　/H⁴M/[Mн²HM]

(286) 정선방언 /코끼 · 리/

정선방언　　　　　/성조형/[음조형]
코끼·리H²M
코끼리·가　　　　　/H³M/[MнHM]
코끼리·를　　　　　/H³M/[MнHM]
코끼리·도　　　　　/H³M/[MнHM]
코끼리·두　　　　　/H³M/[MнHM]
코끼리·에　　　　　/H³M/[MнHM]
코끼리부·터　　　　/H⁴M/[Mн²HM]
코끼리버·텀　　　　/H⁴M/[Mн²HM]
코끼리까·지　　　　/H⁴M/[Mн²HM]
코끼리꺼·짐　　　　/H⁴M/[Mн²HM]

(287) 정선방언 /토깨 · 이/

정선방언　　　　　/성조형/[음조형]
토깨·이H²M
토깨·이·가　　　/H²M²/[MHM²]
토깨·이·를　　　/H²M²/[MHM²]
토깨·이·도　　　/H²M²/[MHM²]
토깨·이·두　　　/H²M²/[MHM²]
토깨·이·에　　　/H²M²/[MHM²]
토깨·이·부·터　/H²M³/[MHM³]
토깨·이·버·텀　/H²M³/[MHM³]
토깨·이#부·터　/H²M#HM/[MHM#HM]
토깨·이#버·텀　/H²M#HM/[MHM#HM]
토깨·이·까·지　/H²M³/[MHM³]
토깨·이·꺼·진　/H²M³/[MHM³]
토깨·이#까·지　/H²M#HM/[MHM#HM]
토깨·이#꺼·진　/H²M#HM/[MHM#HM]

(288) 정선방언 /핀매 · 주/

정선방언　　　　　/성조형/[음조형]
핀매·주H²M
핀매·주·가　　　/H²M²/[MHM²]
핀매·주·를　　　/H²M²/[MHM²]
핀매·주·도　　　/H²M²/[MHM²]
핀매·주·두　　　/H²M²/[MHM²]

핀매·주·에　　　/H²M²/[MHM²]
핀매·주·부·터　/H²M³/[MHM³]
핀매·주·버·텀　/H²M³/[MHM³]
핀매·주#부·터　/H²M#HM/[MHM#HM]
핀매·주#버·텀　/H²M#HM/[MHM#HM]
핀매·주·까·지　/H²M³/[MHM³]
핀매·주·꺼·짐　/H²M³/[MHM³]
핀매·주#까·지　/H²M#HM/[MHM#HM]
핀매·주#꺼·짐　/H²M#HM/[MHM#HM]

(289) 정선방언 /할마 · 이/

정선방언　　　　　/성조형/[음조형]
할마·이H²M
할마·이·가　　　/H²M²/[MHM²]
할마·이·를　　　/H²M²/[MHM²]
할마·이·도　　　/H²M²/[MHM²]
할마·이·두　　　/H²M²/[MHM²]
할마·이·에　　　/H²M²/[MHM²]
할마·이·부·터　/H²M³/[MHM³]
할마·이·버·텀　/H²M³/[MHM³]
할마·이#부·터　/H²M#HM/[MHM#HM]
할마·이#버·텀　/H²M#HM/[MHM#HM]
할마·이·까·지　/H²M³/[MHM³]
할마·이·꺼·짐　/H²M³/[MHM³]
할마·이#까·지　/H²M#HM/[MHM#HM]
할마·이#꺼·짐　/H²M#HM/[MHM#HM]

(290) 정선방언 /고두레 · 미/

정선방언　　　　　/성조형/[음조형]
고두레·미H³M
고두레·미·가　　　/H³M²/[MнHM²]
고두레·미·를　　　/H³M²/[MнHM²]
고두레·미·도　　　/H³M²/[MнHM²]
고두레·미·두　　　/H³M²/[MнHM²]
고두레·미·에　　　/H³M²/[MнHM²]
고두레·미·부·터　/H³M³/[MнHM³]
고두레·미·버·텀　/H³M³/[MнHM³]
고두레·미#부·터　/H³M#HM/[MнHM#HM]
고두레·미#보·텀　/H³M#HM/[MнHM#HM]
고두레·미·까·지　/H³M³/[MнHM³]
고두레·미·꺼·짐　/H³M³/[MнHM³]
고두레·미#까·지　/H³M#HM/[MнHM#HM]
고두레·미#꺼·짐　/H³M#HM/[MнHM#HM]

(291) 정선방언 /고주바 · 리/

정선방언	/성조형/[음조형]
고주바·리 ~ 고조바·리H³M	
고주바·리·가	/H³M²/[MʜHM²]
고주바·리·를	/H³M²/[MʜHM²]
고주바·리·도	/H³M²/[MʜHM²]
고주바·리·두	/H³M²/[MʜHM²]
고주바·리·에	/H³M²/[MʜHM²]
고주바·리·부·터	/H³M³/[MʜHM³]
고주바·리·버·텀	/H³M³/[MʜHM³]
고주바·리#부·터	/H³M#HM/[MʜHM#HM]
고주바·리#버·텀	/H³M#HM/[MʜHM#HM]
고주바·리·까·지	/H³M³/[MʜHM³]
고주바·리·꺼·짐	/H³M³/[MʜHM³]
고주바·리#까·지	/H³M#HM/[MʜHM#HM]
고주바·리#꺼·짐	/H³M#HM/[MʜHM#HM]

(292) 정선방언 /귀뚜레 · 미/

정선방언	/성조형/[음조형]
귀뚜레·미H³M	
귀뚜레·미·가	/H³M²/[MʜHM²]
귀뚜레·미·를	/H³M²/[MʜHM²]
귀뚜레·미·도	/H³M²/[MʜHM²]
귀뚜레·미·두	/H³M²/[MʜHM²]
귀뚜레·미·에	/H³M²/[MʜHM²]
귀뚜레·미·부·터	/H³M³/[MʜHM³]
귀뚜레·미·부·터	/H³M³/[MʜHM³]
귀뚜레·미#부·터	/H³M#HM/[MʜHM#HM]
귀뚜레·미#버·텀	/H³M#HM/[MʜHM#HM]
귀뚜레·미·까·지	/H³M³/[MʜHM³]
귀뚜레·미·부·터	/H³M³/[MʜHM³]
귀뚜레·미#까·지	/H³M#HM/[MʜHM#HM]
귀뚜레·미#꺼·짐	/H³M#HM/[MʜHM#HM]

(293) 정선방언 /귀머거 · 리/

정선방언	/성조형/[음조형]
귀머거·리 ~ 귀먹재·이H³M	
귀머거·리·가	/H³M²/[MʜHM²]
귀머거·리·를	/H³M²/[MʜHM²]
귀머거·리·도	/H³M²/[MʜHM²]
귀머거·리·두	/H³M²/[MʜHM²]
귀머거·리·에	/H³M²/[MʜHM²]
귀머거·리·부·터	/H³M³/[MʜHM³]
귀머거·리·버·텀	/H³M³/[MʜHM³]
귀머거·리#부·터	/H³M#HM/[MʜHM#HM]
귀머거·리#버·텀	/H³M#HM/[MʜHM#HM]
귀머거·리·까·지	/H³M³/[MʜHM³]
귀머거·리·꺼·짐	/H³M³/[MʜHM³]
귀머거·리#까·지	/H³M#HM/[MʜHM#HM]
귀머거·리#꺼·짐	/H³M#HM/[MʜHM#HM]

(294) 정선방언 /두드레 · 기/

정선방언	/성조형/[음조형]
두드레·기 ~ 두드리·기H³M	
두드레·기·가	/H³M²/[MʜHM²]
두드레·기·를	/H³M²/[MʜHM²]
두드레·기·도	/H³M²/[MʜHM²]
두드레·기·두	/H³M²/[MʜHM²]
두드레·기·에	/H³M²/[MʜHM²]
두드레·기·부·터	/H³M³/[MʜHM³]
두드레·기·버·텀	/H³M³/[MʜHM³]
두드레·기#부·터	/H³M#HM/[MʜHM#HM]
두드레·기#버·텀	/H³M#HM/[MʜHM#HM]
두드레·기·까·지	/H³M³/[MʜHM³]
두드레·기·꺼·짐	/H³M³/[MʜHM³]
두드레·기#까·지	/H³M#HM/[MʜHM#HM]
두드레·기#꺼·짐	/H³M#HM/[MʜHM#HM]

(295) 정선방언 /딱따구 · 리/

정선방언	/성조형/[음조형]
딱따구·리H³M	
딱따구·리·가	/H³M²/[MʜHM²]
딱따구·리·를	/H³M²/[MʜHM²]
딱따구·리·도	/H³M²/[MʜHM²]
딱따구·리·두	/H³M²/[MʜHM²]
딱따구·리·에	/H³M²/[MʜHM²]
딱따구·리·부·터	/H³M³/[MʜHM³]
딱따구·리·버·텀	/H³M³/[MʜHM³]
딱따구·리#부·터	/H³M#HM/[MʜHM#HM]
딱따구·리#버·텀	/H³M#HM/[MʜHM#HM]
딱따구·리·까·지	/H³M³/[MʜHM³]
딱따구·리·꺼·짐	/H³M³/[MʜHM³]
딱따구·리#까·지	/H³M#HM/[MʜHM#HM]
딱따구·리#꺼·짐	/H³M#HM/[MʜHM#HM]

(296) 정선방언 /지르막·지/

정선방언	/성조형/[음조형]
지르막·지～지름재·이	H³M
지르막·지·가	/H³M²/[MʜHM²]
지르막·지·를	/H³M²/[MʜHM²]
지르막·지·도	/H³M²/[MʜHM²]
지르막·지·두	/H³M²/[MʜHM²]
지르막·지·에	/H³M²/[MʜHM²]
지르막·지·부·터	/H³M³/[MʜHM³]
지르막·지·버·텀	/H³M³/[MʜHM³]
지르막·지#부·터	/H³M#HM/[MʜHM#HM]
지르막·지#버·텀	/H³M#HM/[MʜHM#HM]
지르막·지·까·지	/H³M³/[MʜHM³]
지르막·지·꺼·짐	/H³M³/[MʜHM³]
지르막·지#까·지	/H³M#HM/[MʜHM#HM]
지르막·지#꺼·짐	/H³M#HM/[MʜHM#HM]

(297) 정선방언 /부스리·기/

정선방언	/성조형/[음조형]
부스리·기～뿌스리·기	H³M
부스리·기·가	/H³M²/[MʜHM²]
부스리·기·를	/H³M²/[MʜHM²]
부스리·기·도	/H³M²/[MʜHM²]
부스리·기·두	/H³M²/[MʜHM²]
부스리·기·에	/H³M²/[MʜHM²]
부스리·기·부·터	/H³M³/[MʜHM³]
부스리·기·버·텀	/H³M³/[MʜHM³]
부스리·기#부·터	/H³M#HM/[MʜHM#HM]
부스리·기#버·텀	/H³M#HM/[MʜHM#HM]
부스리·기·까·지	/H³M³/[MʜHM³]
부스리·기·꺼·짐	/H³M³/[MʜHM³]
부스리·기#까·지	/H³M#HM/[MʜHM#HM]
부스리·기#꺼·짐	/H³M#HM/[MʜHM#HM]

(298) 정선방언 /아지래·이/

정선방언	/성조형/[음조형]
아지래·이～아지랭·이	H³M
아지래·이·가	/H³M²/[MʜHM²]
아지래·이·를	/H³M²/[MʜHM²]
아지래·이·도	/H³M²/[MʜHM²]
아지래·이·두	/H³M²/[MʜHM²]
아지래·이·에	/H³M²/[MʜHM²]
아지래·이·부·터	/H³M³/[MʜHM³]
아지래·이·버·텀	/H³M³/[MʜHM³]
아지래·이#부·터	/H³M#HM/[MʜHM#HM]
아지래·이#버·텀	/H³M#HM/[MʜHM#HM]
아지래·이·까·지	/H³M³/[MʜHM³]
아지래·이·꺼·짐	/H³M³/[MʜHM³]
아지래·이#까·지	/H³M#HM/[MʜHM#HM]
아지래·이#꺼·짐	/H³M#HM/[MʜHM#HM]

(299) 정선방언 /할아버·이/

정선방언	/성조형/[음조형]
할아버·이[10]	H³M
할아버·이·가	/H³M²/[MʜHM²]
할아버·이·를	/H³M²/[MʜHM²]
할아버·이·도	/H³M²/[MʜHM²]
할아버·이·두	/H³M²/[MʜHM²]
할아버·이·에	/H³M²/[MʜHM²]
할아버·이·부·터	/H³M³/[MʜHM³]
할아버·이·버·텀	/H³M³/[MʜHM³]
할아버·이#부·터	/H³M#HM/[MʜHM#HM]
할아버·이#버·텀	/H³M#HM/[MʜHM#HM]
할아버·이·까·지	/H³M³/[MʜHM³]
할아버·이·꺼·짐	/H³M³/[MʜHM³]
할아버·이#까·지	/H³M#HM/[MʜHM#HM]
할아버·이#꺼·짐	/H³M#HM/[MʜHM#HM]

(300) 정선방언 /해바라·기/

정선방언	/성조형/[음조형]
해바라·기	H³M
해바라·기·가	/H³M²/[MʜHM²]
해바라·기·를	/H³M²/[MʜHM²]
해바라·기·도	/H³M²/[MʜHM²]
해바라·기·두	/H³M²/[MʜHM²]
해바라·기·에	/H³M²/[MʜHM²]
해바라·기·부·터	/H³M³/[MʜHM³]
해바라·기·부·터	/H³M³/[MʜHM³]
해바라·기#부·터	/H³M#HM/[MʜHM#HM]
해바라·기#버·텀	/H³M#HM/[MʜHM#HM]
해바라·기·까·지	/H³M³/[MʜHM³]
해바라·기·부·터	/H³M³/[MʜHM³]
해바라·기#까·지	/H³M#HM/[MʜHM#HM]
해바라·기#꺼·짐	/H³M#HM/[MʜHM#HM]

---

10) "할압·씨"도 있다.

1.4. 상성형 이름씨와 토씨의 결합 자료

(301) 정선방언 /:가/

정선방언	/성조형/[음조형]
:가(邊)M̆	
:가·가	/M̆²/[M̆H]
:가·를	/M̆²/[M̆H]
:가·도	/M̆²/[M̆H]
:가·에	/M̆²/[M̆H]
:가·부·터	/M̆³/[M̆HM]
:가·버·텀	/M̆³/[M̆HM]
:가·까·지	/M̆³/[M̆HM]
:가·까·짐	/M̆³/[M̆HM]

(302) 정선방언 /:감/

정선방언	/성조형/[음조형]
:감M̆	
:감·이	/M̆²/[M̆H]
:감·을	/M̆²/[M̆H]
:감·도	/M̆²/[M̆H]
:감·또	/M̆²/[M̆H]
:감·에	/M̆²/[M̆H]
:감·부·터	/M̆³/[M̆HM]
:감·버·터	/M̆³/[M̆HM]
:감·까·지	/M̆³/[M̆HM]
:감·꺼·짐	/M̆³/[M̆HM]

(303) 정선방언 /:개/

정선방언	/성조형/[음조형]
:개(犬)M̆	
:개·가	/M̆²/[M̆H]
:개·를	/M̆²/[M̆H]
:개·두	/M̆²/[M̆H]
:개·에	/M̆²/[M̆H]
:개·부·터	/M̆³/[M̆HM]
:개·버·텀	/M̆³/[M̆HM]
:개·까·지	/M̆³/[M̆HM]
:개·꺼·짐	/M̆³/[M̆HM]

(304) 정선방언 /:게/

정선방언	/성조형/[음조형]
:게M̆	
:게·가	/M̆²/[M̆H]
:게·를	/M̆²/[M̆H]
:게·도	/M̆²/[M̆H]
:게·에	/M̆²/[M̆H]
:게·부·터	/M̆³/[M̆HM]
:게·버·텀	/M̆³/[M̆HM]
:게·까·지	/M̆³/[M̆HM]
:게·꺼·짐	/M̆³/[M̆HM]

(305) 정선방언 /:골/

정선방언	/성조형/[음조형]
:골(谷)M̆	
:골·이	/M̆²/[M̆H]
:골·을	/M̆²/[M̆H]
:골·도	/M̆²/[M̆H]
:골·또	/M̆²/[M̆H]
:골·에	/M̆²/[M̆H]
:골·부·터	/M̆³/[M̆HM]
:골·브·터	/M̆³/[M̆HM]
:골·까·지	/M̆³/[M̆HM]
:골·꺼·짐	/M̆³/[M̆HM]

(306) 정선방언 /:골/

정선방언	/성조형/[음조형]
:골(腦)M̆	
:골·이	/M̆²/[M̆H]
:골·을	/M̆²/[M̆H]
:골·도	/M̆²/[M̆H]
골·에	/HM/[HM]
:골·부·터	/M̆³/[M̆HM]
:골·버·텀	/M̆³/[M̆HM]
:골·까·지	/M̆³/[M̆HM]
:골·꺼·지	/M̆³/[M̆HM]

(307) 정선방언 /:곰/

정선방언	/성조형/[음조형]
:곰(熊)M̆	
:곰·이	/M̆²/[M̆H]

:곰·을	/M̈²/[M̈H]
:곰·도	/M̈²/[M̈H]
:곰·또	/M̈²/[M̈H]
:곰·두	/M̈²/[M̈H]
:곰·에	/M̈²/[M̈H]
:곰·부·터	/M̈³/[M̈HM]
:곰·브·텀	/M̈³/[M̈HM]
:곰·까·지	/M̈³/[M̈HM]
:곰·꺼·지	/M̈³/[M̈HM]

(308) 정선방언　/:공/

정선방언	/성조형/[음조형]
:공(球)M̈	
:공·이	/M̈²/[M̈H]
:공·을	/M̈²/[M̈H]
:공·도	/M̈²/[M̈H]
:공·또	/M̈²/[M̈H]
:공·뚜	/M̈²/[M̈H]
:공·에	/M̈²/[M̈H]
:공·부·터	/M̈³/[M̈HM]
:공·버·터	/M̈³/[M̈HM]
:공·까·지	/M̈³/[M̈HM]
:공·꺼·지	/M̈³/[M̈HM]

(309) 정선방언　/:짐/

정선방언	/성조형/[음조형]
:짐(烝)M̈	
:짐·이	/M̈²/[M̈H]
:짐·을	/M̈²/[M̈H]
:짐·도	/M̈²/[M̈H]
:짐·또	/M̈²/[M̈H]
:짐·뚜	/M̈²/[M̈H]
:짐·에	/M̈²/[M̈H]
:짐·부·터	/M̈³/[M̈HM]
:짐·버·텀	/M̈³/[M̈HM]
:짐·까·지	/M̈³/[M̈HM]
:짐·꺼·짐	/M̈³/[M̈HM]

(310) 정선방언　/:짐/

정선방언	/성조형/[음조형]
:짐(海苔)M̈	
:짐·이	/M̈²/[M̈H]

:짐·을	/M̈²/[M̈H]
:짐·도	/M̈²/[M̈H]
:짐·에	/M̈²/[M̈H]
:짐·부·터	/M̈³/[M̈HM]
:짐·까·지	/M̈³/[M̈HM]

(311) 정선방언　/:눈/

정선방언	/성조형/[음조형]
:눈(雪)M̈	
:눈·이	/M̈²/[M̈H]
:눈·을	/M̈²/[M̈H]
:눈·도	/M̈²/[M̈H]
:눈·또	/M̈²/[M̈H]
:눈·뚜	/M̈²/[M̈H]
:눈·에	/M̈²/[M̈H]
:눈·부·터	/M̈³/[M̈HM]
:눈·버·텀	/M̈³/[M̈HM]
:눈·까·지	/M̈³/[M̈HM]
:눈·꺼·짐	/M̈³/[M̈HM]

(312) 정선방언　/:담/

정선방언	/성조형/[음조형]
:담(膽)M̈	
:담·이	/M̈²/[M̈H]
:담·을	/M̈²/[M̈H]
:담·도	/M̈²/[M̈H]
:담·또	/M̈²/[M̈H]
:담·에	/M̈²/[M̈H]
:담·부·터	/M̈³/[M̈HM]
:담·부·텀	/M̈³/[M̈HM]
:담·까·지	/M̈³/[M̈HM]
:담·꺼·짐	/M̈³/[M̈HM]

(313) 정선방언　/:돈/

정선방언	/성조형/[음조형]
:돈M̈	
:돈·이	/M̈²/[M̈H]
:돈·을	/M̈²/[M̈H]
:돈·도	/M̈²/[M̈H]
:돈·두	/M̈²/[M̈H]
:돈·뚜	/M̈²/[M̈H]
:돈·에	/M̈²/[M̈H]

:돈·부·터	/M̌³/[M̌HM]
:돈·버·터	/M̌³/[M̌HM]
:돈·까·지	/M̌³/[M̌HM]
:돈·꺼·지	/M̌³/[M̌HM]

(314) 정선방언 /:돌/

정선방언	/성조형/[음조형]
:돌(石)M̌	
:돌·이	/M̌²/[M̌H]
:돌·을	/M̌²/[M̌H]
:돌·도	/M̌²/[M̌H]
:돌·또	/M̌²/[M̌H]
:돌·뚜	/M̌²/[M̌H]
:돌·에	/M̌²/[M̌H]
:돌·부·터	/M̌³/[M̌HM]
:돌·버·텀	/M̌³/[M̌HM]
:돌·까·지	/M̌³/[M̌HM]
:돌·꺼·짐	/M̌³/[M̌HM]

(315) 정선방언 /:둘/

정선방언	/성조형/[음조형]
:둘(二)M̌	
:둘·이	/M̌²/[M̌H]
:둘·을	/M̌²/[M̌H]
:둘·도	/M̌²/[M̌H]
:둘·도	/M̌²/[M̌H]
:둘·에	/M̌²/[M̌H]
:둘·부·터	/M̌³/[M̌HM]
:둘·부·터	/M̌³/[M̌HM]
:둘·까·지	/M̌³/[M̌HM]
:둘·까·지	/M̌³/[M̌HM]

(316) 정선방언 /:뒤/

정선방언	/성조형/[음조형]
:뒤(後)M̌	
:뒤·가	/M̌²/[M̌H]
:뒤·를	/M̌²/[M̌H]
:뒤·도	/M̌²/[M̌H]
:뒤·두	/M̌²/[M̌H]
:뒤·에	/M̌²/[M̌H]
:뒤·부·터	/M̌³/[M̌HM]
:뒤·부·텀	/M̌³/[M̌HM]

:뒤·까·지	/M̌³/[M̌HM]
:뒤·꺼·짐	/M̌³/[M̌HM]

(317)정선방언 /:들/

정선방언	/성조형/[음조형]
:들(野)M̌	
:들·이	/M̌²/[M̌H]
:들·을	/M̌²/[M̌H]
:들·도	/M̌²/[M̌H]
:들·뚜	/M̌²/[M̌H]
:들·에	/M̌²/[M̌H]
:들·부·터	/M̌³/[M̌HM]
:들·부·텀	/M̌³/[M̌HM]
:들·까·지	/M̌³/[M̌HM]
:들·부·텀	/M̌³/[M̌HM]

(318)정선방언 /:딸/

정선방언	/성조형/[음조형]
:딸M̌	
:딸·이	/M̌²/[M̌H]
:딸·을	/M̌²/[M̌H]
:딸·도	/M̌²/[M̌H]
:딸·또	/M̌²/[M̌H]
:딸·뚜	/M̌²/[M̌H]
:딸·에	/M̌²/[M̌H]
:딸·부·터	/M̌³/[M̌HM]
:딸·버·텀	/M̌³/[M̌HM]
:딸·까·지	/M̌³/[M̌HM]
:딸·꺼·짐	/M̌³/[M̌HM]

(319) 정선방언 /:말/

정선방언	/성조형/[음조형]
:말(言)M̌	
:말·이	/M̌²/[M̌H]
:말·을	/M̌²/[M̌H]
:말·도	/M̌²/[M̌H]
:말·에	/M̌²/[M̌H]
:말·부·터	/M̌³/[M̌HM]
:말·버·텀	/M̌³/[M̌HM]
:말·까·지	/M̌³/[M̌HM]
:말·꺼·짐	/M̌³/[M̌HM]

(320) 정선방언 /ː말/

정선방언	/성조형/[음조형]
ː말(村)M̆	
ː말·이	/M̆²/[M̆H]
ː말·을	/M̆²/[M̆H]
ː말·도	/M̆²/[M̆H]
ː말·에	/M̆²/[M̆H]
ː말·부·터	/M̆³/[M̆HM]
ː말·버·텀	/M̆³/[M̆HM]
ː말·까·지	/M̆³/[M̆HM]
ː말·꺼·짐	/M̆³/[M̆HM]

(321) 정선방언 /ː맘/

정선방언	/성조형/[음조형]
ː맘(心)M̆	
ː맘·이	/M̆²/[M̆H]
ː맘·을	/M̆²/[M̆H]
ː맘·도	/M̆²/[M̆H]
ː맘·두	/M̆²/[M̆H]
ː맘·에	/M̆²/[M̆H]
ː맘·부·터	/M̆³/[M̆HM]
ː맘·부·텀	/M̆³/[M̆HM]
ː맘·까·지	/M̆³/[M̆HM]
ː맘·꺼·짐	/M̆³/[M̆HM]

(322) 정선방언 /ː매/

정선방언	/성조형/[음조형]
ː매(鷹)M̆	
ː매·가	/M̆²/[M̆H]
ː매·를	/M̆²/[M̆H]
ː매·도	/M̆²/[M̆H]
ː매·두	/M̆²/[M̆H]
ː매·에	/M̆²/[M̆H]
ː매·부·터	/M̆³/[M̆HM]
ː매·부·터	/M̆³/[M̆HM]
ː매·까·지	/M̆³/[M̆HM]
ː매·부·터	/M̆³/[M̆HM]

(323) 정선방언 /ː발/

정선방언	/성조형/[음조형]
ː발(簾)M̆	
ː발·이	/M̆²/[M̆H]
ː발·을	/M̆²/[M̆H]
ː발·도	/M̆²/[M̆H]
ː발·또	/M̆²/[M̆H]
ː발·두	/M̆²/[M̆H]
ː발·에	/M̆²/[M̆H]
ː발·부·터	/M̆³/[M̆HM]
ː발·버·텀	/M̆³/[M̆HM]
ː발·까·지	/M̆³/[M̆HM]
ː발·꺼·짐	/M̆³/[M̆HM]

(324) 정선방언 /ː밤/

정선방언	/성조형/[음조형]
ː밤(栗)M̆	
ː밤·이	/M̆²/[M̆H]
ː밤·을	/M̆²/[M̆H]
ː밤·또	/M̆²/[M̆H]
ː밤·에	/M̆²/[M̆H]
ː밤·부·터	/M̆³/[M̆HM]
ː밤·버·텀	/M̆³/[M̆HM]
ː밤·까·지	/M̆³/[M̆HM]
ː밤·꺼·진	/M̆³/[M̆HM]

(325) 정선방언 /ː배/

정선방언	/성조형/[음조형]
ː배(倍)M̆	
ː배·가	/M̆²/[M̆H]
ː배·를	/M̆²/[M̆H]
ː배·도	/M̆²/[M̆H]
ː배·두	/M̆²/[M̆H]
ː배·에	/M̆²/[M̆H]
ː배·부·터	/M̆³/[M̆HM]
ː배·버·텀	/M̆³/[M̆HM]
ː배·까·지	/M̆³/[M̆HM]
ː배·꺼·짐	/M̆³/[M̆HM]

(326) 정선방언 /ː뱀/

정선방언	/성조형/[음조형]
ː뱀(蛇)M̆	
ː뱀·이	/M̆²/[M̆H]
ː뱀·을	/M̆²/[M̆H]
ː뱀·도	/M̆²/[M̆H]
ː뱀·두	/M̆²/[M̆H]
ː뱀·에	/M̆²/[M̆H]

:뱀·부·터   /M̆³/[M̆HM]
:뱀·버·텀   /M̆³/[M̆HM]
:뱀·까·지   /M̆³/[M̆HM]
:뱀·꺼·짐   /M̆³/[M̆HM]

(327) 정선방언 /:범/

정선방언	/성조형/[음조형]
:범(虎)M̆	
:범·이	/M̆²/[M̆H]
:범·을	/M̆²/[M̆H]
:범·도	/M̆²/[M̆H]
:범·두	/M̆²/[M̆H]
:범·에	/M̆²/[M̆H]
:범·부·터	/M̆³/[M̆HM]
:범·버·텀	/M̆³/[M̆HM]
:범·까·지	/M̆³/[M̆HM]
:범·꺼·짐	/M̆³/[M̆HM]

(328) 정선방언 /:빌/

정선방언	/성조형/[음조형]
:빌(星)M̆	
:빌·이	/M̆²/[M̆H]
:빌·을	/M̆²/[M̆H]
:빌·도	/M̆²/[M̆H]
:빌·에	/M̆²/[M̆H]
:빌·부·터	/M̆³/[M̆HM]
:빌·보·텀	/M̆³/[M̆HM]
:빌·까·지	/M̆³/[M̆HM]
:빌·꺼·지	/M̆³/[M̆HM]

(329) 정선방언 /:벵/

정선방언	/성조형/[음조형]
:벵(病)M̆	
:벵·이	/M̆²/[M̆H]
:벵·을	/M̆²/[M̆H]
:벵·도	/M̆²/[M̆H]
:벵·두	/M̆²/[M̆H]
:벵·에	/M̆²/[M̆H]
:벵·부·터	/M̆³/[M̆HM]
:벵·버·텀	/M̆³/[M̆HM]
:벵·까·지	/M̆³/[M̆HM]
:벵·꺼·짐	/M̆³/[M̆HM]

(330) 정선방언 /:병/

정선방언	/성조형/[음조형]
:병(病)M̆	
:병·이	/M̆²/[M̆H]
:병·을	/M̆²/[M̆H]
:병·도	/M̆²/[M̆H]
:병·두	/M̆²/[M̆H]
:병·에	/M̆²/[M̆H]
:병·부·터	/M̆³/[M̆HM]
:병·버·텀	/M̆³/[M̆HM]
:병·까·지	/M̆³/[M̆HM]
:병·꺼·짐	/M̆³/[M̆HM]

(331) 정선방언 /:새/

정선방언	/성조형/[음조형]
:새(鳥)M̆	
:새·가	/M̆²/[M̆H]
:새·를	/M̆²/[M̆H]
:새·도	/M̆²/[M̆H]
:새·두	/M̆²/[M̆H]
:새·에	/M̆²/[M̆H]
:새·부·터	/M̆³/[M̆HM]
:새·버·텀	/M̆³/[M̆HM]
:새·까·지	/M̆³/[M̆HM]
:새·꺼·짐	/M̆³/[M̆HM]

(332) 정선방언 /:샘/

정선방언	/성조형/[음조형]
:샘(泉)M̆	
:샘·이	/M̆²/[M̆H]
:샘·을	/M̆²/[M̆H]
:샘·도	/M̆²/[M̆H]
:샘·또	/M̆²/[M̆H]
:샘·뚜	/M̆²/[M̆H]
:샘·에	/M̆²/[M̆H]
:샘·부·터	/M̆³/[M̆HM]
:샘·버·텀	/M̆³/[M̆HM]
:샘·까·지	/M̆³/[M̆HM]
:샘·꺼·징	/M̆³/[M̆HM]

(333) 정선방언 /:섬/

정선방언	/성조형/[음조형]
:섬(島)M̆	
:섬·이	/M̆²/[M̆H]
:섬·을	/M̆²/[M̆H]
:섬·도	/M̆²/[M̆H]
:섬·뚜	/M̆²/[M̆H]
:섬·에·서	/M̆³/[M̆HM]
:섬·부·터	/M̆³/[M̆HM]
:섬·버·텀	/M̆³/[M̆HM]
:섬·까·지	/M̆³/[M̆HM]
:섬·꺼·진	/M̆³/[M̆HM]

(334) 정선방언 /:손/

정선방언	/성조형/[음조형]
:손(孫)M̆	
:손·이	/M̆²/[M̆H]
:손·을	/M̆²/[M̆H]
:손·도	/M̆²/[M̆H]
:손·또	/M̆²/[M̆H]
:손·뚜	/M̆²/[M̆H]
:손·에·게	/M̆²/[M̆H]
:손·부·터	/M̆³/[M̆HM]
:손·버·텀	/M̆³/[M̆HM]
:손·까·지	/M̆³/[M̆HM]
:손·꺼·징	/M̆³/[M̆HM]

(335) 정선방언 /:솔/

정선방언	/성조형/[음조형]
:솔(刷)M̆	
:솔·이	/M̆²/[M̆H]
:솔·을	/M̆²/[M̆H]
:솔·도	/M̆²/[M̆H]
:솔·뚜	/M̆²/[M̆H]
:솔·에	/M̆²/[M̆H]
:솔·부·터	/M̆³/[M̆HM]
:솔·버·텀	/M̆³/[M̆HM]
:솔·까·지	/M̆³/[M̆HM]
:솔·꺼·짐	/M̆³/[M̆HM]

(336) 정선방언 /:솜/

정선방언	/성조형/[음조형]
:솜M̆	
:솜·이	/M̆²/[M̆H]
:솜·을	/M̆²/[M̆H]
:솜·도	/M̆²/[M̆H]
:솜·또	/M̆²/[M̆H]
:솜·뚜	/M̆²/[M̆H]
:솜·에	/M̆²/[M̆H]
:솜·부·터	/M̆³/[M̆HM]
:솜·버·텀	/M̆³/[M̆HM]
:솜·까·지	/M̆³/[M̆HM]
:솜·꺼·짐	/M̆³/[M̆HM]

(337) 정선방언 /:숨/

정선방언	/성조형/[음조형]
:숨M̆	
:숨·이	/M̆²/[M̆H]
:숨·을	/M̆²/[M̆H]
:숨·도	/M̆²/[M̆H]
:숨·또	/M̆²/[M̆H]
:숨·뚜	/M̆²/[M̆H]
:숨·에	/M̆²/[M̆H]
:숨·부·터	/M̆³/[M̆HM]
:숨·부·텀	/M̆³/[M̆HM]
:숨·까·지	/M̆³/[M̆HM]
:숨·꺼·짐	/M̆³/[M̆HM]

(338) 정선방언 /:실/

정선방언	/성조형/[음조형]
:실[11]M̆	
:실·이	/M̆²/[M̆H]
:실·을	/M̆²/[M̆H]
:실·도	/M̆²/[M̆H]
:실·또	/M̆²/[M̆H]
:실·뚜	/M̆²/[M̆H]
:실·에	/M̆²/[M̆H]
:실·부·터	/M̆³/[M̆HM]
:실·버·텀	/M̆³/[M̆HM]
:실·까·지	/M̆³/[M̆HM]

---

11) :실·을 :꿔·자.

:실·꺼·짐 /M̆³/[M̆HM]

(339) 정선방언 /:옛/

정선방언	/성조형/[음조형]
:옛(古)M̆	
:옛·이	/M̆²/[M̆H]
:옛·을	/M̆²/[M̆H]
:옛·도	/M̆²/[M̆H]
:옛·에·서	/M̆²/[M̆H]
:엿·부·터	/M̆³/[M̆HM]
:엿·버·텀	/M̆³/[M̆HM]
:옛·까·지	/M̆³/[M̆HM]
:옛·꺼·짐	/M̆³/[M̆HM]

(340) 정선방언 /:일/

정선방언	/성조형/[음조형]
:일(事)M̆	
:일·이	/M̆²/[M̆H]
:일·을	/M̆²/[M̆H]
:일·도	/M̆²/[M̆H]
:일·또	/M̆²/[M̆H]
:일·뚜	/M̆²/[M̆H]
:일·에	/M̆²/[M̆H]
:일·부·터	/M̆³/[M̆HM]
:일·버·텀	/M̆³/[M̆HM]
:일·까·지	/M̆³/[M̆HM]
:일·꺼·짐	/M̆³/[M̆HM]

(341) 정선방언 /:종/

정선방언	/성조형/[음조형]
:종(僕)M̆	
:종·이	/M̆²/[M̆H]
:종·을	/M̆²/[M̆H]
:종·도	/M̆²/[M̆H]
:종·두	/M̆²/[M̆H]
:종·뚜	/M̆²/[M̆H]
:종·에·게	/M̆²/[M̆H]
:종·부·터	/M̆³/[M̆HM]
:종·보·텀	/M̆³/[M̆HM]
:종·까·지	/M̆³/[M̆HM]
:종·꺼·진	/M̆³/[M̆HM]

(342) 정선방언 /:죄/

정선방언	/성조형/[음조형]
:죄(罪)M̆	
:죄·가	/M̆²/[M̆H]
:죄·를	/M̆²/[M̆H]
:죄·도	/M̆²/[M̆H]
:죄·두	/M̆²/[M̆H]
:죄·에	/M̆²/[M̆H]
:죄·부·터	/M̆³/[M̆HM]
:죄·부·텀	/M̆³/[M̆HM]
:죄·까·지	/M̆³/[M̆HM]
:죄·꺼·짐	/M̆³/[M̆HM]

(343) 정선방언 /:줄/

정선방언	/성조형/[음조형]
:줄(연장)M̆	
:줄·이	/M̆²/[M̆H]
:줄·을	/M̆²/[M̆H]
:줄·도	/M̆²/[M̆H]
:줄·또	/M̆²/[M̆H]
:줄·뚜	/M̆²/[M̆H]
:줄·에	/M̆²/[M̆H]
:줄·부·터	/M̆³/[M̆HM]
:줄·부·텀	/M̆³/[M̆HM]
:줄·까·지	/M̆³/[M̆HM]
:줄·꺼·짐	/M̆³/[M̆HM]

(344) 정선방언 /:줌/

정선방언	/성조형/[음조형]
:줌M̆	
:줌·이	/M̆²/[M̆H]
:줌·을	/M̆²/[M̆H]
:줌·도	/M̆²/[M̆H]
:줌·또	/M̆²/[M̆H]
:줌·뚜	/M̆²/[M̆H]
:줌·에	/M̆²/[M̆H]
:줌·부·터	/M̆³/[M̆HM]
:줌·부·텀	/M̆³/[M̆HM]
:줌·까·지	/M̆³/[M̆HM]
:줌·꺼·짐	/M̆³/[M̆HM]

(345) 정선방언 /:중/

정선방언	/성조형/[음조형]
:중(僧)M̆	
:중·이	/M̆²/[M̆H]
:중·을	/M̆²/[M̆H]
:중·도	/M̆²/[M̆H]
:중·또	/M̆²/[M̆H]
:중·에	/M̆²/[M̆H]
:중·부·터	/M̆³/[M̆HM]
:중·버·텀	/M̆³/[M̆HM]
:중·까·지	/M̆³/[M̆HM]
:중·꺼·짐	/M̆³/[M̆HM]

(346) 정선방언 /:갈/

정선방언	/성조형/[음조형]
:갈(秋)M̆	
:갈·이	/M̆²/[M̆H]
:갈·을	/M̆²/[M̆H]
:갈·도	/M̆²/[M̆H]
:갈·두	/M̆²/[M̆H]
:갈·에	/M̆²/[M̆H]
:갈·부·터	/M̆³/[M̆HM]
:갈·버·텀	/M̆³/[M̆HM]
:갈·까·지	/M̆³/[M̆HM]
:갈·꺼·짐	/M̆³/[M̆HM]

(347) 정선방언 /:가·매/

정선방언	/성조형/[음조형]
:가·매(轎)M̆²	
:가·매·가	/M̆³/[M̆HM]
:가·매·를	/M̆³/[M̆HM]
:가·매·도	/M̆³/[M̆HM]
:가·매·에	/M̆³/[M̆HM]
:가·매·부·터	/M̆⁴/[M̆HM²]
:가·매·버·터	/M̆⁴/[M̆HM²]
:가·매#부·터	/M̆H#HM/[M̆H#HM]
:가·매#버·터	/M̆H#HM/[M̆H#HM]
:가·매·까·지	/M̆⁴/[M̆HM²]
:가·매·꺼·짐	/M̆⁴/[M̆HM²]
:가·매#까·지	/M̆H#HM/[M̆H#HM]
:가·매#꺼·짐	/M̆H#HM/[M̆H#HM]

(348) 정선방언 /:개·미/

정선방언	/성조형/[음조형]
:개·미M̆²	
:개·미·가	/M̆³/[M̆HM]
:개·미·를	/M̆³/[M̆HM]
:개·미·도	/M̆³/[M̆HM]
:개·미·에	/M̆³/[M̆HM]
:개·미·부·터	/M̆⁴/[M̆HM²]
:개·미·버·터	/M̆⁴/[M̆HM²]
:개·미#부·터	/M̆H#HM/[M̆H#HM]
:개·미#버·터	/M̆H#HM/[M̆H#HM]
:개·미·까·지	/M̆⁴/[M̆HM²]
:개·미·꺼·짐	/M̆⁴/[M̆HM²]
:개·미#까·지	/M̆H#HM/[M̆H#HM]
:개·미#꺼·짐	/M̆H#HM/[M̆H#HM]

(349) 정선방언 /:게·집/

정선방언	/성조형/[음조형]
:계·집 ~ :제·집M̆² ~ :지·집M̆²	
:계·집·이	/M̆³/[M̆HM]
:계·집·을	/M̆³/[M̆HM]
:계·집·도	/M̆³/[M̆HM]
:계·집·두	/M̆³/[M̆HM]
:계·집·에	/M̆³/[M̆HM]
:계·집·부·터	/M̆⁴/[M̆HM²]
:계·집·버·텀	/M̆⁴/[M̆HM²]
:계·집#부·터	/M̆H#HM/[M̆H#HM]
:계·집#버·터	/M̆H#HM/[M̆H#HM]
:계·집·까·지	/M̆⁴/[M̆HM²]
:계·집·꺼·지	/M̆⁴/[M̆HM²]
:계·집#까·지	/M̆H#HM/[M̆H#HM]
:계·집#꺼·지	/M̆H#HM/[M̆H#HM]

(350) 정선방언 /:쒜·미/

정선방언	/성조형/[음조형]
:쒜·미(수염)M̆²	
:쒜·미·가	/M̆³/[M̆HM]
:쒜·미·를	/M̆³/[M̆HM]
:쒜·미·도	/M̆³/[M̆HM]
:쒜·미·두	/M̆³/[M̆HM]
:쒜·미·에	/M̆³/[M̆HM]
:쒜·미·부·터	/M̆⁴/[M̆HM²]

:쉐·미·버·텀	/M̌⁴/[M̌HM²]
:쉐·미#부·터	/M̌H#HM/[M̌H#HM]
:쉐·미#버·텀	/M̌H#HM/[M̌H#HM]
:쉐·미·까·지	/M̌⁴/[M̌HM²]
:쉐·미·꺼·짐	/M̌⁴/[M̌HM²]
:쉐·미#까·지	/M̌H#HM/[M̌H#HM]
:쉐·미#꺼·짐	/M̌H#HM/[M̌H#HM]

(351) 정선방언 /:거·짓/

정선방언	/성조형/[음조형]
:거·짓M̌²	
:거·짓·이	/M̌³/[M̌HM]
:거·짓·을	/M̌³/[M̌HM]
:거·짓·도	/M̌³/[M̌HM]
:거·짓·두	/M̌³/[M̌HM]
:거·짓·에	/M̌³/[M̌HM]
:거·짓·부·터	/M̌⁴/[M̌HM²]
:거·짓·버·터	/M̌⁴/[M̌HM²]
:거·짓#부·터	/M̌H#HM/[M̌H#HM]
:거·짓#버·터	/M̌H#HM/[M̌H#HM]
:거·짓·까·지	/M̌⁴/[M̌HM²]
:거·짓·꺼·지	/M̌⁴/[M̌HM²]
:거·짓#까·지	/M̌H#HM/[M̌H#HM]
:거·짓#꺼·지	/M̌H#HM/[M̌H#HM]

(352) 정선방언 /:까·치/

정선방언	/성조형/[음조형]
:까·치M̌²	
:까·치·가	/M̌³/[M̌HM]
:까·치·를	/M̌³/[M̌HM]
:까·치·도	/M̌³/[M̌HM]
:까·치·두	/M̌³/[M̌HM]
:까·치·에	/M̌³/[M̌HM]
:까·치·부·터	/M̌⁴/[M̌HM²]
:까·치·버·텀	/M̌⁴/[M̌HM²]
:까·치#부·터	/M̌H#HM/[M̌H#HM]
:까·치#버·텀	/M̌H#HM/[M̌H#HM]
:까·치·까·지	/M̌⁴/[M̌HM²]
:까·치·꺼·짐	/M̌⁴/[M̌HM²]
:까·치#꺼·지	/M̌H#HM/[M̌H#HM]
:까·치#꺼·짐	/M̌H#HM/[M̌H#HM]

(353) 정선방언 /:임·금/

정선방언	/성조형/[음조형]
:임·금M̌²	
:임·금·이	/M̌³/[M̌HM]
:임·금·을	/M̌³/[M̌HM]
:임·금·도	/M̌³/[M̌HM]
:임·금·두	/M̌³/[M̌HM]
:임·금·에	/M̌³/[M̌HM]
:임·금·부·터	/M̌⁴/[M̌HM²]
:임·금·버·텀	/M̌⁴/[M̌HM²]
:임·금#부·터	/M̌H#HM/[M̌H#HM]
:임·금#버·텀	/M̌H#HM/[M̌H#HM]
:임·금·까·지	/M̌⁴/[M̌HM²]
:임·금·꺼·짐	/M̌⁴/[M̌HM²]
:임·금#까·지	/M̌H#HM/[M̌H#HM]
:임·금#꺼·짐	/M̌H#HM/[M̌H#HM]

(354) 정선방언 /:대·추/

정선방언	/성조형/[음조형]
:대·추M̌²	
:대·추·가	/M̌³/[M̌HM]
:대·추·를	/M̌³/[M̌HM]
:대·추·도	/M̌³/[M̌HM]
:대·추·두	/M̌³/[M̌HM]
:대·추·에	/M̌³/[M̌HM]
:대·추·부·터	/M̌⁴/[M̌HM²]
:대·추·버·텀	/M̌⁴/[M̌HM²]
:대·추#부·터	/M̌H#HM/[M̌H#HM]
:대·추#버·텀	/M̌H#HM/[M̌H#HM]
:대·추·까·지	/M̌⁴/[M̌HM²]
:대·추·꺼·짐	/M̌⁴/[M̌HM²]
:대·추#까·지	/M̌H#HM/[M̌H#HM]
:대·추#꺼·짐	/M̌H#HM/[M̌H#HM]

(355) 정선방언 /:매·미/

정선방언	/성조형/[음조형]
:매·미M̌²	:매·미Ḧ²
:매·미·가	/M̌³/[M̌HM]
:매·미·를	/M̌³/[M̌HM]
:매·미·도	/M̌³/[M̌HM]
:매·미·두	/M̌³/[M̌HM]
:매·미·에	/M̌³/[M̌HM]

:매·미·부·터	/M̌⁴/[M̌HM²]
:매·미·버·텀	/M̌⁴/[M̌HM²]
:매·미#부·터	/M̌H#HM/[M̌H#HM]
:매·미#버·텀	/M̌H#HM/[M̌H#HM]
:매·미·까·지	/M̌⁴/[M̌HM²]
:매·미·꺼·짐	/M̌⁴/[M̌HM²]
:매·미#까·지	/M̌H#HM/[M̌H#HM]
:매·미#꺼·짐	/M̌H#HM/[M̌H#HM]

(356) 정선방언 /:바·랑/

정선방언	/성조형/[음조형]
:바·랑M̌²	
:바·랑·이	/M̌³/[M̌HM]
:바·랑·을	/M̌³/[M̌HM]
:바·랑·도	/M̌³/[M̌HM]
:바·랑·두	/M̌³/[M̌HM]
:바·랑·에	/M̌³/[M̌HM]
:바·랑·부·터	/M̌⁴/[M̌HM²]
:바·랑·버·텀	/M̌⁴/[M̌HM²]
:바·랑#부·터	/M̌H#HM/[M̌H#HM]
:바·랑#버·텀	/M̌H#HM/[M̌H#HM]
:바·랑·까·지	/M̌⁴/[M̌HM²]
:바·랑·꺼·짐	/M̌⁴/[M̌HM²]
:바·랑#까·지	/M̌H#HM/[M̌H#HM]
:바·랑#꺼·짐	/M̌H#HM/[M̌H#HM]

(357) 정선방언 /:배·차/

정선방언	/성조형/[음조형]
:배·차M̌²	
:배·차·가	/M̌³/[M̌HM]
:배·차·를	/M̌³/[M̌HM]
:배·차·도	/M̌³/[M̌HM]
:배·차·에	/M̌³/[M̌HM]
:배·차·부·터	/M̌⁴/[M̌HM²]
:배·차·부·터	/M̌⁴/[M̌HM²]
:배·차#부·터	/M̌H#HM/[M̌H#HM]
:배·차#버·텀	/M̌H#HM/[M̌H#HM]
:배·차·까·지	/M̌⁴/[M̌HM²]
:배·차·꺼·짐	/M̌⁴/[M̌HM²]
:배·차#까·지	/M̌H#HM/[M̌H#HM]
:배·차#꺼·짐	/M̌H#HM/[M̌H#HM]

(358) 정선방언 /:보·배/

정선방언	/성조형/[음조형]
:보·배M̌²	
:보·배·가	/M̌³/[M̌HM]
:보·배·를	/M̌³/[M̌HM]
:보·배·도	/M̌³/[M̌HM]
:보·배·에	/M̌³/[M̌HM]
:보·배·부·터	/M̌⁴/[M̌HM²]
:보·배·버·텀	/M̌⁴/[M̌HM²]
:보·배#부·터	/M̌H#HM/[M̌H#HM]
:보·배#버·텀	/M̌H#HM/[M̌H#HM]
:보·배·까·지	/M̌⁴/[M̌HM²]
:보·배·꺼·지	/M̌⁴/[M̌HM²]
:보·배#까·지	/M̌H#HM/[M̌H#HM]
:보·배#꺼·지	/M̌H#HM/[M̌H#HM]

(359) 정선방언 /:소·경/

정선방언	/성조형/[음조형]
:소·경M̌²	
:소·경·이	/M̌³/[M̌HM]
:소·경·을	/M̌³/[M̌HM]
:소·경·도	/M̌³/[M̌HM]
:소·경·뚜	/M̌³/[M̌HM]
:소·경·에·게	/M̌⁴/[M̌HM²]
:소·경·부·터	/M̌⁴/[M̌HM²]
:소·경·버·텀	/M̌⁴/[M̌HM²]
:소·경#부·터	/M̌H#HM/[M̌H#HM]
:소·경#버·텀	/M̌H#HM/[M̌H#HM]
:소·경·까·지	/M̌⁴/[M̌HM²]
:소·경·까·진	/M̌⁴/[M̌HM²]
:소·경·꺼·진	/M̌⁴/[M̌HM²]
:소·경#까·지	/M̌H#HM/[M̌H#HM]
:소·경#꺼·짐	/M̌H#HM/[M̌H#HM]

(360) 정선방언 /:수·건/

정선방언	/성조형/[음조형]
:수·건M̌²	
:수·건·이	/M̌³/[M̌HM]
:수·건·을	/M̌³/[M̌HM]
:수·건·도	/M̌³/[M̌HM]
:수·건·두	/M̌³/[M̌HM]
:수·건·에	/M̌³/[M̌HM]

:수·건·부·터	/M̆⁴/[M̆HM²]
:수·건·버·텀	/M̆⁴/[M̆HM²]
:수·건#부·터	/M̆H#HM/[M̆H#HM]
:수·건#버·텀	/M̆H#HM/[M̆H#HM]
:수·건·까·지	/M̆⁴/[M̆HM²]
:수·건·꺼·짐	/M̆⁴/[M̆HM²]
:수·건#까·지	/M̆H#HM/[M̆H#HM]
:수·건#꺼·짐	/M̆H#HM/[M̆H#HM]

(361) 정선방언 /:아·래/

정선방언	/성조형/[음조형]
:아·래(再昨日)M̆²	
:아·래(下)M̆²	
:아·래·가	/M̆³/[M̆HM]
:아·래·를	/M̆³/[M̆HM]
:아·래·도	/M̆³/[M̆HM]
:아·래·두	/M̆³/[M̆HM]
:아·래·에	/M̆³/[M̆HM]
:아·래·부·터	/M̆⁴/[M̆HM²]
:아·래·버·텀	/M̆⁴/[M̆HM²]
:아·래#부·터	/M̆H#HM/[M̆H#HM]
:아·래#버·텀	/M̆H#HM/[M̆H#HM]
:아·래·까·지	/M̆⁴/[M̆HM²]
:아·래·꺼·짐	/M̆⁴/[M̆HM²]
:아·래#까·지	/M̆H#HM/[M̆H#HM]
:아·래#꺼·짐	/M̆H#HM/[M̆H#HM]

(362) 정선방언 /:안·개/

정선방언	/성조형/[음조형]
:안·개(霧)M̆²	
:안·개·가	/M̆³/[M̆HM]
:안·개·를	/M̆³/[M̆HM]
:안·개·도	/M̆³/[M̆HM]
:안·개·도	/M̆³/[M̆HM]
:안·개·에	/M̆³/[M̆HM]
:안·개·부·터	/M̆⁴/[M̆HM²]
:안·개·버·텀	/M̆⁴/[M̆HM²]
:안·개#부·터	/M̆H#HM/[M̆H#HM]
:안·개#버·텀	/M̆H#HM/[M̆H#HM]
:안·개·까·지	/M̆⁴/[M̆HM²]
:안·개·꺼·짐	/M̆⁴/[M̆HM²]
:안·개#까·지	/M̆H#HM/[M̆H#HM]
:안·개#꺼·짐	/M̆H#HM/[M̆H#HM]

(363) 정선방언 /:열·세/

정선방언	/성조형/[음조형]
:열·세M̆²	
:열·세·가	/M̆³/[M̆HM]
:열·세·를	/M̆³/[M̆HM]
:열·세·도	/M̆³/[M̆HM]
:열·세·두	/M̆³/[M̆HM]
:열·세·에	/M̆³/[M̆HM]
:열·세·부·터	/M̆⁴/[M̆HM²]
:열·세·버·텀	/M̆⁴/[M̆HM²]
:열·세#부·터	/M̆H#HM/[M̆H#HM]
:열·세#버·텀	/M̆H#HM/[M̆H#HM]
:열·세·까·지	/M̆⁴/[M̆HM²]
:열·세·꺼·짐	/M̆⁴/[M̆HM²]
:열·세#까·지	/M̆H#HM/[M̆H#HM]
:열·세#꺼·짐	/M̆H#HM/[M̆H#HM]

(364) 정선방언 /:우·뢰/

정선방언	/성조형/[음조형]
:우·뢰M̆²	
:우·뢰·가	/M̆³/[M̆HM]
:우·뢰·를	/M̆³/[M̆HM]
:우·뢰·도	/M̆³/[M̆HM]
:우·뢰·두	/M̆³/[M̆HM]
:우·뢰·에	/M̆³/[M̆HM]
:우·뢰·부·터	/M̆⁴/[M̆HM²]
:우·뢰·버·텀	/M̆⁴/[M̆HM²]
:우·뢰#부·터	/M̆H#HM/[M̆H#HM]
:우·뢰#버·텀	/M̆H#HM/[M̆H#HM]
:우·뢰·까·지	/M̆⁴/[M̆HM²]
:우·뢰·꺼·짐	/M̆⁴/[M̆HM²]
:우·뢰#까·지	/M̆H#HM/[M̆H#HM]
:우·뢰#꺼·짐	/M̆H#HM/[M̆H#HM]

(365) 정선방언 /:지·네/

정선방언	/성조형/[음조형]
:지·네M̆²	
:지·네·가	/M̆³/[M̆HM]
:지·네·를	/M̆³/[M̆HM]
:지·네·도	/M̆³/[M̆HM]
:지·네·두	/M̆³/[M̆HM]
:지·네·에	/M̆³/[M̆HM]

:지·네·부·터   /M̆⁴/[M̆HM²]
:지·네·버·텀   /M̆⁴/[M̆HM²]
:지·네#부·터   /M̆H#HM/[M̆H#HM]
:지·네#버·텀   /M̆H#HM/[M̆H#HM]
:지·네·까·지   /M̆⁴/[M̆HM²]
:지·네·꺼·짐   /M̆⁴/[M̆HM²]
:지·네#까·지   /M̆H#HM/[M̆H#HM]
:지·네#꺼·짐   /M̆H#HM/[M̆H#HM]

(366) 정선방언 /:그·마·리/

정선방언   /성조형/[음조형]
:그·마·리M̆³
:그·마·리·가   /M̆⁴/[M̆HM²]
:그·마·리·를   /M̆⁴/[M̆HM²]
:그·마·리·도   /M̆⁴/[M̆HM²]
:그·마·리·두   /M̆⁴/[M̆HM²]
:그·마·리·에   /M̆⁴/[M̆HM²]
:그·마·리·부·터   /M̆⁵/[M̆HM³]
:그·마·리·부·텀   /M̆⁵/[M̆HM³]
:그·마·리#부·터   /M̆³#HM/[M̆ʜH#HM]
:그·마·리#부·텀   /M̆³#HM/[M̆ʜH#HM]
:그·마·리·까·지   /M̆⁵/[M̆HM³]
:그·마·리·꺼·진   /M̆⁵/[M̆HM³]
:그·마·리#까·지   /M̆³#HM/[M̆ʜH#HM]
:그·마·리#꺼·진   /M̆³#HM/[M̆ʜH#HM]

(367) 정선방언 /:깍·재·이/

정선방언   /성조형/[음조형]
:깍·재·이M̆³
:깍·재·이·가   /M̆⁴/[M̆HM²]
:깍·재·이·를   /M̆⁴/[M̆HM²]
:깍·재·이·도   /M̆⁴/[M̆HM²]
:깍·재·이·두   /M̆⁴/[M̆HM²]
:깍·재·이·에   /M̆⁴/[M̆HM²]
:깍·재·이·부·터   /M̆⁵/[M̆HM³]
:깍·재·이·부·텀   /M̆⁵/[M̆HM³]
:깍·재·이#부·터   /M̆³#HM/[M̆ʜ²#HM]
:깍·재·이#부·텀   /M̆³#HM/[M̆ʜ²#HM]
:깍·재·이·까·지   /M̆⁵/ [M̆HM³]
:깍·재·이·꺼·짐   /M̆⁵/ [M̆HM³]
:깍·재·이#까·지   /M̆³#HM/ [M̆ʜ²#HM]
:깍·재·이#꺼·짐   /M̆³#HM/ [M̆ʜ²#HM]

(368) 정선방언 /:굼·베·이/

정선방언   /성조형/[음조형]
:굼·베·이M̆³
:굼·베·이·가   /M̆⁴/[M̆HM²]
:굼·베·이·를   /M̆⁴/[M̆HM²]
:굼·베·이·도   /M̆⁴/[M̆HM²]
:굼·베·이·두   /M̆⁴/[M̆HM²]
:굼·베·이·에   /M̆⁴/[M̆HM²]
:굼·베·이·부·   /M̆⁵/[M̆HM³]
:굼·베·이·버·텀   /M̆⁵/[M̆HM³]
:굼·베·이#부·터   /M̆³#HM/[M̆ʜH#HM]
:굼·베·이#부·텀   /M̆³#HM/[M̆ʜH#HM]
:굼·베·이·까·지   /M̆⁵/[M̆HM³]
:굼·베·이·꺼·진   /M̆⁵/[M̆HM³]
:굼·베·이#까·지   /M̆³#HM/[M̆ʜH#HM]
:굼·베·이#꺼·진   /M̆³#HM/[M̆ʜH#HM]

(369) 정선방언 /:돌·짜·구/

정선방언   /성조형/[음조형]
:돌·짜·구M̆³
:돌·짜·구·가   /M̆⁴/[M̆HM²]
:돌·짜·구·를   /M̆⁴/[M̆HM²]
:돌·짜·구·도   /M̆⁴/[M̆HM²]
:돌·짜·구·두   /M̆⁴/[M̆HM²]
:돌·짜·구·에   /M̆⁴/[M̆HM²]
:돌·짜·구·부·터   /M̆⁵/[M̆HM³]
:돌·짜·구·버·텀   /M̆⁵/[M̆HM³]
:돌·짜·구#부·터   /M̆³#HM/[M̆ʜH#HM]
:돌·짜·구#부·텀   /M̆³#HM/[M̆ʜH#HM]
:돌·짜·구·까·지   /M̆⁵/[M̆HM³]
:돌·짜·구·꺼·짐   /M̆⁵/[M̆HM³]
:돌·짜·구#까·지   /M̆³#HM/[M̆ʜH#HM]
:돌·짜·구#꺼·짐   /M̆³#HM/[M̆ʜH#HM]

(370) 정선방언 /:지·레·이/

정선방언   /성조형/[음조형]
:지·레·이M̆³
:지·레·이·가   /M̆⁴/[M̆HM²]
:지·레·이·를   /M̆⁴/[M̆HM²]
:지·레·이·도   /M̆⁴/[M̆HM²]
:지·레·이·두   /M̆⁴/[M̆HM²]
:지·레·이·에   /M̆⁴/[M̆HM²]

:지·레·이·부·터　　/M̌⁵/[M̌HM³]
:지·레·이·버·텀　　/M̌⁵/[M̌HM³]
:지·레·이#부·터　　/M̌³#HM/[M̌нH#HM]
:지·레·이#부·텀　　/M̌³#HM/[M̌нH#HM]
:지·레·이·까·지　　/M̌⁵/[M̌HM³]
:지·레·이·꺼·짐　　/M̌⁵/[M̌HM³]
:지·레·이#까·짐　　/M̌³#HM/[M̌нH#HM]
:지·레·이#꺼·짐　　/M̌³#HM/[M̌нH#HM]

(371) 정선방언 /:호·래·이/

정선방언　　　　　　/성조형/[음조형]
:호·래·이M̌³
:호·래·이·가　　　　/M̌⁴/[M̌HM²]
:호·래·이·를　　　　/M̌⁴/[M̌HM²]
:호·래·이·도　　　　/M̌⁴/[M̌HM²]
:호·래·이·에　　　　/M̌⁴/[M̌HM²]
:호·래·이·부·터　　/M̌⁵/[M̌HM³]
:호·래·이·버·텀　　/M̌⁵/[M̌HM³]
:호·래·이#부·터　　/M̌³#HM/[M̌нH#HM]
:호·레·이#부·텀　　/M̌³#HM/[M̌нH#HM]
:호·래·이·까·지　　/M̌⁵/[M̌HM³]
:호·래·이·꺼·짐　　/M̌⁵/[M̌HM³]
:호·래·이#까·지　　/M̌³#HM/[M̌нH#HM]
:호·레·이#꺼·짐　　/M̌³#HM/[M̌нH#HM]

(372) 정선방언 /:가·부·재·이/

정선방언　　　　　　/성조형/[음조형]
:가·부·재·이～:가·부·재·기M̌⁴
:가·부·재·이·가　　/M̌⁵/[M̌HM³]
:가·부·재·이·를　　/M̌⁵/[M̌HM³]
:가·부·재·이·도　　/M̌⁵/[M̌HM³]
:가·부·재·이·도　　/M̌⁵/[M̌HM³]
:가·부·재·이·에　　/M̌⁵/[M̌HM³]
:가·부·재·이·부·터　/M̌⁶/[M̌HM⁴]
:가·부·재·이·부·터　/M̌⁶/[M̌HM⁴]
:가·부·재·이#부·터　/M̌³#HM/[M̌нH#HM]
:가·부·재·이#부·텀　/M̌³#HM/[M̌нH#HM]
:가·부·재·이·까·지　/M̌⁶/[M̌HM⁴]
:가·부·재·이·부·터　/M̌⁶/[M̌HM⁴]
:가·부·재·이#까·지　/M̌³#HM/[M̌нH#HM]
:가·부·재·이#까·짐　/M̌³#HM/[M̌нH#HM]

2. 풀이씨의 간이 굴곡형

2.1. 거성 풀이씨와 씨끝의 결합 자료

(1) 정선방언 /·늘·다/

정선방언	/성조형/[음조형]
·늘·다M·M(=M²)	
(·늘·지→)늘지	/H²/[MH]
(·늘·고→)늘고	/H²/[MH]
(·늘·나→)늘나	/H²/[MH]
(·늘·면→)늘면	/H²/[MH]
(·늘·어·서→)늘어·서	/H²M/[MHM]
(·늘·거·든→)늘거·든	/H²M/[MHM]
(·늘·더·라→)늘더·라	/H²M/[MHM]
(·늘·도·록→)늘도·록	/H²M/[MHM]

(2) 정선방언 /·빨·다/

정선방언/성조형/[음조형]	
·빨·다(洗)M·M(=M²)	
(·빨·지→)빨지	/H²/[MH]
(·빨·고→)빨고	/H²/[MH]
(·빨·나→)빨나	/H²/[MH]
(·빨·면→)빨면	/H²/[MH]
(·빨·아·서→)빨아·서	/H²M/[MHM]
(·빨·거·든→)빨거·든	/H²M/[MHM]
(·빨·더·라→)빨더·라	/H²M/[MHM]
(·빨·도·록→)빨도·록	/H²M/[MHM]

(3) 정선방언 /·참·다/

정선방언	/성조형/[음조형]
·참·다(忍)M·M(=M²)	
(·참·지→)참지	/H²/[MH]
(·참·고→)참고	/H²/[MH]
(·참·나→)참나	/H²/[MH]
(·참 ·으·면→)참으·면	/H²M/[MHM]
(·참·아·서→)참아·서	/H²M/[MHM]
(·참·거·든→)참거·든	/H²M/[MHM]
(·참·더·라→)참더·라	/H²M/[MHM]
(·참·도·록→)참도·록	/H²M/[MHM]

(4) 정선방언 /·찾·다/

정선방언	/성조형/[음조형]
·찾·다M·M(=M²)	
(·찾·지→)찾지	/H²/[MH]
(·찾·고→)찾고	/H²/[MH]
(·찾·나→)찾나	/H²/[MH]
(·찾·으·면→)찾으·면	/H²M/[MHM]
(·찾·아·서→)찾아·서	/H²M/[MHM]
(·찾·거·든→)찾거·든	/H²M/[MHM]
(·찾·더·라→)찾더·라	/H²M/[MHM]
(·찾·도·록→)찾도·록	/H²M/[MHM]

(5) 정선방언 /·품·다/

정선방언	/성조형/[음조형]
·품·다M·M(=M²)	
(·품·지→)품지	/H²/[MH]
(·품·고→)품고	/H²/[MH]
(·품·나→)품나	/H²/[MH]
(·품·면→)품·면	/H²/[MH]
(·품·어·서→)품어·서	/H²M/[MHM]
(·품·거·든→)품거·든	/H²M/[MHM]
(·품·더·라→)품더·라	/H²M/[MHM]
(·품·도·록→)품도·록	/H²M/[MHM]

(6) 정선방언 /·깜·다/

정선방언	/성조형/[음조형]
·깜·다(洗)MH·M	
(·깜·지→)깜지	/H²/[MH]

(·깜·고→)깜고   /H²/[MH]
(·깜·나→)깜나   /H²/[MH]
(·깜·거·든→)깜거·든   /H²M/[MHM]
(·깜·더·라→)깜더·라   /H²M/[MHM]
(·깜·도·록→)깜도·록   /H²M/[MHM]
깜·으·면   /HM²/[HM²]
깜·아·서   /HM²/[HM²]

(7) 정선방언 / ·같 ·다/

　정선방언   /성조형/[음조형]
·같·다M·M(=M²)
(·같·지→)같지   /H²/[MH]
(·같·고→)같고   /H²/[MH]
(·같·나→)같나   /H²/[MH]
(·같·거·든→)같거·든   /H²M/[MHM]
(·같·더·라→)같더·라   /H²M/[MHM]
(·같·도·록→)같도·록   /H²M/[MHM]
같·으·면   /HM²/[HM²]
같·아·서   /HM²/[HM²]

(8) 정선방언 / ·꿇 ·다/

　정선방언   /성조형/[음조형]
·꿇·다(跪)M·M(=M²)
(·꿇·지→)꿇지   /H²/[MH]
(·꿇·고→)꿇고   /H²/[MH]
(·꿇·나→)꿇나   /H²/[MH]
(·꿇·거·든→)꿇거·든   /H²M/[MHM]
(·꿇·더·라→)꿇더·라   /H²M/[MHM]
(·꿇·도·록→)꿇도·록   /H²M/[MHM]
꿇·으·면   /HM²/[HM²]
꿇·아·서   /HM²/[HM²]

(9) 정선방언 / ·뺏 ·다/

　정선방언   /성조형/[음조형]
·뺏·다(奪)M·M(=M²)
(·뺏·지→)뺏지   /H²/[MH]
(·뺏·고→)뺏고   /H²/[MH]
(·뺏·나→)뺏나   /H²/[MH]
(·뺏·거·든→)뺏거·든   /H²M/[MHM]
(·뺏·더·라→)뺏더·라   /H²M/[MHM]
(·뺏·도·록→)뺏도·록   /H²M/[MHM]
뺏·으·면   /HM²/[HM²]

뺏·아·서   /HM²/[HM²]

(10) 정선방언 / ·꿈 ·다/

　정선방언   /성조형/[음조형]
·꿈·다(漬)M·M(=M²)
(·꿈·지→)꿈지   /H²/[MH]
(·꿈·고→)꿈고   /H²/[MH]
(·꿈·나→)꿈나   /H²/[MH]
(·꿈·으·면→)꿈으·면   /H²M/[MHM]
(·꿈·어·서→)꿈어·서   /H²M/[MHM]
(·꿈·거·든→)꿈거·든   /H²M/[MHM]
(·꿈·더·라→)꿈더·라   /H²M/[MHM]
(·꿈·도·록→)꿈도·록   /H²M/[MHM]

(11) 정선방언 / ·숨 ·다/

　정선방언   /성조형/[음조형]
·숨·다M·M(=M²)
(·숨·지→)숨지   /H²/[MH]
(·숨·고→)숨고   /H²/[MH]
(·숨·나→)숨나   /H²/[MH]
(·숨·으·면→)숨으·면   /H²M/[MHM]
(·숨·어·서→)숨어·서   /H²M/[MHM]
(·숨·거·든→)숨거·든   /H²M/[MHM]
(·숨·더·라→)숨더·라   /H²M/[MHM]
(·숨·도·록→)숨도·록   /H²M/[MHM]

(12) 정선방언 / ·쉽 ·다/

　정선방언   /성조형/[음조형]
·쉽·다M·M(=M²)
(·쉽·지→)쉽지   /H²/[MH]
(·쉽·고→)쉽고   /H²/[MH]
(·쉽·나→)쉽나   /H²/[MH]
(·쉬·우·면→)쉬우·면   /H²M/[MHM]
(·쉬·워·서→)쉬워·서   /H²M/[MHM]
(·쉽·거·든→)쉽거·든   /H²M/[MHM]
(·쉽·더·라→)쉽더·라   /H²M/[MHM]
(·쉽·도·록→)쉽도·록   /H²M/[MHM]

(13) 정선방언 / · 싫 · 다/

정선방언	/성조형/[음조형]
·싫·다M·M(=M²)	
(·싫·지→)싫지	/H²/[MH]
(·싫·고→)싫고	/H²/[MH]
(·싫·나→)싫나	/H²/[MH]
(·싫·으·면→)싫으·면	/H²M/[MHM]
(·싫·어·서→)싫어·서	/H²M/[MHM]
(·싫·거·든→)싫거·든	/H²M/[MHM]
(·싫·더·라→)싫더·라	/H²M/[MHM]
(·싫·도·록→)싫도·록	/H²M/[MHM]

(14) 정선방언 / · 심 · 다/

정선방언	/성조형/[음조형]
·심·다M·M(=M²)	
(·심·지→)심지	/H²/[MH]
(·심·고→)심고	/H²/[MH]
(·심·나→)심나	/H²/[MH]
(·심·으·면→)심으·면	/H²M/[MHM]
(·심·어·서→)심어·서	/H²M/[MHM]
(·심·거·든→)심거·든	/H²M/[MHM]
(·심·더·라→)심더·라	/H²M/[MHM]
(·심·도·록→)심도·록	/H²M/[MHM]

(15) 정선방언 / · 캐 · 다/

정선방언	/성조형/[음조형]
·캐·다(採)M·M(=M²)	
(·캐·지→)캐지	/H²/[MH]
(·캐·고→)캐고	/H²/[MH]
(·캐·나→)캐나	/H²/[MH]
(·캐·면→)캐먼	/H²/[MH]
(·캐·거·든→)캐거·든	/H²M/[MHM]
(·캐·더·라→)캐더·라	/H²M/[MHM]
(·캐·도·록→)캐도·록	/H²M/[MHM]
(·추·우·면→)추우·면	/H²M/[MHM]
(·캐·애·서→)캐애·서	/H²M/[MHM]
(캐애·서→) : 캐·서	/M̆²/[M̆H]

(16) 정선방언 / · 휘 · 다/

정선방언	/성조형/[음조형]
·휘·다(屈)M·M(=M²)	

(·휘·지→)휘지 /H²/[MH]
(·휘·고→)휘고 /H²/[MH]
(·휘·나→)휘나 /H²/[MH]
(·휘·먼→)휘먼 /H²/[MH]
(·휘·거·든→)휘거·든 /H²M/[MHM]
(·휘·더·라→)휘더·라 /H²M/[MHM]
(·휘·도·록→)휘도·록 /H²M/[MHM]
(·휘·어·서→)휘어·서 /H²M/[MHM]
(휘어·서→) : 훼서 /M̆²/[M̆H]

(17) 정선방언 / · 씨 · 다/

정선방언	/성조형/[음조형]
·씨·다(味)M·M(=M²)(할매)	
(·씨·지→)씨지	/H²/[MH]
(·씨·고→)씨고	/H²/[MH]
(·씨·나→)씨나	/H²/[MH]
(·씨·먼→)씨먼	/H²/[MH]
(·씨·어·서→)쎄에·서	/H²M/[MHM]
(·씨·거·든→)씨거·든	/H²M/[MHM]
(·씨·더·라→)씨더·라	/H²M/[MHM]
(·씨·도·록→)씨도·록	/H²M/[MHM]

(18) 정선방언 / · 짜 · 다/

정선방언	/성조형/[음조형]
·짜·다(鹽)M·M(=M²)	
·짜·다(織)M·M(=M²)	
(·짜·지→)짜지	/H²/[MH]
(·짜·고→)짜고	/H²/[MH]
(·짜·나→)짜나	/H²/[MH]
(·짜·먼→)짜먼	/H²/[MH]
(·짜·아·서→)짜아·서	/H²M/[MHM]
(·짜·거·든→)짜거·든	/H²M/[MHM]
(·짜·더·라→)짜더·라	/H²M/[MHM]
(·짜·도·록→)짜도·록	/H²M/[MHM]

(19) 정선방언 / · 차 · 다/

정선방언	/성조형/[음조형]
·차·다(冷)M·M(=M²)	
(·차·지→)차지	/H²/[MH]
(·차·고→)차고	/H²/[MH]
(·차·나→)차나	/H²/[MH]
(·차·먼→)차먼	/H²/[MH]

(·차·서→)차서	/H²/[MH]
(·차·거·든→)차거·든	/H²M/[MHM]
(·차·더·라→)차더·라	/H²M/[MHM]
(·차·도·록→)차도·록	/H²M/[MHM]

(20) 정선방언 / ·타·다/

정선방언	/성조형/[음조형]
·타·다(燒)M·M(=M²)	
·타·다(乘)M·M(=M²)	
(·타·지→)타지	/H²/[MH]
(·타·고→)타고	/H²/[MH]
(·타·나→)타나	/H²/[MH]
(·타·먼→)타먼	/H²/[MH]
(·커·서→)타서	/H²/[MH]
(·타·거·든→)타거·든	/H²M/[MHM]
(·타·더·라→)타더·라	/H²M/[MHM]
(·타·도·록→)타도·록	/H²M/[MHM]

(21) 정선방언 / ·파·다/

정선방언	/성조형/[음조형]
·파·다M·M(=M²)	
(·파·지→)파지	/H²/[MH]
(·파·고→)파고	/H²/[MH]
(·파·나→)파나	/H²/[MH]
(·파·먼→)파먼	/H²/[MH]
(·파·서→)파서	/H²/[MH]
(·파·거·든→)파거·든	/H²M/[MHM]
(·파·더·라→)파더·라	/H²M/[MHM]
(·파·도·록→)파도·록	/H²M/[MHM]

(22) 정선방언 / ·깨·다/

정선방언	/성조형/[음조형]
·깨·다M·M(=M²)	
(·깨·지→)깨지	/H²/[MH]
(·깨·고→)깨고	/H²/[MH]
(·깨·나→)깨나	/H²/[MH]
(·깨·먼→)깨먼	/H²/[MH]
(·깨·애·서→)깨애·서	/H²M/[MHM]
(깨애·서→):깨·서	/M̆²/[M̆H]
(·깨·거·든→)깨거·든	/H²M/[MHM]
(·깨·더·라→)깨더·라	/H²M/[MHM]
(·깨·도·록→)깨도·록	/H²M/[MHM]

(23) 정선방언 / ·되·다/

정선방언	/성조형/[음조형]
·되·다M·M(=M²)	
(·되·지→)되지	/H²/[MH]
(·되·고→)되고	/H²/[MH]
(·되·나→)되나	/H²/[MH]
(·되·먼→)되먼	/H²/[MH]
(·되·거·든→)되거·든	/H²M/[MHM]
(·되·더·라→)되더·라	/H²M/[MHM]
(·되·도·록→)되도·록	/H²M/[MHM]
(·되·애·서→)되애·서	/H²M/[MHM]
(되애·서→):되·서	/M̆²/[M̆H]

(24) 정선방언 / ·떼·다/

정선방언	/성조형/[음조형]
·떼·다M·M(=M²)	
(·떼·지→)떼지	/H²/[MH]
(·떼·고→)떼고	/H²/[MH]
(·떼·나→)떼나	/H²/[MH]
(·떼·먼→)떼먼	/H²/[MH]
(·떼·거·든→)떼거·든	/H²M/[MHM]
(·떼·더·라→)떼더·라	/H²M/[MHM]
(·떼·도·록→)떼도·록	/H²M/[MHM]
(·떼·에·서→)떼에·서	/H²M/[MHM]
(떼에·서→):떼·서	/M̆²/[M̆H]

(25) 정선방언 / ·매·다/

정선방언	/성조형/[음조형]
·매·다M·M(=M²)	
(·매·지→)매지	/H²/[MH]
(·매·고→)매고	/H²/[MH]
(·매·나→)매나	/H²/[MH]
(·매·먼→)매먼	/H²/[MH]
(·매·거·든→)매거·든	/H²M/[MHM]
(·매·더·라→)매더·라	/H²M/[MHM]
(·매·도·록→)매도·록	/H²M/[MHM]
(·매·애·서→)매애·서	/H²M/[MHM]
(매애·서→):매·서	/M̆²/[M̆H]

(26) 정선방언 / · 새 · 다/

정선방언	/성조형/[음조형]
·새·다M·M(=M²)	
(·새·지→)새지	/H²/[MH]
(·새·고→)새고	/H²/[MH]
(·새·나→)새나	/H²/[MH]
(·새·먼→)새먼	/H²/[MH]
(·새·거·든→)새거·든	/H²M/[MHM]
(·새·더·라→)새더·라	/H²M/[MHM]
(·새·도·록→)새도·록	/H²M/[MHM]
(·새·애·서→)새애·서	/H²M/[MHM]
(새애·서→):새·서	/M̆²/[M̆H]

(27) 정선방언 / · 쇠 · 다/

정선방언	/성조형/[음조형]
·쇠·다M·M(=M²)	
(·쇠·지→)쇠지	/H²/[MH]
(·쇠·고→)쇠고	/H²/[MH]
(·쇠·나→)쇠나	/H²/[MH]
(·쇠·먼→)쇠먼	/H²/[MH]
(·쇠·거·든→)쇠거·든	/H²M/[MHM]
(·쇠·더·라→)쇠더·라	/H²M/[MHM]
(·쇠·도·록→)쇠도·록	/H²M/[MHM]
(·쇠·애·서→)쇠애·서	/H²M/[MHM]
(쇠애·서→):쇠·서	/M̆²/[M̆H]

(28) 정선방언 / · 쏘 · 다/

정선방언	/성조형/[음조형]
·쏘·다M·M(=M²)	
(·쏘·지→)쏘지	/H²/[MH]
(·쏘·고→)쏘고	/H²/[MH]
(·쏘·나→)쏘나	/H²/[MH]
(·쏘·먼→)쏘먼	/H²/[MH]
(·쏘·거·든→)쏘거·든	/H²M/[MHM]
(·쏘·더·라→)쏘더·라	/H²M/[MHM]
(·쏘·도·록→)쏘도·록	/H²M/[MHM]
(·쏘·아·서→)쏘아·서	/H²M/[MHM]
(쏘아·서→):쫘·서	/M̆²/[M̆H]

(29) 정선방언 / · 쑤 · 다/

정선방언	/성조형/[음조형]
·쑤·다(粥)M·M(=M²)	
(·쑤·지→)쑤지	/H²/[MH]
(·쑤·고→)쑤고	/H²/[MH]
(·쑤·나→)쑤나	/H²/[MH]
(·쑤·먼→)쑤먼	/H²/[MH]
(·쑤·거·든→)쑤거·든	/H²M/[MHM]
(·쑤·더·라→)쑤더·라	/H²M/[MHM]
(·쑤·도·록→)쑤도·록	/H²M/[MHM]
(·쑤·어·서→)쑤어·서	/H²M/[MHM]
(쑤어·서→):쒀·서	/M̆²/[M̆H]

2.2. 평일형 풀이씨와 씨끝의 결합자료

(30) 정선방언 /넣 · 다/

정선방언	/성조형/[음조형]
넣·다H·M	
넣·지	/HM/[HM]
넣·고	/HM/[HM]
넣·나	/HM/[HM]
넣·으·먼	/HM²/[HM²]
넣·어·서	/HM²/[HM²]
넣거·든	/H²M/[MHM]
넣더·라	/H²M/[MHM]
넣도·록	/H²M/[MHM]
넣·도·록	/HM²/[HM²]

(31) 정선방언 /놓 · 다/

정선방언	/성조형/[음조형]
놓·다H·M	
놓·지	/HM/[HM]
놓·고	/HM/[HM]
놓·나	/HM/[HM]
놓으·먼	/H²M/[MHM]
놓·으·먼	/HM²/[HM²]
놓·아·서	/HM²/[HM²]
놔·아·서	/HM²/[HM²]
놓거·든	/H²M/[MHM]
놓더·라	/H²M/[MHM]
놓도·록	/H²M/[MHM]

(32) 정선방언 /닳·다/

정선방언	/성조형/[음조형]
닳·다H·M	
닳·지	/HM/[HM]
닳·고	/HM/[HM]
닳·나	/HM/[HM]
닳·으·면	/HM²/[HM²]
닳·아·서	/HM²/[HM²]
닳거·든	/H²M/[MHM]
닳더·라	/H²M/[MHM]
닳·도·록	/HM²/[HM²]

(33) 정선방언 /찧·다/

정선방언	/성조형/[음조형]
찧·다H·M	
찧·지	/HM/[HM]
찧·고	/HM/[HM]
찧·나	/HM/[HM]
찌·이·면	/HM²/[HM²]
쩨·에·서	/HM²/[HM²]
찧거·든	/H²M/[MHM]
찧더·라	/H²M/[MHM]
찧·도·록	/HM²/[HM²]

(34) 정선방언 /날·다/

정선방언	/성조형/[음조형]
날·다(飛)H·M	
날·지	/HM/[HM]
날·고	/HM/[HM]
나·나	/HM/[HM]
날·면	/HM/[HM]
날·어·서	/HM²/[HM²]
날거·든	/H²M/[MHM]
날더·라	/H²M/[MHM]
날도·록	/H²M/[MHM]

(35) 정선방언 /달·다/

정선방언	/성조형/[음조형]
달·다(甘)H·M	
달·지	/HM/[HM]
달·고	/HM/[HM]
다·나	/HM/[HM]
달·면	/HM²/[HM²]
달·아·서	/HM²/[HM²]
달거·든	/H²M/[MHM]
달더·라	/H²M/[MHM]
달·도·록	/HM²/[HM²]

(36) 정선방언 /들·다/

정선방언	/성조형/[음조형]
들·다(擧)H·M	
들·지	/HM/[HM]
들·고	/HM/[HM]
들·나	/HM/[HM]
들·면	/HM/[HM]
들·어·서	/HM²/[HM²]
들거·든	/H²M/[MHM]
들더·라	/H²M/[MHM]
들도·록	/H²M/[MHM]
들·도·록	/HM²/[HM²]

(37) 정선방언 /갖·다/~/가지·다/

정선방언	/성조형/[음조형]
갖·다H·M	
갖·지	/HM/[HM]
갖·고	/HM/[HM]
갖·나	/HM/[HM]
가·지·면	/HM²/[HM²]
가·져·서	/HM²/[HM²]
가지거·든	/H³M/[MḤHM]
가지더·라	/H³M/[MḤHM]
가·지·도·록	/HM³/[HM³]

(38) 정선방언 /걷·다/

정선방언	/성조형/[음조형]
걷·다H·M	
걷·지	/HM/[HM]
걷·고	/HM/[HM]
걷·나	/HM/[HM]
걷·으·면	/HM²/[HM²]
걷·아·서	/HM²/[HM²]
걷거·든	/H²M/[MHM]
걷더·라	/H²M/[MHM]

걷·도·록   /HM²/[HM²]

(39) 정선방언 /궂 · 다/

정선방언	/성조형/[음조형]
궂·다(沉)H·M	
궂·지	/HM/[HM]
궂·고	/HM/[HM]
궂·나	/HM/[HM]
궂·으·면	/HM²/[HM²]
궂·어·서	/HM²/[HM²]
궂거·든	/H²M/[MHM]
궂더·라	/H²M/[MHM]
궂·도·록	/H²M/[HM²]

(40) 정선방언 /긁 · 다/

정선방언	/성조형/[음조형]
긁·다(搔)H·M	
긁·지	/HM/[HM]
긁·고	/HM/[HM]
긁·나	/HM/[HM]
긁·으·면	/HM²/[HM²]
긁·어·서	/HM²/[HM²]
긁거·든	/H²M/[MHM]
긁더·라	/H²M/[MHM]
긁·도·록	/HM²/[HM²]

(41) 정선방언 /꺾 · 다/

정선방언	/성조형/[음조형]
꺾·다(折)H·M	
꺾·지	/HM/[HM]
꺾·고	/HM/[HM]
꺾·나	/HM/[HM]
꺾·으·면	/HM²/[HM²]
꺾·어·서	/HM²/[HM²]
꺾거·든	/H²M/[MHM]
꺾더·라	/H²M/[MHM]
꺾·도·록	/HM²/[HM²]

(42) 정선방언 /끓 · 다/

정선방언	/성조형/[음조형]
끓·다(沸)H·M	

끓·지   /HM/[HM]
끓·고   /HM/[HM]
끓·나   /HM/[HM]
끓·으·면   /HM²/[HM²]
끓·어·서   /HM²/[HM²]
끓거·든   /H²M/[MHM]
끓더·라   /H²M/[MHM]
끓·도·록   /HM²/[HM²]

(43) 정선방언 /낚 · 다/

정선방언	/성조형/[음조형]
낚·다(釣)H·M	
낚·지	/HM/[HM]
낚·고	/HM/[HM]
낚·나	/HM/[HM]
낚·으·면	/HM²/[HM]
낚·아·서	/HM²/[HM²]
낚거·든	/H²M/[MHM]
낚더·라	/H²M/[MHM]
낚도·록	/H²M/[MHM]

(44) 정선방언 /낡 · 다/

정선방언	/성조형/[음조형]
낡·다[날따]H·M	
낡·지	/HM/[HM]
낡·고	/HM/[HM]
낡·나	/HM/[HM]
낡·으·면	/HM²/[HM²]
낡·아·서	/HM²/[HM²]
낡거·든	/H²M/[MHM]
낡더·라	/H²M/[MHM]
낡도·록	/H²M/[MHM]
낡·도·록	/HM²/[HM²]

(45) 정선방언 /낮 · 다/

정선방언	/성조형/[음조형]
낮·다(低)H·M	
낮·지	/HM/[HM]
낮·고	/HM/[HM]
낮·나	/HM/[HM]
낮·으·면	/HM²/[HM²]
낮·아·서	/HM²/[HM²]

낯거·든 /H²M/[MHM]
낯더·라 /H²M/[MHM]
낮·도·록 /HM²/[HM²]

(46) 정선방언 /녹 · 다/

정선방언	/성조형/[음조형]
녹·다(融)H·M	
녹·지	/HM/[HM]
녹·고	/HM/[HM]
녹·나	/HM/[HM]
녹·으·면	/HM²/[HM²]
녹·아·서	/HM²/[HM²]
녹거·든	/H²M/[MHM]
녹더·라	/H²M/[MHM]
녹도·록	/H²M/[MHM]

(47) 정선방언 /높 · 다/

정선방언	/성조형/[음조형]
높·다H·M	
높·지	/HM/[HM]
높·고	/HM/[HM]
높·나	/HM/[HM]
높·으·면	/HM²/[HM²]
높·아·서	/HM²/[HM²]
높거·든	/H²M/[MHM]
높더·라	/H²M/[MHM]
높·도·록	/HM²/[HM²]

(48) 정선방언 /넓 · 다/

정선방언/성조형/[음조형]

정선방언	/성조형/[음조형]
넓·다H·M	
넓·지	/HM/[HM]
넓·고	/HM/[HM]
넓·나	/HM/[HM]
넓·으·면	/HM²/[HM²]
넓·아·서	/HM²/[HM²]
넓거·든	/H²M/[MHM]
넓더·라	/H²M/[MHM]
넓·도·록	/HM²/[HM²]

(49) 정선방언 /늦 · 다/

정선방언	/성조형/[음조형]
늦·다H·M	
늦·지	/HM/[HM]
늦·고	/HM/[HM]
늦·나	/HM/[HM]
늦·으·면	/HM²/[HM²]
늦·이·면	/HM²/[HM²]
늦·어·서	/HM²/[HM²]
늦거·든	/H²M/[MHM]
늦더·라	/H²M/[MHM]
늦·도·록	/HM²/[HM²]

(50) 정선방언 /딲 · 다/

정선방언	/성조형/[음조형]
딲·다H·M	
딲·지	/HM/[HM]
딲·고	/HM/[HM]
딲·나	/HM/[HM]
딲·으·면	/HM²/[HM²]
딲·어·서	/HM²/[HM²]
딲거·든	/H²M/[MHM]
딲더·라	/H²M/[MHM]
딲·도·록	/HM²/[MHM]

(51) 정선방언 /닫 · 다/

정선방언	/성조형/[음조형]
닫·다(閉)H·M	
닫·지	/HM/[HM]
닫·고	/HM/[HM]
닫·나	/HM/[HM]
닫·으·면	/HM²/[HM²]
닫·아·서	/HM²/[HM²]
닫거·든	/H²M/[MHM]
닫더·라	/H²M/[MHM]
닫·도·록	/HM²/[MHM]

(52) 정선방언 /덮 · 다/

정선방언	/성조형/[음조형]
덮·다H·M	
덮·지	/HM/[HM]

덮·고 /HM/[HM]
덮·나 /HM/[HM]
덮·으·면 /HM²/[HM²]
덮·어·서 /HM²/[HM²]
덮거·든 /H²M/[MHM]
덮더·라 /H²M/[MHM]
덮·도·록 /HM²/[HM²]

(53) 정선방언 /딭 · 다/

정선방언 /성조형/[음조형]
딭·다(踏)H·M
딭·지 /HM/[HM]
딭·고 /HM/[HM]
딭·나 /HM/[HM]
딭·으·면 /HM²/[HM²]
딭·어·서 /HM²/[HM²]
딭거·든 /H²M/[MHM]
딭더·라 /H²M/[MHM]
딭도·록 /H²M/[MHM]
딭·도·록 /HM²/[HM²]

(54) 정선방언 /막 · 다/

정선방언 /성조형/[음조형]
막·다H·M
막·지 /HM/[HM]
막·고 /HM/[HM]
막·나 /HM/[HM]
막·으·면 /HM²/[HM²]
막·아·서 /HM²/[HM²]
막거·든 /H²M/[MHM]
막더·라 /H²M/[MHM]
막도·록 /H²M/[MHM]
막·도·록 /HM²/[HM²]

(55) 정선방언 /맑 · 다/

정선방언 /성조형/[음조형]
맑·다[말따]H·M
맑·지 /HM/[HM]
맑·고 /HM/[HM]
맑·나 /HM/[HM]
맑·으·면 /HM²/[HM²]
맑·아·서 /HM²/[HM²]

맑거·든 /H²M/[MHM]
맑더·라 /H²M/[MHM]
맑·도·록 /HM²/[HM²]

(56) 정선방언 /맞 · 다/

정선방언 /성조형/[음조형]
맞·다H·M
맞·지 /HM/[HM]
맞·고 /HM/[HM]
맞·나 /HM/[HM]
맞·으·면 /HM²/[HM²]
맞·어·서 /HM²/[HM²]
맞거·든 /H²M/[MHM]
맞더·라 /H²M/[MHM]
맞·도·록 /HM²/[HM²]

(57) 정선방언 /맡 · 다/

정선방언 /성조형/[음조형]
맡·다H·M
맡·지 /HM/[HM]
맡·고 /HM/[HM]
맡·나 /HM/[HM]
맡·으·면 /HM²/[HM²]
맡·어·서 /HM²/[HM²]
맡거·든 /H²M/[MHM]
맡더·라 /H²M/[MHM]
맡·도·록 /HM²/[HM²]

(58) 정선방언 /먹 · 다/

정선방언 /성조형/[음조형]
먹·다H·M
먹·지 /HM/[HM]
먹·고 /HM/[HM]
먹·나 /HM/[HM]
먹·으·면 /HM²/[HM²]
먹·어·서 /HM²/[HM²]
먹거·든 /H²M/[MHM]
먹더·라 /H²M/[MHM]
먹·도·록 /HM²/[HM²]

(59) 정선방언 /몯·다/

정선방언	/성조형/[음조형]
몯·다(모으다)H·M	
몯·지	/HM/[HM]
몯·고	/HM/[HM]
몯·나	/HM/[HM]
몯·으·먼	/HM²/[HM²]
몯·아·서	/HM²/[HM²]
몯거·든	/H²M/[MHM]
몯더·라	/H²M/[MHM]
몯·도·록	/HM²/[HM²]

(60) 정선방언 /묶·다/

정선방언	/성조형/[음조형]
묶·다H·M	
묶·지	/HM/[HM]
묶·고	/HM/[HM]
묶·나	/HM/[HM]
묶·으·먼	/HM²/[HM²]
묶·어·서	/HM²/[HM²]
묶거·든	/H²M/[MHM]
묶더·라	/H²M/[MHM]
묶도·록	/H²M/[MHM]

(61) 정선방언 /묻·다/

정선방언	/성조형/[음조형]
묻·다H·M	
묻·지	/HM/[HM]
묻·고	/HM/[HM]
묻·나	/HM/[HM]
묻·으·먼	/HM²/[HM²]
묻·어·서	/HM²/[HM²]
묻거·든	/H²M/[MHM]
묻더·라	/H²M/[MHM]
묻도·록	/H²M/[MHM]

(62) 정선방언 /믿·다/

정선방언	/성조형/[음조형]
믿·다H·M	
믿·지	/HM/[HM]
믿·고	/HM/[HM]
믿·나	/HM/[HM]
믿·으·먼	/HM²/[HM²]
믿·어·서	/HM²/[HM²]
믿거·든	/H²M/[MHM]
믿더·라	/H²M/[MHM]
믿·도·록	/HM²/[HM²]

(63) 정선방언 /밉·다/

정선방언	/성조형/[음조형]
밉·다(憎)H·M	
밉·지	/HM/[HM]
밉·고	/HM/[HM]
밉·나	/HM/[HM]
미·우·먼	/HM²/[HM²]
미·워·서	/HM²/[HM²]
밉거·든	/H²M/[MHM]
밉더·라	/H²M/[MHM]
밉·도·록	/HM²/[HM²]

(64) 정선방언 /받·다/

정선방언	/성조형/[음조형]
받·다H·M	
받·지	/HM/[HM]
받·고	/HM/[HM]
받·나	/HM/[HM]
받·으·먼	/HM²/[HM²]
받·아·서	/HM²/[HM²]
받거·든	/H²M/[MHM]
받더·라	/H²M/[MHM]
받·도·록	/HM²/[HM²]

(65) 정선방언 /밟·다/

정선방언	/성조형/[음조형]
밟·다[발따]H·M	
밟·지	/HM/[HM]
밟·고	/HM/[HM]
밟·나	/HM/[HM]
밟·으·먼	/HM²/[HM²]
밟·아·서	/HM²/[HM²]
밟거·든	/H²M/[MHM]
밟더·라	/H²M/[MHM]
밟도·록	/H²M/[MHM]

(66) 정선방언 /뽂·다/

정선방언	/성조형/[음조형]
뽂·다(볶다)H·M	
뽂·지	/HM/[HM]
뽂·고	/HM/[HM]
뽂·나	/HM/[HM]
뽂·으·먼	/HM²/[HM²]
뽂·어·서	/HM²/[HM²]
뽂거·든	/H²M/[MHM]
뽂더·라	/H²M/[MHM]
뽂도·록	/H²M/[MHM]
뽂·도·록	/HM²/[HM²]

(67) 정선방언 /붉·다/

정선방언	/성조형/[음조형]
붉·다[불따]H·M	
붉·지	/HM/[HM]
붉·고	/HM/[HM]
붉·나	/HM/[HM]
붉·으·먼	/HM²/[HM²]
붉·어·서	/HM²/[HM²]
붉거·든	/H²M/[MHM]
붉더·라	/H²M/[MHM]
붉도·록	/H²M/[MHM]

(68) 정선방언 /빗·다/

정선방언	/성조형/[음조형]
빗·다(梳)H·M	
빗·지	/HM/[HM]
빗·고	/HM/[HM]
빗·나	/HM/[HM]
빗·으·먼	/HM²/[HM²]
빗·어·서	/HM²/[HM²]
빗거·든	/H²M/[MHM]
빗더·라	/H²M/[MHM]
빗·도·록	/HM²/[HM²]

(69) 정선방언 /썪·다/

정선방언	/성조형/[음조형]
썪·다(混)H·M	
썪·지	/HM/[HM]

(69)에 이어서 오른쪽 단

썪·고	/HM/[HM]
썪·나	/HM/[HM]
썪·으·먼	/HM²/[HM²]
썪·어·서	/HM²/[HM²]
썪거·든	/H²M/[MHM]
썪더·라	/H²M/[MHM]
썪·도·록	/HM²/[HM²]

(70) 정선방언 /솟·다/

정선방언	/성조형/[음조형]
솟·다H·M	
솟·지	/HM/[HM]
솟·고	/HM/[HM]
솟·나	/HM/[HM]
솟·으·먼	/HM²/[HM²]
솟으·먼	/H²M/[MHM]
솟·어·서	/HM²/[HM²]
솟·아·서	/HM²/[HM²]
솟거·든	/H²M/[MHM]
솟더·라	/H²M/[MHM]
솟도·록	/H²M/[MHM]
솟·도·록	/HM²/[HM²]

(71) 정선방언 /씽·다/

정선방언	/성조형/[음조형]
씽·다(洗)H·M	
씽·지	/HM/[HM]
씽·고	/HM/[HM]
씽·나	/HM/[HM]
씨·이·먼	/HM²/[HM²]
쎄·에·서	/HM²/[HM²]
씽거·든	/H²M/[MHM]
씽더·라	/H²M/[MHM]
씽도·록	/H²M/[MHM]
씽·도·록	/HM²/[HM²]

(72) 정선방언 /쌓·다/ :

정선방언	/성조형/[음조형]
쌓·다(積)H·M	
쌓·지	/HM/[HM]
쌓·고	/HM/[HM]
쌓·나	/HM/[HM]

쌓·으·먼   /HM²/[HM²]
쌓·어·서   /HM²/[HM²]
쌓거·든   /H²M/[MHM]
쌓더·라   /H²M/[MHM]
쌓·도·록   /HM²/[HM²]

(73) 정선방언 /씹 · 다/

정선방언   /성조형/[음조형]
씹·다H·M
씹·지   /HM/[HM]
씹·고   /HM/[HM]
씹·나   /HM/[HM]
씹·으·먼   /HM²/[HM²]
씹·어·서   /HM²/[HM²]
씹거·든   /H²M/[MHM]
씹더·라   /H²M/[MHM]
씹·도·록   /HM²/[HM²]

(74) 정선방언 /앓 · 다/

정선방언   /성조형/[음조형]
앓·다H·M
앓·지   /HM/[HM]
앓·고   /HM/[HM]
앓·나   /HM/[HM]
앓·으·먼   /HM²/[HM²]
앓·어·서   /HM²/[HM²]
앓거·든   /H²M/[MHM]
앓더·라   /H²M/[MHM]
앓도·록   /H²M/[MHM]

(75) 정선방언 /업 · 다/

정선방언   /성조형/[음조형]
업·다(負)H·M
업·지   /HM/[HM]
업·고   /HM/[HM]
업·나   /HM/[HM]
업·으·먼   /HM²/[HM²]
업·어·서   /HM²/[HM²]
업거·든   /H²M/[MHM]
업더·라   /H²M/[MHM]
업도·록   /H²M/[MHM]
업·도·록   /HM²/[HM²]

(76) 정선방언 /엮 · 다/

정선방언   /성조형/[음조형]
엮·다H·M
엮·지   /HM/[HM]
엮·고   /HM/[HM]
엮·나   /HM/[HM]
엮·으·먼   /HM²/[HM²]
엮·어·서   /HM²/[HM²]
엮거·든   /H²M/[MHM]
엮더·라   /H²M/[MHM]
엮·도·록   /HM²/[HM²]

(77) 정선방언 /익 · 다/

정선방언   /성조형/[음조형]
익·다H·M
익·지   /HM/[HM]
익·고   /HM/[HM]
익·나   /HM/[HM]
익·으·먼   /HM²/[HM²]
익·어·서   /HM²/[HM²]
익거·든   /H²M/[MHM]
익더·라   /H²M/[MHM]
익·도·록   /HM²/[HM²]

(78) 정선방언 /읽 · 다/

정선방언   /성조형/[음조형]
읽·다[일따]H·M
읽·지   /HM/[HM]
읽·고   /HM/[HM]
읽·나   /HM/[HM]
읽·으·먼   /HM²/[HM²]
읽·어·서   /HM²/[HM²]
읽거·든   /H²M/[MHM]
읽더·라   /H²M/[MHM]
읽·도·록   /HM²/[HM²]

(79) 정선방언 /입 · 다/

정선방언   /성조형/[음조형]
입·다H·M
입·지   /HM/[HM]
입·고   /HM/[HM]

입·나	/HM/[HM]
입·으·면	/HM²/[HM²]
입·어·서	/HM²/[HM²]
입거·든	/H²M/[MHM]
입더·라	/H²M/[MHM]
입·도·록	/HM²/[HM²]

(80) 정선방언 /잊 · 다/

정선방언	/성조형/[음조형]
잊·다H·M	
잊·지	/HM/[HM]
잊·고	/HM/[HM]
잊·나	/HM/[HM]
잊·으·면	/HM²/[HM²]
잊·어·서	/HM²/[HM²]
잊거·든	/H²M/[MHM]
잊더·라	/H²M/[MHM]
잊·도·록	/HM²/[HM²]

(81) 정선방언 /적 · 다/

정선방언	/성조형/[음조형]
적·다(書)H·M	
적·지	/HM/[HM]
적·고	/HM/[HM]
적·나	/HM/[HM]
적·으·면	/HM²/[HM²]
적·어·서	/HM²/[HM²]
적거·든	/H²M/[MHM]
적더·라	/H²M/[MHM]
적·도·록	/HM²/[HM²]

(82) 정선방언 /잡 · 다/

정선방언	/성조형/[음조형]
잡·다H·M	
잡·지	/HM/[HM]
잡·고	/HM/[HM]
잡·나	/HM/[HM]
잡·으·면	/HM²/[HM²]
잡·어·서	/HM²/[HM²]
잡거·든	/H²M/[MHM]
잡더·라	/H²M/[MHM]
잡·도·록	/HM²/[HM²]

(83) 정선방언 /젖 · 다/

정선방언	/성조형/[음조형]
젖·다(潤)H·M	
젖·지	/HM/[HM]
젖·고	/HM/[HM]
젖·나	/HM/[HM]
젖·으·면	/HM²/[HM²]
젖·어·서	/HM²/[HM²]
젖거·든	/H²M/[MHM]
젖더·라	/H²M/[MHM]
젖도·록	/H²M/[MHM]

(84) 정선방언 /좁 · 다/

정선방언	/성조형/[음조형]
좁·다H·M	
좁·지	/HM/[HM]
좁·고	/HM/[HM]
좁·나	/HM/[HM]
좁·으·면	/HM²/[HM²]
좁·아·서	/HM²/[HM²]
좁거·든	/H²M/[MHM]
좁더·라	/H²M/[MHM]
좁도·록	/HM²/[HM²]

(85) 정선방언 /죽 · 다/

정선방언	/성조형/[음조형]
죽·다H·M	
죽·지	/HM/[HM]
죽·고	/HM/[HM]
죽·나	/HM/[HM]
죽·으·면	/HM²/[HM²]
죽·아·서	/HM²/[HM²]
죽거·든	/H²M/[MHM]
죽더·라	/H²M/[MHM]
죽·도·록	/HM²/[HM²]
죽도·록	/H²M/[MHM]

(86) 정선방언 /찝 · 다/

정선방언	/성조형/[음조형]
찝·다(攝)H·M	
찝·지	/HM/[HM]

찝·고	/HM/[HM]
찝·나	/HM/[HM]
찝·으·먼	/HM²/[HM²]
찝·어·서	/HM²/[HM²]
찝거·든	/H²M/[MHM]
찝더·라	/H²M/[MHM]
찝·도·록	/HM²/[HM²]

(87) 정선방언 /쫓 · 다/

정선방언	/성조형/[음조형]
쫓·다H·M	
쫓·지	/HM/[HM]
쫓·고	/HM/[HM]
쫓·나	/HM/[HM]
쫓·으·먼	/HM²/[HM²]
쫓·아·서	/HM²/[HM²]
쫓거·든	/H²M/[MHM]
쫓더·라	/H²M/[MHM]
쫓도·록	/H²M/[MHM]
쫓·도·록	/HM²/[HM²]

(88) 정선방언 /훑 · 다/

정선방언	/성조형/[음조형]
훑·다[훌따]H·M	
훑·지	/HM/[HM]
훑·고	/HM/[HM]
훑·나	/HM/[HM]
훑·으·먼	/HM²/[HM²]
훑·어·서	/HM²/[HM²]
훑거·든	/H²M/[MHM]
훑더·라	/H²M/[MHM]
훑·도·록	/HM²/[HM²]

(89) 정선방언 /깨 · 다/

정선방언	/성조형/[음조형]
깨·다(破)H·M	
깨·지	/HM/[HM]
깨·고	/HM/[HM]
깨·나	/HM/[HM]
깨·먼	/HM/[HM²]
깨·어·서	/HM²/[HM²]
깨·애·서	/HM²/[HM²]
깨거·든	/H²M/[MHM]
깨더·라	/H²M/[MHM]
깨·도·록	/HM²/[HM²]

(90) 정선방언 /뀌 · 다/

정선방언	/성조형/[음조형]
뀌·다(貫)H·M	
뀌·지	/HM/[HM]
뀌·고	/HM/[HM]
뀌·나	/HM/[HM]
뀌·먼	/HM/[HM²]
뀌·어·서	/HM²/[HM²]
뀌·에·서	/HM²/[HM²]
뀌거·든	/H²M/[MHM]
뀌더·라	/H²M/[MHM]
뀌·도·록	/HM²/[HM²]

(91) 정선방언 /매 · 다/

정선방언	/성조형/[음조형]
매·다(繫)H·M	
매·지	/HM/[HM]
매·고	/HM/[HM]
매·나	/HM/[HM]
매·먼	/HM/[HM]
매·애·서	/HM²/[HM²]
매거·든	/H²M/[MHM]
매더·라	/H²M/[MHM]
매도·록	/H²M/[MHM]
매·도·록	/HM²/[HM²]

(92) 정선방언 /케 · 다/

정선방언	/성조형/[음조형]
케·다(點火)H·M	
케·지	/HM/[HM]
케·고	/HM/[HM]
케·나	/HM/[HM]
케·먼	/HM/[HM]
케·에·서12)	/HM²/[HM²]
케거·든	/H²M/[MHM]
케더·라	/H²M/[MHM]

---

12) ·불·을 케·에·서 밝·다[발·따].

케·도·록   /HM²/[HM²]

(93) 정선방언 /가 · 추 · 다/

정선방언	/성조형/[음조형]
가·추·다HM·M(=HM²)	
가·추·지	/HM²/[HM²]
가·추·고	/HM²/[HM²]
가·추·나	/HM²/[HM²]
가·추·먼	/HM²/[HM²]
가·추·어·서	/HM³/[HM³]
가·추·거·든	/HM³/[HM³]
가·추·더·라	/HM³/[HM³]
가·추·도·록	/HM³/[HM³]

(94) 정선방언 /거 · 두 · 다/

정선방언	/성조형/[음조형]
거·두·다HM·M(=HM²)	
거·두·지	/HM²/[HM²]
거·두·고	/HM²/[HM²]
거·두·나	/HM²/[HM²]
거·두·먼	/HM²/[HM²]
거·둬·서	/HM²/[HM²]
거·두·거·든	/HM³/[HM³]
거·두·더·라	/HM³/[HM³]
거·두·도·록	/HM³/[HM³]

(95) 정선방언 /개 · 룹 · 다/

정선방언	/성조형/[음조형]
개·룹·다~개·릅·다HM·M(=HM²)	
개·룹·지	/HM²/[HM²]
개·룹·고	/HM²/[HM²]
개·룹·나	/HM²/[HM²]
개·루·우·먼	/HM³/[HM³]
개·루·와·서	/HM³/[HM³]
개·루·워·서	/HM³/[HM³]
개·룹·거·든	/HM³/[HM³]
개·룹·더·라	/HM³/[HM³]
개·룹·도·록	/HM³/[HM³]

(96) 정선방언 /데 · 에 · 다/

정선방언	/성조형/[음조형]
데·에·다HM·M(=HM²)	
데·에·지	/HM²/[HM²]
데·에·고	/HM²/[HM²]
데·에·나	/HM²/[HM²]
데·에·먼	/HM²/[HM²]
데·에·서	/HM²/[HM²]
데·에·거·든	/HM³/[HM³]
데·에·더·라	/HM³/[HM³]
데·에·도·록	/HM³/[HM³]

(97) 정선방언 /재 · 애 · 다/

정선방언	/성조형/[음조형]
재·애·다(測)HM·M(=HM²)	
재·애·지	/HM²/[HM²]
재·애·고	/HM²/[HM²]
재·애·나	/HM²/[HM²]
재·애·먼	/HM²/[HM²]
재·애·서	/HM²/[HM²]
재·애·거·든	/HM³/[HM³]
재·애·더·라	/HM³/[HM³]
재·애·도·록	/HM³/[HM³]

(98) 정선방언 /껀 · 지 · 다/

정선방언	/성조형/[음조형]
껀·지·다(拯)HM·M(=HM²)	
껀·지·지	/HM²/[HM²]
껀·지·고	/HM²/[HM²]
껀·지·나	/HM²/[HM²]
껀·지·먼	/HM²/[HM²]
껀·제·서	/HM²/[HM²]
껀·지·거·든	/HM³/[HM³]
껀·지·더·라	/HM³/[HM³]
껀·지·도·록	/HM³/[HM³]

(99) 정선방언 /전 · 디 · 다/

정선방언	/성조형/[음조형]
견·디·다(克)HM·M(=HM²)	
전·디·다(克)HM·M(=HM²)	
전·디·지	/HM²/[HM²]

전·디·고　　　　　　/HM²/[HM²]
전·디·나　　　　　　/HM²/[HM²]
전·디·면　　　　　　/HM²/[HM²]
전·디·에·서　　　　/HM³/[HM³]
전·디·거·든　　　　/HM³/[HM³]
전·디·더·라　　　　/HM³/[HM³]
전·디·도·록　　　　/HM³/[HM³]

(100) 정선방언 /전 · 주 · 다/

정선방언　　　　　　/성조형/[음조형]
견·주·다HM·M(=HM²)
전·주·다HM·M(=HM²)
전·주·지　　　　　　/HM²/[HM²]
전·주·고　　　　　　/HM²/[HM²]
전·주·나　　　　　　/HM²/[HM²]
전·주·면　　　　　　/HM²/[HM²]
전·주·어·서　　　　/HM³/[HM³]
전·주·거·든　　　　/HM³/[HM³]
전·주·더·라　　　　/HM³/[HM³]
전·주·도·록　　　　/HM³/[HM³]

(101) 정선방언 /괴 · 외 · 다/

정선방언　　　　　　/성조형/[음조형]
괴·외·다HM·M(=HM²)
괴·외·지　　　　　　/HM²/[HM²]
괴·외·고　　　　　　/HM²/[HM²]
괴·외·나　　　　　　/HM²/[HM²]
괴·외·면　　　　　　/HM²/[HM²]
괴·외·서　　　　　　/HM²/[HM²]
괴·외·거·든　　　　/HM³/[HM³]
괴·외·더·라　　　　/HM³/[HM³]
괴·외·도·록　　　　/HM³/[HM³]

(102) 정선방언 /쌀 · 이 · 다/

정선방언　　　　　　/성조형/[음조형]
쌀·이·다HM·M(=HM²)
쌀·이·지　　　　　　/HM²/[HM²]
쌀·이·고　　　　　　/HM²/[HM²]
쌀·이·나　　　　　　/HM²/[HM²]
쌀·이·면　　　　　　/HM²/[HM²]
쌀·예·서　　　　　　/HM²/[HM²]
쌀·이·거·든　　　　/HM³/[HM³]

쌀·이·더·라　　　　/HM³/[HM³]
쌀·이·도·록　　　　/HM³/[HM³]

(103) 정선방언 /얼 · 구 · 다/

정선방언　　　　　　/성조형/[음조형]
얼·구·다(氷)HM·M(=HM²)
얼·구·지　　　　　　/HM²/[HM²]
얼·구·고　　　　　　/HM²/[HM²]
얼·구·나　　　　　　/HM²/[HM²]
얼·구·면　　　　　　/HM²/[HM²]
얼·궈·서　　　　　　/HM²/[HM²]
얼·구·어·서　　　　/HM³/[HM³]
얼·구·거·든　　　　/HM³/[HM³]
얼·구·더·라　　　　/HM³/[HM³]
얼·구·도·록　　　　/HM³/[HM³]

(104) 정선방언 /야 · 위 · 다/

정선방언　　　　　　/성조형/[음조형]
야·위·다(瘠)HM·M(=HM²)
야·위·지　　　　　　/HM²/[HM²]
야·위·고　　　　　　/HM²/[HM²]
야·위·나　　　　　　/HM²/[HM²]
야·위·면　　　　　　/HM²/[HM²]
야·예·서　　　　　　/HM²/[HM²]
야·위·거·든　　　　/HM³/[HM³]
야·위·드·라　　　　/HM³/[HM³]
야·위·도·록　　　　/HM³/[HM³]

(105) 정선방언 /일 · 구 · 다/

정선방언　　　　　　/성조형/[음조형]
일·구·다(昀)HM·M(=HM²)
일·구·지　　　　　　/HM²/[HM²]
일·구·고　　　　　　/HM²/[HM²]
일·구·나　　　　　　/HM²/[HM²]
일·구·면　　　　　　/HM²/[HM²]
일·궈·서　　　　　　/HM²/[HM²]
일·구·거·든　　　　/HM³/[HM³]
일·구·더·라　　　　/HM³/[HM³]
일·구·도·록　　　　/HM³/[HM³]

(106) 정선방언 /이·일·다/

정선방언	/성조형/[음조형]
이·일·다(淘)HM·M(=HM²)	
이·일·지	/HM²/[HM²]
이·일·고	/HM²/[HM²]
이·일·나	/HM²/[HM²]
이·일·먼	/HM²/[HM²]
이·일·에·서	/HM³/[HM³]
이·일·거·든	/HM³/[HM³]
이·일·더·라	/HM³/[HM³]
이·일·도·록	/HM³/[HM³]

(107) 정선방언 /쬐·외·다/

정선방언	/성조형/[음조형]
쬐·외·다HM·M(=HM²)	
쬐·외·지	/HM²/[HM²]
쬐·외·고	/HM²/[HM²]
쬐·외·나	/HM²/[HM²]
쬐·외·먼	/HM²/[HM²]
쬐·외·서	/HM²/[HM²]
쬐·외·거·든	/HM³/[HM³]
쬐·외·더·라	/HM³/[HM³]
쬐·외·도·록	/HM³/[HM³]

(108) 정선방언 /싸·알·다/

정선방언	/성조형/[음조형]
싸·알·다(掃)HM·M(=HM²)	
싸·알·지	/HM²/[HM²]
싸·알·고	/HM²/[HM²]
싸·알·나	/HM²/[HM²]
싸·알·먼	/HM²/[HM²]
싸·알·어·서	/HM³/[HM³]
싸·알·거·든	/HM³/[HM³]
싸·알·더·라	/HM³/[HM³]
싸·알·도·록	/HM³/[HM³]

(109) 정선방언 /쏘·올·다/

정선방언	/성조형/[음조형]
쏘·올·다(掃)HM·M(=HM²)	
쏘·올·지	/HM²/[HM²]
쏘·올·고	/HM²/[HM²]
쏘·올·나	/HM²/[HM²]
쏘·올·먼	/HM²/[HM²]
쏘·올·어·서	/HM³/[HM³]
쏘·올·거·든	/HM³/[HM³]
쏘·올·더·라	/HM³/[HM³]
쏘·올·도·록	/HM³/[HM³]

(110) 정선방언 /곪·기·다/

정선방언	/성조형/[음조형]
곪·기·다[곪·기·다]HM·M(=HM²)	
곪·기·지	/HM²/[HM²]
곪·기·고	/HM²/[HM²]
곪·기·나	/HM²/[HM²]
곪·기·먼	/HM²/[HM²]
곪·게·서	/HM²/[HM²]
곪·기·거·든	/HM³/[HM³]
곪·기·더·라	/HM³/[HM³]
곪·기·도·록	/HM³/[HM³]

(111) 정선방언 /괴·우·다/

정선방언	/성조형/[음조형]
괴·우·다HM·M(=HM²)	
괴·우·지	/HM²/[HM²]
괴·우·고	/HM²/[HM²]
괴·우·나	/HM²/[HM²]
괴·우·먼	/HM²/[HM²]
괴·워·서	/HM²/[HM²]
괴·우·거·든	/HM³/[HM³]
괴·우·더·라	/HM³/[HM³]
괴·우·도·록	/HM³/[HM³]

(112) 정선방언 /꿉·히·다/

정선방언	/성조형/[음조형]
꿉·히·다HM·M	
꿉·히·지	/HM²/[HM²]
꿉·히·고	/HM²/[HM²]
꿉·히·나	/HM²/[HM²]
꿉·히·먼	/HM²/[HM²]
꿉·혀·서	/HM²/[HM²]
꿉·히·거·든	/HM³/[HM³]
꿉·히·더·라	/HM³/[HM³]
꿉·히·도·록	/HM³/[HM³]

(113) 정선방언 /근·치·다/

정선방언	/성조형/[음조형]
근·치·다HM·M(=HM²)	
근·치·지	/HM²/[HM²]
근·치·고	/HM²/[HM²]
근·치·나	/HM²/[HM²]
근·치·먼	/HM²/[HM²]
근·쳐·서	/HM²/[HM²]
근·치·거·든	/HM³/[HM³]
근·치·더·라	/HM³/[HM³]
근·치·도·록	/HM³/[HM³]

(114) 정선방언 /깨·우·다/

정선방언	/성조형/[음조형]
깨·우·다HM·M(=HM²)	
깨·우·지	/HM²/[HM²]
깨·우·고	/HM²/[HM²]
깨·우·나	/HM²/[HM²]
깨·우·먼	/HM²/[HM²]
깨·워·서	/HM²/[HM²]
깨·우·거·든	/HM³/[HM³]
깨·우·더·라	/HM³/[HM³]
깨·우·도·록	/HM³/[HM³]

(115) 정선방언 /끄·리·다/

정선방언	/성조형/[음조형]
끄·리·다(꺼리다)HM·M(=HM²)	
끄·리·지	/HM²/[HM²]
끄·리·고	/HM²/[HM²]
끄·리·나	/HM²/[HM²]
끄·리·먼	/HM²/[HM²]
끄·례·서	/HM²/[HM²]
끄·리·거·든	/HM³/[HM³]
끄·리·더·라	/HM³/[HM³]
끄·리·도·록	/HM³/[HM³]

(116) 정선방언 /꺼·칠·다/

정선방언	/성조형/[음조형]
꺼·칠·다(荒)HM·M(=HM²)	
꺼·칠·지	/HM²/[HM²]
꺼·칠·고	/HM²/[HM²]
꺼·칠·나	/HM²/[HM²]
꺼·칠·먼	/HM²/[HM²]
꺼·칠·어·서	/HM³/[HM³]
꺼·칠·거·든	/HM³/[HM³]
꺼·칠·더·라	/HM³/[HM³]
꺼·칠·도·록	/HM³/[HM³]

(117) 정선방언 /끓·이·다/

정선방언	/성조형/[음조형]
끓·이·다HM·M(=HM²)	
끓·이·지	/HM²/[HM²]
끓·이·고	/HM²/[HM²]
끓·이·나	/HM²/[HM²]
끓·이·먼	/HM²/[HM²]
끓·에·서	/HM²/[HM²]
끓·례·서	/HM²/[HM²]
끓·이·거·든	/HM³/[HM³]
끓·이·더·라	/HM³/[HM³]
끓·이·도·록	/HM³/[HM³]

(118) 정선방언 /찌·구·다/

정선방언	/성조형/[음조형]
찌·구·다HM·M(=HM²)	
찌·구·지	/HM²/[HM²]
찌·구·고	/HM²/[HM²]
찌·구·나	/HM²/[HM²]
찌·구·먼	/HM²/[HM²]
찌·궈·서	/HM²/[HM²]
찌·구·거·든	/HM³/[HM³]
찌·구·더·라	/HM³/[HM³]
찌·구·도·록	/HM³/[HM³]

(119) 정선방언 /농·구·다/

정선방언	/성조형/[음조형]
농·구·다(分)HM·M(=HM²)	
농·구·지	/HM²/[HM²]
농·구·고	/HM²/[HM²]
농·구·나	/HM²/[HM²]
농·구·먼	/HM²/[HM²]
농·궈·서	/HM²/[HM²]
농·구·거·든	/HM³/[HM³]
농·구·더·라	/HM³/[HM³]

농·구·도·록 /HM³/[HM³]

(120) 정선방언 /넓·히·다/

정선방언	/성조형/[음조형]
넓·히·다HM·M(=HM²)	
넓·히·지	/HM²/[HM²]
넓·히·고	/HM²/[HM²]
넓·히·나	/HM²/[HM²]
넓·히·먼	/HM²/[HM²]
넓·혀·서	/HM²/[HM²]
넓·히·거·든	/HM³/[HM³]
넓·히·더·라	/HM³/[HM³]
넓·히·도·록	/HM³/[HM³]

(121) 정선방언 /느·리·다/

정선방언	/성조형/[음조형]
느·리·다HM·M(=HM²)	
느·리·지	/HM²/[HM²]
느·리·고	/HM²/[HM²]
느·리·나	/HM²/[HM²]
느·리·먼	/HM²/[HM²]
느·려·서	/HM²/[HM²]
느·레·서	/HM²/[HM²]
느·리·거·든	/HM³/[HM³]
느·리·더·라	/HM³/[HM³]
느·리·도·록	/HM³/[HM³]

(122) 정선방언 /입·히·다/

정선방언	/성조형/[음조형]
입·히·다HM·M(=HM²)	
입·히·지	/HM²/[HM²]
입·히·고	/HM²/[HM²]
입·히·나	/HM²/[HM²]
입·히·먼	/HM²/[HM²]
입·페·서	/HM²/[HM²]
입·페·에·서	/HM³/[HM³]
입·히·거·든	/HM³/[HM³]
입·히·더·라	/HM³/[HM³]
입·히·도·록	/HM³/[HM³]

(123) 정선방언 /달·개·다/

정선방언	/성조형/[음조형]
달·개·다HM·M(=HM²)	
달·개·지	/HM²/[HM²]
달·개·고	/HM²/[HM²]
달·개·나	/HM²/[HM²]
달·개·먼	/HM²/[HM²]
달·개·서	/HM²/[HM²]
달·개·애·서	/HM³/[HM³]
달·개·거·든	/HM³/[HM³]
달·개·드·라	/HM³/[HM³]
달·개·도·록	/HM³/[HM³]

(124) 정선방언 /달·리·다/

정선방언	/성조형/[음조형]
달·리·다HM·M(=HM²)	
달·리·지	/HM²/[HM²]
달·리·고	/HM²/[HM²]
달·리·나	/HM²/[HM²]
달·리·먼	/HM²/[HM²]
달·레·서	/HM²/[HM²]
달·리·거·든	/HM³/[HM³]
달·리·더·라	/HM³/[HM³]
달·리·도·록	/HM³/[HM³]

(125) 정선방언 /더·둠·다/

정선방언	/성조형/[음조형]
더·둠·다(쏠)HM·M(=HM²)	
더·둠·지	/HM²/[HM²]
더·둠·고	/HM²/[HM²]
더·둠·나	/HM²/[HM²]
더·드·우·먼	/HM³/[HM³]
더·듬·어·서	/HM³/[HM³]
더·듬·거·든	/HM³/[HM³]
더·듬·더·라	/HM³/[HM³]
더·듬·도·로	/HM³/[HM³]

(126) 정선방언 /더·덤·다/

정선방언	/성조형/[음조형]
더·덤·다HM·M(=HM²)	
더·덤·지	/HM²/[HM²]

더·딤·고 /HM²/[HM²]
더·딤·나 /HM²/[HM²]
더·딤·우·먼 /HM³/[HM³]
더·딤·어·서 /HM³/[HM³]
더·딤·거·든 /HM³/[HM³]
더·딤·더·라 /HM³/[HM³]
더·딤·도·록 /HM³/[HM³]

(127) 정선방언 /더 · 디 · 다/

정선방언	/성조형/[음조형]
더·디·다HM·M(=HM²)	
더·디·지	/HM²/[HM²]
더·디·고	/HM²/[HM²]
더·디·나	/HM²/[HM²]
더·디·먼	/HM²/[HM²]
더·데·서	/HM²/[HM²]
더·디·에·서	/HM³/[HM³]
더·디·거·든	/HM³/[HM³]
더·디·드·라	/HM³/[HM³]
더·디·도·록	/HM³/[HM³]

(128) 정선방언 /뎁 · 히 · 다/

정선방언	/성조형/[음조형]
뎁·히·다HM·M(=HM²)	
뎁·히·지	/HM²/[HM²]
뎁·히·고	/HM²/[HM²]
뎁·히·나	/HM²/[HM²]
뎁·히·먼	/HM²/[HM²]
뎁·헤·서	/HM²/[HM²]
뎁·히·에·서	/HM³/[HM³]
뎁·히·거·든	/HM³/[HM³]
뎁·히·더·라	/HM³/[HM³]
뎁·히·도·록	/HM³/[HM³]

(129) 정선방언 /돌 · 리 · 다/

정선방언	/성조형/[음조형]
돌·리·다HM·M(=HM²)	
돌·리·지	/HM²/[HM²]
돌·리·고	/HM²/[HM²]
돌·리·나	/HM²/[HM²]
돌·리·먼	/HM²/[HM²]
돌·레·서	/HM²/[HM²]

돌·리·거·든 /HM³/[HM³]
돌·리·더·라 /HM³/[HM³]
돌·리·도·록 /HM³/[HM³]

(130) 정선방언 /디 · 디 · 다/

정선방언	/성조형/[음조형]
디·디·다HM·M(=HM²)	
디·디·지	/HM²/[HM²]
디·디·고	/HM²/[HM²]
디·디·나	/HM²/[HM²]
디·디·먼	/HM²/[HM²]
디·뎌·서	/HM²/[HM²]
디·디·거·든	/HM³/[HM³]
디·디·더·라	/HM³/[HM³]
디·디·도·록	/HM³/[HM³]

(131) 정선방언 /마 · 시 · 다/

정선방언	/성조형/[음조형]
마·시·다HM·M(=HM²)	
마·시·지	/HM²/[HM²]
마·시·고	/HM²/[HM²]
마·시·나	/HM²/[HM²]
마·시·먼	/HM²/[HM²]
마·셰·서	/HM²/[HM²]
마·시·거·든	/HM³/[HM³]
마·시·더·라	/HM³/[HM³]
마·시·도·록	/HM³/[HM³]

(132) 정선방언 /만 · 지 · 다/

정선방언	/성조형/[음조형]
만·지·다HM·M(=HM²)	
만·지·지	/HM²/[HM²]
만·지·고	/HM²/[HM²]
만·지·나	/HM²/[HM²]
만·지·먼	/HM²/[HM²]
만·지·거·든	/HM³/[HM³]
만·지·더·라	/HM³/[HM³]
만·지·도·록	/HM³/[HM³]
만·제·서	/HM²/[HM²]

(133) 정선방언 /맽·기·다/

정선방언	/성조형/[음조형]
맽·기·다(任)HM·M(=HM²)	
맽·기·지	/HM²/[HM²]
맽·기·고	/HM²/[HM²]
맽·기·나	/HM²/[HM²]
맽·기·먼	/HM²/[HM²]
맽·게·서	/HM²/[HM²]
맽·기·거·든	/HM³/[HM³]
맽·기·더·라	/HM³/[HM³]
맽·기·도·록	/HM³/[HM³]

(134) 정선방언 /버·리·다/

정선방언	/성조형/[음조형]
버·리·다HM·M(=HM²)	
버·리·지	/HM²/[HM²]
버·리·고	/HM²/[HM²]
버·리·나	/HM²/[HM²]
버·리·먼	/HM²/[HM²]
버·례·서	/HM²/[HM²]
버·리·거·든	/HM³/[HM³]
버·리·더·라	/HM³/[HM³]
버·리·도·록	/HM³/[HM³]

(135) 정선방언 /사·구·다/

정선방언	/성조형/[음조형]
사·구·다(交)HM·M(=HM²)	
사·구·지	/HM²/[HM²]
사·구·고	/HM²/[HM²]
사·구·나	/HM²/[HM²]
사·구·먼	/HM²/[HM²]
사·궈·서	/HM²/[HM²]
사·구·거·든	/HM³/[HM³]
사·구·더·라	/HM³/[HM³]
사·구·도·록	/HM³/[HM³]

(136) 정선방언 /사·귀·다/

정선방언	/성조형/[음조형]
사·귀·다(交)HM·M(=HM²)	
사·귀·지	/HM²/[HM²]
사·귀·고	/HM²/[HM²]
사·귀·나	/HM²/[HM²]
사·귀·먼	/HM²/[HM²]
사·궈·서	/HM²/[HM²]
사·귀·거·든	/HM³/[HM³]
사·귀·더·라	/HM³/[HM³]
사·귀·도·록	/HM³/[HM³]

(137) 정선방언 /생·키·다/

정선방언	/성조형/[음조형]
생·키·다(呑)HM·M(=HM²)	
생·키·지	/HM²/[HM²]
생·키·고	/HM²/[HM²]
생·키·나	/HM²/[HM²]
생·키·먼	/HM²/[HM²]
생·켜·서	/HM²/[HM²]
생·키·거·든	/HM³/[HM³]
생·키·더·라	/HM³/[HM³]
생·키·도·록	/HM³/[HM³]

(138) 정선방언 /셍·기·다/

정선방언	/성조형/[음조형]
셍·기·다(仕)HM·M(=HM²)	
셍·기·지	/HM²/[HM²]
셍·기·고	/HM²/[HM²]
셍·기·나	/HM²/[HM²]
셍·기·먼	/HM²/[HM²]
셍·게·서	/HM²/[HM²]
셍·기·거·든	/HM³/[HM³]
셍·기·더·라	/HM³/[HM³]
셍·기·도·록	/HM³/[HM³]

(139) 정선방언 /쏙·이·다/

정선방언	/성조형/[음조형]
쏙·이·다HM·M(=HM²)	
쏙·이·지	/HM²/[HM²]
쏙·이·고	/HM²/[HM²]
쏙·이·나	/HM²/[HM²]
쏙·이·먼	/HM²/[HM²]
쏙·게·서	/HM²/[HM²]
쏙·여·서	/HM²/[HM²]
쏙·이·거·든	/HM³/[HM³]
쏙·이·더·라	/HM³/[HM³]

쏙·이·도·록   /HM³/[HM³]

(140) 정선방언 /쉥 · 기 · 다/

정선방언   /성조형/[음조형]
쉥·기·다HM·M(=HM²)
쉥·기·지   /HM²/[HM²]
쉥·기·고   /HM²/[HM²]
쉥·기·나   /HM²/[HM²]
쉥·기·면   /HM²/[HM²]
쉥·게·서   /HM²/[HM²]
쉥·기·거·든   /HM³/[HM³]
쉥·기·더·라   /HM³/[HM³]
쉥·기·도·록   /HM³/[HM³]

(141) 정선방언 /씨 · 기 · 다/

정선방언   /성조형/[음조형]
씨·기·다(使)HM·M(=HM²)
씨·기·지   /HM²/[HM²]
씨·기·고   /HM²/[HM²]
씨·기·나   /HM²/[HM²]
씨·기·면   /HM²/[HM²]
씨·게·서   /HM²/[HM²]
씨·기·거·든   /HM³/[HM³]
씨·기·더·라   /HM³/[HM³]
씨·기·도·록   /HM³/[HM³]

(142) 정선방언 /쑤 · 시 · 다/

정선방언   /성조형/[음조형]
쑤·시·다HM·M(=HM²)
쑤·시·지   /HM²/[HM²]
쑤·시·고   /HM²/[HM²]
쑤·시·나   /HM²/[HM²]
쑤·시·면   /HM²/[HM²]
쑤·세·서   /HM²/[HM²]
쑤·시·거·든   /HM³/[HM³]
쑤·시·더·라   /HM³/[HM³]
쑤·시·도·록   /HM³/[HM³]

(143) 정선방언 /쉬 · 시 · 다/

정선방언   /성조형/[음조형]
쉬·시·다HM·M(=HM²)

쉬·시·지   /HM²/[HM²]
쉬·시·고   /HM²/[HM²]
쉬·시·나   /HM²/[HM²]
쉬·시·면   /HM²/[HM²]
쉬·세·서   /HM²/[HM²]
쉬·시·거·든   /HM³/[HM³]
쉬·시·더·라   /HM³/[HM³]
쉬·시·도·록   /HM³/[HM³]

(144) 정선방언 /씻 · 키 · 다/

정선방언   /성조형/[음조형]
씻·키·다HM·M(=HM²)
씻·키·지   /HM²/[HM²]
씻·키·고   /HM²/[HM²]
씻·키·나   /HM²/[HM²]
씻·키·면   /HM²/[HM²]
씻·케·서   /HM²/[HM²]
씻·키·거·든   /HM³/[HM³]
씻·키·더·라   /HM³/[HM³]
씻·키·도·록   /HM³/[HM³]

(145) 정선방언 /아 · 물 · 다/

정선방언   /성조형/[음조형]
아·물·다HM·M(=HM²)
아·물·지   /HM²/[HM²]
아·물·고   /HM²/[HM²]
아·무·나   /HM²/[HM²]
아·물·면   /HM²/[HM²]
아·물·어·서   /HM³/[HM³]
아·물·거·든   /HM³/[HM³]
아·물·더·라   /HM³/[HM³]
아·물·도·록   /HM³/[HM³]

(146) 정선방언 /어 · 둡 · 다/

정선방언   /성조형/[음조형]
어·둡·다HM·M(=HM²)
어·둡·지   /HM²/[HM²]
어·둡·고   /HM²/[HM²]
어·둡·나   /HM²/[HM²]
어·두·우·면   /HM³/[HM³]
어·두·워·서   /HM³/[HM³]
어·두·와·서   /HM³/[HM³]

어·둡·거·든	/HM³/[HM³]
어·둡·더·라	/HM³/[HM³]
어·둡·도·록	/HM³/[HM³]

(147) 정선방언 /에 · 룹 · 다/

정선방언	/성조형/[음조형]
에·룹·다(難)HM·M(=HM²)	
에·룹·지	/HM²/[HM²]
에·룹·고	/HM²/[HM²]
에·룹·나	/HM²/[HM²]
에·루·우·먼	/HM³/[HM³]
에·루·워·서	/HM³/[HM³]
에·루·와·서	/HM³/[HM³]
에·룹·거·든	/HM³/[HM³]
에·룹·더·라	/HM³/[HM³]
에·룹·도·록	/HM³/[HM³]

(148) 정선방언 /어 · 리 · 다/

정선방언	/성조형/[음조형]
어·리·다(幼)HM·M(=HM²)	
어·리·지	/HM²/[HM²]
어·리·고	/HM²/[HM²]
어·리·나	/HM²/[HM²]
어·리·먼	/HM²/[HM²]
어·례·서	/HM²/[HM²]
어·리·서	/HM²/[HM²]
어·리·에·서	/HM³/[HM³]
어·리·거·든	/HM³/[HM³]
어·리·더·라	/HM³/[HM³]
어·리·도·록	/HM³/[HM³]

(149) 정선방언 /여 · 물 · 다/

정선방언	/성조형/[음조형]
여·물·다HM·M(=HM²)	
여·물·지	/HM²/[HM²]
여·물·고	/HM²/[HM²]
여·무·나	/HM²/[HM²]
여·물·먼	/HM²/[HM²]
여·물·어·서	/HM³/[HM³]
여·물·거·든	/HM³/[HM³]
여·물·더·라	/HM³/[HM³]
여·물·도·록	/HM³/[HM³]

(150) 정선방언 /올 · 리 · 다/

정선방언	/성조형/[음조형]
올·리·다HM·M(=HM²)	
올·리·지	/HM²/[HM²]
올·리·고	/HM²/[HM²]
올·리·나	/HM²/[HM²]
올·리·먼	/HM²/[HM²]
올·려·서	/HM²/[HM²]
올·례·서	/HM²/[HM²]
올·리·거·든	/HM³/[HM³]
올·리·더·라	/HM³/[HM³]
올·리·도·록	/HM³/[HM³]

(151) 정선방언 /욍 · 기 · 다/

정선방언	/성조형/[음조형]
욍·기·다(移)HM·M(=HM²)	
욍·기·지	/HM²/[HM²]
욍·기·고	/HM²/[HM²]
욍·기·나	/HM²/[HM²]
욍·기·먼	/HM²/[HM²]
욍·게·서	/HM²/[HM²]
욍·기·거·든	/HM³/[HM³]
욍·기·더·라	/HM³/[HM³]
욍·기·도·록	/HM³/[HM³]

(152) 정선방언 /외 · 우 · 다/

정선방언	/성조형/[음조형]
외·우·다HM·M(=HM²)	
외·우·지	/HM²/[HM²]
외·우·고	/HM²/[HM²]
외·우·나	/HM²/[HM²]
외·우·먼	/HM²/[HM²]
외·워·서	/HM²/[HM²]
외·우·거·든	/HM³/[HM³]
외·우·더·라	/HM³/[HM³]
외·우·도·록	/HM³/[HM³]

(153) 정선방언 /이 · 기 · 다/

정선방언	/성조형/[음조형]
이·기·다HM·M(=HM²)	
이·기·지	/HM²/[HM²]

<table>
<tr><td>이·기·고</td><td>/HM²/[HM²]</td></tr>
<tr><td>이·기·나</td><td>/HM²/[HM²]</td></tr>
<tr><td>이·기·먼</td><td>/HM²/[HM²]</td></tr>
<tr><td>이·게·서</td><td>/HM²/[HM²]</td></tr>
<tr><td>이·겨·서</td><td>/HM²/[HM²]</td></tr>
<tr><td>이·기·거·든</td><td>/HM³/[HM³]</td></tr>
<tr><td>이·기·더·라</td><td>/HM³/[HM³]</td></tr>
<tr><td>이·기·도·록</td><td>/HM³/[HM³]</td></tr>
</table>

(154) 정선방언 /입·히·다/

정선방언	/성조형/[음조형]
입·히·다HM·M(=HM²)	
입·히·지	/HM²/[HM²]
입·히·고	/HM²/[HM²]
입·히·나	/HM²/[HM²]
입·히·먼	/HM²/[HM²]
입·페·서	/HM²/[HM²]
입·페·서	/HM²/[HM²]
입·헤·서	/HM²/[HM²]
입·히·거·든	/HM³/[HM³]
입·히·더·라	/HM³/[HM³]
입·히·도·록	/HM³/[HM³]

(155) 정선방언 /자·라·다/

정선방언	/성조형/[음조형]
자·라·다HM·M(=HM²)	
자·라·지	/HM²/[HM²]
자·라·고	/HM²/[HM²]
자·라·나	/HM²/[HM²]
자·라·먼	/HM²/[HM²]
자·라·서	/HM²/[HM²]
자·라·거·든	/HM³/[HM³]
자·라·더·라	/HM³/[HM³]
자·라·도·록	/HM³/[HM³]

(156) 정선방언 /제·리·다/

정선방언	/성조형/[음조형]
제·리·다HM·M(=HM²)	
제·리·지	/HM²/[HM²]
제·리·고	/HM²/[HM²]
제·리·나	/HM²/[HM²]
제·리·먼	/HM²/[HM²]

<table>
<tr><td>제·레·서</td><td>/HM²/[HM²]</td></tr>
<tr><td>제·리·거·든</td><td>/HM³/[HM³]</td></tr>
<tr><td>제·리·더·라</td><td>/HM³/[HM³]</td></tr>
<tr><td>제·리·도·록</td><td>/HM³/[HM³]</td></tr>
</table>

(157) 정선방언 /저·물·다/

정선방언	/성조형/[음조형]
저·물·다HM·M(=HM²)	
저·물·지	/HM²/[HM²]
저·물·고	/HM²/[HM²]
저·무·나	/HM²/[HM²]
저·물·먼	/HM²/[HM²]
저·물·어·서	/HM³/[HM³]
저·물·거·든	/HM³/[HM³]
저·물·더·라	/HM³/[HM³]
저·물·도·록	/HM³/[HM³]

(158) 정선방언 /징·기·다/

정선방언	/성조형/[음조형]
징·기·다HM·M(=HM²)	
징·기·지	/HM²/[HM²]
징·기·고	/HM²/[HM²]
징·기·나	/HM²/[HM²]
징·기·먼	/HM²/[HM²]
징·겨·서	/HM²/[HM²]
징·기·거·든	/HM³/[HM³]
징·기·더·라	/HM³/[HM³]
징·기·도·록	/HM³/[HM³]

(159) 정선방언 /채·루·다/

정선방언	/성조형/[음조형]
채·루·다(饌)HM·M(=HM²)	
채·루·지	/HM²/[HM²]
채·루·고	/HM²/[HM²]
채·루·나	/HM²/[HM²]
채·루·먼	/HM²/[HM²]
채·레·서	/HM²/[HM²]
채·뤄·서	/HM²/[HM²]
채·루·거·든	/HM³/[HM³]
채·루·더·라	/HM³/[HM³]
채·루·도·록	/HM³/[HM³]

(160) 정선방언 /튕·기·다/

정선방언	/성조형/[음조형]
튕·기·다HM·M(=HM²)	
튕·기·지	/HM²/[HM²]
튕·기·고	/HM²/[HM²]
튕·기·나	/HM²/[HM²]
튕·기·먼	/HM²/[HM²]
튕·게·서	/HM²/[HM²]
튕·겨·서	/HM²/[HM²]
튕·궈·서	/HM²/[HM²]
튕·기·거·든	/HM³/[HM³]
튕·기·더·라	/HM³/[HM³]
튕·기·도·록	/HM³/[HM³]

(161) 정선방언 /쬑·이·다/

정선방언	/성조형/[음조형]
쬑·이·다HM·M(=HM²)	
쬑·이·지	/HM²/[HM²]
쬑·이·고	/HM²/[HM²]
쬑·이·나	/HM²/[HM²]
쬑·이·먼	/HM²/[HM²]
쬑·계·서	/HM²/[HM²]
직·에·서	/HM²/[HM²]
쬑·이·거·든	/HM³/[HM³]
쬑·이·더·라	/HM³/[HM³]
쬑·이·도·록	/HM³/[HM³]

(162) 정선방언 /풀·리·다/

정선방언	/성조형/[음조형]
풀·리·다HM·M(=HM²)	
풀·리·지	/HM²/[HM²]
풀·리·고	/HM²/[HM²]
풀·리·나	/HM²/[HM²]
풀·리·먼	/HM²/[HM²]
풀·려·서	/HM²/[HM²]
풀·리·거·든	/HM³/[HM³]
풀·리·더·라	/HM³/[HM³]
풀·리·도·록	/HM³/[HM³]

(163) 정선방언 /푸·르·다/

정선방언	/성조형/[음조형]
푸·르·다HM·M(=HM²)	
푸·르·지	/HM²/[HM²]
푸·르·고	/HM²/[HM²]
푸·르·나	/HM²/[HM²]
푸·르·먼	/HM²/[HM²]
푸·러·서	/HM²/[HM²]
푸·르·거·든	/HM³/[HM³]
푸·르·더·라	/HM³/[HM³]
푸·르·도·록	/HM³/[HM³]

(164) 정선방언 /피·우·다/

정선방언	/성조형/[음조형]
피·우·다HM·M(=HM²)	
피·우·지	/HM²/[HM²]
피·우·고	/HM²/[HM²]
피·우·나	/HM²/[HM²]
피·우·먼	/HM²/[HM²]
피·워·서	/HM²/[HM²]
피·우·거·든	/HM³/[HM³]
피·우·더·라	/HM³/[HM³]
피·우·도·록	/HM³/[HM³]

(165) 정선방언 /흘·리·다/

정선방언	/성조형/[음조형]
흘·리·다HM·M(=HM²)	
흘·리·지	/HM²/[HM²]
흘·리·고	/HM²/[HM²]
흘·리·나	/HM²/[HM²]
흘·리·먼	/HM²/[HM²]
흘·려·서	/HM²/[HM²]
흘·리·거·든	/HM³/[HM³]
흘·리·더·라	/HM³/[HM³]
흘·리·도·록	/HM³/[HM³]

(166) 정선방언 /띠·우·다/

정선방언	/성조형/[음조형]
띠·우·다(漂)HM·M(=HM²)	
띠·우·지	/HM²/[HM²]
띠·우·고	/HM²/[HM²]

띠·우·나 /HM²/[HM²]
띠·우·먼 /HM³/[HM²]
띠·워·서 /HM³/[HM²]
띠·우·거·든 /HM³/[HM³]
띠·우·더·라 /HM³/[HM³]
띠·우·도·록 /HM³/[HM³]

(167) 정선방언 /매·룹·다/ :

정선방언 /성조형/[음조형]
매·룹·다HM·M(=HM²)
매·룹·지 /HM²/[HM²]
매·룹·고 /HM²/[HM²]
매·룹·나 /HM²/[HM²]
매·루·우·먼 /HM³/[HM³]
매·루·워·서 /HM³/[HM³]
매·루·와·서 /HM³/[HM³]
매·룹·거·든 /HM³/[HM³]
매·룹·더·라 /HM³/[HM³]
매·룹·도·록 /HM³/[HM³]

(168) 정선방언 /내·굽·다/ :

정선방언 /성조형/[음조형]
내·굽·다HM·M(=HM²)
내·굽·지 /HM²/[HM²]
내·굽·고 /HM²/[HM²]
내·굽·나 /HM²/[HM²]
내·우·면 /HM²/[HM²]
내·구·우·먼 /HM³/[HM³]
내·구·워·서 /HM³/[HM³]
내·구·와·서 /HM³/[HM³]
내·굽·거·든 /HM³/[HM³]
내·굽·더·라 /HM³/[HM³]
내·굽·도·록 /HM³/[HM³]

(169) 정선방언 /머·물·다/

정선방언 /성조형/[음조형]
머·물·다HM·M(=HM²)
머·물·지 /HM²/[HM²]
머·물·고 /HM²/[HM²]
머·물·나 /HM²/[HM²]
머·물·먼 /HM²/[HM²]
머·물·어·서 /HM³/[HM³]

머·물·거·든 /HM³/[HM³]
머·물·더·라 /HM³/[HM³]
머·물·도·록 /HM³/[HM³]

(170) 정선방언 /머·굼·다/

정선방언 /성조형/[음조형]
머·굼·다HM·M(=HM²)
머·금·다HM·M(=HM²)
머·검·다HM·M(=HM²)
머·굼·지 /HM²/[HM²]
머·굼·고 /HM²/[HM²]
머·굼·나 /HM²/[HM²]
머·굼·우·먼 /HM³/[HM³]
머·굼·어·서 /HM³/[HM³]
머·굼·거·든 /HM³/[HM³]
머·굼·더·라 /HM³/[HM³]
머·굼·도·록 /HM³/[HM³]

(171) 정선방언 /무·굽·다/

정선방언 /성조형/[음조형]
무·굽·다HM·M(=HM²)
무·굽·지 /HM²/[HM²]
무·굽·고 /HM²/[HM²]
무·굽·나 /HM²/[HM²]
무·구·우·먼 /HM³/[HM²]
무·구·워·서 /HM³/[HM²]
무·구·와·서 /HM³/[HM³]
무·굽·거·든 /HM³/[HM³]
무·굽·더·라 /HM³/[HM³]
무·굽·도·록 /HM³/[HM³]

(172) 정선방언 /무·숩·다/

정선방언 /성조형/[음조형]
무·숩·다HM·M(=HM²)
무·숩·지 /HM²/[HM²]
무·숩·고 /HM²/[HM²]
무·숩·나 /HM²/[HM²]
무·수·우·먼 /HM³/[HM³]
무·수·워·서 /HM³/[HM³]
무·수·와·서 /HM³/[HM³]
무·숩·거·든 /HM³/[HM³]
무·숩·더·라 /HM³/[HM³]

무·숩·도·록　　　　　　/HM³/[HM³]

(173) 정선방언 /베 · 풀 · 다/

정선방언	/성조형/[음조형]
베·풀·다HM·M(=HM²)	
베·풀·지	/HM²/[HM²]
베·풀·고	/HM²/[HM²]
베·풀·나	/HM²/[HM²]
베·풀·먼	/HM²/[HM²]
베푸·러·서	/H²M²/[MHM²]
베푸러·서	/H³M/[MʜHM]
베·풀·거·든	/HM³/[HM³]
베·풀·더·라	/HM³/[HM³]
베·풀·도·록	/HM³/[HM³]

(174) 정선방언 /보 · 내 · 다/

정선방언	/성조형/[음조형]
보·내·다HM·M(=HM²)	
보·내·지	/HM²/[HM²]
보·내·고	/HM²/[HM²]
보·내·나	/HM²/[HM²]
보·내·먼	/HM²/[HM²]
보·내·서	/HM²/[HM²]
보·내·거·든	/HM³/[HM³]
보·내·더·라	/HM³/[HM³]
보·내·도·록	/HM³/[HM³]

(175) 정선방언 /보 · 채 · 다/

정선방언	/성조형/[음조형]
보·채·다HM·M(=HM²)	
보·채·고	/HM²/[HM²]
보·채·지	/HM²/[HM²]
보·채·나	/HM²/[HM²]
보·채·먼	/HM²/[HM²]
보·채·서	/HM²/[HM²]
보·채·거·든	/HM³/[HM³]
보·채·더·라	/HM³/[HM³]
보·채·도·록	/HM³/[HM³]

(176) 정선방언 /씨 · 들 · 다/

정선방언	/성조형/[음조형]
씨·들·다HM·M(=HM²)	
씨·들·지	/HM²/[HM²]
씨·들·고	/HM²/[HM²]
씨·들·나	/HM²/[HM²]
씨·들·먼	/HM²/[HM²]
씨·들·어·서	/HM³/[HM³]
씨·들·거·든	/HM³/[HM³]
씨·들·더·라	/HM³/[HM³]
씨·들·도·록	/HM³/[HM³]

(177) 정선방언 /끊 · 기 · 이 · 다/

정선방언	/성조형/[음조형]
끊·기·이·다HM²·M(=HM³)	
끊·기·이·지	/HM³/[HM³]
끊·기·이·고	/HM³/[HM³]
끊·기·이·나	/HM³/[HM³]
끊·기·이·먼	/HM³/[HM³]
끊·게·에·서	/HM³/[HM³]
끊·기·이·거·든	/HM⁴/[HM⁴]
끊·기·이·더·라	/HM⁴/[HM⁴]
끊·기·이·도·록	/HM⁴/[HM⁴]

(178) 정선방언 /물 · 다/

정선방언	/성조형/[음조형]
물·다(咬)H~M̌·M(=HM)	
물·지	/HM/[HM]
물·고	/HM/[HM]
물·나	/HM/[HM]
:물·나	/M̌²/[M̌H]
물·먼	/HM/[HM]
물·어·서	/HM²/[HM²]
물거·든	/H²M/[MHM]
물더·라	/H²M/[MHM]
물도·록	/H²M/[MHM]
물·도·록	/HM²/[HM²]

(179) 정선방언 /페 · 다/

정선방언	/성조형/[음조형]
페·다(伸)H~M̌·M(=HM)	

페·지 /HM/[HM]
페·고 /HM/[HM]
페·나 /HM/[HM]
페·먼 /HM/[HM]
페·에·서 $/HM^2/[HM^2]$
:페·서 $/\check{M}^2/[\check{M}H]$
페거·든 $/H^2M/[MHM]$
페더·라 $/H^2M/[MHM]$
페도·록 $/H^2M/[MHM]$

(180) 정선방언 /때·애·다/

정선방언　　　　　　/성조형/[음조형]
때·애·다H∼M̌·M(=HM^2)
때·애·지 $/HM^2/[HM^2]$
때·애·고 $/HM^2/[HM^2]$
때·애·나 $/HM^2/[HM^2]$
때·애·면 $/HM^2/[HM^2]$
때·애·서 $/HM^2/[HM^2]$
:때·서 $/\check{M}^2/[\check{M}H]$
때·애·거·든 $/HM^3/[HM^3]$
때·애·더·라 $/HM^3/[HM^3]$
때·애·도·록 $/HM^3/[HM^3]$

(181) 정선방언 /외·외·다/

정선방언　　　　　　/성조형/[음조형]
외·우·다HM·M(=HM^2)
외·외·다[ööda]HM∼M̌·M(=HM^2)
외·외·지 $/HM^2/[HM^2]$
외·외·고 $/HM^2/[HM^2]$
외·외·나 $/HM^2/[HM^2]$
:외·나 $/\check{M}^2/[\check{M}H]$
외·외·면 $/HM^2/[HM^2]$
:외·면 $/\check{M}^2/[\check{M}H]$
외·외·에·서 $/HM^3/[HM^3]$
외·외·거·든 $/HM^3/[HM^3]$
외·외·더·라 $/HM^3/[HM^3]$
외·외·도·록 $/HM^3/[HM^3]$

(182) 정선방언 /보·채·애·다/

정선방언　　　　　　/성조형/[음조형]
보·채·애·다HM²·M(=HM^3)
보·채·애·고 $/HM^3/[HM^3]$

보·채·애·지 $/HM^3/[HM^3]$
보·채·애·나 $/HM^3/[HM^3]$
보·채·애·먼 $/HM^3/[HM^3]$
보·채·애·서 $/HM^3/[HM^3]$
보·채·애·거·든 $/HM^4/[HM^4]$
보·채·애·더·라 $/HM^4/[HM^4]$
보·채·애·도·록 $/HM^4/[HM^4]$

(183) 정선방언 /뚜 · 디 · 레 · 다/

정선방언　　　　　　/성조형/[음조형]
뚜·디·레·다HM²·M(=HM^3)
뚜·디·레·지 $/HM^3/[HM^3]$
뚜·디·레·고 $/HM^3/[HM^3]$
뚜·디·레·나 $/HM^3/[HM^3]$
뚜·디·레·먼 $/HM^3/[HM^3]$
뚜·디·레·서 $/HM^3/[HM^3]$
뚜·디·레·거·든 $/HM^4/[HM^4]$
뚜·디·레·더·라 $/HM^4/[HM^4]$
뚜·디·레·도·록 $/HM^4/[HM^4]$

(184) 정선방언 /뚜 · 드 · 레 · 다/

정선방언　　　　　　/성조형/[음조형]
뚜·드·레·다HM²·M(=HM^3)
뚜·드·레·지 $/HM^3/[HM^3]$
뚜·드·레·고 $/HM^3/[HM^3]$
뚜·드·레·나 $/HM^3/[HM^3]$
뚜·드·레·먼 $/HM^3/[HM^3]$
뚜·드·레·서 $/HM^3/[HM^3]$
뚜·드·레·거·든 $/HM^4/[HM^4]$
뚜·드·레·더·라 $/HM^4/[HM^4]$
뚜·드·레·도·록 $/HM^4/[HM^4]$

(185) 정선방언 /버 · 무 · 레 · 다/

정선방언　　　　　　/성조형/[음조형]
버·무·레·다HM²·M(=HM^3)
버·무·레·지 $/HM^3/[HM^3]$
버·무·레·고 $/HM^3/[HM^3]$
버·무·레·나 $/HM^3/[HM^3]$
버·무·레·먼 $/HM^3/[HM^3]$
버·무·려·서 $/HM^3/[HM^3]$
버·무·레·서 $/HM^3/[HM^3]$
버·무·레·거·든 $/HM^4/[HM^4]$

버·무·레·더·라	/HM⁴/[HM⁴]
버·무·레·도·록	/HM⁴/[HM⁴]

2.3. 평복형 풀이씨와 씨끝의 결합 자료

(186) 정선방언 /모르 · 다/

정선방언	/성조형/[음조형]
모르·다H²~M̆·M(=H²M)	
모루·다H²~M̆·M(=H²M)	
모르·지	/H²M/[MHM]
모르·고	/H²M/[MHM]
모르·나	/H²M/[MHM]
모르·먼	/H²M/[MHM]
모르거·든	/H³M/[MʜHM]
모르더·라	/H³M/[MʜHM]
모르도·록	/H³M/[MʜHM]
:몰·라·서	/M̆³/[M̆HM]
:몰·라·도	/M̆³/[M̆HM]
:몰·랐·다	/M̆³/[M̆HM]

(187) 정선방언 /가늘 · 다/

정선방언	/성조형/[음조형]
가늘·다H²·M	
가늘·지	/H²M/[MHM]
가늘·고	/H²M/[MHM]
가늘·나	/H²M/[MHM]
가늘·먼	/H²M/[MHM]
가늘어·서	/H³M/[MʜHM]
가늘거·든	/H³M/[MʜHM]
가늘더·라	/H³M/[MʜHM]
가늘도·록	/H³M/[MʜHM]

(188) 정선방언 /가물 · 다/

정선방언	/성조형/[음조형]
가물·다H²·M	
가물·지	/H²M/[MHM]
가물·고	/H²M/[MHM]
가물·나	/H²M/[MHM]
가무·먼	/H²M/[MHM]
가물어·서	/H³M/[MʜHM]

가물거·든	/H³M/[MʜHM]
가물더·라	/H³M/[MʜHM]
가물도·록	/H³M/[MʜHM]

(189) 정선방언 /가붑 · 다/

정선방언	/성조형/[음조형]
가붑·다(輕)H²·M	
가붑·지	/H²M/[MHM]
가붑·고	/H²M/[MHM]
가붑·나	/H²M/[MHM]
가붑·먼	/H²M/[MHM]
가벼우·먼	/H²M/[MʜHM]
가벼워·서	/H²M/[MʜHM]
가벼와·서	/H²M/[MʜHM]
가붑거·든	/H³M/[MʜHM]
가붑더·라	/H³M/[MʜHM]
가붑도·록	/H³M/[MʜHM]

(190) 정선방언 /개루 · 다/

정선방언	/성조형/[음조형]
개루·다~가루·다H²·M	
개루·지	/H²M/[MHM]
개루·고	/H²M/[MHM]
개루·나	/H²M/[MHM]
개루·먼	/H²M/[MHM]
개루워·서	/H³M/[MʜHM]
개루거·든	/H³M/[MʜHM]
개루더·라	/H³M/[MʜHM]
개루도·록	/H³M/[MʜHM]
개루·도·록	/H²M²/[MHM²]
개루·두·룩	/H²M²/[MHM²]

(191) 정선방언 /갬기 · 다/

정선방언	/성조형/[음조형]
갬기·다H²·M	
갬기·지	/H²M/[MHM]
갬기·고	/H²M/[MHM]
갬기·나	/H²M/[MHM]
갬기·먼	/H²M/[MHM]
갬게에·서	/H³M/[MʜHM]
갬기거·든	/H³M/[MʜHM]
갬기더·라	/H³M/[MʜHM]

갬기도·록	/H³M/[MʜHM]

(192) 정선방언 /그르 · 다/

정선방언	/성조형/[음조형]
그르·다H²·M	
그르·지	/H²M/[MHM]
그르·고	/H²M/[MHM]
그르·나	/H²M/[MHM]
그르·먼	/H²M/[MHM]
글러·서	/H²M/[MHM]
그르거·든	/H³M/[MʜHM]
그르더·라	/H³M/[MʜHM]
그르도·록	/H³M/[MʜHM]

(193) 정선방언 /두 · 럽 · 다/

정선방언	/성조형/[음조형]
두럽·다(恐)H²·M	
두럽·지	/H²M/[MHM]
두럽·고	/H²M/[MHM]
두럽·나	/H²M/[MHM]
두루·우·먼	/H²M²/[MHM²]
두루·와·서	/H²M²/[MHM²]
두럽·거·든	/H²M²/[MHM²]
두럽·더·라	/H²M²/[MHM²]
두럽·도·록	/H²M²/[MHM²]

(194) 정선방언 /챙구 · 다/

정선방언	/성조형/[음조형]
챙구·다(充)H²·M	
챙구·지	/H²M/[MHM]
챙구·고	/H²M/[MHM]
챙구·나	/H²M/[MHM]
챙구·먼	/H²M/[MHM]
챙궈·서	/H²M/[MHM]
챙구·거·든	/H²M²/[MHM²]
챙구·더·라	/H²M²/[MHM²]
챙구·도·록	/H²M²/[MHM²]

(195) 정선방언 /그리 · 다/

정선방언	/성조형/[음조형]
그리·다H²·M	

그리·지	/H²M/[MHM]
그리·고	/H²M/[MHM]
그리·나	/H²M/[MHM]
그리·먼	/H²M/[MHM]
그려·서	/H²M/[MHM]
그레·서	/H²M/[MHM]
그리거·든	/H³M/[MʜHM]
그리더·라	/H³M/[MʜHM]
그리도·록	/H³M/[MʜHM]
그리·도·록	/H²M²/[MHM²]

(196) 정선방언 /지푸 · 다/

정선방언	/성조형/[음조형]
지푸·다(深)H²·M	
지푸·지	/H²M/[MHM]
지푸·고	/H²M/[MHM]
지푸·나	/H²M/[MHM]
지푸·먼	/H²M/[MHM]
지퍼·서	/H²M/[MHM]
지푸거·든	/H³M/[MʜHM]
지푸더·라	/H³M/[MʜHM]
지푸도·록	/H³M/[MʜHM]

(197) 정선방언 /까맣 · 다/

정선방언	/성조형/[음조형]
까맣·다H²·M	
까맣·지	/H²M/[MHM]
까맣·고	/H²M/[MHM]
까맣·나	/H²M/[MHM]
까마·먼	/H²M/[MHM]
까매·서	/H²M/[MHM]
까맣거·든	/H³M/[MʜHM]
까맣더·라	/H³M/[MʜHM]
까맣도·록	/H³M/[MʜHM]

(198) 정선방언 /꺼멓 · 다/

정선방언	/성조형/[음조형]
꺼멓·다H²·M	
꺼멓·지	/H²M/[MHM]
꺼멓·고	/H²M/[MHM]
꺼멓·나	/H²M/[MHM]
꺼머·먼	/H²M/[MHM]

꺼메·서　　　　　　　/H²M/[MHM]
꺼멓거·든　　　　　　/H³M/[MʜHM]
꺼멓더·라　　　　　　/H³M/[MʜHM]
꺼멓도·록　　　　　　/H³M/[MʜHM]

(199) 정선방언　/꺼지 · 다/

정선방언　　　　　　/성조형/[음조형]
꺼지·다H²·M
꺼지·지　　　　　　　/H²M/[MHM]
꺼지·고　　　　　　　/H²M/[MHM]
꺼지·나　　　　　　　/H²M/[MHM]
꺼지·면　　　　　　　/H²M/[MHM]
꺼져·서　　　　　　　/H²M/[MHM]
꺼지거·든　　　　　　/H³M/[MʜHM]
꺼지더·라　　　　　　/H³M/[MʜHM]
꺼지도·록　　　　　　/H³M/[MʜHM]

(200) 정선방언　/꾸미 · 다/

정선방언　　　　　　/성조형/[음조형]
꾸미·다H²·M
꾸미·지　　　　　　　/H²M/[MHM]
꾸미·고　　　　　　　/H²M/[MHM]
꾸미·나　　　　　　　/H²M/[MHM]
꾸미·면　　　　　　　/H²M/[MHM]
꾸매·서　　　　　　　/H²M/[MHM]
꾸미거·든　　　　　　/H³M/[MʜHM]
꾸미더·라　　　　　　/H³M/[MʜHM]
꾸미도·록　　　　　　/H³M/[MʜHM]

(201) 정선방언　/농구 · 다/

정선방언　　　　　　/성조형/[음조형]
농구·다(分)H²·M
농구·지　　　　　　　/H²M/[MHM]
농구·고　　　　　　　/H²M/[MHM]
농구·나　　　　　　　/H²M/[MHM]
농구·면　　　　　　　/H²M/[MHM]
농구어·서　　　　　　/H³M/[MʜHM]
농구거·든　　　　　　/H³M/[MʜHM]
농구더·라　　　　　　/H³M/[MʜHM]
농구도·록　　　　　　/H³M/[MʜHM]

(202) 정선방언　/늘구 · 다/

정선방언　　　　　　/성조형/[음조형]
늘구·다H²·M
늘구·지　　　　　　　/H²M/[MHM]
늘구·고　　　　　　　/H²M/[MHM]
늘구·나　　　　　　　/H²M/[MHM]
늘구·면　　　　　　　/H²M/[MHM]
늘궈어·서　　　　　　/H³M/[MʜHM]
늘구거·든　　　　　　/H³M/[MʜHM]
늘구더·라　　　　　　/H³M/[MʜHM]
늘구도·록　　　　　　/H³M/[MʜHM]

(203) 정선방언　/이르 · 다/

정선방언　　　　　　/성조형/[음조형]
이르·다(到)H²·M
이르·지　　　　　　　/H²M/[MHM]
이르·고　　　　　　　/H²M/[MHM]
이르·나　　　　　　　/H²M/[MHM]
이르·면　　　　　　　/H²M/[MHM]
일·러·서　　　　　　/HM²/[HM²]
이르거·든　　　　　　/H³M/[MʜHM]
이르더·라　　　　　　/H³M/[MʜHM]
이르도·록　　　　　　/H³M/[MʜHM]

(204) 정선방언　/따듬 · 다/

정선방언　　　　　　/성조형/[음조형]
따듬·다H²·M
따듬·지　　　　　　　/H²M/[MHM]
따듬·고　　　　　　　/H²M/[MHM]
따듬·나　　　　　　　/H²M/[MHM]
따듬·우·면　　　　　/H²M²/[MHM²]
따듬·어·서　　　　　/H²M²/[MHM²]
따듬거·든　　　　　　/H³M/[MʜHM]
따듬더·라　　　　　　/H³M/[MʜHM]
따듬도·록　　　　　　/H³M/[MʜHM]

(205) 정선방언　/다루 · 다/

정선방언　　　　　　/성조형/[음조형]
다루·다(術)H²·M
다루·지　　　　　　　/H²M/[MHM]
다루·고　　　　　　　/H²M/[MHM]

다루·나	/H²M/[MHM]
다루·우·먼	/H³M/[MнHM]
다루·어·서	/H³M/[MнHM]
다루거·든	/H³M/[MнHM]
다루더·라	/H³M/[MнHM]
다루도·록	/H³M/[MнHM]

(206) 정선방언 /다투 · 다/

정선방언	/성조형/[음조형]
다투·다H²·M	
다투·지	/H²M/[MHM]
다투·고	/H²M/[MHM]
다투·나	/H²M/[MHM]
다투·먼	/H²M/[MHM]
다퉈·서	/H²M/[MHM]
다투·어·서	/H²M²/[MHM²]
다투거·든	/H³M/[MнHM]
다투더·라	/H³M/[MнHM]
다투도·록	/H³M/[MнHM]

(207) 정선방언 /다닫 · 다/

정선방언	/성조형/[음조형]
다닫·다H²·M	
다닫·지	/H²M/[MHM]
다닫·고	/H²M/[MHM]
다닫·나	/H²M/[MHM]
다다르·먼	/H³M/[MнHM]
다다러·서	/H³M/[MнHM]
다닫거·든	/H³M/[MнHM]
다닫더·라	/H³M/[MнHM]
다닫도·록	/H³M/[MнHM]

(208) 정선방언 /담구 · 다/

정선방언	/성조형/[음조형]
담구·다H²·M	
담구·지	/H²M/[MHM]
담구·고	/H²M/[MHM]
담구·나	/H²M/[MHM]
담구·먼	/H²M/[MHM]
담구·어·서	/H²M²/[MHM²]
담구거·든	/H³M/[MнHM]
담구더·라	/H³M/[MнHM]
담구도·록	/H³M/[MнHM]

(209) 정선방언 /더하 · 다/

정선방언	/성조형/[음조형]
더하·다H²·M	
더하·지	/H²M/[MHM]
더하·고	/H²M/[MHM]
더하·나	/H²M/[MHM]
더하·먼	/H²M/[MHM]
더해·서	/H²M/[MHM]
더하거·든	/H³M/[MнHM]
더하더·라	/H³M/[MнHM]
더하도·록	/H³M/[MнHM]

(210) 정선방언 /드리 · 다/

정선방언	/성조형/[음조형]
드리·다H²·M	
드리·지	/H²M/[MHM]
드리·고	/H²M/[MHM]
드리·나	/H²M/[MHM]
드리·먼	/H²M/[MHM]
드레·서	/H²M/[MHM]
드리·거·든	/H²M²/[MHM²]
드리·더·라	/H²M²/[MHM²]
드리·도·록	/H²M²/[MHM²]

(211) 정선방언 /드물 · 다/

정선방언	/성조형/[음조형]
드물·다H²·M	
드물·지	/H²M/[MHM]
드물·고	/H²M/[MHM]
드무·나	/H²M/[MHM]
드물·먼	/H²M/[MHM]
드물어·서	/H³M/[MнHM]
드물거·든	/H³M/[MнHM]
드물더·라	/H³M/[MнHM]
드물도·록	/H³M/[MнHM]

(212) 정선방언 /따굽 · 다/

정선방언	/성조형/[음조형]
따굽·다H²·M	

따굽·지	/H²M/[MHM]
따굽·고	/H²M/[MHM]
따굽·나	/H²M/[MHM]
따구우·면	/H³M/[MʜHM]
따구워·서	/H³M/[MʜHM]
따구와·서	/H³M/[MʜHM]
따굽거·든	/H³M/[MʜHM]
따굽더·라	/H³M/[MʜHM]
따굽도·록	/H³M/[MʜHM]

(213) 정선방언 /따루 · 다/

정선방언	/성조형/[음조형]
따루·다(酌)H²·M	
따루·지	/H²M/[MHM]
따루·고	/H²M/[MHM]
따루·나	/H²M/[MHM]
따루우·면	/H³M/[MʜHM]
따뤄·서	/H²M/[MHM]
따루거·든	/H³M/[MʜHM]
따루더·라	/H³M/[MʜHM]
따루도·록	/H³M/[MʜHM]

(214) 정선방언 /따시 · 다/

정선방언	/성조형/[음조형]
따시·다H²·M	
따시·지	/H²M/[MHM]
따시·고	/H²M/[MHM]
따시·나	/H²M/[MHM]
따시·면	/H²M/[MHM]
따세·서	/H²M/[MHM]
따셰·서	/H²M/[MHM]
따시에·서	/H³M/[MʜHM]
따시거·든	/H³M/[MʜHM]
따시더·라	/H³M/[MʜHM]
따시도·록	/H³M/[MʜHM]

(215) 정선방언 /떠나 · 다/

정선방언	/성조형/[음조형]
떠나·다H²·M	
떠나·지	/H²M/[MHM]
떠나·고	/H²M/[MHM]
떠나·나	/H²M/[MHM]

떠나·먼	/H²M/[MHM]
떠나·서	/H²M/[MHM]
떠나거·든	/H³M/[MʜHM]
떠나더·라	/H³M/[MʜHM]
떠나도·록	/H³M/[MʜHM]

(216) 정선방언 /뚜굽 · 다/

정선방언	/성조형/[음조형]
뚜굽·다H²·M	
뚜굽·지	/H²M/[MHM]
뚜굽·고	/H²M/[MHM]
뚜굽·나	/H²M/[MHM]
뚜구우·면	/H³M/[MʜHM]
뚜구워·서	/H³M/[MʜHM]
뚜구와·서	/H³M/[MʜHM]
뚜굽거·든	/H³M/[MʜHM]
뚜굽더·라	/H³M/[MʜHM]
뚜굽도·록	/H³M/[MʜHM]

(217) 정선방언 /마르 · 다/

정선방언	/성조형/[음조형]
마르·다(燥)H²·M	
마르·지	/H²M/[MHM]
마르·고	/H²M/[MHM]
마르·나	/H²M/[MHM]
마르·먼	/H²M/[MHM]
말라·서	/H²M/[MHM]
말러·서	/H²M/[MHM]
마르거·든	/H³M/[MʜHM]
마르더·라	/H³M/[MʜHM]
마르도·록	/H³M/[MʜHM]

(218) 정선방언 /맥히 · 다/

정선방언	/성조형/[음조형]
맥히·다H²·M	
맥히·지	/H²M/[MHM]
맥히·고	/H²M/[MHM]
맥히·나	/H²M/[MHM]
맥히·먼	/H²M/[MHM]
맥헤·서	/H²M/[MHM]
맥히에·서	/H³M/[MʜHM]
맥히거·든	/H³M/[MʜHM]

맥히더·라	/H³M/[MнHM]
맥히도·록	/H³M/[MнHM]

(219) 정선방언 /말유 · 다/

정선방언	/성조형/[음조형]
말유·다(燥)H²·M	
말유·지	/H²M/[MHM]
말유·고	/H²M/[MHM]
말유·나	/H²M/[MHM]
말유·먼	/H²M/[MHM]
말루·어·서	/H²M²/[MHM²]
말유거·든	/H³M/[MнHM]
말유더·라	/H³M/[MнHM]
말유도·록	/H³M/[MнHM]

(220) 정선방언 /말루 · 다/

정선방언	/성조형/[음조형]
말루·다(燥)H²·M	
말루·지	/H²M/[MHM]
말루·고	/H²M/[MHM]
말루·나	/H²M/[MHM]
말루·먼	/H²M/[MHM]
말루·어·서	/H²M²/[MHM²]
말루거·든	/H³M/[MнHM]
말루더·라	/H³M/[MнHM]
말루도·록	/H³M/[MнHM]

(221) 정선방언 /매이 · 다/

정선방언	/성조형/[음조형]
매이·다H²·M	
매이·지	/H²M/[MHM]
매이·고	/H²M/[MHM]
매이·나	/H²M/[MHM]
매이·먼	/H²M/[MHM]
매여·서	/H²M/[MHM]
매예·서	/H²M/[MHM]
매이거·든	/H³M/[MнHM]
매이더·라	/H³M/[MнHM]
매이도·록	/H³M/[MнHM]
매예·도·록	/H²M²/[MHM²]

(222) 정선방언 /모두 · 다/

정선방언	/성조형/[음조형]
모두·다H²·M	
모두·지	/H²M/[MHM]
모두·고	/H²M/[MHM]
모두·나	/H²M/[MHM]
모두·먼	/H²M/[MHM]
모둬·서	/H²M/[MHM]
모두거·든	/H³M/[MнHM]
모두더·라	/H³M/[MнHM]
모두도·록	/H³M/[MнHM]

(223) 정선방언 /모이 · 다/

정선방언	/성조형/[음조형]
모이·다H²·M	
모이·지	/H²M/[MHM]
모이·고	/H²M/[MHM]
모이·나	/H²M/[MHM]
모이·먼	/H²M/[MHM]
모예·서	/H²M/[MHM]
모예·에·서	/H²M²/[MHM²]
모이거·든	/H³M/[MнHM]
모이더·라	/H³M/[MнHM]
모이도·록	/H³M/[MнHM]

(224) 정선방언 /무르 · 다/

정선방언	/성조형/[음조형]
무르·다H²·M	
무르·지	/H²M/[MHM]
무르·고	/H²M/[MHM]
무르·나	/H²M/[MHM]
무르·먼	/H²M/[MHM]
물·러·서	/HM²/[HM²]
무르거·든	/H³M/[MнHM]
무르더·라	/H³M/[MнHM]
무르도·록	/H³M/[MнHM]

(225) 정선방언 /바꾸 · 다/

정선방언	/성조형/[음조형]
바꾸·다H²·M	
바꾸·지	/H²M/[MHM]

바꾸·고	/H²M/[MHM]
바꾸·나	/H²M/[MHM]
바꾸·먼	/H²M/[MHM]
바꿔·서	/H²M/[MHM]
바꿔·어·서	/H²M²/[MHM²]
바꾸거·든	/H³M/[MʜHM]
바꾸더·라	/H³M/[MʜHM]
바꾸도·록	/H³M/[MʜHM]

(226) 정선방언 /바래·다/

정선방언	/성조형/[음조형]
바래·다(望)H²·M	
바래·지	/H²M/[MHM]
바래·고	/H²M/[MHM]
바래·나	/H²M/[MHM]
바래·먼	/H²M/[MHM]
바래·서	/H²M/[MHM]
바래·애·서	/H²M²/[MHM²]
바래거·든	/H³M/[MʜHM]
바래더·라	/H³M/[MʜHM]
바래도·록	/H³M/[MʜHM]

(227) 정선방언 /바뿌·다/

정선방언	/성조형/[음조형]
바뿌·다(忙)H²·M	
바뿌·지	/H²M/[MHM]
바뿌·고	/H²M/[MHM]
바뿌·나	/H²M/[MHM]
바뿌·먼	/H²M/[MHM]
바·뻐·서	/HM²/[HM²]
바뿌거·든	/H³M/[MʜHM]
바뿌더·라	/H³M/[MʜHM]
바뿌도·록	/H³M/[MʜHM]

(228) 정선방언 /반겁·다/

정선방언	/성조형/[음조형]
반겁·다H²·M	
반겁·지	/H²M/[MHM]
반겁·고	/H²M/[MHM]
반거우·나	/H³M/[MʜHM]
반거우·먼	/H³M/[MʜHM]
반거워·서	/H³M/[MʜHM]

반거와·서	/H³M/[MʜHM]
반겁거·든	/H³M/[MʜHM]
반겁더·라	/H³M/[MʜHM]
반겁도·록	/H³M/[MʜHM]

(229) 정선방언 /발구·다/

정선방언	/성조형/[음조형]
발구·다(辜)H²·M	
발구·지	/H²M/[MHM]
발구·고	/H²M/[MHM]
발구·나	/H²M/[MHM]
발구·우·먼	/H²M²/[MHM²]
발궈·서	/H²M/[MHM]
발구거·든	/H³M/[MʜHM]
발구더·라	/H³M/[MʜHM]
발구도·록	/H³M/[MʜHM]

(230) 정선방언 /고푸·다/

정선방언	/성조형/[음조형]
고푸·다H²·M	
고푸·지	/H²M/[MHM]
고푸·고	/H²M/[MHM]
고푸·나	/H²M/[MHM]
고푸·먼	/H²M/[MHM]
고풔·서	/H²M/[MHM]
고푸거·든	/H³M/[MʜHM]
고푸더·라	/H³M/[MʜHM]
고푸도·록	/H³M/[MʜHM]

(231) 정선방언 /부리·다/

정선방언	/성조형/[음조형]
부리·다(使)H²·M	
부리·지	/H²M/[MHM]
부리·고	/H²M/[MHM]
부리·나	/H²M/[MHM]
부리·먼	/H²M/[MHM]
부례에·서	/H³M/[MʜHM]
부리거·든	/H³M/[MʜHM]
부리더·라	/H³M/[MʜHM]
부리도·록	/H³M/[MʜHM]

(232) 정선방언 /부루·다/

정선방언	/성조형/[음조형]
부루·다(呼)H²·M	
부루·지	/H²M/[MHM]
부루·고	/H²M/[MHM]
부루·나	/H²M/[MHM]
부루·먼	/H²M/[MHM]
불·루·서	/HM²/[HM²]
부루거·든	/H³M/[MʜHM]
부루더·라	/H³M/[MʜHM]
부루도·록	/H³M/[MʜHM]

(233) 정선방언 /부시·다/

정선방언	/성조형/[음조형]
부시·다H²·M	
부시·지	/H²M/[MHM]
부시·고	/H²M/[MHM]
부시·나	/H²M/[MHM]
부시·먼	/H²M/[MHM]
부셔·어·서	/H²M²/[MHM²]
부세·에·서	/H²M²/[MHM²]
부셰·에·서	/H²M²/[MHM²]
부시거·든	/H³M/[MʜHM]
부시더·라	/H³M/[MʜHM]
부시도·록	/H³M/[MʜHM]

(234) 정선방언 /빠르·다/

정선방언	/성조형/[음조형]
빠르·다H²·M	
빠르·지	/H²M/[MHM]
빠르·고	/H²M/[MHM]
빠르·나	/H²M/[MHM]
빠르·먼	/H²M/[MHM]
빨·러·서	/HM²/[HM²]
빨·라·서	/HM²/[HM²]
빠르거·든	/H³M/[MʜHM]
빠르더·라	/H³M/[MʜHM]
빠르도·록	/H³M/[MʜHM]

(235) 정선방언 /빠지·다/

정선방언	/성조형/[음조형]
빠지·다H²·M	
빠지·지	/H²M/[MHM]
빠지·고	/H²M/[MHM]
빠지·나	/H²M/[MHM]
빠지·먼	/H²M/[MHM]
빠저·서	/H²M/[MHM]
빠져·서	/H²M/[MHM]
빠지거·든	/H³M/[MʜHM]
빠지더·라	/H³M/[MʜHM]
빠지도·록	/H³M/[MʜHM]

(236) 정선방언 /뿌시·다/

정선방언	/성조형/[음조형]
뿌시·다H²·M	
뿌시·지	/H²M/[MHM]
뿌시·고	/H²M/[MHM]
뿌시·나	/H²M/[MHM]
뿌시·먼	/H²M/[MHM]
부세·에·서	/H²M²/[MHM²]
뿌시거·든	/H³M/[MʜHM]
뿌시더·라	/H³M/[MʜHM]
뿌시·더·라	/H²M²/[MHM²]
뿌시도·록	/H³M/[MʜHM]
뿌시·도·록	/H²M²/[MHM²]

(237) 정선방언 /살피·다/

정선방언	/성조형/[음조형]
살피·다HM·M(=HM²)	
살피·지	/H²M/[MHM]
살피·고	/H²M/[MHM]
살피·나	/H²M/[MHM]
살피·먼	/H²M/[MHM]
살페·서	/H²M/[MHM]
살피거·든	/H³M/[MʜHM]
살피·거·든	/H²M²/[MHM²]
살피더·라	/H³M/[MʜHM]
살피·더·라	/H²M²/[MHM²]
살피도·록	/H³M/[MʜHM]
살피·도·록	/H²M²/[MHM²]

(238) 정선방언 /아푸·다/

정선방언	/성조형/[음조형]
아푸·다H²·M	
아푸·지	/H²M/[MHM]
아푸·고	/H²M/[MHM]
아푸·나	/H²M/[MHM]
아푸·면	/H²M/[MHM]
아퍼·서	/H²M/[MHM]
아파·서	/H²M/[MHM]
아푸거·든	/H³M/[MʜHM]
아푸더·라	/H³M/[MʜHM]
아푸도·록	/H³M/[MʜHM]

(239) 정선방언 /안지·다/

정선방언	/성조형/[음조형]
안지·지	/H²M/[MHM]
안지·고	/H²M/[MHM]
안지·나	/H²M/[MHM]
안지·면	/H²M/[MHM]
안제·서	/H²M/[MHM]
안지거·든	/H³M/[MʜHM]
안지더·라	/H³M/[MʜHM]
안지도·록	/H³M/[MʜHM]

(240) 정선방언 /어질·다/

정선방언	/성조형/[음조형]
어질·다(仁)H²·M	
어질·지	/H²M/[MHM]
어질·고	/H²M/[MHM]
어지·나	/H²M/[MHM]
어질·면	/H²M/[MHM]
어지러·서	/H³M/[MʜHM]
어질거·든	/H³M/[MʜHM]
어질더·라	/H³M/[MʜHM]
어질도·록	/H³M/[MʜHM]

(241) 정선방언 /아꿉·다/

정선방언	/성조형/[음조형]
아꿉·다H²·M	
아꿉·지	/H²M/[MHM]
아꿉·고	/H²M/[MHM]

(241 계속)

아꿉·나	/H²M/[MHM]
아꾸우·먼	/H³M/[MʜHM]
아꾸워·서	/H³M/[MʜHM]
아꾸와·서	/H³M/[MʜHM]
아꿉거·든	/H³M/[MʜHM]
아꿉더·라	/H³M/[MʜHM]
아꿉도·록	/H³M/[MʜHM]

(242) 정선방언 /아껍·다/

정선방언	/성조형/[음조형]
아껍·다H²·M	
아껍·지	/H²M/[MHM]
아껍·고	/H²M/[MHM]
아껍·나	/H²M/[MHM]
아꺼우·먼	/H³M/[MʜHM]
아꺼워·서	/H³M/[MʜHM]
아꺼와·서	/H³M/[MʜHM]
아껍거·든	/H³M/[MʜHM]
아껍더·라	/H³M/[MʜHM]
아껍도·록	/H³M/[MʜHM]

(243) 정선방언 /차굽·다/

정선방언	/성조형/[음조형]
차굽·다(冷)H²·M	
차굽·지	/H²·M/[MHM]
차굽·고	/H²·M/[MHM]
차굽·나	/H²·M/[MHM]
차구·우·먼	/H²·M²/[MHM²]
차굽·어·서	/H²·M²/[MHM²]
차굽·거·든	/H²·M²/[MHM²]
차굽·더·라	/H²·M²/[MHM²]
차굽·도·록	/H²·M²/[MHM²]

(244) 정선방언 /외룹·다/

정선방언	/성조형/[음조형]
외룹·다(孤)H²·M	
외룹·지	/H²M/[MHM]
외룹·고	/H²M/[MHM]
외룹·나	/H²M/[MHM]
외루·우·먼	/H²M²/[MHM²]
외루·워·서	/H²M²/[MHM²]
외루·와·서	/H²M²/[MHM²]

외룹거·든   /H³M/[MʜHM]
외룹더·라   /H³M/[MʜHM]
외룹도·록   /H³M/[MʜHM]

(245) 정선방언 /장구·다/

정선방언   /성조형/[음조형]
장구·다(鎖)H²·M
장구·지   /H²M/[MHM]
장구·고   /H²M/[MHM]
장구·나   /H²M/[MHM]
장구·먼   /H²M/[MHM]
장궈·서   /H²M/[MHM]
장궈·어·서   /H²M²/[MHM²]
장구거·든   /H³M/[MʜHM]
장구더·라   /H³M/[MʜHM]
장구도·록   /H³M/[MʜHM]

(246) 정선방언 /질겁·다/

정선방언   /성조형/[음조형]
질겁·다(樂)H²·M
질겁·지   /H²M/[MHM]
질겁·고   /H²M/[MHM]
질겁·나   /H²M/[MHM]
질거·우·먼   /H²M²/[MHM²]
질거·워·서   /H²M²/[MHM²]
질거·와·서   /H²M²/[MHM²]
질겁거·든   /H³M/[MʜHM]
질겁더·라   /H³M/[MʜHM]
질겁도·록   /H³M/[MʜHM]

(247) 정선방언 /질기·다/

정선방언   /성조형/[음조형]
질기·다(樂)H²·M
질기·지   /H²M/[MHM]
질기·고   /H²M/[MHM]
질기·나   /H²M/[MHM]
질기·먼   /H²M/[MHM]
질게·에·서   /H²M²/[MHM²]
질기거·든   /H³M/[MʜHM]
질기더·라   /H³M/[MʜHM]
질기도·록   /H³M/[MʜHM]

(248) 정선방언 /짜굽 · 다/

정선방언   /성조형/[음조형]
짜굽·다H²·M
짜굽·지   /H²M/[MHM]
짜굽·고   /H²M/[MHM]
짜굽·나   /H²M/[MHM]
짜구·우·먼   /H²M²/[MHM²]
짜구·워·서   /H²M²/[MHM²]
짜구·와·서   /H²M²/[MHM²]
짜굽거·든   /H³M/[MʜHM]
짜굽더·라   /H³M/[MʜHM]
짜굽도·록   /H³M/[MʜHM]

(249) 정선방언 /짜급 · 다/

정선방언   /성조형/[음조형]
짜급·다H²·M
짜급·지   /H²M/[MHM]
짜급·고   /H²M/[MHM]
짜급·나   /H²M/[MHM]
짜구·우·먼   /H²M²/[MHM²]
짜구·워·서   /H²M²/[MHM²]
짜구·와·서   /H²M²/[MHM²]
짜급거·든   /H³M/[MʜHM]
짜급더·라   /H³M/[MʜHM]
짜급도·록   /H³M/[MʜHM]

(250) 정선방언 /짜르 · 다/

정선방언   /성조형/[음조형]
짜르·다H²·M
짜르·지   /H²M/[MHM]
짜르·고   /H²M/[MHM]
짜르·나   /H²M/[MHM]
짜르·먼   /H²M/[MHM]
짤·라·서   /HM²/[HM²]
짤·러·서   /HM²/[HM²]
짜르거·든   /H³M/[MʜHM]
짜르더·라   /H³M/[MʜHM]
짜르도·로   /H³M/[MʜHM]

(251) 정선방언 /차굽·다/

정선방언	/성조형/[음조형]
차굽·다H²·M	
차굽·지	/H²M/[MHM]
차굽·고	/H²M/[MHM]
차굽·나	/H²M/[MHM]
차구·우·먼	/H²M²/[MHM²]
차구·워·서	/H²M²/[MHM²]
차구·와·서	/H²M²/[MHM²]
차굽거·든	/H³M/[MʜHM]
차굽더·라	/H³M/[MʜHM]
차굽도·록	/H³M/[MʜHM]

(252) 정선방언 /차겁·다/

정선방언	/성조형/[음조형]
차겁·다H²·M	
차겁·지	/H²M/[MHM]
차겁·고	/H²M/[MHM]
차겁·나	/H²M/[MHM]
차거·우·먼	/H²M²/[MHM²]
차거·워·서	/H²M²/[MHM²]
차거·와·서	/H²M²/[MHM²]
차겁거·든	/H³M/[MʜHM]
차겁더·라	/H³M/[MʜHM]
차겁도·록	/H³M/[MʜHM]

(253) 정선방언 /파랗·다/

정선방언	/성조형/[음조형]
파랗·다H²·M	
파랗·지	/H²M/[MHM]
파랗·고	/H²M/[MHM]
파랗·나	/H²M/[MHM]
파라·먼	/H²M/[MHM]
파래·서	/H²M/[MHM]
파랗거·든	/H³M/[MʜHM]
파랗더·라	/H³M/[MʜHM]
파랗도·록	/H³M/[MʜHM]

(254) 정선방언 /퍼렇·다/

정선방언	/성조형/[음조형]
퍼렇·다H²·M	

퍼렇·지	/H²M/[MHM]
퍼렇·고	/H²M/[MHM]
퍼렇·나	/H²M/[MHM]
퍼러·먼	/H²M/[MHM]
퍼래·서	/H²M/[MHM]
퍼렇거·든	/H³M/[MʜHM]
퍼렇더·라	/H³M/[MʜHM]
퍼렇도·록	/H³M/[MʜHM]

(255) 정선방언 /패래·다/

정선방언	/성조형/[음조형]
패래·다H²·M	
패래·지	/H²M/[MHM]
패래·고	/H²M/[MHM]
패래·나	/H²M/[MHM]
패래·먼	/H²M/[MHM]
패래·서	/H²M/[MHM]
패래거·든	/H³M/[MʜHM]
패래더·라	/H³M/[MʜHM]
패래도·록	/H³M/[MʜHM]

(256) 정선방언 /흐리·다/

정선방언	/성조형/[음조형]
흐리·다H²·M	
흐리·지	/H²M/[MHM]
흐리·고	/H²M/[MHM]
흐리·나	/H²M/[MHM]
흐리·먼	/H²M/[MHM]
흐례·서	/H²M/[MHM]
흐리거·든	/H³M/[MʜHM]
흐리더·라	/H³M/[MʜHM]
흐리도·록	/H³M/[MʜHM]

(257) 정선방언 /줄구·다/

정선방언	/성조형/[음조형]
줄구·다(鎖)H²·M	
줄구·지	/H²M/[MHM²]
줄구·고	/H²M/[MHM²]
줄구·나	/H²M/[MHM²]
줄구·먼	/H²M/[MHM²]
줄구·워·서	/H²M²/[MHM²]
줄구거·든	/H³M/[MʜHM]

줄구더·라	/H³M/[MʜHM]
줄구도·록	/H³M/[MʜHM]

(258) 정선방언 /챙구·우·다/

정선방언	/성조형/[음조형]
챙구·우·다(充)H²M·M	
챙구·우·지	/H²M²/[MHM²]
챙구·우·고	/H²M²/[MHM²]
챙구·우·나	/H²M²/[MHM²]
챙구·우·면	/H²M²/[MHM²]
챙궈·어·서	/H²M²/[MHM²]
챙구·우·거·든	/H²M³/[MHM³]
챙구·우·더·라	/H²M³/[MHM³]
챙구·우·도·록	/H²M³/[MHM³]

(259) 정선방언 /닫기·이·다/

정선방언	/성조형/[음조형]
닫기·이·다H²M·M	
닫기·이·지	/H²M²/[MHM²]
닫기·이·고	/H²M²/[MHM²]
닫기·이·나	/H²M²/[MHM²]
닫기·이·면	/H²M²/[MHM²]
닫계·서	/H²M/[MHM]
닫기·거·든	/H³M²/[MʜHM]
닫기·더·라	/H³M²/[MʜHM]
닫기·도·록	/H³M²/[MʜHM]

(260) 정선방언 /발구·우·다/

정선방언	/성조형/[음조형]
발구·우·다(훟)H²M·M	
발구·우·지	/H²M²/[MHM²]
발구·우·고	/H²M²/[MHM²]
발구·우·나	/H²M²/[MHM²]
발구·우·면	/H²M²/[MʜHM]
발궈·서	/H²M/[MHM]
발구거·든	/H³M/[MʜHM]
발구더·라	/H³M/[MʜHM]
발구도·록	/H³M/[MʜHM]

(261) 정선방언 /잡·히·이·다/

정선방언	/성조형/[음조형]
잡히·다H²·M	
잡히·지	/H²M/[MHM]
잡히·고	/H²M/[MHM]
잡히·나	/H²M/[MHM]
잡히·면	/H²M/[MHM]
잡혜·서	/H²M/[MHM]
잡혜·에·서	/H²M²/[MHM²]
잡히·거·든	/H²M²/[MHM²]
잡히·더·라	/H²M²/[MHM²]
잡히·도·록	/H²M²/[MHM²]

(262) 정선방언 /어기·이·다/

정선방언	/성조형/[음조형]
어기·이·다H²M·M	
어기·이·지	/H²M²/[MHM²]
어기·이·고	/H²M²/[MHM²]
어기·이·나	/H²M²/[MHM²]
어기·이·면	/H²M²/[MHM²]
어게·에·서	/H²M²/[MHM²]
어기·이·거·든	/H²M³/[MHM³]
어기·이·더·라	/H²M³/[MHM³]
어기·이·도·록	/H²M³/[MHM³]

(263) 정선방언 /늘구·우·다/

정선방언	/성조형/[음조형]
늘구·우·다H²M·M	
늘구·우·지	/H²M²/[MHM²]
늘구·우·고	/H²M²/[MHM²]
늘구·우·나	/H²M²/[MHM²]
늘구·우·면	/H²M²/[MHM²]
늘구·우·어·서	/H²M³/[MHM³]
늘구·우·거·든	/H²M³/[MHM³]
늘구·우·더·라	/H²M³/[MHM³]
늘구·우·도·록	/H²M³/[MHM³]

(264) 정선방언 /가다듬·다/

정선방언	/성조형/[음조형]
가다듬·다H³·M	
가다듬·지	/H³M/[MʜHM]

가다듬·고 /H³M/[MʜHM]
가다듬·나 /H³M/[MʜHM]
가다듬·우·먼 /H³M²/[MʜHM²]
가다듬·어·서 /H³M²/[MʜHM²]
가다듬·거·든 /H³M²/[MʜHM²]
가다듬·더·라 /H³M²/[MʜHM²]
가다듬·도·록 /H³M²/[MʜHM²]

(265) 정선방언 /게그르 · 다/

정선방언 /성조형/[음조형]
게그르·다H³·M
게그르·지 /H³M/[MʜHM]
게그르·고 /H³M/[MʜHM]
게그르·나 /H³M/[MʜHM]
게그르·먼 /H³M/[MʜHM]
게글러·서 /H³M/[MʜHM]
게그르·거·든 /H³M²/[MʜHM²]
게그르·드·라 /H³M²/[MʜHM²]
게그르·도·록 /H³M²/[MʜHM²]

(266) 정선방언 /장구 · 우 · 다/

정선방언 /성조형/[음조형]
장구·우·다(鎖)H²·M
장구·우·지 /H²M/[MHM]
장구·우·고 /H²M/[MHM]
장구·우·나 /H²M/[MHM]
장구·우·먼 /H²M/[MHM]
장궈·서 /H²M/[MHM]
장궈·어·서 /H²M²/[MHM²]
장구·우·거·든 /H²M³/[MHM³]
장구·우·더·라 /H²M³/[MHM³]
장구·우·도·록 /H²M³/[MHM³]

(267) 정선방언 /꾸부 · 리 · 다/

정선방언 /성조형/[음조형]
꾸부·리·다H²M·M
꾸부·리·지 /H²M²/[MHM²]
꾸부·리·고 /H²M²/[MHM²]
꾸부·리·나 /H²M²/[MHM²]
꾸부·리·먼 /H²M²/[MHM²]
꾸부·려·서 /H²M²/[MHM²]
꾸부·리·거·든 /H²M³/[MHM³]

꾸부·리·더·라 /H²M³/[MHM³]
꾸부·리·도·록 /H²M³/[MHM³]

(268) 정선방언 /지다리 · 다/

정선방언 /성조형/[음조형]
지다리·다H³·M
지다리·지 /H³M/[MʜHM]
지다리·고 /H³M/[MʜHM]
지다리·나 /H³M/[MʜHM]
지다리·먼 /H³M/[MʜHM]
지다래·서 /H³M/[MʜHM]
지다리거·든 /H⁴M/[Mʜ²HM]
지다리더·라 /H⁴M/[Mʜ²HM]
지다리·도·록 /H³M²/[MʜHM²]

(269) 정선방언 /나타 · 나 · 다/

정선방언 /성조형/[음조형]
나타·나·다H²M·M(＝H²M²)
나타·나·지 /H²M²/[MHM²]
나타·나·고 /H²M²/[MHM²]
나타·나·나 /H²M²/[MHM²]
나타·나·먼 /H²M²/[MHM²]
나타·나·서 /H²M²/[MHM²]
나타·나·거·든 /H²M³/[MHM³]
나타·나·더·라 /H²M³/[MHM³]
나타·나·도·록 /H²M³/[MHM³]

(270) 정선방언 /나터 · 나 · 다/

정선방언 /성조형/[음조형]
나터·나·다H²M·M
나터·나·지 /H²M²/[MHM²]
나터·나·고 /H²M²/[MHM²]
나터·나·나 /H²M²/[MHM²]
나터·나·먼 /H²M²/[MHM²]
나터·나·서 /H²M²/[MHM²]
나터·나·거·든 /H²M³/[MHM³]
나터·나·더·라 /H²M³/[MHM³]
나터·나·도·록 /H²M³/[MHM³]

(271) 정선방언 /다시리 · 다/

정선방언	/성조형/[음조형]
다시리·다H³·M	
다시리·지	/H³M/[MʜHM]
다시리·고	/H³M/[MʜHM]
다시리·나	/H³M/[MʜHM]
다시리·먼	/H³M/[MʜHM]
다시레·서	/H³M/[MʜHM]
다시려·서	/H³M/[MʜHM]
다시리거·든	/H⁴M/[Mʜ²HM]
다시리더·라	/H⁴M/[Mʜ²HM]
다시리·도·록	/H³M²/[MʜHM²]

(272) 정선방언 /찡구 · 우 · 다/

정선방언	/성조형/[음조형]
찡구·우·다H²M·M	
찡구·우·지	/H²M²/[MHM²]
찡구·우·고	/H²M²/[MHM²]
찡구·우·나	/H²M²/[MHM²]
찡구·우·먼	/H²M²/[MHM²]
찡구·워·서	/H²M²/[MHM²]
찡구·우·거·든	/H²M³/[MHM³]
찡구·우·더·라	/H²M³/[MHM³]
찡구·우·도·록	/H²M³/[MHM³]

(273) 정선방언 /부꾸릅 · 다/

정선방언	/성조형/[음조형]
부꾸릅·다H³·M	
부꾸릅·지	/H³M/[MʜHM]
부꾸릅·고	/H³M/[MʜHM]
부꾸릅·나	/H³M/[MʜHM]
부꾸려·이·먼	/H³M²/[MʜHM²]
부꾸러·워·서	/H³M²/[MʜHM²]
부꾸러·와·서	/H³M²/[MʜHM²]
부꾸릅거·든	/H⁴M/[Mʜ²HM]
부꾸릅더·라	/H⁴M/[Mʜ²HM]
부꾸릅·도·록	/H³M²/[MʜHM²]

(274) 정선방언 /뿐지르 · 다/

정선방언	/성조형/[음조형]
뿐지르·다H³·M	

(275) 정선방언 /분지르 · 다/

정선방언	/성조형/[음조형]
분지르·다H³·M	
분지르·지	/H³M/[MʜHM]
분지르·고	/H³M/[MʜHM]
분지르·나	/H³M/[MʜHM]
분지르·먼	/H³M/[MʜHM]
분지러·서	/H³M/[MʜHM]
분지르·거·든	/H³M²/[MʜHM²]
분지르·더·라	/H³M²/[MʜHM²]
분지르·도·록	/H³M²/[MʜHM²]

(276) 정선방언 /시커멓 · 다/

정선방언	/성조형/[음조형]
시커멓·다H³·M	
시커멓·지	/H³M/[MʜHM]
시커멓·고	/H³M/[MʜHM]
시커멓·나	/H³M/[MʜHM]
시커머·우·먼	/H³M²/[MʜHM²]
시커머·이·먼	/H³M²/[MʜHM²]
시커머·서	/H³M/[MʜHM]
시커멓거·든	/H⁴M/[Mʜ²HM]
시커멓더·라	/H⁴M/[Mʜ²HM]
시커멓·도·록	/H³M²/[MʜHM²]

(277) 정선방언 /시끄럽 · 다/

정선방언	/성조형/[음조형]
시끄럽·다H³·M	
시끄럽·지	/H³M/[MʜHM]
시끄럽·고	/H³M/[MʜHM]
시끄럽·나	/H³M/[MʜHM]
시끄러·우·먼	/H³M²/[MʜHM²]
시끄러·워·서	/H³M²/[MʜHM²]

시끄럽거·든 /H⁴M/[Mʜ²HM]
시끄럽더·라 /H⁴M/[Mʜ²HM]
시끄럽·도·록 /H³M²/[MʜHM²]

(278) 정선방언 /시끄릅 · 다/

정선방언	/성조형/[음조형]
시끄릅·다H³·M	씨끄럽·다H³·M
시끄릅·지	/H³M/[MʜHM]
시끄릅·고	/H³M/[MʜHM]
시끄릅·나	/H³M/[MʜHM]
시끄러·우·면	/H³M²/[MʜHM²]
시끄러·이·면	/H³M²/[MʜHM²]
시끄러·워·서	/H³M²/[MʜHM²]
시끄러·와·서	/H³M²/[MʜHM²]
시끄릅거·든	/H⁴M/[Mʜ²HM]
시끄릅더·라	/H⁴M/[Mʜ²HM]
시끄릅·도·록	/H³M²/[MʜHM²]

(279) 정선방언 /어지릅 · 다/

정선방언	/성조형/[음조형]
어지릅·다H³·M	
어지릅·지	/H³M/[MʜHM]
어지릅·고	/H³M/[MʜHM]
어지릅·나	/H³M/[MʜHM]
어지루·이·면	/H³M²/[MʜHM²]
어지루·와·서	/H³M²/[MʜHM²]
어지루·워·서	/H³M²/[MʜHM²]
어지릅거·든	/H⁴M/[Mʜ²HM]
어지릅더·라	/H⁴M/[Mʜ²HM]
어지릅·도·록	/H³M²/[MʜHM²]

(280) 정선방언 /어지럽 · 다/

정선방언	/성조형/[음조형]
어지럽·다H³·M	
어지럽·지	/H³M/[MʜHM]
어지럽·고	/H³M/[MʜHM]
어지럽·나	/H³M/[MʜHM]
어지루·우·면	/H³M²/[MʜHM²]
어지루·와·서	/H³M²/[MʜHM²]
어지럽거·든	/H⁴M/[Mʜ²HM]
어지럽더·라	/H⁴M/[Mʜ²HM]
어지럽·도·록	/H³M²/[MʜHM²]

(281) 정선방언 /오구리 · 다/

정선방언	/성조형/[음조형]
오구리·다H³·M	
오구리·지	/H³M/[MʜHM]
오구리·고	/H³M/[MʜHM]
오구리·나	/H³M/[MʜHM]
오구리·먼	/H³M/[MʜHM]
오구례·서	/H³M/[MʜHM]
오구려·서	/H³M/[MʜHM]
오구리·어·서	/H³M²/[MʜHM²]
오구리거·든	/H⁴M/[Mʜ²HM]
오구리더·라	/H⁴M/[Mʜ²HM]
오구리·도·록	/H³M²/[MʜHM²]

(282) 정선방언 /쪼꼬많 · 다/

정선방언	/성조형/[음조형]
쪼꼬많·다H³·M	
쪼꼬많·지	/H³M/[MʜHM]
쪼꼬많·고	/H³M/[MʜHM]
쪼꼬많·나	/H³M/[MʜHM]
쪼꼬만·으·면	/H³M²/[MʜHM²]
쪼꼬만·아·서	/H³M²/[MʜHM²]
쪼꼬많거·든	/H⁴M/[Mʜ²HM]
쪼꼬많더·라	/H⁴M/[Mʜ²HM]
쪼꼬많도·록	/H⁴M/[Mʜ²HM]

(283) 정선방언 /헤아리 · 다/

정선방언	/성조형/[음조형]
헤아리·다H³·M	
헤아리·지	/H³M/[MʜHM]
헤아리·고	/H³M/[MʜHM]
헤아리·나	/H³M/[MʜHM]
헤아리·먼	/H³M/[MʜHM]
헤아레·서	/H³M/[MʜHM]
헤아레·서	/H³M/[MʜHM]
헤아리·에·서	/H³M²/[MʜHM²]
헤아리거·든	/H⁴M/[Mʜ²HM]
헤아리더·라	/H⁴M/[Mʜ²HM]
헤아리도·록	/H⁴M/[Mʜ²HM]

(284) 정선방언 /거슬리·이·다/

정선방언	/성조형/[음조형]
거슬리·이·다H³M·M	
거슬리·이·지	/H³M²/[MʜHM²]
거슬리·이·고	/H³M²/[MʜHM²]
거슬리·이·나	/H³M²/[MʜHM²]
거슬리·이·먼	/H³M²/[MʜHM²]
거슬레·에·서	/H³M²/[MʜHM²]
거슬리·이·거·든	/H³M³/[MʜHM³]
거슬리·이·더·라	/H³M³/[MʜHM³]
거슬리·이·도·록	/H³M³/[MʜHM³]

2.4. 상성형 풀이씨와 씨끝의 결합 자료

(285) 정선방언 /:괴·다/

정선방언	/성조형/[음조형]
:괴·다M̆·M	
:괴·지	/M̆²/[M̆H]
:괴·구	/M̆²/[M̆H]
:괴·나	/M̆²/[M̆H]
:괴·먼	/M̆²/[M̆H]
:괴·외·서	/M̆³/[M̆HM]
:괴·거·든	/M̆³/[M̆HM]
:괴·더·라	/M̆³/[M̆HM]
:괴·도·록	/M̆³/[M̆HM]

(286) 정선방언 /:낳·다/

정선방언	/성조형/[음조형]
:낳·다[나타]M̆ʜ·M	
:낳·지	/M̆²/[M̆H]
:낳·고	/M̆²/[M̆H]
:낳·나	/M̆²/[M̆H]
:낳·거·든	/M̆³/[M̆HM]
:낳·더·라	/M̆³/[M̆HM]
:낳·도·록	/M̆³/[M̆HM]
낳·으·먼	/HM²/[HM²]
낳·어·서	/HM²/[HM²]

(287) 정선방언 /:쫄·다/

정선방언	/성조형/[음조형]
:쫄·다M̆ʜ·M	
:쫄·지	/M̆²/[M̆H]
:쫄·구	/M̆²/[M̆H]
:쫄·나	/M̆²/[M̆H]
:쫄·거·든	/M̆³/[M̆HM]
:쫄·더·라	/M̆³/[M̆HM]
:쫄·도·록	/M̆³/[M̆HM]
쪼·오·먼	/HM²/[HM²]
쫘·아·서	/HM²/[HM²]

(288) 정선방언 /:갈·다/

정선방언	/성조형/[음조형]
:갈·다M̆ʜ·M	
:갈·지	/M̆²/[M̆H]
:갈·고	/M̆²/[M̆H]
:가·나	/M̆²/[M̆H]
:갈·먼	/M̆²/[M̆H]
:갈·거·든	/M̆³/[M̆HM]
:때·더·라	/M̆³/[M̆HM]
:갈·도·록	/M̆³/[M̆HM]
갈·아·서	/HM²/[HM²]

(289) 정선방언 /:걸·다/

정선방언	/성조형/[음조형]
:걸·다(掛)M̆ʜ·M	
:걸·다(沃)M̆ʜ·M	
:걸·지	/M̆²/[M̆H]
:걸·고	/M̆²/[M̆H]
:걸·나	/M̆²/[M̆H]
:걸·먼	/M̆²/[M̆H]
:걸·거·든	/M̆³/[M̆HM]
:걸·더·라	/M̆³/[M̆HM]
:걸·도·록	/M̆³/[M̆HM]
걸·어·서	/HM²/[HM²]

(290) 정선방언 /:감·다/

정선방언	/성조형/[음조형]
:감·다M̆ʜ·M	
:감·지	/M̆²/[M̆H]

:감·고	/M̌²/[M̌H]
:감·나	/M̌²/[M̌H]
:감·거·든	/M̌³/[M̌HM]
:감·더·라	/M̌³/[M̌HM]
:감·도·록	/M̌³/[M̌HM]
감·으·면	/HM²/[HM²]
감·아·서	/HM²/[HM²]

(291) 정선방언 /:질 · 다/

정선방언	/성조형/[음조형]
:질·다(長)M̌ₕ·M	
:질·지	/M̌²/[M̌H]
:질·고	/M̌²/[M̌H]
:지·나	/M̌²/[M̌H]
:질·면	/M̌²/[M̌H]
:질·거·든	/M̌³/[M̌HM]
:질·더·라	/M̌³/[M̌HM]
:질·도·록	/M̌³/[M̌HM]
질·어·서	/HM²/[HM²]

(292) 정선방언 /:눌ㅎ · 다/

정선방언	/성조형/[음조형]
:눌ㅎ·다[눌따]M̌ₕ·M	
:눌ㅎ·지	/M̌²/[M̌H]
:눌ㅎ·고	/M̌²/[M̌H]
:눌·나	/M̌²/[M̌H]
:눌ㅎ·거·든	/M̌²/[M̌H]
:눌ㅎ·더·라	/M̌³/[M̌HM]
:눌ㅎ·도·록	/M̌³/[M̌HM]
눌·으·면	/HM²/[HM²]
눌·어·서	/HM²/[HM²]

(293) 정선방언 /:눌ㅎ · 다/

정선방언	/성조형/[음조형]
:달·다(煎)M̌ₕ·M	
:달·지	/M̌²/[M̌H]
:달·고	/M̌²/[M̌H]
:다·나	/M̌²/[M̌H]
:달·면	/M̌²/[M̌H]
:달·거·든	/M̌³/[M̌HM]
:달·더·라	/M̌³/[M̌HM]
:달·도·록	/M̌³/[M̌HM]

달·어·서	/HM²/[HM²]

(294) 정선방언 /:덜 · 다/

정선방언	/성조형/[음조형]
:덜·다(減)M̌ₕ·M	
:덜·지	/M̌²/[M̌H]
:덜·고	/M̌²/[M̌H]
:더·나	/M̌²/[M̌H]
:덜·면	/M̌²/[M̌H]
:덜·거·든	/M̌³/[M̌HM]
:덜·더·라	/M̌³/[M̌HM]
:덜·도·록	/M̌³/[M̌HM]
덜·으·면	/HM²/[HM²]
덜·어·서	/HM²/[HM²]

(295) 정선방언 /:돌 · 다/

정선방언	/성조형/[음조형]
:돌·다M̌ₕ·M	
:돌·지	/M̌²/[M̌H]
:돌·고	/M̌²/[M̌H]
:도·나	/M̌²/[M̌H]
:돌·면	/M̌²/[M̌H]
:돌·거·든	/M̌³/[M̌HM]
:돌·더·라	/M̌³/[M̌HM]
:돌·도·록	/M̌³/[M̌HM]
돌·아·서	/HM²/[HM²]

(296) 정선방언 /:말 · 다/

정선방언	/성조형/[음조형]
:말·다(莫)M̌ₕ·M	
:말·지	/M̌²/[M̌H]
:말·고	/M̌²/[M̌H]
:마·나	/M̌²/[M̌H]
:말·면	/M̌²/[M̌H]
:말·거·든	/M̌³/[M̌HM]
:말·더·라	/M̌³/[M̌HM]
:말·도·록	/M̌³/[M̌HM]
말·아·서	/HM²/[HM²]

(297) 정선방언 /:멀·다/

정선방언	/성조형/[음조형]
:멀·다(遠)M̆ₕ·M	
:멀·지	/M̆²/[M̆H]
:멀·고	/M̆²/[M̆H]
:머·나	/M̆²/[M̆H]
:멀·면	/M̆²/[M̆H]
:멀·거·든	/M̆³/[M̆HM]
:멀·더·라	/M̆³/[M̆HM]
:멀·도·록	/M̆³/[M̆HM]
멀·어·서	/HM²/[HM²]

(298) 정선방언 /:밀·다/

정선방언	/성조형/[음조형]
:밀·다M̆ₕ·M	
:밀·지	/M̆²/[M̆H]
:밀·고	/M̆²/[M̆H]
:머·나	/M̆²/[M̆H]
:밀·면	/M̆²/[M̆H]
:밀·거·든	/M̆³/[M̆HM]
:밀·더·라	/M̆³/[M̆HM]
:밀·도·록	/M̆³/[M̆HM]
밀·어·서	/HM²/[HM²]

(299) 정선방언 /:빌·다/

정선방언	/성조형/[음조형]
:빌·다(祈)M̆ₕ·M	
:빌·지	/M̆²/[M̆H]
:빌·구	/M̆²/[M̆H]
:비·나	/M̆²/[M̆H]
:빌·면	/M̆²/[M̆H]
:빌·거·든	/M̆³/[M̆HM]
:빌·더·라	/M̆³/[M̆HM]
:빌·도·록	/M̆³/[M̆HM]
빌·어·서	/HM²/[HM²]

(300) 정선방언 /:살·다/

정선방언	/성조형/[음조형]
:살·다(生)M̆ₕ·M	
:살·지	/M̆²/[M̆H]
:살·구	/M̆²/[M̆H]
:삼·나	/M̆²/[M̆H]
:살·면	/M̆²/[M̆H]
:살·거·든	/M̆³/[M̆HM]
:살·더·라	/M̆³/[M̆HM]
:살·도·록	/M̆³/[M̆HM]
살·어·서	/HM²/[HM²]

(301) 정선방언 /:불·다/

정선방언	/성조형/[음조형]
:불·다(吹)M̆ₕ·M	
:불·지	/M̆²/[M̆H]
:불·구	/M̆²/[M̆H]
:부·나	/M̆²/[M̆H]
:불·면	/M̆²/[M̆H]
:불·거·든	/M̆³/[M̆HM]
:불·더·라	/M̆³/[M̆HM]
:불·도·록	/M̆³/[M̆HM]
불·어·서	/HM²/[HM²]

(302) 정선방언 /:알·다/

정선방언	/성조형/[음조형]
:알·다M̆ₕ·M	
:알·지	/M̆²/[M̆H]
:알·구	/M̆²/[M̆H]
:알·나	/M̆²/[M̆H]
:알·면	/M̆²/[M̆H]
:알·거·든	/M̆³/[M̆HM]
:알·더·라	/M̆³/[M̆HM]
:알·도·록	/M̆³/[M̆HM]
알·아·서	/HM²/[HM²]

(303) 정선방언 /:을·다/

정선방언	/성조형/[음조형]
:을·다(氷)M̆ₕ·M	
:을·지	/M̆²/[M̆H]
:을·구	/M̆²/[M̆H]
:으·나	/M̆²/[M̆H]
:을·면	/M̆²/[M̆H]
:을·거·든	/M̆³/[M̆HM]
:을·더·라	/M̆³/[M̆HM]
:을·도·록	/M̆³/[M̆HM]
을·어·서	/HM²/[HM²]

(304) 정선방언 /:욀·다/

정선방언	/성조형/[음조형]
:욀다(開)[jilda]M̆ₕ·M	
:욀·지	/M̆²/[M̆H]
:욀·구	/M̆²/[M̆H]
:욀·나[jina]	/M̆²/[M̆H]
:욀·먼	/M̆²/[M̆H]
:욀·거·든	/M̆³/[M̆HM]
:욀·더·라	/M̆³/[M̆HM]
:욀·도·록	/M̆³/[M̆HM]
욀·아·서	/HM²/[HM²]

(305) 정선방언 /:일·다/

정선방언	/성조형/[음조형]
:일·다(淘)M̆ₕ·M	
:일·지	/M̆²/[M̆H]
:일·고	/M̆²/[M̆H]
:일·나	/M̆²/[M̆H]
:일·먼	/M̆²/[M̆H]
:일·거·든	/M̆³/[M̆HM]
:일·더·라	/M̆³/[M̆HM]
:일·도·록	/M̆³/[M̆HM]
일·어·서	/HM²/[HM²]

(306) 정선방언 /:줄·다/

정선방언	/성조형/[음조형]
:줄·다(減)M̆ₕ·M	
:줄·지	/M̆²/[M̆H]
:줄·구	/M̆²/[M̆H]
:줄·나	/M̆²/[M̆H]
:줄·먼	/M̆²/[M̆H]
:줄·거·든	/M̆³/[M̆HM]
:줄·더·라	/M̆³/[M̆HM]
:줄·도·록	/M̆³/[M̆HM]
줄·어·서	/HM²/[HM²]

(307) 정선방언 /:틀·다/

정선방언	/성조형/[음조형]
:틀·다(拂)M̆ₕ·M	
:틀·지	/M̆²/[M̆H]
:틀·구	/M̆²/[M̆H]
:틀·나	/M̆²/[M̆H]
:틀·먼	/M̆²/[M̆H]
:틀·거·든	/M̆³/[M̆HM]
:틀·더·라	/M̆³/[M̆HM]
:틀·도·록	/M̆³/[M̆HM]
틀·어·서	/HM²/[HM²]

(308) 정선방언 /:헐·다/

정선방언	/성조형/[음조형]
:헐·다(毀)M̆ₕ·M	
:훌·다(毀)M̆ₕ·M	
:헐·지	/M̆²/[M̆H]
:헐·구	/M̆²/[M̆H]
:헐·나	/M̆²/[M̆H]
:헐·먼	/M̆²/[M̆H]
:헐·거·든	/M̆³/[M̆HM]
:헐·더·라	/M̆³/[M̆HM]
:헐·도·록	/M̆³/[M̆HM]
헐·어·서	/HM²/[HM²]

(309) 정선방언 /:껌·다/

정선방언	/성조형/[음조형]
:껌·다M̆ₕ·M	
:껌·지	/M̆²/[M̆H]
:껌·고	/M̆²/[M̆H]
:껌·나	/M̆²/[M̆H]
:껌·거·든	/M̆³/[M̆HM]
:껌·더·라	/M̆³/[M̆HM]
:껌·도·록	/M̆³/[M̆HM]
껌·으·먼	/HM²/[HM²]
껌·어·서	/HM²/[HM²]

(310) 정선방언 /:곪·다/

정선방언	/성조형/[음조형]
:곪·다M̆ₕ·M	
:곪·지	/M̆²/[M̆H]
:곪·고	/M̆²/[M̆H]
:곪·나	/M̆²/[M̆H]
:곪·거·든	/M̆³/[M̆HM]
:곪·더·라	/M̆³/[M̆HM]
:곪·도·록	/M̆³/[M̆HM]
곪·으·먼	/HM²/[HM²]

곪·어·서   /HM²/[HM²]

(311) 정선방언 /:꿉 · 다/

정선방언   /성조형/[음조형]
:꿉·다(煎)M̆ₕ·M
:꿉·지   /M̆²/[M̆H]
:꿉·고   /M̆²/[M̆H]
:꿉·나   /M̆²/[M̆H]
:꿉·거·든   /M̆³/[M̆HM]
:꿉·더·라   /M̆³/[M̆HM]
:꿉·도·록   /M̆³/[M̆HM]
꾸·우·먼   /HM²/[HM²]
꾸·어·서   /HM²/[HM²]
꿔·어·서   /HM²/[HM²]

(312) 정선방언 /:긍 · 다/

정선방언   /성조형/[음조형]
:긍·다(線)M̆ₕ·M
:긍·지   /M̆²/[M̆H]
:긍·고   /M̆²/[M̆H]
:긍·나   /M̆²/[M̆H]
:긍·거·든   /M̆³/[M̆HM]
:긍·더·라   /M̆³/[M̆HM]
:긍·도·록   /M̆³/[M̆HM]
긍·으·먼   /HM²/[HM²]
긍·어·서   /HM²/[HM²]

(313) 정선방언 /:남 · 다/

정선방언   /성조형/[음조형]
:남·다[남따](餘)M̆ₕ·M
:남·지   /M̆²/[M̆H]
:남·고   /M̆²/[M̆H]
:남·나   /M̆²/[M̆H]
:남·거·든   /M̆³/[M̆HM]
:남·더·라   /M̆³/[M̆HM]
:남·도·록   /M̆³/[M̆HM]
남·으·먼   /HM²/[HM²]
남·어·서   /HM²/[HM²]
남·아·서   /HM²/[HM²]

(314) 정선방언 /:낭 · 다/

정선방언   /성조형/[음조형]
:낭·다(낫다)[낭따]M̆ₕ·M
:낭·지   /M̆²/[M̆H]
:낭·고   /M̆²/[M̆H]
:낭·나   /M̆²/[M̆H]
:낭·거·든   /M̆³/[M̆HM]
:낭·더·라   /M̆³/[M̆HM]
:낭·도·록   /M̆³/[M̆HM]
낭·으·먼   /HM²/[HM²]
낭·어·서   /HM²/[HM²]

(315) 정선방언 /:넘 · 다/

정선방언   /성조형/[음조형]
:넘·다(越)M̆ₕ·M
:넘·지   /M̆²/[M̆H]
:넘·고   /M̆²/[M̆H]
:넘·나   /M̆²/[M̆H]
:넘·거·든   /M̆³/[M̆HM]
:넘·더·라   /M̆³/[M̆HM]
:넘·도·록   /M̆³/[M̆HM]
넘·무·먼   /HM²/[HM²]
넘·어·서   /HM²/[HM²]

(316) 정선방언 /:닮 · 다/

정선방언   /성조형/[음조형]
:닮·다[담따]M̆ₕ·M
:닮·지   /M̆²/[M̆H]
:닮·고   /M̆²/[M̆H]
:닮·나   /M̆²/[M̆H]
:닮·거·든   /M̆³/[M̆HM]
:닮·더·라   /M̆³/[M̆HM]
:닮·도·록   /M̆³/[M̆HM]
닮·으·먼   /HM²/[HM²]
닮·아·서   /HM²/[HM²]

(317) 정선방언 /:담 · 다/

정선방언   /성조형/[음조형]
:담·다[담따]M̆ₕ·M
:담·지   /M̆²/[M̆H]
:담·고   /M̆²/[M̆H]

:담·나 /M̆²/[M̆H]
:담·거·든 /M̆³/[M̆HM]
:담·더·라 /M̆³/[M̆HM]
:담·도·록 /M̆³/[M̆HM]
담·으·면 /HM²/[HM²]
담·아·서 /HM²/[HM²]

(318) 정선방언 /:덥·다/

정선방언	/성조형/[음조형]
:덥·다(暑)M̆ₕ·M	
:덥·지	/M̆²/[M̆H]
:덥·고	/M̆²/[M̆H]
:덥·나	/M̆²/[M̆H]
:덥·거·든	/M̆³/[M̆HM]
:덥·더·라	/M̆³/[M̆HM]
:덥·도·록	/M̆³/[M̆HM]
더·우·면	/HM²/[HM²]
더·와·서	/HM²/[HM²]

(319) 정선방언 /:많·다/

정선방언	/성조형/[음조형]
:많·다M̆ₕ·M	
:많·지	/M̆²/[M̆H]
:많·고	/M̆²/[M̆H]
:많·나	/M̆²/[M̆H]
:많·거·든	/M̆³/[M̆HM]
:많·더·라	/M̆³/[M̆HM]
:많·도·록	/M̆³/[M̆HM]
많·으·면	/HM²/[HM²]
많·아·서	/HM²/[HM²]

(320) 정선방언 /:뱉·다/

정선방언	/성조형/[음조형]
:뱉·다M̆ₕ·M	
:뱉·지	/M̆²/[M̆H]
:뱉·고	/M̆²/[M̆H]
:뱉·나	/M̆²/[M̆H]
:뱉·거·든	/M̆³/[M̆HM]
:뱉·더·라	/M̆³/[M̆HM]
:뱉·도·록	/M̆³/[M̆HM]
뱉·으·면	/HM²/[HM²]
뱉·을·면	/HM²/[HM²]

뱉·어·서 /HM²/[HM²]
뱉·을·어·서 /HM³/[HM³]

(321) 정선방언 /:삼·다/

정선방언	/성조형/[음조형]
:삼·다M̆ₕ·M	
:삼·지	/M̆²/[M̆H]
:삼·구	/M̆²/[M̆H]
:삼·나	/M̆²/[M̆H]
:삼·거·든	/M̆³/[M̆HM]
:삼·더·라	/M̆³/[M̆HM]
:삼·도·록	/M̆³/[M̆HM]
삼·으·면	/HM²/[HM²]
삼·어·서	/HM²/[HM²]

(322) 정선방언 /:신·다/

정선방언	/성조형/[음조형]
:신·다(休)M̆ₕ·M	
:신·지	/M̆²/[M̆H]
:신·구	/M̆²/[M̆H]
:신·나	/M̆²/[M̆H]
:신·거·든	/M̆³/[M̆HM]
:신·더·라	/M̆³/[M̆HM]
:신·도·록	/M̆³/[M̆HM]
신·으·면	/HM²/[HM²]
신·어·서	/HM²/[HM²]

(323) 정선방언 /:쌈·다/

정선방언	/성조형/[음조형]
:쌈·다M̆ₕ·M	
:쌈·지	/M̆²/[M̆H]
:쌈·구	/M̆²/[M̆H]
:쌈·나	/M̆²/[M̆H]
:쌈·거·든	/M̆³/[M̆HM]
:쌈·더·라	/M̆³/[M̆HM]
:쌈·도·록	/M̆³/[M̆HM]
쌈·으·면	/HM²/[HM²]
쌈·아·서	/HM²/[HM²]

(324) 정선방언 /:안·다/

정선방언	/성조형/[음조형]
:안·다(抱)M̆ₕ·M	
:안·지	/M̆²/[M̆H]
:안·구	/M̆²/[M̆H]
:안·나	/M̆²/[M̆H]
:안·거·든	/M̆³/[M̆HM]
:안·더·라	/M̆³/[M̆HM]
:안·도·록	/M̆³/[M̆HM]
안·으·면	/HM²/[HM²]
안·어·서	/HM²/[HM²]

(325) 정선방언 /:얇·다/

정선방언	/성조형/[음조형]
:얇·다M̆ₕ·M	
:얇·지	/M̆²/[M̆H]
:얇·구	/M̆²/[M̆H]
:얇·나	/M̆²/[M̆H]
:얇·거·든	/M̆³/[M̆HM]
:얇·더·라	/M̆³/[M̆HM]
:얇·도·록	/M̆³/[M̆HM]
얇·으·면	/HM²/[HM²]
얇·아·서	/HM²/[HM²]

(326) 정선방언 /:엷·다/

정선방언	/성조형/[음조형]
:엷·다M̆ₕ·M	
:엷·지	/M̆²/[M̆H]
:엷·구	/M̆²/[M̆H]
:엷·나	/M̆²/[M̆H]
:엷·거·든	/M̆³/[M̆HM]
:엷·더·라	/M̆³/[M̆HM]
:엷·도·록	/M̆³/[M̆HM]
엷·으·면	/HM²/[HM²]
엷·아·서	/HM²/[HM²]

(327) 정선방언 /:옮·다/

정선방언	/성조형/[음조형]
:옮·다M̆ₕ·M	
:옮·지	/M̆²/[M̆H]
:옮·구	/M̆²/[M̆H]
:옮·나	/M̆²/[MH]
:옮·거·든	/M̆³/[MHM]
:옮·더·라	/M̆³/[MHM]
:옮·도·록	/M̆³/[MHM]
옮·으·면	/HM²/[HM²]
옮·아·서	/HM²/[HM²]

(328) 정선방언 /:웃·다/

정선방언	/성조형/[음조형]
:웃·다M̆ₕ·M	
:웃·지	/M̆²/[M̆H]
:웃·구	/M̆²/[M̆H]
:웃·나	/M̆²/[M̆H]
:웃·거·든	/M̆³/[M̆HM]
:웃·더·라	/M̆³/[M̆HM]
:웃·도·록	/M̆³/[M̆HM]
웃·으·면	/HM²/[HM²]
웃·어·서	/HM²/[HM²]

(329) 정선방언 /:잇·다/

정선방언	/성조형/[음조형]
:잇·다M̆ₕ·M	
:잇·지	/M̆²/[M̆H]
:잇·구	/M̆²/[M̆H]
:잇·나	/M̆²/[M̆H]
:잇·거·든	/M̆³/[M̆HM]
:잇·더·라	/M̆³/[M̆HM]
:잇·도·록	/M̆³/[M̆HM]
잇·으·면	/HM²/[HM²]
잇·어·서	/HM²/[HM²]

(330) 정선방언 /:젊·다/

정선방언	/성조형/[음조형]
:젊·다M̆ₕ·M	
:젊·지	/M̆²/[M̆H]
:젊·구	/M̆²/[M̆H]
:젊·나	/M̆²/[M̆H]
:젊·거·든	/M̆³/[M̆HM]
:젊·더·라	/M̆³/[M̆HM]
:젊·도·록	/M̆³/[M̆HM]
젊·으·면	/HM²/[HM²]
젊·어·서	/HM²/[HM²]

(331) 정선방언 /:젖·다/

정선방언	/성조형/[음조형]
:젖·다(運)M̌ₕ·M	
:젖·지	/M̌²/[M̌H]
:젖·구	/M̌²/[M̌H]
:젖·나	/M̌²/[M̌H]
:젖·거·든	/M̌³/[M̌HM]
:젖·더·라	/M̌³/[M̌HM]
:젖·도·록	/M̌³/[M̌HM]
젖·으·면	/HM²/[HM²]
젖·어·서	/HM²/[HM²]

(332) 정선방언 /:줍·다/ : 삼척

정선방언	/성조형/[음조형]
:줍·다M̌ₕ·M	
:줍·지	/M̌²/[M̌H]
:줍·구	/M̌²/[M̌H]
:줍·나	/M̌²/[M̌H]
:줍·거·든	/M̌³/[M̌HM]
:줍·더·라	/M̌³/[M̌HM]
:줍·도·록	/M̌³/[M̌HM]
주·우·먼	/HM²/[HM²]
주·워·서	/HM²/[HM²]

(333) 정선방언 /:쥐·다/

정선방언	/성조형/[음조형]
:쥐·다(把)M̌ₕ·M	
:쥐·지	/M̌²/[M̌H]
:쥐·구	/M̌²/[M̌H]
:쥐·나	/M̌²/[M̌H]
:쥐·먼	/M̌²/[M̌H]
:쥐·거·든	/M̌³/[M̌HM]
:쥐·더·라	/M̌³/[M̌HM]
:쥐·도·록	/M̌³/[M̌HM]
줴·에·서	/HM²/[HM²]

(334) 정선방언 /:짓·다/

정선방언	/성조형/[음조형]
:짓·다M̌·M	
:짓·지	/M̌²/[M̌H]
:짓·구	/M̌²/[M̌H]
:짓·나	/M̌²/[M̌H]
:짓·거·든	/M̌³/[M̌HM]
:짓·더·라	/M̌³/[M̌HM]
:짓·도·록	/M̌³/[M̌HM]
지·이·면	/HM²/[HM²]
지·어·서	/HM²/[HM²]
제·에·서	/HM²/[HM²]

(335) 정선방언 /:굵·다/

정선방언	/성조형/[음조형]
:굵·다M̌·M	
:굵·지	/M̌²/[M̌H]
:굵·고	/M̌²/[M̌H]
:굵·나	/M̌²/[M̌H]
:굵·으·면	/M̌³/[M̌HM]
:굵·어·서	/M̌³/[M̌HM]
:굵·거·든	/M̌³/[M̌HM]
:굵·더·라	/M̌³/[M̌HM]
:굵·도·록	/M̌³/[M̌HM]

(336) 정선방언 /:얻·다/

정선방언	/성조형/[음조형]
:얻·다M̌·M	
:은·다M̌·M	
:얻·지	/M̌²/[M̌H]
:얻·구	/M̌²/[M̌H]
:얻·나	/M̌²/[M̌H]
:얻·으·면	/M̌³/[M̌HM]
:얻·어·서	/M̌³/[M̌HM]
:얻·거·든	/M̌³/[M̌HM]
:얻·더·라	/M̌³/[M̌HM]
:얻·도·록	/M̌³/[M̌HM]

(337) 정선방언 /:적·다/

정선방언	/성조형/[음조형]
:적·다(少)～:작·다M̌·M	
:즉·다(少)～:작·다M̌·M	
:적·지	/M̌²/[M̌H]
:적·구	/M̌²/[M̌H]
:적·나	/M̌²/[M̌H]
:적·거·든	/M̌³/[M̌HM]
:적·더·라	/M̌³/[M̌HM]

:적·도·록   /M̌³/[M̌HM]
:적·으·면   /M̌³/[M̌HM]
:적·어·서   /M̌³/[M̌HM]

(338) 정선방언 /:내 · 다/

정선방언   /성조형/[음조형]
:내·다 M̌ₕ·M
:내·지   /M̌²/[M̌H]
:내·고   /M̌²/[M̌H]
:내·나   /M̌²/[M̌H]
:내·먼   /M̌²/[M̌H]
:내·서   /M̌²/[M̌H]
:내·거·든   /M̌³/[M̌HM]
:내·더·라   /M̌³/[M̌HM]
:내·도·록   /M̌³/[M̌HM]
내·애·서   /HM²/[HM²]

(339) 정선방언 /:되 · 다/

정선방언   /성조형/[음조형]
:되·다(硬) M̌ₕ·M
:되·지   /M̌²/[M̌H]
:되·고   /M̌²/[M̌H]
:되·나   /M̌²/[M̌H]
:되·면   /M̌²/[M̌H]
:되·거·든   /M̌³/[M̌HM]
:되·더·라   /M̌³/[M̌HM]
:되·도·록   /M̌³/[M̌HM]
되·어·서   /HM²/[HM²]

(340) 정선방언 /:때 · 다/

정선방언   /성조형/[음조형]
:때·다(火) M̌ₕ·M
:때·지   /M̌²/[M̌H]
:때·고   /M̌²/[M̌H]
:때·나   /M̌²/[M̌H]
:때·면   /M̌²/[M̌H]
:때·거·든   /M̌³/[M̌HM]
:때·더·라   /M̌³/[M̌HM]
:때·도·록   /M̌³/[M̌HM]
때·애·서   /HM²/[HM²]
:때·서   /M̌²/[M̌²H]

(341) 정선방언 /:메 · 다/

정선방언   /성조형/[음조형]
:메·다(負) M̌ₕ·M
:메·지   /M̌²/[M̌H]
:메·고   /M̌²/[M̌H]
:메·나   /M̌²/[M̌H]
:메·먼   /M̌²/[M̌H]
:메·거·든   /M̌³/[M̌HM]
:메·더·라   /M̌³/[M̌HM]
:메·도·록   /M̌³/[M̌HM]
메·에·서   /HM²/[HM²]

(342) 정선방언 /:비 · 다/

정선방언   /성조형/[음조형]
:비·다(割) M̌ₕ·M
:비·다(空) M̌ₕ·M
:비·다(枕) M̌ₕ·M
:비·지   /M̌²/[M̌H]
:비·구   /M̌²/[M̌H]
:비·나   /M̌²/[M̌H]
:비·먼   /M̌²/[M̌H]
:비·거·든   /M̌³/[M̌HM]
:비·더·라   /M̌³/[M̌HM]
:비·도·록   /M̌³/[M̌HM]
비·어·서   /HM²/[HM²]
비·에·서   /HM²/[HM²]

(343) 정선방언 /:누 · 르 · 다/

정선방언   /성조형/[음조형]
:누·르·다 M̌²·M
:누·르·지   /M̌³/[M̌HM]
:누·르·구   /M̌³/[M̌HM]
:누·르·나   /M̌³/[M̌HM]
:누·르·먼   /M̌³/[M̌HM]
:눌·러·서   /M̌³/[M̌HM]
:누·르·거·든   /M̌⁴/[M̌HM²]
:누·르·더·라   /M̌⁴/[M̌HM²]
:누·르·도·록   /M̌⁴/[M̌HM²]

(344) 정선방언 /:슬 · 프 · 다/

정선방언	/성조형/[음조형]
:슬·프·다$\breve{M}^2$·M	
:슬·프·지	/$\breve{M}^3$/[$\breve{M}$HM]
:슬·프·고	/$\breve{M}^3$/[$\breve{M}$HM]
:슬·프·나	/$\breve{M}^3$/[$\breve{M}$HM]
:슬·프·먼	/$\breve{M}^3$/[$\breve{M}$HM]
:슬·퍼·서	/$\breve{M}^3$/[$\breve{M}$HM]
:슬·프·거·든	/$\breve{M}^4$/[$\breve{M}$HM^2]
:슬·프·더·라	/$\breve{M}^4$/[$\breve{M}$HM^2]
:슬·프·도·록	/$\breve{M}^4$/[$\breve{M}$HM^2]

(345) 정선방언 /:계 · 시 · 다/

정선방언	/성조형/[음조형]
:계·시·다[게·시·다]$\breve{M}^2$·M	
:계·시·지	/$\breve{M}^3$/[$\breve{M}$HM]
:계·시·구	/$\breve{M}^3$/[$\breve{M}$HM]
:계·시·나	/$\breve{M}^3$/[$\breve{M}$HM]
:계·시·먼	/$\breve{M}^3$/[$\breve{M}$HM]
:계·세·서	/$\breve{M}^3$/[$\breve{M}$HM]
:계·시·거·든	/$\breve{M}^4$/[$\breve{M}$HM^2]
:계·시·더·라	/$\breve{M}^4$/[$\breve{M}$HM^2]
:계·시·도·록	/$\breve{M}^4$/[$\breve{M}$HM^2]

(346) 정선방언 /:고 · 루 · 다/

정선방언	/성조형/[음조형]
:고·루·다(選)$\breve{M}^2$·M	
:고·루·지	/$\breve{M}^3$/[$\breve{M}$HM]
:고·루·구	/$\breve{M}^3$/[$\breve{M}$HM]
:고·루·나	/$\breve{M}^3$/[$\breve{M}$HM]
:고·루·먼	/$\breve{M}^3$/[$\breve{M}$HM]
:골·라·서	/$\breve{M}^3$/[$\breve{M}$HM]
:골·러·서	/$\breve{M}^3$/[$\breve{M}$HM]
:고·루·거·든	/$\breve{M}^4$/[$\breve{M}$HM^2]
:고·루·더·라	/$\breve{M}^4$/[$\breve{M}$HM^2]
:고·루·도·록	/$\breve{M}^4$/[$\breve{M}$HM^2]

(347) 정선방언 /:지 · 대 · 다/

정선방언	/성조형/[음조형]
:지·대·다(기대다)$\breve{M}^2$·M	
:지·대·지	/$\breve{M}^3$/[$\breve{M}$HM]
:지·대·구	/$\breve{M}^3$/[$\breve{M}$HM]
:지·대·나	/$\breve{M}^3$/[$\breve{M}$HM]
:지·대·먼	/$\breve{M}^3$/[$\breve{M}$HM]
:지·대·서	/$\breve{M}^3$/[$\breve{M}$HM]
:지·대·거·든	/$\breve{M}^4$/[$\breve{M}$HM^2]
:지·대·더·라	/$\breve{M}^4$/[$\breve{M}$HM^2]
:지·대·도·록	/$\breve{M}^4$/[$\breve{M}$HM^2]

(348) 정선방언 /:내 · 치 · 다/

정선방언	/성조형/[음조형]
:내·치·다$\breve{M}^2$·M	
:내·치·지	/$\breve{M}^3$/[$\breve{M}$HM]
:내·치·구	/$\breve{M}^3$/[$\breve{M}$HM]
:내·치·나	/$\breve{M}^3$/[$\breve{M}$HM]
:내·치·먼	/$\breve{M}^3$/[$\breve{M}$HM]
:내·쳐·서	/$\breve{M}^3$/[$\breve{M}$HM]
:내·치·거·든	/$\breve{M}^4$/[$\breve{M}$HM^2]
:내·치·더·라	/$\breve{M}^4$/[$\breve{M}$HM^2]
:내·치·도·록	/$\breve{M}^4$/[$\breve{M}$HM^2]

(349) 정선방언 /:놀 · 래 · 다/

정선방언	/성조형/[음조형]
:놀·래·다$\breve{M}^2$·M	
:놀·래·지	/$\breve{M}^3$/[$\breve{M}$HM]
:놀·래·구	/$\breve{M}^3$/[$\breve{M}$HM]
:놀·래·나	/$\breve{M}^3$/[$\breve{M}$HM]
:놀·래·먼	/$\breve{M}^3$/[$\breve{M}$HM]
:놀·래·서	/$\breve{M}^3$/[$\breve{M}$HM]
:놀·래·거·든	/$\breve{M}^4$/[$\breve{M}$HM^2]
:놀·래·더·라	/$\breve{M}^4$/[$\breve{M}$HM^2]
:놀·래·도·록	/$\breve{M}^4$/[$\breve{M}$HM^2]

(350) 정선방언 /:모 · 시 · 다/

정선방언	/성조형/[음조형]
:모·시·다(汚)$\breve{M}^2$·M	
:모·시·지	/$\breve{M}^3$/[$\breve{M}$HM]
:모·시·구	/$\breve{M}^3$/[$\breve{M}$HM]
:모·시·나	/$\breve{M}^3$/[$\breve{M}$HM]
:모·시·먼	/$\breve{M}^3$/[$\breve{M}$HM]
:모·셔·서	/$\breve{M}^3$/[$\breve{M}$HM]
:모·시·거·든	/$\breve{M}^4$/[$\breve{M}$HM^2]
:모·시·더·라	/$\breve{M}^4$/[$\breve{M}$HM^2]

:모·시·도·록　　　　　/M̆⁴/[M̆HM²]

(351) 정선방언 /:모 · 질 · 다/

정선방언	/성조형/[음조형]
:모·질·다	M̆²·M
:모·질·지	/M̆³/[M̆HM]
:모·질·구	/M̆³/[M̆HM]
:모·질·나	/M̆³/[M̆HM]
:모·질·면	/M̆³/[M̆HM]
:모·질·에·서	/M̆⁴/[M̆HM²]
:모·질·거·든	/M̆⁴/[M̆HM²]
:모·질·더·라	/M̆⁴/[M̆HM²]
:모·질·도·록	/M̆⁴/[M̆HM²]

(352) 정선방언 /:사 · 납 · 다/

정선방언	/성조형/[음조형]
:사·납·다	M̆²·M
:사·납·지	/M̆³/[M̆HM]
:사·납·구	/M̆³/[M̆HM]
:사·납·나	/M̆³/[M̆HM]
:사·나·우·면	/M̆⁴/[M̆HM²]
:사·나·워·서	/M̆⁴/[M̆HM²]
:사·나·와·서	/M̆⁴/[M̆HM²]
:사·납·거·든	/M̆⁴/[M̆HM²]
:사·납·더·라	/M̆⁴/[M̆HM²]
:사·납·도·록	/M̆⁴/[M̆HM²]

(353) 정선방언 /:이 · 뿌 · 다/

정선방언	/성조형/[음조형]
:이·뿌·다	M̆²·M
:이·뿌·지	/M̆³/[M̆HM]
:이·뿌·구	/M̆³/[M̆HM]
:이·뿌·나	/M̆³/[M̆HM]
:이·뿌·면	/M̆³/[M̆HM]
:이·뻐·서	/M̆³/[M̆HM]
:이·뿌·거·든	/M̆⁴/[M̆HM²]
:이·뿌·더·라	/M̆⁴/[M̆HM²]
:이·뿌·도·록	/M̆⁴/[M̆HM²]

(354) 정선방언 /:점 · 잖 · 다/

정선방언	/성조형/[음조형]
:점·잖·다	M̆²·M
:점·잖·지	/M̆³/[M̆HM]
:점·잖·구	/M̆³/[M̆HM]
:점·잖·나	/M̆³/[M̆HM]
:점·잖·으·면	/M̆⁴/[M̆HM²]
:점·잖·아·서	/M̆⁴/[M̆HM²]
:점·잖·어·서	/M̆⁴/[M̆HM²]
:점·잖·거·든	/M̆⁴/[M̆HM²]
:점·잖·더·라	/M̆⁴/[M̆HM²]
:점·잖·도·록	/M̆⁴/[M̆HM²]

(355) 정선방언 /:지 · 대 · 애 · 다/

정선방언	/성조형/[음조형]
:지·대·애·다(기대다)	M̆³·M
:지·대·애·지	/M̆⁴/[M̆HM²]
:지·대·애·구	/M̆⁴/[M̆HM²]
:지·대·애·나	/M̆⁴/[M̆HM²]
:지·대·애·면	/M̆⁴/[M̆HM²]
:지·대·애·서	/M̆⁴/[M̆HM²]
:지·대·애·거·든	/M̆⁵/[M̆HM³]
:지·대·애·더·라	/M̆⁵/[M̆HM³]
:지·대·애·도·록	/M̆⁵/[M̆HM³]

(356) 정선방언 /:놀 · 래 · 애 · 다/

정선방언	/성조형/[음조형]
:놀·래·애·다	M̆³·M
:놀·래·애·지	/M̆⁴/[M̆HM²]
:놀·래·애·구	/M̆⁴/[M̆HM²]
:놀·래·애·나	/M̆⁴/[M̆HM²]
:놀·래·애·면	/M̆⁴/[M̆HM²]
:놀·래·애·서	/M̆⁴/[M̆HM²]
:놀·래·애·거·든	/M̆⁵/[M̆HM³]
:놀·래·애·더·라	/M̆⁵/[M̆HM³]
:놀·래·애·도·록	/M̆⁵/[M̆HM³]

(357) 정선방언 /:뉘 · 우 · 치 · 다/

정선방언	/성조형/[음조형]
:뉘·우·치·다	M̆³·M
:뉘·우·치·지	/M̆⁴/[M̆HM²]

:뉘·우·치·고 /M̆⁴/[M̆HM²]
:뉘·우·치·나 /M̆⁴/[M̆HM²]
:뉘·우·치·먼 /M̆⁴/[M̆HM²]
:뉘·우·쳐·서 /M̆⁴/[M̆HM²]
:뉘·우·치·거·든 /M̆⁵/[M̆HM³]
:뉘·우·치·더·라 /M̆⁵/[M̆HM³]
:뉘·우·치·도·록 /M̆⁵/[M̆HM³]

(358) 정선방언 /:뉴·우·치·다/

정선방언 /성조형/[음조형]
:뉴·우·치·다M̆³·M
:뉴·우·치·지 /M̆⁴/[M̆HM²]
:뉴·우·치·고 /M̆⁴/[M̆HM²]
:뉴·우·치·나 /M̆⁴/[M̆HM²]
:뉴·우·치·먼 /M̆⁴/[M̆HM²]
:뉴·우·쳐·서 /M̆⁴/[M̆HM²]
:뉴·우·치·거·든 /M̆⁵/[M̆HM³]
:뉴·우·치·더·라 /M̆⁵/[M̆HM³]
:뉴·우·치·도·록 /M̆⁵/[M̆HM³]

(359) 정선방언 /:유·우·치·다/

정선방언 /성조형/[음조형]
:유·우·치·다M̆³·M
:유·우·치·지 /M̆⁴/[M̆HM²]
:유·우·치·고 /M̆⁴/[M̆HM²]
:유·우·치·나 /M̆⁴/[M̆HM²]
:유·우·치·먼 /M̆⁴/[M̆HM²]
:유·우·쳐·서 /M̆⁴/[M̆HM²]
:유·우·치·거·든 /M̆⁵/[M̆HM³]
:유·우·치·더·라 /M̆⁵/[M̆HM³]
:유·우·치·도·록 /M̆⁵/[M̆HM³]

(360) 정선방언 /:으·설·프·다/

정선방언 /성조형/[음조형]
:으·설·프·다M̆³·M
:으·설·프·지 /M̆⁴/[M̆HM²]
:으·설·프·고 /M̆⁴/[M̆HM²]
:으·설·프·나 /M̆⁴/[M̆HM²]
:으·설·프·먼 /M̆⁴/[M̆HM²]
:으·설·퍼·서 /M̆⁴/[M̆HM²]
:으·설·프·거·든 /M̆⁵/[M̆HM³]
:으·설·프·더·라 /M̆⁵/[M̆HM³]
:으·설·프·도·록 /M̆⁵/[M̆HM³]

(361) 정선방언 /:모·지·레·다/

정선방언 /성조형/[음조형]
:모·지·레·다M̆³·M
:모·지·레·지 /M̆⁴/[M̆HM²]
:모·지·레·고 /M̆⁴/[M̆HM²]
:모·지·레·나 /M̆⁴/[M̆HM²]
:모·지·레·먼 /M̆⁴/[M̆HM²]
:모·지·레·서 /M̆⁴/[M̆HM²]
:모·지·레·거·든 /M̆⁵/[M̆HM³]
:모·지·레·더·라 /M̆⁵/[M̆HM³]
:모·지·레·도·록 /M̆⁵/[M̆HM³]

(362) 정선방언 /:모·제·레·다/

정선방언 /성조형/[음조형]
:모·제·레·다M̆³·M
:모·제·레·지 /M̆⁴/[M̆HM²]
:모·제·레·고 /M̆⁴/[M̆HM²]
:모·제·레·나 /M̆⁴/[M̆HM²]
:모·제·레·먼 /M̆⁴/[M̆HM²]
:모·제·레·서 /M̆⁴/[M̆HM²]
:모·제·레·거·든 /M̆⁵/[M̆HM³]
:모·제·레·더·라 /M̆⁵/[M̆HM³]
:모·제·레·도·록 /M̆⁵/[M̆HM³]

찾아보기

• 저자 **최영미**

건국대학교 국어국문학과 졸업.
건국대학교 대학원 국어국문학과 석사과정 졸업
건국대학교 대학원 국어국문학과 박사과정 졸업
현재 : 건국대학교 국어국문학과 시간강사
　　　　호서대학교 국어국문학과 시간강사
　　　　경동대학교 교양학부 시간강사

정선방언의 성조체계와 그 역사적 변천

초판 인쇄 2010년 8월 23일 | **초판 발행** 2010년 9월 3일
저　자 최영미
펴낸이 이대현
편　집 박선주
펴낸곳 도서출판 역락
등록 제303-2002-000014호(등록일 1999년 4월 19일)
주소 서울시 서초구 반포4동 577-25 문창빌딩 2층
전화 02-3409-2058(영업부), 2060(편집부) | **팩시밀리** 02-3409-2059
전자우편 youkrack@hanmail.net
I S B N 978-89-5556-842-4　　93710

정가 35,000원

■ 잘못된 책은 교환해 드립니다.